Römer/Wunsch (Hrsg.) · Person

CW01081859

ethica

Herausgegeben von
Dieter Sturma und Michael Quante

Inga Römer, Matthias Wunsch (Hrsg.)

Person: Anthropologische, phänomenologische und analytische Perspektiven

mentis

MÜNSTER

Gedruckt mit freundlicher Unterstützung der Alexander von Humboldt-Stiftung,
des Instituts für phänomenologische Forschung der Bergischen Universität Wuppertal
und der Stadtsparkasse Wuppertal

Bibliografische Information der Deutschen Nationalbibliothek

Die Deutsche Nationalbibliothek verzeichnet diese
Publikation in der Deutschen Nationalbibliografie;
detaillierte bibliografische Daten sind im Internet über
http://dnb.dnb.de abrufbar.
= ethica, Band 26

Gedruckt auf umweltfreundlichem, chlorfrei gebleichtem
und alterungsbeständigem Papier ⊗ ISO 9706

© 2013 mentis Verlag GmbH
Eisenbahnstraße 11, 48143 Münster, Germany
www.mentis.de

Printed in Germany
Einbandgestaltung: Anna Braungart, Tübingen
Druck: AZ Druck und Datentechnik GmbH, Kempten
ISBN 978-3-89785-322-5

INHALTSVERZEICHNIS

III.
DIE PERSON IN PRAKTISCHEN ZUSAMMENHÄNGEN

Inga Römer / Matthias Wunsch

PERSONALITÄT UND MULTIPERSPEKTIVITÄT

Der Begriff »Person« ist ein irreduzibler Begriff für Wesen wie uns selbst, der in verschiedenen philosophischen Disziplinen eine zentrale Rolle spielt, etwa in der Philosophie des Geistes, der Sozialphilosophie und der Ethik. Er bildet ein Querschnittsthema der Philosophie und scheint sich überall dort anzubieten, wo wir um eine umfassende philosophische Artikulation unseres Selbstverständnisses bemüht sind. Es ist daher nicht überraschend, dass der Personbegriff nicht nur auf eine philosophische Disziplinen übergreifende Weise diskutiert wird, sondern dass er gleichermaßen auch für verschiedene philosophische Denkrichtungen von Bedeutung ist. So werden Fragen der Philosophie der Person gegenwärtig vor allem in der Philosophischen Anthropologie, der Phänomenologie und der Analytischen Philosophie intensiv diskutiert. Häufig erfolgt die philosophische Auseinandersetzung dabei allerdings lediglich innerhalb der jeweiligen Denkrichtungen. Solche Binnendiskurse laufen jedoch gerade bei einem so weit reichenden und komplexen Thema Gefahr, zu enge methodische Schleifen zu ziehen und damit wichtige Einsichtsmöglichkeiten zu verpassen. Wir halten es daher für ein Desiderat der Gegenwartsphilosophie, den methodischen, begrifflichen und argumentativen Austausch zwischen den genannten Denkrichtungen in Gang zu bringen beziehungsweise zu vertiefen.

Es gibt zwei neuere deutschsprachige Sammelbände, die das Feld der Philosophie der Person in seiner Breite bearbeiten. Der erste wurde 2001 von Dieter Sturma herausgegeben, erschien in derselben Reihe wie der vorliegende Band und kann mittlerweile als »Klassiker« gelten.[1] Der Personbegriff wird dort in drei separat eingeleiteten Teilen in Aufsätzen zur Philosophiegeschichte, theoretischen Philosophie und praktischen Philosophie diskutiert. In einer generellen Einführung hebt Sturma als die wesentliche Funktion der Philosophie der Person hervor, »theoretische und praktische Philosophie in einer modernen Subjektbestimmung zusammenzuführen.«[2] Der zweite,

---

[1] Sturma (Hg.), *Person*.
[2] Sturma, *Person und Philosophie der Person*, S. 13; vgl. Sturma, *Philosophie der Person*, S. 27.

2007 publizierte Band wurde von Frank Kannetzky und Henning Tegtmeyer herausgegeben. Die Beiträge sind hier in Blöcken zu kognitiven Vermögen der Person, zu praktischen Vermögen der Person, zur Konstitution von Personalität, zu Person und Gemeinschaft und zu Rechtsdiskursen geordnet.[3] In der Einleitung stellen die Herausgeber zwei gemeinsame Bezugspunkte für viele der von ihnen versammelten Beiträge heraus: Erstens wird das für größere Teile der Philosophie der Person kennzeichnende Projekt, das Personsein mittels deskriptiver Kriterien zu definieren, aus theoretischen und praktischen Gründen skeptisch beurteilt; und zweitens wird eine Transformation der Problemstellung hin zur Analyse der Sinnbedingungen der Rede von Personen vorgenommen, wobei Personalität als »dichter« Begriff in den Blick kommt.[4]

Viele der Autoren des vorliegenden Bandes teilen die Grundanliegen der beiden genannten Sammelbände. Der hier verfolgte Ansatz ist jedoch neuartig und hat das Potential, die bisherige Debatte in methodischer und systematischer Hinsicht zu ergänzen und voranzubringen. Die Untersuchung einer Reihe von wichtigen Problemen der Philosophie der Person kann unseres Erachtens davon profitieren, dass sie zugleich verschiedene philosophische Denkrichtungen und Perspektiven einbezieht. Die Philosophische Anthropologie, die Phänomenologie und die Analytische Philosophie sind aktive Strömungen der Gegenwartsphilosophie, die sich vor dem Hintergrund einer je eigenen und reichen Tradition mit dem Themenkreis der Philosophie der Person auseinandersetzen.

Während der Personbegriff in der Phänomenologie und der modernen philosophischen Anthropologie (Edmund Husserl, Max Scheler, Helmuth Plessner) bereits in den 1910er und 20er Jahren intensiv diskutiert wurde, gewinnt er in der analytischen Philosophie erst seit der zweiten Hälfte des 20. Jahrhunderts an Bedeutung. Bahnbrechend waren hier das Person-Kapitel in Peter Strawsons *Individuals* (1959) und Harry Frankfurts Aufsatz »Freedom of the Will and the Concept of a Person« (1971).[5] Strawson hat für die »logische Primitivität« des Personbegriffs argumentiert. Die Subjekte mentaler Zustände lassen sich seines Erachtens nicht als cartesianische Egos verstehen, sondern müssen als Personen gelten, das heißt als Individuen, denen sowohl mentale Zustände als auch körperliche Eigenschaften und physikalische Situationen zuschreibbar sind.[6] Frankfurt kritisiert diesen Person-

---

[3] Kannetzky / Tegtmeyer (Hgg.), *Personalität*.

[4] Weiterhin sei auf den im Vergleich zu den beiden genannten Sammelbänden thematisch etwas enger gefassten Band Niederbacher / Runggaldier (Hgg.), *Was sind menschliche Personen?*, hingewiesen.

[5] Siehe einführend Herrmann, *Der Personbegriff*.

[6] Strawson, *Individuals*, S. 101 f. (dt. S. 130).

begriff als zu weit, da er auch auf eine Reihe von nicht-menschlichen Lebewesen zutrifft, und eröffnet einen neuen Diskussionskontext, indem er den Personbegriff mit einer bestimmten Struktur des Willens, den »Wünschen zweiter Stufe«[7], und in der Folge mit moralischer Verantwortung in Verbindung bringt. In der analytischen Philosophie der Person geht es über die Fragen nach den Bedingungen der Zugehörigkeit von Individuen zur Klasse der Personen und nach dem moralischen Status des Personseins (metaphysische und moralische Personalität[8]) hinaus noch um zwei weitere Grundfragen: Welches sind die Bedingungen dafür, zu verschiedenen Zeiten ein und dieselbe Person zu sein? (Personale Identität bzw. Einheit) Was macht jemanden zu der individuellen Person, die sie/er ist? (Persönlichkeit)[9] Nicht nur die Frage nach der Personalität, auch die Fragen nach der personalen Einheit und Persönlichkeit werden von der analytischen Philosophie im Horizont ebenso der theoretischen wie der praktischen Philosophie diskutiert. In jüngerer Zeit hat der Personbegriff aus analytischer Perspektive insbesondere auch in der angewandten Ethik an Bedeutung gewonnen.[10]

Da Subjektivität gewissermaßen »das ureigene Grundthema der Phänomenologie«[11] darstellt, nimmt es nicht Wunder, dass auch der Personbegriff seit den Anfängen der phänomenologischen Bewegung in ihr präsent ist. In der Tradition von Dilthey fordert Husserl eine phänomenologische Untersuchung der Person aus einer nicht-naturalistischen, sondern spezifisch personalistischen Einstellung, in der die Person als »vorstellende, fühlende, bewertende, strebende, handelnde Person« in den Blick kommt und als zu Dingen und anderen Personen nicht in Kausalverhältnissen, sondern in einer »*Motivationsbeziehung*« stehend begriffen wird sowie schließlich im Personenverband die Grundlage für eine spezifische »*Geisteswelt*« darstellt.[12] Scheler entwickelt als Antwort auf seine Kritik an Kants Formalismus in der Ethik einen ethischen Personalismus, in dem er die Person als »*die konkrete, selbst wesenhafte Seinseinheit von Akten verschiedenartigen Wesens,*

---

[7] Frankfurt, *Freedom*, S. 12, 16 (dt. S. 288, 292).

[8] Mit dieser Begriffsbildung lehnen wir uns an Stoecker, *Metaphysische als moralische Personen*, an.

[9] Vgl. zu dieser Übersicht Quante, *Person*, S. 8. Die Diskussion der Frage nach der personalen Identität (über die Zeit hinweg) lässt sich in der analytischen Philosophie mindestens bis Williams, *Personenidentität* (1956/7), zurückverfolgen. Siehe den einleitenden Überblick in Quante (Hg.), *Personale Identität*, einem Band, der wichtige Beiträge zu dieser Debatte versammelt.

[10] Siehe mit Blick auf die biomedizinische Ethik und ethische Probleme in den Lebenswissenschaften Quante, *Personales Leben*, und Quante, *Menschwürde und personale Autonomie*, Zweiter Teil.

[11] Tengelyi, *Vorwort*, S. 9.

[12] Husserl, *Ideen II*, S. 185 f., 189, 196.

die an sich [...] allen wesenhaften Aktdifferenzen [...] vorhergeht«,[13] definiert und deren Kern er in der Aktstruktur ihres »ordo amoris« sieht.[14] Auch Husserl hat in der Zeit nach dem ersten Weltkrieg einen ethischen Personalismus konzipiert,[15] ebenso Nicolai Hartmann.[16] Bei Heidegger wird der Personbegriff zugunsten des in-der-Welt-seienden »Daseins«, damit jedoch auch zugunsten des Begriffs des Selbst verdrängt. Es geht Heidegger darum, die jemeinige »*Selbstheit*« des Daseins von einer »*Selbigkeit und Beständigkeit eines immer schon Vorhandenen*« abzugrenzen.[17] Spätestens seit Heidegger den Begriff der Person – in kritischer Auseinandersetzung insbesondere mit Descartes und Kant – mit der Auffassung des Subjekts als einer vorhandenen *res* in Verbindung gebracht hat,[18] liegt in der Phänomenologie gleichsam der Schleier eines Verdachts auf diesem Begriff. Ricœur hat sich darum bemüht, im Rahmen einer Theorie der narrativen Identität die Selbstheit mit einer schwachen Form der Selbigkeit zu verknüpfen, wobei letztere das personale Moment der Selbstheit darstellt: In einer »Dialektik von Selbstheit (*ipséité*) und Selbigkeit (*mêmeté*)«[19] fasst Ricœur die Selbigkeit des durch Gewohnheit erwachsenen Charakters als das personale und relativ stabile Moment auf und stellt diesem die ethisch verstandene Selbst-Ständigkeit des Versprechens gegenüber, die auch dann noch eine Identität sichere, wenn die Kontinuität des Charakters weggebrochen zu sein scheint.[20] Die Spannung zwischen den Begriffen des Selbst und der Person ist in phänomenologischen Debatten bis auf den heutigen Tag erhalten geblieben, was sich auch in den phänomenologisch ausgerichteten Aufsätzen dieses Bandes widerspiegelt. Während es umstritten ist, wie eng oder weit das Personale mit dem Selbst verknüpft ist, besteht jedoch weitestgehend Einigkeit darüber, dass die Person an das lebendige, jemeinige Selbst zurückgebunden werden

---

[13] Scheler, *Formalismus*, S. 382f.

[14] Scheler, *Ordo amoris*. Zu der These, dass Scheler die Person strukturell versteht und in der Aktstruktur ihres *ordo amoris* verortet vgl. Leonardy, *Liebe und Person*, S. 144, sowie Römer, *Person bei Scheler und Hartmann*, S. 264f.

[15] Zwar ist eine Vorlesung Husserls über Ethik aus dieser Zeit veröffentlicht (Hua XXXVII), die eigentliche Gestalt seines Personalismus wird jedoch erst deutlich, wenn man die entsprechenden, bisher noch unveröffentlichten Manuskripte aus der Zeit nach dem ersten Weltkrieg heranzieht. In dem noch nicht erschienenen Band XXXXII der Husserliana-Reihe über »Grenzprobleme der Phänomenologie« sollen (unter anderem) die wichtigsten Manuskripte zu diesem Thema zugänglich gemacht werden. Vgl. zu Husserls Ethik die Arbeiten von Melle, insbesondere Melle, *From Reason to Love*; speziell zu Subjektivität und Person in Husserls früher und später Ethik vgl. Römer, *Subjektivität in Husserls Ethik*.

[16] Hartmann, *Ethik*.

[17] Heidegger, *Sein und Zeit*, S. 320.

[18] Vgl. Heidegger, *Grundprobleme*, GA 24, S. 172–218.

[19] Ricœur, *Soi-même comme un autre*, S. 167 (dt. S. 173, Einfügung des frz. Orig. von uns).

[20] Vgl. die sechste Abhandlung aus *Soi-même comme un autre*.

muss, wenn sie keine bloße, phänomenologisch unbegründete Konstruktion
darstellen soll.

In der Philosophischen Anthropologie ist der Personbegriff nicht auf den
Begriff des Selbst, sondern primär auf den des Menschen bezogen. Max
Scheler, einer der beiden Begründer des Denkansatzes[21], war zwar zugleich
ein Vertreter der Phänomenologie; sein Weg trennte sich jedoch von dem
Husserls, als dieser sich in den *Ideen I* einem transzendentalphilosophi-
schen Idealismus zuwandte. Schelers bereits erwähnter Begriff der Person
als Aktzentrum spielt auch in der durch Anthropologie und Metaphysik
geprägten Spätphase seines Denkens eine wichtige Rolle. In seinem Aufsatz »Die Sonderstellung des Menschen« (1927) schreibt er, der Mensch »allein (sofern er Person ist) vermag sich über sich (als Lebewesen) empor zu
schwingen und von einem Zentrum gleichsam jenseits der raumzeitlichen
Welt aus Alles, und darunter auch sich selbst, zum Gegenstande seiner Erkenntnis zu machen.«[22] An diesen Gedanken knüpft auch Helmuth Plessner an, die andere Gründerfigur der modernen philosophischen Anthropologie, wenn er die Personalität des Menschen in *Die Stufen des Organischen und der Mensch* von dessen exzentrischer Positionalität her bestimmt,
das heißt als Lebensmodus, zu dem ebenso eine Körper-Leib-Differenz wie
der Abstand zu dieser gehört.[23] Plessner hat, ebenfalls noch in den naturphilosophisch geprägten *Stufen des Organischen*, in diese Konzeption der
Personalität eine sozialphilosophische Grunddimension eingeführt, indem
er die systematische Wechselbeziehung zwischen Personalität und Mitweltlichkeit betont.[24] Im Hintergrund stand für ihn dabei schon eine Konzeption
menschlicher Würde[25], die er später mit seiner Konzeption der Verbindlichkeit der Unergründlichkeit des Menschen weiterentwickelt hat.[26] Seit der
in den 1990er Jahren einsetzenden »Renaissance« der Philosophischen Anthropologie wird wieder in produktiver Weise an Scheler und Plessner an-
geknüpft.[27] Dabei ist in der Diskussion zum Personbegriff eine gemeinsame
Tendenz zu beobachten, die sich negativ in der Ablehnung der Auffassung
äußert, dass es eine Klasse von notwendigen und zusammen hinreichenden Merkmalen gibt, mit denen geprüft werden kann, ob x eine Person ist
oder nicht. Ein solches Verständnis der Personalität scheint immer revisio-

---

[21] Siehe dazu Fischer, *Philosophische Anthropologie*.
[22] Scheler, *Die Sonderstellung*, S. 202.
[23] Vgl. Plessner, *Stufen des Organischen*, S. 293.
[24] Plessner, *Stufen des Organischen*, S. 300 ff.
[25] Siehe Haucke, *Das liberale Ethos der Würde*.
[26] Plessner, *Macht und menschliche Natur*.
[27] Vereinzelt auch an Arnold Gehlen: siehe Kannetzky, *Weder Bewusstseinsimmanenz noch
     Schnittpunktexistenz*.

när zu sein, also bestimmte Lebewesen, die bislang fraglos als Personen gal-
ten, aus dem Kreis der Personen auszuschließen oder umgekehrt bestimmte
Wesen in diesen Kreis aufzunehmen, die bisher eindeutig nicht als Perso-
nen galten. In positiver Hinsicht zeigt sich die gemeinsame Tendenz in der
Gegenwartsdiskussion der Philosophischen Anthropologie darin, dass eine
Richtungsänderung der heutigen Debatte zur Personalität angestrebt wird.
Die dazu gemachten Vorschläge gehen beispielsweise dahin, Personalität als
praktische Präsupposition lebenswissenschaftlicher Forschungen[28], als »Ef-
fekt‹ einer gemeinsam geteilten Wir-Sphäre«[29] oder als die »Lebensform« des
Menschen[30] zu verstehen.

Als Herausgeber dieses Bandes, von dem wir uns wünschen, dass er
eine multiperspektivische Debatte über den Personbegriff anzustoßen vermag, kann es keineswegs unser Ziel sein, dieser Debatte selbst vorzugreifen.
Nichtsdestotrotz möchten wir stichwortartig einige Themen anzeigen, die in
jeweils mehr als einer der drei hier in den Mittelpunkt gerückten Denkrichtungen diskutiert werden. Eine Konstitutions- bzw. Stufentheorie der Person ist zentral in analytischen und anthropologischen Diskursen; Theorien
der narrativen Identität werden in der Phänomenologie sowie in der analytischen Philosophie diskutiert; der Leiblichkeit der Person wird in allen
drei Feldern weitestgehend eine herausragende Bedeutung eingeräumt; insbesondere in phänomenologischen, aber auch in einigen anthropologischen
Debatten wird der Vollzugsperspektive bei der Bestimmung der Personalität
ein wesentlicher Stellenwert eingeräumt.

Der Band behandelt eine ganze Reihe von Problemen, die in der gegenwärtigen Philosophie der Person intensiv diskutiert werden. Die meisten
Beiträge setzen sich mit diesen Problemen aus der Perspektive von mindestens zwei der drei Denkrichtungen auseinander. Sie lassen sich daher nicht
in einer Gliederung unterbringen, deren Teile den drei Denkrichtungen entsprechen. Ein solches Gliederungsprinzip hätte ohnehin dem multiperspektivischen Anliegen des Bandes widersprochen. Unter sachlichen Gesichtspunkten bietet sich unseres Erachtens eine Gliederung von den begrifflichen
Kontexten her an, in denen das Personkonzept verortet ist. Traditionell handelt es sich um das Begriffsfeld, zu dem etwa »Ich«, »Subjekt«, »Mensch«,
»Lebewesen«, »Intersubjektivität«, »Handlung« und »Verantwortung« gehören. Daran anknüpfend haben wir uns für ein Gliederungsprinzip entschieden, das man »Person in Relation« nennen könnte. Der Band hat drei
Teile. Der erste Teil wendet sich unter dem Titel »Selbst, Leben und Person«

---

[28] Krüger, *Gehirn, Verhalten und Zeit*, hier: S. 48.
[29] Schürmann, *Personen der Würde*, S. 165.
[30] Siehe dazu im vorliegenden Band die Beiträge von Bermes, *Zwischen Leben und Lebensform*,
und Wunsch, *Stufenontologien der menschlichen Person*.

Ursprungszusammenhängen der Person zu. Untersucht werden hier Wurzeln der Person im Selbst und im Leben. Im zweiten Teil »Die Person in Relation zu Leib und Organismus« geht es um Binnenzusammenhänge der Person, das heißt die Verhältnisse zwischen der Person und ihrem Leib bzw. dem Organismus, der sie ausmacht. Ein dritter und abschließender Teil ist den Praxiszusammenhängen der Person gewidmet. Dabei geht es um »Die Person in praktischen Zusammenhängen«, also in Relation zu anderen Personen, Rechten, moralischer Verbindlichkeit und Würde.

László Tengelyi eröffnet den ersten Teil des Bandes. Er vertritt die phänomenologische Auffassung, dass bereits in der passiven Sphäre des inneren Bewusstseins, des Selbstgefühls, der immanenten Zeiterfahrung und der unwillkürlichen Vergegenwärtigung eine Selbstkonstitution des Selbst stattfindet, auf die sich jede an die Erfahrung rückgebundene aktive und narrative Selbstkonstitution bezieht. Insbesondere anhand der Arbeiten von Marya Schechtman sowie ihrer Auseinandersetzung mit Galen Strawson zeigt er auf, inwiefern die Tradition analytischer Philosophie mittlerweile ebenfalls von einem Selbst und einer narrativen Selbstkonstitution ausgeht, es dort allerdings umstritten bleibt, welche Art von Narrativität für die Selbstkonstitution relevant ist. Diesen Streitpunkt nimmt Tengelyi zum Anlass, aus phänomenologischer Sicht eine weitere Differenzierung einzuführen: Dem aktiv und narrativ konstituierten Selbst, als einer auf dem passiven Selbst und den lebendigen Sinnbildungen beruhenden, sich lebendig fortgestaltenden Wirklichkeit, stellt er die narrativ konstruierte Person, im Sinne einer gesellschaftlich festgelegten Institution, die über das jeweils Erlebte und Erfahrene hinausgeht, gegenüber.

Christian Bermes legt in seinem Beitrag eine systematische Reformulierung des Scheler'schen Begriffs der Person vor und verankert den Personbegriff in der philosophischen Anthropologie. Personalität sei kein eigenständiges Prädikat bestimmter Lebewesen, sondern vielmehr ein Formbegriff des Verstehens, der in der lebendigen Interaktion zwischen Menschen relevant wird. Wir wissen von Personen im Sinne einer nicht-propositionalen Gewissheit, die Scheler als das »Verstehen« einer je konkreten Person bezeichnet. Da dem so verstandenen Personbegriff keine prädikative Eigenständigkeit zukommt, ist er auf die Verankerung in einer bestimmten Lebensform angewiesen. Diese Lebensform sei die des Menschen, weil nur die menschliche Lebensform sich durch Reziprozität auszeichnet und dieses Vermögen des Perspektivenwechsels die anthropologische Bedingung für Personalität zu sein scheint. Der Gedanke einer derartigen anthropologischen Verankerung der Personalität werde allerdings erst bei Plessner recht eigentlich ausgearbeitet.

Dan Zahavi wendet sich der Bestimmung der Subjektivität diesseits von Personalität zu. Aus einer phänomenologischen Perspektive verteidigt er den Begriff eines minimalen Erlebnisselbst, das weder eine Substanz noch eine Eigenschaft noch eine bloße Ansammlung von Erlebnissen ist, sondern sich durch den erst-personalen Charakter der Jemeinigkeit des Erlebens auszeichnet. In einer Auseinandersetzung mit Barry Dainton einerseits und Galen Strawson andererseits entwickelt Zahavi eine Konzeption der Zeitlichkeit dieses Selbst. Daintons Begriff eines in den Bewusstseinspausen potentiell bewussten Selbst weiche zu stark von einem erlebnisorientierten Ansatz ab, während Strawsons These einer Pluralität der Selbste phänomenologisch kontraintuitiv sei. Während die zeitliche Dauer des Erlebnisselbst zwar in der Tat nicht über die lebendige Gegenwart hinausreiche, werde die Einheit des Erlebnisselbst in einem weiteren Sinne nichtsdestotrotz, und sogar über erlebnislose Episoden hinweg, durch die erlebte Bezogenheit des Erinnerten auf die Jemeinigkeit gesichert.

Stefano Micali entwickelt eine genetische Phänomenologie der Person, indem er sich den psychopathologischen Deformationen der Person in der Melancholie zuwendet. Er wählt diesen Umweg, weil seines Erachtens gerade über die Störungen der Personalität deren normale Genesis besonders gut fassbar wird. In der Melancholie fände eine Depersonalisation statt, in der der Melancholiker nicht mehr von der Welt und den Anderen affiziert wird, nicht mehr die Möglichkeit erlebt, schöpferische Antworten auf diese Widerfahrnisse zu finden, und sich mit seinen Antworten nicht mehr zu identifizieren vermag. Dieser Umstand aber weist Micali zufolge darauf hin, dass es in der nicht-pathologischen Genesis der Person zwischen passiv-affektivem Selbst und aktiv-handelnder Person ein personales Selbst gibt, welches durch das emotive Verhältnis zu seinen Antworten auf die Welt und auf Andere entsteht. Die Personalität erwächst damit ursprünglich einer emotiven Reflexivität, in der das Selbst emotiv auf seine eigenen spontanen Antworten auf die Widerfahrnisse reflektiert und sich mit diesen identifiziert.

Thiemo Breyer wendet sich dem Ursprung des Personbegriffs im Schauspiel zu. Er vertritt die Auffassung, dass sich die divergierenden Personkonzeptionen der Gegenwart als verschiedenartige Weiterentwicklungen eines im Schauspiel zutage tretenden Urphänomens verstehen lassen. Ein erster Teil erörtert zeitgenössische Persontheorien und unterteilt diese insbesondere in kriteriologische, askriptive und substanzialistische. In einem zweiten Teil stellt Breyer Michael Theunissens Wesensphänomenologie der Person vor, der zufolge sich zentrale Theorietypen der Person auf die phänomenologische Analyse des Schauspiels zurückführen lassen: Die These einer Relativität der Person ließe sich an die Rolle, die der Absolutheit der Person an den Rollenträger und die der Autarkie der Person an das Selbstbewusstsein binden. Im dritten Teil wendet sich Breyer Helmuth Plessners Untersuchungen anthropologischer Formen des Schauspiels zu, um diese als Bedingungen von Personalität und ihren verschiedenen Ausprägungen auszuzeichnen.

Hans-Peter Krüger wählt einen philosophisch-anthropologischen Zugang zum Thema seines Aufsatzes »Personales Leben«. Grundlage dafür ist seine Weiterentwicklung der Position Helmuth Plessners. Dieser hatte in *Macht und menschliche Natur* für die »wertedemokratische Gleichstellung aller Kulturen« argumentiert, und zwar im Zeichen der Unergründlichkeit des Menschen bzw. der Öffnung der bisherigen Wesensbestimmungen für eine gemeinsame Zukunft. Krüger skizziert das methodische Rüstzeug, mit dem Plessner dualistischen Verkürzungen des personalen Lebens entgeht: Anknüpfungen an Max Schelers Neuausrichtung der phänomenologischen Methode und an Georg Mischs Systematisierung der hermeneutischen Lebensphilosophie Diltheys, die Transformation der Dialektik in eine Methode der Rekonstruktion von Verhaltenskrisen und die Freilegung von Präsuppositionen von empirischen Anthropologien. Im Hauptteil seines Aufsatzes rekonstruiert Krüger dann die Grundzüge von Plessners naturphilosophischer Fundierung des Vergleichs humaner mit non-humanen Lebensformen.

Dieter Lohmar wendet sich in seinem Beitrag einem Thema zu, das die oftmals strikt angesetzte Unterscheidung von menschlichen Personen, die sprechen und erkennen können, und Tieren, die dies beides nicht können, betrifft. Seine These ist, dass auch Tiere erkennen können, weil die niedrigste Stufe des Erkennens nicht im propositionalen, sprachlichen Urteil, sondern in der mit Typen operierenden Wahrnehmung gleichartiger Gegenstände zu finden ist. In einer phänomenologischen Analyse der Wahrnehmung zeigt er, dass von Erkenntnis erstmals dann die Rede sein kann, wenn kein fungierender Typus zur Erfassung des Gegebenen hinreicht und angesichts der damit verknüpften Unsicherheit eine willentliche Zuwendung und eine Suche nach ›Erklärungen‹ erfolgt. Donald Davidsons Einwände gegen die Möglichkeit der Erkenntnis bei Tieren weist Lohmar mit dem Argument zurück, dass Davidsons Einwände dem propositionalen Paradigma der sprachanalytischen Philosophie entsprängen, welches mit der Bindung von Erkennen an Sprache eine dogmatische Vorentscheidung treffe.

Der zweite Teil des Bandes behandelt »Die Person in Relation zu Leib und Organismus« und wird von *Thomas Fuchs* eröffnet. Er argumentiert in seinem Beitrag »Leiblichkeit und personale Identität« für zwei Thesen: Die Leiblichkeit stelle die Grundschicht der Subjektivität dar und das leibliche Gedächtnis bildet die Grundlage personaler Identität. Fuchs stellt die Aporien heraus, in die man gerät, wenn man mit einer von Descartes über Locke bis in die analytische Gegenwartsphilosophie reichenden Tradition die Trennung oder Trennbarkeit des personalen Subjekts von seiner Leiblichkeit und Lebendigkeit behauptet. Er beruft sich dabei sowohl auf alltägliche Phänomene wie das morgendliche Erwachen als auch auf psychopathologische Befunde am Beispiel von schizophrenen Patienten und macht in diesem Kontext auf die zentrale Bedeutung des phänomenologischen Konzepts des

Leibgedächtnisses aufmerksam. Personales Selbstsein und personale Persistenz hängen Fuchs zufolge primär von der präreflexiven Selbstvertrautheit und natürlichen Selbstverständlichkeit ab, die im Leib und im leiblichen Gedächtnis begründet sind.

Logi Gunnarssons Aufsatz »Wie man seinen Körper mit einem anderen teilen kann. Zu personaler Identität und Individuation« hebt aus dem Spektrum des Themenfeldes »Personale Identität« zunächst die Frage nach der Individuation fundamentaler Entitäten heraus. Ausgehend davon stellt Gunnarsson drei Punkte ins Zentrum seiner Überlegungen. Er argumentiert erstens ausführlich für die von ihm sogenannte »Koexistenzthese«, der zufolge jeder von uns eine fundamentale Entität ist, von der es mehrere in einem Körper geben könnte. Zweitens entwickelt er ein Kriterium zur Individuation fundamentaler Entitäten bzw. eine hinreichende Bedingung für die Präsenz zweier solcher Entitäten in einem Körper. Drittens verknüpft Gunnarsson analytische mit phänomenologischen Perspektiven, indem er am Beispiel Merleau-Pontys zeigt, dass eine phänomenologische Leibkonzeption nur auf den ersten Blick in Konflikt mit der Koexistenzthese steht, tatsächlich aber ohne Weiteres die Möglichkeit zweier getrennter Leiblichkeiten in einem einzelnen Lebewesen einräumt.

Christian Kanzian untersucht verschiedene philosophische Ansätze zur Bestimmung des Verhältnisses zwischen »Person und Organismus«. Nach Vorbemerkungen zu seinem Selbstverständnis als analytischer Philosoph, in denen er die Offenheit der analytischen Diskussion für ganz verschiedene inhaltliche Positionen und philosophische Traditionen betont, skizziert er mit Lynne Rudder Bakers Konstitutionstheorie eine der gegenwärtig einflussreichsten Positionen zur Ontologie der Person. Seines Erachtens lassen sich jedoch einige grundlegende Probleme identifizieren, vor denen die Konstitutionstheorie steht; Probleme, von denen auch biologistische, supervenienztheoretische oder dualistische Positionen betroffen sind. Kanzian argumentiert dafür, dass die von ihm entwickelte hylemorphistische Konzeption organischer Personalität hier weiterführend ist, und hebt abschließend das Potential des Hylemorphismus hervor, den Dialog zwischen analytischen und nicht-analytischen Zugangsweisen zu befördern.

Matthias Wunsch wendet sich in seinem Aufsatz »Stufenontologien der menschlichen Person« von Seiten der modernen philosophischen Anthropologie und der analytischen Philosophie der ontologischen Binnenstruktur menschlicher Personalität zu. Im Zuge seiner Untersuchung entwickelt er drei Thesen: Erstens sind Stufenontologien gut geeignet, die verschiedenen Aspekte menschlicher Personalität in ihren Beziehungen zueinander und in ihrer Einheit zu begreifen. Zweitens können sich Helmuth Plessners anthropologische und Lynne Bakers analytische Stufenontologie in systematisch fruchtbarer Weise wechselseitig ergänzen. Über diese beiden Positionen hinaus bringt Wunsch mit der »Neuen Ontologie« Nicolai Hartmanns einen weiteren Ansatz ins Spiel, im Rückgriff auf den er seine dritte These verdeutlicht: In Hinblick auf eine zureichende Konzeption menschlicher Personalität müssten die in der Locke'schen Tradition stehenden, stark *mind*-orientierten Ansätze, wie derjenige Bakers, in eine *philosophy of spirit* eingebettet werden.

Gerald Hartung geht in seinem Beitrag »Organismus und Person. Über die Grenzen der Biologie der Person« von einer Forschungsrichtung aus, deren Diskussion in dem vierbändigen und knapp viertausend Seiten umfassenden Werk »Die Biologie der Person« (1926–31) dokumentiert ist, das von dem Mediziner Theodor Brugsch und dem Neurologen Friedrich Heinrich Lewy herausgegeben wurde. Es bildet den heterogenen Zwischenstand einer Debatte über die »Konstitution« des Menschen, die auch heute noch von Interesse ist, weil das Grundproblem, das sie aufwirft, systematischer Art ist: das Problem der Individualität. Hartung verfolgt dessen Hintergründe bei Theodor Brugsch selbst und bei Friedrich Kraus, dem Begründer der Forschungsrichtung. Außerdem macht er von Seiten der Psychopathologie der Person her, und zwar mit Erwin Straus und Kurt Goldstein, auf Grenzen des Projekts einer Biologie der Person aufmerksam, die für die aktuelle phänomenologische Anthropologie von Bedeutung sein können.

Der Aufsatz, der in den dritten Teil des Bandes, »Die Person in praktischen Zusammenhängen«, überleitet und einführt, stammt von *Dieter Sturma*. Unter dem Titel »Akteur und Anerkennung. ›Person‹ als Grundbegriff der theoretischen und praktischen Philosophie« gibt er im Ausgang von Locke, Kant und der analytischen Philosophie einen Überblick zu den wichtigsten Grundzügen des Personbegriffs. Im Mittelpunkt steht dabei die Auffassung, dass sich trotz vielfältiger philosophischer Verwendungsweisen ein Kernbereich des Begriffs ausmachen lässt. »Person« bezeichnet »einen Akteur, der sich zum einen epistemisch und praktisch *zu* Gründen und *aus* Gründen verhält sowie zum anderen intentionales Korrelat der Zuschreibung von Gründen ist«. In diesem Kontext diskutiert Sturma schrittweise die Bedeutung der Konzepte »Identität« und »Selbstreferenz«, »Bewusstsein« und »Handlung« sowie »Zuschreibung« und »Anerkennung« für die Philosophie der Person. Er beschließt diesen Übergang von theoretischen zu praktischen Themenfeldern mit einer Diskussion der bioethischen Rolle des Personbegriffs und des Verhältnisses zwischen »Person« und »Mensch«.

Dieter Birnbacher argumentiert für einen Verzicht auf den Personbegriff im Zusammenhang der Begründung bioethischer Normen. Eine Auseinandersetzung mit der Art und Weise, wie der Personbegriff in der Bioethik verstanden und verwendet wird, lässt Birnbacher den Kern der Debatte in der Konfrontation zwischen Äquivalenz-Doktrin (»alle lebenden menschlichen Wesen sind Personen«) und Nicht-Äquivalenz-Doktrin erblicken.

Beide Ansätze jedoch seien sowohl theoretisch als auch normativ defizitär und produzierten kontraintuitive Ergebnisse. Birnbacher plädiert dafür, bei der Begründung bioethischer Normen nicht im Ausgang vom Personbegriff, sondern von den Eigenschaften und Fähigkeiten zu argumentieren, die sich hinter diesem Begriff verbergen, sowie den Bedürfnissen bei der Begründung von Normen ein stärkeres Gewicht einzuräumen. Erst dann könne die Bioethik die erforderliche Transparenz, Differenzierung und inhaltliche Plausibilität erreichen, die durch den Rekurs auf den Personbegriff eher verhindert wird.

Heike Baranzke untersucht, in welcher Weise der Locke'sche Personbegriff in der Bioethik eingesetzt wird. Sie gelangt zu der Diagnose einer folgenschweren Verschiebung in der Fragestellung: Während Locke mit seinem Personbegriff auf die Frage nach dem Subjekt der Verantwortung antwortet, verwendet Michael Tooley seinen in Anschluss an Locke entwickelten Personbegriff als Antwort auf die Frage nach dem Träger von Lebensrechten; diese Verschiebung führt dazu, dass das Locke'sche Kriterium für das Subjekt der Zurechnung in bioethischen Debatten zu einem Kriterium für das Haben von Grund- und Lebensrechten umgewandelt wird. Mit Baker und Steinvorth plädiert Baranzke angesichts der hieraus resultierenden Schwierigkeiten dafür, den Personbegriff in Anknüpfung an Locke selbst als einen praktischen Reflexionsbegriff zu verstehen: Die bioethische Debatte könnte einen neuen Impuls erhalten, wenn sie sich darauf besänne, dass es die moralische Person als Subjekt der Verantwortung sei, welche biomedizinische Urteile fälle, die sie zu verantworten habe.

Inga Römer wendet sich dem Problem von Person und moralischer Verbindlichkeit zu. Sie geht der Geschichte des Personbegriffs in der analytischen Philosophie und der Phänomenologie nach und gelangt zu der These, dass sich diese beiden Traditionen in der Theorie der narrativen Identität begegnen, dabei aber eine gewisse Gegenüberstellung eines analytischen Konstruktivismus und einer phänomenologischen Theorie gelebter Narrativität erhalten bleibt. Alternativ zu der Verknüpfung der frühen Theorien narrativer Identität mit einer aristotelischen Ethik des guten Lebens knüpft sie an den kantianischen Ansatz von Korsgaard an, der moralische Verbindlichkeit über den Begriff einer praktischen und moralischen Identität der Person zu begründen sucht. Sie schließt mit der Hypothese, dass Korsgaards konstruktivistischer Ansatz durch Einsichten der phänomenologischen Tradition derart zu modifizieren ist, dass die moralische Verbindlichkeit nicht mehr aus einer voluntaristisch gefassten praktischen Identität, sondern aus einer prozessualen Identität der antwortenden Person begreiflich wird.

Martina Herrmanns Beitrag »Empathie in Beziehungen zwischen Personen« geht angesichts der Einschätzung, dass persönliche Beziehungen für ein gelingendes Leben allgemein als unverzichtbar gelten, von zwei Fragen aus, die das Phänomen der Empathie bzw. des »Nachfühlens« mit anderen betreffen: Wie lässt sich das Phänomen erstens möglichst elementar beschreiben und erläutern? Und welche Rolle spielt es zweitens für zwischenmenschliche Beziehungen? In der ersten Frage greift sie auf phänomenologische Analysen zurück, die Gefühle von anderen als Atmosphären (Hermann Schmitz) und direkt als solche nachfühlbar (Edith Stein) beschreiben, um dann in begrifflicher Analyse drei Momente des Nachgefühls zu identifizieren: einen Wissensaspekt, einen Repräsentationsaspekt und eine Gefühlsqualität. Hinsichtlich der zweiten Frage argumentiert Herrmann dafür, dass das Nachfühlen eine beziehungskonstitutive Bedeutung hat, da es einem anderen zeigen kann, dass er geschätzt bzw. anerkannt wird, und Element eines gemeinsamen Fühlens sein kann.

Volker Schürmann legt den Fokus seines Beitrags »Leibhaftige Personen – antastbare Würde« auf die spezifische Schutzfunktion, die der Personbegriff stiftet. Er versteht Personalität nicht wie die in der Locke'schen Tradition stehenden Theorien als Leistungsmerkmal des Individuums, sondern als gesellschaftlichen Status, der darin besteht, dass Personen als Würdige gelten, durch Würde definiert sind. Dass er allen Menschen kategorisch zukommt, sei keine merkmalsbasierte These, sondern eine »Tatsache des Völkerrechts«. Das Hauptanliegen des Aufsatzes ist es dann zu erläutern, inwiefern die Identifizierung von Personen mit allen Menschen zwar kontingent, aber nicht einfach eine dezisionistische Festlegung ist. Dazu entwickelt Schürmann (i) eine anthropologische These der Leibhaftigkeit von Personen, die er von leibphänomenologischen Ansätzen zur Leiblichkeit von Personalität unterscheidet. Darüber hinaus konzipiert er (ii) den Schutz der körperlichen Unversehrtheit als Schutz der Würde und diskutiert abschließend die »Normativität des Leibes«.

Wie aussichtsreich eine systematisch-multiperspektivische Philosophie der Person ist, muss als eine offene Frage gelten, aber die Diskussion darüber ist nun eröffnet. – Der Band geht auf eine Tagung zurück, die im März 2012 an der Bergischen Universität Wuppertal stattgefunden hat und während der etwa zwei Drittel der Autoren einen Vortrag gehalten haben. Die Herausgeber haben gezielt weitere ausgewiesene Forscher um einen Beitrag gebeten, um eine möglichst große systematische Ausgewogenheit und thematische Vollständigkeit des Bandes zu erreichen. Wir danken den Referenten und Beiträgern für ihre Mitarbeit an dem Projekt und die gute Kooperation. Der Alexander von Humboldt-Stiftung danken wir für die großzügige Finanzierung sowohl der Tagung als auch des vorliegenden Bandes. Dieser Finanzierungsweg wurde uns von László Tengelyi eröffnet, dem wir für seine Unterstützung ebenfalls herzlich danken. Bei der Organisation und Durchführung der Tagung standen uns Martina Overhoff, Philip Flock, Thuy Großmann-Vu, Daniel Rompf und Willi Steffler zur Seite. Auch ihnen gilt unser Dank.

Des Weiteren sei Nadja El Kassar und Philip Flock ein herzlicher Dank gesagt für ihre sorgfältige Übersetzung der Aufsätze von Logi Gunnarsson und Dan Zahavi. Weiterhin danken wir Michael Quante und Dieter Sturma für ihre Bereitschaft, den vorliegenden Band in die Reihe »ethica« aufzunehmen. Michael Kienecker danken wir für die angenehme Kooperation mit dem Verlag mentis.

Wuppertal, Oktober 2013   Inga Römer und Matthias Wunsch

LITERATUR

Fischer, Joachim: *Philosophische Anthropologie. Eine Denkrichtung des 20. Jahrhunderts*, Freiburg – München 2008.

Frankfurt, Harry G.: Freedom of the Will and the Concept of a Person (1971). In: ders.: *The Importance of What We Care About. Philosophical Essays*. Cambridge – New York 1998, S. 11–25 (dt. Willensfreiheit und der Begriff der Person. In: *Analytische Philosophie des Geistes*, hg. von Peter Bieri. Königstein / Ts. 1981, S. 287–302).

Hartmann, Nicolai: *Ethik*, Berlin 1962.

Haucke, Kai: *Das liberale Ethos der Würde. Eine systematisch orientierte Problemgeschichte zu Helmuth Plessners Begriff menschlicher Würde in den Grenzen der Gemeinschaft*, Würzburg 2003.

Heidegger, Martin: *Sein und Zeit*, Tübingen [17]1993.

– *Grundprobleme der Phänomenologie*, GA 24, Frankfurt am Main [3]1975.

Herrmann, Martina: Der Personbegriff in der analytischen Philosophie. In: Sturma (Hg.): *Person*, S. 163–185.

Husserl, Edmund: *Ideen zu einer reinen Phänomenologie und phänomenologischen Philosophie. Zweites Buch: Phänomenologische Untersuchungen zur Konstitution*, Hua IV, hg. von Martin Biemel. Den Haag 1952.

– *Einleitung in die Ethik. Vorlesungen Sommersemester 1920/1924*, Hua XXXVII, hg. Henning Peucker. Dordrecht u. a. 2004.

Kannetzky, Frank / Tegtmeyer, Henning (Hgg.): *Personalität. Studien zu einem Schlüsselbegriff der Philosophie*, Leipzig 2007.

Kannetzky, Frank / Tegtmeyer, Henning: Begriff der Person und Theorie der Personalität. In: *Personalität. Studien zu einem Schlüsselbegriff der Philosophie*, hgg. von F. Kannetzky und H. Tegtmeyer. Leipzig 2007, S. 5–15.

Kannetzky, Frank: Weder Bewusstseinsimmanenz noch Schnittpunktexistenz. In: *Personalität. Studien zu einem Schlüsselbegriff der Philosophie*, hgg. von F. Kannetzky und H. Tegtmeyer. Leipzig 2007, S. 213–251.

Krüger, Hans-Peter: *Gehirn, Verhalten und Zeit. Philosophische Anthropologie als Forschungsrahmen*, Berlin 2010.

Leonardy, Heinz: *Liebe und Person. Max Schelers Versuch eines »phänomenologischen« Personalismus*, Den Haag 1976.

Melle, Ullrich: Edmund Husserl: From Reason to Love. In: *Phenomenological Approaches to Moral Philosophy. A Handbook*, hgg. von John J. Drummund und Lester Embree. Dordrecht – Boston – London 2002, S. 229–248.

Niederbacher, Bruno / Runggaldier, Edmund (Hgg.): *Was sind menschliche Personen? Ein akttheoretischer Zugang*, Frankfurt a. M. 2008.

Plessner, Helmuth: *Die Stufen des Organischen und der Mensch. Einleitung in die philosophische Anthropologie* (1928), Berlin – New York 1975.

– *Macht und menschliche Natur. Ein Versuch zur Anthropologie der geschichtlichen Weltansicht* (1931), Gesammelte Schriften V, Frankfurt a. M. 1981, S. 135–234.

Quante, Michael (Hg.): *Personale Identität*, Paderborn 1999.

Quante, Michael: *Personales Leben und menschlicher Tod. Personale Identität als Prinzip der biomedizinischen Ethik*, Frankfurt a. M. 2002.
– *Person*, Berlin – New York 2007.
– *Menschwürde und personale Autonomie. Demokratische Werte im Kontext der Lebenswissenschaften*, Hamburg 2010.
Ricœur, Paul: *Soi-même comme un autre*, Paris 1990 (dt. *Das Selbst als ein Anderer*, übersetzt von Jean Greisch in Zusammenarbeit mit Thomas Bedorf und Birgit Schaaff, München 1996).
Römer, Inga: Von der wertmaximierenden Leistungsmaschine zur vernünftigen liebenden Person. Subjektivität in Husserls Ethik. In: *Journal Phänomenologie* 36, hg. Sebastian Luft, 2011, S. 21–35.
– Person und Persönlichkeit bei Max Scheler und Nicolai Hartmann. In: *Von der Systemphilosophie zur systematischen Philosophie – Nicolai Hartmann*, hgg. von Gerald Hartung, Matthias Wunsch und Claudius Strube. Berlin – Boston 2012, S. 259–276.
Scheler, Max: *Der Formalismus in der Ethik und die materiale Wertethik. Neuer Versuch der Grundlegung eines ethischen Personalismus*, hg. von Maria Scheler, Bern – München [5]1966.
– Die Sonderstellung des Menschen. In: *Der Leuchter. Weltanschauung und Lebensgestaltung*. 8. Buch: Mensch und Erde, hg. von Graf Hermann Keyserling. Darmstadt 1927, S. 161–254.
– Ordo amoris. In: ders.: *Schriften aus dem Nachlass. Band 1: Zur Ethik und Erkenntnislehre*, hg. von Maria Scheler, Bern 1957, S. 345–376.
Schürmann, Volker: Personen der Würde. In: *Personalität. Studien zu einem Schlüsselbegriff der Philosophie*, hgg. von F. Kannetzky und H. Tegtmeyer. Leipzig 2007, S. 165–185.
Stoecker, Ralf: Metaphysische Personen als moralische Personen. In: *Allgemeine Zeitschrift für Philosophie* 22, 1997, S. 245–271.
Sturma, Dieter (Hg.): *Person. Philosophiegeschichte – Theoretische Philosophie – Praktische Philosophie*, Paderborn 2001.
Sturma, Dieter: Person und Philosophie der Person. In: ders. (Hg.), *Person*, S. 11–22.
– *Philosophie der Person. Die Selbstverhältnisse von Subjektivität und Moralität*, 2., unveränd. Aufl. Paderborn 2008.
Strawson, Peter F.: *Individuals. An Essay in Descriptive Metaphysics*, London 1959 (dt. *Einzelding und logisches Subjekt*, Stuttgart 1972).
Tengelyi, László: Vorwort. In: *Subjektivität und Intersubjektivität in der Phänomenologie*, hg. von Inga Römer, Würzburg 2011, S. 9–10.
Williams, Bernard: Personenidentität und Individuation. In: ders., *Probleme des Selbst. Philosophische Aufsätze 1956–1972*, Stuttgart 1978, S. 7–36.

I.
SELBST, LEBEN
UND PERSON

László Tengelyi

DAS SELBST UND DIE PERSON

Lange Zeit hindurch galt es als eine geschichtsphilosophische Grundeinsicht, dass die Frage nach dem Selbst und der personalen Identität erst in der Neuzeit auftaucht. Noch in unseren Zeiten behandeln zwar monographische Darstellungen dieses Themenbereichs – von Harold Noonans *Personal Identity*[1] bis zu Marya Schechtmans *The Constitution of Selves*[2] und von Paul Ricœurs *Soi-même comme un autre*[3] bis zu Michael Quantes Buch *Person*[4] – in einem beinahe obligatorisch gewordenen Überblick die Debatte, die in der englischen Philosophie des 17. und des 18. Jahrhunderts unter Beteiligung von Denkern wie John Locke, Joseph Butler, Thomas Reid und David Hume geführt wurde,[5] wobei sie manchmal auch Immanuel Kant in die Diskussion einbeziehen, aber auf Denker in der Zeit weiter zurückliegender Epochen gehen sie so gut wie niemals ein. Doch sehen wir heute deutlicher als früher, dass Subjekt, Person und Selbst bereits seit der Antike eine nicht zu vernachlässigende Rolle in der Philosophie gespielt haben. Besonders eindringlich, dabei aber auch überaus nuanciert, wird diese Ansicht von Richard Sorabji in seinem Buch über das Selbst vertreten.[6] Daraus können wir ersehen, dass unser Thema – zumindest im westlichen Denken – eine gewisse Universalität für sich beansprucht. Dass es sich dabei nicht auch schon um eine kulturelle Konstante handelt, hat uns bereits der vielverhandelte Buddhismus eines Autors wie Derek Parfit eingeschärft.[7] Die Philosophie ist viel enger mit der westlichen Denkentwicklung verbunden, als dass sich ihre Fragen unmittelbar auf kulturelle Konstanten beziehen ließen. Trotzdem spricht einiges dafür, dass die Begriffe *Person* und *Selbst* mit unserem lebensweltli-

---

[1] Noonan, *Personal Identity*.
[2] Schechtman, *The Constitution of Selves*.
[3] Ricœur, *Soi-même comme un autre*.
[4] Quante, *Person*, Kap. 3.
[5] Oft wird dazu folgende Textsammlung verwendet: Perry (Hg.), *Personal Identity*.
[6] Sorabji, *Self*.
[7] Parfit, *Reasons and Persons*.

chen Erfahrungsbewusstsein, unserem alltäglichen Sprachgebrauch und vielleicht sogar unserer spezifisch menschlichen Existenzweise als solcher eng verbunden sind. Daher können Phänomenologie, sprachanalytische Philosophie und philosophische Anthropologie eine durchaus sinnvolle Zusammenarbeit miteinander eingehen, um diesen Themenbereich möglichst vielseitig zu behandeln.

Es ist dabei lohnenswert, die verschiedenen Leitbegriffe der Untersuchung deutlich auseinanderzuhalten. Den Begriff des *Subjekts* erwähne ich an erster Stelle, aber ich gehe auf ihn im gegenwärtigen Zusammenhang eigentlich nur deshalb ein, weil er den Hintergrund zur Analyse der beiden anderen Begriffe bildet. Wohl zu Recht hat Heidegger in den 1920er Jahren wiederholt betont, dass die gesamte Philosophiegeschichte durch einen »Zug auf das ›Subjekt‹« gekennzeichnet ist.[8] Er hob insbesondere hervor, dass die Subjektivität in der Gestalt subjektiver Vermögen wie *Psyché*, *Logos*, *Nous* usw. bereits in der antiken Philosophie zum Gegenstand philosophischer Besinnung gemacht wurde. Das trifft schon auf Heraklit und Parmenides und dann erst recht auf Platon und Aristoteles zu. In der Spätantike erhebt Plotin die Subjektivität sogar zu einem Hauptthema seiner Philosophie, indem er das Eine, den Geist, die Seele und die Materie nicht allein als Seinsstufen darstellt, sondern zugleich den Weg der Seele von der Materie zum Geist und zum Einen zu beschreiben sucht. Mit Augustin erhält die so begriffene Subjektivität sogar eine personale Fassung und eine individuelle Färbung. Von langer Hand bereitete sich diese Wende bei Denkern wie Plutarch, Seneca, Epiktet oder Marcus Aurelius, aber auch bei Plotin selbst vor. Doch ist Augustin von besonders prägender Wirkung, und zwar nicht allein auf das Mittelalter, sondern auch auf die Neuzeit. Mit ihm beginnt bereits eine Vorgeschichte des Cartesischen Cogito, selbst wenn die Unterschiede zwischen den beiden Fassungen unverkennbar bleiben.[9] Nicht ohne Grund fügt jedoch Heidegger hinzu, dass die Entdeckung der Subjektivität in der westlichen Philosophie mit einem grundsätzlichen Versäumnis einhergeht: »Denn das Ich, das Bewußtsein, die Person wird so in die Metaphysik hineingenommen, daß *dieses Ich gerade nicht in Frage gestellt wird.*«[10] Deshalb kann ein selbstmächtiges und selbstgenügsames Subjekt in der neuzeitlichen Philosophie vorherrschend werden.

Vor diesem Hintergrund erhält die Frage nach Person und Selbst eine besondere Bedeutung. Denn sie kann zur Auseinandersetzung, die in der zeitgenössischen Philosophie mit der neuzeitlichen Idee eines selbstmächtigen und selbstgenügsamen Subjekts seit Jahrzehnten geführt wird, Wesentliches

---

[8] Heidegger, *Die Grundprobleme der Phänomenologie*, S. 444.
[9] Siehe dazu Marion, *Au lieu de soi*.
[10] Heidegger, *Die Grundbegriffe der Metaphysik*, S. 84.

beitragen. Um das Ich im Sinne von Heidegger »in Frage zu stellen« – und damit das Versäumnis der metaphysischen Tradition nachzuholen –, muss man ja als Allererstes erkennen, dass es weder eine Cartesische *res cogitans* noch ein Fichte'sches Ich der Tathandlung, sondern ein Selbst und eine Person ist. Darin liegt schon, dass es sich bei dem Ich keineswegs etwa um einen *solus ipse* handelt, sondern um ein Subjekt, das die Gestalt eines Ichs immer nur im Verhältnis zu Anderen annimmt. Zugleich taucht jedoch die Frage auf, ob nicht auch ein Unterschied zwischen den Begriffen *Selbst* und *Person* gemacht werden muss. Seit John Locke steht ja fest, dass jeder das eigene Selbst in sich findet, ein Anderer hingegen in ihm nur dieselbe Person sieht.[11] Der Begriff des Selbst ist somit an eine Selbstbesinnung und Innenbetrachtung oder, anders gesagt, an eine Erste-Person-Perspektive gebunden; der Begriff der Person fügt sich dagegen in eine Dritte-Person-Perspektive, also in die Betrachtungsweise eines äußeren Zuschauers ein. Bekanntlich geht Locke so weit, den Begriff der Person deshalb als einen »forensischen Terminus«[12] zu charakterisieren. Damit ist angedeutet, dass die Person als Rechtssubjekt vor Gericht – und ebenso als moralisches Subjekt vor dem Gewissen – verantwortlich für ihre Taten ist. Lob und Tadel wie auch Belohnung und Strafe gelten daher der Person. Daraus geht deutlich hervor, dass der Begriff der Person in einem Denkzusammenhang seinen Ort findet, der durch Recht und Moral bestimmt ist.[13] Locke sieht aber deutlich, dass die Fähigkeit, sich von innen her als ein Selbst zu erfassen, eine notwendige Bedingung für das Personsein ist. Ohne Selbst gibt es keine Person. Man könnte als einen weiteren Unterschied zwischen den beiden Begriffen nennen, dass die Person als eine Entität in der Welt gilt, das Selbst dagegen eine bewusstseinsinterne Gegebenheit darstellt. Aber auch von dieser Seite her erweist sich bei Locke das Personsein als bedingt durch die Selbstheit. Denn die Person ist eine Entität, die durch andere Identitätskriterien bestimmt ist als die Dinge der Welt. Ihre Identität mit sich selbst besteht ja nach Lockes berühmten Worten nicht in der »Identität der Substanz«, sondern in der »Identität des Bewusstseins«. Die Person bleibt auch ihrem ontologischen Status nach vom Bewusstsein abhängig; es kommt ihr sozusagen eine bewusstseinsbedingte Existenz zu.

Wir wollen daher unsere Erörterung des Unterschiedes zwischen Selbst und Person mit einer phänomenologisch angelegten Untersuchung über das

---

[11] Locke, *An Essay Concerning Human Understanding*, S. 220: »Whenever a man finds what he calls himself, there, I think, another may say is the same person.«

[12] Locke, *An Essay Concerning Human Understanding*, S. 220.

[13] Noonan, *Personal Identity*, S. 39 f.: »When Locke says that person is a *forensic* term, then, what he is saying is that the interests which best explain our employment of this particular method of classification are those of morality and law.«

Selbst beginnen. Wir werden dabei einerseits zwischen vorreflexivem Selbstbewusstsein und reflexiver Selbsterfassung, andererseits zwischen passiver und aktiver Selbstkonstitution unterscheiden. Im Rahmen der letzteren Unterscheidung soll das narrative Verständnis des Selbst, das in den Diskussionen über die personale Identität der letzten drei Jahrzehnte eine führende Rolle gespielt hat, zur Sprache gebracht werden. In einem zweiten Schritt wollen wir dann auf die Frage eingehen, wie das Personsein in seiner Bedingtheit durch Selbstbewusstsein und Selbstkonstitution begreiflich gemacht werden kann. Wir wollen dabei die phänomenologische Gegenüberstellung von Sinnbildung und Sinnstiftung dazu verwenden, den Unterschied zwischen dem Selbst und der Person begreiflich zu machen. Damit greifen wir zugleich einen Gedanken auf, den in einer neueren Debatte über das narrative Verständnis des Selbst bereits mehrere Autoren angedeutet haben.

1. Selbstkonstitution in der passiven Sphäre

Da die personale Identität nicht von derselben Art ist wie die Beharrlichkeit einer Dingsubstanz inmitten des Wechsels ihrer Eigenschaften, kann das Selbst auch nicht etwa als ein identisches Substrat von Veränderungen aufgefasst werden. Schon deshalb nicht, weil es in diesem Sinne des Wortes keineswegs notwendig identisch mit sich selbst bleibt. Wie Paul Ricœur sagt, ist die Selbstheit (*ipséité*) von der Selbigkeit (*mêmeté*) zu unterscheiden. Man kann den Sinn dieser Unterscheidung deutlich machen, indem man sich auf eine grundlegende Beobachtung beruft: Während meines Lebens kann ich mich bis zu dem Grad ändern, dass ich nicht mehr derselbe bleibe, der ich war; gleichwohl kann ich mich niemals in dem Maße ändern, dass ich nicht mehr *ich selbst* bin, sondern ein *Anderer* werde.

Da weiterhin die Selbstheit des Selbst im Gegensatz zur Selbigkeit der Dingsubstanzen nicht von außen her festgestellt, sondern von innen her erlebt oder erfahren wird, gibt es kein Selbst ohne einen Selbstbezug, ohne ein Verhalten zu sich selbst. Emmanuel Levinas drückt diese Beobachtung besonders deutlich aus: »Das Ich ist nicht ein Wesen, das immer dasselbe bleibt, sondern dasjenige Seiende, dessen Existieren darin besteht, sich zu identifizieren, seine Identität durch alle Begegnisse hindurch wiederzufinden.«[14] Es handelt sich dabei um eine Identität, die nicht etwa in der Selbigkeit eines unwandelbaren Kerns besteht, sondern vielmehr darin, sich zu sich selbst stets zu verhalten und sich in diesem Selbstbezug ständig wiederzufinden.

---

[14] Levinas, *Totalité et Infini*, S. 25 (dt. S. 40).

Damit ist ein aktives Verhältnis zu sich selbst angedeutet, das aber ohne eine passive und affektive Grundlage vermutlich gar nicht möglich wäre. Von David Hume stammt die Einsicht, dass es zwei Verständnismöglichkeiten personaler Identität gibt.[15] Wird das Selbst auf »unser Denken und unsere Einbildungskraft« bezogen, so erweist es sich nach ihm allerdings als eine bloße Erdichtung, der nichts mehr als ein Bündel der Erlebnisse[16] zugrunde liegt; wird es dagegen auf »unsere Leidenschaften und unsere Sorge um uns selbst« bezogen, so erscheint es nicht mehr als bloße Erdichtung, sondern als vollwertige Realität.[17] Diese Gegenüberstellung deutet an, dass die Selbstheit keineswegs notwendig aus einer aktiv durchgeführten Selbstbesinnung und Selbstidentifikation erwächst, sondern auf einer passiven und affektiven Grundlage beruht.

In der phänomenologischen Tradition wird diese Einsicht weitergeführt und lebendig erhalten. Allerdings wird dabei das tätige Verhältnis des Ich zu sich selbst auf die passive und affektive Grundlage des Selbst – anders als bei Hume – nicht mehr zurück*geführt*, sondern nur noch zurück*bezogen*. Zwar versteht Edmund Husserl am Anfang seiner denkerischen Laufbahn das Ich im Anschluss an Hume noch als ein Bündel der Erlebnisse. Später gelangt er aber dazu, die von Hume zum ersten Mal erkannten Verständnismöglichkeiten personaler Identität auseinanderzuhalten und zugleich in einer einheitlichen Auffassung miteinander zu verbinden: »Ein Selbst [...] ist [...] nur mit Beziehung auf das aktive Ich da, für es ›vorhanden‹ als ein bleibend Verfügbares, ein immer wieder Identifizierbares. Und nur darum sprechen wir schon in der passiven Sphäre von einem konstituierten Selbst, weil schon da die Bedingungen für die freie Verfügbarkeit vorgezeichnet sind.«[18] Deutlich erkennt Husserl dabei, dass sich in der passiven Sphäre ein Selbst konstituiert, das jeder Selbstbesinnung und reflexiven Selbsterfassung vorgeordnet ist. Wie spielt sich aber diese Selbstkonstitution in der passiven Sphäre ab?

Nach der Auskunft der Phänomenologie beteiligen sich drei intentionale Verhaltensweisen an diesem Prozess: das *vorreflexive Selbstbewusstsein*, die *immanente Zeiterfahrung* und die *unwillkürliche Vergegenwärtigung* (Erinnerung und Erwartung). Die jeweilige Leistung dieser drei intentionalen Verhaltensweisen lässt sich wie folgt beschreiben:

Erstens nimmt Husserl – im Anschluss an Brentano – an, dass ein inneres Bewusstsein vor jeder Reflexion – und daher bereits in der passiven Sphäre –

---

[15] Hume, *A Treatise of Human Nature*, S. 301: »[...] we must distinguish betwixt personal identity, as it regards our thought or imagination, and as it regards our passions or the concern we take in ourselves«.

[16] Hume, *A Treatise of Human Nature*, S. 329: »*a succession of related ideas and impressions*«.

[17] Hume, *A Treatise of Human Nature*, S. 301.

[18] Husserl, *Analysen zur passiven Synthesis*, S. 203.

das Selbst offenbar macht. Genauso wie Brentano, der davon ausgeht, dass ein inneres, andere psychische Phänomene begleitendes Bewusstsein notwendig die Gestalt eines Gefühls annimmt,[19] betrachtet auch Husserl das innere, vorreflexive Bewusstsein als eine Empfindung, der sich in der Regel auch ein Gefühl beimischt. Deshalb sagt er: »Jedes Erlebnis ist ›empfunden‹, ist immanent ›wahrgenommen‹ (inneres Bewusstsein) [...].«[20] Deshalb setzt er auch hinzu: »Aber das innere Wahrnehmen ist nicht im selben Sinn ein ›Erleben‹. Es ist nicht selbst wieder innerlich wahrgenommen.«[21] An anderer Stelle spricht er dann von »mit den sinnlichen Daten ursprünglich einigen Gefühle[n]«.[22] Auf diese Weise verbindet sich also die Passivität in der Selbstmanifestation des Selbst bereits bei Husserl mit der Affektivität. Nicht erst bei anderen Phänomenologen wie Michel Henry oder Emmanuel Levinas, sondern schon bei ihm nimmt das unmittelbare Selbstbewusstsein von vornherein die Gestalt eines Selbstgefühls an.

Zweitens wird dieses Selbstgefühl in der immanenten Zeiterfahrung artikuliert. Mit immanenter Zeiterfahrung ist dabei die von Husserl erwähnte »Selbsterscheinung« des Bewusstseinsflusses in der ursprünglichen Zeitlichkeit zu verstehen. Die immanente Zeiterfahrung ist natürlich immer zugleich eine transzendente Erfahrung der Weltzeit, aber diesen Aspekt der Weltkonstitution können wir hier außer Acht lassen. Für die passive Selbstkonstitution des personalen Subjekts ist nur die immanente Zeiterfahrung relevant, weil sie diesem Subjekt die lebendige Gegenwart in der Welt sichert. Darunter ist eine ausgedehnte Gegenwart zu verstehen, in die die eigene Vergangenheit und die eigene Zukunft des personalen Subjekts durch Behalten des bereits Erlebten (Retention) und durch Vorgreifen auf erst noch Kommendes (Protention) in einem spontan vor sich gehenden Prozess ständig eingeholt werden.

Drittens erweitert die unwillkürliche Vergegenwärtigung diese ausgedehnte Gegenwart bereits in der passiven Sphäre noch mehr. Mit unwillkürlicher Vergegenwärtigung ist dabei eine Erinnerung oder eine Erwartung gemeint, die von uns nicht als ein besonderer intentionaler Akt mit vorgefasster Absicht und auf tätige Weise vollzogen, sondern durch ein wahrgenommenes, erinnertes oder erwartetes Ereignis in uns spontan *geweckt* wird. Nicht nur Proust, sondern auch Husserl erkennt insbesondere die Bedeutung unwillkürlicher Erinnerung für die Selbstkonstitution. Es handelt sich dabei um einen Vorgang, der das zwar Behaltene, aber nicht eigens Erfasste aus der

---

[19] Brentano, *Psychologie vom empirischen Standpunkt*, 3 Bde, Hamburg: Meiner ²1973 (¹1924), S. 203–218.

[20] Husserl, *Vorlesungen zur Phänomenologie des inneren Zeitbewußtseins*, S. 481 (Beilage XII).

[21] Husserl, *Vorlesungen zur Phänomenologie des inneren Zeitbewußtseins*, S. 481 (Beilage XII).

[22] Husserl, *Analysen zur passiven Synthesis*, S. 150 (Zeilen 31–32).

Vergangenheit auf eine besonders fruchtbare Weise in die lebendige Gegenwart einholt, weil er, wie Husserl sagt, »schlummernden« Sinn in der je eigenen Lebensgeschichte weckt. Die unwillkürliche Erinnerung trägt damit zu einer spontanen Sinnbildung – einer Sinnbildung aus dem Unverfügbaren – bei. Dabei weist sie wie jede Vergegenwärtigung die Struktur intentionaler Implikation auf: Sie ruft einen ehemaligen Gegenstand immer nur so ins Gedächtnis, dass sie dabei an den intentionalen Akt des Subjekts, der diesen Gegenstand in der Vergangenheit ursprünglich zur Gegebenheit brachte, mit erinnert. Infolgedessen schließt sie jeweils eine implizite und spontan vollzogene Gleichsetzung des vergangenen Aktsubjekts mit dem gegenwärtigen Ich in sich. Daraus ergibt sich ihr Beitrag zur Selbstkonstitution. Ähnliches trifft auf die unwillkürliche Erwartung zu.

Aus den Leistungen dieser drei intentionalen Verhaltensweisen ergibt sich bereits in der passiven Sphäre ein Selbst, das in der Phänomenologie – mit einem der neueren Autobiographieforschung entlehnten Ausdruck – als ein »relationales«,[23] das heißt ein sich zu Anderen verhaltendes und sich aus diesem Verhältnis heraus verstehendes Selbst begriffen wird. Im Gegensatz zu geradezu maßgebenden Strömungen der neuzeitlichen Philosophie wie der Cartesianismus und – mit Ausnahme des frühen Fichte – der ganze Deutsche Idealismus fasst die Phänomenologie das Subjekt nicht einfach als den Träger einer einheitlichen Funktion auf, die von verschiedenen Menschen auf die gleiche Weise erfüllt – oder auch wie ein Amt bekleidet und verwaltet – werden kann, sondern sie beachtet ebenfalls, wie sich das Subjekt in das jeweilige Ich und die Anderen spaltet, wobei das Ich für sich ein für alle Mal von jedem Anderen »abgrundtief geschieden« bleibt. Diese Trennung des Ich von allen Anderen geht in den Sinn der phänomenologischen Rede vom Selbst ein: So etwas wie ein Selbst gibt es der Phänomenologie zufolge nur in seiner abgrundtiefen Geschiedenheit von allen Anderen. Aber diese Trennung setzt eine Verbundenheit in der Ungleichartigkeit voraus: Das jeweilige Selbst verhält sich gerade deshalb zu den Anderen, weil es niemals bloß ein Anderer unter allen Anderen ist. Daraus folgt zugleich, dass es von vornherein als inkarniertes, leiblich bedingtes Selbst gilt, da es kein Verhältnis zu einem Anderen eingehen kann, ohne von seinem »absoluten Hier« aus das »Dort« dieses Anderen in einem seiner Natur nach immer schon »intersubjektiven Raum« zu erfassen.

Dan Zahavi hat das in der passiven Sphäre konstituierte Selbst mit vollem Recht als ein »erfahrungsmäßig gegebenes« oder »erlebtes Kernselbst« (*experiential core self*) bestimmt.[24] Zugleich stellte er dieses Kernselbst »der *Person* als einer narrativen Konstruktion« (*the* person *as a narrative con-*

23 Vgl. Eakin, *How our Lives Become Stories*.
24 Zahavi, *Self and Other*, S. 194.

struction) gegenüber.[25] Die folgenden Überlegungen schlagen eine ähnliche Stoßrichtung ein, aber sie gründen sich auf eine zusätzliche Unterscheidung, indem sie eine aktive Selbstkonstitution durch Erzählung von der narrativen Konstruktion der Person abzuheben suchen.

2. ZWEI FORMEN NARRATIVER SELBSTKONSTITUTION

Die Annahme eines erlebten Kernselbst steht in vollem Einklang mit bestimmten Ergebnissen einzelwissenschaftlicher Forschungen. In seinem bereits zitierten Aufsatz beruft sich Dan Zahavi vor allem auf Antonio Damasio. Andere Autoren, die ebenfalls von dem Gedanken eines Kernselbst ausgehen, wie etwa der Autobiographieforscher John Paul Eakin, stützen sich auf entwicklungspsychologische Untersuchungen, die – von Ulrich Neissers lange Zeit hindurch als maßgebend geltendem Entwurf bis zu den neueren Untersuchungen von Katherine Nelson – immer wieder für die Annahme argumentieren, dass dem »autobiographischen Selbst« eine oder mehrere frühere Gestalten des Selbst in der Ontogenese vorhergehen. Die Bedeutung dieser Einsicht ergibt sich vor allem daraus, dass sie als ein Korrektiv für das narrative Verständnis des Selbst dient, das ansonsten in den letzten drei Jahrzehnten nicht allein die philosophische Diskussion über die personale Identität dominiert, sondern auch in manchen Einzelwissenschaften vom Menschen wie Psychologie, Psychoanalyse, Sozialpsychologie, Sozialanthropologie oder literaturwissenschaftliche Autobiographieforschung eine leitende Rolle erhalten hat. Dabei wurde ihm gerade in seiner einzelwissenschaftlichen Ausprägung ein stark konstruktivistischer Charakter aufgeprägt, der ihm in seiner philosophischen Fassung nur bei manchen Autoren anhaftete.[26]

Es ist hier ebenso wenig der Ort, die Vorgeschichte der narrativen Deutung des Selbst bei Wilhelm Dilthey, Hannah Arendt oder Wilhelm Schapp darzustellen wie auf deren inzwischen klassisch gewordene Ausarbeitung in der Philosophie von Autoren wie Alasdair MacIntyre, Paul Ricœur, Charles Taylor oder David Carr einzugehen. Es geht hier einzig und allein darum, eine aktive Selbstkonstitution durch Erzählung von Geschichten aus dem je eigenen Leben von der narrativen Konstruktion der Person zu unterscheiden.

Aus unseren bisherigen Betrachtungen geht deutlich hervor, dass kein Selbst ohne eine passive und affektive Selbstkonstitution denkbar ist. Man muss jedoch hinzufügen, dass sich ein passiv und affektiv konstituiertes

---

[25] Zahavi, *Self and Other*, S. 193.
[26] So etwa bei Richard Rorty, Alexander Nehamas und Daniel Dennett.

Selbst seinerseits dazu anbietet, in einer aktiven Selbstkonstitution weiterbestimmt zu werden. Es gibt so etwas wie eine tätige Suche nach dem eigenen Selbst. Das narrative Verständnis des Selbst fügt sich dem Rahmen dieser Suche ein. Es gründet sich auf die Überzeugung, dass die Selbstheit in der erzählten oder zumindest erzählbaren Lebensgeschichte ihren angemessenen Ausdruck findet.

Allerdings wurden von früh an schon Einwände gegen eine allzu unbekümmerte Gleichsetzung der Selbstheit mit der Lebensgeschichte erhoben. Aber die kritischen Überlegungen führten nicht zu einer Ablehnung der narrativen Deutung des Selbst, sondern nur zu einer Einschränkung ihrer Gültigkeit auf voneinander durch Einschnitte, Krisen oder Wendepunkte getrennte Lebensphasen.

Währenddessen kam die Theorie der narrativen Identität zu einem Durchbruch in der angelsächsischen Philosophie. Dieser Durchbruch bereitete sich auf diffuse Weise bei Autoren wie Daniel Dennett, Richard Rorty oder Alexander Nehamas und, viel gezielter, bei Anthony Kerby vor, aber meiner Einschätzung nach erfolgte er erst richtig bei der Stanley-Cavell-Schülerin Marya Schechtman, die in *The Constitution of Selves* (1996) die bis dahin die Diskussion über die personale Identität beherrschenden Theorien von Derek Parfit, David Lewis, Harold Noonan und Sidney Shoemaker einer umfassenden und zielsicheren Kritik unterzog.

Marya Schechtman stützt sich auf vier Eigentümlichkeiten, die ihr zufolge verschiedene Grundzüge der Sorge um das Selbst im Alltagsleben zum Ausdruck bringen. Gemeint ist erstens das Interesse am Überleben (*survival*), zweitens die Betroffenheit von der Vergangenheit infolge der moralischen Verantwortung, die wir für unsere ehemaligen Handlungen tragen (*moral responsibility*), drittens die Betroffenheit von der Zukunft, so wie sie sich in einer Sorge um sich äußert (*self-interested concern*) und viertens die Hoffnung auf eine zukünftige Entschädigung für gegenwärtige Unannehmlichkeiten (*recompense*). Alles spricht dafür, dass gerade diese vier Grundzüge der Sorge um sich es sind, die dem Problem der personalen Identität ein besonderes Gewicht verleihen. Nach Marya Schechtman können aber die verschiedenen Antworten auf die Frage nach dem dauerhaften Bestehen des Selbst in der Zeit von diesen Grundzügen kaum Rechenschaft geben. Aus dieser Einsicht erwächst die Notwendigkeit, die Frage nach der »Reidentifikation« der Person durch die Frage nach deren »Charakterisierung« als Selbst zu ersetzen. Auf die letztere Frage antwortet bei Marya Schechtman die Theorie narrativer Selbstkonstitution, die nach ihr die vier Grundzüge der Sorge um sich allererst zu erklären vermag.

Diesem Versuch, die vorige Leitfrage der allgemeinen Diskussion durch eine neue Frage zu ersetzen, die nunmehr im Zeichen des autobiographisch verstandenen Selbst stehen soll, war nun ein wahrhafter Durchbruch beschieden. Marya Schechtman ist es ebenfalls gelungen, die Idee narrativer Selbstkonstitution mit großer Überzeugungskraft und gehöriger Deutlichkeit zu entwickeln. Im Rückblick von der heutigen Diskussion her sehen wir aber, welche Angriffsflächen sie in ihrer Theoriebildung ungedeckt ließ.

Sie gab sich eine empfindliche Blöße, indem sie in ihrer Polemik gegen die buddhistisch gefärbten Ansichten von Derek Parfit, denen zufolge *identity is not what matters*, so weit ging, zu behaupten, dass »Personsein durch den Vollzug narrativer Selbstkonstitution erzeugt wird« und dass ebendeshalb »Individuen mit nicht-narrativen Vorstellungen vom Selbst nicht Personen sind«.[27] Sie legte sich sogar auf einen traditionell linearen Erzähltyp fest, indem sie die These verfocht, dass »eine der traditionell linearen Erzählweise hinreichend unähnliche Selbstdeutung das Personsein ausschließt«.[28] Marya Schechtman wich vor derartigen *sweeping statements* deshalb nicht zurück, weil sie der buddhistisch gefärbten Ansicht von Derek Parfit über die personale Identität entschieden entgegentreten wollte.[29] Dabei sah sie deutlich, dass »das Festhalten an einer linear narrativen Deutung der personalen Identität als dem maßgebenden Gestaltungsprinzip der Lebensgeschichte wie eine Form der Repression aussehen muss«.[30] Einen »Aufruf zur Toleranz« (*call for tolerance*)[31] hielt sie ebendeshalb für nötig, aber sie setzte der Duldung auch eine deutliche Grenze. Diese Grenze ist ihrer Meinung nach damit erreicht, dass eine Auffassung vom Selbst von den erwähnten vier Grundzügen unserer Existenz – Überlebenswille, Verantwortlichkeit, Sorge um sich und Entschädigungshoffnung – keine Rechenschaft ablegen kann.[32]

Das Ringen von Marya Schechtman mit Derek Parfits buddhistisch gefärbter Auffassung von der personalen Identität macht deutlich, dass die Frage nach Person und Selbst nur bis zu einem gewissen Punkt rein argumentativ behandelt werden kann. Sobald dieser Punkt erreicht ist, hört die Philosophie als strenge Wissenschaft auf, und es beginnt ein kultureller Vorschlag, der gegen einen wie von selbst erwachenden Ideologieverdacht niemals von vornherein gefeit ist. Deshalb ist es kaum verwunderlich, wenn etwa Galen Strawson, der sich ohnehin gegen das narrative Verständnis des Selbst auflehnt, Anstoß an den überspannten Verallgemeinerungen von Marya Schechtman nimmt. Da er sich nicht als »Narrativisten«, sondern als »Episodisten« versteht, der als solcher sein Leben gerade nicht als eine erzählte oder erzählbare Geschichte auffasst, kann er im Sinne der Theorie

---

[27] Schechtman, *The Constitution of Selves*, S. 101.

[28] Schechtman, *The Constitution of Selves*, S. 100.

[29] Schechtman, *The Constitution of Selves*, S. 100f.

[30] Schechtman, *The Constitution of Selves*, S. 102.

[31] Schechtman, *The Constitution of Selves*, S. 103.

[32] Schechtzman, *The Constitution of Selves*, S. 103.

narrativer Selbstkonstitution nicht einmal als eine Person gelten. Er nimmt diese komische Konsequenz nicht einfach übel, sondern er wendet sie auch entschieden gegen die Theorie seiner Gegner. Er führt einen weiteren Gedanken von Marya Schechtman an, dem zufolge »Elemente der Erzählung einer Person«, die »sie nicht artikulieren kann«, ihr nur »in einem geringeren Grade zuschreibbar sind als jene Aspekte der Erzählung, die sie artikulieren kann«,[33] und er fügt hinzu: »Das scheint mir ein Ideal von Kontrolle und Selbst-Bewusstsein im menschlichen Leben auszudrücken, das verfehlt und potenziell verderblich ist«.[34]

Man muss diese Warnung durchaus ernst nehmen, selbst wenn man Galen Strawsons vehementen Angriff gegen die Idee einer narrativen Selbstkonstitution ansonsten mit Vorbehalten betrachtet. Wie vor allem James Battersby zeigt, führt Galen Strawson in »Gegen Narrativität« nicht gerade die einleuchtendsten Argumente für seinen Standpunkt an, und zwar deshalb nicht, weil es ihm hier vor allem darum geht, den so genannten »Narrativisten« sich selbst als »Episodisten« gegenüberzustellen.[35] Nicht ohne Grund meint auch Dieter Thomä, dass Galen Strawsons Kritik an der Idee einer narrativen Selbstkonstitution nur allzusehr vom Widerwillen getragen ist, den er gegen den – von Marya Schechtman tatsächlich bevorzugten – traditionell linearen Erzähltyp hegt, und er hat wohl auch recht, wenn er hinzusetzt: »Wenn man die Erzählung von der Chronologie, die Strawson ihr zur Last legt, befreit, dann allerdings ist sie aus dem menschlichen Leben nicht wegzudenken.«[36]

Ebendeshalb muss man eine aktive Selbstkonstitution durch Erzählung von der narrativen Konstruktion der Person deutlich abheben. In diese Richtung geht auch Marya Schechtman in ihrer Antwort auf Galen Strawsons Kritik. Wir können in dieser Debatte einen paradigmatischen Fall dafür sehen, wie in der angelsächsischen Welt theoretische Positionen in öffentlichen Diskussionen sozusagen »ausgehandelt« werden. Das Wort »aushandeln« klingt für das kontinentaleuropäische Ohr, zumindest in diesem Zusammenhang, auch heute noch pejorativ. Aber in Wahrheit geht es um eine Verständigung, in der Gegenpositionen beachtet, ja ernsthaft bedacht und sogar in den eigenen Theorievorschlag eingebaut werden. Danach strebt Marya Schechtman, indem sie nunmehr einen grundsätzlichen Unterschied zwischen dem Selbst und der Person macht. Sie erkennt deutlich, dass wir un-

---

[33] Schechtman, *The Constitution of Selves*, S. 117.

[34] Strawson, *Against Narrativity*, S. 82 (dt. S. 18).

[35] Battersby, *Narrativity, Self, and Self-Representation*, S. 37: »[…] it seems to me that the essay gets off to a bad start by setting up a false agon, a false competition between two mighty opposites, the Diachronists, who believe and consequently endorse the two Narrative theses [*sc.* the descriptive thesis and the normative thesis – L. T.], and the Episodics, who of dialectical necessity deny and are opposite to the two theses.«

[36] Vgl. Thomä, *Vom Nutzen und Nachteil der Erzählung für das Leben*, S. 87.

ter dem Selbst das »Subjekt der Erlebnisse« verstehen, also das »Ich«, das nicht einfach mit dem menschlichen Wesen als solchem gleichgesetzt werden kann, und dass wir mit dem Terminus »Person« dagegen keineswegs notwendig dieses Selbst meinen, sondern einen »Träger komplexer sozialer Fähigkeiten« wie Verantwortlichkeit, Handeln aus vernünftigem Eigeninteresse oder Verhalten zu Anderen.[37] Diese klare Unterscheidung macht es ihr möglich, mit Galen Strawson ein episodisches Selbst ins Auge zu fassen, dessen Dauer sich nicht auf ein gesamtes Leben erstreckt, das sich aber nach ihr – der Auffassung von Galen Strawson entgegen – dennoch einer aktiven Selbstkonstitution durch Erzählung verdankt.[38] Sie zeigt sich auf diese Weise durchaus bereit, in der Debatte mit Galen Strawson eine auch für »Episodisten« annehmbare Fassung ihrer ursprünglichen Theorie »auszuhandeln«, denn es fällt ihr – im Gegensatz etwa zu Hannah Arendt – nicht schwer, auf die Gleichsetzung des Selbst mit der gesamten Lebensgeschichte der Person zu verzichten, wenn sie nur daran festhalten kann, dass auch ein episodisches Selbst auf eine Selbstkonstitution durch Erzählung angewiesen ist.[39] Dafür sprechen aber, wie nicht nur sie selbst, sondern auch andere Diskussionsteilnehmer – so etwa neben Dieter Thomä auch Anthony Rudd – unabhängig von ihr feststellen, durchaus ernst zu nehmende Gründe.[40]

So gelangt Marya Schechtman zu einer Auffassung, die so flexibel ist, dass sie auch mit der von Galen Strawson besonders betonten – aber eigentlich bereits von Marcel Proust deutlich aufgewiesenen – Existenz »verschiedener Selbste« in einem Leben in Einklang gebracht werden könnte.[41] Dieser Neuansatz ist aber insofern ergänzungsbedürftig, als das genaue Verhältnis von Selbst und Person im Dunklen bleibt. Dieser Mangel wird im weiteren Verlauf der Debatte zwischen Marya Schechtman und Galen Strawson zunehmend deutlich.[42]

Aus diesen Erörterungen geht eine Aufgabe hervor, vor die sich die Theorie der narrativen Identität heute gestellt sieht: Es gilt, in einem Rückgang auf die Phänomenologie des Selbstbewusstseins, der Erinnerung und der Zeit den Zusammenhang zwischen passiver und aktiver Selbstkonstitution aufzuklären. Nicht nur Dan Zahavi plädiert für einen Rückgang auf die Phänomenologie, sondern auch Galen Strawson versucht in seinem Buch *Selves* seinen dort ausgearbeiteten *Essay in Revisionary Metaphysics* auf eine Phä-

---

[37] Schechtman, *Stories, Lives, and Basic Survival*, S. 169.

[38] Schechtman, *Stories, Lives, and Basic Survival*, S. 168.

[39] Schechtman, *Stories, Lives, and Basic Survival*, S. 168.

[40] Siehe Rudd, *In Defense of Narrative*, S. 63.

[41] Rudd, *In Defense of Narrative*, S. 63.

[42] Siehe dazu vom Vf. »Ricœur und die Theorie der narrativen Identität«, erscheint in einem von Theo Kobusch herausgegebenen Heft der *Allgemeinen Zeitschrift für Philosophie*.

nomenologie des Selbst zu gründen. Selbst Marya Schechtman hält es heute für unerlässlich, »die Rolle der Phänomenologie und des Selbstbewusstseins im narrativen Ansatz« näher zu bestimmen.[43]

Wir können das Verhältnis zwischen dem Selbst und der Person bestimmen, indem wir von der phänomenologischen Unterscheidung zwischen Sinnbildung und Sinnstiftung ausgehen. Es handelt sich dabei um eine Unterscheidung, die ansatzweise schon beim späten Husserl auftaucht, aber im eigentlichen Sinne erst in der französischen Phänomenologie herausgebildet wird. Gelegentlich stellt bereits Maurice Merleau-Ponty dem »gestifteten Sinn« (*sens institué*) einen »wilden Sinn« (*sens sauvage*) gegenüber. Marc Richir basiert dann sein Denken lange Strecken hindurch ganz auf die Gegenüberstellung spontaner Sinngenese (*sens se faisant*) und symbolischer Sinnstiftung (*institution symbolique*). Wenden wir diese Gegenüberstellung auf den Unterschied von Selbst und Person an, so gehen wir damit auf eine Sinnbildung aus dem Unverfügbaren in der Lebensgeschichte zurück, um darin die letzte Grundlage einer Selbstkonstitution durch Erzählung zu entdecken. Die Geschichten, die wir aus unserem Leben erzählen und dabei zugleich mit den Erzählungen Anderer von uns selbst konfrontieren, nähren sich von einer spontanen Sinngenese, die unser jeweiliges Selbst trägt. Jede Handlung, die zu unbeabsichtigten Konsequenzen führt, ist ein Beispiel für eine derartige Sinngenese. Denn die ungewollten Handlungsfolgen lassen den Sinn der ursprünglichen Tat nicht unberührt; sie treten vielmehr in ihn ein, indem sie ihn in manchen Fällen von Grund auf verwandeln. Mit dem Sinn der ursprünglichen Handlung ändert sich aber auch das handelnde Selbst. Indem wir Geschichten von den Schicksalen unserer Handlungsinitiativen erzählen, forschen wir spontanen Sinnbildungsvorgängen nach, die sich als prägend für unser jeweiliges Selbst erweisen.

Damit wird aber ein endloses Geschäft der Handlungsauslegung und der Selbstdeutung in Gang gesetzt. Oft duldet jedoch unsere Lebenspraxis keine Verzögerung. Wir brauchen ein Bild von uns selbst, das uns in unseren Handlungsentscheidungen zurechtweisen kann, und die Anderen brauchen ein Bild von uns, mit dem sie unsere Taten verbinden können. Diese Bilder erwachsen aus verschiedenartigen Vereinheitlichungen der mehrdeutigen Sinnbildungsvorgänge, die unsere Lebensgeschichte durchdringen. Wir drücken diese Beobachtung nur mit einem terminologisch verfestigten Begriff aus, wenn wir jedes derartige Bild als ein Produkt vereinheitlichender Sinnstiftung bestimmen.

Ihren Gipfel erreicht diese Tendenz zur Vereinheitlichung mit der Idee einer Person als solcher. Anders als das jeweilige Selbst ist die Person nicht etwa eine sich lebendig fortgestaltende Wirklichkeit, sondern eine gesell-

---

[43] Schechtman, *The Narrative Self*, S. 411.

schaftlich festgelegte Institution, die sich in unserem alltäglichen Sprachgebrauch unverrückbar niedergeschlagen hat und seit alters her den mehrfach
erwähnten anthropologischen Grundzügen von Überlebensinteresse, Verantwortlichkeit, Sorge um sich und Entschädigungshoffnung zugrunde liegt.

Es handelt sich dabei jedoch um eine gesellschaftliche Institution, die als
solche ein Stück *Kultur* ist und der man auch den Charakter einer kulturellen
Errungenschaft schwerlich absprechen könnte. Hinzuzufügen bleibt noch,
dass dem jeweiligen Ich die Aufgabe zufällt, diese gesellschaftliche Institution aufrechtzuerhalten. Die Sinnstiftung, die wir von der ihr zugrunde liegenden Sinnbildung aus dem Unverfügbaren unterscheiden, ist das Resultat
einer aktiven Selbstkonstitution, die dem jeweiligen Ich zwar von vornherein
zugemutet, aber keineswegs bloß von außen her aufgezwungen wird. Indem
das Selbst sich als Person bestimmt, bestimmt es sich zugleich als Träger einer kulturschaffenden Sinnstiftung. Harry Frankfurt erfasst das Wesentliche
dieses autonomen Aktes, wenn er den Begriff der Person auf eine Willens-
bestimmung des jeweiligen Ich durch seine »Wollungen zweiter Ordnung«
(*second-order volitions*) gründet.[44] Bei dem Personsein handelt es sich um
eine gesellschaftliche Institution, die einen eigenständigen Beitrag des betroffenen Ich voraussetzt oder in sich schließt.

Gleichwohl kommt es darauf an, in dieser Institution zugleich das Produkt einer festsetzenden Sinnstiftung zu erkennen, die ihre Lebendigkeit
einbüßt, sobald sie aufhört, sich durch die ihr zugrunde liegenden Sinnbildungsvorgänge überraschen zu lassen. Denn jedes Kulturgebilde läuft Gefahr, sich zu verfestigen und zu verselbstständigen. Diese Gefahr ist für es geradezu konstitutiv, weil es als Produkt einer vereinheitlichenden Sinnstiftung
von den es tragenden Sinnbildungsvorgängen gleichsam durch eine Kluft getrennt ist. Der Weg von Sinnbildung zu Sinnstiftung gleicht einem Sprung
über den Abgrund hinweg. Das trifft auch auf die Person in ihrem Verhältnis zum Selbst zu. Wie bereits John Locke deutlich gesehen hat, gibt es keine
Person ohne das Selbst. Aber die Person kann weder mit dem Selbst gleichgesetzt noch aus ihm abgeleitet werden. Das jeweilige Selbst erwächst aus
einer Selbstkonstitution durch Erzählung, die sich ihrerseits durch ein passiv entstandenes Selbstgefühl leiten lässt; die Person ergibt sich hingegen aus
einer narrativen Konstruktion, die über das jeweils Erlebte und Erfahrene
hinausgeht.

Es ist wichtig, eigens hervorzuheben, dass eine Konstruktion dieser Art
niemals über allen Zweifel erhaben sein kann. Sie bleibt vielmehr eine Leistung, der notwendig ein Versuchscharakter eignet. Daher ist eine Auseinandersetzung wie die von Marya Schechtman einerseits mit Derek Parfit,
andererseits mit Galen Strawson von symptomatischer, aber auch von exem-

---

[44] Frankfurt, *The Importance of What We Care About*, S. 16.

plarischer Bedeutung. Sie zeigt, dass der Philosoph – oder die Philosophin – an der kulturellen Errungenschaft personaler Existenz nur dann festhalten kann, ohne dabei die Gefahr irgendeiner Form von Repression heraufzubeschwören, wenn er oder sie ständig bereit bleibt, auf die lebendige Erfahrung des Selbst zurückzugehen und das gängige Verständnis von Person und personaler Identität auf Grund dieser Erfahrung zu verwandeln und neu zu fassen. Daraus kann wohl der Schluss gezogen werden, dass eine richtig verstandene Philosophie der Person notwendig auf eine Phänomenologie des Selbst angewiesen bleibt. Allerdings vermag die Phänomenologie diese Fundierungsfunktion ihrerseits nur dann zu erfüllen, wenn sie sich als das versteht, was sie zumindest seit Edmund Husserls *Krisis*-Abhandlung immer schon war: nämlich als eine Theorie der Kultur, die der kritisch-subversiven Elemente nicht entbehrt.

LITERATUR

Battersby, James L.: Narrativity, Self, and Self-Representation. In: *Narrative* 14/1, 2006, S. 27–44.

Brentano, Franz: *Psychologie vom empirischen Standpunkt*, 3 Bde, Hamburg ²1973 (¹1924).

Eakin, John Paul: *How our Lives Become Stories*, Ithaca 1999.

Frankfurt, Harry G.: *The Importance of What We Care About*, Cambridge 1998.

Heidegger, Martin: *Die Grundprobleme der Phänomenologie*, Gesamtausgabe Bd. 24, hg. von Friedrich-Wilhelm von Herrmann. Frankfurt am Main ²1989 (¹1975).

– *Die Grundbegriffe der Metaphysik: Welt – Endlichkeit – Einsamkeit*, Gesamtausgabe Bd. 29/30, hg. von Friedrich-Wilhelm von Herrmann. Frankfurt am Main ²1992 (¹1983).

Hume, David: *A Treatise of Human Nature*, hg. von Ernest C. Mossner. London 1969.

Husserl, Edmund: *Analysen zur passiven Synthesis*, Husserliana Bd. XI, hg. von Margot Fleischer. Den Haag 1966.

– *Edmund Husserls Vorlesungen zur Phänomenologie des inneren Zeitbewußtseins*, hg. von Martin Heidegger, *Jahrbuch für Philosophie und phänomenologische Forschung* IX, 1928, S. 367–498, zugleich als Sonderdruck Halle a. d. S. Die Seitenzahlen dieser Erstausgabe sind auch in der Ausgabe von Rudolf Boehm verzeichnet. (Siehe Husserl, Edmund: Vorlesungen zur Phänomenologie des inneren Zeitbewußtseins. In: ders.: *Zur Phänomenologie des inneren Zeitbewusstseins (1893–1917)*, Husserliana Bd. X, hg. von Rudolf Boehm. Den Haag 1966, S. 3–134.)

Levinas, Emmanuel: *Totalité et Infini*, Den Haag 1961, Édition »Livre de poche«, Dordrecht – Boston – London 1994 (dt. *Totalität und Unendlichkeit*, übersetzt von Wolfgang Nikolaus Krewani. Freiburg – München ⁴2008).

Locke, John: *An Essay Concerning Human Understanding*, hg. von A. D. Woozley. New York 1974.

Marion, Jean-Luc: *Au lieu de soi. L'approche de Saint Augustin*, Paris 2008.

Noonan, Harold W.: *Personal Identity*, London – New York ²2003 (¹1989).

Parfit, Derek: *Reasons and Persons*, Oxford 1984.

Perry, John (Hg.): *Personal Identity*, Berkeley – Los Angeles 1976.

Quante, Michael: *Person*, Berlin – New York 2007.

Ricœur, Paul: *Soi-même comme un autre*, Paris 1990 (dt. *Das Selbst als ein Anderer*, übersetzt von Jean Greisch in Zusammenarbeit mit Thomas Bedorf und Birgit Schaaff. München 1996).

– Life in Quest of Narrative. In: *On Paul Ricœur. Narrative and Interpretation*, hg. von David Wood. London – New York 1991, S. 20–33.

Rudd, Anthony: In Defense of Narrative. In: *European Journal of Philosophy* 17/1, 2009, S. 60–75.

Schechtman, Marya: *The Constitution of Selves*, Ithaca 1996.

– Stories, Lives, and Basic Survival. A Refinement and Defense of the Narrative View. In: *Narrative and Understanding Persons*, hg. von Daniel D. Hutto. Cambridge 2007, S. 155–178.

– The Narrative Self. In: *The Oxford Handbook of the Self*, hg. von Shaun Gallagher. Oxford 2011.

Sorabji, Richard: *Self. Ancient and Modern Insights about Individuality, Life, and Death*, Oxford 2006.

Strawson, Galen: Against Narrativity. In: *The Self?*, hg. von Galen Strawson. Oxford 2005, S. 63–86 (dt. Gegen die Narrativität, übersetzt von Dirk Effertz. In: *Deutsche Zeitschrift für Philosophie* 53, 2005, S. 3–22).

– *Selves*, Oxford 2007.

– The Minimal Subject. In: *The Oxford Handbook of the Self*, hg. von Shaun Gallagher, Oxford 2011.

Tengelyi, László: Action and Selfhood. A Narrative Interpretation. In: *The Oxford Handbook of Contemporary Phenomenology*, hg. von Dan Zahavi. Oxford 2012, S. 265–286.

– Ricœur und die Theorie der narrativen Identität, erscheint in einem von Theo Kobusch herausgegebenen Heft der *Allgemeinen Zeitschrift für Philosophie*.

Thomä, Dieter: Vom Nutzen und Nachteil der Erzählung für das Leben. In: *Narrative Ethik. Das Gute und das Böse erzählen*, hg. von Karen Joisten. Berlin 2007, S. 75–93.

Wollheim, Richard: *The Thread of Life*, New Haven – London 1984.

Zahavi, Dan: Self and Other. The Limits of Narrative Understanding. In: *Narrative and Understanding Persons*, hg. von Daniel D. Hutto. Cambridge 2007, S. 179–201.

Christian Bermes

ZWISCHEN LEBEN UND LEBENSFORM

Der Begriff der Person und die Anthropologie

Die philosophische Diskussion um das Konzept der Person ist weit verzweigt und hoch differenziert.[1] Unabhängig davon, wie man die einzelnen Thesen und Argumente beurteilt, die in den gegenwärtigen Kontroversen über die unterschiedlichen philosophischen Schulen hinweg vorgebracht werden, und auch unabhängig davon, welche Motive und Nöte zu der breiten Diskussion um den Status der Person geführt haben, ist jedoch eines auffällig: Ein Klassiker der Philosophie des frühen 20. Jahrhunderts ist kaum als Referenzpunkt oder Diskussionspartner präsent. Eher randständig und mit vagen Hinweisen wird auf Schelers Hauptwerk verwiesen, das in zwei Teilen erstmals 1913 und 1916 unter der allseits bekannten Überschrift *Der Formalismus in der Ethik und die materiale Wertethik* erschienen ist und mit dem bezeichnenden Untertitel *Neuer Versuch der Grundlegung eines ethischen Personalismus* versehen wurde. Das ca. 600seitige Werk ist in sechs Abschnitte gegliedert, von denen sich der letzte der Frage nach der Person explizit zuwendet. Allein dieser Abschnitt nimmt den Umfang einer eigenständigen Monographie ein, er umfasst ca. 230 Seiten, also mehr als ein Drittel des gesamten Buches, und ist dementsprechend im Vergleich zu den vorhergehenden fünf Abschnitten der mit weitem Abstand umfangreichste.

Nun werden philosophische Argumente nicht in Zahlen gemessen und in Papier gewogen, doch zumindest in diesem Fall macht der Umfang deutlich, welchen Schwerpunkt die Scheler'schen Überlegungen zur Person besitzen. Es wäre wohl ein Fehler, sie zu übergehen – auch in den heutigen Diskussionen. Aber auch darüber hinaus ist Scheler von einem besonderen Interesse für die gegenwärtigen Auseinandersetzungen, da er als einziger Autor der klassischen Vertreter der Philosophischen Anthropologie des 20. Jahrhunderts – also neben Plessner und Gehlen – sowohl eine explizite Philosophie der Person mit seinem *Formalismus*-Buch als auch eine explizite Philosophische Anthropologie mit der *Stellung des Menschen im Kosmos* im Repertoire

---

[1] Neben den Beiträgen dieses Bandes, die einen profunden Überblick über die Diskussion geben, vgl. auch: Quante, *Person*; Spaemann, *Personen*; Sturma (Hg.), *Person*.

hat und man zumindest die Vermutung hegen kann, dass sich hieraus Argumente über das Verhältnis beider Disziplinen zueinander ergeben. Denn bekanntlich ist es eine seit der Neuzeit nicht ganz unerhebliche Frage, ob mit den Begriffen ›Mensch‹ und ›Person‹ zwei extensionsgleiche Klassen bezeichnet werden oder nicht.

Der Zusammenhang zwischen Anthropologie einerseits und Philosophie der Person andererseits wird den zweiten Teil der folgenden Überlegungen ausmachen, in dem ich mit Scheler zu Plessner übergehe. Der erste Teil besteht darin, die Scheler'schen Untersuchungen bezüglich der Frage nach der Person, wie er sie besonders in seinem *Formalismus*-Buch vorstellt, zumindest in Ausschnitten zu *reformulieren*. Reformulierung meint hier nicht schlichte Verteidigung, bloße Wiederholung oder dogmatische Nacherzählung; auch sieht die hier von mir beabsichtigte Reformulierung von der Einbettung in die philosophische Tradition ab, wie ebenso die Bezüge zum sogenannten Personalismus ausgeblendet werden, der im ersten Drittel des 20. Jahrhunderts in Deutschland und Frankreich eine besondere Wirkung entfaltet hat. Keineswegs bedeutet dieses Absehen von philosophischer Tradition und geistigem Umfeld eine Abwertung, und eine vollständige Analyse müsste all diese Aspekte im Blick haben. Doch unter dem Konzept der Reformulierung verfolge ich etwas anderes, nämlich den Versuch, Schelers Thesen weiterzuentwickeln und damit in neuer Gestalt anschluss- und kritikfähig zu halten, aber nicht um Scheler zu reaktivieren, sondern um vielmehr das ein oder andere Schlaglicht auf mögliche Ungereimtheiten oder Einseitigkeiten in der gegenwärtigen Diskussion zu werfen. Denn es könnte auch für die heutige Zeit vorteilhaft sein, sich an einer philosophischen Position zu messen, die fast auf das Jahr genau einhundert Jahre auf dem Buckel hat. Befreit man sich doch auf diese Art von den vielleicht allzu aufdringlichen Rechtfertigungsnöten der Gegenwart, die gelegentlich unter dem Titel der Person vorgetragen werden, das Konzept der Person jedoch nicht unbedingt treffen, sondern vielleicht unter falscher Flagge segeln.

Bei diesem Reformulierungsversuch spielen für die folgenden Analysen philosophische Schulgrenzen keine Rolle, ich werde sie schlicht ignorieren, was einige Gefahren, aber auch nicht wenige Chancen bietet. Einem Leser der Scheler'schen Schriften bleibt eigentlich auch nicht viel anderes übrig. Denn der nicht zu leugnende Esprit und die überbordende intuitive Kraft einzelner Beschreibungen ist mit einer gelegentlichen Verwilderung der Gedankenführung und einer teilweise leidenschaftlich freizügigen Sprache erkauft. Um hier wieder Ordnung zu schaffen, lohnt es, Scheler zumindest in Teilen gegen den Strich zu lesen.

Dementsprechend werden in dem ersten Teil drei Thesen zur Philosophie der Person aufgestellt, die an Scheler anschließen und der Frage nach der Person einen Halt geben können, um in einem zweiten Teil das Problem anzugehen, in welchem Zusammenhang eine Philosophie der Person mit dem Projekt der Philosophischen Anthropologie steht oder stehen kann. Denn der Personbegriff nimmt – um es mit dem griechischen Begriffspaar auszudrücken – eine eigentümliche Zwitterstellung zwischen dem Leben als *zoé*, also als organisch verfasstem körperlich situiertem Lebewesen, und dem Leben als *bios*, also als spezifisch menschlich organisierte Lebensform, ein.

Im Ganzen zielen die Erörterungen auf die Explikation folgender Thesen: Der Personbegriff ist *erstens* ein Formbegriff, er bezeichnet keine Klasse von Lebewesen, denen das Person-Sein oder die Personalität als eine zusätzliche Eigenschaft zukommt. Als Formbegriff gehört das Konzept der Person dem Wissenstyp der Gewissheit zu, die es uns ermöglicht, menschliches Leben als konkretes menschliches Leben zu verstehen. Mit anderen Worten: *Die Gewissheit um die Form des menschlichen Lebens lässt uns dieses Leben als ein konkretes verständlich werden.* Eine solche Charakteristik von Personalität bedarf, so die zweite These, eines anthropologischen Fundaments: Es ist auf die Lebensform des Menschen bezogen, insofern sich diese Lebensform durch Reziprozität auszeichnet.

Zusammengefasst lauten die Thesen dementsprechend: Personalität gründet auf Reziprozität, welche die biologische Lebensform des Menschen auszeichnet, und zeigt sich als Formverstehen konkreten menschlichen Verhaltens, welches die Lebensführung des Menschen charakterisiert. In diesem Sinne steht der Personbegriff zwischen Leben als *zoé* (Reziprozität) und Leben als *bios* (Gewissheit des Konkreten).

1. Gewissheit, Form und Konkretion der Person

1.1 Das Wissen von und um Personen dokumentiert sich in der Form der Gewissheit, nicht in der Form des Wissens im engeren Sinne

Scheler schneidet gelegentlich das von ihm so genannte Phänomen der *Entpersonalisierung* an, welches er an Beispielen erläutert[2], die ich für den jetzigen Gebrauch ein wenig ändere: Wir hören etwa von einem entfernten Bekannten eine geradezu absonderlich groteske Geschichte, vielleicht diejenige, dass durchaus seriöse Tageszeitungen gemeldet hätten, die Bildungsausgaben des Bundes würden in den kommenden Jahren das Niveau der Ausgaben des Ministeriums für Verkehr und Infrastruktur nicht nur erreichen, sondern sogar übertreffen, um die Bundesländer bei der Förderung von Forschung und Lehre an den Universitäten zu unterstützen. Wir sind

---

[2] Scheler, *Formalismus*, GW II, S. 470 f.

verblüfft, dies erscheint uns nicht unmittelbar nachvollziehbar und durchaus schwerverständlich, da es auf eine Verdopplung der Ausgaben für den Bildungsbereich hinauslaufen würde und den Bildungsinstitutionen soviel Geld zur Verfügung stehen würde, wie für den Bau von Straßen, Brücken und Tunnel ausgegeben wird. Wir zweifeln vielleicht an der Aussage, doch wir können die Aussage prüfen, indem wir zum Zeitungskiosk eilen, um diese Ungeheuerlichkeit nachzulesen und noch anderes anstellen, um die Wahrheit herauszubekommen bzw. die Aussage zu falsifizieren.

Erhielten wir nun aber die Nachricht, dass der Bekannte seit einiger Zeit unter gewissen psychischen Defekten leidet, die zu solchen Verlautbarungen führen, so würden wir nach den Ursachen dieser Defekte fragen. Wir würden nicht den Sinn der Aussage bezweifeln, sondern bei unserer Beurteilung die Ursachen der Krankheit in Betracht ziehen. Unsere Einstellung hätte sich radikal geändert: Der Sinn der geäußerten Thesen wird sekundär, er tritt in den Hintergrund gegenüber der psychischen Disposition unseres Gesprächspartners, die nun das Zentrum unserer Aufmerksamkeit besetzt.

In dieser Einstellungsänderung vollzieht sich so etwas wie eine Entpersonalisierung, die darin zu suchen ist, dass wir ein mehr oder weniger kognitiv verfasstes Subjekt von den geäußerten Sachverhalten trennen und die psychischen Defekte dieses Subjekts eruieren. Wir verstehen uns nicht mehr intentional, gerichtet auf einen Sinnzusammenhang, aus dem heraus wir auch selbst verständlich werden, wir verstehen uns gleichsam nur noch als Träger von Repräsentationen. Das intentionale Verständnis, in dem die Person gegeben ist, indem sie in einem konkreten Sinnzusammenhang mitgegeben ist, wandelt sich zu einer Fokussierung eines Teils des Gegenübers, in diesem Fall der kognitiven Repräsentationen, in denen der intentionale Sinn keine Rolle spielt. Aus unserer ersten Bemerkung zu der geäußerten Geschichte ›Das ist ja ungeheuerlich, einen solchen Schritt hätte ich keiner Regierung zugetraut‹, wird die lapidare Bekundung ›Jaja, ich weiß schon und was wird er wohl morgen erzählen‹.

Will man diesen Perspektivenwechsel im Sinne der von Scheler so genannten ›Entpersonalisierung‹ adäquat verstehen, gilt es, einen Kurzschluss zu vermeiden. Hier wird nicht – und dies ist entscheidend – über den personalen Status des Geschichtenerzählers geurteilt, hier wird vielmehr der Wissenstyp thematisch, in dem Personalität zum Ausdruck kommt. Das Beispiel verfolgt nicht das Ziel zu klären, welcher Defekt genau bei dem Erzähler vorliegt und ob dieser Defekt für die Personalität entscheidend ist, das Beispiel soll vielmehr verdeutlichen, dass im normalen Umgang von Personen ein Wissen über Personen im Spiel ist, das nicht mit dem Wissen verwechselt werden darf, das wir in Anschlag bringen, wenn wir beispielsweise einen psychischen Defekt bestimmen. Es handelt sich um eine Form nicht-propositionalen Wissens, die zur terminologischen Fixierung als ›personales Wissen‹ (und unterschieden von ›psychischem Wissen‹) bezeichnet werden könnte. Das personale Wissen zeichnet sich dadurch aus, dass wir von ihm *nicht* verlangen, dass dieses Wissen seine Rechtmäßigkeit durch Überprüfung der psychischen Verfassung erlangt. Personales Wissen benötigt ebenso wenig eine Begründung, die einzelne körperliche Eigenschaften auf ihre Funktionalität hin prüft. Der Grund dafür ist nicht etwa der, dass das Feld des Geistigen oder Leiblichen keine Rolle spielen würde, im Gegenteil; der Grund ist vielmehr, dass dieses Wissen, also das personale Wissen, nicht auf solchen Prüfungen gründet, wenngleich es Prüfungen der psychischen und körperlichen Verfassung ermöglicht. Wir schauen im personalen Umgang nicht nach, ob es sich um eine Person handelt, so wie wir etwa nicht nachschauen, dass wir zwei Hände haben, wenn wir eine Tasse heben. Dieses Wissen gleicht dem Typus nach etwa auch dem Wissen um unseren eigenen Namen. Wir prüfen dieses Wissen nicht, indem wir in den Ausweis schauen würden. Wenn dort ein anderer Name als der unsere stehen würde, zweifelten wir an dem Ausweis, wir würden vielleicht einen Streich vermuten, aber wir zweifelten nicht an unserem Namen.

Ein solches Wissen, was ich hier terminologisch als ›personales Wissen‹ eingeführt habe, wird beispielsweise, um andere Autoren als die Vertreter der Phänomenologie zu nennen, von Wittgenstein unter dem Titel der ›Gewissheit‹ oder von Elizabeth Anscombe unter dem Titel ›knowledge without observation‹ geführt.[3] Scheler nennt es schlicht ›Verstehen‹, gemeint ist jedoch dasselbe. Und dies scheint mir eine besondere Rolle im Kontext der Bestimmung von Personalität zu spielen. Wenn Entpersonalisierung mit einem Wissen zusammenhängt, das propositional strukturiert ist, das mit Bobachtung, Untersuchung und Prüfung zusammenhängt und wenn dieses Wissen beispielsweise auf die kognitive Ausstattung gerichtet ist, dann scheint genau dieser Wissenstyp nichts mit der Frage nach der Person zu tun zu haben. *Wir wissen von und um Personen nicht durch Prüfungen, sondern wir wissen von Personen, indem wir in einem intentionalen Sinnzusammenhang stehen.* Würden wir zu Prüfungen kommen, also etwa die psychische Verfassung oder die körperliche Funktionalität in Frage stellen, fragen wir nicht mehr nach der Person, sondern nach etwas anderem, wie auch immer wir dieses andere bezeichnen. Und dies scheint mir auch der folgende Satz Schelers auszudrücken: »Gäbe es irgendwelche Wesen […] die *nur des Wissens* (als denkenden und anschaulichen) und der zu dieser (spezifisch theoretischen) Sphäre gehörigen Akte teilhaftig wären – sei es erlaubt, sie reine Vernunftwesen zu nennen –, so gäbe es weder das Sein noch das Problem der ›Person‹.«[4] Die unermüdliche Betonung Schelers, dass die Person grundsätzlich

---

[3] Wittgenstein, *Über Gewissheit*; Anscombe, *Intention*.
[4] Scheler, *Formalismus*, GW II, S. 382.

nicht zum Gegenstand werden könne, dass sie kein wie auch immer geartetes Ding und auch keine spezifische Substanz sei, dass die Person demgegenüber sich in nichts anderem als ihrem Vollzug ausdrücke, lässt sich derart wissenssystematisch in dem vorgetragenen Sinne reformulieren und dem Typus des nicht-propositionalen Wissens der Gewissheit zuordnen. Die Gewissheit der Person ist die *Form* unseres Verstehens, die Gewissheit der Person ist *kein Inhalt oder Gegenstand* des Wissens.

1.2   In der Zuschreibung von ›Personalität‹ als einer Eigenschaft, wird ›Person-Sein‹ attributiv, nicht prädikativ benutzt.

Gelegentlich sprechen wir auch von der Zuschreibung von Personalität oder Person-Sein in dem Sinne, dass wir beispielsweise sagen ›X kommt Personalität zu‹ oder ›X kommt kein Person-Sein zu‹. Nun kann man lange darüber streiten, ob es überhaupt ein Adjektiv ›Person-Sein‹ gibt, das ähnlich funktioniert wie die Adjektive ›rund‹, ›hell‹ oder ›laut‹, die man – sprachwidrig oder nicht – umformulieren könnte in Rund-Sein, Hell-Sein oder Laut-Sein. Man kann also durchaus fragen, ob Personalität überhaupt eine Eigenschaft ist.

Gemäß meiner ersten These fällt es schwer, Person-Sein als Eigenschaft zu deuten, da sich Personalität als Form unseres Verstehens gezeigt hat. Doch setzen wir einmal voraus, dass die Frage nach dem Eigenschaftscharakter nicht ganz unsinnig ist, da sie verdeutlichen kann, wie die Form sozusagen funktioniert, und stellen uns unter dieser Prämisse vor, dass die Aussage ›X kommt Personalität zu‹ oder ›X ist durch Person-Sein ausgezeichnet‹ anderen Aussagen ähnelt, in denen Eigenschaften zugeschrieben werden, wie beispielsweise ›Das Auto ist weiß‹ oder ›Die Fliege ist klein‹.

Wenn wir also mit dieser heuristischen Einschränkung sagen, die Aussage ›X kommt Personalität zu‹ gleiche zumindest den angeführten beiden Beispielen, dann lohnt es sich klar zu machen, dass zwischen den beiden Beispielen – nämlich ›Das Auto ist weiß‹ oder ›Die Fliege ist klein‹ – ein logischer Unterschied besteht, auf den nicht zuletzt Peter Geach mit Nachdruck hingewiesen hat.[5] Das Adjektiv ›weiß‹ im Falle der Aussage ›Das Auto ist weiß‹ fungiert prädikativ, da das Farbwort unabhängig von dem Substantiv, auf das es bezogen ist, verständlich wird. Das Adjektiv ›weiß‹ ist sozusagen logisch ungebunden, es kann einer Uhr oder einer Kette zugeschrieben werden und funktioniert in allen Fällen im logischen Sinne gleich. Dies ist im Falle der Eigenschaft ›klein‹ in der Aussage ›Die Fliege ist klein‹ anders. Wenn sich nämlich herausstellen sollte, dass die Fliege ein Floh ist, dann wird ›klein‹

---

[5] Geach, *Good an Evil*. Philippa Foot macht sich diese Unterscheidung u. a. in *Natural Goodness* zunutze.

zu ›groß‹. Attributive Eigenschaften sind also abhängig von dem X, dem sie zugeschrieben werden, sie sind logisch gebunden. Prädikative Eigenschaften funktionieren demgegenüber unabhängig von dem X, auf das sie bezogen werden.

Wie sieht es nun mit der Zuschreibung von Personalität aus? Ist Personalität in diesem Sinne eine prädikative Eigenschaft, die logisch unabhängig ist von dem X, auf das sie bezogen wird, oder ist Personalität eine attributive Eigenschaft, die von dem X, dem sie zugesprochen wird, abhängt?

Auf den ersten Blick sieht es so aus, als ob Personalität als prädikatives Adjektiv begriffen werden könnte, so dass es logisch unabhängig von demjenigen ist, von dem es ausgesagt wird. Wenn dies stimmen sollte, dann müssten allerdings sowohl das X, dem die Eigenschaft zugesprochen wird, als auch die Eigenschaft selbst unabhängig voneinander bestimmbar sein. In diesem Sinne kann nämlich in der Aussage ›Das Auto ist weiß‹ unabhängig voneinander die Bedeutung von ›Auto‹ und ›weiß‹ erörtert werden. Dies scheint nun im Falle der Zuschreibung von Personalität kontraintuitiv zu sein. Wenn wir sagen, X komme Personalität zu, wird es uns schwerfallen, das X unabhängig von der Personalität und die Personalität unabhängig von dem X zu begreifen.

Wenn dies nun stimmen sollte, dann ist es uns gelungen, wiederum eine These Schelers zu reformulieren – die folgendermaßen lautet: »Niemals kann die Person sei es auf das X eines bloßen Ausgangspunktes von Akten, sei es auf irgendeine Art des bloßen ›Zusammenhangs‹ oder der Verwebung von Akten zurückgeführt werden [...]. Die Person ist nicht ein leerer ›Ausgangspunkt‹ von Akten, sondern sie ist das konkrete Sein, ohne das alle Rede von Akten niemals ein volles adäquates Wesen irgendeines Aktes trifft, sondern immer nur eine abstrakte Wesenheit; erst durch ihre Zugehörigkeit zu dem Wesen dieser oder jener individuellen Person konkretisieren sich die Akte von abstrakten zu konkreten Wesenheiten.«[6]

Wird diese Bemerkung vor dem Hintergrund der Unterscheidung von Geach begriffen, lässt sich weiter sagen, dass mit Personalität eine Gewissheit der Form vorliegt, die nicht unabhängig von dem verständlich wird, an dem sie ihre Kraft entfalten kann. *Was könnte das anderes sein als der Mensch?* Und genau darum führt Scheler beispielsweise die von ihm sogenannte Vollsinnigkeit und Mündigkeit, aber auch die Herrschaft über den Leib an, um die Form der Personauffassung zu verdeutlichen. Im Falle des Leibes heißt es beispielsweise: »Person ist also da und nur da gegeben, wo ein Tunkönnen als ein einfach phänomenaler Tatbestand, ein Tunkönnen ›durch‹ den Leib hindurch vorliegt (bei sich selbst und anderen), und zwar ein Tunkönnen, das nicht in der Erinnerung der erst durch stattgehabte Bewegungen ver-

---

[6] Scheler, *Formalismus*, GW II, S. 383.

anlassten Empfindungen der Organe und Tätigkeitserlebnisse fundiert ist, sondern *allem* faktischen Tun *vorangeht*.«[7]

Werte oder Ideen, um einen ähnlichen Gedanken Schelers zur Verdeutlichung anzuführen, sind nicht den Dingen vor oder nachgeordnet, sie sind auch nicht in den Dingen – sie sind mitgegeben, wenn die Dinge gegeben sind. In unserem Fall kann man auch sagen, dass es nicht um Personalität vor, in oder nach dem Mensch-Sein geht, sondern um die Mitgegebenheit von Personalität, sofern der Mensch zur adäquaten Gegebenheit kommt.

1.3 In der Form der personalen Auffassung wird das menschliche Leben konkret.

Wenn wir den personalen Umgang adäquat beschreiben wollen, so müssen wir auch dem Umstand Rechnung tragen, dass mit Personalität so etwas gemeint ist, wie ›Je dieser‹-zu-Sein oder ›Je diese‹-zu-Sein. Zur Personalität gehört Konkretion. Freilich ist diese Konkretion nicht zu verwechseln mit dem Umstand, als ein Exemplar einer Gattung aufzutreten, oder mit dem Fall, sich als Individuum zu begreifen. Dies würde dem Gedanken der Konkretion scharf entgegenstehen, denn das Verständnis von uns oder einem anderen als bloßem Exemplar beispielsweise der Gattung Mensch würde wiederum zu der bereits geschilderten Entpersonalisierung gehören. Nichts anderes liegt im Fall der Verwechslung von Personalität mit Individualität vor. Würden wir uns schlicht als Individuen bezeichnen, so wären wir vieles aber keine Personen.

Konkretion meint grundsätzlich etwas anderes, was dadurch angedeutet werden kann, dass jemand unverwechselbar, unvergleichbar, nicht austauschbar oder nicht ersetzbar ist. Diese Unverwechselbarkeit, Nichtaustauschbarkeit oder Nichtersetzbarkeit bezieht sich nicht auf einen Teil von jemandem. Ein Kind verliert im Entwicklungsprozess nicht seine personale Konkretion, wenn sich der Körper, die kognitiven Fähigkeiten oder die Wissensinhalte ändern. »Person«, bemerkt Scheler, »ist die konkrete, selbst wesenhafte Seinseinheit von Akten verschiedenartigen Wesens.«[8] Diese konkrete Einheit kommt den einzelnen Teilen oder Akten nicht zusätzlich zu: »Vielmehr steckt in jedem voll konkreten Akt die ganze Person und ›variiert‹ in und durch jeden Akt auch die ganze Person – ohne dass ihr Sein doch in irgendeinem ihrer Akte aufginge, oder sich wie ein Ding in der Zeit ›veränderte‹.«[9]

---

[7] Scheler, *Formalismus*, GW II, S. 473.
[8] Scheler, *Formalismus*, GW II, S. 382.
[9] Scheler, *Formalismus*, GW II, S. 384.

Wenn wir sagen, dass zur Personalität ›Je-dieser‹-zu-Sein oder ›Je-Diese‹-zu-Sein gehört und sich ein solches Phänomen umschreiben lässt mit Unverwechselbarkeit, Nichtaustauschbarkeit oder Nichtersetzbarkeit, so darf dies natürlich nicht in einem funktionalen Sinne missverstanden werden. Sophistisch könnte man natürlich einwenden, dass auch die Kette an einem Fahrrad nicht einfach ausgebaut werden könne, wenn das Fahrrad noch fahren soll. Und genau an einem solchen Einwand zeigt sich, dass diese Form der Konkretion bei Scheler erstens keinen Teil eines Zusammengesetzten betrifft und zweitens immer auch ein Weltverhältnis bedeutet, das wir der Kette wohl schwerlich zuschreiben würden: »Welche Gegenstandsbereiche wir immer scheiden mögen, Gegenstände der Innenwelt, der Außenwelt, der Leiblichkeit [...], die Bereiche der idealen Gegenstände, die Bereiche der Werte, so haben sie alle doch nur eine abstrakte Gegenständlichkeit. Sie werden voll konkret erst als Teile einer Welt, einer Welt der Person. Nur die Person ist niemals ein ›Teil‹, sondern stets das Korrelat einer ›Welt‹: der Welt, in der sie sich erlebt.«[10]

An dieser Stelle wird auch deutlich, warum Scheler dem Lieben und Hassen eine besondere Funktion einräumt, ja einräumen muss. Denn das hier in Aussicht gestellte Phänomen der Konkretion bedarf einer besonderen Zugangsweise, die paradigmatisch im Lieben und Hassen zum Vorschein kommt. Das Lieben und Hassen sind gleichsam die Akte des Konkretisierens: *Dieser* wird als unverwechselbar *Je-dieser* geliebt oder gehasst.

Darüber hinaus relativiert diese These der Konkretion aber auch die häufig vorkommende Versuchung, Personalität allein über die Frage nach der Identität zu klären. Nicht, dass Scheler die Frage nach der Identität als irrelevant angesehen hätte, das Gegenteil ist vielmehr der Fall, er nennt die Identität sogar das »verborgenste aller Phänomene«.[11] Aber nur andeutend führt er aus, dass eine solche in ihrer Konkretion verstandene Person ihre Identität weder in einer erlebten Zeit noch in einer objektiven Zeit finden könne, sie also nicht *in der oder einer Zeit lebt, sie lebt vielmehr in die Zeit hinein*. Identität ist somit auch konkrete Zeitgestaltung.

Im Zusammenhang bedeuten die drei Thesen, dass unser Wissen um und von Personen auf einem Konzept der Gewissheit beruht, in dem Personalität nicht als zusätzliche oder überprüfbare Eigenschaft prädikativ zugeschrieben wird, sondern uns als Form dient, menschliche Ereignisse im Sinne des ›Je-dieser‹-zu-Sein zu konkretisieren.

---

[10] Scheler, *Formalismus*, GW II, S. 392.
[11] Scheler, *Formalismus*, GW II, S. 385.

2. Mensch oder Person?

Wie steht es nun um das Verhältnis von Philosophischer Anthropologie und Philosophie der Person? Auf den ersten Blick sieht es so aus, als ob ideengeschichtlich die Frage nach dem Menschen die Frage nach der Person abgelöst hätte. Das gleichsam modernere Projekt der Anthropologie nähme dann den Platz einer Philosophie der Person ein. Das antiquierte 18. und 19. Jahrhundert weicht dem modernen 20. Jahrhundert und der philosophiegeschichtlich aufgeladene Begriff der Person würde dementsprechend beiseite geschoben, um sich sozusagen einfacher am Menschen als Lebewesen abzuarbeiten.

Solche Thesen, die man im Übrigen auch umkehren könnte, sind natürlich griffig, aber wohl zu einfach. Die Philosophische Anthropologie ersetzt nicht die Frage nach der Person, aber ihr kommt eine besondere Aufgabe bei der Beantwortung der Frage zu: Sie markiert den Platz, an dem die Frage nach der Person Halt finden kann. Die Philosophische Anthropologie bereitet den Boden, auf dem das Konzept der Person seinen Sinn finden und entfalten kann. Sie übt damit Kritik an einem leerlaufenden Konzept der Person, das sozusagen vagabundierend von seinem Bezugspunkt umhertreibt und mal hier, mal dort Halt macht.

Wenn wir sagen, dass Personalität als Gewissheit diejenige Form darstellt, in der menschliche Ereignisse als konkrete im Sinne des ›Je-dieser‹-zu-Sein verständlich werden, so müssen wir auch die Lebensform bestimmen, in der dies möglich, vielleicht auch nötig ist. Genau dies leistet die Philosophische Anthropologie. Entscheidend mit Blick auf die Personalität dürfte dabei wohl sein, dass wir mit dem Menschen auf eine Lebensform treffen, die sich durch *Reziprozität* auszeichnet, also das Vermögen, in einem ganz prinzipiellen Sinne einen Perspektivenwechsel vollziehen und den Platz des Anderen einnehmen zu können. Die Reziprozität scheint die anthropologische Bedingung der Möglichkeit von Personalität auszumachen; und sie ist es, welche die Überlegungen im ersten Teil grundlegt, ohne sie freilich zu ersetzen. Scheler deutet diesen Gedanken an bzw. liefert dafür wichtige Bausteine[12], doch es ist wohl Plessner, der diese Überlegung zu Ende führt, was nun abschließend und eher im Überblick zur Darstellung kommen soll.

Kennzeichnend für Schelers, aber nicht nur für Schelers Anthropologie, ist es, dass er nicht einfach von einem wissenschaftlich reduzierten und auch nicht von einem spekulativ überhöhten Lebensbegriff ausgeht. Dies kommt zum Ausdruck, wenn er für seine Anthropologie das Verhalten und die

---

[12] Von besonderem Interesse sind hier Schelers Ausführungen in seinem Sympathie-Buch (1913/1923), in denen deutlich wird, dass das eigentliche Mitgefühl ohne Reziprozität nicht denkbar ist. Diese Reziprozität ist keineswegs mit einem ›Einsfühlen‹ zu verwechseln, sondern wahrt Distanz gegenüber dem Anderen als Person.

Beschreibung des Verhaltens ins Zentrum rückt: »Das ›Verhalten‹ ist das deskriptiv ›mittlere‹ Beobachtungsfeld, von dem wir auszugehen haben.«[13] Scheler macht deutlich, dass unser Verständnis des Lebensbegriffs nicht abhängt von einer Erklärung der Biologie, aber auch nicht von einer philosophischen Spekulation. Es sind die Lebensformen, die unser Verständnis vom Lebendigen begründen. Und in diesem Sinne tauchen in den berühmt berüchtigten Stufen seiner Anthropologie auch Lebensformbeschreibungen auf. Von der Pflanze über unterschiedliche Tiere bis zum Menschen geht es um Lebensformen und deren jeweilige Charakteristik.

Dies sollte man in Erinnerung rufen, um Schelers Kennzeichnungen der unterschiedlichen Stufen des Lebendigen adäquat einzuordnen. Wenn er vom Gefühlsdrang, vom Instinkt, vom assoziativen Gedächtnis oder von der organisch gebundenen praktischen Intelligenz spricht, so sind dies Kennzeichnungen, die nicht das oder ein Leben erklären, sondern Kennzeichnungen, die uns Lebensformen in dem ›mittleren Beobachtungsfeld‹ des Verhaltens verständlich machen. In diesem Sinne dient auch der Begriff der Weltoffenheit dazu, uns die Lebensform des Menschen verständlich zu machen. Und wie könnte es anders sein, auch hier, im Falle der Weltoffenheit, ist von der Personalität die Rede: »Das Zentrum des Geistes, die ›Person‹, ist also weder gegenständliches noch dingliches Sein, sondern nur ein stetig sich vollziehendes [...] Ordnungsgefüge von Akten. Die Person ist nur in ihren Akten und durch sie.«[14]

Doch diese Bemerkung hat nun gegenüber dem *Formalismus*-Buch eine andere Dignität. Sie steht im Kontext der Verständigung darüber, was die Lebensform des Menschen auszeichnet, d. h. sie steht im Kontext des komplexen Feldes, das durch den Begriff der Weltoffenheit eröffnet wird. Und hierzu gehören die weiteren Aspekte der Fernstellung und Distanzierung von der Umwelt hin zu einer Welt, die Möglichkeit der Vergegenständlichung der je eigenen physiologischen und psychischen Beschaffenheit, die Fähigkeit der Ideation als Wesenserkenntnis und nicht zuletzt das Fassen und Begreifen der ›Leerformen‹ von Raum und Zeit.

Ein solches Wesen, das in seiner biologischen Konstitution auf diese Art verfasst ist, hat keine Chance mehr, sich in einer Umwelt zu finden, aber es hat alle Möglichkeiten, sich in Seinesgleichen zu erkennen. Mit anderen Worten: Ein solches Wesen ist nicht seinem Standpunkt verpflichtet; es ist fähig, die Perspektive des Anderen einzunehmen, es ist dadurch ausgezeichnet, nicht nur Ich zu sich zu sagen, sondern die Gleichursprünglichkeit von Ich, Du und Wir zu begreifen. Scheler eröffnet diesen Weg, beschreitet ihn jedoch nicht, da seine metaphysischen Spekulationen ihn in seiner Anthro-

---

[13] Scheler, *Stellung des Menschen*, S. 17f.
[14] Scheler, *Stellung des Menschen*, S. 39.

pologie in eine andere Richtung treiben. Es ist Plessner, der auf Scheler auf-
baut, und den Gedanken der Reziprozität als Auszeichnung der menschlichen Lebensform ausformuliert. Ohne dass der Topos genannt wird, führt
Plessner in diesem Sinne in den *Stufen des Organischen* aus: »Der Mensch
sagt zu sich und zu anderen Du, Er, Wir –, nicht etwa darum, weil er erst
auf Grund von Analogieschlüssen oder einfühlenden Akten in Wesen, die
ihm am konformsten erscheinen, Personen annehmen müsste, sondern kraft
der Struktur der eigenen Daseinsweise.«[15] Später bemerkt Plessner dann explizit unter dem Titel der Reziprozität folgendes: »Im anderen erfasst der
Mensch den anderen als er selbst, ›weil‹ er der andere auch ist. Das bedeutet keine Identifikation mit ihm, obwohl sie ihm dadurch ermöglicht wird,
sondern eine einfache, in der Ichhaftigkeit wurzelnde Eigenart des Mitseins.
Miteinander in diesem durch Reziprozität der Perspektiven gewährten Sinn
können nur Menschen sein.«[16]

Es ist hier nicht der Raum, um diesen Gedanken der Reziprozität vollständig zu entfalten, d. h. ihn im Kontext der Plessner'schen Überlegungen
zur Mitwelt, zur Unterscheidung zwischen Mitmachen und Nachahmen, im
Kontext seiner Untersuchungen zum Rollenbegriff und im Horizont des
komplexen Phänomens der exzentrischen Positionalität zu erörtern. Wichtig an dieser Stelle ist nur darauf hinzuweisen, welchen Beitrag die Philosophische Anthropologie zur Frage nach der Person leisten kann. Und dieser
Beitrag scheint darin zu liegen, dass sie mit höchster Sensibilität darauf aufmerksam macht, dass das Konzept der Person ein lebensformgebundenes
Konzept ist, gebunden nämlich an eine Lebensform, die durch Reziprozität
ausgezeichnet ist. Nur in einer solchen Lebensform kann der Sinn von ›Person‹, den ich im ersten Teil meiner Ausführungen anhand der Scheler'schen
Überlegungen skizziert habe, seine Bedeutung entfalten: nämlich die Person
als Gewissheit der Form, menschliche Ereignisse im Sinne des ›Je-dieser‹-zu-
Sein zu konkretisieren. Ohne die Bindung an die Lebensform des Menschen,
d. h. ohne die Bindung an die Reziprozität, bliebe ansonsten der Begriff der
Person leer. Nur, und damit erinnere ich an den Anfang meines Beitrags, ein
Leben im Sinne von *zoé*, das durch Reziprozität ausgezeichnet ist, kann ein
Leben im Sinne von *bios* führen, in dem die Personalität als Form des Kon-
kretisierens wirksam ist.

Vielleicht lässt sich so auch folgende Bemerkung Plessners aus den Stufen verstehen: »Und wenn der Mensch von Bruder Esel und Bruder Baum
in einem direkteren als nur allegorischen Sinne reden kann, so liegt es daran,
dass er die durchgehende Gemeinsamkeit alles Lebendigen erfasst und das
für die Positionalität des Vitalen überhaupt kennzeichnende Mitverhältnis

---

[15] Plessner, *Stufen des Organischen*, S. 373.
[16] Plessner, *Mensch als Lebewesen*, S. 320.

dabei hervorhebt, in dem auch er sich mit dem Lebendigen auf eigene Weise verbunden sieht. Die Sphäre, in der wahrhaft Du und Ich zur Einheit des Lebens verknüpft sind und einer dem andern in's aufgedeckte Antlitz blickt, ist aber dem Menschen vorbehalten, die Mitwelt, in der nicht nur Mitverhältnisse herrschen, sondern das Mitverhältnis zur Konstitutionsform einer wirklichen Welt des ausdrücklichen Ich und Du verschmelzenden Wir geworden ist.«[17]

LITERATUR

Anscombe, Gertrude Elizabeth M.: *Intention*, Oxford [2]1976 (dt. *Absicht*, übers. v. Joachim Schulte, Frankfurt/M. 2010).

Foot, Philippa: *Natural Goodness*, New York 2001 (dt. *Die Natur des Guten*, übers. v. Michael Reuter, Frankfurt/M. 2004).

Geach, Peter: Good an Evil. In: *Analysis* 17, 1956, S. 32–42.

Plessner, Helmuth: *Die Stufen des Organischen und der Mensch* (1928), Gesammelte Schriften 4, Frankfurt/M. 1981.

– Der Mensch als Lebewesen. Adolf Portmann zum 70. Geburtstag (1967). In: ders.: Gesammelte Schriften 8, Frankfurt/M. 1983, S. 314–327.

Quante, Michael: *Person*, Berlin – New York 2007.

Scheler, Max: *Der Formalismus in der Ethik und die materiale Wertethik* (1913/1916), Gesammelte Werke 2, Bonn [8]2009.

– *Die Stellung des Menschen im Kosmos* (1928), Gesammelte Werke 9, Bonn [3]2008.

– *Wesen und Formen der Sympathie* (1923), Gesammelte Werke 7, Bern – München [6]1973.

Spaemann, Robert: *Personen. Versuche über den Unterschied zwischen ›etwas‹ und ›jemand‹*, Stuttgart 1996.

Sturma, Dieter (Hg.): *Person. Philosophiegeschichte. Theoretische Philosophie. Praktische Philosophie*, Paderborn 2001.

Wittgenstein, Ludwig: *Über Gewissheit*, Werkausgabe 8, Frankfurt/M. [8]2011.

---

[17] Plessner, *Stufen des Organischen*, S. 382.

Dan Zahavi

PHÄNOMENALITÄT, ZEITLICHKEIT UND SELBSTHEIT

Aus dem Englischen von Philip Flock

Beginnen wir mit drei Zitaten aus Sartres *Das Sein und das Nichts*. Drei Zitate, die gemeinsam eine Auffassung vom Bewusstsein zum Ausdruck bringen, die, wie ich meine, unter Phänomenologen weit verbreitet ist, und der auch ich beipflichte.

> So hat die Reflexion keinerlei Primat gegenüber dem reflektierten Bewußtsein: dieses wird sich selbst nicht durch jene offenbart. Ganz im Gegenteil, das nicht-reflexive Bewußtsein ermöglicht erst die Reflexion: es gibt ein präreflexives Cogito, das die Bedingung des kartesianischen Cogito ist.[1]

> Dieses Bewußtsein (von) sich dürfen wir nicht als ein neues Bewußtsein betrachten, sondern als den einzig möglichen Existenzmodus für ein Bewusstsein von etwas.[2]

> Denn das präreflexive Bewußtsein ist Bewußtsein (von) sich. Und eben diesen Begriff Sich muß man untersuchen, denn er definiert das Sein des Bewußtseins selbst.[3]

Was sagt Sartre hier? Zuerst einmal existiert eine Erfahrung aus seiner Sicht nicht schlechthin, sondern so, dass sie implizit selbst gegeben, oder, wie er sich ausdrückt, »für sich« ist. Diese Selbst-Gegebenheit der Erfahrung ist nicht einfach eine Qualität, die der Erfahrung gleich einem bloß äußeren Anstrich zukommt; vielmehr bedeutet eben diese Seinsart des intentionalen Bewusstseins, für-sich (*pour-soi*), d. h. Selbstbewusstsein, zu sein.[4] Zudem betont Sartre sehr deutlich, dass das betreffende Selbstbewusstsein *kein* neues Bewusstsein ist. Es ist nicht etwas, das der Erfahrung hinzugefügt wird, kein zusätzliches Erlebnis, sondern vielmehr ein intrinsisches Merkmal derselben. Wenn Sartre also vom Selbstbewusstsein als einer beständigen Eigenschaft des Bewusstseins überhaupt spricht, so bezieht er sich demzufolge nicht auf

---

[1] Sartre, *L'être et le néant*, S. 20 (dt. S. 22).
[2] Sartre, *L'être et le néant*, S. 20 (dt. S. 23).
[3] Sartre, *L'être et le néant*, S. 118 (dt. S. 168).
[4] Sartre, *Conscience de soi*; *L'être et le néant*, S. 20 (dt. S. 22).

das, was wir als reflexives Selbstbewusstsein bezeichnen würden. Reflexion (oder Repräsentation höherer Ordnung) ist ein Vorgang, bei dem das Bewusstsein sich intentional auf sich selbst richtet, und dadurch sich selbst als sein eigenes Objekt gegenüberstellt. Nach Sartre ist diese Form des Selbstbewusstseins allerdings etwas Abgeleitetes. Sie setzt eine Spaltung von Subjekt und Objekt voraus, weshalb der Versuch, in derartigen Begriffen vom Selbstbewusstsein Rechenschaft abzulegen, für ihn zum Scheitern verurteilt ist. So gerät man entweder in einen infiniten Regress oder nimmt etwas Nicht-Bewusstes zum Ausgangspunkt – Alternativen, die für ihn gleichermaßen inakzeptabel sind.[5]

Der rechte Ausweg ist für Sartre die Einsicht in die Existenz einer präreflexiven und nicht objektivierenden Form des Selbstbewusstseins. Anders gesagt verfügt das Bewusstsein über zwei verschiedene Gegebenheitsweisen, eine präreflexive und eine reflexive. Erstere hat Vorrang vor der letzteren, da jene auch unabhängig von dieser bestehen kann, wohingegen das reflexive Selbstbewusstsein stets ein präreflexives Selbstbewusstsein voraussetzt. Um es noch einmal zu wiederholen: Für Sartre ist das präreflexive Selbstbewusstsein kein Anhang, sondern ein konstitutives Moment der ursprünglichen, intentionalen Erfahrung.

In einem daraufolgenden Schritt behauptet Sartre nun, dass das Bewusstsein – weit davon entfernt unpersönlich und anonym zu sein – eben wegen dieser alles durchdringenden Selbst-Gegebenheit durch eine fundamentale Selbstheit geprägt sei.[6]

1. DAS ERLEBNISSELBST

Eine Möglichkeit der Interpretation dieser letzten These ist folgende: Anstatt das Selbstbewusstsein mittels eines vorgefassten Begriffs des Selbst zu erfassen, geht Sartre den umgekehrten Weg, indem er die Selbstheit mittels der Selbsterfahrung definiert. Genauer gesagt, richtet er unsere Aufmerksamkeit auf eine bestimmte Dimension unseres Erfahrungslebens, die uns so nahe ist, so selbstverständlich, dass wir dazu neigen sie zu übersehen. Vielleicht kann das folgende Beispiel als Veranschaulichung dienen: Stellen wir uns eine Situation vor, in der wir zuerst einen grünen Apfel, dann eine gelbe Zitrone sehen. Nun stellen wir uns vor, dass unsere visuelle Wahrnehmung der gelben Zitrone durch die Wiedererinnerung an eine gelbe Zitrone bestätigt wird. Wie könnten wir diese phänomenale Komplexität beschreiben? Eine eher natürliche Art dies zu tun (welche die Tatsache und die damit

---

[5] Sartre, *L'être et le néant*, S. 18 (dt. S. 20).
[6] Vgl. Sartre, *L'être et le néant*, S. 147–149 (dt. S. 212–215).

einhergehenden Schwierigkeiten außer Acht lässt, dass das ganze Szenario sich in unserer Einbildung abspielt), wäre folgende: Erst einmal haben wir einen intentionalen Akt eines bestimmten Typus (eine Wahrnehmung), der sich auf ein bestimmtes Objekt (einen Apfel) richtet. Daraufhin behalten wir den intentionalen Akt-Typus bei (die Wahrnehmung), ersetzen jedoch den Apfel durch ein anderes Objekt (eine Zitrone). Im letzten Schritt ersetzen wir nun die Wahrnehmung durch einen anderen Akt-Typus (eine Wieder-erinnerung), während wir am zweiten Objekt festhalten. Indem wir diese Variationen durchspielen, gewinnen wir die Überzeugung, dass eine Un-tersuchung unseres Erfahrungslebens sich nicht nur auf die verschiedenen intentionalen Objekte, auf die wir gerichtet sein können, fokussieren, son-dern auch die verschiedenen intentionalen Typen oder Einstellungsweisen, die wir annehmen können, mit bedenken sollte. Dies alles scheint trivial. Doch stellen wir uns folgende Frage: Wenn wir unsere Ausgangssituation, in der wir einen grünen Apfel wahrnahmen, mit der abschließenden Situa-tion, in der wir uns an eine gelbe Zitrone wiedererinnerten, vergleichen, so müssen wir feststellen, dass sich sowohl das Objekt als auch der intentionale Typus verändert haben. Lässt eine solche Veränderung im Fluss der Erfah-rung also nichts unverändert? Das würden wir wohl bestreiten. Nicht nur, dass die erste Erfahrung von der zweiten festgehalten wird, es gibt da noch etwas, das den verschiedenen Erfahrungen, was auch immer ihr Typus oder Objekt sein mag, gemein ist. Obwohl ich die verschiedensten Erfahrungen durchlebe, gibt es da etwas Erfahrungsmäßiges, das in einem gewissen Sinne unverändert bleibt: ihr erst-personaler Charakter. Alle die verschiedenen Er-fahrungen sind charakterisiert durch eine Dimension der *Jemeinigkeit* oder *des Für-mich-Seins*.

Ähnliche Ansichten wurden jüngst sowohl von Levine als auch von Krie-gel verfochten. Nach Levine gibt es drei Unterscheidungsmerkmale für geis-tige Phänomene: Rationalität, Intentionalität und Bewusstsein (Erlebnis).[7] Wollen wir letzteres nun analysieren, so müssen wir begreifen, dass zu die-sem mehr gehört als nur seine qualitativen Eigenschaften, wie zum Beispiel die Tatsache, dass ein Erlebnis schmerzhaft oder angenehm ist. Vielmehr müssen wir uns darüber hinaus vor Augen halten, dass das betreffende Er-lebnis als etwas für mich erscheint und dass mit einem bewussten Erlebnis demzufolge eine erlebnisbezogene Perspektive oder ein Blickwinkel einher-geht.[8] Einen ähnlichen Gedankengang verfolgt Kriegel, wenn er behauptet, dass es zum Phänomen gehört, sowohl qualitative Merkmale, wie den bläu-lichen Bestandteil, als auch subjektive Merkmale, wie das »Für-mich«, zu

---

[7] Levine, *Purple Haze*, S. 4.
[8] Levine, *Purple Haze*, S. 7.

beinhalten.[9] Darüber hinaus beschreibt er diesen subjektiven Charakter als das, was in allen phänomenalen Charakteren invariant bleibt, und behauptet weiter, dass der qualitative Charakter eines phänomenal bewussten Zustands diesen zu dem phänomenal bewussten Zustand macht, der er ist, während der subjektive Charakter derjenige ist, der ihn als phänomenal bewussten Zustand überhaupt auszeichnet.[10]

Einige mögen den Einwand erheben, dass es keine Eigenschaft gibt, die all meinen Erlebnissen gemein wäre, keinen Stempel, kein Etikett, der oder das diese eindeutig als je meine identifizieren würde. Jedoch ist dieser Einwand deplatziert, weil er das Allgemeine an der falschen Stelle sucht. Das hier gemeinte Für-mich-Sein (*for-me-ness*) oder die Jemeinigkeit (*mineness*) wird nicht gedacht als eine Art beständiger Qualität oder Datum des Erlebnisses, das auf derselben Ebene liegt mit, sagen wir, dem Duft zerstoßener Minzblätter. Sie bezieht sich weder auf einen bestimmten erfahrungsmäßigen Inhalt, auf ein bestimmtes *Was*, noch auf die diachrone oder synchrone Summe derartiger Inhalte oder deren Verhältnis zueinander. Es geht nicht darum, dass wir das Selbst in die Reihe der Objekte des eigenen visuellen Feldes – die Bücher, der Computerbildschirm, die halb leere Teetasse, die Uhr, die Stifte, usw. – aufnehmen. Vielmehr bezieht sich die Selbstheit auf die bestimmte Weise oder das Wie des Erlebens selbst. Sie bezieht sich auf die Anwesenheit der ersten Person im Erlebnis und auf die Tatsache, dass das Erlebnis, das ich durchlebe, sich mir anders (wenn auch nicht notwendig besser) darstellt als irgendjemandem sonst. Daraus ließe sich die Behauptung ableiten, dass jeder, der die Für-mich-heit oder Selbstheit des Erlebens leugnet, einen wesenhaft konstitutiven Aspekt des Erlebnisses schlicht übersieht. Eine derartige Verleugnung wäre gleichbedeutend mit der Verleugnung der Subjektivität des Bewusstseins. Dies würde die Ansicht nach sich ziehen, dass mir mein eigenes Bewusstsein entweder überhaupt nicht gegeben – ich wäre bewusstseins- oder selbst-blind – oder mir in der gleichen Weise wie die Bewusstseine der anderen präsent wäre.

Der phänomenologische Ansatz könnte als die Besetzung einer Art mittleren Position zwischen zwei entgegengesetzten Auffassungen betrachtet werden. Der ersten Auffassung entsprechend wäre das Selbst eine Art unveränderliche Seelensubstanz, die unterschieden und ontologisch unabhängig wäre von jener geistigen Erfahrung und den weltlichen Objekten, deren Subjekt sie ist und auf die sie sich richtet. Der zweiten Auffassung zufolge ist das Bewusstsein nichts weiter als eine Mannigfaltigkeit sich in Wechselbeziehung verändernder Erfahrungen. Es gibt aber eine dritte Möglichkeit in dem Moment, in dem man begreift, dass ein Verständnis dessen, was es be-

---

[9] Kriegel, *Subjective Consciousness*, S. 8.
[10] Kriegel, *Subjective Consciousness*, S. 2, 58.

deutet ein Selbst zu sein, nach einer Untersuchung der Erfahrungsstruktur verlangt und umgekehrt. Dieses nun zu prüfende Selbst – nennen wir es das *Erlebnisselbst* – ist keine für sich existierende Entität, nichts, das unabhängig, in Absonderung von oder in Opposition zum Bewusstseinsfluss existiert. Jedoch lässt es sich weder einfach auf ein bestimmtes Erlebnis oder eine (Teil-)Menge von Erlebnissen reduzieren, noch ist es deshalb ein rein soziales Konstrukt, das sich durch die Zeit hindurch entwickelt. Vielmehr muss es als integraler Bestandteil unseres bewussten Lebens aufgefasst werden. Genauer gesagt ist die Behauptung, dass das (minimale oder Kern-)Selbst erlebnismäßige Realität besitzt und mit dem allgegenwärtigen Merkmal der Erlebnisse, der ersten Person, identifiziert werden kann. Diese Idee wird in der Formulierung eines anderen französischen Phänomenologen, Michel Henry, festgehalten, der schreibt, dass die grundlegendste Form der Selbstheit die ist, die sich in der Selbstmanifestation der Erlebnisse konstituiert.[11]

Ein Motivationsgrund, einen derart minimalistischen Begriff des Selbst einzuführen, ist die Möglichkeit, etwas hervorzuheben, das für jeden Ansatz, der die Frage nach der Subjektivität des Bewusstseins ernst nimmt, entscheidend ist, das jedoch regelmäßig übersehen und missachtet wird. Die Existenz eines Selbst zu leugnen, während man an der Realität der Subjektivität festhält, bedeutet, das, worauf Subjektivität wirklich hinausläuft, völlig zu übersehen, ein bloßes Lippenbekenntnis, mit der Idee der erst-personalen Perspektive ernst zu machen, oder, um es anders zu sagen und Joseph Margolis zu zitieren: »Nur eine vollständige Eliminierung der Erlebnisse könnte die Eliminierung der Selbste überhaupt rechtfertigen«.[12] Oder wie Christopher Peacocke sich ausdrückt: »Subjekte und bewusste Ereignisse sind ontologisch gleichartig. Die wesensmäßige Bestimmung des einen erfordert die Erwähnung des anderen«.[13]

Um die bestimmte phänomenologische Beschaffenheit dieses Vorschlags weiter herauszustellen, könnte man ihn mit einer traditionellen Alternative vergleichen, nach der jedwede Erfahrung mit begrifflicher und metaphysischer Notwendigkeit ein Subjekt der Erfahrung voraussetzt, eines, dessen Existenz wir voraussetzen können, das jedoch selbst niemals erlebnismäßig gegeben ist. Eine derartige Sichtweise wurde von Searle vertreten. Nach Searle ist das Selbst keine eigenständige und distinkte Entität, sondern vielmehr eine formale Eigenschaft des Bewusstseinsfeldes. Er behauptet, dass wir dieses Bewusstseinsfeld falsch beschreiben, wenn wir es als ein solches betrachten, das sich lediglich durch seine Inhalte und deren Anordnung konstituiert. Inhalt setzt ein Prinzip der Einheit voraus, dieses Prinzip jedoch –

---

11 Henry, *L'essence de la manifestation*, S. 581; *Philosophie et phénoménologie du corps*, S. 53.
12 Margolis, *Minds, Selves, and Persons*, S. 41.
13 Peacocke, *Subjects and Consciousness*, S. 95.

nämlich das Selbst – ist kein selbständiges Ding, keine selbstständige Entität. Und Searle fährt fort mit der Behauptung, dass das Postulat des Selbst dem Postulat des Blickpunkts bei visueller Wahrnehmung gleichkommt. Denn so, wie wir unsere Wahrnehmungen nicht verstehen, wenn wir nicht voraussetzen, dass sie uns von einem bestimmten Standpunkt aus erscheinen, auch wenn dieser selbst nicht wahrgenommen wird, können wir nach Searle unsere Erlebnisse nicht verstehen, können keine bedeutungsvoll strukturierten Erfahrungen haben, wenn wir nicht voraussetzen, dass diese einem Selbst erscheinen, auch wenn dieses nicht bewusst erlebt wird. Das Selbst ist weder ein Objekt des Bewusstseins noch Teil des Bewusstseinsinhalts, und obwohl wir nach Searle das Selbst niemals erfahren können, können wir trotzdem – sofern jedes (nicht pathologische) Bewusstsein Besitz eines Selbst sein muss – auf seine Existenz schließen.[14]

Eine Möglichkeit, Searles Argument zu verstehen, ist, seine Unterscheidung zwischen der metaphysischen Frage, ob eine Erfahrung notwendigerweise nur *für* ein *Selbst (for a self)* sein kann, und der phänomenologischen Frage, ob jede Erfahrung notwendig eine Erfahrung *des Selbst (of a self)* ist, nachzuvollziehen. Während Searle letzteres ablehnt, bejaht er, dass die Habe *(ownership)* der Erfahrung eher eine metaphysische Relation als ein erfahrungsmäßiges oder phänomenologisches Faktum ausdrückt. Dies ist problematisch, weil er die Möglichkeit nicht bedenkt, dass das Selbst gegeben sein, erlebnismäßige Realität besitzen könnte, auch wenn es nicht als Objekt oder Teil des Erfahrungsinhalts erscheint. In der Tat ist doch das Für-mich-Sein der Erfahrung, so wie ich es sehe, eben jene erfahrungsimmanente Eigenschaft. Es bezeichnet genau diese erstpersonale Gegebenheit der Erfahrung und drückt nicht den bloßen Bezug zu jener metaphysischen oder begrifflichen Tatsache aus, dass Erfahrungen notwendig einem Subjekt angehören oder erscheinen. Bei der Frage, wie jemand sich seiner *selbst* bewusst ist, geht es somit in erster Linie nicht darum, ob wir deshalb auf die Existenz irgendeines nebulösen Ich-Pols *schließen* müssen, sondern wie wir erstpersonalen Zugang zu unseren Erlebnissen haben. Anders gesagt geht es bei der Selbsterfahrung grundlegend um die vorreflexive Bewusstheit des eigenen Bewusstseins – und das Erlebnisselbst ist genau durch diese Subjektivität der Erfahrung definiert.

Vielleicht kann das folgende Gedankenexperiment erhellend sein: Stellen wir uns zwei Klone vor, die hinsichtlich ihrer physischen und mentalen Merkmale qualitativ identisch sind. Gegenwärtig schauen beide auf eine weiße Wand. Aus der Perspektive eines Dritten wäre es in der Tat schwierig die Erfahrungen der beiden auseinanderzuhalten, außer durch die einfache Unterscheidung dieser und jener Erfahrung. Es gäbe für einen Dritten

---

[14] Searle, *The Self As a Problem*, S. 16–18.

gar keine bedeutende Differenz zwischen der erstpersonalen Verfassung des Erlebnisstroms von Klon a und der von Klon b. Diese Verfasstheit könnte nicht als Individuationskriterium dienen, da beide Erlebnisströme sie besitzen. Dementsprechend gibt es auch keine bedeutende Differenz bezüglich des Erlebnisinhalts. Doch überlegen wir, was geschieht, wenn wir die Perspektive des Dritten verlassen und die erstpersonale einnehmen. Obwohl dann meine mentalen wie physischen Merkmale weiterhin mit denen meines »Zwillings« qualitativ identisch bleiben, gäbe es trotzdem einen entscheidenden und maßgeblichen Unterschied zwischen ihm und mir, einen Unterschied, der jedwede Verwechslung ausschließt. Worin mag dieser Unterschied bestehen? Offensichtlich hat es mit einer Differenz in der Gegebenheit des Erlebnisses zu tun, mit der Tatsache, dass nur meine Erlebnisse mir in erstpersonaler Erscheinungsweise gegeben sind, wohingegen die qualitativ identischen Erlebnisse meines Klons mir niemals erstpersonal gegeben und somit nicht Teil meines Bewusstseinsstroms sind. Das ist selbst dann der Fall, wenn es präreflexiv keine ausgewiesene Bewusstheit über die Tatsache gibt, dass diese Erfahrungen je meine sind. Kurz, zwei Bewusstseinsströme mögen hinsichtlich ihres Inhalts qualitativ identisch sein, sie sind doch maßgeblich voneinander unterschieden. Folglich ist es eher das jeweilige erstpersonale Wie als irgendein Inhalt, das diese Erfahrungen fundamental von denen anderer trennt. Dieser (Husserl'sche) Gedankengang wurde von Edith Stein treffend in folgenden Zeilen erfasst:

> Vermöge ihres Erlebnisgehaltes sind also die Bewußtseinsströme qualitativ unterschieden. Auch mit dieser qualitativen Besonderung haben wir aber noch nicht das erreicht, was man gemeinhin unter einem individuellen Ich oder einem Individuum versteht. [...] Die qualitative Eigentümlichkeit ohne die Selbstheit würde zur Individualisierung nicht ausreichen, denn zu qualitativer Verschiedenheit des Bewußtseinsstroms kann man auch gelangen, indem man sich den einen gegebenen Bewußtseinsstrom abgewandelt denkt, wie er ja auch im Fortgang des Erlebens ständig qualitativ wechselt. Damit hört seine Gebundenheit an dasselbe Ich nicht auf, er wird ein anderer nur durch die Zugehörigkeit zu einem anderen Ich.[15]

Einen ähnlichen Gedanken können wir bei Husserl finden, der in *Ideen II* die absolute Individuation des Bewusstseins hervorhebt. Er schreibt:

> Absolute Individuation hat schon das reine Ich der jeweiligen cogitatio, die selbst ein absolut Individuelles in sich ist. [...] Die Erlebnisse im Bewußtseinsfluß haben ihr absolut eigenes Wesen, sie tragen ihre Individuation in sich selbst.[16]

---

[15] Stein, *Zum Problem der Einfühlung*, S. 55.
[16] Husserl, *Ideen II*, S. 299–300.

Wie Husserl und Stein möchte ich die grundlegende (und recht formale) Individuation des Bewusstseinslebens wie auch die irreduzible Differenz zwischen zwei Bewusstseinsströmen betonen. Anders gesagt halte ich die Frage,
ob es einen oder zwei Bewusstseinsströme gibt, für keine Frage der Konvention. Die Tatsache, dass wir regelmäßig die Meinungen, Gedanken, Überzeugungen und Werte mit anderen teilen, ändert nichts daran. Darüber hinaus
ist dies auch der Grund, warum ich denke, dass diese Subjektivität des Erlebens, ihr erstpersonaler Charakter, auch wenn dieser recht formal ist, als
Platzhalter für Eigenschaften fungieren kann, die traditionell mit dem Selbst
in Zusammenhang gebracht werden.[17]

Ein Vorteil des hier vollzogenen Gedankenexperiments ist, dass es diejenigen Eigenschaften des Bewusstseins sehr anschaulich darstellt, auf die
der Erlebnisbegriff des Selbst abzielt. Es richtet sich auf das, was die beiden
Klone unterscheidet, ohne gleich Probleme wie Personalität, Charakter, Einstellungen, Geschichte etc. mit aufzugreifen. Des Weiteren ist es nun möglich noch einmal auf den Einwand zurückzukommen, man solle die metaphysische These, dass alle Erfahrungen einem Selbst notwendig zukommen,
gründlicher von der phänomenologischen These scheiden, dass das Selbst
notwendig in der Erfahrung erscheint. Man könnte dafür plädieren, diese
beiden Thesen auseinanderzuhalten, denn einige würden vielleicht die erste
akzeptieren, die zweite jedoch ablehnen. Manche mögen dem zustimmen,
dass jedes Erlebnis wesentlich erstpersonal ist, das heißt notwendig in oder
durch eine bestimmte Perspektive erscheint, und doch leugnen, dass einem
dieser perspektivische Zug notwendig bewusst sein müsse. Ganz ähnlich
mag es die Ansicht geben, dass aus der Tatsache, dass jedes Erlebnis notwendig Erlebnis für ein Selbst ist, nicht folgt, dass jedes Erlebnis notwendig Erlebnis von einem Selbst ist. Ist es denn nicht tatsächlich der Fall, dass
wir, wenn wir in unser weltliches Streben vertieft sind, in der Regel selbst-
los sind, so, wie es kein Selbst gibt, das im Erlebnisinhalt erscheint? Das
Problem mit diesen Einwänden ist, dass sie fälschlicherweise annehmen, der
einzige Weg, wie das Selbst in der Erfahrung aufkommt, sei, als Objekt der
Erfahrung zu erscheinen. Aber das ist eben, was ich von Anfang an herauszustellen versucht habe: Das Erlebnisselbst, also die erlebnismäßige Subjektivität, findet sich nicht unter den Gegenständen der Erfahrung, sondern ist
die Modalität des Erlebnisses selbst.

Galen Strawson hat folgende Auffassung vertreten: Wenn wir verstehen
wollen, was es heißt, ein Selbst zu sein, müssen wir uns der Selbsterfahrung zuwenden, da es die Selbsterfahrung ist, die die Frage nach dem Selbst
überhaupt aufkommen lässt, indem sie uns einen lebendigen Sinn dafür ver-

---

[17] Vgl. Zahavi, *Subjectivity and Selfhood.*

mittelt, dass es so etwas wie ein Selbst gibt.[18] In seinem Werk *Selves: An Essay in Revisionary Metaphysics* gestaltet Strawson diese Idee weiter aus und argumentiert für folgende notwendige Bedingung der Selbstheit: Wenn es so etwas wie ein Selbst gibt, muss es solche Eigenschaften besitzen, die sich in jeder originären Selbsterfahrung aufweisen lassen. Kurz, nichts kann als Selbst gelten, was nicht derartige Eigenschaften besitzt. Darüber hinaus weist er auf folgende hinreichende Bedingung der Selbstheit hin: Wenn es eine Entität gibt, die die Eigenschaften besitzt, die jede originäre Form der Selbsterfahrung auszeichnen, dann ist diese Entität ein Selbst. Oder, nichts kann als Selbst gelten, was diese Eigenschaften nicht besitzt.

Akzeptieren wir die beiden Bedingungen, erlaubt uns dies, die folgenden beiden metaphysischen Einwände zurückzuweisen: 1) Obwohl es Entitäten gibt, denen diese Eigenschaften in der Selbsterfahrung zugeschrieben werden, folgt daraus nicht, dass diese ein Selbst sind, oder dass ein Selbst existiert; 2) Obwohl es so etwas wie ein Selbst geben mag, haben wir keine Erkenntnis über sein Wesen.[19]

Die Phänomenologen würden dieser Argumentation beipflichten. In der Tat findet man eine ähnliche Reflexion in *Ideen II*, wo Husserl zeigt, dass die Reflexion auf ein beliebiges Erlebnis das Wesen des reinen Ego enthüllt und dass es absurd ist, die Existenz des Ego zu leugnen oder zu behaupten, sein Wesen sei radikal von dem verschieden, als was es sich enthüllt.[20] Letztlich würden sie jedoch noch einen Schritt weiter gehen und behaupten, dass, wenn es auf diese grundlegende Form des Selbst ankommt, es eben in und durch das Selbsterlebnis konstituiert ist, also die Phänomenologie eines derartigen Selbst die Metaphysik desselben ist.[21]

---

[18] Strawson, *The Phenomenology and Ontology of the Self*, S. 40.

[19] Strawson, *Selves*, S. 56–57.

[20] Husserl, *Ideen II*, S. 104. Diese Aussage wurde oft als Beispiel für Husserls Versagen interpretiert, das zu begreifen, was Ricœur das verwundete *cogito* nennen würde (Kearney, *Dialogues With Contemporary Continental Thinkers*, S. 27). Aber anstatt in dieser Behauptung die Bestätigung seiner Unfähigkeit zu sehen, die Reichhaltigkeit und Komplexität des menschlichen Lebens zu verstehen, ist es weitaus sinnvoller, diese Behauptung und die darauf folgende Betonung der Tatsache, dass sich hinter dem reinen Ego kein versteckter innerer Reichtum verbirgt, als die Verdeutlichung der Formalität und Leere des reinen Ego zu lesen. Es ist gewissermaßen ein sehr feiner und deflationärer Gedanke. E. Stein drückt es an einer Stelle wie folgt aus: »Das reine Ich hat keine Tiefe« (Stein, *Zum Problem der Einfühlung*, S. 117). Es ist ebenso rein wie arm. Es ist rein im Sinne formalen Seins und folglich arm in Bezug auf dessen Inhalt. Doch das sollte uns nicht dazu verleiten, seine Existenz oder Bedeutung zu leugnen.

[21] Wenn wir über die Metaphysik des Selbst sprechen, sollte ich betonen, dass ich mich auf die Frage nach der Realität des Selbst konzentriere. Mit der Frage, aus was für einer Art von »Stoff« das Selbst letztlich besteht, beschäftige ich mich hier nicht. Ich will nicht den Anschein erwecken, als könne eine phänomenologische Untersuchung des Selbst per se eine Frage wie die letztere beantworten.

2. ZEITLICHKEIT

Die Grundzüge meines Ansatzes sollten damit umrissen sein. Natürlich gibt es verschiedene Wege, diese Erklärung anzufechten. Hier seien vor allem drei erwähnt. Man könnte Hubert Dreyfus (und ausgewiesenen Repräsentationalisten wie Dretske und Tye) folgen und die deskriptiven Ergebnisse, also die These, für unser Erfahrungsleben sei Subjektivität und Für-mich-Sein fundamental, nicht anerkennen. Nach Dreyfus ist unser alltägliches Wachleben durch ein bewusstloses Bewältigen der Welt ganz in Anspruch genommen, und zwar so umfassend, dass es weder für ein erfahrungsmäßiges Selbst noch für irgendeine Art impliziter Selbsterfahrung Raum gibt.[22]

Eine weitere Möglichkeit ist, eine grundlegende Subjektivität der Erfahrung zwar anzuerkennen, jedoch darauf zu bestehen, dass der Unterschied zwischen Subjektivität und Selbstheit erhalten bleiben muss. Diese Kritik kann zwei sehr verschiedene Formen annehmen. Entweder verteidigt man eine Art Antirealismus bezüglich der Selbstheit, verteidigt also eine Doktrin, die sich gegen jegliches Selbst richtet und beharrt gleichzeitig auf der Realität der Subjektivität. Oder man verteidigt die Realität des Selbst, um dann weiter zu behaupten, dass der reale Kern der Selbstheit nicht einfach in den Strukturen der Erfahrung verortet werden kann, sondern vielmehr im Bereich der normativen Setzungen zu finden ist. Für einen solchen Ansatz bedeutet ein Selbst zu sein eher eine Leistung als etwas Selbstverständliches. Das Selbst wird nicht geboren, sondern entsteht in einem Prozess sozialer Erfahrung und des Austauschs.

All diese Kritiken wären einer intensiven Auseinandersetzung wert. Aber weil ich dies schon andernorts getan habe, werde ich mich hier auf eine etwas andere und eher immanente Herausforderung konzentrieren, eine, die die spezifische Zeitform des Erlebnisselbst behandelt.

In seinem im Jahr 2000 erschienenen Buch *Stream of Consciousness: Unity and Continuity in Conscious Experience* verteidigt Barry Dainton ein Model des Bewusstseins, das er als die einfache Auffassung (*simple conception*) des Erlebnisses bezeichnet.[23] Demnach – und im Gegensatz zu verschiedenen höherstufigen repräsentationalistischen Ansätzen – lässt sich die synchrone und diachrone Einheit des Bewusstseins als ein Produkt einfachster Beziehungen zwischen Erlebnissen verstehen. Zudem sind Erfahrungsprozesse intrinsisch bewusst und daher selbstenthüllend. Vorausgesetzt, die phänomenale Einheit wäre eine erlebte Beziehung zwischen bewussten Zuständen, so müssten wir, um die Einheit der Erfahrung zu verstehen, weder über oder hinter noch außerhalb der Erfahrung selbst suchen; vielmehr sind dann Er-

---

[22] Vgl. Zahavi, *Mindedness, Mindlessness and First-Person Authority*.
[23] Dainton, *Stream of Consciousness*, S. 57.

fahrungen, jeweils und im Laufe der Zeit, selbst einheitsgebend.[24] Wie Dainton sich ausdrückt, besteht das Bewusstsein weder aus einem Strom, der unterhalb eines Lichtpunktes flösse, noch aus einem Lichtpunkt, welcher einen Strom begleiten würde; das Bewusstsein ist der Strom selbst und das Licht erstreckt sich über dessen ganze Länge.[25]

2008 verteidigt Dainton in seinem Buch *The Phenomenal Self* diesen erlebnisgebundenen Ansatz des Selbst und entwickelt ihn weiter. Zunächst führt er eine Unterscheidung ein zwischen der sogenannten *psychologischen Kontinuität*, was beständige Persönlichkeitsmerkmale, Überzeugungen, Werte usw. umfasst, und der *Erlebniskontinuität*.[26] Aus der Anwendung verschiedener Gedankenexperimente folgert er, dass sich diese beiden Formen der Kontinuität voneinander unterscheiden lassen, und behauptet, die Betrachtung dieser Fälle belege eindeutig die Vorrangstellung der Erlebniskontinuität. Einer der leitenden Gedanken, auf die er sich hierbei beruft, ist die Absurdität der Idee eines ununterbrochenen Bewusstseinsstroms, der als der meinige beginnt und als der eines anderen endet.[27] Ganz ähnlich betrachtet er es als absurd anzunehmen, dass der Bewusstseinsstrom geradewegs mit konstanter Subjektivität weiterfließt, jedoch dabei das Selbst nicht mitzunehmen vermag – auch wenn die konkreten psychologischen Zustände sich während des Fortgangs verändern oder ersetzt werden.[28] Dainton beharrt darauf, dass die Beharrlichkeit des Selbst durch phänomenale oder erlebnismäßige Kontinuität gewährleistet ist.[29]

Durch diesen Ansatz sieht sich Dainton jedoch mit einem Problem konfrontiert, nämlich dem sogenannten Brücken-Problem, zu dessen Lösung er erheblichen Aufwand (tatsächlich den Großteil seines Buches) betreibt. Mögen die Erlebnisse eines singulären, ununterbrochenen Bewusstseinsstroms durch phänomenale Kontinuität verbunden sein und demselben Subjekt angehören, so stellt sich doch die Frage nach den Erlebnissen in getrennten Strömen (getrennt durch die Kluft des Unbewussten). Auf welcher Grundlage schreiben wir zwei Erlebnisse, die durch traumlosen Schlaf voneinander geschieden sind, einem gemeinsamen Inhaber zu?[30] Anders gesagt mag das Brücken-Problem für Autoren, die einen Gehirn-basierten Ansatz verfolgen, keine Rolle spielen, so ist es doch für diejenigen, die versuchen,

---

[24] Dainton, *Stream of Consciousness*, S. 48, 73.
[25] Dainton, *Stream of Consciousness*, S. 236–237.
[26] Dainton, *The Phenomenal Self*, S. xii.
[27] Dainton, *The Phenomenal Self*, S. 18.
[28] Dainton, *The Phenomenal Self*, S. 26.
[29] Dainton, *The Phenomenal Self*, S. 22.
[30] Dainton, *The Phenomenal Self*, S. xx.

das Selbst mittels des Erlebnisses zu begründen, ein entscheidendes Problem.[31]

Daintons Lösung besteht darin, das abzulehnen, was er die These des notwendig bewussten Selbst (*Essentially Conscious Self (ECS)*) nennt, nach der das Selbst eine wesenhaft bewusste Entität ist, die nicht weiterexistiert, wenn sie das Bewusstsein verliert. Dieser stellt er die These des potentiell bewussten Selbst (*Potentially Conscious Self (PCS)*) gegenüber, nach der das Selbst eine Entität ist, die die Fähigkeit besitzt, bewusst zu sein. Im letzteren Fall kann ein Selbst das Bewusstsein verlieren und weiterhin existieren, sofern es die Fähigkeit, bewusst zu sein, behält.[32]

Für Dainton haben die Verfechter der ECS-These grundsätzlich zwei Möglichkeiten. Entweder leugnen sie, dass es so etwas wie Unterbrechungen des Bewusstseinsstroms gibt und entscheiden sich für die Ansicht, dass wir gewöhnlich im Laufe unseres Lebens niemals wirklich das Bewusstsein verlieren, oder sie leugnen diese Unterbrechungen nicht, und müssen sich dann zwischen den folgenden Möglichkeiten entscheiden: Entweder können sie versuchen zu erklären, wie sich die Einheit des Selbst über die Unterbrechungen hinweg durchhalten kann, oder sie können in den sauren Apfel beißen und versuchen, die Meinung zu verteidigen, nach der das Selbst genau so lange existiert, wie wir wach bleiben, also konsequenterweise jedes Mal ein neues Selbst geboren wird, wenn wir aus traumlosem Schlaf erwachen.[33] Dainton, für den all diese Positionen unhaltbar sind, entscheidet sich folglich dafür, die PCS-These zu verteidigen.

Obwohl – oder vielleicht gerade weil – ich so sehr mit dem erlebnisgebundenen Ansatz sympathisiere, habe ich einige Bedenken, was diese Lösung angeht. Eines ist die Sorge, dass die PCS-These schlicht zu radikal vom erlebnisorientierten Ansatz abweicht, gerade wenn man bedenkt, dass Dainton selbst einräumt, die PCS-These beraube das eigentliche Erlebnis seiner zentralen Rolle.[34] So schreibt er, dass die Beharrlichkeitsbedingungen eines unbewussten Subjekts dieselben sein müssen wie die eines bewussten[35] und dass der Unterschied zwischen bewusst und unbewusst aus der Perspektive der PCS-These vergleichsweise gering ausfällt.[36] Anders gesagt befürchte ich, dass Daintons Lösungsversuch letztlich die zentralen Einsichten des erlebnisorientierten Ansatzes über Bord wirft. Des Weiteren denke ich, dass

---

[31] Dainton, *The Phenomenal Self*, S. 75.
[32] Dainton, *The Phenomenal Self*, S. 79.
[33] Dainton, *The Self and the Phenomenal*, S. 380–381; *The Phenomenal Self*, S. 77–79.
[34] Dainton, *The Phenomenal Self*, S. 112.
[35] Dainton, *The Phenomenal Self*, S. 76.
[36] Dainton, *The Phenomenal Self*, S. 80.

die ECS-These noch Potential bereithält, welches Dainton nicht ausschöpft. Doch bevor wir darauf eingehen, wollen wir uns kurz der Strawson'schen Auffassung zuwenden.

Wie bereits erwähnt, weist Strawson darauf hin, dass wir bei der Suche nach einer Antwort auf die metaphysische Frage, ob das Selbst nun real ist oder nicht, allererst klären müssen, was ein Selbst denn überhaupt sein soll. Der beste Weg, hierauf eine Antwort zu finden, ist, den Blick auf die Selbsterfahrung zu richten, weil durch sie die Frage nach dem Selbst überhaupt erst aufkommt, indem sie uns einen lebendigen Sinn dafür vermittelt, dass es so etwas wie ein Selbst gibt. Daher – Strawson räumt dies ohne Weiteres ein – ist die metaphysische Untersuchung des Selbst der phänomenologischen Untersuchung untergeordnet. Die letztere beschränkt erstere: Nichts kann als Selbst gelten, wenn es nicht diejenigen Eigenschaften besitzt, die ihm von originärer Selbsterfahrung her zugeschrieben werden.[37] Genauer gesagt beschreibt Strawson mehrere Wege, die eine solche phänomenologische Untersuchung einschlagen kann. Eine Möglichkeit wäre zu untersuchen, über was uns die alltägliche, menschliche Selbsterfahrung aufklärt; eine andere, der minimalen Form des Selbsterlebnisses nachzugehen: Was ist das Mindeste, das man annehmen muss, um es dennoch ein (Erlebnis des) Selbst nennen zu können?

Strawson interessiert sich in der Hauptsache für letztere Frage. Seine Schlussfolgerung, die er andernorts auch als *Perlenketten-Auffassung (pearl view)* bezeichnet, lautet, dass das Selbsterlebnis zumindest ein SESMET-Erlebnis sein müsse; danach bedeutet eine Selbsterfahrung zu machen mindestens sich selbst als ein SESMET – als Subjekt des Erlebens, das ein einzelnes mentales Ding ist (*subject of experience that is a single mental thing*) – zu erfahren. Im Kontrast dazu betrachtet er Aspekte wie Personalität, Handlungsfähigkeit sowie sich über die Zeit erstreckende Beharrlichkeit als unwesentliche Eigenschaften. Diese mögen entscheidend sein, wenn es um die menschliche Selbsterfahrung geht, doch auch wenn es an ihnen mangelt, kann es dennoch ein originäres Selbst (des Erlebens) geben.[38] Was nun die metaphysische Frage angeht, so räumt Strawson die Realität des Selbst ein, insofern wir unter Selbst das minimale Selbst, das SESMET, verstehen. Was darüber hinaus das fortwährende, personale Selbst betrifft, so ist er deutlich skeptischer.[39]

Wie Strawson zugesteht, wird diese Verteidigung der Realität des Selbst nicht ohne Weiteres alle Befürworter des Selbst zufriedenstellen. Letztlich

---

[37] Strawson, *The Phenomenology and Ontology of the Self*, S. 40.

[38] Strawson, *Selves*, S. 172.

[39] Strawson, *The Phenomenology and Ontology of the Self*, S. 44–48.

ist das Selbst, das er hier stark machen will, keines, von dem er meint, dass
der Buddhismus es leugnen würde:

> Die Befürworter des Selbst werden sagen, dass dieses Selbst, dem ich Exis-
> tenz zuspreche, seinen Namen nicht wirklich verdiene, und dass ich dadurch
> die Tatsache verschleiere, dass es andere Dinge gibt, die ihn verdienen. Die
> Gegner des Selbst werden mit den Befürwortern darin übereinstimmen, dass
> dieses Selbst, dessen Existenz ich vertrete, seinen Namen nicht verdiene, und
> dass ich durch den Gebrauch des Begriffs »Selbst« an dieser Stelle, die Tatsa-
> che verschleiere, dass es überhaupt nichts gibt, was diesen Namen verdient.
> Spielt das eine Rolle? Nicht wirklich, denke ich.[40]

Was gibt es noch über dieses »flache« Selbst (*thin self*) zu sagen, das Strawson hier im Blick hat? Im Grunde verteidigt Strawson die Ansicht, dass jedes Erlebnis einen Erlebenden nötig macht, das heißt ein Subjekt des Erlebens. Erlebnis ist notwendig Erlebnis-Für. Erleben erfordert notwendig ein
Wie-Sein, und dieses erlebnismäßige Wie ist notwendig das Wie für Jemanden.[41] Oder, um eine seiner Formulierungen zu verwenden: Wenn Erleben
existiert, existiert Subjektivität, und daraus folgt, dass ein Subjekt-des-Er-
lebens-Sein (*subject-of-experience-hood*) existiert.[42] Kurz, solange es Erlebnisse gibt, gibt es dort notwendig ein Erlebnissubjekt. Erlebnis heißt Erleben und Erleben erfordert ein Subjekt, so wie das Biegen eines Zweiges den
Zweig erfordert.[43] Wichtig ist hier zu sehen, dass dies keine rein begriffliche
Behauptung von Strawson ist. Sie ist auch eine erlebnismäßige oder phänomenologische: Das Erlebnissubjekt ist etwas, das in der bewussten Erfahrung essentiell anwesend und lebendig ist.[44] Ferner haben wir es hier wirklich mit einer minimalen Vorstellung zu tun. Das Erlebnissubjekt ist nichts
Großes. Es ist in dem Sinne minimal, als dass es das ist, was übrig bleibt,
wenn alles außer dem Sein des Erlebnisses abgezogen wird.[45] Und es ist flach
in dem Sinne, dass es ihm an ontischer Tiefe fehlt, es nicht aus sich selbst heraus, sagen wir, ein moralisch verantwortlicher Akteur sein kann. Vielmehr
gilt es hier zu betonen, dass es, wo immer es Erleben gibt, ein Erlebnissubjekt
geben muss, also auch im Fall von Mäusen, Spinnen oder Meeresschnecken –
einfach weil Selbste Erlebnissubjekte sind und Erlebnis wesentlich Erlebnis-
Für ist.[46] Aus diesem Grund gibt es natürlich keinerlei flaches Selbst während erlebnisloser Episoden. Es existiert nicht, und kann nicht existieren, in

[40] Strawson, *Selves*, S. 5.
[41] Strawson, *Selves*, S. 271.
[42] Strawson, *Selves*, S. 419.
[43] Strawson, *The Minimal Subject*, S. 260.
[44] Strawson, *Selves*, S. 362.
[45] Strawson, *The Minimal Subject*, S. 254.
[46] Strawson, *Selves*, S. 276, 401.

der Abwesenheit von Erlebnissen. Es ist notwendig erlebnisgebunden und kann kein bloß dispositionales Sein haben.[47] Mit all dem bin ich einverstanden. Und es ist interessant, dass Strawson eine Kritik an Dainton richtet, die der meinigen sehr ähnlich ist. Er schreibt:

> Meine Position steht im krassen Gegensatz zu derjenigen, die Dainton in seinem Buch *The Phenomenal Self* vertritt, in welchem er das Selbst oder das Erlebnissubjekt ganz und gar dispositional, als eine Ansammlung von Potentialitäten, definiert. Seine Ansicht stimmt mit der Idee überein, nach der eine Entität wie das Erlebnissubjekt existieren könnte, ohne jemals wirklich ein Erlebnis gehabt zu haben. Dadurch, dass ich mein Hauptaugenmerk auf die minimale Auffassung des Subjekts richte, kann ich sagen (weniger selbstverständlich für die meisten zeitgenössischen philosophischen Ohren), dass im eigentlichen Sinne kein Erlebnissubjekt je in einem Universum existiert, in dem Millionen Dainton'sche Erlebnissubjekte existieren, die niemals irgendein Erlebnis haben.[48]

Wie steht es mit der Zeitlichkeit? Wie Strawson wiederholt betont, muss jede Form von Selbst sich in der Zeit ausbreiten, da ja kein Erlebnis augenblicklich sein kein, wenn dieser Augenblick definiert wird als etwas ohne jede zeitliche Dauer. Anders gesagt hat jedes minimale Subjekt eine synchrone Einheit, die Einheit des lebendigen Erlebnismoments.[49] Folglich besitzt das minimale Subjekt nach Strawson notwendig eine zeitliche Dauer. Darüber hinaus erfordert für Strawson – und hier stimmen wir ebenfalls überein – das originäre Selbsterleben keinen Selbstsinn, der sich über die lebendige Gegenwart des Erlebnisses hinaus erstreckt.[50] Jedoch fährt er fort, und hier würde ich widersprechen: Jedes bestimmte Erlebnis hat seinen Erlebenden.[51] Zwar räumt Strawson ein, dass an sich nichts in der Definition eines minimalen Selbst es notwendig macht, diese minimalen Subjekte als kurzlebige Entitäten zu setzen. Aber angesichts der Tatsache, dass es im menschlichen Bewusstseinsstrom nun einmal viele zeitliche Brüche gibt, sind minimale Subjekte im Falle des Menschen kurzlebig. Wie kurzlebig? Vielleicht zwei bis drei Sekunden.[52] Somit verteidigt Strawson letztlich etwas, das man die *Schnelllebigkeitsauffassung* des Selbst (*transience view of the self*) nennen

---

[47] Strawson, *The Minimal Subject*, S. 260.

[48] Strawson, *Selves*, S. 370.

[49] Strawson, *Selves*, S. 256, 388.

[50] Strawson, *Selves*, S. 200.

[51] Strawson, *Selves*, S. 276.

[52] Wenn ich Strawson hier richtig verstehe, denkt er letztlich, dass die Extension eine empirische Frage ist und dass andere Möglichkeiten, die hier in Betracht kommen könnten, $1/1{,}855 \times 10^{-43}$ Sekunden (die Planck Zeit), 1 ms, 25 ms, 500 ms, 2 bis 3 Sekunden, eine Lebensspanne oder die Ewigkeit sind (Strawson, *Selves*, S. 398).

könnte.[53] Während der gewöhnlichen Lebenszeit eines menschlichen Wesens gilt ein und derselbe Organismus als von einer großen Vielzahl ontologisch wohlunterschiedener wie kurzlebiger Selbste bewohnt.

In vielerlei Hinsicht halte ich Strawsons minimales Selbst und mein Erlebnisselbst für auffallend ähnlich. Wir beide verteidigen eine erlebnisgebundene Auffassung des Selbst, die zweifellos für einige eine deflationäre Auffassung ist. Wir verteidigen beide die Bedeutung der Phänomenologie für diese Auffassung, und wir räumen beide ein, dass es für das, was diese Auffassung leisten kann, Grenzen gibt; eine dieser Grenzen, die Strawson so treffend beschrieben hat, ist ihr Mangel an ontischer Tiefe. Was sind nun die Differenzen? Wenn wir all die kleineren, welche öfters auf terminologische Unterschiede zurückgehen, vernachlässigen, bleibt doch eine substanzielle Differenz, die sich auf die Frage nach Beharrlichkeit und Schnelllebigkeit bezieht.

Nach Strawson ist der sogenannte Bewusstseinsstrom in Wirklichkeit eine Reihe isolierter, kurzfristiger Erlebnisepisoden, von denen jede ihr eigenes ontologisch distinktes Subjekt besitzt.[54] Somit kann ein minimales Subjekt einen Bruch im Erlebnisstrom nicht überleben, weil es in keinem Moment existieren kann, es sei denn in dem Moment, in dem es ein Erlebnis gibt, für das es das Subjekt ist. Kurz, jedes Mal, wenn es ein neues Erlebnis gibt, gibt es ein neues Subjekt oder minimales Selbst. Anders gesagt, obwohl es in jedem Moment ein »Ich« oder Selbst gibt, hält sich kein Selbst auf längere Zeit durch, vielmehr bin ich, wie Strawson sich ausdrückt, kontinuierlich ganz und gar neu. Selbst wenn man, nur um des Arguments willen, eingestehen würde, dass es stets eine phänomenologisch gegebene Verknüpfung von Inhalten zwischen zwei sukzessiven Erlebnisepisoden gäbe, würde daraus nach Strawson nicht folgen, dass es deshalb auch eine Art phänomenologisch gegebener – erlebter – Kontinuität gäbe. Tatsächlich besteht Strawsons Behauptung gerade darin, dass es für ihn keine phänomenologische Evidenz eines kontinuierlichen Bewusstseinsfortgangs gibt.[55]

Eine Frage, die ich hier leider nicht weiter verfolgen kann, ist, ob uns Strawsons Auffassung einen überzeugenden Ansatz für zeitliche Erfahrung, die unsere Erfahrung zeitlich beständiger und dauernder Objekte einschließt, liefert. Stattdessen konzentriere ich mich im Folgenden auf das Problem dauerhafter Selbstheit.

Meiner Auffassung nach, gibt es tatsächlich kein Erlebnisselbst, kein Selbst, das durch die erst-personale Perspektive definiert wird, wenn wir nicht-bewusst sind. Aber dies bedeutet nicht zwangsläufig, dass die dia-

---

53 Strawson, *Selves*, S. 9.
54 Strawson, *Selves*, S. 399.
55 Strawson, *Selves*, S. 247.

chrone Einheit des Selbst durch vermeintliche Unterbrechungen des Bewusstseinsstroms (wie traumloser Schlaf, Koma, etc.) bedroht ist, weil die Einheit des Erlebnisselbst durch seinen erst-personalen Charakter, und nicht durch Erlebniskontinuität, definiert ist. Anders gesagt, die Frage, ob nun zwei zeitlich getrennte Erlebnisse meine sind oder nicht, ist weder identisch mit der Frage, ob sie denselben Inhalt teilen, noch mit der Frage, ob sie als Teil eines ununterbrochenen Bewusstseinsstroms erlebt werden. Die Frage ist vielmehr, ob sie in derselben erst-personalen Weise erlebt werden, das heißt, dass die Erlebnisse, die ich aus der erst-personalen Perspektive durchlebe, *per definitionem* meine sind, ungeachtet ihres Inhalts und ihrer Zeitstelle. Ich denke, diese Auffassung ist mehr im Einklang mit einem erlebnisgebundenen Ansatz des Selbst als Daintons These eines potentiell bewussten Selbst (*Potentially Conscious Self*).

Nun mögen mir einige entgegnen, dass mein Ansatz der Selbstheit einige recht eigenartige Beharrlichkeitsbedingungen verleiht. Wie kann das Erlebnisselbst in dieser Weise ein- und ausgeblendet werden? Wie kann es sozusagen eine Periode der Nicht-Existenz überleben? Beide Fragen sind allerdings schlecht gestellt. Sie unterstellen, dass der geeignete Weg, die Frage nach erlebnismäßiger Beständigkeit anzugehen, der einer Dritte-Person-Perspektive sei. Von dort aus kann man »den« Bewusstseinsstrom als aus einer Reihe diskreter Episoden bestehend betrachten – Dainton spricht sogar von einer Reihe distinkter Bewusstseinsströme –, die von Perioden der Unbewusstheit durchbrochen sind. In Anbetracht eines solchen Aufbaus hätten wir dann mit der Frage zu kämpfen, wie wir diese diskreten Einheiten verbinden sollten. Wenn wir aber stattdessen die Erste-Person-Perspektive einnehmen, welche wohl diejenige eines erlebnisorientierten Ansatzes sein sollte, sieht die Situation doch etwas anders aus. Aus der Erste-Person-Perspektive scheint es nicht so, als müsste man zurückgehen und die Verbindung zu einem distinkten Bewusstseinsstrom eigens herstellen. Im traumlosen Schlaf gibt es keine erst-personale Abwesenheit der Erste-Person-Perspektive. Da gibt es keine ausgedehnten Perioden der Unbewusstheit, und an ein gestriges Erlebnis anzuknüpfen – sagen wir, eine intensiv schambesetzte oder peinliche Erfahrung – scheint sich nicht zu unterscheiden von der Verbindung zu einer Erfahrung, die man vor einer Stunde gemacht hat. Es ist schwer einzusehen, warum uns eine Überlegung wie die letztere dazu hinleiten sollte, unsere Aufmerksamkeit weg von realer Erfahrung hin zu erfahrungsmäßigen Kräften oder Vermögen der Erfahrungsproduktion zu lenken. Ähnliches sollte man Bayne's Einspruch entgegenhalten, nach dem phänomenale Ähnlichkeit nicht ausreicht, um zwei sukzessive Stromabschnitte Teil eines allumfassenden Stromes werden zu lassen. Bayne argumentiert, dass wir uns durchaus eine Situation vorstellen können, in der ich in exakt derselben erfahrungsmäßigen Verfassung erwache, in der du warst, als du gestern einschliefst, doch weil dies die jeweiligen Erfahrungsepisoden nicht in Teile ein und desselben Bewusstseinsstroms verwandelt, ist phänomenale Ähnlichkeit, seiner Ansicht nach, unzureichend.[56] Aber dieses Argument geht an der Sache vorbei. Es ist doch irrelevant, ob, von einem allwissenden Standpunkt aus, eine gegenwärtige Erfahrungsepisode einer vergangenen bis ins Kleinste gleicht. Vielmehr ist hier entscheidend, ob die vergangene Erfahrungsepisode der Erste-Person-Perspektive der gegenwärtigen Erfahrungsepisode zugänglich ist oder nicht. Nur in letzterem Falle haben wir es mit diachronem Selbstbewusstsein zu tun.

Aber einige mögen mir entgegenhalten, dass ich den wahren Problemen ausweiche. Gibt es nun ein sich diachron durchhaltendes Selbst oder nicht? Letztlich denke ich, dass diese Frage allzu vereinfachend ist, weil sie unterstellt, dass die Frage nach dem Selbst eine wäre, auf die man mit einem einfachen Ja oder Nein antworten könnte. Ich würde dagegen sagen, dass die Antwort von der Auffassung des Selbst abhängt, von der wir jeweils sprechen. Doch lassen wir dies auf sich beruhen und konzentrieren uns wieder auf das Problem, ob das Erlebnisselbst, also das Selbst im Sinne der Subjektivität, entlang großer Zeitstrecken nun invariant bleibt oder nicht. Anders gefragt, wenn wir uns – aus der Erste-Person-Perspektive – an eine vergangene Episode erinnern, die, sagen wir, fünfzehn Jahre her ist, wenn wir diese als je meine vergangene Erfahrung erinnern, haben wir es dann mit einem erfahrungsmäßigen Selbst zu tun, das sich gleichgeblieben ist? Ist dasjenige Erlebnisselbst, das vor fünfzehn Jahren die Erfahrung originär durchlebt hat, und dasjenige, das sich heute an diese vergangene Erfahrung erinnert, ein und dasselbe numerisch identische Selbst? Oder haben wir es hier bloß mit einer Beziehung zweier qualitativ ähnlicher Selbste zu tun, bei der das aktuale Selbst in einer, sagen wir, einzigartigen kausalen Beziehung zu jenem vergangenen Selbst steht? Strawson meint, dass die Wiedererinnerung einer vergangenen Episode stets den bestimmten Charakter des Von-Innen-Her trägt, doch er leugnet, dass dies als Grundlage für irgendeine Art der Identifikation – Identifizierung mit dem Subjekt vergangener Erfahrung – gelten könne.[57] Dem würde ich zustimmen: Sich an etwas zu erinnern (ich spreche jetzt von episodischer Erinnerung) mag keine explizite Identifikation, Wiederverknüpfung oder Aneignung mit sich bringen; doch glaube ich, dass der erst-personale Charakter, der sowohl von meiner aktuellen Phase der Erinnerung als auch meiner vergangenen, erinnerten Phase geteilt wird, hinreicht, um einen Fall zeitlich getrennter Selbstbewusstseine, und folglich eine Form diachroner Selbstidentität, aufzuzeigen. Deshalb glaube ich auch nicht, dass es sich im Fall der Wiedererinnerung vergangener Erfahrungen als die je

---

[56] Bayne, *The Unity of Consciousness*, S. 286.
[57] Strawson, *Selves*, S. 225.

meinigen notwendig um Irrtum oder Verzerrung handeln muss. Ich denke, episodische Erinnerung ist ein gutes Beispiel für diachronisches oder zeitlich versetztes Selbstbewusstsein. Denn wenn das passiert, wenn ich mich korrekterweise an eine Erfahrung als die meinige erinnere, dann gibt es da keinen Bruch der Bewusstseinseinheit, und solange diese Einheit bewahrt bleibt, solange bleibt auch die Einheit und Singularität des Erlebnisselbst bewahrt. Anders gesagt, jedes Erlebnis, zu dem ich erst-personalen Zugang habe, ist *per definitionem* Teil meines Bewusstseinsstroms.

Natürlich müssen wir zugestehen, dass episodische Erinnerung selbstredend mehr umfasst als bloße Identität. Sie umfasst eine Art Dopplung oder Spaltung, bis zu einem gewissen Grad Selbstspaltung, Selbstabsenz und Selbstentfremdung. Sie konstituiert also eine Selbsterfahrung, die ebenso Identität wie Differenz umfasst. So ungefähr lautet zumindest die phänomenologische Orthodoxie. Bereits Husserl betonte, dass die Wiedererinnerung eine Verschiebung des Selbst zur Folge hat, und behauptete darüber hinaus eine strukturelle Ähnlichkeit zwischen Wiedererinnerung und Einfühlung.[58] Eine ähnliche Idee finden wir bei Merleau-Ponty, der schrieb, dass unsere zeitliche Existenz sowohl Bedingung als auch Hindernis für unser Selbstverständnis sei. Zeitlichkeit beinhaltet einen inneren Bruch, der uns erlaubt zu unseren vergangenen Erfahrungen zurückzukehren, um diese reflexiv zu erkunden; trotzdem verhindert derselbe Bruch, dass wir völlig mit uns selbst zusammenfallen.[59]

Allerdings möchte ich betonen, dass ich den erst-personalen Charakter des Erlebens nicht als Beleg für die Beharrlichkeit eines darunterliegenden, dauerhaften Selbst verstehe. Und zwar deshalb nicht, weil ich hier das Erlebnisselbst, das durch die Erste-Person-Perspektive definierte Selbst, verteidige – nicht mehr und nicht weniger. Ich denke, dass dieses Selbst real ist und dass es reale Diachronizität (*diachronicity*) besitzt, aber ich denke nicht, dass seine Einheit – seine phänomenologische Einheit – von der Fähigkeit abhängt, irgendeine nicht erlebnismäßige, dauerhafte Gehirnstruktur zu spiegeln, abzugleichen oder abzubilden.

Ah, mögen nun manche sagen, dies bedeutet nun, dass die diachronische Einheit unserer Erfahrung letztlich »rein« phänomenologisch ist und folglich frei von jeder Art metaphysischem Einfluss.[60] Doch zu glauben, man

---

58 Husserl, *Krisis*, S. 189; *Analysen zur passiven Synthesis*, S. 309.
59 Merleau-Ponty, *Phénoménologie de la perception*, S. 397.
60 Und wird uns nicht auch das durch falsche Erinnerungen deutlich vor Augen geführt? Stellen wir uns als Beispiel jemanden vor, der 2013 behauptet Napoleon zu sein und ernsthaft darauf beharrt lebendige Erinnerungen an die Schlacht von Waterloo zu haben. Wäre es nicht absurd, die Gegenwart solcher Erinnerungen als Beweis für eine andauernde Beharrlichkeit des Selbst zu nehmen? Offensichtlich können unsere Erinnerungen verzerrt sein. Deswegen drän-

könne der phänomenologischen Erfahrung der Einheit durch die Zeit hindurch mit der Behauptung entgegentreten, dass diese Einheit illusorisch sei,
da sie nichts über das wahre metaphysische Wesen des Bewusstseins verrate,
wäre eine nicht angemessene Inanspruchnahme der Unterscheidung von Erscheinung und Realität außerhalb ihres Anwendungsbereichs. Dies gilt besonders dann, wenn die hier in Frage stehende Realität nicht im Sinne einer Pseudo-Unabhängigkeit des Geistes, sondern im Sinne erfahrungsmä
ßiger Realität verstanden werden soll. Denken wir zum Vergleich an den
Schmerz. Wer würde ernsthaft leugnen, dass die Schmerzerfahrung hinreichend für die Realität des Schmerzes ist? Anders ausgedrückt, wenn jemand
die Realität der diachronen Bewusstseinseinheit anfechten wollte, sollte er
dies durch überzeugendere phänomenologische Beschreibungen tun. Zu behaupten, dass die diachrone Bewusstseinseinheit illusorisch sei, weil sie nicht
mit der Einheit auf sub-personaler Ebene übereinstimme, hieße die Aufgabenstellung missverstehen. Strawson betont, dass unser Selbstsinn als diachronisch beständige Entität nicht zerstört wird, auch dann nicht, wenn wir
uns davon überzeugen ließen, dass die Existenz unseres geistigen Lebens von
der sukzessiven Existenz einer ganzen Reihe numerisch distinkter Gehirne
oder neuronaler Entitäten abhinge.[61] Damit bin ich völlig einverstanden, und
doch würde ich hinzufügen – und hier würde Strawson vermutlich widersprechen –, dass unsere Erfahrung der diachronen Bewusstseinseinheit der
beste Beweis für die reale (und nicht bloß illusorische) diachrone Beharrlichkeit des Erlebnisselbst ist, den wir haben. Anders gesagt, obwohl das
Erlebnisselbst ein flaches oder minimales Selbst ist, ist es deswegen kein unzeitliches oder zeitlich unausgedehntes Selbst. Es ist nicht so, als ob die diachrone Einheit eine absolute Sperrzone für denjenigen erlebnisbezogenen
Ansatz wäre, den ich hier starkmachen will.

---

gen uns so viele Psychologen und Kognitionswissenschaftler dazu, den Mythos zu verbannen,
Erinnerungen seien passive oder wortwörtliche Aufzeichnungen der Realität. Sie sind eben,
wie Schacter sich ausdrückt, keine »Serie von Familienfotos, die in einem geistigen Fotoalbum
verwahrt werden« (Schacter, *Searching for Memory*, S. 5). Ein besonders einschlägiger Fehler
betrifft die Erinnerungen mit falscher Quelle. Man mag sich zu recht daran erinnern, etwas
gesehen, gehört oder erfahren zu haben, doch irrt man bezüglich der Quelle dieser Wiedererinnerung (Schacter, *Searching for Memory*, S. 116–117). Man mag beispielsweise etwas, über
das man gelesen hat, als etwas erinnern, das man persönlich durchlebt hat. Es ist anzunehmen, dass eine Person, die eine erst-personale Wiedererinnerung an Napoleons Verteidigung
hat, sich im Voraus Informationen über die Schlacht von Waterloo angeeignet haben muss. Die
Gegenwart seiner periodischen Erinnerungen bezeugt in der Tat seine dauerhafte Existenz –
er existierte zu der Zeit, als er sich diejenigen Informationen aneignete, an die er sich jetzt erinnert. Natürlich dürfte diese Zeit aller Wahrscheinlichkeit nach später als der 18. Juni 1815
sein.
[61] Strawson, *Selves*, S. 81.

Würde jemand trotz alledem darauf bestehen, dass eine, sagen wir, ein-mi-nütige Erfahrungssequenz aus 20 bis 30 ontologisch unterschiedenen (aber qualitativ ähnlichen) Kurzzeit-Selbsten bestünde, wäre er unweigerlich mit der Frage nach ihrer Beziehung untereinander konfrontiert. Ich jedenfalls sehe keine echte Alternative zu folgendem Vorschlag: Metaphysisch gesprochen ist ihre Beziehung verwandt mit derjenigen zwischen meinem Selbst und dem Selbst eines anderen. Und ich gebe zu, dass ich diesen Vorschlag absurd finde. Aber auch wenn Ähnlichkeit nicht mit Identität gleichzusetzen ist, müssen wir sicherlich – so mögen andere einwenden – die Behauptung, dass der Bewusstseinsstrom irgendeine Form der Erlebniseinheit mit sich bringt, von derjenigen Behauptung unterscheiden, der zufolge hier irgend eine diachrone Identität besteht. Ich würde entgegnen, dass die Relevanz und Bedeutung dieser Unterscheidung für den vorliegenden Kontext zu bezweifeln wäre. Meiner Meinung nach ist die Einheit, die durch den erst-personalen Charakter konstituiert wird, hinreichend für die Art erlebnismäßiger Selbst-Identität, die ich hier zu bewahren suche. Wenn jemand dies unzureichend findet, so denke ich, sucht er nach der falschen Art Identität.[62] Anders gesagt, es ist, sofern man das Verhältnis von Erlebnisselbst und den Problemen diachroner Einheit diskutieren will, äußerst ratsam, sich die leitende Idee ins Gedächtnis zu rufen, dass nämlich die erlebnismäßige Selbstheit in Bezug auf das Selbsterleben definiert werden sollte, und nicht umgekehrt. Anstatt die diachrone Einheit als zeitlich ausgedehntes Selbst zu

---

[62] Betrachten wir zum Vergleich die betreffenden Forderungen von Ricœur und Husserl. In verschiedenen Werken hat Ricœur versucht zwei Identitätsbegriffe behutsam auseinanderzuhalten: Identität als Selbigkeit (*mêmeté*) und Identität als Selbstheit (*ipséité*) (Ricœur, *Soi-même comme un autre*). Der erste Identitätsbegriff, also Identität des Selben (Lateinisch: *idem*), lässt sich begreifen als Identisches, das immer wieder re-identifiziert werden kann, das also jeder Veränderung widersteht. Diese Identität ist die einer unveränderbaren Substanz oder eines Substrats, das über die Zeit gleich bleibt. Im Gegensatz dazu hat der zweite Begriff, also Identität des Selbst (Lateinisch: *ipse*), nach Ricœur sehr wenig mit der Beharrlichkeit eines irgendwie unveränderbaren Persönlichkeitskerns zu tun. Während Fragen, die sich auf den ersten Begriff der Identität beziehen, die Form von Was-Fragen haben, sind Fragen nach dem letzteren Wer-Fragen und müssen aus der Erste-Person-Perspektive gestellt werden. Was nun Husserl betrifft, so sagt er in einem Text aus dem Jahre 1921, dass das Ego seine eigene Dauer in Akten der Wiedererinnerung erfasst; es erfasst, dass es ebenfalls das Subjekt vergangener Erfahrungen ist. Doch, so fügt er dann hinzu, ist diese Identität und Beständigkeit des Ego fundamental unterschieden von der Identität einer dauerhaften Entität. Stellen wir uns einen Ton vor. Seine Identität ist mit der Tatsache verbunden, dass er von einem Moment bis zum anderen dauert; er hat sozusagen zeitliche Ausdehnung. Gibt es eine Unterbrechung, einen Moment der Stille, zerbricht die numerische Identität der Note und wir sprechen stattdessen von zwei qualitativ identischen Noten. Husserl bestreitet entschieden, dass dasselbe auch für das Ego gelte (Husserl, *Zur Phänomenologie der Intersubjektivität II*, S. 42–43).

denken, wäre es besser, es als zeitlich verstreutes Selbstbewusstsein zu begreifen.

Letztlich mag es also nach wie vor ein Verhältnis zwischen Selbst und Einheit geben. Das Selbst vereinigt weder aktiv ungleiche Erlebnisteilchen, noch
ist es ein zusätzliches Element, das dem Bewusstseinsstrom hinzugefügt werden müsste, um dessen Einheitsbildung zu garantieren. Der Punkt ist vielmehr der, dass alle Erlebnisse, die dieselbe primäre Gegenwart oder denselben erst-personalen Charakter teilen, meine sind; eben dieser erst-personale
Charakter konstituiert die Einheit des Stroms. So formuliert lässt sich auch
der Unterschied zwischen Strawsons und meiner Auffassung klären. Strawson unterscheidet drei verschiedene Kandidaten für die Selbstheit. Es gibt
die dichte, ganzheitliche Kreatur (z. B. den Menschen), es gibt die traditionelle, innerliche Entität (d. h. das Subjekt, begriffen als eine Art beständiger,
innerer Entität, welche auch in Abwesenheit jeglicher Erfahrung existiert),
und schließlich gibt es das SESMET, das kurzlebige Subjekt, dass in keinerlei
Abwesenheit von Erlebnissen existieren kann.[63] Was ich nun vorgeschlagen
habe, ist eine vierte Alternative, angesiedelt irgendwo zwischen der traditionellen, innerlichen Entität und dem SESMET. Danach ist das Selbst keine
getrennt existierende Entität, die in der Abwesenheit der Erlebnisse exis-
tenzfähig wäre, aber es ist auch nicht einfach reduzierbar auf ein bestimmtes
Erleben; vielmehr sollten wir die Vielheit wechselnder Erlebnisse unterscheiden von der allgegenwärtigen Dimension der erst-personalen Charaktere,
und ich würde vorschlagen, letztere mit dem Erlebnisselbst gleichzusetzen.
Dies erlaubt uns nicht nur, Strawsons Pluralität vergänglicher Selbste, sondern auch Daintons Rekurs auf Potentialität zu vermeiden.

LITERATUR

Bayne, Tim: *The Unity of Consciousness*, Oxford 2010.
Dainton, Barry: *Stream of Consciousness. Unity and Continuity in Conscious Ex-
    perience*, London 2000.
– The Self and the Phenomenal. In: *Ratio* 17/4, 2004, S. 365–389.
– *The Phenomenal Self*, Oxford 2008.
Henry, Michel: *L'essence de la manifestation*, Paris 1963.
– *Philosophie et phénoménologie du corps*, Paris 1965.
Husserl, Edmund: *Ideen zu einer reinen Phänomenologie und phänomenolo-
    gischen Philosophie. Zweites Buch. Phänomenologische Untersuchungen zur
    Konstitution*, Husserliana IV, Den Haag 1952.

---

[63] Strawson, *Selves*, S. 374.

– *Die Krisis der europäischen Wissenschaften und die transzendentale Phänomenologie. Eine Einleitung in die phänomenologische Philosophie*, Husserliana VI, Den Haag 1954.
– *Analysen zur passiven Synthesis. Aus Vorlesungs- und Forschungsmanuskripten 1918–1926*, Husserliana XI, Den Haag 1966.
– *Zur Phänomenologie der Intersubjektivität. Texte aus dem Nachlass. Zweiter Teil: 1921–1928*, Husserliana XIV, Den Haag 1973.
Kearney, Richard: *Dialogues With Contemporary Continental Thinkers*, Manchester 1984.
Kriegel, Uriah: *Subjective Consciousness. A Self-Representational Theory*, Oxford – New York 2009.
Levine, Joseph: *Purple Haze. The Puzzle of Consciousness*, Oxford 2001.
Margolis, Joseph: Minds, Selves, and Persons. In: *Topoi 7*, 1988, S. 31–45.
Merleau-Ponty, Maurice: *Phénoménologie de la perception*, Paris 1945.
Peacocke, Christopher: Subjects and Consciousness. In: *Self and Self-Knowledge*, hg. von Annalisa Coliva. Oxford 2012, S. 74–101.
Ricœur, Paul: *Soi-même comme un autre*, Paris 1990.
Sartre, Jean-Paul: *L'être et le néant. Essai d'ontologie phénoménologique*, Paris 1943 (dt. *Das Sein und das Nichts. Versuch einer phänomenologischen Ontologie*, übers. von Hans Schöneberg und Traugott König. Hamburg 1993).
– Conscience de soi et connaissance de soi. In: *Bulletin de la Société Française de Philosophie* XLII, 1948, S. 49–91.
Schacter, Daniel L.: *Searching for Memory. The Brain, the Mind, and the Past*, New York 1996.
Searle, John R.: The Self As a Problem in Philosophy and Neurobiology. In: *The Lost Self: Pathologies of the Brain and Identity*, hgg. von Todd E. Feinberg und Julian P. Keenan. Oxford 2005, S. 7–19.
Stein, Edith: *Zum Problem der Einfühlung*, Freiburg i. B. 2008.
Strawson, Galen: The Phenomenology and Ontology of the Self. In: *Exploring the Self*, hg. von Dan Zahavi. Amsterdam 2000, S. 39–54.
– *Selves. An Essay in Revisionary Metaphysics*, Oxford 2009.
– The Minimal Subject. In: *The Oxford Handbook of the Self*, hg. von Shaun Gallagher. Oxford 2011, S. 253–278.
Zahavi, Dan: *Subjectivity and Selfhood: Investigating the First-person Perspective*, Cambridge, MA. 2005.
– Mindedness, Mindlessness and First-Person Authority. In: *Mind, Reason and Being-in-the-World. The McDowell-Dreyfus Debate*, hg. von Joseph K. Schear. London 2013, S. 320–343.

Stefano Micali

GENETISCHE PHÄNOMENOLOGIE DER PERSON

Über die Depersonalisation in der Melancholie

1. Negative Anthropologie

Die folgenden Untersuchungen zielen darauf ab, das Verhältnis zwischen Person und Selbst im Rahmen der genetischen Phänomenologie näher zu bestimmen. Ich werde dieses Verhältnis jedoch nicht direkt thematisieren, sondern auf dem Umweg über die psychopathologischen Phänomene der Depersonalisation bezüglich des Phänomens der Melancholie als affektive Psychose. Dieser Umweg ist nicht zufällig, sondern folgt einem methodologischen Ansatz, der als negative Anthropologie zu bezeichnen ist.

Der Aufsatz gliedert sich in drei Teile. Im ersten Abschnitt werde ich den methodologischen Rahmen der negativen Anthropologie als Phänomenologie des Psychopathologischen skizzieren. Dann werde ich die Transformationen der elementaren Dimensionen der Erfahrung in der Melancholie analysieren. Schließlich werde ich auf den Begriff der Depersonalisation in der Melancholie eingehen, um das Verhältnis zwischen Person und Selbst zu erläutern.

Michael Theunissen hat den Ausdruck »Negative Anthropologie« im Rahmen seiner Auseinandersetzung mit der Methode Kierkegaards in den zeitgenössischen philosophischen Kontext eingeführt. Ausgangspunkt der negativen Anthropologie ist eine neue Sichtweise auf das Verhältnis zwischen Normalität und Anomalie. In verschiedenen Zusammenhängen wird man sich der Fragwürdigkeit einer normativen Methode bewusst, die einen allgemeinen Begriff des Menschen als »sicheren Maßstab« festlegt, um die Krankheit als Anomalie und als Abweichung vom Normalen zu bestimmen. Dabei gilt das Normale selbstverständlich als Norm. Ausgehend von den psychoanalytischen Ansätzen (Freud), psychiatrischen Untersuchungen (Laing, Binswanger, Blankenburg) und epistemologisch-genealogischen Forschungen (Canguilhem, Foucault) ist deutlich geworden, dass eine solche

klare Entgegensetzung von Normalität und Anomalie höchst problematisch
ist.[1]

Theunissen findet in den reifen Schriften Kierkegaards die Ausarbeitung
einer alternativen und vielversprechenden Herangehensweise, die im Gegensatz zu dem traditionell vorherrschenden anthropologischen Ansatz steht.
Die leitende Idee ist, dass wesentliche Charakteristika des Selbst nicht direkt
und unmittelbar zugänglich sind. Sie können nur ausgehend von Anomalien und Deformationen des Menschen zum Vorschein kommen: »Kierkegaard war der erste, der es unter den gegebenen Umständen nicht mehr für
möglich hielt, ein mitgebrachtes Menschenbild zur Norm zu erheben und
an ihr die so genannten Anomalien zu messen, und der stattdessen den Versuch unternahm, umgekehrt aus einer Analyse deformierten Menschenseins
Aufschlüsse über die Bestimmung des Menschen zu gewinnen.«[2] In dieser
Passage können wir einen zentralen Aspekt der Methode der negativen Anthropologie erkennen, die als ein differentieller Prozess anzusehen ist und
ihren Ausgangspunkt nicht in der Norm, sondern in der Anomalie findet,
um auf die Normalität zurückzukommen.

Darüber hinaus impliziert die negative Anthropologie eine Art von »phänomenologischer Epoché« vom Begriff des Selbst. Man geht nicht von einer
bereits festgelegten Bestimmung des Selbst aus, um seine Eigenschaften zu
identifizieren, sondern beginnt bei einem konkreten Phänomen, wie z. B. der
Depression oder der Angst, um dann die Struktur des Selbst auszuweisen:
»Zu seinem Begriff von Selbstsein gelangt er [Kierkegaard], indem er die Bedingungen aufsucht, die gegeben sein müssen, soll die als wirklich erfahrene
Verzweiflung in ihrer inneren Möglichkeiten gedacht werden können. Seine
Frage lautet: Wie muss das Selbst beschaffen sein, damit die Verzweiflung in
den Formen auftreten kann, in denen sie sich tatsächlich zeigt?«[3]

Die Methode der negativen Anthropologie hat eine komplexe Struktur,
welche die drei oben angeführten Momente impliziert. Erstens geht sie davon aus, dass es eine innere Verflechtung zwischen Normalität und Anomalie gibt. Zweitens ist es methodologisch wesentlich, von den Anomalien auszugehen, um das zu bestimmen, was als Positives gilt. Drittens soll es durch
die Analyse von konkreten affektiven Konstellationen und Stimmungen (wie
z. B. Angst und Verzweiflung) zum Verständnis des Selbst als solchem kommen.

---

[1] »Wenn die sogenannten Anomalien gleichsam selber zur Norm geworden sind, sieht er [der
    moderne Mensch] sich genötigt, mit ihnen anzufangen und aus ihnen Aufschluss über das zu
    gewinnen, was einst sicherer Maßstab ihrer Prüfung schien.« Theunissen, *Negative Theologie*,
    S. 18.

[2] Theunissen, *Der Begriff Verzweiflung*, S. 34.

[3] Theunissen, *Negative Theologie*, S. 353.

An dieser Stelle möchte ich *nicht* die Berechtigung eines negativistischen Ansatzes im Rahmen einer allgemeinen Anthropologie insgesamt diskutieren. Ich behaupte nur, dass eine solche Herangehensweise innerhalb eines spezifischen Untersuchungsbereichs äußerst relevant ist. Die Methode der negativen Anthropologie entfaltet ihr volles Potential im Rahmen einer Phänomenologie der Psychopathologie, um die elementaren Strukturen der Subjektivität auszuweisen. Die phänomenologische Psychiatrie und Psychopathologie zielt darauf ab, die ursprüngliche Erfahrung der Patienten zu beschreiben. Die Erste-Person-Perspektive des Patienten gilt dabei als Basis der Untersuchungen. Unsere Bemühungen richten sich vor allem darauf, eine phänomenologische Analyse der kohärenten Verformung der Erfahrung in der Psychose durchzuführen, welche sich auf die Dimensionen der Leiblichkeit, der Intersubjektivität, der Zeitlichkeit und des Selbstverhältnisses konzentriert. In diesem Kontext muss die fundamentale heuristische Funktion der Störung als Kontrastphänomen hervorgehoben werden, die das Verständnis der verschiedenen Daseinsweisen durch einen differentiellen Prozess ermöglicht.

Diese Forschungen bedeuten eine Umgestaltung des Ansatzes von Theunissen.[4] Hier beschränke ich mich darauf, den Unterschied zwischen meinem Verfahren und der Herangehensweise Theunissens hervorzuheben. Theunissens These der Herrschaft der Zeit gilt als Leitfaden für seine Untersuchung zur Melancholie. Er zielt darauf ab, ein ursprüngliches, ontologisches Fundament für die Analyse der psychopathologischen Störung der Melancholie zu finden. Im Gegensatz dazu sind unsere phänomenologischen Analysen des Psychopathologischen nicht an ontologischen und metaphysischen Hypothesen orientiert, sondern an den konkreten Abwandlungen der Grundbefindlichkeit der Patienten.

Mit Verweis auf Theunissen haben wir von dem methodologischen Ansatz gesprochen, von den Anomalien auszugehen, um die Struktur des Selbst auszuweisen. Eine solche Herangehensweise stößt auf folgenden Einwand: Man könne die Aufmerksamkeit auf die Deformationen oder auf die Auffälligkeit richten, nur weil man einen Begriff der Normalität oder des Selbstverständlichen habe, der bereits impliziert ist. Andernfalls hätten die Anomalien überhaupt nicht auffallen können. Niemand will dieses Argument bestreiten. Es beschränkt sich darauf, eine notwendige Bedingung der Möglichkeit festzustellen, damit etwas als Anomalie oder als Unverständlichkeit auffallen kann. Die entscheidende Frage für uns ist jedoch eine andere: Wie kann man methodologisch die implizite Dimension der Selbstverständlichkeit und ihre internen Strukturen ausweisen? Die negative Anthropologie als Phänomenologie des Psychopathologischen vertritt die These, dass die Ana-

---

[4] Vgl. Micali, *Das methodische Vorgehen der differenziellen Anthropologie.*

lyse der verformten Formen der Existenz einen privilegierten Zugang darstellt, um die elementaren Strukturen des Selbst zu beschreiben, die anders
nicht in einer solchen Evidenz zum Vorschein gebracht werden könnten: In
den psychopathologischen Phänomenen zeigte sich eine Störung der Selbstverständlichkeit, die erst durch ihre Transformation besonders sichtbar wird.

Hier möchte ich kurz auf drei wichtige Aspekte unserer Methodologie
eingehen:

a. Ausgangspunkt der Untersuchungen sind nicht theoretische Konstrukte
oder kategoriale Bestimmungen, sondern die Selbstschilderungen der psychotischen Patienten. Die Störungen werden dementsprechend nicht von
außen her identifiziert. In den Vorstadien der Schizophrenie oder in der
Melancholie als affektiver Psychose wirkt die eigene Entfremdung häufig
befremdend. Die meisten Patienten sprechen dann von den merkwürdigen
Umwandlungen ihrer Erlebniswelt, die ihren typischen Ausdruck in folgenden Formulierungen finden: »Alles ist anders geworden.« »Ich bin nicht ich
selbst.« »Die ganze Welt hat sich geändert.« Wenn wir die Befremdung über
die eigene Entfremdung als Ausgangspunkt der Untersuchungen nehmen,
vermeiden wir ein *äußeres* normatives Kriterium, das eine festgelegte und
starre Dichotomie zwischen der Sphäre des Gesunden und der des Pathologischen impliziert.

b. Wir gehen von den »theoretischen unvorbelasteten Selbstschilderungen«
der Patienten aus, »um von daher Einblicke in das veränderte Verhältnis von
Selbstverständlichkeit und Unselbstverständlichkeit zu gewinnen«[5], welches
für das nicht-psychotische Selbst konstitutiv ist. Durch diesen differentiellen
Vorgang bzw. das Kontrastphänomen zwischen der transformierten Selbstverständlichkeit und der verlorenen Selbstverständlichkeit können die *fungierenden* Dimensionen zur Abhebung kommen, die den verschiedenen Dimensionen der lebensweltlichen Selbstverständlichkeit innewohnen. In den
Psychosen lassen sich Deformationen und Störungen struktureller Art aufzeigen, welche in einer eminenten und einzigartigen Weise die Architektonik
des Selbst aufscheinen lassen. Bereits Husserl versucht durch seine genetische Phänomenologie unterhalb der Schwelle der intentionalen Erlebnisse
die fungierenden Momente der Intentionalität, der Leiblichkeit und der Zeit
zu entdecken, die auf einer prä-reflexiven Ebene stattfinden und den Zugang zur Welt ermöglichen und zugleich bedingen. Die fungierenden Dimensionen, in denen sich die Phänomene selbst herausbilden, bleiben prinzipiell anonym. Sie entziehen sich jeder direkten Art der Anschauung oder
der Identifikation. Sie können nur mit größten Schwierigkeiten von allen

---

5 Blankenburg, *Der Verlust der natürlichen Selbstverständlichkeit*, S. 59.

anderen Momenten, mit denen sie unablösbar verflochten sind, abstraktiv hervorgehoben werden. Man denke zum Beispiel an die innere Verflechtung zwischen Urimpression, Retention und Protention bezüglich des inneren Zeitbewusstseins bei Husserl. In den psychotischen Störungen kommen die strukturellen und fungierenden Momente in einer nicht bekannten Form zur Abhebung. Darin besteht der fundamentale Wert der Psychopathologie für die philosophische bzw. phänomenologische Anthropologie.[6]

c. Im Rahmen der phänomenologischen Psychopathologie muss die Selbstverständlichkeit immer intersubjektiv als *common sense* gedacht werden. Angesichts der psychopathologischen Störungen geht es nicht nur um ein psycho-physisches Problem des einzelnen Subjekts, sondern es handelt sich auch um eine Störung des *intersubjektiven Horizontes*, in dem das Selbst sich bewegt und sich herausbildet. Die Transformation der Selbstverständlichkeit bedeutet zuerst den Verlust einer gemeinsamen Welt als *sensus communis*, die sich zwischen dem Patienten und dem Anderen eröffnet.

Ausgehend von diesen methodologischen Voraussetzungen möchte ich auf die Transformation der elementaren Dimensionen der Erfahrung in der Melancholie eingehen. Diese Transformation betrifft die passive Dimension der Selbstkonstitution. Danach werden wir das Verhältnis zwischen Person und Selbst anhand des Phänomens der Depersonalisation thematisieren.

2. Transformation der Erfahrung in der Melancholie

Die melancholische Verstimmung ist insgesamt durch eine spezifische Form der Erfahrung der Leere zu charakterisieren: Leere bedeutet hier innerlich Tot-Sein. Melancholiker sind *stricto sensu* nicht voller Traurigkeit, sondern sie beklagen sich über »eine unbeschreibliche Leere, eine Kavität, innerlich tot zu sein.«[7] In der Melancholie verliert die Welt ihre affektive Relevanz und ihren Aufforderungscharakter. Nichts spricht den Melancholiker an. Ein ubiquitäres Gefühl der Gefühllosigkeit setzt sich durch. Alles ist wört-

---

6 Szilasi behauptet in diesem Sinne, dass der normale Bewusstseinsgang dicht verknüpft sei: »Der Erforschung der Bewusstseinsvorgänge überhaupt kommt die Natur mit den anormalen Fällen zur Hilfe« (Szilasi, *Die Erfahrungsgrundlage der Daseinsanalyse Binswangers*, S. 11). Diese anormalen Fälle der Psychose werden als Experiment der Natur angesehen. Diese Anomalien zeigen »Störungsstellen« im ganzen Gefüge des Bewusstseinslebens auf, welche zwei wichtige methodologische Funktionen erfüllen können: »Erstens die Bedeutung der Stelle für das Gefüge, zweitens die Weise der Störung und aus ihr: die Weise der ungestörten Verfügung« (Szilasi, *Die Erfahrungsgrundlage der Daseinsanalyse Binswangers*, S. 11).

7 Zutt, *Auf dem Wege zu einer anthropologischen Psychiatrie*, S. 231.

lich sinn-los: ohne Affektivität, ohne Relevanz und ohne Bedeutsamkeit. Die Erfahrung der Leere steht deutlich im Gegensatz zu dem, was eine Patientin von Gebsattel als Entdeckungen bezeichnet hat. Die Entdeckungen sind plötzliche Einbrüche von Erfahrungen, in denen sie fähig ist, die Welt und Umwelt wieder zu erleben: »Ich entdecke ein Buchenblatt, ich fühle es zwischen meinen Fingern, ich fühle die glatte und die rauhe Fläche, *wie etwas ganz Neues.* Es war nur ein Augenblick – das schmale Blättchen, es hat mir tausendmal mehr gegeben als Ostern die Gesichter meiner Kinder. Damals nahm ich den Kopf meiner Kinder in die Hände, um sie zu fühlen, aber ich fühlte nichts – meine Hände, dazwischen nichts. Das Blättchen, plötzlich entdecke ich es, und dann war es wieder fort.«[8] Die Gesichter ihrer Kinder konnten ihr nichts geben. Plötzlich taucht eine Entdeckung wie aus dem Nichts auf: Die Sinnzusammenhänge bilden sich wieder heraus. Diese Passage verdient besondere Aufmerksamkeit im Rahmen einer negativen Anthropologie, weil sie das Pendeln zwischen Anomalie und der vermeintlichen »Normalität« als dem Selbstverständlichen exemplarisch darstellt. Das Berühren eines Buchenblattes ist ein Ereignis, das die allgegenwärtige Leere unterbricht, eine Leere, die jedoch sogleich zurückkommt. Diese Leere bedeutet eine abgründige Entfernung von sich selbst, von der Welt und von den anderen. Die Leere ist hier als »absolute Isolierung«, als »unüberbrückbare Entfernung von den anderen, von den Liebsten« beschrieben.[9] »Laut ihren Angaben [der Patientin] befindet sich der Abgrund auch zwischen ihr und der Welt, zwischen ihr und den Menschen, ja zwischen den Dingen selbst, z. B. war der Stuhl nichts Ganzes für sie, weil sich zwischen den Stuhlbeinen kein Zwischenraum, sondern ein Abgrund befindet – ebenso war zwischen Bild und Spiegel an der Wand kein Zwischenraum, sondern ein Abgrund. Auch die Verbindungs- und Beziehungslosigkeit der Weltinhalte untereinander wird als Abgrund geschildert.«[10] In den Beschreibungen der melancholischen Patientin handelt es sich um die Modifikation der Art und Weise, wie die vielfältigen Erscheinungsweisen von Erscheinendem vor jeder aktiven und willentlichen Leistung der Subjektivität miteinander verbunden sind.[11] In Husserls Terminologie betrifft diese Modifikation die Dimension der passiven Synthesis. Die Zwischenräume, die das geregelte Zusammenspiel von Einheit und Differenz und die chiasmatische Konfiguration der stimmungshaften Verhältnisse zwischen mir, der Welt und dem anderen gewährleisten, verlieren ihre Konsistenz. Wo früher ein Zwischenraum war,

---

[8] Gebsattel, *Prolegomena einer medizinischen Anthropologie*, S. 25.
[9] Gebsattel, *Prolegomena einer medizinischen Anthropologie*, S. 25.
[10] Gebsattel, *Prolegomena einer medizinischen Anthropologie*, S. 29.
[11] Micali, *Nichts passiert*.

der als Übergangs- und Schnittpunkt diente, zeigt sich jetzt ein Abgrund. Sogar zwischen den Dingen liegt ein Abgrund.

Die Melancholie als affektive Psychose bedeutet eine radikale Transformation der elementaren Dimensionen der Erfahrung: Intersubjektivität, Leiblichkeit[12], Zeitlichkeit und Selbstverhältnis. Im Folgenden werde ich mich auf das Selbstverhältnis konzentrieren. Genauer gesagt werde ich auf das Verhältnis zwischen Person und Selbst anhand des Phänomens der melancholischen Depersonalisation eingehen.

3. Über die Depersonalisation

In den folgenden Untersuchungen zum Person-Begriff möchte ich von den Problembereichen absehen, welche die Unterscheidungskriterien zwischen dem menschlichen Selbst und den anderen (tierischen) Subjekten einbeziehen. Mein Beitrag beschränkt sich darauf, eine Differenz zwischen Person und Selbst anhand der oben angeführten Ansätze einer negativen Herangehensweise innerhalb der Anthropologie zu untersuchen. Als Ausgangspunkt der Untersuchungen dienen die Aussagen über Schmerzerfahrungen der Patienten, die sich nicht mehr als Person fühlen. »Wenn ich etwas tue, habe ich doch nicht das Gefühl, es wirklich zu tun.« – »Ich empfinde mich gar nicht mehr als Person.« Diese Behauptungen sind nicht nur typisch für die Schizophrenie, sondern stellen auch wesentliche Charakteristika der Melancholie dar. Es ist in diesem Sinne bezeichnend, dass zahlreiche Psychiater die »Depersonalisation« als eine Grundstörung der Melancholie anerkannt haben. Autoren wie Gebsattel, Schulte, Maldiney und Tatossian bezeichnen die Depersonalisation als einen wesentlichen Aspekt der melancholischen Störung. In zahlreichen Texten hat Alfred Kraus eine lehrreiche Darstellung der Geschichte der melancholischen Depersonalisation skizziert.[13] Bereits Heinroth sprach bei Melancholikern vom Selbstgefühl des »Nicht-

---

12 Im Kontext der phänomenologischen Forschungen zur Melancholie gilt es hervorzuheben, dass die Transformation der leiblichen Dimension nicht nur auf das Phänomen der Korporifizierung bzw. auf den Verlust des Transparenzcharakters des Leibes reduziert werden kann (Dörr-Zegers/Tellenbach, *Differentialphänomenologie des depressiven Syndroms*; Borgna, *Malinconia*). Auch das intersubjektive leibliche Verhältnis zwischen dem Anderen und dem Melancholiker wird einer radikalen Modifikation unterzogen. Das chiasmatische Verhältnis zwischen dem eigenen Leib (Innen-Außenleiblichkeit) und dem Leib des Anderen (Außen-/Innenleiblichkeit) modifiziert sich in der Form eines akuten Gefühls der Sichtbarkeit der eigenen Innerlichkeit bzw. der eigenen Verzweiflung (Micali, *The Transformation of Intercorporeality in Melancholia*).

13 Kraus, *Sozialverhalten und Psychose Manisch-Depressiver*; ders., *Der melancholische Wahn in identitätstheoretischer Sicht*; ders., *Melancholie*.

sich-selbst-Angehörens.«[14] Der Melancholiker sei durch eine innere Spannung zerrissen: Er sei von sich geschieden und könne doch von sich selbst
nicht scheiden. Diese innere Spaltung ist primär in einem affektiven Sinne
zu interpretieren, der aber eine grundlegende Funktion für die Selbstkonstitution hat. Erwin Stransky spricht von der Depersonalisation als einer Aufhebung der Gefühle und der leiblichen Persönlichkeit, die dazu führt, dass
die Kranken sich »entmenscht« fühlen.[15] Die melancholische *conditio* unterscheidet sich von anderen Phänomenen, wie z. B. der Trauer, durch einen
Mangel an Gefühlsbewegung oder Stimmungswechseln. Das Fehlen der er-
eignisreichen Dynamiken des Gefühlslebens stellt das wesentliche Merkmal
der Depression in »le sentiment du vide« (Janet), in »loss of feeling« (Johnson) sowie in dem »Gefühl der Gefühllosigkeit« (Lange) dar. Zu Recht hat
Kurt Schneider die Komplexität des Phänomens des Gefühls der Gefühllosigkeit hervorgehoben: »Bei der Gefühlsentfremdung sind aber die Gefühle,
etwa der Zuneigung zu den Kindern, sichtlich nicht mehr oder kaum da.
Man pflegt zu sagen, diese Kranken ›meinten‹ nur, keine Gefühle zu haben,
seien aber doch sichtlich bekümmert und hätten ›also doch‹ Gefühle. Dies
ist schief und gewissermaßen zu einlinig gesehen. Gewiss haben sie Gefühle,
aber die Gefühle, die sie vermissen, haben sie tatsächlich nicht und darüber
klagen sie eben. [...] Man heißt diese Erscheinung in der Psychopathologie
ein bloßes Gefühl der Gefühllosigkeit. Die depressive Stimmung lässt solche
auf andere gerichteten, wirklich lebendigen Gefühle einfach nicht mehr zu,
was als Ausfall und Defekt beklagt wird.«[16]
    Um die Abwesenheit des Gefühlslebens sowie den Gegensatz zum Phä-
nomen der Traurigkeit zu betonen, hat Schulte die paradoxe, aber zutreffende Redewendung »Nicht-Traurig-Sein-Können« verwendet, um die Melancholie zu charakterisieren.[17] Ein solches Gefühl der Gefühllosigkeit ist
äußerst schmerzhaft.
    Gebsattel geht davon aus, dass die Depersonalisation ein wesentliches
Merkmal aller Formen der Depression ist: Sie ist immer operativ (fungierend) in den depressiven Zuständen, selbst wenn sie nicht deutlich zur Sprache oder zum Vorschein kommt. Es ist wichtig zu betonen, dass die melancholische Depersonalisation keine Störung der Jemeinigkeit impliziert: Es
zeigt sich hier weder eine Störung der Einheit des Bewusstseinlebens noch
eine Aufhebung der Jemeinigkeit wie bei schizophrenen Patienten. Aus diesem Grund behauptet Schilder, dass sich in der melancholischen Depersona-

---

[14] Heinroth, *Lehrbuch der Störungen des Seelenlebens oder der Seelenstörungen und ihrer Be-
    handlung.*
[15] Stransky, *Über gewisse Mitempfindungen.*
[16] Schneider, *Klinische Psychopathologie*, S. 154.
[17] Schulte, *Nichttraurigseinkönnen.*

lisation im engeren Sinne keine Störung des Selbst bekundet, sondern dass es sich vielmehr um eine Störung der Person handelt: Das Ich als Akt-Subjekt bleibt intakt. Das Ich nimmt die »Entseelung« des Selbst wahr.[18] In Bezug auf die Zyklothymie ist es nach Kurt Schneider nie legitim, Depersonalisation im Sinne einer Ich-Störung zu verstehen, sondern sie ist als Persönlichkeitsänderung auszulegen.[19] Im Folgenden werde ich zeigen, dass das Verhältnis zwischen Selbst und Person komplexer ist als diese Interpretationen von Schilder und Schneider es vermuten lassen. Dennoch ist die von Schilder und Schneider vorgeschlagene Unterscheidung zwischen Person und Ich ein wichtiger Anhaltspunkt für die vorliegenden Untersuchungen.

Als Orientierungspunkt meiner Analyse gilt das Vor-Verständnis des Personalen, das in der Lebenswelt implizit operiert. Viele melancholische Patienten klagen über die Unfähigkeit, den Anderen und der Welt zu begegnen, und zwar *persönlich* zu begegnen. Sie sind nicht mehr imstande, *persönliche* Gespräche zu führen. Das intersubjektive Verhältnis ist auf eine spezifische Weise gestört: »Die Kommunikation mit den anderen ist unmöglich geworden: Ich tue so, als würde ich Gefühle empfinden, mich unterhalten, lachen oder mich wundern. Es scheint so, als würde ich existieren, aber in Wirklichkeit existiere ich nicht. Um mich herum gibt es nur Leere, und ich stürze in diese Leere hinein.«[20] Viele depressive Patienten berichten, dass ihre persönliche Dimension verdampft ist. Was bedeutet es hier, dass sie keine Personen mehr sind? Es ist nicht zu erwarten, dass die Patienten die Termini auf eine systematische Weise im wissenschaftlichen Sinne verwenden.[21] Dennoch ist es möglich, ihren Berichten etwas Wesentliches über die Person sowie über die Unterscheidung zwischen Person und Selbst zu entnehmen. Diese Unterscheidung wird nicht durch eine philologische Rekonstruktion der Verwendung der Termini – Selbst und Person – ersichtlich. Sondern sie wird deutlich, wenn man die Zusammenhänge zwischen den verschiedenen Momenten, die sich in den Selbstschilderungen der Patienten entfalten, genau analysiert. Die oben zitierte Textstelle der depressiven Patientin Borgnas beschreibt eine omnipervasive Erfahrung der Leere, die ihr ganzes Leben überschattet. Diese Grundstörung betrifft in erster Linie die intersubjekti-

---

[18] Schilder, *Deskriptiv-psychologische Analyse der Depersonalisation.*

[19] Schneider, *Klinische Psychopathologie*, S. 123; vgl. Kraus, *Sozialverhalten und Psychose Manisch-Depressiver*, S. 101.

[20] Borgna, *Malinconia*, S. 34.

[21] Nehmen wir die bekannte Passage einer Patientin von Janet im Rahmen der Depersonalisation der Psychastenie als Beispiel. In dieser Textstelle werden der Ich-Begriff und der Person-Begriff ohne Klarheit als Synonym verwendet. Diese Patientin Pierre Janets berichtet: »Ich bin nicht mehr da, ich erkenne mich nicht mehr. Ich weiß nicht mehr, was ich bin. Ich bin keine Person mehr, ich bin es nicht mehr, die geht, die denkt. Ich bin nichts. Mein Ich ist gänzlich verschwunden.« Janet, *Les Médications psychologiques*, S. 325.

ven Verhältnisse. Die Patientin ist von einer schweren, unerträglichen Leere durchzogen. Sie fühlt nichts. Und dennoch versucht sie (auf eine verzweifelte Weise), sich so zu benehmen, als ob sie sich in einem ungestörten Resonanzverhältnis mit der Umwelt und mit den Anderen befände. Sie muss sich anstrengen, die richtigen Ausdrücke (mit ihrer spezifischen Dynamik, Rhythmik und ihrem Tempo) zu finden, die unter den gegebenen Umständen (z. B. bei einem Witz) angebracht sind. Sie strengt sich an, die Fassade zu wahren, als ob sie nicht von ihrem inneren Leben, von den Ansprüchen des Anderen und den Aufforderungen der Welt radikal getrennt wäre. Sie spielt vor, zu lachen, zu sprechen, etwas zu fühlen. Die melancholische Depersonalisation hängt wesentlich von dem Wechselverhältnis zwischen 1. dem Verschwinden der persönlichen und intimen Dimension und 2. der empfundenen Notwendigkeit des Vorspielens vor den Anderen ab: Dieses Vorspielen bedeutet, Affekten und Emotionen Ausdruck zu verleihen, die gar nicht da sind.

In diesem Kontext möchte ich mich auf den ersten Aspekt, und zwar auf das Verschwinden der persönlichen und intimen Dimension, konzentrieren.

Ich werde das Phänomen der melancholischen Depersonalisation im Rahmen der responsiven Phänomenologie untersuchen. Im Kontext der responsiven Phänomenologie sind die Initiative, die Spontaneität und die Tätigkeit des Subjektes nicht als Anfang der Erfahrung zu betrachten, sondern sie sind als Antworten auf Widerfahrnisse anzusehen: Sie setzen ein vorangegangenes Affiziert-Werden voraus. Die Antwort des Selbst kann nicht von den Widerfahrnissen getrennt werden, sondern muss vielmehr vom Affiziert-Werden her gedacht werden: »Dieses Antworten ist also ganz und gar vom Getroffensein her zu denken, in der *Nachträglichkeit* eines Tuns, das nicht bei sich selbst, sondern beim anderen beginnt [...]. Der Antwortende tritt primär auf als der, *dem* etwas widerfährt und widerfahren ist.«[22]

In der Melancholie zeigt sich das Phänomen der Depersonalisation, die sowohl die pathisch-affektive Dimension des Selbst betrifft, als auch die responsive Seite berührt. Die Depersonalisation zeigt sich nicht nur in der Unfähigkeit, Neuem zu begegnen, sondern auch in der, Neues entstehen zu lassen, bzw. Gelegenheiten und Initiativen zu ergreifen. Durch die Abschwächung bzw. das Verschwinden der Affektion wird es unmöglich, auf die Erfahrungen neue Antworten zu geben. Diese zwei Momente – die Abschwächung der Affektion und die Unmöglichkeit, neue schöpferische Antworten auf die Erfahrung zu geben – sind eng miteinander verflochten.

Im Rahmen der responsiven Phänomenologie könnte man sagen, dass das Verschwinden des Affiziert-Werdens als Widerfahrnis jedes kreative Antworten als Einbruch des Unvorhersehbaren verhindert. Eine schöpferische

---

[22] Waldenfels, *Bruchlinien der Erfahrung*, S. 57.

Antwort bedeutet prinzipiell eine Abweichung von den bereits gestifteten Ordnungen: Sie kommt immer unerwartet. Es ist in diesem Sinne bezeichnend, dass Alfred Kraus auf die Unterscheidung von Mead zwischen »I« und »me« verweist, um die Depersonalisation der Melancholie zu beschreiben. Die Dimension des »me« sei »dasjenige Ich, das durch Identifikationen mit bestimmten Identitätsrepräsentanzen, wie z. B. bestimmten Werten und Rollen, vermittelt ist, das aber überschritten wird durch ein immer wieder sich neu entwerfendes, frei entscheidendes, spontanes Subjekt-Ich.«[23] Aus dieser Perspektive wäre das mangelnde Subjekt-Ich das entscheidende Kennzeichen der melancholischen Depersonalisation. »Beim Melancholiker kommt ein Überwiegen des me gegenüber dem I.«[24] Das »I« ermöglicht eine gewisse Distanz von den sozialen Rollen, Praktiken und Dispositiven, in denen sich das Selbst bereits herausgebildet hat, weil es Abweichungen von den gestifteten Normen einführt.

Da das Selbst von nichts affiziert wird, gerät es in eine zwanghafte Selbstbeobachtung, die eine Ich-Spaltung zwischen einem betrachtenden Ich und einem betrachteten Ich umfasst. Die Spaltung betrifft das alte lebendige Ich, das verloren gegangen ist, und das aktuelle Ich, das leer und tot ist. Das Wesen der Depersonalisation zeigt sich in dem verkehrten Verhältnis zwischen diesen zwei Ichen. »En fait le mélancolique a conscience de l'unité des deux moments qui le constituent, comme d'une unité en perdition.«[25] Die melancholische Patientin Gebsattels berichtet in diesem Sinn: »Immer habe ich das Gefühl: ich bin nicht ich, ich bin jemand anderer als ich – das ist das Gefühl des Gespaltenseins. […] Je schwerer es mir fällt zu sein, was ich nicht bin, desto mehr habe ich das Gefühl des Nicht-Könnens. Es ist ein entsetzliches Auseinanderliegen von Besessenhaben und Nicht-mehr-besitzenkönnen. Weiter als Südpol und Nordpol liegen die beiden Iche auseinander. Immer fühle ich die Zweiteilung, ich fühle, was ich besessen und dass ich das heute und nie wieder greifen kann. Das ist die Zweiteilung: das Wissen um Etwas, das ich besessen habe, nämlich Leben, Kraft, Dasein, Freiheit, Welt, Liebe – und das zugleich gegeben ist als Nichtzugreifendes, als nicht realisierbarer Besitz. Das ist der Gegensatz von leerem und erfülltem Dasein. – das ist die Spaltung.«[26] Die Leere ist »das in der Zeit sich nicht erfüllende Ich. Das eigentliche Ich ist dann außer Kraft gesetzt, entmächtigt, enteignet.«[27] Ein Kardinalsymptom der Depersonalisation ist der Selbstbeobachtungszwang. Das personale Selbst lässt sich keineswegs mit dem Selbst-Be-

---

[23] Kraus, *Der melancholische Wahn in identitätstheoretischer Sicht*, S. 76.

[24] Kraus, *Der melancholische Wahn in identitätstheoretischer Sicht*, S. 77.

[25] Maldiney, *Penser l'homme et la folie*, S. 25.

[26] Gebsattel, *Prolegomena einer medizinischen Anthropologie*, S. 27 f.

[27] Gebsattel, *Prolegomena einer medizinischen Anthropologie*, S. 28.

wusstsein identifizieren, das sich selbst betrachtet. In der melancholischen Depression betrachtet man sich ständig selbst, ohne sich selbst fühlen zu können. Es ist beinahe ironisch, dass die eigentlich kalte Selbst-Beobachtung einen wesentlichen Charakter der Depersonalisation ausmacht.

Innerhalb der phänomenologischen Tradition wird der Begriff der Person von dem des Selbst als Subjekt der intentionalen Akte und als neutraler Selbstbeobachter streng unterschieden.

Der Begriff von Person verweist bereits bei Husserl auf das stellungneh-mende, wertschätzende Subjekt, das in sozialen, pragmatischen und ästheti-schen Verhältnissen zu seiner Umwelt steht. Die Person verhält sich zu ih-rer Umwelt »fühlend, wertschätzend, handelnd, technisch gestaltend usw.«[28] Und das personale Ich verhält sich zu der Umwelt »in Akten, auf die es re-flektieren kann, wie es das z. B. tut, wenn es von sich selbst als persönlichem Ich Notiz nimmt, ebenso wie jeder andere auf diese selben Akte, wenn auch in entsprechend modifizierter Weise, reflektiert (Reflexion in der Einfüh-lung), sowie er diese Akte als Akte der betreffenden Person erfasst, z. B. wo immer er mit klarem Verständnis von ihr eben als Person spricht.«[29] In die-ser Passage definiert sich die Person durch Folgendes: 1. Die Person ist we-der durch eine objektivistische Haltung zur Natur charakterisiert, noch ist sie ein neutrales Subjekt der intentionalen Erlebnisse. Sie ist durch einen le-bensweltlichen, praktischen, ästhetischen Umgang mit der Umwelt gekenn-zeichnet, der immer eine intersubjektive Relevanz hat. 2. Die Person hat die Fähigkeit, auf ihre eigenen intentionalen Akte sowie auch auf die Akte des Anderen zu reflektieren. M. E. erschöpft sich die Person nicht im Vollzug von reflexiven und bewussten Akten, sondern sie bildet sich bereits auf einer vorintentionalen Ebene heraus. Die Person entsteht durch ein spezifisches Selbstverhältnis, durch ein emotives Verhältnis zu den Antworten, die durch die Begegnung mit der Welt und dem Anderen hervorgerufen werden. Ich möchte dieses personale Selbst unter den zwei folgenden Gesichtspunkten näher bestimmen.

a.   EMOTIONEN ALS AFFEKTIVE ANTWORTEN

Widerfahrnisse als Affektionen erwecken Antworten in der Form des Zö-gerns, des Sich-Zurück-Ziehens, des Begehrens usw. Diese Antworten ber-gen ein gefühlsmäßiges Moment in sich. Blankenburg sprach von E-motio-nen, um diese responsive Dimension der Affektivität hervorzuheben: »Emo-tionen versenken sich nicht in etwas, was vorliegt; sie kontern, sie erheben Einspruch, wagen gleichsam Gegenrede [...]. Auch wo Emotionen Affizier-

---

[28] Husserl, *Ideen II*, Hua IV, S. 185.
[29] Husserl, *Ideen II*, Hua IV, S. 185.

tes positiv aufnehmen, es akzeptieren, ja sogar unterstreichen, drücken sie ihm dennoch ihren eigenen Stempel auf.«[30] In den affektiven Erwiderungen auf die Widerfahrnisse bildet sich das personale Selbst heraus. Zu Recht behauptet Blankenburg, dass jede emotive Erwiderung als eine Vor-Form eines Handelns anzusehen ist, das »von sich selbst« entspringt. Zugleich ist es m. E. entscheidend, hervorzuheben, dass sie »von mir aus« entsteht. Das emotive Antworten ist einerseits in der passiven Sphäre verankert (das Selbst ist oft von seinen eigenen Emotionen überrascht). Andererseits eröffnet das emotive Antworten die Dimension des »von mir aus«, die sich auch in den spontanen, gefühlsmäßigen Sinnbildungen zeigt: Man trägt die Verantwortung und gegebenenfalls die Schuld, negative Emotionen als spontane Erwiderungen empfunden zu haben, obwohl sie passiv entstanden sind. Sie entstehen passiv und demnach entziehen sie sich meiner Kontrolle. Diese ursprüngliche Heteronomie der e-motiven Erwiderungen bedeutet dennoch keineswegs, dass ich mich nicht mit ihr identifiziere. Vielmehr hat diese Heteronomie einen Offenbarungscharakter: Sie verrät meine personale Identität. Die spontanen Emotionen, die als Erwiderungen auf Affektionen zu betrachten sind, haben den eigentümlichen Charakter, Fremdheit und Eigenheit, Heteronomie und Autonomie, Spontaneität und Passivität in einer spezifischen Form zu verschränken. Sie sind die Schnittstelle zwischen der Dimension des »von sich selbst«, die heteronom und affektiv ist, und der Dimension des »von mir aus«, die einen persönlich antwortenden Charakter hat.

Darüber hinaus sind die Emotionen durch eine Rekurrenz gekennzeichnet, weil ihr Entstehen neue Emotionen auslöst. Sie beziehen sich nicht nur auf die »ursprüngliche« fremde Affektion, sondern es affiziert jede Emotion das Selbst und lässt neue Emotionen entstehen.

Bereits auf einer passiven Ebene entwickelt sich allmählich eine emotive Reflexivität des Selbst auf die emotiven Antworten, die als Grundlage der Entwicklung und Entfaltung der Stellungnahme, der Überzeugungen, der Entscheidungen gelten kann, welche die Person in der nach-Husserl'schen Entwicklung der Phänomenologie wesentlich charakterisieren. Das personale Selbst bildet sich in dieser spürenden Reflexivität auf die emotiven Antworten heraus.

Die Reflexivität auf die eigenen Antworten wächst durch die Erfahrung des Widerstandes. Sobald das Selbst auf Widerstände stößt, welche die Erfüllung der eigenen Triebe verhindern, entstehen Rückkopplungen, die sowohl einen bestimmten Spielraum von Möglichkeiten erschließen, als auch eine gesteigerte Reflexivität auf sich selbst, bzw. auf die eigenen Antworten, er-

---

[30] Blankenburg, *Affektivität und Emotionalität*, S. 25.

öffnen. Die Widerstände kommen nicht nur von der Umgebung her, sondern auch, wie Daniel Stern gezeigt hat, vom Willen der anderen, die Nein sagen können.

b. EMOTIVE REFLEXIVITÄT

Edmund Husserl hat mehrmals betont, dass sich das innere vorreflexive Bewusstsein in Form einer Empfindung ankündigt. Dieses innere empfindungsmäßige Wahrnehmen kann dennoch nie gegenständlich werden: »Jedes Erlebnis ist ›empfunden‹, ist immanent ›wahrgenommen‹ (inneres Bewusstsein), wenn auch natürlich nicht gesetzt, gemeint (wahrnehmen heißt hier nicht meinend-zugewendet-sein und erfassen). [...] Jedes ›Erlebnis‹ im prägnanten Sinn ist innerlich wahrgenommen. Aber das innere Wahrnehmen ist nicht im selben Sinn ein ›Erleben‹. Es ist nicht selbst wieder innerlich wahrgenommen.«[31]

Ein solches Selbstgefühl hat sowohl zeitliche als auch leibliche Erscheinungsweisen. Es ist wichtig hervorzuheben, dass das innere Bewusstsein als Selbstgefühl nicht invariant ist, sondern sich in den verschiedenen affektiven Konstellationen ändert. Dies wird in den extremen Fällen der Psychose besonders ersichtlich. Das innere Selbst-Gefühl bleibt auch von dem diastatischen Verhältnis zwischen Widerfahrnissen und dem Worauf des Antwortens nicht unberührt. Die personale Dimension steht in einem wesentlichen Zusammenhang mit einem Selbstgefühl, das durch das Sich-Selbst-Wieder-Erkennen (oder Nicht-Sich-Selbst-Wieder-Erkennen) in den Antworten entsteht, die durch die Begegnung mit dem Anderen und der Welt aufkommen. Das affektive Nicht-Sich-Selbst-Wieder-Erkennen in den eigenen Emotionen ist bezeichnend für das Gefühl der Entfremdung, das »Gefühl, nicht [ich] selbst zu sein.« Die emotive Reflexivität versucht, den Sinn, den Wert sowie die Teleologie der Emotionen[32] zu entziffern und ihre »Konsistenz« bezüglich der eigenen Identität abzuwägen und einzuordnen: Geht es in dieser emotiven Sinnbildung um den Kern meines personalen Seins? Oder ist diese Antwort nur marginal und letztlich für meine Identität nicht relevant? Ist diese Emotion in mir tief verankert? Oder ist sie nur eine Suggestion, die ich von den anderen übernommen habe und die keine lebendige Resonanz in mir findet? Bereits die letzte Frage lässt die enge Verflechtung zwischen Fremderfahrung und eigener Erfahrung spürbar werden. Die Reflexivität auf die Emotionen ist hier nicht im Sinne einer transparenten, neutralen Selbstbeobachtung eines einzelnen Subjektes zu betrachten, sondern

---

[31] Husserl, *Zeitbewusstsein*, Hua X, S. 126.
[32] Vgl. Micali, *The Transformation of Intercorporeality in Melancholia*.

sie geschieht zwischen Affektionen und Emotionen innerhalb eines inter-subjektiven Horizontes.[33]

Diesbezüglich ist es interessant, auf eine Bemerkung von Levinas über die Proust'schen Beschreibungen des emotionalen Lebens hinzuweisen. Bei Proust seien die Gefühle immer reflektiert: »Die Emotion entspringt [bei Proust] immer aus einer Reflexion auf die eigene Emotion und noch öfter aus einer Reflexion auf die Emotionen des anderen. Noch besser: Diese Reflexion ist die Emotion selbst.«[34] Da in seinem Werk die Reflexion auf die Emotionen der Anderen grundlegend ist, wird Proust als Poet des sozialen Faktums *tout court* anerkannt. Daraus lässt sich entnehmen, dass aus dieser Perspektive die wechselseitige Reflexion auf die Emotionen des Anderen die wesentliche, und zwar konstitutive Rolle für die Intersubjektivität spielt.[35]

Die Reflexivität auf die emotiven Sinnbildungen erschließt die (nachträgliche) Möglichkeit, eine minimale Abstandnahme von den eigenen Antworten zu halten, eine Abstandnahme, die konstitutiv für das personale Selbst ist. Bekanntlich hat Kierkegaard das Selbst als ein Verhältnis definiert, das sich zu sich selbst verhält, bzw. das Selbst »ist das im Verhältnis, dass das Verhältnis sich zu sich selbst verhält. Das Selbst ist nicht das Verhältnis, sondern dass das Verhältnis sich zu sich selbst verhält.«[36] Ein spezifisches Selbst-Verhältnis, bzw. ein Verhältnis zu den emotiven Antworten, die durch Widerfahrnisse und durch die Ansprüche sowie die Emotionen des Anderen hervorgerufen werden, ist die Grundlage der personalen Dimension des Selbst.

Das personale Selbst empfängt die eigene Identität von den emotiven Antworten, die spontan auftauchen und nicht genau zu antizipieren sind. Dennoch lernt man im Laufe der Zeit die spontanen Sinnbildungen und die affektiven Konstellationen besser kennen: Man kann vorausahnen, worauf die Wut oder die Scham hinauswollen und wohin sie mich führen werden. Zugleich prägen die sich wiederholenden Antworten Haltungen, die wiederum Erwartungshorizonte bilden. Die Person »erwartet« von sich selbst bestimmte emotive Antworten, welche die Art und Weise betreffen, wie sie

---

[33] Der Ausgangspunkt der Identifikationsprozesse des Selbst ist beim Anderen zu finden. Ich bin ursprünglich das, was der Andere sieht, so wie Sartre in Bezug auf das Phänomen der Scham zutreffend hervorgehoben hat: »So ist ursprünglich das Band zwischen meinem unreflektierten Bewusstsein und meinem erblickten *ego* ein Band nicht des Erkennens, sondern des Seins. Ich bin, jenseits aller Erkenntnis, die ich haben kann, jenes Ich, das ein Anderer erkennt« (Sartre, *L'être et le néant*, S. 319 (dt. S. 348)). Gleichzeitig kann sich das Selbst dieser ursprünglichen, unausweichlichen Identifikation entziehen, indem es von dieser ersten Identifizierung Abstand nimmt.

[34] Levinas, *Œuvres t. 1*, S. 35.

[35] Wie oben angeführt, hat Husserl in einer ähnlichen Weise von einer Reflexion auf die Einfühlung gesprochen.

[36] Kierkegaard, *Die Krankheit zum Tode*, S. 2.

in unterschiedlichen affektiven Konstellationen (wie z. B. in der Angst) auf
eine gegebene Situation antworten wird. Solche Erwartungen, die immer implizit sind, werden oft von Abweichungen durchkreuzt, die neue Habitualitäten stiften können. Die Herausbildung von emotiven Haltungen schließt
demnach keineswegs die Möglichkeit schöpferischer Antworten aus, sondern setzt diese vielmehr voraus. Wie oben angeführt, empfängt das personale Selbst seine Identität von seinen unvorhersehbaren Antworten.

Waldenfels beschreibt den Zusammenhang zwischen dem Getroffensein
und dem Worauf des Antwortens als diastatisch. Die Diastase bedeutet einen
gebrochenen und verschobenen Zusammenhang. Es ist möglich, das Verhältnis zwischen Person und Selbst in einem diastatischen Sinne zu denken. Mit
der Sprache von Merleau-Ponty könnte man das Verhältnis zwischen Person
und menschlichem Selbst auch als chiasmatisch bezeichnen. Das Selbst als
leibliches Zur-Welt-Sein, das in einem Verhältnis zu dem Anderen steht, entwickelt seine Persönlichkeit, indem es eine spezifische emotive Reflexivität
auf seine eigenen Antworten entfaltet (Stellungnahme, Überzeugung usw.),
die ihren Anfangspunkt in den Widerfahrnissen und in dem Anspruch, in
den Ausdrücken und in den Emotionen des Anderen hat. Eine solche responsive Auslegung des Verhältnisses zwischen Selbst und Person würde
eine klare Trennung zwischen den beiden Termini verhindern. Die passive
vor-sprachliche Dimension des menschlichen Selbst kann nicht streng von
der (im engen Sinne zu interpretierenden) personalen Dimension getrennt
werden, weil die Begegnung mit der Welt und mit dem Anderen einzigartige
Antworten und Blicke herausfordert, die spontane Sinnbildungen im Sinne
der Emotionen auslösen.

Die durch die responsive und emotive Reflexivität entstandene Person
könnte eine aus einer architektonischen Sicht wichtige Rolle im Rahmen
der Selbstkonstitution spielen, indem man sie zwischen dem passiv-affek-
tiven Selbst und dem narrativen Selbst verortet.[37] So könnte sie im Rahmen
der genetischen Phänomenologie ein Zwischenreich zwischen einer passiven, vorsprachlichen Selbstkonstitution und einer sprachlichen, narrativen
Selbstkonstitution einnehmen. Die personale Dimension bildet sich auf einer vorsprachlichen Ebene der Selbst-Konstitution heraus, die durch die en-
gagierte und emotive Resonanz auf die eigenen Antworten und Haltungen
entsteht.

Fassen wir die Ergebnisse unserer Untersuchungen zur Depersonalisation zusammen: Melancholie als affektive Psychose ist durch die Erfahrung
der Leere gekennzeichnet. Im Rahmen der Konstitutionsanalyse einer genetischen Phänomenologie betrifft die Verstimmung als Leere die elementarste
Dimension der Erfahrung. Diese Verstimmung führt zum Verschwinden der

---

[37] Vgl. Zahavi, *Self and Other*.

persönlichen Dimension, die durch die Responsivität des Emotiven charakterisiert ist.

Bereits Kurt Schneider hat auf ein wesentliches Merkmal der Melancholie hingewiesen, welches darin besteht, dass die reaktiven (in unserem Sinne emotiven) Gefühle mit der melancholischen Verstimmung nicht zusammenfließen. Emotionen sind beinahe »mechanischer« Natur: Sie reagieren stumpf auf die Umgebung, ohne jedoch das Selbst gefühlsmäßig zu berühren. Die emotiven Erwiderungen, die von der Grundstimmung der Leere überschattet sind, verlieren ihre Konsistenz. Sie sind derart flach, dass sie als unecht erlebt werden. Durch die Störung der melancholischen Depersonalisation zeigt sich deutlich, wie mit der Ausschaltung des Widerfahrens als fremde Affektion die emotiven Sinnbildungen im echten Sinne nicht mehr möglich sind: Durch ihre Flachheit erhalten sie einen schattenhaften und unwirklichen Charakter. Das Selbst identifiziert sich nicht mehr mit seinen eigenen Emotionen.

Angesichts der melancholischen Depersonalisation haben wir drei strukturelle Momente zu unterscheiden, die sich aufeinander beziehen und in der Erfahrung eng miteinander verflochten sind: 1. Das Widerfahren als fremde Affektion; 2. die emotiven Sinnbildungen, die durch dieses Ereignis spontan entstehen; 3. die emotive Reflexivität des personalen Selbst, die sich in den eigenen und fremden emotiven Sinnbildungen bewegt und sich selbst in diesen Antworten wieder erkennt.[38] In meinem Beitrag habe ich versucht, die Genesis der personalen Dimension des Selbst phänomenologisch aufzuspüren. Ein solcher Versuch findet seine (architektonische) Bedeutung ausschließlich innerhalb einer Konstitutionsanalyse im Kontext der genetischen Phänomenologie.[39]

---

[38] Wenn man die personale Dimension auf das Moment des Emotiven rückbezieht, wäre es naheliegend, die Depersonalisation im engen Sinne auf das Verschwinden des Emotiven (2.) zurückzuführen. Dennoch ist eine solche Herangehensweise irreführend, weil das Verschwinden des Emotiven auf der Ausschaltung der fremden Affektion im Sinne des Getroffen-Werdens beruht. Die melancholische Depersonalisation betrifft beide Aspekte, die eng miteinander verflochten sind.

[39] Es ist illegitim, eine solche Unterscheidung direkt auf andere Kontexte der Lebenswelt anzuwenden. Es wäre z. B. möglich einzuwenden, dass ein solcher Person-Begriff zu gravierenden Folgen in bioethischen Kontexten führen könnte. Ein Koma-Patient zeigt keinen einzigartigen antwortenden Blick auf sein Gegenüber. Demzufolge wäre es nicht mehr möglich, den Patienten als Person zu betrachten. Mit dieser Deutung wird der Person-Begriff in einem juristischen Sinne verwandt, der meiner Betrachtung aus einer phänomenologisch-genetischen Sicht völlig fremd ist.

LITERATUR

Blankenburg, Wolfgang: Affektivität und Emotionalität. In: *Affekt und affektive Störungen. Konzepte und Befunde im Dialog*, hgg. von Thomas Fuchs und Christoph Mundt. Paderborn 2002, S. 17–32.

– *Der Verlust der natürlichen Selbstverständlichkeit. Ein Beitrag zur Psychopathologie symptomarmer Schizophrenien*, Stuttgart 1971.

– Körper und Leib in der Psychiatrie. In: *Schweizer Archiv für Neurologie und Psychiatrie* 131/1, 1982, S. 13–39.

Borgna, Eugenio: *Malinconia*, Milano 2001.

Dörr-Zegers, Otto/Tellenbach, Hubertus: Differentialphänomenologie des depressiven Syndroms. In: *Nervenarzt* 51, 1980, S. 113–118.

Gebsattel, Emil von: *Prolegomena einer medizinischen Anthropologie*, Berlin – Göttingen – Heidelberg 1954.

Heinroth, Johann Christian August: *Lehrbuch der Störungen des Seelenlebens oder der Seelenstörungen und ihrer Behandlung*, Leipzig 1818.

Husserl, Edmund: *Gesammelte Werke, Husserliana* (Hua), Den Haag – Dordrecht 1950ff.

– *Ideen zu einer reinen Phänomenologie und phänomenologischen Philosophie. Zweites Buch: Phänomenologische Untersuchungen zur Konstitution*, Hua IV, hg. von Martin Biemel. Den Haag 1952.

– *Zur Phänomenologie des inneren Zeitbewusstseins* (1893–1917), Hua X, hg. von Rudolf Boehm. Den Haag 1966.

Kierkegaard, Sören: *Die Krankheit zum Tode*, Gesammelte Werke 24/25, Regensburg 1954.

Kraus, Alfred: *Sozialverhalten und Psychose Manisch-Depressiver*, Stuttgart 1977.

– Der melancholische Wahn in identitätstheoretischer Sicht. In: *Wahn und Perspektivität*, hg. von Wolfgang Blankenburg. Stuttgart 1991, S. 68–80.

– Analyse phénoménologique des troubles de l'éprouvé corporel dans la mélancholie. In: *L'Encéphale* VII, 1995, S. 11–15.

– Melancholie – eine Form der Depersonalisation? In: *Affekt und affektive Störungen. Konzepte und Befunde im Dialog*, hgg. von Thomas Fuchs und Christoph Mundt. Paderborn 2002, S. 169–186.

Lévinas, Emmanuel: *Œuvres t. 1: Carnets de captivité suivi de Écrits sur la captivité et Notes philosophiques diverses*, Paris 2009.

Maldiney, Henri: *Penser l'homme et la folie*, Grenoble 1991.

Micali, Stefano: The Transformation of Intercorporeality in Melancholia. In: *Phenomenology and the Cognitive Science, Volume: Psychosis and I-Thou Intersubjectivity*, 2013 (13), S. 215–234.

– Nichts passiert. Phänomenologie der Melancholie. In: *Investigating Subjectivity. Classical and New Perspectives*, hgg. von Gert-Jan van der Heiden, Karel Novotny, Inga Römer und László Tengelyi. Leiden – Boston 2012, S. 235–251.

– Das methodische Vorgehen der differenziellen Anthropologie. In: *Interdisziplinäre Anthropologie*, hgg. von Thomas Fuchs und Thiemo Breyer (im Druck).

Pauleikhoff, Bernhard: *Endogene Psychosen als Zeitstörungen*, Tübingen 1986.

Richir, Marc: *Méditations phénoménologiques*, Grenoble 1992.

Sass, Louis: *Madness and Modernism. Insanity in the Light of Modern Art, Literature, and Thought*, New York 1992.

Sartre, Jean-Paul: *L'être et le néant. Essai d'ontologie phénoménologique*, Paris 1943 (dt. *Das Sein und das Nichts. Versuch einer phänomenologischen Ontologie*, übers. von Justus Streller. Hamburg 1976).

Schilder, Paul: Deskriptiv-psychologische Analyse der Depersonalisation. In: *Depersonalisation*, hg. von Joachim Ernst Meyer. Darmstadt 1968, S. 46–141.

Schneider, Kurt: *Klinische Psychopathologie*, Stuttgart 1967.

Schulte, Walter: Nichttraurigseinkönnen im Kern melancholischen Erlebens. In: *Nervenarzt* 32, 1961, S. 314–320.

Stern, Daniel: *The Interpersonal World of the Infant*, New York 1985.

Stransky, Erwin: Über gewisse Mitempfindungen. In: *Zeitschrift für die gesamte Neurologie und Psychiatrie* 106(1), 1926, S. 583–585.

Straus, Erwin: *Psychologie der menschlichen Welt*, Berlin 1960.

Szilasi, Wilhelm: *Philosophie und Naturwissenschaft*, Bern – München 1961.

Tatossian, Arthur: *Phénoménologie des psychoses*, Paris 1979.

Tellenbach, Hubertus: Räumlichkeit des Melancholischen. In: *Nervenarzt* 27, 1956, S. 12–18.

– *Melancholie,* Berlin 1984.

Theunissen, Michael / Greve, Michael (Hgg.): *Materialien zur Philosophie Sören Kierkegaards*, Frankfurt am Main 1979.

– *Negative Theologie der Zeit*, Frankfurt am Main 1991.

– *Das Selbst auf dem Grund der Verzweiflung*, Frankfurt am Main 1991.

– *Der Begriff Verzweiflung. Korrekturen an Kierkegaard*, Frankfurt am Main 1993.

Waldenfels, Bernhard: *Bruchlinien der Erfahrung*, Frankfurt am Main 2002.

Zahavi, Dan: Self and Other. The Limits of Narrative Understanding. In: *Narrative and Understanding Persons*, hg. von Daniel D. Hutto. Cambridge 2007, S. 179–201.

Zutt, Jürg: *Auf dem Wege zu einer anthropologischen Psychiatrie*, Berlin – Stuttgart – Heidelberg 1963.

Thiemo Breyer

INTERPERSONALITÄT
UND DAS PARADIGMA DES
SCHAUSPIELS[1]

1. ZUR VIELFALT GEGENWÄRTIGER PERSONENKONZEPTE

Das Spektrum aktueller philosophischer Positionen zum Personenbegriff ist
äußerst breit. Es reicht von »bare persons«[2] über »full persons«[3] bis hin
zu »post-persons«[4] und kennt dazwischen jeweils zahlreiche Abstufungen.
Dennoch ist es bislang nicht gelungen, einen Konsens über die notwendigen
und hinreichenden Bedingungen von Personalität zu erzielen.[5] So gehen die
Meinungen darüber auseinander, wie ein Merkmalskatalog auszusehen hätte,
anhand dessen man für ein beliebiges Individuum überprüfen könnte, ob es
sich um eine Person handelt oder nicht. Ebenfalls ist unklar, wie viele der in
einer bestimmten Definition angegebenen Eigenschaften erkennbar und in
welchem Maße sie ausgeprägt sein müssen. Traditionellerweise werden häufig Selbstbewusstsein, Zeitbewusstsein, Moralität und Wille als notwendige
Kriterien für Personalität angegeben. So heißt es etwa bei Charles Taylor: »A
person is a being who has a sense of self, has a notion of the future and the
past, can hold values, make choices: in short, can adopt life-plans. At least, a
person must be the kind of being who is in principle capable of all this, however damaged these capacities may be in practice.«[6] Solche *kriteriologischen
Definitionen* sind ›sortale Definitionen‹, da sie Identifizierungskriterien für
Exemplare einer Art oder Gattung angeben.

---

[1] Dieser Aufsatz ist entstanden im Rahmen des Forschungsprojekts »Anthropologie der Intersubjektivität« (AZ. 1.16101.08). Der Autor dankt der Baden-Württemberg Stiftung für die
finanzielle Förderung dieses Projekts. Dank gilt außerdem den Herausgebern Inga Römer und
Matthias Wunsch für die Einladung, vorliegende Überlegungen in diesem Band zu veröffent-
lichen.
[2] Velleman, *Self to Self*, S. 77.
[3] Laitinen, *Sorting Out Aspects of Personhood*, S. 250.
[4] McMahan, *The Ethics of Killing*, S. 46.
[5] Roskies, *The Illusion of Personhood*, S. 55.
[6] Taylor, *Human Agency and Language*, S. 97 (zit. in Laitinen, *Sorting Out Aspects of Personhood*, S. 248 f.).

Eine Möglichkeit, objektive Kriterien zu erhalten, liegt für manche Forscher in der Naturalisierung des Personenkonzepts.[7] Ein vielzitierter Kri-
terienkatalog für Personalität, an dem sich auch empirisch arbeitende Wis-
senschaftler im Zuge ihrer Operationalisierungen häufig orientieren, stammt
von Daniel Dennett.[8] Für ihn gilt: (1) Personen sind rationale Wesen, (2)
Personen haben intentionale Zustände, (3) wir nehmen Personen gegenüber
eine personale Haltung ein, (4) Personen sind reziprok dazu fähig, einen personalen Standpunkt uns gegenüber einzunehmen, (5) Personen sind fähig zu
verbaler Kommunikation und (6) Personen haben ein spezifisches Selbstbewusstsein. Hier wird weiter differenziert nach intrinsischen im Unterschied
zu sozialen bzw. subjektiven im Unterschied zu intersubjektiven Kriterien.
So sind Rationalität, Intentionalität, Kommunikationsfähigkeit und Selbstbewusstsein intrinsische Vermögen, während die Bereitschaft, einem Anderen gegenüber eine personale Haltung einzunehmen sowie die Fähigkeit, bei
Anderen eine solche Haltung zu provozieren, Kriterien sind, die nur im intersubjektiven Raum des Mitseins mit Anderen einen Sinn haben.

Eine andere Gruppe von Personalitätstheorien versucht, dem Problem
der Identifizierbarkeit anhand objektiver Kriterien mit *askriptiven Definitionen* zu entgehen. Der Grundgedanke hierbei ist, dass es für ein Individuum
niemals ausreicht, bestimmte Eigenschaften nachweisbar zu besitzen, um als
Person zu gelten, sondern dass es immer auch auf die Anerkennung der Anderen ankommt, die ihm den Personenstatus zuschreiben. Angeregt durch
die Konzeptionen von Sellars und Dennett schreibt etwa Goodenough: »I
consider personhood as an ascription rather as an honorific title or achie-
vement-marker.«[9] Der Begriff ›Person‹ fungiert hier mehr als ein Label, das
Individuen angeheftet wird, denn als »genuine sortal«.[10] Personenstatus zu
haben wäre demnach vergleichbar mit der Mitgliedschaft in einem Club, die
einzig dadurch zustandekommt, dass man von bestehenden Mitgliedern aufgenommen wird.[11] So konzediert auch Dennett: »whether something counts

---

[7] Vgl. z. B. Farah und Heberlein, *Personhood and Neuroscience*. Zur Kritik solcher neuroreduk-
tionistischer Programme s. Fuchs, *Person und Gehirn*.

[8] Dennett, *Conditions of Personhood*; für eine Diskussion vgl. Goodenough, *The Achievement
of Personhood*, S. 147 ff.

[9] Goodenough, *The Achievement of Personhood*, S. 141.

[10] Goodenough, *The Achievement of Personhood*, S. 147.

[11] Tatsächlich wird der Eintritt in die Personengemeinschaft in vielen Kulturen und Religionen
durch einen Übergangsritus markiert (vgl. van Gennep, *Übergangsriten*). Dort, wo es nicht auf
die eigene Leistung des Neophyten ankommt und der Übergang von der Prä-Person zur vollen
Person allein durch die Alten oder den Zeremonienmeister gestaltet wird, ist die Personalisierung in gewisser Weise mit der Aufnahme in einen Club vergleichbar. Gibt es aber konkret
zu erfüllende Aufgaben während des Initiationsrituals und werden diese vom Initianden nicht
bewältigt (z. B. wenn er körperliche Schmerzen nicht aushält, eine Gefahr scheut etc.), kommt

as a person depends in some way on an attitude taken toward it, a stance adopted with respect to it. [...] it is not the case that once we have established the objective fact that something is a person, we treat him or her or it in a certain way, but that our treating him or her or it in this certain way is somehow and to some extent constitutive of its being a person.«[12] ›Person‹ ist in diesem Definitionsansatz ein »CAC-Begriff«, wie Kemmerling es nennt, ein Begriff, für den gilt: »mere counting as a so-&-so is constitutive of being a so-&-so«; ein solches Konzept »applies to the items to which it applies in virtue of the fact that these items count as falling under the concept.«[13]

Laitinen bezeichnet kriteriologische Definitionen wie diejenige Taylors als ›monadisch‹, da sie nur das Individuum und seine Merkmale berücksichtigen; askriptive Bestimmungen wie bei Dennett werden dagegen als ›dyadisch‹ bezeichnet, da sie immer eine zweite Person mitdenken, deren Zuschreibungsakt für den Personenstatus des ersten Individuums konstitutiv ist.[14] Doch auch bei den kriteriologischen Definitionen spielt der Beobachtungs- und Evaluierungsaspekt eine gewisse Rolle, wenn von der Potentialität der Person die Rede ist. Wenn es heißt, eine Person ist eine Person, sofern sie die erforderlichen Merkmale besitzt, oder mindestens potentiell diese Merkmale ausbilden könnte, auch wenn es praktisch und aktuell nicht der Fall ist, so muss doch diese Potentialität von jemandem erkannt werden. Es bedarf einer anderen Person, die eine solche Möglichkeit einräumt und zuschreibt.

Es ist daher sinnvoll, zwischen (1) Fähigkeiten und Merkmalen, (2) normativem Status und (3) Anerkennung zu unterscheiden, wobei die Anordnung sowohl logisch als auch temporal verstanden werden kann. Fähigkeiten und Merkmale können einerseits *natürlich* sein, d. h. sie gehören zur Ausstattung des Individuums, oder andererseits *erworben*, d. h. sie werden im Laufe der Ontogenese angeeignet. Der normative Status hingegen wird dem Individuum von Anderen attribuiert. Während bestimmte Kriterien, die relevant für Personalität im Sinne von (1) sind, durch eigene Aktivität und eigenen Willen erreicht werden können, liegt die Zuschreibung von Personalität im Sinne von (2) nicht in der Willkür des Einzelnen. Anerkennung schließlich kann als Relation zwischen Individuen verstanden werden, die sich im Sinne von (2) reziprok Personalität zusprechen. Die Verknüpfung mit (1)

---

es in manchen Kulturen zum unwiderruflichen Ausschluss aus der Personengemeinschaft. Der Ausgestoßene bekommt dann den Stempel der ›Un-Person‹.

[12] Dennett, *Conditions of Personhood*, S. 270 (zit. in Laitinen, *Sorting Out Aspects of Personhood*, S. 249).

[13] Kemmerling, *Why Is Personhood Conceptually Difficult?*, S. 6. Kemmerling selbst ist der Überzeugung, dass ›Person‹ nicht als CAC-Begriff fungiert, sondern dass es Personen als ontologische Einzeldinge im metaphysisch-realistischen Sinne gibt.

[14] Laitinen, *Sorting Out Aspects of Personhood*, S. 249.

besteht darin, dass nur unter bestimmten Voraussetzungen ein Individuum
in der Lage ist, sich anerkennend dem Anderen gegenüber zu verhalten. Die
Wechselseitigkeit des Anerkennungsverhältnisses setzt beispielsweise hinreichende Bewusstseinsaktivität voraus.

Eine weitere Gruppe von Personalitätstheorien versucht zu zeigen, dass
es bei der Bestimmung von Personalität primär weder auf objektivierbare
Kriterien, noch auf faktische soziale Anerkennung ankommt, sondern auf
ein aller Identifikation und Askription vorausgehendes Vorverständnis, das
im Bezug zu Personen waltet und diese als »*sui generis* ontological kinds«[15]
erscheinen lässt. Wenn der *ontologische* Status der Person in Frage steht,
so kommt es darauf an, ob man als Person immer schon Person war oder
ob man durch einen mehr oder weniger kontingenten Prozess zur Person
geworden ist. Das *epistemologische* Problem betrifft die Erkennbarkeit der
Personalität eines Wesens. Was berechtigt uns, jemanden als ›jemanden‹ und
nicht vielmehr als ›etwas‹ zu bezeichnen? Ist aber, so könnte man weiter-
fragen, bei der Auffassung des Anderen als Person überhaupt ein aktuell
zu vollziehender Erkenntnisprozess vonnöten oder haben wir den Anderen nicht immer schon als Person erkannt und anerkannt, bevor die explizite
Attribution von Person-Sein oder Nicht-Person-Sein irgendeinen Sinn ergibt?

Hierauf antworten Denker wie Spaemann, der diese Position im deutsch-
sprachigen Raum vielleicht am vehementesten vertritt, mit dem Postulat einer identifikationsvorgängigen Substanzialität der Person und einer ebenfalls
identifikationsvorgängigen Anerkennungsrelation, die aus einem unhintergehbaren Vorverständnis bezüglich des Unterschieds zwischen ›etwas‹ und
›jemand‹ resultiert. Personen sind keine natürliche Art, so dass ein Vorverständnis zur Identifizierung von Personen nötig ist. Das Wort ›Person‹ ist
Spaemann zufolge kein sortaler Ausdruck, mit dem etwas identifizierbar gemacht werden könnte; mithin ist es kein Prädikat, das etwas Neues über
ein Individuum einer bestimmten Gattung aussagen würde. Vielmehr bezeichnet es den *Träger* bestimmter Eigenschaften. Gegenüber anderen Arten
von Begriffen, wie den deskriptiven oder den narrativen, ist der Begriff der
Person ein normativer.[16] Die Person ist demnach überhaupt nicht als »In-
stantiierung eines Begriffs«[17] zu begreifen, sondern als Primärsubstanz (im
aristotelischen Sinne), der sekundär Rollen, Pflichten und Rechte zukommen.

---

[15] Miller, *Persons as* sui generis *Ontological Kinds*.
[16] Vgl. Spaemann, *Personen*, S. 26.
[17] Spaemann, *Personen*, S. 32.

Als gleichursprünglich mit der Selbstheit und »Einzelheit«[18] (im Hegel'-schen Sinne), die der Primärsubstanz zukommen, denkt Spaemann die Mög-lichkeit der Selbsttranszendenz im Modus der Negativität; zum einen als Objektivierung eines subjektiven Vollzugs, zum anderen als dessen Modi-fikation. Die eigenen Zustände werden hierbei in unterschiedlicher Weise mit einem anderen Vorzeichen versehen. Bei der reflexiven Bezugnahme auf innere Zustände erscheinen diese in einem neuen Licht, ihre subjektive Re-levanz kann dadurch stärker oder schwächer werden, ihre Bedeutung kann sich bestätigen, verändern und sogar ins Gegenteil verwandeln. Wenn bei-spielsweise in einem Akt der »Wertnehmung«[19] ein Gegenstand zunächst als positiv und begehrenswert erscheint, so kann die Reflexion auf diesen Akt das Gesamterlebnis in einer Weise transformieren, dass derselbe Ge-genstand sodann als negativ und vermeidenswert aufgefasst wird. Husserl gibt Beispiele aus dem Bereich der Genussmittel (Zigarren), die den Ne-beneffekt haben, krankheitserregend zu sein. Im Sport wird körperlicher Schmerz in Kauf genommen, um einen Trainingserfolg zu erzielen und die Leistungsfähigkeit zu steigern. Der Schmerz, der als leiblich-affektiver Zu-stand eigentlich vermeidenswert ist, wird gezielt angestrebt, weil man weiß, dass die Leistungssteigerung dort beginnt, wo der Körper an seine Gren-zen kommt und Schmerzen auftreten. Zugunsten eines höheren Zieles wird die primäre Bewertung des aktuellen Zustands auf der Empfindungsebene eingeklammert und verstandesmäßig als positiv umgedeutet. Eine Einklam-merung ähnlicher Art findet im Masochismus statt, wo das Subjekt ebenfalls den Schmerz sucht, hier aber nicht zugunsten eines übergreifenden Ziels, sondern zur Lustbefriedigung in der aktuellen Situation. Die Re-Evaluation ist somit keine verstandesmäßige, die auf den langfristigen Nutzen der mo-mentanen Inhibierung einer spontanen Vermeidungsreaktion abstellt, son-dern eher eine in sich selbst leiblich-sensuelle Transformation der primären Empfindungsqualität. Der Schmerz bleibt auch für den Masochistischen auf dieser Ebene unangenehm und quälend; die Lust liegt auf der Ebene der Ne-gativierung dieser Qual, auf der es um das Ausprobieren der eigenen Frei-heit zur Selbsttranszendierung geht. Diese Freiheit speist sich als positives Element in das leibliche Erleben ein und macht es insgesamt zu einem ge-nussvollen. All diese Modi sind Neubewertungen leibkörperlich konstitu-ierter Situationen, von denen sich die Person emanzipiert, sich selbst von außen in den Blick bekommt und so ihre eigene Leibkörperlichkeit vorstel-lig macht.

Phänomenologische Konzeptionen, von Husserl bis Schmitz, sind sich, hieran anschließend, darin einig, dass ein tragfähiger Personenbegriff die

---

[18] Spaemann, *Personen*, S. 29.
[19] Z. B. Husserl, *Ideen II*, S. 9; *Einleitung in die Ethik*, S. 120.

leibkörperliche Verankerung des Subjekts ins Zentrum stellen muss, was
mitunter daran liegt, dass definitorische Fähigkeiten etwa im Sinne Laitinens
nur dann umgesetzt und ausgedrückt werden können, wenn die operative
Intentionalität des Leibes intakt ist. Schon die Potentialität dieser Fähigkeiten ist an die Leibkörperlichkeit gebunden: »Personalität bedeutet lebendige,
verkörperte Subjektivität«[20], da die »Leiblichkeit [...] grundlegend die je
persönliche Weise, in der Welt zu sein«[21], prägt. So zeigt sich auch der individuelle Stil einer Person vor allem im leibkörperlichen Ausdruck: »Wir erkennen einen Menschen an seiner Haltung und seinem Verhalten wieder; seine
Leiblichkeit ist Teil seiner Persönlichkeit, seiner Identität. Nicht nur ›innere‹
oder psychische Eigenschaften, sondern auch der individuell geprägte Leib
konstituiert die Person.«[22] Nicht nur formen die leiblichen Habitualisierun-
gen und Sedimentierungen die »Charakter- oder Persönlichkeitsstruktur«;
der Leib ist »der Träger und Ausdruck einer individuellen Biographie; er
hat seine eigene, im Leibgedächtnis niedergelegte Geschichte.«[23] Diese Geschichtlichkeit ist dabei eine durchaus intersubjektive, und der leibliche Stil
einer Person trägt in seiner expressiven Kongruenz (oder aber Inkongruenz)
nicht unwesentlich dazu bei, dass (bzw. ob) wir bereit sind, einem Individuum Personalität im vollen Sinne zuzusprechen.

2. Historisch-semantische
Wesensphänomenologie der Person

Die Phänomenologie ist angesichts der Vielfalt der Theoriebildungen über
Personalität als Beschreibungsmethode und Regulativ insofern relevant, als
sie es erlaubt, unterschiedliche Konzeptionen an Aspekte eines zugrunde liegenden Phänomens zurückzubinden und damit oberflächliche Divergenzen
zu überwinden. Eine solche ›überschreitende Reduktion‹ soll im Folgenden skizziert und durch einige anthropologische und psychopathologische
Überlegungen ergänzt werden.

Der Personenbegriff ist ein Reflexionsbegriff, eine Selbstverständigungs-
kategorie, mit der der Mensch sich darüber klar zu werden versucht, was
er als Mensch ist, sein will und zu sein hat – als Mensch, d. h. gegenüber
dem Tier, der Natur, der Technik usw. Die philosophische Aufgabe, die sich
hieran anschließt, ist es nachzuvollziehen, wie die unterschiedlichen Selbst-

---

[20] Fuchs, *Person und Gehirn*, S. 36.
[21] Fuchs, *Person und Gehirn*, S. 39.
[22] Fuchs, *Person und Gehirn*, S. 40.
[23] Fuchs, *Person und Gehirn*, S. 39. Zum Leibgedächtnis vgl. Fuchs, *Das Gedächtnis des Leibes*;
     Summa, *Das Leibgedächtnis*; Breyer, *Das Phantom im Spiegel*.

verständnisse artikuliert werden, von welchen historischen Faktoren dies abhängt und in welchen Zusammenhängen die Artikulationen mit demjenigen stehen, was ursprünglich den phänomenalen Kern des Konzepts ausmachte.

Theunissen nimmt sich dieser Aufgabe an, indem er versucht, die Mehrdeutigkeit des Personenbegriffs, wie er sich in konkurrierenden philosophischen Konzeptionen ausdrückt, »aus der inneren Vielfalt des geschichtlichen Ursprungs aller Bedeutungen des anthropologischen Personbegriffs verständlich [zu] machen.«[24] Diese Vielfalt wird aber nicht nur auf der historisch-semantischen Ebene rekonstruiert, sondern auf die unterschiedlichen Aspekte des ursprünglichen Phänomens bezogen, aus dem der Personenbegriff gewonnen wurde. Dieses Phänomen ist das Schauspiel in seinem antiken Bedeutungszusammenhang. Die Mehrdeutigkeit zeigt sich für Theunissen zunächst darin an, dass der moderne Personalismus in drei Hauptrichtungen zerfällt, nämlich in Konzeptionen, die (1) von einer radikalen *Relationalität* der Personalität ausgehen, oder (2) die »*Absolutheit* der Person in der Losgelöstheit des Für-sich-Seins« propagieren, oder (3) von der »*Autarkie* des Durch-und-aus-sich-Seins« der Person ausgehen.[25] Theunissen erkennt in den zeitgenössischen Personalitätstheorien also eine Typologie von Positionen, die anders gelagert ist als die im Vorigen eingeführte – es wurde dort unterschieden zwischen kriteriologischen, askriptiven und substanzialistischen Ansätzen. Auch Theunissen sieht eine Dreiteilung, aber der Weg, auf dem er zu dieser gelangt, ist nicht der Nachvollzug theorieinterner Argumentationsstrukturen, sondern der phänomenologische Aufweis eines Zusammenhangs zwischen den Theorietypen und den Wesensmerkmalen des Schauspiels.

Der relationalistischen Personenauffassung (1) zufolge »gibt es nicht zunächst eine Person, die dann noch in Beziehungen einträte und als deren Träger immer schon vorausgesetzt werden müßte.«[26] Vielmehr bestimmt sich das Sein der Person dieser Konzeption gemäß durch und durch aus der Beziehung selbst. Die Beziehung wird dabei meist als eine soziale gedacht, wobei sich das soziale Moment wiederum in zweierlei Bestimmung wiederfindet, nämlich einmal als *dialogische* Beziehung und einmal als *gliedhafte* Beziehung. Der Einzelne kann demgemäß in einer partnerschaftlichen Weise als Ich auf ein Du bezogen sein (wie in der Dialogphilosophie Bubers[27]) oder aber in eher anonymer Weise als Teil einer größeren Gruppe fungieren (wie

---

24 Theunissen, *Skeptische Betrachtungen*, S. 462.
25 Theunissen, *Skeptische Betrachtungen*, S. 463 (Herv. TB).
26 Theunissen, *Skeptische Betrachtungen*, S. 463.
27 Vgl. Buber, *Ich und Du*.

in Schelers personalistischer Ethik[28]). In beiden Fällen geht es jedenfalls um die »radikale Angewiesenheit«[29] der Person auf Andere.

Gegenüber dem Relationalismus vertreten die Positionen des ›Für-sich‹ (2) und des ›Aus-sich‹ (3) die Absolutheit der Person, also deren Unabhängigkeit von Anderen (so etwa Stern[30], Hildebrand[31], Guardini[32] oder Lersch[33]). Während das Für-sich-Sein die wesenhafte *Autonomie* der Person und ihre in sich abgeschlossene Abständigkeit von Anderem und Anderen meint, radikalisiert das Aus-sich-Sein diesen Eigenheitsaspekt noch und postuliert eine *Autarkie* der Person. Nicht nur bildet Personalität hier eine eigene ontologische Region, die man topologisch von anderen Bereichen abgrenzen und deren Unabhängigkeit man konstatieren kann, sondern sie ist auch Ursprung ihrer selbst, sie geht aus sich selbst hervor.

Was das Verhältnis zu der oben eingeführten Klassifikation von Personalitätskonzeptionen betrifft, so lässt sich festhalten, dass der Relationalismus in seinen beiden Ausprägungen als Partner- und Gesellschaftsmodell die Aspekte der Anerkennung und Zuschreibung inkorporiert. Beide ›absolutistischen‹ Positionen fallen hingegen unter die Rubrik derjenigen Theorien, die wir in ontologischer Perspektive als ›substanzialistisch‹ und in epistemologischer Perspektive als ›existenzial-hermeneutisch‹ apostrophieren können. Einen dezidiert kriteriologischen Ansatz präpariert Theunissen nicht eigens als solchen heraus, was daran liegen könnte, dass zur Zeit seiner Auseinandersetzung mit dem Thema der Personalität der Maßstab der Operationalisierung auch in der philosophischen Diskussion noch nicht so stark ausgeprägt war wie heute. Ein weiterer Grund wäre, dass ›Kriteriologie‹ eher als eine theoretische Haltung zu beschreiben ist und es erst bei der Entscheidung für ein bestimmtes Kriterium im Einzelfall möglich wird, den Bezug zu einem phänomenologisch aufweisbaren Kern in der ›Sache‹, die von Theunissen als das Schauspiel bestimmt wird, herzustellen. Aus phänomenologischer Sicht ist eine Charakterisierung der Kriteriologie als solcher eher im Rahmen der lebenswelttheoretischen Beschreibung von Einstellungen möglich, wie zuvor gezeigt.

---

[28] Vgl. Scheler, *Der Formalismus in der Ethik und die materiale Wertethik*. Für Scheler ist die ›soziale Person‹ freilich nur eine Schicht von Personalität, die ihren eigentlichen Kern aber in der substanziell gedachten ›intimen Person‹ hat. Für die Gliedhaftigkeit sozialer Personalität ist Scheler deshalb nur was diese Schicht betrifft, in Anschlag zu bringen. Seine Gesamtkonzeption siedelt sich eher im Bereich einer ›absoluten‹ Personenauffassung an.

[29] Theunissen, *Skeptische Betrachtungen*, S. 463.

[30] Stern, *Person und Sache*.

[31] Hildebrand, *Metaphysik der Gemeinschaft*.

[32] Guardini, *Welt und Person*.

[33] Lersch, *Aufbau der Person*.

Trotz aller Divergenzen in den von Theunissen aufgegriffenen Standpunkten sieht er dennoch Einigkeit im Bezug auf drei Grundmerkmale von Personalität, die sich von Kants dreifältigem Personenbegriff herschreiben: »erstens, daß die menschliche Person durch Freiheit ausgezeichnet sei« (dies entspricht Kants praktischem Personenbegriff), »zweitens, daß sie auf Einheit beruhe« (Kants theoretischer Begriff), »und drittens, daß sie in einer wechselseitigen Verbindung zur Welt stehe« (Kants anthropologischer Begriff).[34] Um die jeweiligen Begründungsstrategien der zahlreichen Positionen, die Theunissen subsumiert, für sich genommen zu rekonstruieren, ist hier nicht der Platz. Wichtig ist für unseren Zweck, die phänomenologisch-hermeneutische Methode nachzuvollziehen, die Theunissen anwendet, um diese Positionen auf das vermeintliche Ur-Phänomen, um das sich alles zu drehen scheint, zu beziehen. Theunissen spricht hier von einer »Wesensphänomenologie«[35], die unterschiedliche Konzeptualisierung von Personalität als Pointierungen einzelner Aspekte des ursprünglichen Phänomens aufzudecken versucht und damit eine Vereinbarkeit der oberflächlich betrachtet widersprüchlichen Vorstellungen wieder herstellt. Eine solche Ableitung ist keine illustrierende Exemplifikation und auch keine »Historiographie des Begriffs« der Person, sondern eine Bestimmung des Phänomens, die einerseits auf sein reines und damit überzeitliches Wesen abzielt, es andererseits aber auch »so zu beschreiben versucht, wie es zur Zeit der Entstehung der anthropologischen Personbegriffe gesehen worden sein mag.«[36] Aufzudecken sind der wesensphänomenologischen Maxime gemäß nun »die selber wesenhaften Schichten des Phänomens, welche die gegensätzlichen Begriffsbestimmungen motiviert haben.«[37]

In der antiken griechischen Tradition, wo *persóna* ursprünglich die Maske des Schauspielers bezeichnet, wurde Personalität mit Bezug zu der entsprechenden Rolle, die der Einzelne verkörpert, gesehen. So kann ein Schauspieler in unterschiedliche Rollen schlüpfen, unterschiedliche Masken aufsetzen und in diesem Sinne auch unterschiedliche Personen sein. In der römischen Antike waren Konzeptionen dominierend, die auf die Stellung der Person als Träger von Rechten und Pflichten abhoben. Der Einzelne wurde als Person hier durch seine Funktionalität definiert, durch soziale, berufliche, familiäre Rollen. Funktionale Rolle heißt Austauschbarkeit des Individuums, d. h. nicht die absolute Person als unvertretbares Einzelexemplar ist hier gemeint, sondern die relative Person im Kontext ihrer Verbindungen zu Anderen und zu einem System. Dass dieses Denken stark hierarchisierend war und wirkte,

---

[34] Theunissen, *Skeptische Betrachtungen*, S. 472 f.
[35] Theunissen, *Skeptische Betrachtungen*, S. 481.
[36] Theunissen, *Skeptische Betrachtungen*, S. 481.
[37] Theunissen, *Skeptische Betrachtungen*, S. 481 f.

lässt sich auch daran erkennen, dass der Rang in einem politischen System, den man als Würdenträger oder in einem Amt innehatte, maßgeblich für den Personenbegriff war.

Die *Rolle* ist nun für Theunissen »der Leitfaden für die Auslegung menschlicher Personalität als radikaler Relationalität«; er begreift das »In-der-Rolle-Sein des Schauspielers [als] das Modell, an dem das In-Beziehung-Sein der Person ursprünglich abgelesen wurde.«[38] Wie bereits erläutert, wird die alteritäre *Relationalität* der Person in den modernen Konzeptionen, die hier zur Debatte stehen, einmal als Sozialität und einmal als Dialogizität verstanden. Für beide Aspekte findet Theunissen im theatralischen Bereich jeweils ein »Vorbild«, da nämlich die dramatische Person in ihrer Rolle zugleich unter »das Ganze des Schauspiels« (Sozialität) wie unter den jeweiligen Dialog im Stück (Dialogizität) gestellt ist.[39] Entscheidend für dieses Personen- und Schauspielerverständnis ist, dass der Akteur hinter seiner Maske verschwindet, d. h. in seiner Rolle aufgeht, die durch den jeweiligen Dialog bzw. das Stück im Ganzen fixiert ist.

Die Betrachtung des *Rollenträgers* hinter der Maske hingegen bringt die *Substanzialität* und *Individualität* der Person zum Vorschein. Nicht mehr die Rolle ist nun das Definierende, sondern die Tatsache, dass es eines eigenständig Seienden bedarf, das die Rolle ausfüllt, nämlich »den Schauspieler in seiner Losgelöstheit vom Schauspielern«[40] und unabhängig von den Beziehungen, die durch den theatralischen Rahmen gestiftet werden. Dieses Verständnis betont die Rollenvariabilität und die Tatsache, dass eine Person eine sich über unterschiedliche Rollen hinweg durchhaltende Identität besitzt. Wenn demnach die substanzialistischen Positionen des *Für-sich* der Person in der Funktion des Rollenträgers ihren phänomenalen Ursprung haben, bleibt die Frage, woraus sich der Gedanke des *Aus-sich* der Person speist. Prinzipiell muss auch hier ein Absehen von der theatralisch definierten Relationalität des Schauspielers im Hinblick auf die Rolle selbst und die Anderen (Mitspieler wie Zuschauer) angenommen werden. Auch die »Idee der personalen Autarkie« müsste also »aus der Vergegenwärtigung der Selbstgenügsamkeit hervorgegangen [sein], die in der Unabhängigkeit des schauspielernden Individuums von seinen Rollen besteht.«[41] Sein Für-sich-Sein realisiert der Schauspieler zunächst in einem Überstieg, indem er sich aus seiner Rolle herausbewegt und sich aus der Außenperspektive potentieller Rezipienten seiner Rollendarstellung betrachtet. Von diesem Beobachterstandpunkt aus wird die Differenz zwischen Rolle und Rollenträger thematisch.

---

[38] Theunissen, *Skeptische Betrachtungen*, S. 483.
[39] Theunissen, *Skeptische Betrachtungen*, S. 483 f.
[40] Theunissen, *Skeptische Betrachtungen*, S. 484.
[41] Theunissen, *Skeptische Betrachtungen*, S. 485.

Doch scheint über dieses Differenzbewusstsein hinaus noch eine Radikalisierung möglich, die nicht nur Innen und Außen, Diesseits und Jenseits der Maske erkennt, sondern auch dasjenige identifiziert, das beiden Dimensionen als Substrat zugrundeliegt. Theunissen vermutet, »daß die Vorstellung von Autarkie der Person ihr phänomenales Fundament im *Selbst*bewußtsein des sich weder bloß als Rolle noch bloß als Rollenträger verstehenden Schauspielers hat.«[42] Dass der Schauspieler zu dem Verhältnis, das zwischen ihm als Rollenverkörperung und als Rollenträger besteht, nochmals in ein Verhältnis treten kann, macht seine »Souveränität«[43] und Personalität im Sinne der Autarkie aus.[44]

Somit sind für alle drei aufgeführten Gruppen von modernen Personalitätstheorien phänomenale Korrelate im Schauspiel gefunden. Inwieweit eine tatsächliche ›Motivierung‹ der Theoriebildung in die eine oder andere Richtung aufgrund einer pointierten Aufmerksamkeitslenkung auf die jeweiligen Aspekte am Ursprungsphänomen stattgefunden hat, kann hier unbeantwortet bleiben. Einzig relevant für eine wesensphänomenologische Analyse im Sinne Theunissens ist, dass sich Entsprechungen zwischen den konkret aufweisbaren Phänomenstrukturen und den überhaupt möglichen kategorialen Überformungen herstellen lassen.[45]

3. Das Schauspiel als Anthropologicum

Was bei Theunissen zunächst eidetisch betrachtet wird, sind nicht so sehr Phänomene im Sinne der Phänomenologie, sondern eher theoretische Positionen und Modellvorstellungen. Diese methodologisch-metatheoretische

---

[42] Theunissen, *Skeptische Betrachtungen*, S. 486.

[43] Theunissen, *Skeptische Betrachtungen*, S. 487.

[44] Eine Strukturhomologie lässt sich zwischen dieser Autarkiekonzeption und Plessners Minimaldefinition der Person als exzentrisches Verhältnis zum Leib-Körper-Verhältnis erkennen: »Positional liegt ein Dreifaches vor: das Lebendige ist Körper (als Innenleben oder Seele) und außer dem Körper als Blickpunkt, von dem aus es beides ist. Ein Individuum, welches positional derart dreifach charakterisiert ist, heißt *Person*.« (Plessner, *Die Stufen des Organischen und der Mensch*, S. 365) Entsprechungen gibt es also (1) zwischen dem erlebten Leib und der Innenperspektive des Schauspielers als Rollenträger, (2) zwischen dem sichtbaren Körper und der Außenperspektive des Schauspielers als Rollenverkörperung, sowie (3) zwischen dem exzentrisch-utopischen Standpunkt der Personalität und dem souveränen Standpunkt des Schauspielers, der die Doppelaspektivität seines theatralischen Seins erkennt.

[45] Was die historisch-semantische Abfolge der drei Arten von Personenbegriffen betrifft, so ist der relationalistische der primäre, der auf Autonomie gründende substanzialistische der sekundäre und der die Autarkie hervorhebende der tertiäre. Das dritte Verständnis sieht Theunissen erstmals im christlichen Personenbegriff realisiert (vgl. Theunissen, *Skeptische Betrachtungen*, S. 489).

Variation fundiert er sodann weiter durch eine Eidetik von Anschauungs-
möglichkeiten, die sich am Schauspiel explizieren lassen. Doch auch das
Wesen des Schauspiels ist nicht ein für allemal festzustellen, sondern wandelt sich mit den historischen Gegebenheiten. Auch das Schauspiel macht
als Phänomen eine Genese durch, deren Stadien zu berücksichtigen sind,
will man die Personenkonzepte entsprechend verorten. Die Wesensmerk-
male müssen sich also auch an den unterschiedlichen historischen Varianten
des Ursprungsphänomens überprüfen lassen. Über Theunissen hinaus wenden wir uns deshalb einer Analyse anthropologischer Formen des Schauspiels zu, die von Plessner skizziert werden und die als Bedingungen von
Personalität betrachtet werden können.

Für Plessner ist das Schauspiel als Kunstform schon deshalb ein anthropologisch interessantes Phänomen, weil in ihm der Mensch durch seinen eigenen Leibkörper etwas für andere Menschen darstellt. »Der Schauspieler
stellt Menschen dar. Ein Mensch verkörpert einen anderen. Nirgends sonst
wird uns das gezeigt. Dichtung und bildende Kunst verkörpern ›auf Um-
wegen‹ und ›im Abstand‹, in Wort, Farbe und Form, nicht in Menschen
selbst.«[46] Dabei changiert der Schauspieler im Verständnis und im Ausfüllen seiner Rolle zwischen seiner persönlichen Auffassung und der vom
Stück und den von den Erwartungen Anderer erzeugten Rollenvorstellun-
gen. Ihm sind »durch die Deutlichkeit der dichterischen Absicht und den
Zeitgeschmack Grenzen gezogen, aber innerhalb ihrer ist Raum genug für
Originalität und Unwiderstehlichkeit persönlicher Verkörperung. Entscheidend bleibt der Rückhalt an der Rolle, in der seine Individualität sich entfaltet und zugleich verschwindet. Die Verwandlung bleibt durch die Persönlichkeit getragen.«[47]

Plessner rekonstruiert die Geschichte des Schauspiels im Hinblick auf das
Verhältnis des Schauspielers zu sich selbst, zu seiner Rolle und zum Publikum. In den »Anfängen des kultischen Spiels« beherrschen laut Plessner
»Anonymität und Bewegungsvorschrift [...] die Szene«[48], d. h. der Schauspieler selbst tritt völlig hinter seiner Maske zurück und verkörpert eins zu
eins, was von ihm gefordert ist, als Bote einer göttlichen Mitteilung. Solche
kultischen Maskenspiele laufen als zeremonielle Performanzen nach starren
Regeln ab und erlauben keine individuelle Interpretation der Rollen durch
Regisseure oder gar Darsteller. Diese Rigidität lockert sich im Lauf der Entstehung dramatischer, von Dichtern geschaffener Texte, die die Grundlage
von Schauspiel bilden: »Die Maske fiel, und langsam trat der Schauspieler

---

[46] Plessner, *Zur Anthropologie des Schauspielers*, S. 403.
[47] Plessner, *Zur Anthropologie des Schauspielers*, S. 405.
[48] Plessner, *Zur Anthropologie des Schauspielers*, S. 405.

mit seiner Person in die Verwandlung ein.«[49] Die textuelle Fixierung bietet
die Möglichkeit, aus unterschiedlichen Perspektiven an die Handlung selbst
heranzutreten, sie unterschiedlich auszulegen und dabei persönliche Präferenzen zu entfalten. Das Handlungsskript der literarischen Produktion steht
somit im Kontrast zu den Handlungsvorschriften kultischer Aufführungen,
die sich meist nicht auf einen Text berufen können, der öffentlich einsehbar
und dadurch verhandelbar wäre, sondern die oral tradiert werden und der
göttlichen Autorität von Priestern unterliegen. Der Dramenspieler kann sich
nicht mehr mit der bloßen Einschleifung leiblicher Automatismen, die eine
authentische Figurierung einer rituellen Entität gewährleisten, zufrieden geben, sondern er unterliegt dem sich wandelnden Zeitgeist und dessen Anforderungen an die Auslegung seiner Rolle. Die Distanz zwischen Bühne und
Zuschauer erzeugt für ihn eine Spannung aus Observanz und Eigeninteresse
im Ausfüllen der Rolle und in der gleichzeitigen Verkörperung seiner eigenen Individualität. Diese Distanz wird schließlich im Film aufgehoben. Der
Film leugnet in seinem Naturalismus »den Abstand zwischen Bühne und
Zuschauer«, indem er »sich vom Vorbild der Schaubühne freimacht [...]«.[50]
Der Zuschauer im Film ist mittendrin statt nur dabei, wodurch zugleich der
Schauspieler zu einem Mitspieler wird, anstatt ein Gegenüber zu bleiben. Im
Film kann so auch die »Illusion des Schauspielers« entstehen, »der sich selbst
verkörpert« und es kann nur im Film »die Rolle zum bloßen Vorwand und
Hilfsmittel der Darstellung einer Person werden, deren Charme sie zum Star
stempelt. Douglas Fairbanks, Mary Pickford, Charlie Chaplin, Heinz Rüh-
mann spielen im Grunde sich selbst.«[51]
    In Plessners skizzenhaften Überlegungen zur Entwicklung des Schau-
spiels zeigt sich bereits, dass sich zwischen dem anonymen kultischen Mas-
kenspieler und dem seine eigene Intimität darstellenden Filmstar eine tief
greifende Transformation des Personenverständnisses vollzogen hat und sich
die expressiven Vorgänge, die Produzenten und Rezipienten rollenhaften
Verhaltens in einem hermeneutischen Raum miteinander verbinden, stark

---

[49] Plessner, *Zur Anthropologie des Schauspielers*, S. 405.
[50] Plessner, *Zur Anthropologie des Schauspielers*, S. 406.
[51] Plessner, *Zur Anthropologie des Schauspielers*, S. 406. Hier wären aus neuerer Zeit Künstler wie
     Klaus Kinski, Jack Nicholson oder Woody Allen zu nennen. Simmel würde übrigens – das sei
     nur nebenbei bemerkt – die Leistungen dieser Darsteller, sofern sie wirklich in der Hauptsache
     darauf gründen, dass sie sich selbst spielen, letztlich negativ bewerten: »Die eigene bloße Na-
     tur, das eigene Temperament, das dieser subjektive Realismus auszuleben strebt und zu dessen
     Explosion ihm der Inhalt der Rolle sozusagen ein bloßer Vorwand ist, ergibt freilich manchmal
     eine vollendete Kunstleistung. Allein es ist ein nur praktisch hinreichender, die Tiefe des Zu-
     sammenhanges aber nicht berührender Ausdruck, daß dies aus dem zufälligen Zusammenfallen
     der Subjektivität des Künstlers mit der Rolle, wie der Dichter sie gezeichnet hat, hervorgehe.«
     (Simmel, *Zur Philosophie des Schauspielers*, S. 1686)

voneinander unterscheiden. Dennoch zeigen beide Pole, »wenn auch in ganz verschiedene Richtungen weisende Möglichkeiten eines und desselben Verhaltens, die Verkörperung einer Figur mit dem eigenen Leibe.«[52] Freilich ist diese Charakterisierung sehr schematisch und kann die vielfältigen Ausprägungen des expressiven Geschehens im Schauspiel, wie sie sich in seinem historischen Wandel durch die Jahrhunderte zeigen, nicht abbilden. Dennoch ergeben sich für die Bestimmung des modernen Personenverständnisses durchaus interessante Konsequenzen.

Der moderne Schauspieler vollzieht eine innere Spaltung, wenn er sich selbst vor dem Hintergrund einer Rolle spielt; er ist er selbst und seine Rolle in einem. Sein expressiver Leib wird zum Mittel der Darstellung seiner Persönlichkeit. Grob vereinfachend lassen sich anthropologische Parallelen zwischen der Situation von Personen im Gefüge gesellschaftlicher, religiöser und ideologischer Vorstellungen und Schauspielern im Gefüge ihrer Rollen ziehen. In kultischen Zeiten sind Mensch und Schauspieler Marionetten eines determinierten Welt- bzw. Bühnentheaters, in dem höhere Mächte die Fäden ziehen. Sie können sich ihre Rollen nicht heraussuchen, sondern verschwinden als individuelle Persönlichkeit hinter diesen (Maskenspiel). In späteren Zeiten verhalten sich Mensch und Schauspieler zwar noch gemäß traditioneller Rollentypisierungen (klassisches Drama), bringen sich jedoch selbst immer mehr schöpferisch und die Distanz zwischen Bühne und Publikum abbauend in den Prozess der Inszenierung ein (modernes Problemstück). In der aktuellen Situation haben Mensch und Schauspieler schließlich den Halt in vorgegebenen Handlungsvorschriften verloren und sind selbst zu Interpreten ihrer Rollen geworden, die sie im Ausagieren ihrer individuellen Persönlichkeit auszufüllen haben (Film).

Die Last der Selbstverkörperung ist ein Phänomen, mit dem vormals noch nicht in demselben Maße gekämpft werden musste. Die Güte der Darstellung bemaß sich an der Adäquation von Rollenvorgabe und Spielverhalten. Heute erscheint das Sich-selbst-erfinden-Müssen in Rollen, von denen man nicht mehr weiß, woher man sie beziehen soll, als Last, das zur Erschöpfung des Selbst bzw. der Person führt. Ehrenberg, auf den der Begriff ›erschöpftes Selbst‹ zurückgeht, zitiert eine Bemerkung Wittgensteins: »Es ist alles so verzwickt geworden, daß, es zu bewältigen, ein ausnahmsweiser Verstand gehörte. Denn es genügt nicht mehr, das Spiel gut spielen zu können; sondern immer wieder ist die Frage: ist dieses Spiel jetzt überhaupt zu spielen und welches ist das rechte Spiel?«[53] Und auch Ehrenberg verweist am Ende seiner Studie über ›Depression und Gesellschaft in der Gegenwart‹ interessanterweise auf den Film – zum einen nämlich auf den Science Fiction, der

---

[52] Plessner, *Zur Anthropologie des Schauspielers*, S. 407.
[53] Ehrenberg, *Das erschöpfte Selbst*, S. 302.

von der im 20. Jahrhundert erstmals auftauchenden Idee der ›unbegrenzten Möglichkeit‹ geleitet ist, und zum anderen auf das ›innere Kino‹ eines Woody Allen, das von dem Konflikt zwischen dem Medium des Fernsehens und den psychologischen Problemen des Schauspielers lebt.

Die zeitdiagnostische Funktion der Philosophie und der Anthropologie findet im Bereich von Schauspiel und Personalität eine Vielfalt von Symptomen: Die unbegrenzten Möglichkeiten der Person, sich selbst zu sein, ihre Rollen auszufüllen, wird zur beängstigenden Last, zur depressiven »Last des Möglichen«.[54] Die Einsicht, dass man auf beiden Seiten der Maske sich selbst *ist und zu sein hat*[55] und deshalb auch aufgerufen ist, sich selbst treu zu sein – die Einsicht, die auch in Husserls Einstimmigkeitskriterium ihren Anklang findet –, scheint vor diesem Hintergrund eine Auffassung von Personalität zu implizieren, die für die gegenwärtige Situation des modernen Selbst bezeichnend ist. Die Relationalität, die vordem zwischen Person und Rolle bestand, verwandelt sich hier in eine Relationalität zwischen Person und Person, zwischen sich und sich – eine Konstellation, die zugleich die Gefahr der Selbstentfremdung und der Selbsthypostasierung in sich birgt. Ein Scheitern wäre nämlich beides: das Auseinanderklaffen der beiden Dimensionen diesseits oder jenseits der Maske, ebenso wie deren Verschmelzung in einem Idealgebilde, das keinen Persönlichkeitswandel mehr zulässt.

Die Aufgabe der Person ist es vor diesem Hintergrund, die Dialektik des Diesseits und Jenseits der Maske in ihrer Lebensführung auszuhalten, um die eigene Identität zu wahren, aber doch empfänglich und responsiv gegenüber fremden Impulsen bleiben zu können. Mit ›Diesseits der Maske‹ ist die Person als selbstreflexives, zeitsynthetisierendes Subjekt in seiner Leiblichkeit angesprochen, während ›Jenseits der Maske‹ die Person als erscheinendes und Außenevaluationen unterzogenes, rollenspielendes Subjekt in seiner Körperlichkeit meint. In der »Dialektik der personalen Identität«, die Ricœur als »Dialektik der Selbigkeit und der Selbstheit«[56] begreift, bewegt sich das gewöhnliche Leben »zwischen den beiden Polen der fast vollstän-

---

[54] Ehrenberg, *Das erschöpfte Selbst*, S. 302. »Im Zeitalter der unbegrenzten Möglichkeiten symbolisiert die Depression das Unbeherrschbare. [...] Wenn, wie Freud dachte, der Mensch neurotisch wird, weil er das Ausmaß des Verzichts, das die Gesellschaft fordert, nicht ertragen kann, so wird er depressiv, weil er die Illusion ertragen muss, dass ihm alles möglich ist.« (Ehrenberg, *Das erschöpfte Selbst*, S. 305)

[55] Der berühmten existenzialontologischen Formulierung Heideggers pflichtet Plessner – freilich mit einem gewissen Vorbehalt – bei, wenn er schreibt: »Die Heideggersche Formel eines Seins, dem es in seinem Sein um sein Sein geht, trifft die menschliche Struktur als das Verhältnis, das sie nicht einfach ist, wie die alten ontologischen Modelle von Körper und Denken [...] suggerieren, sondern *zu sich hat*.« (Plessner, *Zur Anthropologie des Schauspielers*, S. 414, Herv. im Original).

[56] Ricœur, *Annäherungen an die Person*, S. 246.

digen Deckung von Selbstheit und Selbigkeit und ihrem fast vollständigen Auseinandertreten«.[57] Während Selbstheit (*Ipseität*), allgemein gesprochen, die *Selbstbezüglichkeit* der Person meint, die sich nicht in einer identifizierenden Referenz ausdrücken lässt, also keine Dingeigenschaft bezeichnet, sondern nur von ihr selbst hergestellt werden kann, meint Selbigkeit (*Idemität*) vor allem die *Beständigkeit* der Person über die Zeit und über unterschiedliche Beschreibungen (z. B. mit physischen und psychischen Prädikaten) hinweg. Und während das ›Selbst‹ sich jeglicher Verobjektivierung versagt, lebt das ›Selbe‹ gerade auch von seiner ›objektiven‹ Wiedererkennung.

Sucht man nach den möglichen psychopathologischen Modifikationen der genannten Aspekte der Personalität (nämlich Idem und Ipse), so findet man etwa die übersteigerte Selbstbezüglichkeit in der schizophrenen Hyperreflexivität[58] einerseits und den Verlust von Selbstzuschreibungsmöglichkeiten bei Gedankeneingebung und Fremdsteuerung[59] andererseits. Hier wäre eine typische Antwort von Patienten auf die *Wer*-Frage, die nach Ricœur mit der Ipseität verknüpft ist, bezüglich ihrer intentionalen Zustände: »Nicht ich selbst bin es, der diese Gedanken hat, sondern eine fremde Macht, die sie mir eingibt.« Im ersten Fall könnte man von einer *Hyperipseität* (eine übersteigert erlebte Selbstheit), im zweiten von einer *Hypoipseität* (ein Zuwenig an Selbstheit) sprechen, um die Abweichungen von der Homöostase des Bewusstseins zu kennzeichnen. Was den Idem-Aspekt betrifft, so lassen sich auch hier entsprechende Verschiebungen angeben. In der Depression beispielsweise wird die Vergangenheit so übermächtig, dass sie die gelebte Gegenwart lähmt.[60] Alles scheint, als bliebe es immer gleich, es bieten sich keine Zukunftsperspektiven an, die Beständigkeit der Person verdichtet sich zu einem unüberwindbaren Bestand des Alten. Ganz anders in der affektiven Störung der Manie, in der eine innere Getriebenheit und Wechselhaftigkeit jegliche Beständigkeit zu bedrohen scheint. Alles muss immer anders werden, jedes mögliche Projekt muss angepackt werden.[61] Analog zur Ipseität kann man die erste psychopathologische Ausprägung als *Hyperidemität*, die zweite als *Hypoidemität* bezeichnen.

Wie sich zeigt, sind Ipseität und Idemität je für sich genommen polare Strukturen, die ein Spektrum ausbilden und deren Extremformen als Erleb-

---

[57] Ricœur, *Annäherungen an die Person*, S. 246.

[58] Vgl. Fuchs, *Psychopathologie der Hyperreflexivität*.

[59] Vgl. Hirjak und Fuchs, *Delusions of Technical Alien Control*.

[60] Melancholische Patienten können außerdem »aufgrund mangelnder Distanz zu ihren Rollen und eines konformistischen Verhaltensstils unvermeidliche Rollenkonflikte oder -wechsel besonders schlecht bewältigen und so in eine Depression fallen« (Fuchs, *Maske, Selbst, Selbstentfremdung*, S. 149). Wie sich hieran zeigt, ist es für Personalität ebenso wichtig, Distanz zur eigenen Rolle bewahren, wie zwischen unterschiedlichen Rollen wechseln zu können.

[61] Vgl. Fuchs, *Temporality and Psychopathology*.

nismöglichkeiten in einer dialektischen Beziehung zueinander stehen. Zerbricht die jeweilige Dialektik, kann dies zu psychopathologischen Zuständen führen, die die übergreifende Dialektik von Ipseität und Idemität in ihrem Fungieren für den ›gewöhnlichen Lebensvollzug‹ gefährden. Es wäre die Aufgabe einer phänomenologisch-hermeneutischen Psychopathologie – deren Anliegen und Stoßrichtung mit den gewählten Begriffen freilich nur angezeigt sind –, im Anschluss an Ricœurs Unterscheidungen und unter Einbezug psychiatrischer Erkenntnisse eine ›Spektralanalyse‹ der Personalität und ihrer Modifikationen zu unternehmen.

Wichtig für die anthropologische Dimension vorangehender Auseinandersetzung mit dem Personenbegriff ist, dass die skizzierten (gerade auch psychopathologischen) Extremfälle im Schauspiel inszeniert und uns näher gebracht werden, wodurch wir etwas über die Möglichkeiten unseres eigenen Bewusstseins und über die Abgründe unseres Seins erfahren. Der Schauspieler, der dies vermittelt, »ist sein eigenes Mittel, d. h. er spaltet sich selbst in sich selbst, bleibt aber [...] diesseits des Spaltes, hinter der Figur, die er verkörpert, stehen. Er darf der Aufspaltung nicht verfallen, wie etwa der Hysteriker oder der Schizophrene, sondern er muß mit der Kontrolle über die bildhafte Verkörperung den Abstand zu ihr wahren. Nur in solchem Abstand spielt er.«[62]

Räumt man mit den sortalen Definitionsansätzen ein, dass es angebbare Kriterien gibt, die Personalität ausmachen, dann wären dies nach den angestellten, am Schauspiel orientierten Überlegungen vor allem solche, die mit der Perspektivenflexibilität zwischen Rollen und Rollenträger sowie mit Selbstdistanz zu tun haben. Wenn man die eingeführte Ebenendifferenzierung zwischen potentieller und aktualer Personalität hinzunimmt, müsste man aber sagen, dass die Erfüllung dieser Kriterien zum ›vollen‹ Personsein noch nicht ausreicht. So wie ein Schauspieler kein Schauspieler im vollen Sinne wäre, wenn es kein Publikum gäbe, das ihn nach Normen und Idealvorstellungen evaluiert, ihn aber gerade dadurch auch als Schauspieler anerkennt, so ist auch Personalität im vollen Sinne immer nur im Bezug auf Andere, als Interpersonalität zu denken. Das Schauspiel kann als paradigmatisches Phänomen für eine philosophisch-anthropologische Betrachtung der Personalität, im Sinne eines »anthropologischen Experiments«[63], gesehen werden, da uns in ihm etwas gesagt wird »über den Schauspieler und seine Kunst und über die menschliche Natur, deren Darstellungsfähigkeit als Gabe der Verkörperung im Schauspieler gesteigert hervortritt, als Darstellbarkeit menschlichen Seins durch die Verkörperung sichtbar wird.«[64]

---

[62] Plessner, *Zur Anthropologie des Schauspielers*, S. 408.
[63] Plessner, *Zur Anthropologie des Schauspielers*, S. 415.
[64] Plessner, *Zur Anthropologie des Schauspielers*, S. 409.

4. Schlussbemerkung

Rückblickend auf den im Vorangehenden unternommenen kursorischen Durchgang durch einige Personenkonzeptionen der neueren Philosophiegeschichte und unter Rückgriff auf die phänomenologisch-anthropologische Betrachtungsweise als Methode zeigt sich, dass gerade ein solcher Verkörperungsansatz fruchtbar für die Vermittlung von *prima facie* widersprüchlichen Aussagen zur Personalität sein kann. Keineswegs sollen hierbei die inhaltlichen und argumentativen Differenzen zugunsten eines universalistischen Wesensgedankens nivelliert werden. Vielmehr geht es darum, den phänomenalen Reichtum der ›Person‹ deskriptiv zu würdigen und die abstrakten theoretischen Erwägungen auf ein mögliches Fundament im ›anschaulichen‹ Ordnungsgefüge eines ›ursprünglichen‹ Phänomens zu beziehen. Im leibkörperlichen Erleben sind bereits zwei phänomenologisch zu differenzierende Momente enthalten, die auch ihren Niederschlag in konkurrierenden Personenbegriffen finden. Einerseits erlebt das Subjekt, in erstpersonaler Weise (aus der ›Innenperspektive‹), durch und mit seinem Leib sich selbst, die Welt und Andere. Andererseits erlebt es, in drittpersonaler Weise (aus der ›Außenperspektive‹), seinen Körper, sofern es Distanz zu seinem primären leiblichen Vollzug gewinnt, sich objektivierend betrachtet und somit auch die interpersonale Perspektive potentieller Anderer (bzw. ›Zuschauer‹) einnimmt. Der leibkörperlichen Doppelaspektivität entspricht die Dialektik des Diesseits und Jenseits der personalen Rolle (bzw. Maske). Folgt man ferner Plessners Stufentheorie der Positionalität, so ist es der exzentrische Standpunkt des Menschen, von dem her die Person ihre Doppelaspektivität selbst in den Blick bekommt und sich zu ihr in ein Verhältnis setzt. Die Metastruktur des Verhältnisses zum Leib-Körper-Verhältnis kann als Ausgangspunkt personaler Emanzipation gesehen werden, da sie eine Einsicht in die Anteile von Rolle und Rollenträger im Prozess der Personalisierung erlaubt – Gewichtungen, die sich evaluieren und modifizieren lassen. Ob eine derartige emanzipatorische Umstrukturierung der eigenen Persönlichkeit allerdings faktisch umsetzbar ist, hängt – wie die besprochenen askriptiven Theorien nahelegen – wesentlich auch von den Anerkennungsverhältnissen in einer Personengemeinschaft ab. Außerdem wäre zu fragen, welche ontogenetischen Entwicklungsschritte und interpersonalen Affordanzen erforderlich sind, um ein exzentrisches Selbstverhältnis im vollen Sinne realisieren zu können (vgl. Laitinens Diskussion der Potentialität). Es kommt, so gesehen, für eine philosophische Theorie der Personalität letztlich auch darauf an, die wesensphänomenologisch an einem Paradigma wie dem Schauspiel herausgearbeiteten Momente mit empirischen Erkenntnissen, etwa der Soziologie oder der Psychologie, zu korrelieren.

LITERATUR

Barresi, John: On Becoming a Person. In: *Philosophical Psychology* 12(1), 1999, S. 79–98.

Beyer, Christian: *Subjektivität, Intersubjektivität, Personalität. Ein Beitrag zur Philosophie der Person*, Berlin – New York 2006.

Breyer, Thiemo: Das Phantom im Spiegel. Ein phänomenologischer Versuch über somatosensorische Plastizität und Leibgedächtnis. In: *Internationale Zeitschrift für Philosophie und Psychosomatik* 7(2), 2012, S. 1–12.

Buber, Martin: *Ich und Du*, Stuttgart 2008.

Cahill, Spencer E.: Toward a Sociology of the Person. In: *Sociological Theory* 16(2), 1998, S. 131–148.

Dennett, Daniel C.: Conditions of Personhood. In: *Brainstorms: Philosophical Essays on Mind and Psychology*, Cambridge, MA 1981, S. 267–285.

Depraz, Natalie: *Lucidité du corps. De l'empirisme transcendantal en phénoménologie*, Dordrecht 2001.

Ehrenberg, Alain: *Das erschöpfte Selbst. Depression und Gesellschaft in der Gegenwart*, Frankfurt a. M. 2008.

Farah, Martha J./ Heberlein, Andrea S.: Personhood and Neuroscience. Naturalizing or Nihilating? In: *American Journal of Bioethics* 7(1), 2007, S. 37–48.

Fuchs, Thomas: Maske, Selbst, Selbstentfremdung. Zur Anthropologie und Psychopathologie der Person. In: *Zeit-Diagnosen. Philosophisch-psychiatrische Essays*, Kusterdingen 2002, S. 135–163.

Fuchs, Thomas: Das Gedächtnis des Leibes. In: ders.: *Leib und Lebenswelt. Neue philosophisch-psychiatrische Essays*. Kusterdingen 2008, S. 37–64.

Fuchs, Thomas: Temporality and Psychopathology. *Phenomenology and the Cognitive Sciences* 2010, doi: 10.1007/s11097-010-9189-4.

Fuchs, Thomas: Psychopathologie der Hyperreflexivität. In: *Deutsche Zeitschrift für Philosophie* 59(4), 2011, S. 565–576.

Fuchs, Thomas: Person und Gehirn. In: *Der (un)durchsichtige Mensch. Wie weit reicht der Blick in die Person?*, hgg. von Claus R. Bartram, Monika Bobbert, Dieter Dölling, Thomas Fuchs, Grit Schwarzkopf und Klaus Tanner. Heidelberg 2013, S. 33–53.

Gennep, Arnold van: *Übergangsriten*, Frankfurt a. M. 1986.

Gerhardt, Volker: Anerkennung. Zwischen Tatsache und Norm. In: *Anerkennung. Zu einer Kategorie gesellschaftlicher Praxis*, hg. von Hans-Helmuth Gander. Würzburg 2004, S. 13–32.

Goodenough, Jerry: The Achievement of Personhood. In: *Ratio* 10(2), 1997, S. 141–156.

Guardini, Romano: *Welt und Person*, Würzburg 1950.

Hegel, Georg Wilhelm Friedrich: *Phänomenologie des Geistes*. In: *Gesammelte Werke*, hg. von Wolfgang Bonsiepen und Reinhard Heede. Hamburg 1980.

Hildebrand, Dietrich von: *Metaphysik der Gemeinschaft*, Regensburg 1954.

Hirjak, Dusan und Fuchs, Thomas: Delusions of Technical Alien Control. A Phenomenological Description of Three Cases. In: *Psychopathology* 43, 2010, S. 96–103.

Husserl, Edmund: *Erfahrung und Urteil. Untersuchungen zur Genealogie der Logik*, hg. von Ludwig Landgrebe. Prag 1939.

Husserl, Edmund: *Ideen zur einer reinen Phänomenologie und phänomenologischen Philosophie. Zweites Buch: Phänomenologische Untersuchungen zur Konstitution*, hg. von Marly Biemel. Den Haag 1952.

Husserl, Edmund: *Erste Philosophie (1923/24). Zweiter Teil: Theorie der phänomenologischen Reduktion*, hg. von Rudolf Boehm. Den Haag 1959.

Husserl, Edmund: *Cartesianische Meditationen und Pariser Vorträge*, hg. von Stephan Strasser. Den Haag 1973.

Husserl, Edmund: *Zur Phänomenologie der Intersubjektivität. Texte aus dem Nachlass. Zweiter Teil (1921–1928)*, hg. von Iso Kern. Den Haag 1973.

Husserl, Edmund: *Die Krisis der europäischen Wissenschaften und die transzendentale Phänomenologie. Eine Einleitung in die phänomenologische Philosophie*, hg. von Wolfgang Biemel. Den Haag 1976.

Husserl, Edmund: *Einleitung in die Ethik. Vorlesungen Sommersemester 1920 und 1924*, hg. von Henning Peucker. Dordrecht 2004.

Ikäheimo, Heikki und Laitinen, Arto: Dimensions of Personhood. In: *Journal of Consciousness Studies* 14(5–7), 2007, S. 6–16.

Kemmerling, Andreas: Why Is Personhood Conceptually Difficult? Unveröffentliches Manuskript.

Laitinen, Arto: Sorting Out Aspects of Personhood. Capacities, Normativity and Recognition. In: *Journal of Consciousness Studies* 14(5–7), 2007, S. 248–270.

Lersch, Philipp: *Aufbau der Person*, München 1951.

Lindemann, Gesa: Das Problem des Anderen. Ein Vergleich der Sozialtheorien von Plessner und Scheler. In: *Philosophische Anthropologie im Aufbruch. Max Scheler und Helmuth Plessner im Vergleich*, hgg. von Ralf Becker, Joachim Fischer und Matthias Schloßberger. Berlin 2010, S. 149–160.

McMahan, Jeff: *The Ethics of Killing. Problems at the Margins of Life*, Oxford 2003.

Miller, Kristie: Persons as *sui generis* Ontological Kinds. Advice to Exceptionists. In: *Philosophy and Phenomenological Research* 81(3), 2010, S. 567–593.

Plessner, Helmuth: *Die Stufen des Organischen und der Mensch* (1928). In: *Gesammelte Schriften IV*, hgg. von Günter Dux et al. Frankfurt a. M. 1980.

Plessner, Helmuth: Zur Anthropologie des Schauspielers (1948). In: *Gesammelte Schriften VII: Ausdruck und menschliche Natur*, hgg. von Günter Dux et al. Frankfurt a. M. 1980.

Plessner, Helmuth: Lachen und Weinen. Eine Untersuchung der Grenzen menschlichen Verhaltens (1941). In: *Gesammelte Schriften VII: Ausdruck und menschliche Natur*, hgg. von Günter Dux et al. Frankfurt a. M. 1980.

Ricœur, Paul: *Das Selbst als ein Anderer*, übers. von Jean Greisch. München 1996.

Ricœur, Paul: Annäherungen an die Person. In: *Vom Text zur Person. Hermeneutische Aufsätze (1970–1999)*, hg. von Peter Welsen. Hamburg 2005, S. 227–250.

Roskies, Adina: The Illusion of Personhood. In: *American Journal of Bioethics* 7(1), 2007, S. 55–57.

Scheler, Max: *Der Formalismus in der Ethik und die materiale Wertethik. Neuer Versuch der Grundlegung eines ethischen Personalismus*, Bern [4]1954.

Schmitz, Hermann: Der Platz der Person in der Welt. In: *Der (un)durchsichtige Mensch. Wie weit reicht der Blick in die Person?*, hg. von Claus R. Bartram, Monika Bobbert, Dieter Dölling, Thomas Fuchs, Grit Schwarzkopf und Klaus Tanner. Heidelberg 2013, S. 13–29.

Sellars, Wilfrid: Philosophy and the Scientific Image of Man. In: *Frontiers of Science and Philosophy*, hg. von Robert Colodny. Pittsburgh 1963, S. 35–78.

Simmel, Georg: Zur Philosophie des Schauspielers. In: *Der Morgen. Wochenschrift für deutsche Kultur* 2(51/52), 1908, S. 1685–1689.

Spaemann, Robert: *Personen. Versuche über den Unterschied zwischen ›etwas‹ und ›jemand‹*, Stuttgart 1996.

Stern, William: *Person und Sache*, Leipzig 1923.

Summa, Michela: Das Leibgedächtnis. Ein Beitrag aus der Phänomenologie Husserls. In: *Husserl Studies* 27(3), 2011, S. 173–196.

Taylor, Charles: *Human Agency and Language. Philosophical Papers I*, Cambridge 1985.

Theunissen, Michael: *Der Andere. Studien zur Sozialontologie der Gegenwart*, Berlin – New York 1965.

Theunissen, Michael: Skeptische Betrachtungen über den anthropologischen Personbegriff. In: *Die Frage nach dem Menschen. Aufriss einer philosophischen Anthropologie*, hg. von Heinrich Rombach. Freiburg 1966, S. 461–490.

Velleman, James D.: *Self to Self. Selected Essays*, New York 2006.

Hans-Peter Krüger

PERSONALES LEBEN

Eine philosophisch-anthropologische Annäherung

1. Die weltgeschichtliche Herausforderung der Pluralisierung

Das Verständnis vom Leben, Mensch- und Personsein, der Überlappung und Differenz dieser drei Konzepte ist im Commonsense, den wir alle als Laien unserer Lebensführung miteinander teilen, vieldeutig und strittig. Es schwankt zwischen biotischen, sozialen, kulturellen, geistigen, gemeinsamen und individuellen Aspekten. Im 20. Jahrhundert eskalierte der Streit in Kultur-, Weltanschauungs- und Ideologiekämpfen bis in Bürger- und Weltkriege hinein. Indessen unterstellen der Streit und die Vieldeutigkeit auch ein gemeinsames Vorverständnis, und sei es das des Kampfes um Herrschaft, das meist erst in der Begegnung mit anderen Kulturen als solches auffällt. In solchen Vergleichen kommt oft das eigene lebensweltliche Vorverständnis, das Vielfalt und Streit nach innen ermöglicht, als ein *Ethnozentrismus*, also als ein ungerechtfertigtes Vorurteil der eigenen gegenüber anderen soziokulturellen Lebensformen, und als ein *Speziesismus*, d. h. als ein ungerechtfertigtes Vorurteil der eigenen Spezies gegenüber anderen Spezies, zum Vorschein. Dies alles spricht nicht von vornherein gegen die Rekonstruktion eines dann eben erst einmal nur im Westen lebensweltlich geteilten Vorverständnisses, das sich im geschichtlichen Kampf und Streit auch ändern kann.[1] Aber man wird von dieser Rekonstruktion nicht einfach *die* universelle Grundlage, von der aus man bedenkenlos philosophisch urteilen könnte, unter dem Titel *der* einen Lebenswelt und ihres Primates erwarten dürfen.

Angesichts dieser Grenzen der Rekonstruktion des eigenen lebensweltlichen Vorverständnisses sollten Experten wie die biologischen und medizinischen Wissenschaften, die Sozial- und Kulturwissenschaften und die Geistes- und Geschichtswissenschaften für Klarheit und Sicherheit sorgen können. Sie stellen doch eben diese Vergleiche des Lebens mit dem Unbelebten, der verschiedenen biotisch-sozialen Lebensformen untereinander und

---

[1] Joas, *Sakralität*.

mit den soziokulturellen Lebensformen; der Geschichte, Gegenwart und
Zukunft; des Eigenen, Fremden und Anderen an. Was läge da näher, als
in der Auswertung solcher Forschungspraktiken die besonderen Klärun-
gen und Sicherungen, die dort erzielt werden, integrativ zu verallgemei-
nern? Ließen sich nicht die anthropologisch relevanten Grenzziehungen,
d. h. die Unterscheidung des Belebten vom Unbelebten, des menschlichen
und personalen Lebens von anderen Lebensformen, womöglich auch der
Personalität als Geistigem vom Leben überhaupt, zusammentragen? Auch
dieses Forschungsprogramm, was häufig *philosophische Anthropologie* (im
Unterschied zur biologischen und medizinischen, der sozialen und kulturellen, der historischen und theologischen Anthropologie) genannt wird, hat
seinen Sinn, der im Folgenden nicht verfolgt wird.[2] Die Wissenschaftsge-
schichtsschreibung, -soziologie und die *Science and Technology Studies* haben gezeigt, wie stark diese Erfahrungswissenschaften strukturell und mental an die westliche Moderne gebunden waren und sind. Die anthropologischen Grenzziehungen in den genannten Erfahrungswissenschaften werden
in der Generationenfolge reproduziert, indem sie sich des westlich lebensweltlichen Vorverständnisses und seiner öffentlichen Artikulation im Commonsense als Potential bedienen, aus dem rekrutiert wird. Zudem zeigt sich
in den Paradigmenkämpfen dieser Erfahrungswissenschaften, die insbesondere in ihrer Generationenfolge deutlich werden, auch ein starker Wandel
in der genauen Auswahl und Durchführung dessen, *was* man unter dem
Menschen versteht und *wer* der Menschheit oder Personalität zugerechnet
wird. Diese Auswahl und Durchführung hängen inzwischen immer stärker
von den therapeutischen Lebenspraktiken und entsprechenden Märkten ab,
in die die anthropologisch relevanten Erfahrungswissenschaften verflochten
sind.[3]

Angesichts der erwartbaren Grenzen in der Rekonstruktion der eigenen
Lebenswelt und in der Integration der anthropologischen Grenzziehungen
aus den Erfahrungswissenschaften der westlichen Moderne kann die Philosophie schlecht naiv vorgehen, als gäbe es keine hermeneutischen Zirkel zu
berücksichtigen, um selbst die universalisierbare Geltung der eigenen Ansprüche vertreten zu können. Im Namen der Lebenswelt gegen die szientistische Integration der erfahrungswissenschaftlichen Anthropologien und
im Namen dieser szientistischen Integration gegen die Lebenswelt, dies sind
in unserer dualistischen Welt noch immer die beiden resonanzfähigsten Versprechen. Sie halten die westliche Moderne in gegenseitiger Provokation am

---

[2] Helmuth Plessner nennt Philosophien, die auf der Grundlage einer Wesensbestimmung des
Menschen arbeiten, »anthropologische Philosophien« im Gegensatz zu seiner eigenen »Philosophischen Anthropologie« (Plessner, *Aufgabe*, S. 36–39, und ders., *Immer noch*, S. 242–245).

[3] Krüger, *Lebenspolitik*, I. Teil.

Laufen, sie ergänzen einander in der Expansion und Verdichtung des westlichen Selbstverständnisses, seiner geschichtlichen Änderung und Verwertung anderer Kulturen. Man kann jedoch die Kämpfe um die Vorherrschaft in der westlichen Moderne und um die Beherrschung außerwestlicher Soziokulturen auch anders verstehen, nämlich als eine weltgeschichtliche Aufgabe, sie in einen fairen und wertedemokratischen Wettbewerb zu transformieren. Es fragt sich dann, wie die der westlichen Moderne innere Pluralisierung mit einer ihr äußeren globalen Pluralisierung zusammentreffen kann. Das Person-Sein, das Menschsein im Leben ermöglicht, liegt dann nicht einfach schon vor, entweder in der Lebenswelt als ein implizites Ideal, das es nur zu explizieren gilt, oder in der lebenswissenschaftlichen Revolutionierung tradierter Lebensformen. Es stellt vielmehr die weltgeschichtlich globale Herausforderung dar, der sich die Philosophie stellen oder vor der sie fliehen kann. Das Universelle, nach dem sie meines Erachtens zu suchen hat, würde in der Universalisierung der inneren und äußeren Pluralisierung der westlichen Moderne erst entstehen. Der Ursprung personalen Lebens liegt in seiner Zukunft.

2. Die wertedemokratische Gleichstellung der Kulturen im Hinblick auf die Unergründlichkeit der künftigen Weltgeschichte im Ganzen

Im Sinne dieser philosophischen Annahme der neuen weltgeschichtlichen Herausforderung schrieb Helmuth Plessner: »Denn der Begriff des Menschen ist nichts anderes als das ›Mittel‹, durch welches und in welchem jene wertedemokratische Gleichstellung aller Kulturen in ihrer Rückbeziehung auf einen schöpferischen Lebensgrund vollzogen wird.«[4] Dieser schöpferische Lebensgrund bestehe gerade in seiner Unergründlichkeit, also in einer Öffnung statt Abschließung der bisherigen Wesensbestimmungen für eine gemeinsame Zukunft. Diese Öffnung ins Künftige *stellt* alle *gleich* in der ihnen nötigen *Möglichkeit*, besser oder schlechter zu leben als andere, d. h. an diesem Wettbewerb teilnehmen zu können, ohne sie einem einzigen, positiv definierten und bestimmten Maßstab zu unterwerfen, also ohne sie *faktisch* im Sinne dieser oder jener Wesensbestimmung *gleich* zu *setzen*. Nur »insofern wir uns unergründlich nehmen, geben wir die Suprematiestellung gegen andere Kulturen als Barbaren und bloße Fremde, geben wir auch die Stellung der Mission gegen die Fremde als die noch unerlöste unmündige Welt auf und entschränken damit den Horizont der eigenen Vergangenheit und

---

[4] Plessner, *Macht*, S. 186.

Gegenwart auf die zu den heterogensten Perspektiven aufgebrochene Geschichte.«[5]

Wenn man sich angesichts dieser Aufgabenstellung fragt, was im bisherigen westlichen Selbstverständnis der Gleichstellung der Chancen aller Kulturen in einer offenen Zukunft entgegensteht, fällt einem im philosophischen Vergleich mit anderen »Rahmen« für das Welt- und Selbstverständnis ein merkwürdiger Zentrismus auf: »die Konzeption eines von Umwelt und Mitwelt abgedrängten und auf sich zurückgeworfenen Subjekts und korrelativ dazu einer auf Sicherung der Realität ihrer Gegenstände bedachten Erkenntnis«.[6] Der »ontologisch-gnoseologische Vorrang des Subjekts« wurde zum »Ausgangspunkt einer Emanzipation dieser vorzüglichen Seinsregion« des Selbstbewusstseins: In ihr soll sich der Zweifler in seinem Tun und Sein über jeden Zweifel erheben können, mithin eine »Basalsphäre fraglosen Seins jeder Problematik als Bedingung ihrer Möglichkeit vorgegeben« sein. »Einzig vermöge dieses Bei-sich-Selbst-Seins des Subjekts« sollen »Objekt und Objektivität wissend zu erreichen« sein. Dieses Selbstsein zeichnet sich nicht nur gnoseologisch, sondern auch ontologisch aus: »Selbst etwas sein bezeichnet dann im Gegensatz zum Sein des bloß Seienden nach Art physikalischer Dinge oder mathematischer Gebilde einen Vorzug, weil selbst sein und sein können, d. h. seine eigene Möglichkeit sein ›mehr‹ ist als nur sein; und weil nach einem alten ontologischen Prinzip die Möglichkeit höher steht als die Wirklichkeit, das Kann höher (bzw. ›tiefer‹) ›ist‹ als das Ist, das Ist auf dem Kann basiert.«[7]

Dieser Dualismus, etwas sei *entweder* Geistiges des Subjekts *oder* Materielles von Objekten, wodurch es praktisch gesehen entweder als Geistiges Respekt verdiene oder als Materielles verfügbar gemacht werden könne, verunmöglicht von vornherein den Zugang zum *Leben*. Unter »Leben« soll der artenübergreifende Gesamtprozess verstanden werden im Unterschied zu einem »Lebendigen«, also einem Lebewesen, das sich in seinem Verhalten immer erneut auf seine Umwelt oder Welt sinngemäß einspielt. Was im lebendigen Verhalten ganzheitlich integriert wird, seine materiellen und geistigen, physischen und psychischen, äußeren und inneren Aspekte, wird in den exklusiven Alternativen der dualistischen Selbstprivilegierung getrennt und damit abgetötet. Der Zugang bereits zum eigenen, daher auch anderen und so womöglich gemeinsamen Lebensgrund ist durch solche Ausschlüsse von vornherein abgeschnitten. Für die Gleichstellung der Chancen von Kulturen reicht es nicht aus, allein innerhalb dieses westlichen Rahmenwerkes nur die andere Seite der dualistischen Strukturen und Funktionen zu wählen,

---

[5] Ebd., S. 161.
[6] Ebd., S. 208.
[7] Ebd., S. 207 f.

um das Rahmenwerk durch Provokation zu steigern. Vielmehr muss man
versuchen, das eigene philosophische Vorgehen von diesem Rahmen an dualistischen Fehlalternativen zu emanzipieren.[8]

Wie kann man aber einen Zugang zum Leben und Lebendigen finden? Es
war Max Schelers Verdienst, gegen Husserl die phänomenologische Methode
so neu ausgerichtet zu haben, dass sie die exklusiven Alternativen »neutrali-
siert«, d. h. gegenüber dem Entweder-Oder ebenso ein Sowohl-als-Auch der
beiden Seiten eines Dualismus zulässt. Lebendiges Verhalten ist nicht entweder physisch oder psychisch, sondern *sowohl* physisch als auch *psychisch*. So
kann *sich* Lebendiges im Verhalten ausdrücken und zeigen, ohne einerseits
auf die exklusive Alternative zugerichtet werden zu müssen oder anderseits
das Sich-selber-Ausdrücken und -Zeigen in einer Umwelt bzw. Welt für allein Selbstbewusstsein halten zu müssen. Aber so entsteht methodisch auch
die Frage nach einem – gegenüber den Polen des Dualismus – Dritten, von
dem her und zu dem hin neu unterschieden werden kann.[9] Scheler umreißt
am Beispiel der Bewegtheit in der Liebe die Frage wie folgt: »Das ›Sein‹, um
das es sich hier handelt, ist eben jenes ›*ideale* Sein‹ ihrer, das weder ein exis-
tential-empirisches Sein ist, noch ein ›Seinsollen‹, sondern ein *Drittes*, gegen
diesen Unterschied noch Indifferentes«.[10]

Plessner schließt sich methodologisch gesehen nicht nur Schelers Revolutionierung der Phänomenologie an, um einen *Zugang zum Lebendigen*
gewinnen zu können, sondern auch Georg Mischs Systematisierung der hermeneutischen Lebensphilosophie Diltheys, um geschichtlich lebendige Phänomene *verstehen* zu können.[11] Von daher stammt »das Prinzip der verbindlichen Unergründlichkeit dieses Was und Wer.«[12] Wenn das vorwiegend dualistische Selbstverständnis im Westen nur eine Option, nicht aber
der Maßstab für eine globale Zukunft sein kann, dann gilt es philosophisch,
nicht an der alten Arbeitsteilung zwischen der Philosophie als rein apriorischer und der Erfahrungswissenschaft als rein empirischer Disziplin festzuhalten, sondern die »neue Möglichkeit einer Verbindung apriorischer und
empirischer Betrachtung nach dem Prinzip der Unergründlichkeit des Menschen« durchzuführen.[13] Dafür braucht man nicht allein einen Zugang zu
den Phänomenen, in dem sie sich von selbst zeigen können (phänomenologische Methode) und in dem ihr historisches Verständnis rekonstruiert werden kann (hermeneutische Methode), sondern auch ein Verfahren, in dem

---

[8] Vgl. zu dieser Schwierigkeit Taylor, *Zeitalter*, S. 30–34, 17. u. 18. Kap.

[9] Scheler, *Stellung*, S. 18 f., 39, 42, 74, 79.

[10] Scheler, *Sympathie*, S. 162.

[11] Misch, *Lebensphilosophie*.

[12] Plessner, *Macht*, S. 222.

[13] Ebd., S. 160.

sich die Krisen zwischen den Phänomenen und ihrem Verständnis erfassen lassen. Dies betrifft für Plessner die Transformation der Dialektik in eine Methode der Rekonstruktion von Verhaltenskrisen (ohne Hegels »Aufhebung«) und nicht zuletzt der Transzendentalphilosophie: Die Relation zwischen der Ermöglichung von Erfahrung und der faktisch ermöglichten Erfahrung lasse sich nicht nur historisieren, wodurch aus der Zukunft ermöglicht werden kann, sondern auch vom Selbstbewusstsein ins Leben transformieren.[14]

Wenn es nicht mehr um die Trennung der lebensnötigen *Ermöglichung* von Erfahrung und dem im Resultat der Erfahrung *Ermöglichten* geht, sondern das Ermöglichte selbst in die Funktion einer erneuten Ermöglichung umschlagen kann, dann ändern sich nicht nur die *Methoden* des philosophischen Verfahrens, dann ändert sich auch seine *Theorie*. Für sie reicht das bloße Prinzip der Unergründlichkeit nicht, sie muss den Rahmen zu den konkreten Kontexten, in denen die Was- und Wer-Fragen nach Lebendigem, Menschen und Personen gestellt werden, ausbilden. Wenn man das vorwiegend dualistische Selbstverständnis im Westen von innen heraus in Frage stellen möchte, dann empfiehlt sich inhaltlich die Konzentration auf zwei anthropologisch relevante Vergleichsreihen, weil in ihnen die Einheitlichkeit und Ganzheitlichkeit von Lebensprozessen auf dem Spiele steht, d. h. laut dem Dualismus auseinanderbrechen müsste: »Vertikal« nennt man den Vergleich, den Naturwissenschaften, insbesondere Biowissenschaften zwischen Lebensformen des *homo sapiens sapiens* mit anderen Lebensformen in der lebendigen Natur (pflanzlicher, tierlicher, mikrobenähnlicher Arten) anstellen. Auf seine naturphilosophische Fundierung komme ich sogleich zurück. »Horizontal« heißt der Vergleich, den Geschichts-, Sozial- und Kulturwissenschaften unter den humanen Lebensformen der Vergangenheit und Gegenwart für die Zukunft bewerkstelligen.[15] Auf seine geschichts- und sozialphilosophische Fundierung kann ich hier nicht mehr eingehen.[16]

Die Philosophische Anthropologie nimmt nun an diesen erfahrungswissenschaftlichen Erkenntnispraktiken teil, um ihre »vorwissenschaftlichen«, also lebensweltlichen »Voraussetzungen« bzw. »Vorbedingungen«[17] freizulegen, soweit sie nicht von der betroffenen Erkenntnispraktik selbst erklärt und verstanden werden können, d. h. für sie *Präsuppositionen* bleiben. Dadurch entsteht eine Spannung zwischen einerseits den lebensweltlichen Präsuppositionen als Potential der Erkenntnis und andererseits der in den Er-

---

[14] Plessner, *Stufen*, S. 22 u. 26; siehe Krüger, *Ausdrucksphänomen*.

[15] Plessner, *Stufen*, S. 32.

[16] Siehe Krüger, *Zwischen Lachen und Weinen*; Lindemann, *Grenzen des Sozialen* und *Das Soziale von seinen Grenzen her denken*.

[17] Plessner, *Stufen*, S. 72, 88, 114, 301.

fahrungswissenschaften selektiven Realisierung dieses Potentials, deren Erkenntnisse das Potential an methodischer Klarheit und Reproduzierbarkeit
aber übertreffen. Diese »Krisis« (Husserl) kann für Plessner nicht von vornherein entweder unter dem Primat der bisherigen Lebenswelt gegen die
neuen wissenschaftlichen Erkenntnisse oder unter dem Primat letzterer zur
entsprechenden Veränderung der Lebenswelt stehen. Dann liefe man nur mit
in der innerwestlichen Logik der »Selbstüberholung«, der »Selbstüberbie-
tung«, der »Selbststeigerung«, die erst der Dualismus entworfen hatte und
die inzwischen zur »neuen Lebensmacht« im Hochkapitalismus wurde.[18] In
dem Streit über die Beurteilung der Krise zwischen Lebenswelt und den erfahrungswissenschaftlichen Bestimmungen von Menschen unterbreitet die
Philosophische Anthropologie ihren eigenen Vorschlag in der Gestalt eines
Netzes von Kategorien, die der personalen Lebensführung mündiger Bürger
Orientierung geben können. Kategorien stellen keine empirischen Begriffe
dar, »sondern ermöglichen sie, weil sie Formen der Übereinstimmung zwischen heterogenen Sphären, sowohl zwischen Denken und Anschauen wie
zwischen Subjekt und Objekt, bedeuten.«[19] Was Plessner »Philosophische
Anthropologie« nennt, läuft auf eine »Neuschöpfung der Philosophie« hinaus, in der eine philosophische Anthropologie die Rolle einer »allgemeinen
Hermeneutik« (30 f.) spielt. Die Bezeichnung »Philosophische Anthropologie« kam historisch dadurch zustande, dass *Philosophie* mit dem vorherrschenden *Dualismus* assoziiert wurde, während *Anthropologie* demgegenüber auf eine *Einheit* und *Ganzheit* des Menschen setzt, zumindest hypothetisch, um überhaupt integrieren und der lebensweltlichen Vollzugserfahrung
von Einheit und Ganzheit entsprechen zu können.

3. Der naturphilosophische Umweg
und sein Rückschluss auf personales Leben
im vertikalen Vergleich

Der vertikale Vergleich humaner mit non-humanen Lebensformen wird
auf dem Wege einer Naturphilosophie fundiert, deren Rekonstruktion vorliegt[20], weshalb ich mich auf einige Bemerkungen zu den wichtigsten kategorialen Unterscheidungen beschränken kann. Diese Naturphilosophie rekonstruiert drei große Probleme, in deren Rahmen die Biowissenschaften
ihre reproduzierbaren Erkenntnisleistungen erbringen: 1. Wie lassen sich be-

---

[18] Plessner, *Verspätete Nation*, S. 97–100.
[19] Plessner, *Stufen*, S. 116. Im Folgenden setze ich Seitenangaben aus Plessner, *Stufen*, gleich oben
     im Text in Klammern.
[20] Mitscherlich, *Natur und Geschichte*, II. Kap.

lebte Körper von unbelebten Körpern unterscheiden? Diese Frage betrifft den Übergang von Was-Fragen zur Ermöglichung von Wer-Fragen, die spezifisch lebendige Phänomene unterstellen. 2. Wie lassen sich innerhalb der lebendigen Natur Organisations- und Positionalitätsformen unterscheiden? Dadurch können Wer-Fragen, die sich nie von Was-Fragen trennen lassen, in verschiedene Richtungen der Binnenorganisation und Verhaltensbildung von Lebewesen ausdifferenziert werden. 3. Wie lassen sich personale Lebensformen, die in exzentrischen Positionalitätsformen ermöglicht werden, von zentrischen Positionalitätsformen unterscheiden? Dieses Problem betrifft eine Einschränkung der Wer-Fragen nach Lebendigem im Lebensprozess auf den Mitvollzug einer Mitwelt von Fellows.

3.1 Von der Realisierung der eigenen Grenze in der Positionalität zum Prozess- und Entwicklungscharakter des Lebendigen

Wenn man sich fragt, wie die Anschauung von bestimmten *unbelebten* Körpern in Raum und Zeit gelingen kann, dann scheint das angeschaute Ding aus einem Kern zu bestehen, der einen Mantel von Eigenschaften trägt. Was man hier und jetzt wahrnimmt, sind diese empirischen Eigenschaften, die man im Gegensatz zu anderen Eigenschaften bestimmen kann. Sie können im Nacheinander der Zeit und im Nebeneinander des Raumes wechseln, ohne dass sich der Dingkern als die Einheit des Dinges auflösen müsste. Täte er dies, handelte es sich um eine andere Dingart. Irgendwie müssen die Dingkerne und ihre Eigenschaftsmäntel nach Arten miteinander zusammenhängen. Der Kern scheint vom Inneren seiner Eigenschaften her, die wir von außen beobachten können, ihre bestimmte Einheit zu tragen. Sie kann sich in Gestaltsprüngen (stehendes Wasser gefriert) und Artsprüngen (aus der Telefonanlage wird Skype) komplizieren, ohne dass man für den Wechsel zwischen Kern und Eigenschaften andere als im lebensweltlichen Sinne mechanische Kräfte erwarten würde. Fragt man sich weiter, wie die Anschauung von bestimmten *belebten* Körpern in Raum und Zeit gelingen kann, geschieht in einer solchen Anschauung mehr als ein Gestalten- und Artensprung innerhalb des Unbelebten. Lässt man dem belebten Körper Raum und Zeit, damit er sich zeigen kann, entfaltet sich in dem Wechsel zwischen seinem Kern und seinen Eigenschaften eine innere Dynamik, die sich auch in seinem Äußeren auf eine übermechanisch ganzheitliche Weise entfaltet. Sie greift sowohl nach innen als auch nach außen Platz und ufert aus in ihrer Zeit. Die ganzheitliche Dynamik des Lebendigen behauptet sich als Eigenraum und Eigenzeit, ohne dass sie aufhört, an die Bedingtheiten der unbelebten Körper gebunden zu bleiben, so im Stoffwechsel und ihrer Abhängigkeit von Medien in ihrer Umgebung. Wie lässt sich dieser, lebensweltlich nicht ersetzbare Sprung in

der Anschauung von belebten gegenüber unbelebten Dingen einsichtig machen?

Für die Beantwortung dieser Frage entwickelt Plessner seine Hypothese,
die Spezifik der Lebendigkeit von Körpern bestehe darin, dass ihnen nicht
nur wie den unbelebten Körpern Konturen als eine von außen beobachtbare
Grenze zukommen, sondern dass sie ihre *eigene Grenze realisieren*. Die Bewegungsrichtungen zwischen unbelebten Körpern in Raum und Zeit finden
in bestimmten Konturen Anhaltspunkte für die Unterscheidung der Körper nach Dingarten. Relativ auf einen bestimmten unbelebten Körper bezogen lassen sich die divergenten Richtungen nach außen und nach innen anhand seiner Konturen differenzieren. Diese Unterscheidung ist aber relatio-
nal umkehrbar auch für alle anderen unbelebten Körper zu treffen. Die Bewegungsrichtungen und ihre Relationen gehen durch alle Körper hindurch.
Unbelebte Körper hören da auf, wo andere Körper oder Medien ihrer Umgebung beginnen, und sie beginnen da, wo andere Körper oder Medien ihrer
Umgebung aufhören. Das »Zwischen« zwischen ihnen ist »leer« im Sinne
des leeren Raumes und der leeren Zeit (103 f.). Es gehört weder dem Körper
noch dem Medium an, sofern es sich aus den Koordinaten einer unterstell-
ten Raumzeit als dem Rahmen ergibt. Dieses Dazwischen gehört aber im
Sinne mechanischer Gesetze beiden, Körper und Medium, an, insoweit diese
Regelmäßigkeiten sowohl in den Körpern als auch in den Medien ihrer Umgebung wirken. Unbelebte Körper bilden Konturen aus, die mechanischen
Gesetzen unterliegen, aber diese Konturen dienen nicht der Funktion, den
jeweiligen Körper im Ganzen, d. h. übergestalthaft und übersummenhaft,
zu begrenzen. Stehen Konturen aber in diesem Funktionszusammenhang,
dann sind sie nicht nur im Sinne mechanischer Bewegungsrichtungen Anhaltspunkte dafür, wo und wann der unbelebte Körper anfängt und aufhört.
Gehört der Rand zu dieser Grenzfunktion, gibt es ein Außen und Innen des
betreffenden Körpers so, dass Außen und Innen ihm zugehören. Er staut
und lockert sich nach innen und verhält sich nach außen. Im Falle der Realisierung der eigenen Grenze schließt sich der Körper gegen das ihm Äußere,
das »Ihm entgegen ist« (127 f.), ab und auf. Gleichursprünglich verschließt
und öffnet er damit sein Inneres, dem er auch von außen zurückkommend
entgegen ist.

Ein Körper, der seine eigene Grenze verwirklicht, *vollzieht* selbst den
Grenzübergang *zwischen* seinem Inneren und Äußeren in beide Richtungen, dem Sinne nach sowohl von innen nach außen als auch von außen nach
innen (103 f.). Er geht über sich hinaus ins Äußere und kommt von dort
zu sich zurück, kurz: er *positioniert* sich in seiner Umgebung. Und er geht
gleichursprünglich in sich hinein ins Innere und kommt von dort zurück ins
Äußere, kurz: er *organisiert* sich. In seinem *»positionalen Charakter«* oder
seiner *Positionalität«* bestimmen »die Momente des ›über ihm Hinaus‹ und

das ›ihm Entgegen, in ihn Hinein‹ ein spezifisches Sein des belebten Körpers, das im Grenzdurchgang angehoben und dadurch setzbar wird. In den spezifischen Weisen ›über ihm hinaus‹ und ›ihm entgegen‹ wird der Körper von ihm abgehoben und zu ihm in Beziehung gebracht, strenger gesagt: ist der Körper außerhalb und innerhalb seiner. Der unbelebte Körper ist von dieser Komplikation frei.« (129) Der belebte Körper ist nicht nur ein »bloßes Ding, sondern ein Wesen«, das auch für sich ist, eben ein »Lebewesen« (131). Es verhält sich zu der Stelle, an der es sich im leeren Raum befindet, »raumhaft«, indem es *seinen* Raum auf ihm unumkehrbare Weise erfüllt und behauptet. Es verhält sich zu der Gegenwart, in der es sich in der leeren Zeit befindet, »zeithaft«, indem es diese Gegenwart auf ihm irreversible Weise erfüllt und behauptet (vgl. 132, 175–177).

Ein Körper, der sich (dem Sinne nach von innen und nach innen) organisiert und (von außen und nach außen) positioniert, hört nicht auf, auch ein *an*organischer Körper zu *sein*. Insofern er im spezifizierenden Sinne *lebt*, muss er dasselbe Wesen bleiben können in allen möglichen Grenzübergängen. Insofern er auch aus anorganischen Körpern besteht, muss er das gleiche bleiben, d. h. eine Kombination anorganischer Körper, die für das lebendige Ganze funktional äquivalent ist. Insoweit er dasselbe und das gleiche bleibt, führt er Tautologien auf. Diese müssten aber, im Sinne einer lebensnötigen Möglichkeit in anderer Hinsicht mit Paradoxa zusammenfallen. Dasselbe ist nicht das Gleiche und umgekehrt. Das Äußere ist nicht das Innere und umgekehrt. Das Lebendige ist nicht das Anorganische und umgekehrt. Die Bewegungsrichtungen bleiben divergent und reversibel, auch wenn sie im Vollzug des Lebewesens dem Sinne nach konvergieren und unumkehrbar werden. »Bleiben, was es ist, Übergehen in das, was es nicht ist (über ihm hinaus) *und* in das, was es ist (in ihm hinein).« (138) Wie könnte es möglich sein, dass sich diese Tautologien und jene Paradoxa im Raum und in der Zeit raumhaft und zeithaft ereignen können? – Indem sie sich im Raum und in der Zeit auf verschiedene Stellen verteilen, die raumhaft und zeithaft durch Organisation und Positionierung integriert werden. Unterhalb dieser Komplexion zum Ganzen im *Prozess* ist es unmöglich, Leben verständlich werden zu lassen: »Ein Ding positionalen Charakters kann nur sein, indem es *wird*; der Prozess ist die Weise seines Seins.« (132)

Insofern in einem solchen Prozess das Ausgangsetwas zu einem Endetwas wird, ist er gerichtet: »Die Synthese findet als eine besonders gerichtete Form des modus procedendi statt: als Entwicklung.« (140) Um diese Entwicklungsrichtung des Prozesses zu verstehen, überzeugt die Annahme nicht, es gehe nur um den Modus eines bloßen »Vermögens und Könnens«, die Kannqualität des »Könnens oder Nicht-Könnens«: Dann denkt man noch dualistisch, zu der Seinsweise des Körpers komme aus unserem Selbstverständnis ein Können oder Vermögen irgendwie hinzu. »Kannqualität *als*

Seinsqualität, *seiende* Möglichkeit gilt es zu begreifen.« (172) Diese seiende Möglichkeit besteht nicht in der Art und Weise von Möglichkeit, die man mit dem Lebewesen machen kann (»Mit-ihm-Möglichkeit«), sondern in einer Art und Weise von Möglichkeit, die an dem lebenden Körper selbst vorkommt, in einer »An-ihm-Möglichkeit des physischen Dinges« (174). Wolle man dieses Möglichsein unabhängig von unserer eigenen deterministischen Teleologie (178) verstehen, bezeichne es nur eine »besondere Richtung vom Nichtsein zum Sein, die in dem Wort Noch Nicht festgehalten wird« und die Einheit des Körpers in der Zukunft betrifft: »Möglichkeit fasst also eine Richtungseinheit, die *gegen* die Bestimmtheitsrichtung des *Seienden* in der Zeit Vergangenheit Gegenwart Zukunft gekehrt ist. Im Können des *Seins* wird letztlich nichts anderes als ein Vorwegverhältnis statuiert, in welchem die Abhängigkeitsrichtung von der Zukunft zur Gegenwart läuft.« (176) Dafür muss man annehmen, soll es mit der Determinationsrichtung verträglich bleiben, dass *zwischen* den Erfüllungen der Zeitmodi ein »zeithaftes« Verhältnis stattfinde, das nicht innerhalb der leeren Zeit liege, also von ihrem Standpunkt als »zeitlos« erscheint: »Erst dem lebendigen Sein ist Zeit in ihren Modis wesenhaft, denn es konstituiert sich vermittels der Zeit, insofern es ein Sein bedeutet, das ihm selbst vorweg ist.« (179) Es werde nicht ein Bestimmtes vorweggenommen, das erst noch kommen werde, sondern ein Selbstbezug, der als Erfüllung der Zukunft in der konkreten Gegenwart bestimmt ist. »Das ›Ihm selbst Vorweg‹ und das lebendige Sein besagen ein und dasselbe. Also ist lebendiges Sein ebenso sehr ihm *selbst nach* oder Erfüllung seiner selbst.« (180) Es lebt im Modus seiner Fundierung aus der Zukunft in seiner konkreten Gegenwart, d. h. im Modus *seiner* »erfüllten Potentialität« (ebd.).

3.2 Organisations- und Positionierungsweisen des Lebendigen im Leben als Ganzem und der Unterschied zwischen offener und geschlossener Organisationsform

Häufig wird der *lebendige* Körper als der *Träger* des Lebens mit dem *Leben* als dem *Ganzen* des Prozesses und der Entwicklung verwechselt. Dann wird das Ganze des Lebensprozesses, auf das die Entwicklungsrichtung am lebendigen Körper zeigt (s. o.), übersehen, häufig deshalb, weil es keine »Mit-Möglichkeit« im Wozu unserer Teleologie (s. o.) ergibt. Das Ganze des Lebensprozesses wird dann auf die Organismushaftigkeit des lebendigen Trägers in sich verkürzt, wie auf dem Bilde vom Leviathan, als ob dieser Träger je autark sein könnte. Plessner folgt dagegen dem »Über-ihn-Hinaus« und dem »Ihm-Vorweg« des lebendigen Körpers in den Lebenskreis: »So entsteht der *Kreis des Lebens*, dessen eine Hälfte vom Organismus, dessen andere vom Positionsfeld gebildet wird.« (192) Im Lebenskreis ist der lebendige Träger »eben Teil, ergänzungsbedürftig, seine *Autarkie* ist dahin. Autonom bleibt er, weil nichts an ihn herankommt und nichts auf ihn und in ihm Einfluss gewinnt, das er nicht dem Gesetz des begrenzt-grenzhaften Systems unterwirft.« (193) Gegen die Betrachtung, als ob sich der Organismus auch vorbewusst Selbstzweck sein müsste, lässt sich die Frage stellen, ob er nicht mindestens auch ein »*Mittel zum Leben* wird«, das ihn und seine Art und Weise zu leben überschreitet in ein »Hinaussein, durch welches er wieder zu ihm zurückgeleitet wird, in welchem er sich zur Einheit des Ganzen vermittelt.« (191) »Der Organismus ist Einheit nur als durch Anderes, als er selbst ist, in ihm vermittelter Körper, Glied eines Ganzen, das über ihm hinausliegt.« (195) – Der Konflikt zwischen lebendigem Körper und dem Lebensprozess im Ganzen kann nicht kategorial vorentschieden werden zugunsten entweder innerer Organismushaftigkeit oder innerer Selbstzweckhaftigkeit, die es beide ohne einen Lebenskreis nicht geben kann.

Wenn man an der Hypothese festhält, der lebendige Körper realisiere seine eigene Grenze, dann bedeutet der Vollzug des Grenzüberganges sowohl Abschluss als auch Aufschluss des lebenden Körpers gegenüber seinem Umfeld. Schließung (in sich hinein und sich entgegen) und Öffnung (über sich hinaus und anderem entgegen) müssen der lebensnötigen Möglichkeit nach in Raum und Zeit so verteilt werden, dass sie raum- und zeithaft im Prozess zusammengeführt werden können, nämlich einer Entwicklungsrichtung nach. Der lebende Körper kann sich »gleichsinnig«, d. h. »umkehrbar«, *mit* seinem Positionsfeld und »gegensinnig«, d. h. »nichtumkehrbar« (204), gegen dieses Feld verhalten. Seine Art und Weise, sich nach innen und von innen zu *organisieren*, und seine Art und Weise, sich nach außen und von außen zu *positionieren*, müssen zu einander passen, insofern er lebt. »Er muss ins Medium passen und zugleich Spielraum in ihm haben, um nicht nur innerhalb der festen Harmonieformen, sondern mit ihnen Gefahren zu bestehen.« (205) Was den Stoffwechsel und den Energieaustausch angeht, werden so die Teilprozesse der Assimilation und Dissimilation nach der Grenzhypothese verständlich. »Nur unter der Bedingung des inneren Zerfalls in gegensinnig zueinander gerichtete Prozesse ›öffnet‹ sich das in seinen Grenzen als Eigensystem unbedingt geschlossene lebendige Körperding den Einwirkungen von außen und nach außen.« (200)

Aber diese physikalisch-chemische, in der Allgemeinbildung lebensweltlich gewordene Einsicht klärt noch nicht die Frage, wie der »Hiatus« zwischen dem Organismus und der Umgebung »nicht zerstört, sondern überbrückt« (204) bzw. »ausgeglichen, nicht aufgehoben« (200) wird. Man missverstehe die Redeweise von der »Anpassung«, wenn man sie entweder nur für eine hier und jetzt zu leistende »Anpassung« (im Sinne eines akuten Handlungsdruckes) oder nur für eine schon vorgegebene »primäre Angepasstheit« (im Sinne bewährter Strukturen und Funktionen) halte. Gäbe es

nur letztere, schrumpfte das Positionsfeld auf den natürlichen Ort des lebenden Körpers zusammen, in dem er sich wie ein Solipsist in seiner »absoluten
Immanenz« bewegen würde. Handelte es sich allein um akute und daher permanent zu repetierende Anpassung, unterstellte man, der Organismus befände sich nicht in *seinem* Positionsfeld, sondern einer »Zone vollkommener
Fremdheit, Unvorhersehbarkeit und Unabhängigkeit«, mithin »isoliert und
preisgegeben an eine absolute Transzendenz«. (203) Statt in diesem Entweder-Oder werde Leben in einem anderen Spektrum ermöglicht: »Insofern
das Verhältnis der Anpassung (Angepasstheit) ein labiles, *d. h. ein der ›Form‹
nach in seinem Gelingen vorgegebenes, dem ›Inhalt‹ nach aber ein gelingendes oder misslingendes* ist, bleibt der Organismus bei aller Geborgenheit gefährdet. Das Positionsfeld oder das Milieu ist wesensmäßig Schauplatz von
Kämpfen und Sphäre des Schutzes. […] Vorgreifend in der Form, suchend
im konkreten lebendigen Akt nach Kontakt mit dem Medium, angepasstanpassend spielt sich das Leben des Organismus im Verhältnis zum Umfeld
ab.« (207)
 Eine philosophisch ähnliche Revision wie im Verständnis der »Anpassung« strebt Plessner auch mit der Redeweise von der »Selektion« an. Rückte
das Reden von der Anpassung die Anforderungen an den Organismus in den
Fokus, um das riskante Zusammenspiel zwischen ihm und der Umwelt erklärlich werden zu lassen, so schaut man in der Redeweise von der Auswahl
auf dieses Spiel mit Rücksicht aus seiner Umgebung. Von ihr her werde an
den Organismen eine Eigenschaft ausgewählt oder würden sie als ganze selegiert (216). Das eigene Interesse aus dem Selbstverständnis der Interpreten
an der Zuchtwahl eines »Kollektivums« statt »Individuums« verschaffe sich
hier Geltung (214). Bleiben wir indessen bei Plessners Grenzhypothese, entsteht für das lebende Individuum ein doppeltes Selektionsproblem in einem
anderen Sinne. Dieses Individuum entsteht nicht aus dem Nichts wie eine
creatio ex nihilo, sondern aus allgemeinen Strukturen und Funktionen einer
Art und Weise zu leben, die sich erst im Prozess entwickelt. Es individualisiert diese allgemeine Lebensart nicht nur in dem Sinne, dass die allgemeine
Form der Art hier und jetzt immer erneut auf andere inhaltliche Herausforderungen durch Bedingungen im leeren Raum und in der leeren Zeit trifft.
Vielmehr ist es für sich auch unumkehrbares Leben, das sich nicht als Ganzes vertreten, austauschen und ersetzen kann. Es individualisiert seine Spezies auch in dem Sinne, dass es als unteilbares sie immer erneut hier und jetzt
vollzieht, nämlich in seinem Vorwegsein erfüllt. »Das werdende Individuum
gerät infolgedessen in ein doppeltes Missverhältnis zur Weite der Form, die
ihm Spielraum und darin den Rahmen notwendig zu versäumender Möglichkeiten gibt, und zur Fülle seiner eigenen Positionalität, die es ihm gestattete, die gebotenen Möglichkeiten zu verwirklichen.« (215) Es schlägt
zwar »überhaupt einen bestimmten Weg ein«, aber in dieser lebensnötigen

Möglichkeit besteht auch »der Zufall, dass es gerade dieser und kein anderer
sein musste.« (ebd.) Insoweit lässt sich kategorial sagen: »Für das Leben hat
den Wert eines inneren Strukturgesetzes (man könnte es als das Gesetz des
kategorischen Konjunktivs bezeichnen, das den inneren Mechanismus der
Selektion ausmacht), dieses ›es ginge zwar, aber es geht nicht‹.« (216)

In Plessners Relativierung der biologischen Adaptations- und Selektions-
theorien zugunsten eines weiteren kategorialen Lebensverständnisses entspricht doch seiner eigenen Grenzhypothese, dass Grenze nicht nur den
Vollzug des Überganges bedeutet, sondern eben auch die Abschließung des
physischen Körpers. Für den Ausgleich in dem »Konflikt zwischen dem
Zwang zur Abgeschlossenheit als physischer Körper und dem Zwang zur
Aufgeschlossenheit als Organismus« seien zwei Weisen der Organisation,
d. h. der »Selbstvermittlung der Einheit des belebten Körpers durch ihre
Teile« (185), möglich. Die *offene* Organisationsform gliedert den Organismus in allen seinen Lebensäußerungen *unmittelbar* der Umgebung ein und
macht ihn zu einem *unselbständigen* Abschnitt seines Lebenskreises (219).
Die geschlossene Organisationsform gliedert ihn in allen seinen Lebensäußerungen *mittelbar* seiner Umgebung ein und macht ihn zu einem *selbstän-
digen* Abschnitt seines Lebenskreises (226). Im ersten Falle verhält sich der
Organismus gleichsinnig mit seinem Positionsfeld, wozu in der Anschauung von Pflanzen passt, dass sie gepfropft und gesteckt (als wären sie ein
Dividuum) werden können, sich ontogenetisch frühe Phasen im Aufbau des
Individuums erhalten, die Bildung von Oberflächen eher nach außen als wie
beim Tiere nach innen verläuft, die Bewegungen eher an der Pflanze als von
ihr aus (wie beim Tiere) gehen. Im zweiten Falle kann sich der Organismus
auch gegensinnig zu seinem Positionsfeld verhalten, insofern er sich sowohl
von seinem physischen Körper als auch seiner Umgebung abhebt. Die Gegensinnigkeit seiner Organe betrifft nicht nur deren Funktion, sondern auch
Organisationsweise, weshalb der Ausgleich dieser Gegensinnigkeit zentral-
nervöser Ausdifferenzierung bedarf, die ein Spektrum von mehreren Zentren für spezielle Funktionen bis zu einem Zentrum der Generalisierung von
Funktionen darstellt. Die zentralnervöse Repräsentation der Organe nach
innen und des sensomotorischen Funktionskreises nach außen führt in den
Kontakt des Organismus zur Umwelt eine Vermittlung ein, die ihn als Gan-
zen selbständiger als in der offenen Organisationsform macht (229f.). »Die
Abgehobenheit vom eigenen Leibe ermöglicht den Kontakt mit einem vom
Leibe abgehobenen Sein. Der Körper ›merkt‹ das Sein und ›wirkt auf‹ das
Sein. Über eine Kluft hinweg steht er mit dem Anderen in sensorischer und
motorischer Verbindung.« (232)

3.3   Die Ermöglichung personalen Lebens aus der exzentrischen Positionalitätsform im Unterschied zur zentrischen Positionalitätsform

Fragt man sich, zu welcher Positionalitätsform die zentrisch geschlossene Organisationsform passen könnte, so gerät man, solcherart Organismen folgend, in eine zentrische Positionalitätsform. Plessner nennt den Zusammenhang der »Eingespieltheit« (202) von Organisationsform und Positionalitätsform aufeinander kurz »Sphären« (237, 288) des Lebens. Die zentrisch geschlossene (im Unterschied zu der über dezentral mehrere Funktionszentren geschlossenen, 245) Organisationsform, kurz: zentrische Organisationsform ist in ihrer physischen Funktion auffällig. Einerseits bleibt ihr Zentralorgan (im entwickelten Falle das Gehirn der Säuger) als Organ vom Gesamtorganismus abhängig und in diesen eingebettet. Andererseits hebt sich dieses Organ vom Gesamtorganismus dadurch ab, dass in ihm funktional eine »zentrale Repräsentation aller Glieder und Organe« (231, 237) stattfindet. Der Gesamtkörper verdoppelt sich, insofern er sich zum Gesamtorganismus einschließlich des Zentralorgans organisiert, aber auch, insofern das Gesamt dieser Selbstorganisation erst durch das Zentralorgan organisiert wird, was gegensinnig und gleichsinnig zum Gesamtorganismus erfolgen kann. Dieses Lebewesen ist schon seiner Organisation nach ein Wesen vom Typ eines *spontanen Subjekts*: »Es ist selbst – in ihm.« (237) Dieser Organismus ist »eine Abhebung von ihm in ihm, so dass er über sich (in ihm) zu stehen kommt.« (243) Die Regulierung der Mannigfaltigkeit von Vorgängen erfolgt *nach* innen in der Regel auf unbewusste und nicht bewusstseinsfähige Weise, *von* innen werden Empfindungen bewusst. Mit dieser Entlastung nach innen korrespondiert im Verhalten nach außen und von außen eine neue, bewusstseinsfähige und auch bewusst werdende Art und Weise, sich zu positionieren. »Jedes Tier ist der Möglichkeit nach ein Zentrum, für welches (in einem wie wechselnden Umfang immer) eigener Leib und fremde Inhalte gegeben sind. Es lebt körperlich sich gegenwärtig in einem von ihm abgehobenen *Umfeld* oder in der Relation des *Gegenüber*. Insofern ist es *bewusst*, es merkt ihm Entgegenstehendes und reagiert aus dem Zentrum heraus, d. h. spontan, es handelt.« (240) Seine Positionierungsweise ist konzentrisch: »In seiner Abgehobenheit vom eigenen Leibkörper bildet es zugleich die Mitte, um welche der Körper geschlossen ist, gegen welche der Körper und das ihn umgebende Positionsfeld total konvergieren.« (237f.)

Schaut man aus dieser *konzentrischen* Positionierungsweise zurück, so entspricht ihr in der *zentrischen* Organisationsweise: Der Ringschluss des senso-motorischen Verhaltens öffnet sich: Je vermittelter das Zentralorgan, in sich zirkulär über Gedächtniskorrelate fungierend, *zwischen* die sensorischen und motorischen Organe tritt, desto stärker »unterbricht«, »pausiert«

(244f., 260) es deren Kopplung zum Verhaltensvollzug. Desto »gehemmter«
und verzögerter (weniger »instinktiv«, weniger »reflexhaft« sofort) »antwortet« (245) das Lebewesen auf Vorkommnisse in seinem Positionsfeld, aber
auch desto »fehlbarer« (245, 250) und »intelligenter« im Dienste seiner auf-
geschobenen, nicht aufgehobenen Trieberfüllungen. In der bewussten Ver-
schränkung des sensorischen Merkfeldes und des motorischen Wirkfeldes
entstehen ihm Dinge, an deren Signalgestalten es seine Handlungsmöglichkeiten wahrnimmt. Das Umfeld präsentiert sich nicht mehr nur in komplexen Qualitäten (wie bei dezentraler Schließung der Organisationsform, 264),
sondern in Dingkonstanten, insoweit sich »Signalfeld und Aktionsfeld in Einem« (252) überlagern.

Der Umschlag vom »Sein ins Bewusstsein« (243) entspricht der Kippbe-
wegung von der Vorangepasstheit (durch Instinkte, 286) in eine akute Anpassung, die aber auf der Selektivität beruht. »Die Triebrichtung ist das Se-
lektionsprinzip des Gedächtnisses«. (285) Die »Ablagerung dessen, was dem
Lebewesen begegnet ist, in's Gedächtnis« erfolge »*nur über seine Zukünf-
tigkeit* hin, d. h. vermittelt durch sein Vorwegsein«: Auf diesem »›Umweg‹
(der inneren Pause)« (organisatorisch gesagt: der zentralnervösen Filterung
und relationalen Neukombination) werden sowohl »die Dekomposition des
Erlebten in seine Elemente« als auch deren Re- und Neu-Komposition zum
Erlebbaren und Vorstellbaren möglich (ebd.). »Auf jeder Stufe, bewusst oder
außerbewusst, ist die historische Reaktionsbasis eine Einheit von Residuum
und Antizipation oder, äquivalent gefasst, auf keiner Stufe ist die Vergangenheit, wie sie das lebendige Individuum behält, eine abgeschlossene Größe.«
(286)

Plessner hat dieses Verständnis der zentrischen Lebenssphäre auch angesichts der Versuche von Wolfgang Köhler mit Schimpansen, unseren nächsten Verwandten unter den Primaten, rekonstruiert. Köhler hatte gezeigt, dass
Schimpansen zweifellos eine praktische Intelligenz unter Beweis stellen können, die allerdings noch an ihren Organismus als Bezugspunkt gebunden
bleibe. Dabei war unter *Intelligenz* eine solche Problemlösung auf dem Wege
einer Trieberfüllung verstanden worden, die weder angeboren noch bislang
erlernt sein konnte. Allgemeiner bekannt geworden sind heute nicht nur die
Kombinationen von Stöcken und Kisten oder die Herstellung von Werk-
zeugen, um an Futter gelangen zu können, sondern auch die Fähigkeiten von
Schimpansen und Bonobos zum Erwerb der Menschensprache auf dem Umweg über die Yerkes-Tastatur, wenn sie bereits unter Menschen aufwachsen.
Gleichwohl hört ihr Spracherwerb vom Niveau her da auf, wo er für Menschen spezifisch wird, d. h. im dritten Lebensjahr von Menschenkindern.
Schimpansen bzw. Bonobos verstehen nicht eine Sprache, die syntaktisch
allgemeinen Markierungen folgt, in denen sich Narration und Diskurs von
ihrer Bezeichnung der gedächtnisgestützten Vorstellung anwesender Kör-

perleiber befreien.[21] Um diese Art und Weise von Sprache, die in ihrer Verwendung syntaktischer Funktionen auf andere sprachliche Symbole wieder anderer sprachlicher Symbole verweist, zu verstehen, müsste alles Mögliche, das anwesend werden kann, vor einem Kontrast stehen, der abwesend *bleiben* kann, sich also nicht darin auflöst, doch bald wieder (für einen Triebhaushalt) anwesend zu werden. Genau darin, in dem *Fehlen eines Sinnes für das Negative*, das Leere und Stille, das Abwesende und Nichts im Ganzen des Raumes und der Zeit, hatte Plessner die Grenze der praktischen Intelligenz von Schimpansen formuliert (270–276). Sie können nicht *sich selbst* im leeren Raum und in leerer Zeit *vergegenständlichen*, obgleich sie mit ihrem Leib und anderen Feldverhalten im Sinne von Dingkonstanten umzugehen vermögen. Dabei kann es auch zu Überlappungen ihrer konzentrischen Kreise untereinander, in ihren sozialen »Mitverhältnissen« (307f.), in dem Spektrum zwischen Kampf, Flucht und interleiblicher Beziehung zwischen ihnen kommen, was man heute die »Populationskultur« von Primaten nennt.[22]

Empirisch-begrifflich kann man immer neue Zwischenlevels herauszubekommen versuchen, aber kategorial hilft dies nicht weiter, um der Eigenart und Einzigartigkeit von Phänomensprüngen in der lebendigen Begegnung gerecht werden zu können. Der positionale Gegenwert der zentrischen Organisationsform besteht darin, dass dieser Organismus *von sich aus* auch die konzentrische Mitte des Positionsfeldes bildet. Erst *für uns* besteht er aus Molekülen und Geweben, könnte er als Gesamtkörper ebenso an der Peripherie des Positionsfeldes stehen, ja, von einer in die andere Umwelt einer anderen Spezies wechseln z. B. zum Spracherwerb. Dieses *Wissen* solcher *Sachverhalte* (im Unterschied zu *Feldverhalten* zwischen Dingkomplexen in seiner Umwelt) sollte aber nicht auf *ihn selbst* von uns projiziert werden. Das konzentrische Lebewesen antwortet auf solche Fragen nicht, da sie aus einer anderen Lebenssphäre kommen. »Die Schranke der tierischen Organisation liegt darin, dass dem Individuum sein selber Sein verborgen ist, weil es nicht in Beziehung zur positionalen Mitte steht, während Medium und eigener Körperleib ihm gegeben, auf die positionale Mitte, das absolute Hier-Jetzt bezogen sind. Sein Existieren im Hier-Jetzt ist nicht noch einmal bezogen, denn es ist kein Gegenpunkt mehr für eine mögliche Beziehung da. Insoweit das Tier selbst ist, geht es im Hier-Jetzt auf. Dies wird ihm nicht gegenständlich, hebt sich nicht von ihm ab, bleibt Zustand, vermitteltes Hindurch konkret-lebendigen Vollzugs. Das Tier lebt aus seiner Mitte heraus, in seine Mitte hinein, aber es lebt nicht als Mitte. [...] es bildet ein auf es selber rückbezügliches System, ein Sich, aber es erlebt nicht – sich.« (288)

---

21 Siehe Tomasello, *Constructing*, 4.–7. chap.
22 Siehe Krüger, *Gehirn, Verhalten und Zeit*, 3. Kap.

Wie ist es möglich, zur positionalen Mitte – einer um diese Mitte herum konzentrisch geordneten Umwelt – einen Abstand zu bekommen, und zwar nicht einem anderen, aber ebenso zentrischen Lebewesen, sondern demselben Lebewesen selbst (289)? Offenbar ist es diese *Distanz* zur allein zentrischen Lebenssphäre, die uns – Biologen und Philosophen, Laien unserer personalen Lebensführung – in den Antworten zentrischer Lebewesen auf unsere Fragen fehlt und die wir ihnen gegenüber auch in teilnehmenden Beobachtungen einnehmen können, so sehr uns ihr zentrischer Vollzug zum Mitmachen einlädt. Innerhalb der zentrischen *Organisations*form würde ein zweites Zentralorgan nicht weiterhelfen. Jedes Gehirn funktioniert schon in sich auch gegensinnig, heute sagt man durch Metarepräsentationen. Ein zweites Gehirn im gleichen Gesamtkörper würde das Verhalten paralysieren oder zurückführen auf die dezentrale Schließung der Organisationsform, also mehrere Zentren für verschiedene Funktionen des Verhaltens. Die Antwortrichtung muss in der Veränderung der *Positionalität*sform liegen, ohne aus der bereits zentrischen Organisationsform ausbrechen zu können (291). Wie könnte die positionale Mitte auf Distanz zu sich kommen, außer sich geraten?

Die Aufgabe einer »exzentrischen Positionalität« (292) besteht demnach darin, die Exzentrierung der positionalen Mitte zu erreichen, ohne die Positionalität der lebendigen Natur zu verlassen. Die Exzentrierung muss auch eine »volle Rückwendung« auf das »Zentrum totaler Konvergenz des Umfeldes und des eigenen Leibes« (ebd.) ermöglichen, also mit einer im Prinzip zentrischen Organisationsweise verträglich bleiben. Diese Aufgabe wird in der Einführung des *Person*begriffes gestellt: »Positional liegt ein Dreifaches vor: das Lebendige ist Körper, im Körper (als Innenleben oder Seele) und außer dem Körper als Blickpunkt, von dem aus es beides ist. Ein Individuum, welches derart dreifach charakterisiert ist, heißt Person.« (293) Dem personalen Lebewesen bleibt der »Umschlag vom Sein innerhalb des eigenen Leibes zum Sein außerhalb des Leibes ein unaufhebbarer Doppelaspekt seiner Existenz, ein wirklicher Bruch seiner Natur«: Es »lebt diesseits und jenseits des Bruches, als Seele und als Körper *und* als die psychophysisch neutrale Einheit dieser Sphären.« (292) Aber wie ist es möglich, dass sich das personale Lebewesen von seiner positionalen Mitte im Verhalten *ex*-zentrieren und auf diese Mitte *re*-zentrieren kann? Indem der Grenzübergang, in der Exzentrierung sich zugleich zu rezentrieren, *vollzogen* wird. Dieser Vollzug geht nur, wenn dieses Lebewesen nicht mehr in einer konzentrischen *Um*welt, sondern in einer in sich doppelt strukturierten *Welt* lebt. Eine solche Welt besteht im Sinne einer lebensnötigen Möglichkeit von vornherein aus Exzentrierungs- und Rezentrierungsrichtungen des Verhaltens. Alles, was und wer hier und jetzt begegnen kann, wartet gleichsam darauf, in solchen Verhaltungsperspektiven verschränkt zu werden.

Insofern die Person von ihrer konzentrischen Mitte im Positionsfeld *nach außen* gerichtet abrückt, rückt ihre Mitte für die Person in die *Außenwelt* ein. »Das von Dingen erfüllte Umfeld wird die von Gegenständen erfüllte *Außenwelt*, die ein Kontinuum der Leere oder der räumlich-zeitlichen Ausdehnung darstellt. Unmittelbar bezogen auf die Körpergegenstände sind die Leerformen Raum und Zeit, sofern die Gegenstände in ihren Formen Seiendes manifestieren, Manifestationsweisen des Nichts.« (293) Steht das Lebewesen außer sich, d. h. »im Nichts seiner Grenze, so steht auch das Körperding der Umwelt ›in‹ der ›Leere‹ relativer Örter und Zeiten«, in den reversiblen Korrelationen eines »richtungsrelativen Raum-Zeit-Ganzen« (294). Dieses Ganze hinter dem Rahmen (»Horizont«) bleibt abwesend und gibt in dem Rahmen perspektivisch möglicher Richtungen nur »Fragmente« frei (293). Aber in dieser möglichen Verkörperung von allem lässt sich hier und jetzt für den Organismus in seiner Position (294) nicht die Einheit des personalen Verhaltens *vollziehen*. Dafür braucht er innerhalb der Außenwelt positionalen Vollzug »in der Mitte einer Sphäre« (ebd.). »Der Exzentrizität der Struktur des Lebewesens entspricht die Exzentrizität der Lage oder der unaufhebbare Doppelaspekt seiner Existenz als *Körper* und *Leib*, als Ding unter Dingen an beliebigen Stellen des einen Raum-Zeitkontinuums und als um eine absolute Mitte konzentrisch geschlossenes System in einem Raum und einer Zeit von absoluten Richtungen.« (ebd.) Exzentrisches Positionieren erfordert schon innerhalb der Außenwelt, die Sinnrichtungen von Körpern und Leibern zu verschränken.

Rückt die Person von ihrer konzentrischen Mitte im Positionsfeld *nach innen* gerichtet ab, gerät sie mithin in Richtung ihres Organismus, rückt ihre Mitte für die Person in die *Innenwelt* ein, die den Gegensinn zur Außenwelt darstellt. Sie verhält sich nun »›im‹ Leib« in Richtung auf »den Fluchtpunkt der eigenen Innerlichkeit« am »unobjektivierbaren Ich«, das »hinter« Körper und Leib den Horizont bildet (295). Obgleich der Richtungssinn und die Wertigkeit von Innen- und Außenwelt verschieden sind, handelt es sich doch in beiden Welten um »dieselbe Struktur als die Erscheinung eines nicht ausschöpfbaren Seins, als das Gefüge aus Schale und Kern« (ebd.), womit wir wieder am Anfang (3.1) wären. Gerät der Person ihr leiblicher Vollzug zum Gegenstand (»in Gegenstandsstellung«), geht es um eine wahrzunehmende Wirklichkeit, in der ihre Seele disponiert erscheint und »zugleich erlebnisbedingend und erlebnisbedingt« verstanden wird. Gerät die Person in »Selbststellung«, vollzieht sie also, sei es »naiv« oder »reflektiert«, so »erlebt« sie, »wird« sie ihrer Erlebnisse »inne« in einer »durchzumachenden Wirklichkeit« (296). Die Selbststellung in der Innenwelt reicht in der »Skala« vom »mir-zu-Mute Sein« bis zum bloßen »Etwas Sein«, von der »Hingenommenheit und Selbstvergessenheit« über die »Anmutungen« durch Sympathie und Antipathie bis zum »versteckt vorhandenen verdrängten Erlebnis« (296 f.). Der Primat der Selbststellung (die sog. Eigentlichkeit) über die Gegenstandsstellung verdecke die Kulturen vergleichenden Möglichkeiten schlechten und guten Schauspielens (298), in denen die »wirkliche Innenwelt« als Strukturproblem hervortrete, auf das die Kulturen verschieden antworten: »Wirkliche Innenwelt: das ist die Zerfallenheit mit sich selbst, aus der es keinen Ausweg, für die es keinen Ausgleich gibt.« (299)

Aber woher wird denn die Unterscheidung zwischen der Innen- und der Außenwelt ermöglicht? In dieser Frage, die weder monistisch noch dualistisch gestellt wird, besteht Plessners entscheidende Wendung der gesamten Rekonstruktion derjenigen Präsuppositionen, die für naturwissenschaftliche Vergleiche in Anspruch genommen werden: Aber haben nicht *wir selbst*, d. h. *andere Personen*, angeschaut, wie die erste Person in ihrer Außen- und Innenwelt auftrat? – Indem sie nämlich nach außen neben und nach innen hinter ihrer konzentrischen Mitte im Vollzug zum Vorschein kam, als spielte sie eine Rolle, in der sie sich nun verdoppeln kann? Nur die *Mitwelt* als das Dritte ermögliche die Unterscheidung zwischen der Außen- und Innenwelt: »Die Exzentrizität, auf welcher Außenwelt (Natur) und Innenwelt (Seele) beruhen, bestimmt, dass die individuelle Person an sich selbst individuelles und ›allgemeines‹ Ich unterscheiden muss. Allerdings wird ihr dies für gewöhnlich nur fassbar, wenn sie mit anderen Personen zusammen ist, und auch dann tritt dieses allgemeine Ich nie in seiner abstrakten Form, sondern mittels der ersten, zweiten, dritten Person konkret auf. Der Mensch sagt zu sich und anderen Du, Er, Wir –, nicht etwa darum, weil er erst auf Grund von Analogieschlüssen oder einfühlenden Akten in Wesen, die ihm am konformsten erscheinen, Personen annehmen müsste, sondern kraft der Struktur der eigenen Daseinsweise.« (300) Wer nach außen und nach innen außer sich gerät, steht in der Verhaltensbildung in der Aufgabe, wie er/sie/es im Außer-sich-Sein bei sich selbst bleiben kann. »Die Mitwelt *trägt* die Person, indem sie zugleich von ihr getragen und gebildet wird. Zwischen mir und mir, mir und ihm liegt die Sphäre dieser Welt des *Geistes*«, die »Wir-form des eigenen Ichs« (303). Als Glied der Mitwelt stehe jede Person da, wo die andere steht (304), d. h. im Außer-sich-Sein sowohl der Innen- als auch der Außenwelt, dessen Vollzug ein *mit sich* selbst verlangt.

Das Rückschlussverfahren auf die Ermöglichungsstrukturen der Unterscheidung personalen Lebens von anderen Lebensformen erklärt nicht dessen Entstehung und Interpretation im Laufe der Geschichte, wohl aber das dort Erklärungsbedürftige. Für uns heute ist die Interpretation der mitweltlichen Struktur der Beziehung von dem/der Anderen auf mich und von mir auf mich zurück durch »Einzahl und Mehrzahl« (305) in der Verwendung der Personalpronomen geläufig. Die »Individual- und Kollektiventwicklung« zeige indessen eine »ursprüngliche Tendenz zur Anthropomorphisierung und Personifizierung«, die Folgendes verdeutliche: »Bei der Annahme

Literatur

Joas, H.: *Die Sakralität der Person. Eine neue Genealogie der Menschenrechte*, Berlin 2011.

Krüger, H.-P.: *Zwischen Lachen und Weinen. Bd. I: Das Spektrum menschlicher Phänomene*, Berlin 1999.

– Ausdrucksphänomen und Diskurs. Plessners quasitranszendentales Verfahren, Phänomenologie und Hermeneutik quasidialektisch zu verschränken, in: *Philosophische Anthropologie im 21. Jahrhundert*, hgg. v. H.-P. Krüger u. G. Lindemann. Berlin 2006, S. 187–214.

– *Philosophische Anthropologie als Lebenspolitik. Deutsch-jüdische und pragmatistische Moderne-Kritik*, Berlin 2009.

– *Gehirn, Verhalten und Zeit. Philosophische Anthropologie als Forschungsrahmen*, Berlin 2010.

Lindemann, G.: *Grenzen des Sozialen. Zur soziotechnischen Konstruktion von Leben in der Intensivmedizin*, München 2002.

– *Das Soziale von seinen Grenzen her denken*, Weilerswist 2009.

Misch, G.: *Lebensphilosophie und Phänomenologie. Eine Auseinandersetzung der Dilthey'schen Richtung mit Heidegger und Husserl*, Berlin 1930.

Mitscherlich, O.: *Natur und Geschichte. Helmuth Plessners in sich gebrochene Lebensphilosophie*, Berlin 2007.

Plessner, H.: *Die Stufen des Organischen und der Mensch. Einleitung in die philosophische Anthropologie*, Berlin 1975.

– Macht und menschliche Natur. Ein Versuch zur Anthropologie der geschichtlichen Weltansicht. In: ders., *Gesammelte Schriften V*, Frankfurt a. M. 1981, S. 135–234.

– *Die verspätete Nation. Über die politische Verführbarkeit bürgerlichen Geistes*. In: ders., *Gesammelte Schriften VI*, Frankfurt a. M. 1982.

– Die Aufgabe der Philosophischen Anthropologie. In: ders., *Gesammelte Schriften VIII*, Frankfurt a. M. 1983, S. 33–51.

– Immer noch Philosophische Anthropologie? In: ders., *Gesammelte Schriften VIII*, Frankfurt a. M. 1983, S. 235–246.

Scheler, M.: *Die Stellung des Menschen im Kosmos*, Bonn 1995.

– *Wesen und Formen der Sympathie*, Bonn 1985.

Taylor, Ch.: *Ein säkulares Zeitalter*, Frankfurt a. M. 2009.

Tomasello, M.: *Constructing a Language. A Usage-based Theory of Language Acquisition*, Cambridge – London 2003.

Dieter Lohmar

DIE FUNKTION DES TYPUS
IN WAHRNEHMUNG UND ERKENNEN
BEI MENSCHEN UND TIEREN

Ein Beitrag zur Frage
nach der kleinsten Einheit des Erkennens

Meine Untersuchung hat drei Teile. (1) Zuerst werde ich die Unterschiede der Funktion des Typus in der Wahrnehmung und im Erkennen herausarbeiten, und zwar ohne Berücksichtigung des Unterschiedes zwischen dem Typus eines Allgemeinen (Typus$_A$) und dem Typus eines Einzelnen (Typus$_E$). (2) Dann versuche ich den Unterschied zwischen der Funktion und der Erfüllung eines Typus eines Einzelnen (Typus$_E$), z. B. von Peter, und dem Typus eines Allgemeinen (Typus$_A$), z. B. einer Banane oder eines Baumes, herauszuarbeiten. Beides zusammen soll zeigen, dass Erkennen auch schon unterhalb der Ebene der Leistung möglich ist, und faktisch dort auch meistens liegt, die man durch ein sprachliches Urteil der Form »S ist p« mit dem Gebrauch von Begriffen aussagen kann. Beide Arten des Typus bilden sich allein auf der Grundlage der Wahrnehmung gleichartiger Gegenstände, und d. h. ohne den Begriff und ohne die Sprache. Man ersieht daraus, dass die Analysen der Funktion des Typus nicht nur für sprechende Lebewesen, sondern auch für Tiere mit vergleichbarer Intelligenz gelten, z. B. für Primaten. Am Ende (3) werde ich kurz einige Thesen von Daniel Davidson, einem Vertreter der zeitgenössischen analytischen Philosophie des Geistes diskutieren und zurückweisen. Seine Argumentation läuft darauf hinaus, dass Tiere weder Erkennen noch Denken können, weil ihnen die Sprache fehlt.

Meine Untersuchung behandelt auch das Problem, ob das Urteil wirklich die »kleinste«, einfachste und niedrigstufigste Einheit des Erkennens ist, oder ob es nicht Formen des Erkennens gibt, die vor und unterhalb der Leistung des prädikativen Urteils liegen. Diese Fragen gehören in die Phänomenologie des menschlichen Erkennens und Wahrnehmens, aber sie stehen auch im weiteren Kontext der Suche nach der »kleinsten« und einfachsten Einheit des Erkennens in anderen Ansätzen der Philosophie. Antike Vorbilder, aber auch die gegenwärtige analytische Philosophie glauben, dass diese kleinste Einheit des Erkennens das Aussagen von Etwas-als-Etwas ist, z. B. darüber, dass ein Ding eine Eigenschaft hat, die sich in Begriffen formulieren lassen muss. Erkennen findet also in diesem propositionalen Paradigma erst auf der Ebene des Urteils statt, und es lässt sich daher auch nur in einem Urteil wie »S ist p« angemessen ausdrücken.

Wenn man auf diese Weise ansetzt, dann ergibt sich jedoch schon für das menschliche Denken eine problematische Konsequenz: Man identifiziert die Möglichkeit des Erkennens mit dem angemessenen öffentlichen Reden über diese Erkenntnis, d. h. mit der Sprache und dem sprachlich formulierten Urteil. Dies ist falsch, denn viele rezente empirische Untersuchungen lassen es höchst wahrscheinlich erscheinen, dass viele höher entwickelte Tiere ebenfalls in der Lage sind, Dinge wahrzunehmen und auch deren Eigenschaften zu erkennen, z. B. die feinen Unterschiede zwischen reifen und unreifen Früchten zu bemerken. Und sie richten sich auch in ihrem Handeln nach diesen Einsichten.

Ich möchte versuchen, die »kleinsten Einheiten« des menschlichen Erkennens anders zu charakterisieren, und zwar ohne die Sprache als Werkzeug des Erkennens ins Spiel zu bringen. Im Rahmen der Phänomenologie bietet sich für diese Charakterisierung die Aktanalyse an, denn Phänomenologie ist keineswegs auf die Ebene sprachlicher Intentionen und ihrer Erfüllung beschränkt.

Husserl selbst hat in *Erfahrung und Urteil* (1939) Analysen zur vorprädikativen Erfahrung durchgeführt und dazu ebenfalls Analysen des Entstehens und des Fungierens des Typus vorgenommen. Mein Ansatzpunkt ist daher der Gebrauch des Typus, und zwar in der Wahrnehmung und im Erkennen. Hier ist meiner Ansicht nach auch die kleinste Einheit des Erkennens zu suchen. Die Argumente für diese Ansicht sind folgende: In Typen sedimentiert sich unsere bisherige Erfahrung von Gegenständen bestimmter Art, und wir brauchen Typen vor allem, um Dinge, Ereignisse und Situationen wahrzunehmen. Jedoch: Wahrnehmen mit Hilfe eines Typus ist noch kein Erkennen. Mein Argument zielt nun darauf ab, herauszuarbeiten, dass der Typus auch in der elementarsten Form des Erkennens eine wichtige Funktion hat.

Da die deskriptive Phänomenologie die eidetische Methode verwendet, die sicherstellt, dass alle denkbaren Varianten eines untersuchten Aktgefüges dieselben Charakteristika besitzen, ist die Übertragung auf das Bewusstseinsleben anderer Menschen erlaubt. Der weitere Schritt der Übertragung auf Tiere, deren Verhalten deutlich anzeigt, dass sie vergleichbare Leistungen vollziehen, ist dann nahe liegend. Viele Tiere sind z. B. in der Lage, sich im Gelände zielstrebig zu orientieren, man spricht hierbei auch von einer *mental map*.

Für den Übergang von Wahrnehmung zum Erkennen gibt es in vielen Situationen gute Motive. Im Verlauf der Wahrnehmung stellt sich z. B. gelegentlich Unsicherheit über das Wahrgenommene ein: Ist es wirklich ein Bär, den ich da in der Ferne sehe oder nicht? Ist es Peter, der dort hinten kommt oder nicht? Damit entsteht das Motiv, sichergehen zu wollen. Ich will sicher sein, was es denn wirklich ist, was ich wahrzunehmen glaube. Schon dieses Motiv, das sich aus der Unsicherheit im Wahrnehmen ergibt, reicht aus, um erkennen zu wollen. Akttheoretisch betrachtet, ist das aktive und willentliche Wieder-Durchlaufen einer Wahrnehmungssynthesis bereits ein Merkmal höherstufiger Akte des Erkennens.[1]

Aktives Erkennen-Wollen steht im Rahmen des Strebens nach Überwindung der Unsicherheit. Ich strebe willentlich nach dem Ziel des Erkennens und erreiche damit (wenn es sich erreichen lässt) auch die gesuchte Sicherheit, die ich für mein Handeln brauche. Die Gefühle (z. B. das der Sicherheit oder Unsicherheit) haben für das nicht-sprachliche Denken eine grundlegende bedeutungstragende Funktion. In dem Fall der Unsicherheit bei der Wahrnehmung stellen sie sozusagen eine bestimmte Einsicht über mein aktuelles Wahrnehmen symbolisch dar. Die hier gefühlte, besondere ungeduldige Unsicherheit besagt dabei Mehreres zugleich: (1) Ich bin mir über mein Wahrnehmen (oder sogar über mein Erkennen) jetzt nicht sicher, (2) ich glaube aber zugleich, dass ich durch eigene Tätigkeit diese Unsicherheit überwinden werden kann, weil ich (3) in anderen Fällen die Erfahrung gemacht habe, dass dies möglich ist.[2]

Die Einschätzung der Erkenntnissituation selbst beruht übrigens auch auf Typen, denn Ereignisse oder Situationen können ebenfalls apperzipiert werden. Ich kenne bereits diese Art von Erkenntnissituation, weil ich schon Erfahrungen damit gemacht habe. Die besondere Unsicherheit in dieser Situation ist mit einem weiteren Gefühlsaspekt vermischt, den man am besten Ungeduld nennt, denn ich fühle mich nicht hilflos angesichts der Unsicherheit meiner Wahrnehmung, sondern gerade zur aktiven Tätigkeit aufgefordert, z. B. hinzugehen, noch einmal genau hinzuschauen, zu prüfen usw. Die besondere Ausrichtung des mit diesem Gefühl bedeuteten Wissens über mein Wahrnehmen (oder Erkennen) zeigt, dass es sich um eine Metakognition handelt, also ein Wissen über mein Wissen.[3]

Der Gegenstand dieses Erkennen-Wollens ist meistens etwas, das wir sprachlich mit einer Subsumption oder einer Identifikation, d. h. einem Wiedererkennen, bezeichnen würden: Dies da ist ein Baum, dies da ist Peter, dies da ist ein Hund usw. Aber es ist wichtig, hier zu unterscheiden, was Men-

---

[1] Vgl. hierzu Lohmar, *Erfahrung und kategoriales Denken*, Kap. III, 8.

[2] Ich kenne also diesen Typ von Situation, d. h. ich besitze einen (höherstufigen) Typus von solchen Ereignisfolgen.

[3] Dies zeigt auch, dass man für Metakognition keineswegs Urteile und sprachliche Begriffe braucht, wie z. B. Davidson voraussetzt. Hier sehen wir, dass auch das Gefühl der Sicherheit oder Unsicherheit, das sich präzise an genau die »unsicheren« Inhalte anheftet, hierfür ausreicht. Vgl. zu Davidsons These, dass man für Metakognition den Begriff der Überzeugung haben und verwenden muss, den unten stehenden Abschnitt 3.

schen als sprechende Lebewesen darüber sagen würden und dem, was im eigentlichen Erkenntnisakt zu finden ist und was seine Leistung ausmacht. In einfachen Erkenntnisakten erkennen wir lediglich etwas als Fall eines Typus$_A$ (Baum, Hund) oder ein einzelnes Ding mit Hilfe eines Typus$_E$ (Peter). Diese Stufe der Synthesis ist daher wahrscheinlich die niedrigste Leistung, die den Namen Erkenntnis verdient, und sie liegt akttheoretisch betrachtet noch unterhalb der Leistungshöhe, die die Zuschreibung eines Prädikats oder einer Eigenschaft verlangt.[4]

1. Wahrnehmung und Erkennen mit Hilfe des Typus

Wie geht die Wahrnehmung mit der Hilfe eines Typus vor sich und worin liegen die Unterschiede zum Erkennen mit Hilfe eines Typus? Bei der Beantwortung dieser Fragen werde ich jedoch nicht auf die Entstehung des Typus und auch nicht auf seine Modifikation in weiteren Erfahrungen eingehen können.[5] Ich gehe davon aus, dass wir den Typus von Peter (d. h. einer ganz bestimmten Person) und auch den Typus einer Banane besitzen und diesen auch verwenden können. In diesen Typen haben sich die vorangegangenen Erfahrungen der Wahrnehmung von verschiedenen Bananen und von verschiedenen Gelegenheiten des Sehens von Peter sedimentiert. Dieses sedimentierte Wissen steht mir aber in einer anwendbaren und höchst aktiven Form zur Verfügung. Mit seiner Hilfe kann ich alle möglichen Bananen wahrnehmen und auch Peter in vielen verschiedenen Perspektiven und Haltungen zu mir wahrnehmen.

Die Wahrnehmung ist ein Prozess, in dem auf der Grundlage einer Fülle von sinnlich Gebotenem zunächst ein bestimmter Typus »geweckt« werden muss, d. h. das Fungieren eines bestimmten Typus muss irgendwie »motiviert« werden, der Typus muss, um ein anderes Modell zu wählen, sozusagen in seiner spezifischen Aktivität »anspringen«. Genauer gesprochen heißt das, der Typus muss in der leitenden Funktion für die wahrnehmende Apperzep-

---

4 Bei der phänomenologischen Analyse des Themas »kleinste Einheiten des Erkennens« zeigt sich eine Alternative, denn auch schon im Rahmen von Wahrnehmungen sedimentiert sich ein vorprädikatives Wissen über die Eigenschaften von Gegenständen, das eine bleibende Vorstufe bzw. eine Vorform ist, die spätere Erkenntnis werden kann. Die in der so genannten vorprädikativen Erfahrung sedimentierten Kenntnisse über den konkreten Gegenstand zeichnen bei der aktiv inszenierten Wiederholung der Wahrnehmung genau die Erfahrungswege vor, auf denen dieselbe Einsicht wie in der vorprädikativen Kenntnis auf der Ebene der Erkenntnis gewonnen werden kann. Vgl. dazu meine Darstellung Lohmar, *Erfahrung und kategoriales Denken*, Kap. II, 6–8.

5 Das habe ich an anderer Stelle behandelt. Vgl. hierzu die Darstellung in Lohmar, *Phänomenologie der schwachen Phantasie*, Kap. 7–8.

tion fungieren. Wir müssen ihn zur Gestaltung des sinnlich Gebotenen in der Funktion der Darstellung verwenden. Man kann auch sagen: Der Typus muss von uns in die Funktion der Leitung der typisierenden Apperzeption gebracht werden. Wenn er in dieser Funktion arbeitet, dann sprechen wir vom Fungieren des Typus in der Wahrnehmung (Apperzeption).[6]

Dieses Fungieren des Typus umfasst verschiedene Aspekte des komplexen Prozesses der Apperzeption. Der geweckte Typus leitet die Auswahl, die Aufsammlung und die Interpretation derjenigen Elemente in der Sinnlichkeit, die uns den Gegenstand sinnlich darstellen können, der mit Hilfe des Typus erfasst werden kann. Ich erläutere dies zuerst an der Funktion der *Auswahl*: Der Typus der Zitrone beinhaltet einen fruchtigen Geruch, den wir, wenn er sinnlich gegeben ist, zur Darstellung des Gegenstandes hinzunehmen können. Einen Geruch nach Teer oder Kaffee, unsere leichten Zahnschmerzen, das Erklingen einer leisen Melodie usw. nehmen wir aufgrund des im Typus enthaltenen »Wissens« um die mögliche Erscheinung von Zitronen nicht in die Darstellung dieser Zitrone auf. Der Typus eines fahrenden Autos enthält die Vorstellung eines Motorgeräuschs, das zur Darstellung des Gegenstandes hinzugenommen werden kann. – Auch das *Aufsuchen* und das *Aufsammeln* der darstellenden Elemente ist vom Typus gelenkt. Ich weiß, wie sich der typisiert apperzipierte Gegenstand gewöhnlich in der Sinnlichkeit darstellt, z. B. mit einer charakteristischen Farbe oder einem charakteristischen Geruch. Und wenn der Typus fungiert, dann leitet er meine gezielte Suche nach diesen Elementen in der Sinnlichkeit. – Die *Interpretation* der sinnlichen Gegebenheiten wird ebenfalls von dem einmal geweckten Sinn des Typus beeinflusst und motiviert: Sehe ich das Auto etwa gerade vor mir fahren, höre aber das Geräusch viel weiter rechts durch ein geöffnetes Fenster, so deute ich die Richtung des akustischen Eindrucks um und weise ihm eine andere Richtung zu, damit dieses Geräusch rechts überhaupt jenes Automobil geradeaus mit darstellen kann.

Wird die Wahrnehmungsintention erfüllt, dann beruht dies auf einer Erfüllung aller oder zumindest der zentralen Teilintentionen, die durch den Typus geweckt werden. In der erfolgreichen Wahrnehmung decken sich die zunächst leeren Intentionen auf die erwarteten Elemente der sinnlichen Darstellung des Gegenstandes (z. B. der phantasmatisch erlebte Geruch, die Gestalt usw.) mit den sinnlich-anschaulich erfüllten Intentionen und werden auf diese Weise erfüllt.

---

6 Die verschiedenen Wege der ›Motivation‹ in der Weckung eines Typus untersuche ich hier ebenfalls nicht, ebenfalls nicht die lebhafte Konkurrenz verschiedener Typen, die immer wieder versuchen, in die leitende Funktion zu gelangen. Vgl. hierzu Lohmar, *Phänomenologie der schwachen Phantasie*, Kap. 8.

Die Typen wurden oben als höchst aktive Form des Wissens charakterisiert. Dies zeigt sich auch in den verschiedenen Teilleistungen des Prozesses der Apperzeption. Es gibt jedoch noch eine weitere auffällige Erscheinungsform der durch den Typus geleiteten Aktivität des Geistes: Manchmal kann dasjenige, das wir aufgrund unseres typischen Vorwissens von einem Gegenstand erwarten, z. B. der Geruch einer Zitrone, als Phantasma kurzfristig so lebendig erscheinen, als ob es sinnlich gegeben wäre.[7] Dann habe ich manchmal den Eindruck, ich könnte z. B. so etwas wie einen fruchtigen Geruch wahrnehmen, der tatsächlich nur ein lebensvolles Phantasma ist, das erscheint, weil ich mittels des Typus »weiß«, dass das Objekt diesen Geruch haben wird (oder haben sollte). Und diese Phantasmen können auch erscheinen, wenn dem Objekt genau diese Eigenschaft fehlt, z. B. weil es eine Attrappe aus Kunststoff ist, oder wenn das Objekt noch zu weit entfernt ist, um es wirklich riechen zu können.

Solche Effekte unserer sicher erwarteten, leeren Intentionen auf einen Gegenstand lassen sich auch experimentell nachweisen. Zeigt man Zuschauern den animierten Film einer springenden Stahlfeder (ohne Ton), und fragt sie anschließend, ob sie auch das »Boing Boing« Geräusch beim Springen der Feder gehört haben, so bejahen dies etwa 30 % der Zuschauer.[8] Die leeren Intentionen stellen sich also in allen unseren Sinnesfeldern (visuell, akustisch usw.) als unauffällige Phantasma dar, die eigentlich nur das Vorhandensein der inhaltlich präzisen Erwartung anzeigen.[9]

Diese Hinweise sollen verstehen helfen, dass man zur lebendigen Intention auf die einzelnen Merkmale von Gegenständen keineswegs sprachliche Begriffe braucht, in denen diese Merkmale leer intendiert sind. Wir selbst – und deshalb ist zu vermuten, auch viele Tiere – können dasselbe in phantasmatischen Intentionen leisten. Die Phantasma sind die leeren Intentionen. Stellt sich dann in der gegebenen Sinnlichkeit die Erfüllung der Intention sinnlich-intuitiv ein, so überschreibt und verdeckt die Sinnlichkeit die phantasmatisch dargestellten Intentionen.

Über die Phantasma im Rahmen der Wahrnehmung hinaus, kann sich auch in der Phantasie, die nicht von der Sinnlichkeit gefordert und gestützt wird, die Leistung des Typus auswirken. Stellen wir uns z. B. unseren Freund Peter vor, dann finden wir eine Art Erinnerungsbild vor, das dessen Gesicht darstellt, sowie seine charakteristische Haltung, Größe, evtl. sogar seine Stimme usw. Dies ist verständlich, denn der Typus ist ja ein Instrument, mit dessen Hilfe wir in der Lage sein sollen, alle möglichen Haltungen und Per-

---

[7] Hier zeigt sich auch, dass die Teilintentionen, die im Typus enthalten sind, nicht in sprachlicher Weise in diesem enthalten sind (bzw. nicht sprachlich enthalten sein müssen).

[8] Vgl. hierzu Biocca/Kim/Choi, *Visual Touch in Virtual Environments*.

[9] Vgl. hierzu Lohmar, *Phänomenologie der schwachen Phantasie*, Kap. 3.

spektiven eines gegebenen Gegenstandes wahrzunehmen. Daher muss ich sozusagen in der Lage sein, die mir bekannt gewordenen Haltungen und Perspektiven in mir unbekannte »umzuzeichnen«. Ich muss dazu nicht fähig sein, ihn wirklich mit Bleistift auf Papier zu zeichnen, sondern meine Erwartungen müssen sich lediglich jederzeit so an die Gegebenheit anpassen können, dass ich in der Sinnlichkeit Peter wahrnehmen kann, wenn er auf veränderte Weise erscheint. Meine vom Typus induzierten Erwartungen müssen sich sozusagen auf jede mögliche Gegebenheit des Gegenstandes hin »umzeichnen« lassen.

Damit ist aber noch nicht der ganze Umfang der Leistung des Typus beschrieben. Unser Typus von Peter ermöglicht uns weiterhin, in der Phantasie bewegte Szenen mit Peter (und anderen Personen) vorzustellen, die wir als solche nie wirklich gesehen haben. Dies geht sogar in einer natürlichen Geschwindigkeit mit natürlichen Bewegungen, d. h. so, wie Peter sich wirklich bewegt. Allerdings geht dies bei Szenen leichter, die wir in ähnlicher Weise schon einmal gesehen haben.[10]

Nun haben wir gesehen, was wir mit der Hilfe des Typus$_E$ eines Einzelnen (und auch mit dem Typus$_A$ eines Allgemeinen, wie sich gleich noch zeigen wird) alles in Wahrnehmung und Phantasie tun können. Jetzt wenden wir uns der Situation zu, in der wir im Wald einen charakteristischen Baum (als praxisleitende Wegmarke) gesucht und gefunden zu haben glauben.[11] Was passiert nun, wenn wir bei der Erfüllung unserer Wahrnehmungsintentionen ein zentrales Bestandteil nicht finden können, d. h. wenn die individuelle Wegmarke weitgehend so wie erwartet erscheint, aber eben nicht in allen Details genau so, wie wir sie »im Gedächtnis« hatten? Wir werden *unsicher*, d. h. wir verlassen den sicheren Pfad der kontinuierlich erweckten und dann erfüllten Intentionen, die uns z. B. in einer uns bekannten Gegend leiten. Wir stutzen, unsere Praxis kommt zum Stocken, wir bleiben stehen und sehen uns diesen Baum genauer an. – Welche Einsicht drückt diese Unsicherheit

---

[10] Man kann sich fragen, warum wir das können und wozu wir diese Fähigkeit brauchen. Jedenfalls scheint die Leichtigkeit, mit der wir diese komplizierte Handlung vollbringen, darauf hinzudeuten, dass wir diese imaginativen Szenen gelegentlich brauchen, sonst würde es uns nicht so leicht fallen. Meine eigene Vermutung, warum wir dies können, ist, dass es ein nicht sprachliches System des Denkens und Erwägens gibt, das mit szenischen Phantasmen operiert, so dass es uns gelegentlich so vorkommt, als ob es eine Art Tagtraum wäre. Tatsächlich können wir mit der Hilfe dieser szenischen Phantasmen Erfahrungen wieder aufrufen und eventuell mögliche Konsequenzen oder Ursachen von Ereignissen szenisch darstellen und z. B. unserer Vermutung Ausdruck geben, dass Peter mir aus Scherz die Luft aus dem Reifen meines Fahrrades gelassen hat. Vgl. hierzu meine Analyse nicht-sprachlichen Denkens in *Thinking and Non-language Thinking*.

[11] Auch hier, wie bei allen anderen Wahrnehmungs- und Erkenntnisintentionen, gibt es keine absolute Sicherheit.

aus, was tun wir dann und worauf achten wir? Die ungestörte Praxis der Wahrnehmung wird jetzt selbst zu einem Thema und einem Problem. Wir wollen nun »sichergehen«, ob das, was wir da wahrnehmen, wirklich die gesuchte Wegmarke ist.

Das Beispiel der Wegmarke, d. h. des charakteristischen, individuellen Baumes ist nicht zufällig gewählt. Man weiß aus experimentellen Studien, dass viele Tiere mittels sehr einfacher, sinnlich basierter Verfahren individuelle Gegenstände wiedererkennen, z. B. das Robbenjunge erkennt die Mutter am charakteristischen Geruch, aber auch an ihrer Stimme – und umgekehrt. Auch die Orientierung von Zugvögeln, die einen sehr komplexen Eindruck macht, ist wahrscheinlich einfacher als vermutet und richtet sich nach dem Erdmagnetfeld, für das diese Tiere einen Sinn besitzen. Aber es gibt – vor allem bei den Säugetieren und bei den höher cerebralisierten Vögeln – auch die optische Orientierung, die darauf beruht, dass einzelne Gegenstände als Wegmarken individuell erkannt werden.[12] Wir wissen selbst aus eigener Erfahrung, wie es weiter geht, wenn wir diese Wegmarke erst gefunden haben. Sie ist nicht nur ein individueller Gegenstand, sondern sie dient zugleich als Wegweiser, wir wissen jetzt, wie es von hier an weiter geht. Sollte die Wahrnehmung aber mit Unsicherheiten behaftet sein, dann schließt sich eine explizite und willentliche Wiederholung der Wahrnehmung an, die in jedem ihrer Schritte bewusst und willentlich vollzogen wird und fragt: Ist es genau das »Gesicht«, genau die Konstellation, die ich »in Erinnerung« habe, ist es genau die, die ich erwartet habe?

Das Fungieren des Typus akzeptiert immer auch eine gewisse Abweichung bei dem, was sinnlich gegeben ist und das dennoch als Erfüllung des Erwarteten gelten kann. Bei dem $Typus_A$ des Allgemeinen sind dies die individuellen Unterschiede von Gegenständen, die man mit demselben Typus wahrnehmen kann. Nicht alle Bäume oder alle Schafe sind gleich. Aber wie steht es in dieser Hinsicht mit dem $Typus_E$ eines Einzelnen? Was tun wir, wenn es hier Abweichungen von unseren Erwartungen gibt? Kann man sie z. B. durch normale, kausale Einflüsse verständlich machen? Können die Blätter des Baumes abgefallen, ein Ast abgebrochen sein – und wenn ja, liegt er hier irgendwo? Solche »Fragen« nach normalerweise zu erwartenden Veränderungen helfen uns oft aus der Unsicherheit.

---

[12] In der Diskussion der vergleichenden Verhaltensforschung wird die Fähigkeit, sich in einem großen Terrain zu orientieren, oft mit dem Begriff der *mental map* bezeichnet. Das ist sicher von der Sache her, die mit diesem Begriff genannt wird, zu hoch gegriffen, denn eine Orientierung mit Hilfe einer imaginierten Karte aus der Vogelperspektive ist hiermit sicher nicht behauptet. Eine Orientierung nach den praktischen Verweisungen, die eine bekannte Wegmarke bietet (»An diesem Baum musst Du nach links gehen, dann kommst Du zu dem Bach!«), scheint hier bei der optischen Orientierung eher wahrscheinlich.

Aber Vorsicht! Dass wir hier von »Fragen« sprechen, lässt uns die Antwort wie eine Erkenntnis mit Hilfe des Begriffs der Kausalität erscheinen. Aber es ist faktisch nicht immer ein Akt auf dem Niveau der Erkenntnis, denn es kann sich noch um ein Ringen um den richtigen Typus (der in der Wahrnehmung fungiert) handeln. Ein Baum im Herbst ist von den herabgefallenen Blättern umgeben, und diese gehören zu seinem typischen Erscheinungsbild, ebenso, wie die grünen Blätter im Sommer. Wir sehen z. B. gerade da keine Blätter, wo wir zuletzt dichte Blätter gesehen hatten. Aber natürlich, es ist Winter! Der Typus$_A$ steht ebenso wie der Typus$_E$ unter den Gesetzen solcher uns bekannter Veränderungen. Faktisch wechseln wir dabei den Typus$_A$, wir erwarten nicht mehr einen Baum im Sommer, sondern nun einen im Winter usw. So lösen wir nach und nach die Probleme der gestörten Wahrnehmung durch die Besinnung auf die weiten Grenzen des Erwarteten. Das Resultat ist eine erneute Deckung des nun leicht modifiziert Erwarteten durch das Gegebene, und wir erkennen auf diese Weise, dass es der gesuchte Baum ist (oder, dass er es nicht ist).

Aber es gibt auch Enttäuschung unserer Erwartungen, die nicht mit dem Wechsel des Typus zu beheben sind, den wir zur Wahrnehmung verwenden. Was tun wir, wenn ein charakteristisches Merkmal des individuellen Gegenstandes fehlt, wenn z. B. ein Ast abgebrochen ist? Hier wird das Spiel der konkurrierenden Typen durchbrochen und eine willentliche Zuwendung wird durch die Unsicherheit motiviert. Ich muss willentlich nach »Erklärungen« suchen, ich muss den abgebrochenen Ast finden oder nach anderen charakteristischen Erkennungsmerkmalen suchen, die meine Unsicherheit beheben können.

Hiermit ist die unterste Stufe der Erkenntnis betreten, die sich »gerade so« über der Wahrnehmung erhebt. Die willentliche und bewusste Wiederholung der Wahrnehmung ist geleitet von dem Inhalt des Typus$_E$, d. h. von dem, was wir über diesen bestimmten Baum »wissen«. Und wir wissen in derselben Weise um seine wahrscheinlichen und um die eher seltenen Veränderungen. Wenn wir ihn als diesen wiedererkennen, dann ist dies zugleich eine Einsicht, die unsere Praxis wieder sicher macht und zugleich leitet: Wir wissen jetzt, wie es von hier an weiter geht.

Es ist eine weit verbreitete Ansicht, dass Erkenntnis mit wahrheitsfähigen Bedeutungseinheiten identifiziert werden kann, also mit Aussagen, Urteilen bzw. Sätzen, die wahr oder falsch sein können. – Wie verhält sich aber zu dieser Überzeugung das Ergebnis unserer Analyse, dass es schon Erkennen ist, wenn eine Wahrnehmung über eine Phase der Unsicherheit und des Zweifels durch eine willentliche, explizite und bewusste Wieder-Durchführung der Wahrnehmungsaktivität zur Erkenntnis führt? Erkenntnis ist in diesem Kontext (1) *akttheoretisch* charakterisiert, und zwar durch einen aktiven Neuvollzug, der von unserem Vorwissen geleitet ist. Außerdem ist Erkenntnis *emotional*[13] (2) und *pragmatisch* (3) durch die Aufhebung unserer Unsicherheit gekennzeichnet, denn die Aufhebung der Wahrnehmungsunsicherheit durch Erkenntnis ermöglicht wieder sicheres Handeln.[14] Dagegen kommt die Form des Urteils (auch für den Menschen) erst nachträglich dazu.[15] Und sie ist auch nur für sprechende und kommunizierende Lebewesen wichtig, nicht für nicht sprechende Tiere.

Mir scheint die grundlegende, niedrigste Art der Erkenntnisleistung daher schon deutlich vor und unterhalb der Ebene der Sprache und des sprachlichen Denkens zu liegen. Wir Menschen können zwar im Nachhinein über solche vorsprachlichen Formen des Erkennens reden, und zwar auch so reden, als ob es hier schon um Wahrheit und Erkenntnis in Formen ginge, die durch Urteile ausdrückbar sind. Aber dass wir so reden, ist eher eine lieb gewonnene Gewohnheit auf der kommunikativen Ebene, denn der Sache nach ist es nicht so. Wenn wir glauben, dass es schon hier um Erkenntnis mit Begriffen und in Urteilen geht, dann lassen wir uns von den Eigenarten eines zur Kommunikation geeigneten Repräsentationssystems (der Sprache) verleiten. Es liegt dann ein sprachlicher Fehlschluss vor, der von den Regeln sprachlichen Darüber-Redens nahe gelegt wird. Wahrheit ist ein Thema und ein Gegenstand, den nur kommunizierende Gemeinschaften konstituieren können. Als einsamer Denker habe ich nur Erkenntnis und Erkenntnis-Sicherheit im Gegensatz zur Wahrnehmungs-Sicherheit (oder -Unsicherheit).

2. Die Unterscheidung von Typus$_E$ und Typus$_A$

In der bisherigen Darstellung stand immer der Unterschied zwischen dem Gebrauch des Typus$_A$ eines Allgemeinen (Baum, Banane, reife Banane) und des Typus$_E$ eines Einzelnen (Peter) im Hintergrund. Beides ist nicht dasselbe, d. h. wir sind sicher, dass der gemeinte Gegenstand in beiden Fällen nicht derselbe ist. Und wir brauchen auch nicht zu argumentieren, dass man

---

[13] Emotionen sind ein wichtiges Element des nicht sprachlichen Repräsentationssystems, das auf der Grundlage von phantasmatischen Szenen arbeitet und das auch noch im Menschen aktiv ist.

[14] Eventuell kann dieses pragmatische Kennzeichen auch für eine experimentelle Prüfung dienen, bei der z. B. Wegmarken für Tiere durch leichte Modifikation zu einer Quelle der Unsicherheit werden, dann länger als normal fixiert werden und sich dann die Unsicherheit auflöst.

[15] Auch für den Menschen, und zwar solange er nicht in sprachlichen Modi denkt, sondern lediglich seinen Weg wahrnehmend durch den Wald finden will, spielt die Sprache nur eine funktionslose, allenfalls kommentierende Rolle. Selbst wenn wir uns fragen: »Ist das der gesuchte Baum?«, dann wissen wir darin nicht mehr als die bemerkte Unsicherheit bezüglich des Gebrauchs des Typus$_E$. Die Sprache drückt hier nur aus, was wir bereits mit anderen Mitteln gedacht haben.

doch wohl die Vorstellung eines Allgemeinen erst haben kann, wenn man eine Sammlung von einzelnen Gegenständen hat, die man unter einem einheitlichen Gesichtspunkt verbindet. Das sind – so glaube ich – mundane und sprachliche Überlegungen, die zudem von intersubjektiv geteilten Normen des Denkens und Vorstellens mitbestimmt sind. Aber diese Maßstäbe sind nicht die, nach denen sich Erfahrungen auf ihrem niedrigsten Niveau richten, sondern lediglich die, die sich schon nach den Normen richten, die die kommunizierbare Erkenntnis in sprachlicher Form erfüllen muss. Aber dies ist nicht die einzige Form von Erkenntnis, die wir Menschen haben, und auch nicht die elementarste Form. Meine Vermutung ist eher, dass die Erfassung mit einem $Typus_A$ die erste und grundlegende Leistung ist. Die Gründe hierfür werde ich jetzt diskutieren.

Beginnen wir mit einem Beispiel: Wenn wir in einem Wald leben, dann müssen wir in der Lage sein, Bäume wahrzunehmen, und zwar mit einer gewissen Vagheit, die den Gebrauch eines $Typus_A$ anzeigt. Es geht dann nicht darum, welche Art Baum es ist, ob der Baum groß oder klein, dick oder dünn ist, ob er eine glatte Rinde hat usw. Es ist der $Typus_A$ eines Allgemeinen, der auf alle diese verschiedenen Varianten passt, d. h. von ihnen erfüllt werden kann. Natürlich kann der wieder in Sub-$Typen_A$ differenziert werden, die den verschiedenen Spezies empirischer Begriffe entsprechen (Birke, Eiche, Kiefer …).

Dem steht der Gebrauch eines $Typus_E$ gegenüber, der einen bestimmten Baum meint, der an einem bestimmten Platz zu finden ist, und der mir eine Orientierung bei meinem Weg durch den Wald erlaubt. Ich muss dazu diesen Baum als diesen individuellen Baum erfassen. Er hat sozusagen ein bestimmtes unverwechselbares »Gesicht«, an dem wir ihn erkennen können, sei dies nun die Konstellation mit anderen Bäumen oder Felsen, einem Bach usw. oder eben eine unvergleichbare Teilgestalt. Die Rede vom »Gesicht« ist eine Metapher aus dem personalen Leben, die besagen soll, dass es sich um ein individuell Gestalthaftes handelt, das für uns nicht als erfüllt erscheinen kann, wenn es nur vage Ähnlichkeit besitzt. Wenn es erfüllt sein soll, dann muss es genau das Gesicht sein, das wir suchen. Bevor nicht dieses »Gesicht« erscheint, glaube ich nicht, dass es dieser gesuchte Baum, d. h. die Landmarke, oder dass es Peter ist.[16]

Ein sehr zentraler Unterschied zeigt sich zuerst bei den ortsfesten Gegenständen, die wir mit einem $Typus_E$ apperzipieren, wie z. B. den charak-

---

[16] Aber auch diese pragmatisch ausreichende Sicherheit ist keine Garantie für absolute Wahrheit oder für bleibende Sicherheit, denn die Unsicherheit kann schon bei der folgenden Blickwendung wieder wachsen. Auch schließt die Suche nach genau diesem Gesicht keineswegs aus, dass sich der Gegenstand verändert, so dass sich auch der $Typus_E$ wandeln müsste, z. B. wenn Peter sich dazu entschließt, seinen Bart abzurasieren.

teristischen Baum im Wald (*landmark*). Die Verweise, die in diesem Typus$_E$ enthalten sind, gehen präzise auf andere Gegenstände und andere Orte, die in der Nähe oder in einer bestimmten Richtung von ihm aus liegen. Dies ist bei dem Gebrauch eines Typus$_A$ nicht der Fall, denn hier weiß ich nichts über das spezielle Ortsgefüge, in dem er liegt, er ist nur irgendein Baum im Wald. Wieder anders liegt die Sache bei Gegenständen eines Typus$_E$, die ihren Ort verändern können. Hier ist es die Geschichte ihrer Ortsveränderungen und der Zeiten, in denen ich sie schon an anderen Orten und zu anderen Zeiten erfahren habe, die ihre Individualität spiegelt.

Die Unterschiede zwischen Typus$_A$ und Typus$_E$ zeigen sich auch in dem Gebrauch des Typus in der Phantasie: Ich kann zwar bei einer Banane die Größe und Gestalt verändert denken, aber das geht nicht beim Typus$_E$. Wenn ich mir Peter vorstelle, dann gibt es immer Einzelheiten seiner Erscheinung, die ich imaginativ nicht verändern kann bzw. verändern darf: Sein Gesicht darf ich nicht verändern, solange ich denselben Peter meine, und wenn ich es überhaupt verändern darf, dann nur in dem beschränkten Rahmen der perspektivischen Umzeichnung.

Allgemein gilt, dass der Typus$_A$ eines Allgemeingegenstandes wie z. B. Mensch viel weniger Details enthält, als der Typus$_E$ eines Einzelnen, z. B. Peter. Dies ist eine so elementare Einsicht, dass es schwer ist, hierfür noch Argumente zu finden.

Nicht nur in der Phantasie, auch in der Wahrnehmung sind die charakteristischen Details des Typus$_E$ nicht variierbar, bzw. sie sind nur variierbar als Erscheinung eines Individuellen. So kann ich den charakteristischen Baum auch dann wahrnehmen, wenn ich ihn von einer anderen Seite sehe. Und das trifft auch auf Peter zu, denn ich kann ihn von rechts, von links usw. ebenfalls erkennen, d. h. seine Statur und sein Gesicht, seine Stimme sind auch in perspektivischer Verzerrung noch für mich erkennbar. Darin ist in gewisser Weise auch die Fähigkeit zum Umzeichnen der individuellen Gestalt in verschiedene Haltungen und Ansichten enthalten. Aber eine Veränderung des Gesehenen, geht auch in diesem Fall nicht ohne einen Wechsel des gemeinten Gegenstandes, es sei denn, der Typus$_E$ hat sich bereichert oder modifiziert, weil sich der Gegenstand verändert hat.[17]

Wenn sich die charakteristischen Details in der Erscheinungsweise des Gegenstandes nicht erfüllen lassen, dann hört die Wahrnehmung nicht einfach auf. Sondern: Wenn sich die Intention auf das charakteristische »Gesicht« des Gegenstandes nicht erfüllt, wird ein anderer Typus in die Funktion der Leitung eingesetzt, oft ist dies ein allgemeinerer Typus, z. B. nur der Typus$_A$ des Menschen. Der Typus$_A$ lässt sich schon mit ganz vagen Ähnlichkeiten erfüllen, denn er ist durch eine Ähnlichkeitsgruppe charakterisiert,

---

[17] Z. B. könnte Peter seinen Bart abrasiert haben.

die ein Typus$_A$ jeweils zur Grundlage hat. Aber die Gruppe der individuell verschiedenen und doch als ähnlich apperzipierten Gegenstände ist unter Umständen relativ klein: die Stühle in diesem Zimmer, die Schafe, die ich kenne, usw. Der Typus$_A$ reicht in dieser Hinsicht, also hinsichtlich des vorgestellten »Umfangs« des Begriffs (wenn wir in dieser Parallele denken wollen), nicht an den Begriff der Sprache heran, obwohl er weitgehend dieselbe Leistung hat. Andererseits hat der naturwüchsige, nur in Wahrnehmungen gewachsene Typus den Vorzug, dass er sich in eigener sinnlich-anschaulicher Erfahrung ausprägt und dass er nicht auf der Kommunikation und der Sprache beruht.

Es lohnt sich daher, auch über das Verhältnis von empirischen Begriffen und Typen, besonders dem Typus$_A$ eines Allgemeinen, nachzudenken. Prinzipiell ist beides unterschieden, denn der Typus$_A$ hat zwar eine begrenzte Allgemeinheitsformung in sich, denn er bezieht sich auf alle Mitglieder einer bestimmten (sich eventuell immer noch erweiternden) Ähnlichkeitsgruppe, er ist aber nicht universal allgemein vorgestellt.[18] Beim Menschen ist jedoch beides nicht ganz unabhängig voneinander, weil wir eine Spezies sind, die mit der Hilfe von Sprache umfangreich kommuniziert. Daher werden immer wieder Regeln für den Gebrauch von Begriffen normierend an andere Mitglieder der Gruppe weitergegeben. So kann es passieren, dass ein Kind, das vor einer Kuhweide steht, begeistert ruft »Wau, wau!« und dann von seinen Eltern korrigiert wird: Dies seien keine Hunde, sondern Kühe. Auf diese Weise nehmen sie auch Einfluss auf die eher naturwüchsige Bildung von Ähnlichkeitsgruppen in der wachsenden Welt des Kindes. Allein auf der Basis seiner eigenen Erfahrung hat das Kind in der Ausbildung naturwüchsiger Typen bisher, und zwar auf der Basis vager sinnlicher Ähnlichkeit, Kühe für große Hunde halten können. Jetzt greift die Normierung der sprachlichen Begriffe sogar in die Bildung seiner Typen ein. Daher nähern sich für uns die Inhalte unserer Typen$_A$ im Verlauf des menschlichen Erfahrungs- und Kommunikationslebens immer mehr den Inhalten der normierten sprachlichen Begriffe an.

Dies ist auch ein Grund dafür, warum wir mit Hilfe der eidetischen Variation durchaus auch den Inhalt unserer Begriffe kennen lernen können. Wir variieren dazu ein Ausgangsexempel und achten während der Phantasievariationen auf das Gemeinsame, das Invariante, das in allen Varianten gleich bleibt. Dies stellt dann das Allgemeine dar. Die Variationen des Aus-

---

[18] Hier liegt der Einwand nahe, dass eine Allgemeinheitsformung immer universal ist und dass die relative Allgemeinheit nur dem »Einige« entsprechen könnte. Ich möchte hier aber daran erinnern, dass diese Vorstellung nur Regeln für die Verwendung der Sprache entspringt, die für einsame Denker, die nicht oder nicht mit Sprache kommunizieren, keine Bedeutung haben und auch nicht verpflichtend sind.

gangsexempels, mit dem wir die Variation beginnen, sind von dem $Typus_A$ begrenzt, der dann – aufgrund der gründlichen normierenden Regelung – doch fast genau die Inhalte des sprachlichen Begriffs trifft.

Gemeinsam ist beiden Arten des Typus, dass sie unsere Erwartungen immer auch auf die unsichtbaren, unhörbaren, unschmeckbaren Aspekte eines in einigen Sinnen wahrgenommenen Gegenstandes lenken. Ich weiß, wie die Stimme von Peter klingt, ich weiß, dass er manchmal ein billiges Rasierwasser benutzt, dass er grinsen wird, wenn er mich erkennt usw. Aber das stimmt auch hinsichtlich des $Typus_A$ einer Banane, von der ich erwarte, dass ihre Schale glatt und fest sein wird, ihr Geschmack süß und ihr Geruch charakteristisch. Aber die vage Intention auf diese erwarteten Eigenschaften ist beim $Typus_A$ in einem größeren Umfang variabel. Der $Typus_A$ ist vager als der $Typus_E$.

Ebenso gilt für beide Arten des Typus, dass ihre Gegenstände, wenn ich sie mit Hilfe des Typus wahrnehme, bei aller Sinnverschiedenheit doch so, wie sie jetzt und hier für mich erscheinen, individuelle Gegenstände in Raum und Zeit sind. Daher deute ich ihnen auch eine Zeitdimension zu. Es gibt eine vage vorgestellte Vorgeschichte jedes Individuums, z. B. dieser Banane: Wachsen in den Tropen, Ernte, Verschiffung, Transport usw. Auch bei individuellen Gegenständen die ich mit dem $Typus_A$ erfasse, muss ich die Zeit, in der ich sie nicht wahrgenommen habe, irgendwie als Geschichte rekonstruieren oder konstruieren können, aber diese Rekonstruktion bleibt vage und unlebendig, sie lässt zudem jederzeit offene Varianten zu, denn die Geschichte kann an jeder Stelle anders gewesen sein. Wüsste ich über diese besondere Banane genauer Bescheid, wäre die Geschichte konkreter, detaillierter und ließe sich nicht an jeder Stelle mit Varianten denken, aber dann beruht die Konstitution auf dem $Typus_E$ und nicht mehr auf dem $Typus_A$.

In deutlichem Gegensatz hierzu ist diese Geschichte bei dem Gegenstand eines $Typus_E$, z. B. bei Peter, mit vielen konkreten Details erfüllt, denn sie gehört zum Teil auch zu meiner eigenen Geschichte. Das besagt auch, dass ich diese Geschichte nicht an jeder Stelle des Verlaufs als eine Variante denken kann, denn zumindest die Zeiten, die er mit mir gemeinsam verbracht hat, lassen eine solche Variation nicht mehr zu. Ich kenne ihn aber schon seit langer Zeit, von vielen Gelegenheiten her usw. Seine Geschichte ist mir daher in vielen Details bekannt und auch emotional vertraut. Wie schon oben bemerkt, gibt es diese detailreichen Verweise auf weiteres Individuelles bei Gegenständen, die wir mit einem $Typus_E$ apperzipieren, auch bei den ortsfesten Dingen (*landmark*), wobei sie sich auf die Gegenstände der örtlichen Umgebung beziehen.

Auf diese Weise bemerken wir eine weitere Differenz von $Typus_A$ und $Typus_E$: Die Wahrnehmung mit Hilfe des $Typus_E$ erweckt in uns ein Gefühl der *Vertrautheit*, denn sie erweckt die charakteristische Geschichte, die uns verbindet. Allerdings muss diese gemeinsame Geschichte nicht immer un-eingeschränkt positiv sein, denn Peter könnte auch ein vertrauter Feind sein, mit dem ich noch eine Rechnung offen habe.

Wir müssen uns nun fragen: Welche der beiden Arten etwas typisierend wahrzunehmen ist grundlegender? Die Antwort ist einfach: Der Typus$_A$, denn ich muss einen Fall des Typus$_E$ zunächst immer als Fall eines Typus$_A$ wahrnehmen. Peter ist notwendig immer zunächst als ein Mensch wahrge-nommen. Die verkrüppelte Eiche, die mir den Weg zum Fluss weist, ist im-mer auch ein Baum. Denn wenn sie kein Baum wäre, dann würde ich sie auch nicht als diesen bestimmten Baum, diesen Wegweiser (*landmark*) wahr-nehmen können. Der Typus$_A$ ist die grundlegendere Form gegenüber dem Typus$_E$.

Die phänomenologische Analyse beginnt damit, dass wir den Aktverlauf, den Stil der Intentionen in der Wahrnehmung, aber auch in der Phantasie, und vor allem den Stil der Erfüllungen untersuchen, der in beiden Fällen verschieden ist. Erst die Verschiedenheit der Aktgefüge sowie der emotiona-len und praktischen Aspekte bei der Anschauung und bei anderen Vollzügen kann uns von der Verschiedenheit des Gemeinten überzeugen.

Bisher haben wir überzeugende Hinweise darauf gefunden, dass Erkennt-nis in einer einfachen Form schon bei dem Wandel der unsicher gewordenen Wahrnehmung mit Hilfe des Typus$_E$ zu einer willentlich und bewusst wieder aufs Neue inszenierten Wieder-Wahrnehmung vorliegt. Dieses Ziel ist »si-cherzugehen«, dass es genau dieser einzelne Gegenstand ist, der meine wei-tere Praxis leitet und sicher macht. Diese Leistung ist vielleicht sogar nicht die allereinfachste Form der Erkenntnis, aber sie liegt sicher unterhalb der Erkenntnis, die sich mit Begriffen und Urteilen in der Form »S ist p« aus-sagen lässt. Nun gibt es zur Zeit viele Fachleute der Philosophie, die diese Ansicht entschieden bestreiten und an dem Paradigma des Urteils als der kleinsten Einheit des Erkennens festhalten. Ich möchte eine dieser Positio-nen kurz darstellen und kritisieren.

3. Davidsons Einwände gegen die Möglichkeit der Erkenntnis bei Tieren

Es gibt z. B. in der zeitgenössischen analytischen Philosophie des Geistes weit verbreitete Einwände gegen die Möglichkeit, dass Tiere so etwas wie Erkenntnisse haben können. Insbesondere sind es die Thesen von Donald Davidson, dass man, um überhaupt eine Überzeugung (eine propositionale Einstellung) bezüglich eines Sachverhalts haben zu können, den Begriff der Überzeugung und sogar die Sprache haben muss. Dies schließt konsequen-terweise die Möglichkeit aus, dass Tiere erkennen können.

Für Donald Davidson sind rationale Wesen solche, die propositionale Einstellungen (Überzeugungen) haben und auf dieser Basis denken, überlegen und aus Gründen handeln können.[19] Überzeugungen lassen sich in Urteile über das Bestehen von Sachverhalten (Erkenntnisse), in Wünsche, in Befürchtungen usw. umformulieren. Überzeugungen, die Erkenntnisse formulieren, müssen wahr oder falsch sein können.[20] Dies ist aus der Sicht der analytischen Philosophie die Grundlage aller Thematisierung, Modifikation und auch aller logischen Ableitungen aus diesen Erkenntnisgegenständen, d. h. die Grundlage allen Denkens.[21]

Nach Davidson müssen Überzeugungen immer in einer Verbindung mit anderen Überzeugungen stehen, die sie stützen, denen sie nicht widersprechen sollten, und aus denen sie zum Teil auch ableitbar sind. Diese Vernetzung unseres Wissens entspricht dem »intrinsisch holistischen Charakter von propositionalen Einstellungen«[22] und gehört somit zur Adaption des Pragmatismus durch die analytische Philosophie seit Quines *Two Dogmas of Empiricism*.[23] Demnach bildet unser gesamtes Wissen ein Netz von Überzeugungen, die miteinander zusammenhängen (im idealen Fall logisch). Wir sind eher dazu bereit, empirische Überzeugungen, die ganz an der Peripherie stehen, durch neue Einsichten zu revidieren. Die Elemente unseres Wissens, die ganz im Zentrum des Netzes liegen, z. B. die Sätze der Logik, gelten dagegen als unrevidierbar, so dass wir deren Sätze nur ganz zuletzt verändern würden.[24]

Die Wahrheitsdifferenz von Propositionen spiegelt die Fähigkeit des Subjekts, die Wahrheit oder Falschheit von Sätzen erkennen und meinen zu kön-

---

[19] Vgl. hierzu Davidson, *Rationale Lebewesen*.

[20] Schon hier kann man eine nicht gerechtfertigte Verengung auf den Begriff der objektiven Wirklichkeit festhalten. Auch Wahrheit konstituiert sich in verschiedenen Leistungsschichten und eine Beteiligung der Intersubjektivität (durch Kommunikation) ist für die Konstitution der Erkenntnis und der für das Handeln erforderlichen Sicherheit von Wahrnehmungen meistens nicht erforderlich. Der Fall der einsamen Denker, die nicht oder nur in kleinem Umfang kommunizieren, ist hier schon implizit ausgeschlossen.

[21] Diese These ist in dieser Allgemeinheit sicher nicht haltbar. Einsichtig ist dagegen, dass wir, wenn wir auf der Basis von Erfahrung und empirischem Wissen erfolgreich handeln wollen, eine Vorstellung von der Sicherheit der Erkenntnis oder von der Wahrscheinlichkeit des Eintretens eines Ereignisses haben müssen. Die kann aber auch gefühlt werden, und muss nicht wieder auf der Urteilsebene auftreten.

[22] Vgl. Davidson, *Rationale Lebewesen*, S. 118.

[23] Vgl. W. V. O. Quine, *Two Dogmas of Empiricism*.

[24] Diese Konzeption dient Quine vor allem dazu, den Anspruch zurückzuweisen, die Logik enthalte apriori gültige, d. h. notwendig geltende Sätze, die ganz unabhängig von unserem sonstigen Wissen und der Empirie seien. Andererseits soll mit der Metapher des Netzes die wissenschaftsmethodologische These zurückgewiesen werden, es gäbe absolut zentrale Einsichten, aus denen die meisten anderen Einsichten abzuleiten wären.

nen. Die Thematisierung der Wahrheit (Sicherheit, Identität, Differenz usw.) von Erkenntnissen ist aber schon eine Form der Meta-Kognition, d. h. einer Erkenntnis, die den Charakter und die Verlässlichkeit von anderen Erkenntnissen betrifft. Insbesondere, um solche Überzeugungen von Überzeugungen haben zu können, muss man Davidson zufolge bereits den Begriff der Überzeugung haben und verwenden.

Davidson stellt auch die allgemeinere These auf: Sogar, um überhaupt Überzeugungen haben zu können, müssen wir den Begriff von Überzeugungen haben. Und: Um den Begriff der Überzeugung zu haben, muss man über Sprache verfügen.[25] Diese These ist ebenfalls in der Besonderheit des Begriffs der Überzeugung begründet, denn er richtet sich auf Urteile, die prinzipiell wahr oder falsch sein können.[26] Es muss daher ein Meta-Urteil (eine Überzeugung von einer Überzeugung) über die Wahrheit der Überzeugung möglich sein, und darin muss der Begriff der Überzeugung verwendet werden. Man könnte daher schließen: Um Überzeugungen in der Form von Urteilen haben zu können, muss man bereits Meta-Urteile leisten können, z. B. über ihre Wahrheit.

Ein vergleichbares Argument ergibt Davidson zufolge auch der Hinweis auf das Eintreten einer »Überraschung«. Insbesondere geht es um solche Überraschungen, die mir zeigen, dass meine bisherigen Ansichten falsch waren: »Überraschung erfordert, dass ich mir eines Gegensatzes zwischen dem, was ich glaubte, und dem, was ich jetzt glaube, bewusst bin. Ein solches Bewusstsein ist jedoch eine Überzeugung von einer Überzeugung.«[27]

Diese Folgerung gilt jedoch offensichtlich nur unter der unbestrittenen Voraussetzung, dass Denken nur in sprachlichen Modi vor sich gehen kann. Diese ist schon für das menschliche Denken falsch, und sie wird hier noch auf Tiere übertragen. Alternativen werden von vornherein ausgeschlossen, z. B. die Alternative des meine Erkenntnissicherheit bewertenden Gefühls der *Unsicherheit*, dessen Leistung und Bedeutung auf dieser Meta-Ebene liegt. Dieses Gefühl kennt jeder von uns, und es »bedeutet« eine Meta-Einsicht, die es ohne den Gebrauch von Begriffen leistet. Wenn man bei Davidsons Überzeugung hinsichtlich der Unentbehrlichkeit von Meta-Begriffen bleibt und keine alternativen Repräsentationen (z. B. der Sicherheit) zulässt, dann können Tiere keine Überzeugungen haben, weil sie keine Sprache ha-

---

[25] Vgl. »Um eine Überzeugung zu haben, ist es notwendig, den Begriff von Überzeugungen zu haben.« (Davidson, *Rationale Lebewesen*, S. 126) Und: »Um überhaupt eine propositionale Einstellung zu haben, ist es notwendig, den Begriff von einer Überzeugung zu haben – die Überzeugung von einer Überzeugung zu haben.« (Davidson, *Rationale Lebewesen*, S. 128).

[26] Vgl. Davidson, *Rationale Lebewesen*, S. 129.

[27] Vgl. Davidson, *Rationale Lebewesen*, S. 128 f.

ben.[28] Folgerichtig muss man auch die zahlreichen empirischen Hinweise
auf Metakognition bei Tieren ignorieren, da sie dieser These deutlich widersprechen würden.[29]

Die Amseln in meinem Garten können Kirschen von Blättern und Ästen
unterscheiden, und sie können reife von unreifen Kirschen unterscheiden,
denn sie picken immer nur die reifen Früchte an. Ich glaube daher, dass sie
eine Art »Begriff« oder »Konzept« haben, natürlich sind es keine sprachlichen Begriffe, sondern Typen$_A$, die ihnen diese Unterscheidung erlauben,
und zwar im Prinzip in demselben Modus, wie Menschen dies leisten.[30]

Nach Davidson hängen unsere Überzeugungen in einem »logischen
Netz« holistisch miteinander zusammen. Diese Einfügung in ein größeres
propositional verflochtenes Netz ist nach Davidson eine Bedingung dafür,
überhaupt eine Überzeugung zu haben. Hierfür bietet er Argumente, und
dieser Ansatz ist auch auf dem Hintergrund von Quines Holismus verständlich. Es ist zudem ein respektables Credo, denn den Theorien der idealen
(Wissenschafts-)Sprache, die von Frege über Quine herkommen, geht es um
einen konsistenten Aufbau der Wissenschaften, und zwar auf dem Boden
einer von den Fehlern der Alltagssprache bereinigten Wissenschaftssprache.
Aber es ist zu bedenken, dass es sich bei der Frage, ob Tiere erkennen oder
denken können, um einen vollständig anderen Kontext handelt. Zudem ist
es höchst unwahrscheinlich, dass die Regeln für eine Wissenschaft auch für
die Organisation des Wissens eines Lebewesens allein maßgebend und ziel-
führend sind.[31]

---

[28] José Luis Bermúdez ist in dieser Hinsicht derselben Ansicht wie Davidson. Vgl. Bermúdez,
   Thinking Without Words, S. 165.

[29] Mittlerweile gibt es jedoch empirische Untersuchungen der verschiedenen Formen von Metakognition bei verschiedenen Tierspezies. Vgl. Hampton, *Rhesus Monkeys Know When They
   Remember*; Smith/Shields/Washburn, *Comparative Psychology*; Smith, *Animal Metacognition*; Hampton, *Multiple Demonstrations of Metacognition in Nonhumans*.

[30] Natürlich könnte man auch hier die »Regel von Morgan« zum Einsatz bringen wollen und
   eine »einfachere« Erklärung suchen, die Tieren nicht zu komplexe geistige Fähigkeiten unterstellt. Man könnte z. B. vermuten, dass Amseln einen bestimmten Lockstoff riechen, den nur
   reife Kirschen ausströmen, und sie dadurch getrieben werden, auf diese Kirschen einzupicken.
   Solche einfacheren Erklärungen lassen sich immer finden, daher müssen wir fragen, warum
   wir diese Strategie nicht auf menschliches Verhalten anwenden. Betrachten wir das Verhalten
   von berufsmäßigen Philosophen unter der Maßgabe von Morgans Regel, dann könnte es scheinen, dass ihr Verhalten lediglich darauf ausgerichtet ist, dadurch, dass sie originelle Ideen zum
   Besten geben, gut bezahlte Hofnarren der Mächtigen zu werden, und der Geruch des Geldes,
   ihr Streben nach Anerkennung oder ihre Eitelkeit sie antreiben. Die Regel ist also zu stark
   und führt zu jeder Art von Absurditäten, weil sie sich auf jedes Verhalten anwenden lässt, und
   wenn wir dies nicht tun, dann entspricht dies einer dogmatischen Vorentscheidung.

[31] Es gibt meiner Meinung nach gute Argumente dafür, dass beides sehr verschieden sein kann.
   Dies betrifft z. B. besonders die Verletzungen der Regeln der Logik durch die neurotische Ver-

Wenn ich also überhaupt eine Überzeugung habe, dann muss ich nach Davidson auch noch weitere Überzeugungen haben, die miteinander harmonieren, die sich z. B. auseinander ableiten lassen und sich nicht gegenseitig ihre Geltung bestreiten. Daher können die vielfältig verwobenen und verzweigten Überzeugungen auch sehr komplexen Verhaltensweisen entsprechen, so wie wir sie von Menschen kennen. Davidson ist nun der Ansicht, dass es so komplexe Verhaltensmuster nur geben kann, wenn die Person über Sprache verfügt. Er schreibt, »dass ein Geschöpf keinen Gedanken haben kann, wenn es nicht über Sprache verfügt«[32], denn es muss ein »reicher Schatz« von verwobenen allgemeinen Überzeugungen vorhanden sein, damit man von Denken sprechen kann.

Die Thesen von Davidson sind aus der Sicht der vorangestellten Analysen des Fungierens des Typus in mehrfacher Hinsicht für Kritik anfällig und daher zurückzuweisen. Die Übertragung des idealen Modells einer kohärenten und zusammenhängenden Wissenschaft auf das Denken eines Lebewesens ist überzogen und nicht sinnvoll. Mögliche Alternativen zur Sprache als einzig leistungsfähigem System der symbolischen Darstellung von Erkenntnis und Denken werden von Davidson nicht erwogen. Schon diese Vorentscheidung führt fast zwangsläufig zur Leugnung der Möglichkeit des Denkens und Erkennens bei Tieren, und sie führt auch zu einer schwerwiegenden Verzerrung des Bildes des menschlichen Denkens, das bei weitem nicht nur auf der Basis der Sprache funktioniert.[33] Auch die Alternativen der metakognitiven Bewertung von Erkenntnissen durch andere symbolische Mittel als die Sprache (z. B. durch Gefühle) werden nicht in Betracht gezogen. Zudem sprechen Befunde der empirischen, vergleichenden Psychologie über die Möglichkeit der Metakognition bei Tieren gegen Davidsons Thesen.

Aber in einer wichtigen Hinsicht hat Davidsons Beharren einen Vorzug, denn er macht klar, dass manche Thesen mit den Voraussetzungen der analytischen Philosophie nicht vereinbar sind. Davidsons Argumentation wirkt zwar durch die strikte Orientierung am geistigen Werkzeugkasten von Quine vielleicht etwas altmodisch und manchmal fast unnötig dogmatisch. Das Beharren auf seiner These, dass Denken nur mit Hilfe der Sprache möglich ist, liegt jedoch in der Konsequenz sprachanalytischen Denkens. Wenn man bereit ist, wegen empirischer Befunde über die geistigen Fähigkeiten von Primaten diese Voraussetzungen über Bord zu werfen, dann muss man sich auch auf die Suche nach einer für solche Thesen geeigneten Philosophie

---

schiebung, Leugnung und Inversion, die dennoch aus der Sicht des evolutionären Wettkampfs für Menschen wie Tiere einen guten Sinn haben kann. Vgl. Lohmar, *Psychoanalysis and the Logic of Thinking Without Language*.

[32] Vgl. Davidson, *Rationale Lebewesen*, S. 124.

[33] Vgl. meine Analyse in *Thinking and Non-language Thinking*.

machen. – Eine Zeit lang galt die Interpretation neuer empirischer und natur-
wissenschaftlicher Forschung als eine Domäne der analytischen Philosophie.
An dem Beispiel der geistigen Leistungen von Primaten sieht man, dass hier
eine Grenze erreicht ist, die dieses Paradigma nicht überschreiten kann.

In meiner Sicht ist vor allem die phänomenologische Analyse der Verwendung von nicht-sprachlichen Typen im Wahrnehmen und Erkennen in
unserem eigenen Bewusstsein der überzeugendste Grund für die Ansicht,
dass Tiere erkennen können. Denn: Sie tun es weitgehend in derselben Weise
wie wir. Es handelt sich bei den Ergebnissen der Phänomenologie auch nicht
um bloße, aus Axiomen logisch abgeleitete Ansichten, sondern um die zumindest an einem Tier erlebte Weise, wie Menschen und Tiere erkennen, und
wie sie über diese Einsichten zur Planung ihres künftigen Verhaltens nachdenken können.[34] Die Phänomenologie bietet einen eigenständigen empirischen Zugang zu dem, was der menschliche Geist leistet und welche Mittel
er hierzu braucht. Und diese Einsichten sind zum Teil auf die uns biologisch
nahe stehenden Tiere mit vergleichbarem Grad der Cerebralisation übertrag-
bar. Wir sind das einzige Tier, zu dessen Bewusstseinsleben wir einen Zugang
aus der Perspektive der eigenen Erlebnisse haben, und wir sollten diese aus-
gezeichnete Zugangsweise nicht einfach ignorieren. Eine wichtige methodische Maßnahme, um die Übertragbarkeit auf Tiere zu begünstigen, scheint
mir die sorgfältige Analyse, welche Leistungen wir Menschen bereits ohne
Hilfe der Sprache erbringen.

LITERATUR

Bermúdez, Jose: *Thinking Without Words*, Oxford 2003.
Biocca, Frank/Kim, Jin/Choi, Yung: Visual Touch in Virtual Environments. An
Exploratory Study of Presence, Multimodal Interfaces, and Cross-modal Sen-
sory Illusions. In: *Presence* 10, 2001, S. 247–265.
Davidson, Donald: Rationale Lebewesen. In: *Der Geist der Tiere. Philosophische
Texte zu einer aktuellen Diskussion*, hgg. von Dominik Perler und Markus
Wild. Frankfurt a. M. 2005, S. 117–131.
Hampton, Robert R.: Rhesus Monkeys Know When They Remember. In: *Pro-
ceedings of the National Academy of Sciences* 98, 2001, S. 5359–5362.
– Multiple Demonstrations of Metacognition in Nonhumans. Converging Evi-
dence or Multiple Mechanisms? In: *Comparative Cognition and Behavior Re-
views*, 4, 2009, S. 17–28.
Lohmar, Dieter: *Erfahrung und kategoriales Denken*, Dordrecht 1998.
– *Phänomenologie der schwachen Phantasie*, Dordrecht 2008.

---

[34] Das Thema des Denkens wird hier nicht behandelt. Vgl. dazu meine demnächst erscheinende
Monographie *Denken ohne Sprache*.

– Thinking and Non-language Thinking. In: *Handbook of Contemporary Phenomenology*, hg. von Dan Zahavi. Oxford 2012, S. 377–398.
– Psychoanalysis and the Logic of Thinking Without Language. How Can We Conceive of Neurotic Displacement, Denying, Inversion etc. as Rational Actions of the Mind? In: *Founding Psychoanalysis Phenomenologically*, hgg. von Dieter Lohmar und Jagna Brudzinska. Heidelberg 2012, S. 149–167.
– *Denken ohne Sprache*. (demnächst erscheinende Monographie)
Quine, W. V. O.: Two Dogmas of Empiricism. In: ders.: *From a Logical Point of View*, Cambridge – London 1953, S. 20–46 (dt. Zwei Dogmen des Empirismus. In: *Zur Philosophie der idealen Sprache*, hg. von Johannes Sinnreich. München 1972, S. 167–194).
Smith, J. David / Shields, Wendy E. / Washburn, David A.: The Comparative Psychology of Uncertainty, Monitoring and Metacognition. In: *Behavioral and Brain Sciences* 26, 2003, S. 317–373.
Smith, J. David: The Study of Animal Metacognition. In: *Trends in Cognitive Science* 13(9), 2009, S. 389–396.

II.
DIE PERSON
IN RELATION ZU LEIB
UND ORGANISMUS

Thomas Fuchs

LEIBLICHKEIT UND PERSONALE IDENTITÄT

Einleitung

Seit der Neuzeit ist die Geschichte des Personbegriffs geprägt von der zunehmenden Trennung des personalen Subjekts von seiner Leiblichkeit und Lebendigkeit. Die aristotelisch-scholastische Idee der leibseelischen Einheit verliert an Überzeugungskraft. Das neue, rationalistische Personenverständnis bei Descartes oder Locke ist in erster Linie an Selbstbewusstsein, Überlegung und vernünftige Reflexion gebunden. Vor allem ist das neuzeitliche Subjekt wesentlich *Beobachter,* und Beobachtung impliziert Distanz, nicht Teilnahme. Der Beobachter tritt aus dem Fluss der Zeit und des Lebens heraus, um die Welt zu überblicken, und vergisst dabei nur zu leicht, dass es dieser Fluss ist, der ihn doch weiterhin trägt. Sein Gewinn ist kognitive Sicherheit, unbezweifelbare Erkenntnis und rationale Kontrolle; doch der Preis dafür besteht im ständigen Erfordernis der Selbstvergewisserung. Denn das cartesianische Subjekt ist nur instantanes Selbstbewusstsein. Es muss fortwährend denken, um zu existieren, und sich selbst beobachten, um seiner selbst gewiss zu sein. Doch was tut das denkende Ding, wenn es nicht denkt, wenn es sich dem Leben, dem Leib, dem Schlaf überlassen soll?

Hier liegt im Kern bereits das Problem, das heute vor allem in der analytischen Philosophie unter dem Begriff der »personalen Persistenz« diskutiert wird. Ohne seine Verankerung in der Leiblichkeit wird die Kontinuität des Subjekts prekär. Was ermöglicht und garantiert die überdauernde Einheit der Person? Nicht erst der Schlaf erzeugt das Problem, ob ich morgen noch derselbe bin. Bereits die denkende Selbstbeobachtung genügt letztlich nicht zur Selbstvergewisserung. Das wird deutlich an psychopathologischen Verfassungen wie der Schizophrenie, in denen das Grundgefühl der Lebendigkeit, des präreflexiven leiblichen Selbstseins verloren geht.[1] Vergeblich versuchen die Patienten dann, das mangelnde Lebensgefühl durch fortwährende Selbstreflexion zu ersetzen, wie etwa im folgenden Fall:

---

[1] Fuchs, *The Feeling of Being Alive.*

Immer wenn ihm ein Gedanke durch den Kopf gegangen ist, ohne dass er sich dessen bewusst war, muss er seine Aufmerksamkeit rückwärts richten, um genau zu wissen, was er gedacht hat (…) Das heißt, er ist mit der Kontinuität seines Denkens beschäftigt. Es fällt ihm schwer und er hat übermäßige Angst davor, er könnte für eine bestimmte Zeit nicht mehr gedacht haben, ja es könnte schon einmal vorgekommen sein, dass »meine Gedanken stillstanden«. Eines Nachts wacht er plötzlich auf und fragt sich: »Denke ich eigentlich gerade?« Und da er sich nicht denken fühlte, sagte er sich: »Da es nichts gibt, das mir beweist, dass ich denke, kann ich nicht wissen, ob ich existiere.«[2]

Die zwanghafte Selbstbeobachtung des Subjekts vermittelt doch keine Selbstgewissheit; die Einheit und Erhaltung des Selbst werden von jeder Unaufmerksamkeit, erst recht von jeder Unterbrechung des Bewusstseins bedroht. Dies hatte bereits John Locke als Problem des cartesianischen Subjekts erkannt:

Was Schwierigkeiten zu bereiten scheint, ist die Tatsache, dass dieses Bewusstsein stets durch Zustände des Vergessens unterbrochen wird. Denn wir können in keinem Augenblick unseres Lebens alle unsere vergangenen Handlungen gleichzeitig überblicken. […] in allen diesen Fällen, in denen unser Bewusstsein unterbrochen wird und wir unser vergangenes Ich aus den Augen verlieren, erheben sich Zweifel, ob wir dasselbe denkende Ding, das heißt dieselbe Substanz sind oder nicht.[3]

Aber auch Lockes Vorschlag, die Kontinuität der Person nicht an die Substanz, sondern an die bewusste Erinnerung an die eigenen früheren Erlebnisse zu knüpfen, bietet den Patienten in der Schizophrenie keinen Ausweg:

Ich erlebe mich als Einzelteile, nicht als eine ganze Person … es ist schwer zu erklären … Ich muss mich die ganze Zeit fragen: Wer bin ich eigentlich? … Dann beobachte ich mich selber, wie geht's mir jetzt, wo sind die Teile … Ich denke so viel darüber nach, dass ich zu nichts komme. Es ist nicht leicht, wenn man sich von Tag zu Tag ändert. Als wäre man plötzlich eine ganz andere Person ….[4]

Der Patient versuchte jeden Morgen genau zu rekonstruieren, was er tags zuvor getan hatte, um sicher zu gehen, dass er noch dieselbe Person sei. Er konnte aber nie völlige Gewissheit erlangen und grübelte schließlich darüber nach, ob er nicht irgendwann bereits durch eine andere Person ersetzt worden sei. Ähnlich lauten Klagen anderer schizophrener Patienten:

---

[2] Hesnard, *Les troubles de la personnalité.*
[3] Locke, *Versuch (Essay)*, II, XXVII, § 10, S. 420f.
[4] de Haan/Fuchs, *The Ghost in the Machine.*

Die Zeit fällt auseinander und läuft nicht mehr voran. Es entstehen bloß un-
zählige auseinandergefallene Jetzt, Jetzt, Jetzt […]. Genauso ist es mit meinem Selbst. […] Es gibt keine Verbindung zwischen meinem jetzigen Ich und
dem vorherigen.[5]

You are dying from moment to moment and living from moment to moment,
and you're different each time.[6]

Das Gedächtnis der Patienten ist intakt, und sie sind zweifellos in der Lage,
sich selbst ihre vergangenen Erfahrungen korrekt zuzuschreiben. Doch ohne
eine grundlegendere Kontinuität des Selbsterlebens vermittelt die explizite
Erinnerung offenbar kein verlässliches Erleben von Identität. Was ist es
dann, was die Einheit und Dauer des Selbstseins gewährleistet? Was ist die
Grundlage personaler Identität über die Zeit hinweg? – Ich werde im Folgenden die These vertreten, dass die *Leiblichkeit* die Grundschicht der Subjektivität darstellt, in die alle Selbstreflexion und Erinnerung eingebettet sein
muss, um zur personalen Identität beizutragen. Mehr noch: der gelebte Leib
weist auch eine spezifische Form des Gedächtnisses auf, dessen zeitübergreifende Kontinuität nicht in der expliziten Erinnerung, sondern in den Habitualitäten, Fähigkeiten und Erfahrungen besteht, die eine Person in ihrem
Lebensvollzug erworben hat. Dieses implizite leibliche Gedächtnis ist, so
meine These, die eigentliche Grundlage personaler Identität.

1. Lockes Dilemma und das Leibsubjekt

Beginnen wir noch einmal bei dem mit Descartes auftauchenden Dilemma.
Das cartesianische Ich ist nicht mehr eingebettet in seine Leiblichkeit und
Lebendigkeit. Es ist nur insofern es denkt, d. h. bewusst bleibt – weshalb
Descartes zu dem Schluss genötigt ist, dass der Geist auch im traumlosen
Schlaf über Bewusstsein verfüge, allerdings ohne dass sich im Gehirn da-
von Erinnerungsspuren bildeten.[7] Locke lehnt dies als pure Spekulation ab,
übernimmt aber Descartes' Prämisse: Bewusstsein und damit die bewusste

---

[5] Schilderung einer schizophrenen Patientin des Psychiaters Bin Kimura (In: *Psychopathologie
der Selbstbesinnung*, Tokyo 1978, S. 18; zit. nach Kobayashi, *Melancholie und Zeit*, S. 114).

[6] Chapman, *Early Symptoms*.

[7] Die vorausgesetzte Einheit von Denken und Existieren lässt keine »Pausen« des Denkens zu:
»Ich bin, ich existiere, das ist gewiss. Wie lange aber? Nun, solange ich denke. Denn vielleicht
könnte es sogar geschehen, dass ich, wenn ich ganz aufhörte zu denken, alsbald auch aufhörte
zu sein« (Descartes, *Meditationen*, II, 6). Auf Gassendis kritische Frage, warum wir uns an eine
Bewusstseinstätigkeit im Tiefschlaf nicht erinnern könnten, antwortet Descartes, Erinnerung
sei von Spuren der Erfahrungen im Gehirn abhängig; im Tiefschlaf aber habe sich der Geist so
weit vom Körper zurückgezogen, dass sich dort keine Spuren bilden könnten: »Als Bedingung

Person existiert nur in aktueller Selbstpräsenz. Doch die Person vermag sich, so Locke, über den Gegenwartspunkt hinaus auszudehnen, nämlich als retrospektives und prospektives Bewusstsein:

> Es ist jedoch klar, dass das Bewusstsein, so weit es sich nur immer ausdehnen lässt [...] zeitlich sehr fern liegende Existenzen und Handlungen ebensogut in ein und derselben Person vereinigt wie die Existenzen und Handlungen des unmittelbar voraufgehenden Zeitpunkts. [...] Dasjenige, womit sich das Bewusstsein dieses gegenwärtig denkenden Wesens vereinigen kann, macht dieselbe Person aus und bildet mit ihm, und mit nichts anderem, dasselbe Ich.[8]
>
> Soweit nun dieses Bewusstsein rückwärts auf vergangene Taten oder Gedanken ausgedehnt werden kann, so weit reicht die Identität dieser Person.[9]

Das Gedächtnis also bildet die rettende Brücke: Die Einheit der Person ist gebunden an die Möglichkeit der bewussten Erinnerung. Mit ihrer Hilfe können vergangene Episoden des Lebens angeeignet und in das gegenwärtige Selbst integriert werden. Das aber heißt, ich bleibe nur solange ich selbst, als ich mich an meine früheren Zustände erinnere und sie mir zuschreiben kann; anderenfalls wäre meine Identität zunichte. Die aristotelisch-scholastische Alternative bestand darin, die personale Identität an die Kontinuität des Lebens oder des lebendigen Organismus zu knüpfen. Dagegen führt Locke bereits verschiedene Gedankenexperimente von Translozierungen des Bewusstseins ins Feld, etwa in einen fremden Körper: Wenn der Geist eines Prinzen in den Körper eines Schusters wechselte, müsse man ja wohl den Schuster für die Taten des Prinzen verantwortlich machen.[10] Das Bewusstsein einer Person könnte auch nur in einem Körperteil sitzen, etwa im kleinen Finger; schnitte man diesen ab, so »[...] würde offenbar der kleine Finger die Person, dieselbe Person sein; das Selbst würde mit dem übrigen Teil des Körpers nichts zu tun haben.«[11] Freilich setzen solche Gedankenexperimente nur allzu deutlich voraus, was sie erweisen sollen, nämlich die Trennbarkeit des Bewusstseins oder Selbstseins vom lebendigen Organismus.

---

für die Erinnerung nämlich an die Gedanken, die der Geist gehabt hat, solange er mit dem Leibe verbunden ist, ist erforderlich, dass gewisse Spuren von ihnen dem Gehirn eingeprägt sind, nach denen er sich richten [...] kann, um sich zu erinnern; was ist aber Wunderbares daran, wenn das Gehirn des unmündigen Kindes oder des Schlafsüchtigen für die Aufnahme solcher Spuren ungeeignet ist?« (Descartes, *Meditationen*, S. 328f.)

[8] Locke, *Versuch (Essay)*, II, XXVII, §§ 16f., S. 427f.
[9] Locke, *Versuch (Essay)*, II, XXVII, § 9, S. 420.
[10] Locke, *Versuch (Essay)*, II, XXVII, § 15, S. 426.
[11] Locke, *Versuch (Essay)*, II, XXVII, § 17, S. 428.

Gleichwohl setzt sich Lockes Auffassung fort bis zu den heute dominierenden psychologischen Konzeptionen personaler Persistenz[12]: Die Person reicht soweit wie ihre Erinnerung an sich selbst, nicht weiter. Lebendigkeit ist nur eine äußerliche Bedingung, nicht eine konstitutive Bestimmung von Personalität. Das hat allerdings die kontraintuitive Konsequenz, dass wir uns weder Zustände des Schlafes noch unsere Fetal- oder Säuglingszeit selbst zuschreiben können. Bereits Locke erschien es »[...] gewiss, dass der schlafende Sokrates und der wache Sokrates nicht ein und dieselbe Person sind«.[13] Wenn Personen nur denkende, ihrer selbst bewusste Wesen sind, dann müssen sie *aktual* denkende und selbstbewusste Wesen sein. Der Satz: »Am 29.09.1958 kam ich zur Welt« wäre folglich sinnlos, denn davon weiß ich nichts aus eigener Erfahrung; korrekt müsste er lauten: »Aus einem 1958 zur Welt gekommenen menschlichen Wesen bin etwa 2 Jahre später ich geworden.« Mehr noch: Unter dieser Voraussetzung muss auch eine Demenzerkrankung die Person in ihrem Kern bedrohen, sobald sie sich nämlich nicht mehr an ihre früheren Erlebnisse zu erinnern vermag. Für utilitaristische Ethiker wie Peter Singer oder Jeff McMahan sind Menschen mit fortgeschrittener Demenz konsequenterweise keine Personen mehr, oder nur noch »Post-Personen«.[14] Die rationalistischen bzw. psychologischen Konzeptionen der personalen Identität haben also weit reichende ethische Konsequenzen.

Auch heutige Vertreter solcher Konzepte personaler Persistenz berufen sich zumeist auf Gedankenexperimente von Bewusstseinstranslozierungen, etwa in Form von Hirntransplantationen, Übertragung aller im Gehirn gespeicherten Informationen in ein anderes Gehirn oder einen Computer, fiktive Verdoppelungen einer Person mit anschließender Vernichtung der Ausgangsperson usw. Derek Parfit gehört zu den einfallsreichsten Erfindern solcher Argumentationen, die freilich meist nicht weniger grotesk konstruiert sind als Lockes Schusterprinz oder Fingerbewusstsein.[15] Sie sollen jedenfalls zeigen, dass sich das Bewusstsein prinzipiell von seiner leiblichen Basis abkoppeln und in andere Trägersysteme transferieren lässt. Gemeinsam ist ihnen die eine oder andere Spielart des Funktionalismus, die das Gehirn als

---

[12] Hauptvertreter dieser Konzeptionen in der Analytischen Philosophie sind etwa Garrett, *Personal Identity*, Lewis, *Survival and Identity*, Parfit, *Lewis, Perry, and What Matters* und *Reasons and Persons*, oder Shoemaker, *Self, Body, and Coincidence* und *Functionalism*.

[13] Locke, *Versuch (Essay)*, I, § 11, S. 115.

[14] Singer, *Practical Ethics*; McMahan, *Ethics of Killing*, S. 46 ff., 55.

[15] Parfit, *Reasons and Persons*. – Die Entsprechung zu Lockes selbstbewusstem Finger liefert heute das »Gehirn in der Nährlösung«, also ein bei geeigneter Versorgung und Stimulation angeblich auch ohne den Organismus bewusster Körperteil. Vgl. zu einer kritischen Diskussion dieses Gedankenexperiments Cosmelli/Thompson, *Embodiment or Envatment?*, sowie Fuchs, *Selbst und Schizophrenie*.

alleinigen Träger des Bewusstseins erscheinen lassen. Unverändert bleibt die cartesianische Grundvoraussetzung, nämlich das personale Bewusstsein als eine entkörperte Innenwelt aufzufassen, deren Kontinuität nur durch erinnernde Selbstvergegenwärtigung zu gewährleisten ist.

Ich habe zur geläufigen Auffassung vom Gehirn als Sitz der Person an anderer Stelle ausführlich eine Gegenposition entwickelt, die die Einheit, Selbsterhaltung und Kontinuität des gesamten Organismus als Basis des personalen Lebensvollzugs darstellt.[16] Hier will ich einen anderen Weg einschlagen und in erster Linie die phänomenalen bzw. psychopathologischen Befunde sprechen lassen. Bereits die Schilderungen der schizophrenen Patienten haben uns gezeigt, dass die erinnernde Vergegenwärtigung nicht *hinreichend* ist für die Selbstvergewisserung des Subjekts. Alle Reflexion vermag den Verlust der basalen Selbstvertrautheit nicht zu kompensieren. Aber ist sie denn überhaupt *notwendig?* Bedarf es der expliziten Erinnerung, wie Locke annimmt, damit wir unserer selbst gewiss werden?

Vergegenwärtigen wir uns dazu das alltägliche Phänomen des *Erwachens:* Noch bevor ich mir die konkrete Situation wieder ins Bewusstsein rufe, in der ich gerade aufgewacht bin – auf Reisen mag darüber sogar für einen Moment Verwirrung eintreten und ich muss mich erst erinnern, wo ich bin oder welche Tageszeit es ist – noch vor solcher Erinnerung also finde ich mich im ersten Erwachen bereits selbstverständlich wieder in meinem grundlegenden Leib- und Selbstgefühl.[17] Es bedarf dazu keiner Erinnerung an mein Einschlafen am Vorabend, keiner Vergegenwärtigung meines Namens, meiner Identität oder anderer autobiographischer Kenntnisse. Mein Selbstsein geht

---

[16] Fuchs, *Das Gehirn – ein Beziehungsorgan.* – In der Debatte um die personale Persistenz werden ähnliche Positionen von den »Animalisten« vertreten, die die Kontinuität des Lebewesens bzw. des Organismus für die Grundlage und Bedingung der zeitübergreifenden Identität von Personen halten; vgl. etwa Carter, *How to Change*, Mackie, *Personal Identity*, Olson, *The Human Animal* oder van Inwagen, *Material Beings*. Diesen Positionen fehlt allerdings wiederum die Verknüpfung organismischer Persistenz mit der Kontinuität der phänomenalen Subjektivität, um die es im Folgenden geht.

[17] Vgl. Prousts berühmte Schilderung des Erwachens: »[…] und wenn ich mitten in der Nacht erwachte, wusste ich nicht, wo ich mich befand, ja im ersten Augenblick nicht einmal, wer ich war: ich hatte nur in primitivster Form das bloße Seinsgefühl, das ein Tier im Innern verspüren mag […] Noch zu steif, um sich zu rühren, suchte mein Körper […] sich die Lage seiner Glieder bewusst zu machen, um daraus die Richtung der Wand, die Stellung der Möbel abzuleiten und die Behausung, in der er sich befand, zu rekonstruieren und zu benennen. Sein Gedächtnis, das Gedächtnis seiner Seiten, seiner Knie und Schultern bot ihm nacheinander eine Reihe von Zimmern, in denen er schon geschlafen hatte, an, während rings um ihn die unsichtbaren Wände im Dunkel kreisten« (Proust, *Auf der Suche*, S. 12 f.). – In Prousts Schilderung wird deutlich, dass es das räumliche Körperschema und die damit verbundenen Empfindungen, Richtungen und Bewegungsmöglichkeiten des Leibes sind, die die primäre Selbstvertrautheit des Erwachten konstituieren. Vgl. Fuchs, *The Feeling of Being Alive.*

solcher Reflexion schon voraus. Ja, ich habe im Erwachen auch das sichere Erleben, nicht gleichsam »plötzlich auf die Welt zu fallen«, sondern selbst allmählich aus dem Schlaf oder Halbschlaf herauszutreten. Ich habe also das retentionale Bewusstsein – und nicht etwa nur das Wissen – »eben noch geschlafen zu haben«.[18] Erwachend komme ich, wie man sagt, »zu mir«, doch das heißt, ich komme auf mich selbst zurück und treffe nicht auf ein anonymes Bewusstsein, das ich erst erinnernd zu meinem eigenen machen müsste – wir haben ja gesehen, dass gerade dies den schizophrenen Patienten misslingt.

Es verhält sich also umgekehrt: Die explizite Identifizierung meiner selbst als dieser bestimmten Person im historischen, geographischen und sozialen Raum nach dem Erwachen ist nur möglich, weil sich diese Orientierungen auf ein primäres Mit-mir-selbst-Vertrautsein beziehen können. Die Erinnerungen an den gestrigen Tag, an den Ort meines Einschlafens, ja an meine biographische Identität bringen diese basale Kontinuität meiner selbst nur zu explizitem Bewusstsein, setzen sie jedoch als schon implizit gegeben voraus.[19] Mit anderen Worten: *Die Kontinuität vom Unbewussten zum Bewusstwerden ist die primäre Kontinuität meiner selbst.* Sie liegt vor jeder Selbstzuschreibung und Selbstidentifizierung.

Das präreflexive Selbstsein lässt sich daher mit Waldenfels auch als ein *Selbstentzug* auffassen.[20] Unser Lebensvollzug entzieht sich der unmittelbaren Selbstbeobachtung und geht der reflektierenden Feststellung immer voraus. Hungern ist, wie Spaemann schreibt, nicht Bewusstsein des Hungerns, Fühlen nicht Bewusstsein des Fühlens; denn um dessen gewahr zu werden, dass wir hungern, dürsten oder müde sind, müssen wir schon hungrig, durstig, müde *geworden* sein. Erst ab einem bestimmten Intensitätsgrad wird Erleben bewusst, und war doch schon *unser* Erleben.[21] Bewusstsein

---

[18] Daraus lässt sich folgern, dass auch im Schlaf ein Hintergrund- oder Grenzbewusstsein besteht, in dem sich zwar nichts Einzelnes abhebt und als solches »zu Bewusstsein kommen« kann, das aber doch nicht einem vollständigen Verlöschen der Subjektivität entspricht, sondern einer »Bereitschaft zu erwachen«. Vgl. hierzu Linschoten, *On Falling Asleep*, S. 110: »This means that we never sleep through and through. But then perhaps ›complete sleep‹ is a mere theoretical construction, a limit-idea. When in my sleep I-in-my-origin have slid back into an almost plantlike mode of existence, then still a last, extremely vague kernel remains ready to unfold itself again into a living center of interests at the slightest signal. In my sleep I have not disappeared; *I* am sleeping [… and I] am continuously ready to wake up as I-myself […] *in the passivity of sleeping there is continuously hidden a readiness for the activity of waking-up.«* – Vgl. auch Zahavi, *Subjectivity and Selfhood*, S. 206–210.

[19] Vgl. Jacobs, *Phenomenological Account*, S. 338 f.

[20] Waldenfels, *Bruchlinien der Erfahrung*, S. 191 f.

[21] »[…] Bewusstsein ist etwas am Erleben selbst, es ist eine gesteigerte Weise seiner Aktualisierung, und was das Erleben vor dieser Aktualisierung war, lässt sich deshalb nicht sagen, weil diese Aktualisierung gerade das Sagbarwerden ist« (Spaemann, *Begriff des Lebens*, S. 85).

erscheint nicht instantan, sondern als das allmähliche *Zu-sich-Kommen* des Lebendigen.[22] Leben ist somit, was uns immer schon affiziert hat, bevor wir darauf antworten können. Zumal im leiblichen Spüren, in der Selbstaffektion von Hunger, Durst, Schmerz, Frische, Müdigkeit usw. erfahren wir, dass wir unserer selbst nie völlig mächtig sind, dass etwas unser Selbst wesentlich ausmacht, was wir doch nicht tun oder bewirken können.

Aber selbst für die intentionalen Akte des Denkens oder Handelns gilt, dass wir sie nicht vollständig »in der Hand haben«, sondern eher »geschehen lassen«. Merleau-Ponty spricht daher von der »Passivität unserer Aktivität«: »[...] nicht ich bin es, der mich denken lässt, sowenig ich es bin, der mein Herz schlagen lässt«.[23] Die Bewegungen meines Denkens wie die meines Armes sind *Selbstbewegungen*, die ich nicht machen, sondern allenfalls auslösen und leiten kann. Und erst recht gilt für unwillkürliche Lebensvollzüge wie Atmen, Einschlafen, Gehen, Weinen oder auch Gefühle wie Freude oder Wut, dass sie *von selbst*, spontan geschehen, und durch absichtliches Wollen eher gestört werden. Wir erfahren also in uns selbst einen Grund des Werdens, einen Ursprung von Spontaneität und Bewegung, der sich der Feststellung und Festlegung entzieht. Doch gerade dieses *Von-selbst* ist die Grundlage unseres Selbstseins. So beginnt auch unsere Lebensgeschichte schon vor der Geburt mit einer organischen und unbewussten Vorgeschichte des Selbst, die nirgends einen Punkt aufweist, an dem eine rein biologische Entwicklung plötzlich in Bewusstsein umschlagen würde. Leben ist Selbstsein von Anfang an.

Aus all dem folgt, dass sich Leben weder dem reinen Bewusstsein noch der Objektseite des physischen Körpers zurechnen lässt; es manifestiert sich vielmehr in einer grundlegenden, leiblichen Subjektivität. Es geht seinem Bewusstwerden immer voraus, und das bewusste Selbst ist sich nur in der Weise des Selbstentzugs gegeben. Merleau-Ponty hat in diesem Sinn den Leib als »*natürliches Subjekt*« beschrieben: »Es gibt also, mir zugrunde liegend, ein anderes Subjekt, für das eine Welt schon existiert, ehe ich da bin, und das in ihr meinen Platz schon markiert hat. Dieser [...] natürliche Geist ist mein Leib«.[24] Ein leibloses, reines Bewusstsein ist eine dualistische Abstraktion, die sich in unserer Erfahrung nicht finden lässt.

---

[22] Vgl. dazu Fuchs, *The Feeling of Being Alive*.
[23] Merleau-Ponty, *Das Sichtbare*, S. 281.
[24] Merleau-Ponty, *Phänomenologie*, S. 196.

2. Das Leibgedächtnis als »Verleiblichung der Existenz«

Die Gewissheit des Bei-sich-Seins, die das cartesianische Subjekt in der Selbstbeobachtung und Erinnerung zu finden glaubte, liegt also diesen reflektierenden Akten immer schon voraus. Nun könnte man einwenden, es handele sich bei diesem primären Selbstsein doch nicht um ein individuelles, sondern eher um ein anonymes, ein »minimales Selbst«,[25] das kaum unseren Erwartungen an Individualität und Personalität genügt. Damit jedoch würde man die *Geschichte des Leibes* vernachlässigen, die ihn im Laufe der Biographie immer mehr zum Medium unserer individuellen Existenz werden lässt. Denn alle Lebensvollzüge gehen in das leibliche Gedächtnis ein und bleiben als Erfahrungen und Bereitschaften darin aufgehoben: Der Leib ist, wie Merleau-Ponty schreibt »*geronnene [...] Existenz, die Existenz unaufhörliche Verleiblichung*«.[26] Was bedeutet dies?

Mit der bewussten oder expliziten Erinnerung, die Locke im Auge hatte, ist das Phänomen des Gedächtnisses keineswegs erschöpft. Das meiste von dem, was wir erfahren und erlernt haben, wird uns gar nicht im Rückblick, sondern vielmehr im praktischen Lebensvollzug zugänglich: Durch Wiederholung und Übung haben sich Gewohnheiten gebildet, die von selbst aktiviert werden; eingespielte Bewegungsabläufe sind uns »in Fleisch und Blut« übergegangen, also zu einem leiblichen Vermögen geworden – etwa der aufrechte Gang, das Sprechen oder Schreiben, der Umgang mit Instrumenten wie einem Fahrrad, einer Schreibmaschine oder einem Klavier. Als *implizites oder leibliches Gedächtnis* können wir die Gesamtheit der sedimentierten Erfahrungen bezeichnen, die über das Medium des Leibes aktualisiert werden, ohne dass wir uns dazu an die früheren Situationen erinnern müssen. Dieses Leibgedächtnis, zum ersten Mal von Maine de Biran und Henri Bergson ins Auge gefasst[27], vergegenwärtigt die Vergangenheit nicht, sondern enthält sie vielmehr als gewachsene und gegenwärtig wirksame Erfahrung in sich.[28]

Das Leibgedächtnis umfasst damit alle Gewohnheiten und Fähigkeiten, die uns zur Verfügung stehen; es vermittelt die grundlegende Erfahrung des *Könnens*. Ich kann einen Walzer tanzen, insofern sich mein Leib von selbst in den Rhythmus der Musik einschwingt und die Bewegungen vollzieht. Ich kann mit 10 Fingern schreiben, ohne noch angeben zu können, wo sich auf der Tastatur die Buchstaben befinden. Die explizite Zuordnung beim Erlernen des Schreibens habe ich längst vergessen. Das Wissen ist nun »in den

---

[25] Zahavi, *Subjectivity and Selfhood.*
[26] Merleau-Ponty, *Phänomenologie*, S. 199.
[27] de Biran, *Influence de l'habitude*; Bergson, *Materie und Gedächtnis.*
[28] Vgl. Fuchs, *Das Gedächtnis des Leibes* und *The Phenomenology*; Summa, *Das Leibgedächtnis.*

Fingern«, sie schreiben von selbst, es ist ein Wissen-wie, kein Wissen-dass.
Leibliches Vertrautsein mit den Dingen bedeutet biographisches Vergessen,
Absinken des bewusst Getanen und Erlebten in einen Untergrund, aus dem
sich das Bewusstsein zurückgezogen hat, und der doch unser alltägliches In-
der-Welt-Sein trägt.[29] Ein Instrument, ein Gesicht, eine Umgebung oder Situation sind mir vertraut, weil mein Wahrnehmungs- und Handlungsvermö-
gen meine früheren Erfahrungen in Form von Typen oder Mustern in sich
enthält, auch ohne explizite Erinnerung. Nehmen wir ein Beispiel, das von
Gaston Bachelard stammt:

> [...] über die Erinnerungen hinaus ist das Elternhaus physisch in uns einge-
> zeichnet. Es besteht aus einer Gruppe von organischen Gewohnheiten. Aus
> einem Abstand von zwanzig Jahren, allen anonymen späteren Treppen zum
> Trotz, würden wir noch die Reflexe jener ›frühesten Treppe‹ wiedererken-
> nen, über eine bestimmte, etwas zu hohe Stufe würden wir nicht stolpern.
> Das ganze Sein des Hauses würde sich entfalten, unserem eigenen Sein treu
> geblieben. Wir würden die Tür aufstoßen, die noch das gleiche Knarren hat,
> ohne Licht würden wir in den entlegenen Speicher gehen. Das Gefühl der
> kleinsten Klinke ist noch in unserer Hand.[30]

So vermittelt das Leibgedächtnis die grundlegende Vertrautheit mit der Welt:
›Wohnen‹ und ›Gewohnheit‹ sind gleichermaßen in ihm begründet. Ja, selbst
die Vertrautheit mit dem eigenen Leib als Ensemble von Habitualitäten und
Vermögen beruht auf seinem Gedächtnis: Immer wenn wir erwachen, erwachen diese vertrauten Vermögen mit uns und versichern uns, wie von Proust
beschrieben, unserer leiblichen Kontinuität.[31]

Schließlich gehören zum leiblichen Gedächtnis auch die individuellen
Haltungen, Ausdrucks- und Verhaltensweisen, die einem Menschen in
Fleisch und Blut übergegangen und so zu seiner *leiblichen Persönlichkeitsstruktur* geworden sind.[32] Die scheue, unterwürfige Haltung etwa eines
selbstunsicher-dependenten Menschen, seine weiche Stimme, seine kindli-
che Mimik, seine Nachgiebigkeit und Ängstlichkeit gehören einem einheitlichen Haltungs- und Ausdrucksmuster an, das seine Persönlichkeit wesentlich ausmacht. Auch Bourdieus soziologischer Begriff des *Habitus* hat hier
seinen Ort: Die kultur- und klassenspezifische Sozialisation insbesondere in
der frühen Kindheit geht mit in das Leibgedächtnis ein. »Als einverleibte,
zur Natur gewordene und damit vergessene Geschichte ist der Habitus wir-

---

[29] So bereits die treffende Beobachtung von William James: »It is a general principle in psychology that consciousness deserts all processes where it can no longer be of use« (James, *Principles
of Psychology*, S. 496).

[30] Bachelard, *Poetik des Raums*, S. 47.

[31] Vgl. Anm. 17.

[32] Fuchs, *Leibliche Persönlichkeitsstruktur*.

kende Präsenz der gesamten Vergangenheit, die ihn erzeugt hat«.[33] In seiner allgemeinen Form kulturell geprägt, macht der Habitus doch auch die persönliche Weise eines Menschen aus, sich darzustellen und mit anderen umzugehen. Man könnte sagen: Was wir vergessen haben, ist zu dem geworden, was wir sind.

Auf der anderen Seite schlagen sich auch traumatische Erfahrungen im Leibgedächtnis nieder. Ein eindrucksvolles Beispiel finden wir in den Lebenserinnerungen des jüdischen Schriftstellers Aharon Appelfeld, der während des 2. Weltkriegs vom 7. bis 13. Lebensjahr als Flüchtling in den Wäldern der Ukraine überlebte:

> Seit Ende des Zweiten Weltkriegs sind bereits über fünfzig Jahre vergangen. Vieles habe ich vergessen, vor allem Orte, Daten und die Namen von Menschen, und dennoch spüre ich diese Zeit mit meinem ganzen Körper. Immer wenn es regnet, wenn es kalt wird oder stürmt, kehre ich ins Ghetto zurück, ins Lager oder in die Wälder, in denen ich so lange Zeit verbracht habe. Die Erinnerung hat im Körper anscheinend lange Wurzeln.
> Die Zellen des Körpers erinnern sich anscheinend besser als das Gedächtnis, das doch dafür bestimmt ist. Noch Jahre nach dem Krieg ging ich nicht in der Mitte eines Gehsteigs oder Wegs, sondern immer dicht an der Mauer, immer im Schatten, immer eilig, wie einer, der flieht [...]. Manchmal reicht der Geruch eines Essens, Feuchtigkeit in den Schuhen oder ein plötzliches Geräusch, um mich mitten in den Krieg zurückzuversetzen [...]. Der Krieg sitzt mir in allen Gliedern.[34]

Hier hat sich eine ganze Lebensperiode dem Leib eingeprägt, freilich tiefer und nachhaltiger als das autobiographische Gedächtnis es vermochte: Propriozeption, Tastsinn, Geruch, Gehör, ja sogar bestimmte Wetterbedingungen können unvermittelt die Vergangenheit wieder lebendig werden lassen, und selbst das leibliche Bewegungsmuster, nämlich der gehetzte Gang an der Mauer entlang, ahmt immer noch das Verhalten des Flüchtlings nach.

Wir sehen, wie die kontinuierliche Verleiblichung der Existenz eine Form des Gedächtnisses erzeugt, die nicht die Rückerinnerung an einzelne Episoden erlaubt, sondern in gewissem Sinn die gesamte Vergangenheit einer Person in ihrer je gegenwärtigen leiblichen Verfassung integriert. Weit davon entfernt, nur eine anonyme präreflexive Existenz zu gewährleisten, bildet der habituelle Leib also immer einen Auszug der persönlichen Geschichte. Dies entspricht Merleau-Pontys Konzeption der Zeitlichkeit des leiblichen Subjekts:

> [...] und so bin auch ich keine Reihe psychischer Akte, noch auch übrigens ein zentrales Ich, das diese in einer synthetischen Einheit versammelte, son-

---

[33] Bourdieu, *Sozialer Sinn*, S. 101.
[34] Appelfeld, *Geschichte eines Lebens*, S. 57, 95f.

dern eine einzige, von sich selber untrennbare Erfahrung, ein einziger ›Zusammenhang des Lebens‹, eine einzige, von ihrer Geburt her sich explizierende und in jeder Gegenwart sich bestätigende Zeitlichkeit.[35]

Die grundlegende Kontinuität des personalen Subjekts, so meine Folgerung, ergibt sich nicht aus dem Bestand expliziten Wissens über die eigene Biographie oder aus ihrer immer nur punktuellen Vergegenwärtigung in der Erinnerung, sondern aus einer *gewachsenen, im Leibgedächtnis sedimentierten und als solcher implizit immer gegenwärtigen Geschichte.*

3. Leibgedächtnis und Psychopathologie

Werfen wir vor diesem Hintergrund noch einmal einen Blick auf die Psychopathologie. In den Frühstadien der Schizophrenie kommt es häufig zu einem Verlust der basalen Vertrautheit von Selbst und Welt, die aus der habituellen Leiblichkeit resultiert. Damit aber ist auch die Kontinuität des Selbsterlebens in Frage gestellt. In der phänomenologischen Psychopathologie hat vor allem Blankenburg den »Verlust der natürlichen Selbstverständlichkeit« als schizophrene Grundstörung herausgearbeitet, die das alltägliche, leiblich vermittelte In-der-Welt-Sein betrifft.[36] Neuere Konzeptionen sprechen auch von einer »Entkörperung« *(disembodiment)* im Sinne einer Entkoppelung des Subjekts von seiner eigenen Leiblichkeit.[37] Betrachten wir ein Beispiel für eine solche Entwicklung[38]:

> Ein 32-jähriger Patient berichtet, er sei etwa seit dem 16. Lebensjahr immer mehr in Zweifel geraten, ob seine Eigentümer wirklich die richtigen und nicht insgeheim von anderen Menschen ausgetauscht worden seien. Schon wenn ihm eigene Dinge für kurze Zeit aus dem Blick gerieten, habe er an ihrer Konstanz gezweifelt. Beim Einkaufen argwöhnte er, der Verkäufer habe den ausgewählten Gegenstand beim Einpacken vertauscht, und konnte ihn daher nicht mehr benutzen. Wenn er beim Studium einen Moment unaufmerksam war, dachte er, der neben ihm sitzende Kommilitone habe sein Buch ausgetauscht; er musste es wegwerfen, und daher ständig neue Bücher kaufen. Zusehends verlor er »das Vertrauen in die Umgebung«.

Der Patient erlebt offenbar eine schleichende Entfremdung der Dinge: er kann der Konstanz und Identität seiner Besitztümer nicht mehr vertrauen. Zwar erkennt er die Objekte wieder, doch diesem Wiedererkennen fehlt das

---

[35] Merleau-Ponty, *Phänomenologie*, S. 463.

[36] Blankenburg, *Der Verlust.*

[37] Stanghellini, *Disembodied Spirits*; Fuchs, *Corporealized and Disembodied Minds* und *Selbst und Schizophrenie.*

[38] Vgl. Bürgy, *Phänomenologie der Verzweiflung.*

Gefühl von »Meinhaftigkeit« und Vertrautheit – als ob ihm die Dinge nicht mehr »zuwachsen«, nicht in die Kontinuität der eigenen Leiblichkeit aufgenommen werden könnten. Sehen wir weiter:

> Nach Abbruch des Studiums im 21. Lebensjahr begann er schließlich auch zu zweifeln, ob seine eigenen Arme oder die von jemand anderem eine Tätigkeit ausführten. Er habe seine Arme von den Händen bis zum Rumpf verfolgt, sich ganz auf die Hände und die Kraftausübung konzentriert, um zu spüren, dass er doch eigene Arme habe. Dennoch habe er immer wieder hinter sich blicken müssen, um zu sehen, ob da nicht jemand stehe und *seine Arme bewege*. Nun bezweifelte er die einfachsten Handlungen. Wenn er eine Bewegung nur etwas zu schnell machte, musste er sie wiederholen, um sicherzugehen, dass es seine eigene war. Schließlich benötigte er endlose Zeit, um sich auch nur anzuziehen, da er immer wieder überprüfen musste, ob er die Kleider richtig hielt, ob die Hose auch richtig sitze, ob er selbst sie angezogen habe, usf. Jeder alltägliche Handgriff sei für ihn »wie eine Mathematikaufgabe« geworden.

Nach und nach geht auch die Selbstverständlichkeit und Meinhaftigkeit der eigenen Bewegungen verloren und soll nun gleichsam von außen, nämlich durch angestrengte Selbstbeobachtung wieder hergestellt werden – ein Versuch, der freilich vergeblich bleiben muss. Zunehmend beginnen auch die Sinneinheiten intentionaler Handlungen und automatisierter Gewohnheiten zu zerfallen. Um diese Entfremdung der leiblichen Vollzüge zu kompensieren, muss der Patient einfachste Handlungen bewusst vorbereiten und explizit, Stück für Stück das zusammensetzen, was seine einheitliche leibliche Zeitgestalt verloren hat. Aber selbst dann zweifelt er, ob die Bewegung nicht von jemand anderem ausgeführt wurde. Daran kann sich in der akuten Psychose ein manifester Beeinflussungswahn knüpfen – dann fühlen Patienten sich von fremden, anonymen Mächten manipuliert und gesteuert.

An diesem Beispiel wird *ex negativo* deutlich, wie Selbstsein – auch in seiner Abgrenzung gegenüber anderen – von der Selbstvertrautheit und Selbstverständlichkeit abhängt, die im Leib und seinem Gedächtnis begründet sind. Selbstsein beruht primär auf dem, was sich *von selbst* vollzieht und von selbst versteht. Der Verlust dieser natürlichen Selbstverständlichkeit, so schreibt Blankenburg »[…] macht sich vor allem […] in den unzähligen kleinen Verrichtungen des Alltags bemerkbar, ergreift aber darüber hinaus die gesamte Lebensorientierung«.[39] Den Kranken drängt sich gerade das als unabweisbares Problem auf, was der Gesunde *vergessen* hat, weil er es schon gewohnt war, bevor er danach fragen konnte: wie es möglich ist, in der Welt zu sein, zu handeln, zu leben. Gerade das Vergessene, d. h. das im leiblichen

---

[39] Blankenburg, *Der Verlust*, S. 80.

Gedächtnis gewohnt und vertraut Gewordene ist den Patienten nicht mehr verfügbar.

Dies resultiert im Verlust der Spontaneität, in exzessiver Selbstbeobachtung und Hyperreflexion, wie wir sie bei Schizophrenen so häufig finden.[40] Darin manifestiert sich das vergebliche Bemühen, doch eine Gewissheit des Selbstseins zu erlangen – vergeblich, weil diese Gewissheit eben nicht auf einem propositionalen, repräsentierenden oder erinnernden Wissen beruht, sondern auf dem präreflexiven Selbstempfinden und der leiblich immer schon gegebenen Einbettung in die Lebenswelt. Selbstbewusstsein und Selbstreflexion bedeuten zwar die Aufhebung dieses selbstverständlich-leiblichen Daseins, setzen es aber doch fortwährend voraus und bleiben daran gebunden.

Betrachten wir nun noch den gewissermaßen umgekehrten Fall, nämlich den Verlust des autobiographischen Gedächtnisses in der *Demenz* – der nach der Konzeption der psychologischen Persistenz zum Verlust der Personalität führen muss (s. o. S. 175). Doch hier bleibt nun gerade die leibliche Vertrautheit mit der Welt bis in späte Stadien der Erkrankung erhalten, denn sie beruht auf dem impliziten oder leiblichen Gedächtnis, das von der Erkrankung zunächst nicht oder in geringem Maß betroffen ist.[41] So vermögen vertraute Sinneserfahrungen – bekannte Gerüche, Speisen, Melodien oder Berührungen – in den Patienten Gefühle, Reaktionen und sogar Fähigkeiten zu wecken, die mit vergangenen Lebensabschnitten verknüpft sind, selbst wenn die explizite Erinnerung daran schon verblasst ist. Ich gebe dazu ein Beispiel:

> Ein 78-jähriger Patient mit fortgeschrittener Demenz vermochte seine Umgebung und seine Verwandten meist nicht mehr wiederzuerkennen. Er wirkte lethargisch, zurückgezogen, körperlich hinfällig und war kaum noch in der Lage, sich selbständig fortzubewegen. Eines Tages besuchten ihn seine beiden Enkelkinder und spielten vor dem Haus Fußball. Der Patient hatte als Jugendlicher selbst lange in einem Verein gespielt; nun stand er plötzlich auf und spielte mit den beiden Jungen. Im Kontakt mit dem Ball erschien er wie verwandelt und verjüngt, er zeigte ihnen seine Dribbelkünste, demonstrierte verschiedene Balltricks und gab dazu fachmännische Erklärungen. Für eine halbe Stunde war von der Erkrankung fast nichts mehr zu erkennen.

Die durch das Leibgedächtnis vermittelten Fertigkeiten des Patienten sind zweifellos Teil seiner individuellen Geschichte, auch wenn er sich an das Erlernen dieser Fähigkeiten nicht mehr zu erinnern vermag. Seine Identität reicht, entgegen Lockes Auffassung, weiter zurück als seine bewusste Erinnerung. In unserem Habitus, in unserem leiblichen Sein kommen wir als

---

[40] Sass / Parnas, *Schizophrenia*; Fuchs, *Psychopathologie*.
[41] Fuchs, *Das Leibgedächtnis in der Demenz*.

Personen nicht minder zur Erscheinung als in unseren kognitiven und reflektierenden Fähigkeiten. Wenn wir Selbstsein in dieser Weise als primär leibliches verstehen, dann werden wir auch zu einer anderen Wahrnehmung des Demenzkranken gelangen: nicht als eines Menschen, der seine Rationalität, Erinnerung und damit Personalität eingebüßt hat, sondern als eines Menschen, der sein Personsein gerade als leiblich-zwischenleibliches noch zu realisieren vermag, solange er in der dazu passenden räumlichen, atmosphärischen und sozialen Umgebung leben kann. Sein Selbstsein erhält sich in der Affinität seines Leibes zur natürlichen und sozialen Mitwelt. Seine Lebensgeschichte bleibt gegenwärtig in vertrauten Melodien, Gerüchen, Berührungen und Handhabungen der Dinge, im leiblichen Umgang mit anderen Menschen, auch wenn er sich an die Ursprünge dieser Vertrautheit nicht mehr erinnern und seine Geschichte nicht mehr erzählen kann.

4. FAZIT

Mein Ziel war zu zeigen, dass Leiblichkeit die Grundlage personaler Identität darstellt, während die biographische Erinnerung für sich genommen weder hinreichend noch notwendig ist, um die Gewissheit des Selbstseins zu begründen. Die Leiblichkeit enthält die basale, präreflexive Selbstvertrautheit, auf die wir immer wieder zurückkommen, und die das entkörperte Subjekt in der Schizophrenie vergeblich zu rekonstruieren versucht. Der Leib weist auch eine spezifische Form des Gedächtnisses auf, das aus der fortwährenden Verleiblichung der Existenz resultiert: Es besteht in den Habitualitäten, Fähigkeiten und Erfahrungen, die die Person in ihrem Lebensvollzug erworben hat. Damit vermittelt das Leibgedächtnis eine Kontinuität des Selbstseins, die nicht durch erinnernden Rückgriff aktiv hergestellt werden muss, sondern die gesamte Vergangenheit der Person in ihrem jeweils gegenwärtigen Sein und Können integriert. Zweifellos ist das reflexive, narrative oder autobiographische Selbst, das wir im Verlauf der Kindheit erworben haben, von zentraler Bedeutung für unser personales Selbstverhältnis und Selbstverständnis. Doch die Persistenz der Person ist immer nur denkbar als ihre Einbettung in die Kontinuität des vor- und unbewussten leiblichen Selbstseins.

Das cartesische Ideal der Gewissheit ist das des unmittelbaren Bei-sich-Seins, der klaren und distinkten Perzeption. Entsprechende Konzeptionen personaler Persistenz seit Locke bürden dem Subjekt die Last auf, sich fortwährend seiner selbst vergewissern zu müssen. Sie scheitern an der Frage, wie die unbewussten Phasen der Existenz in das Selbstsein einbezogen werden sollen, wenn der Person nur eine entkörperte Subjektivität zugrunde gelegt wird. Und sie sind gezwungen, die Anfangsstadien des Lebens ebenso

wie fortgeschrittene Stadien der Demenz aus der Kontinuität der Person auszuschließen. Doch personale Existenz ist primär leibliches Selbstsein, von
Beginn an und bis zum Ende. Selbstbewusstsein, Rationalität und Autonomie sind, um einen Vergleich zu wählen, wie die Früchte an einem Baum,
nämlich Erscheinung und Erzeugnis seines gesamten Lebens, nicht von ihrem Träger zu trennen. Der unscheinbare Trieb, der sie einmal hervorbringen wird, trägt sie als Potenzial bereits in sich – ebenso wie jeder Schlafende
potenziell bereits der Erwachte ist und im Erwachen zu sich selbst kommt.

Freilich soll dies die Bedeutung der narrativ oder autobiographisch vermittelten Identität nicht in Frage stellen. Amnesien und Demenzerkrankun-
gen zeigen zur Genüge, dass auch der Verlust der expliziten Erinnerung und
des autobiographischen Wissens das eigene Selbstsein grundlegend in Frage
stellt. Umgekehrt müssen aber auch Selbstreflexion, Erinnerung und Narration in leibliche Selbstvertrautheit eingebettet sein, um die personale Identität zu konstituieren; sonst werden sie zur leeren Selbstbeobachtung und
Hyperreflexion wie in schizophrenen Erkrankungen. Insofern tragen implizites und explizites, leibliches und autobiographisches Gedächtnis gleichermaßen zur personalen Identität bei. Die grundlegende Kontinuität der Person aber besteht in dem einheitlichen Zusammenhang ihres Lebens, in der
ununterbrochenen Zeitlichkeit ihres Leibes.

LITERATUR

Appelfeld, A.: *Geschichte eines Lebens*, Berlin 2005.
Bachelard, G.: *Poetik des Raumes*, München 1960.
Bergson, H.: *Materie und Gedächtnis. Eine Abhandlung über die Beziehung
    zwischen Körper und Geist*, übers. von J. Frankenberger, Hamburg 1991.
Blankenburg, W.: *Der Verlust der natürlichen Selbstverständlichkeit*, Stuttgart
    1971.
Bourdieu, P.: *Sozialer Sinn*, Frankfurt/M. 1987.
Bürgy, M.: Zur Phänomenologie der Verzweiflung bei der Schizophrenie. In:
    Zeitschrift für klinische Psychologie, Psychiatrie und Psychotherapie 51, 2003,
    S. 1–16.
Carter, W. R.: How to Change Your Mind. In: *Canadian Journal of Philosophy*
    19, 1989, S. 1–14.
Chapman, J.: The Early Symptoms of Schizophrenia. In: *British Journal of Psych-
    iatry* 112, 1966, S. 225–251.
Cosmelli, D./ Thompson, E.: Embodiment or Envatment? Reflections on the
    Bodily Basis of Consciousness. In: *Enaction: Towards a New Paradigm for
    Cognitive Science*, hgg. von J. Stewart, O. Gapenne u. E. Di Paolo. Cambridge,
    MA 2011, S. 361–385.
de Biran, M.: *Influence de l'habitude sur la faculté de penser*, Paris 1953.

de Haan, S./ Fuchs, T.: The Ghost in the Machine: Disembodiment in Schizo-phrenia. Two Case Studies. In: *Psychopathology* 43, 2010, S. 327–333.

Descartes, R.: *Meditationen über die Grundlagen der Philosophie. Mit sämtlichen Einwänden und Erwiderungen*, übers. von A. Buchenau, Hamburg 1954.

Fuchs, T.: Corporealized and Disembodied Minds. A Phenomenological View of the Body in Melancholia and Schizophrenia. In: *Philosophy, Psychiatry & Psychology* 12, 2005, S. 95–107.

– Gibt es eine leibliche Persönlichkeitsstruktur? Ein phänomenologisch-psy-chodynamischer Ansatz. In: *Psychodynamische Psychotherapie* 5, 2006, S. 109–117.

– *Das Gehirn – ein Beziehungsorgan. Eine phänomenologisch-ökologische Kon-zeption*, Stuttgart 2008 (4. Aufl. 2012).

– Das Gedächtnis des Leibes. In: ders.: *Leib und Lebenswelt. Neue philoso-phisch-psychiatrische Essays*, Kusterdingen 2008, S. 37–64.

– Das Leibgedächtnis in der Demenz. In: *Lebensqualität bei Demenz. Zum ge-sellschaftlichen und individuellen Umgang mit einer Grenzsituation im Alter*, hg. von A. Kruse. Heidelberg 2010, S. 231–242.

– Psychopathologie der Hyperreflexivität. In: *Deutsche Zeitschrift für Philoso-phie* 59, 2011, S. 565–576.

– The Feeling of Being Alive. Organic Foundations of Self-awareness. In: *Fee-lings of Being Alive*, hgg. von J. Fingerhut u. S. Marienberg. Berlin – New York 2012, S. 149–166.

– The Phenomenology of Body Mcmory. In: *Body Memory, Metaphor and Mo-vement*, hgg. von S. Koch, T. Fuchs, M. Summa u. C. Müller. Amsterdam 2012, S. 9–22.

– Selbst und Schizophrenie. In: *Deutsche Zeitschrift für Philosophie* 60, 2012, S. 887–901.

Garrett, B.: *Personal Identity and Self-consciousness*, London 1998.

Hesnard, A.: *Les troubles de la personnalité dans les états d'asthénie psychique. Etude de psychologie clinique*, Paris 1909.

Jacobs, H.: Towards a Phenomenological Account of Personal Identity. In: *Phi-losophy, Phenomenology, Sciences*, hgg. von C. Ierna, H. Jacobs u. F. Mattens. Dordrecht et al. 2010, S. 333–361.

James, W.: *The Principles of Psychology*. Vol. 2. New York 1890/1950.

Kobayashi, T.: *Melancholie und Zeit*, Basel – Frankfurt 1998.

Lewis, D.: Survival and Identity. In: *The Identities of Persons*, hg. von A. Rorty. Berkeley 1976, S. 17–40.

Linschoten, J.: On Falling Asleep. In: *Phenomenological Psychology: The Dutch School*, hg. von J.J. Kockelmans. Dordrecht 1987, S. 79–117.

Locke, J.: *Versuch über den menschlichen Verstand*, Hamburg 2006.

Mackie, D.: Personal Identity and Dead People. In: *Philosophical Studies* 95, 1999, S. 219–242.

McMahan, J.: *The Ethics of Killing. Problems at the Margins of Life*, Oxford 2003.

Merleau-Ponty, M.: *Phänomenologie der Wahrnehmung*, Berlin 1966.

– *Das Sichtbare und das Unsichtbare*, München 1986.

Olson, E.: *The Human Animal: Personal Identity Without Psychology*, Oxford 1997.

Parfit, D.: Lewis, Perry, and What Matters. In: *The identities of persons*, hg. von A. Rorty. Berkeley 1976, S. 91–108.

– *Reasons and Persons*, Oxford 1984.

Proust, M.: *Auf der Suche nach der verlorenen Zeit: In Swanns Welt*, Frankfurt 1954.

Sass, L. A./ Parnas, J.: Schizophrenia, Consciousness, and the Self. In: *Schizophrenia Bulletin* 29, 2003, S. 427–444.

Shoemaker, S.: Self, Body, and Coincidence. In: *Proceedings of the Aristotelian Society*, Supplementary Volume 73, 1999, S. 287–306.

– Functionalism and Personal Identity – A Reply. In: *Noûs* 38, 2004, S. 525–33.

Singer, P.: *Practical Ethics*, Cambridge 1979.

Spaemann, R.: Zum Begriff des Lebens. In: *Sichtweisen der Psychiatrie,* hgg. von G. Kockott, H.-J. Möller. München 1995, S. 84–89.

Stanghellini, G.: *Disembodied Spirits and Deanimated Bodies: The Psychopathology of Common Sense*, Oxford 2004.

Summa, M.: Das Leibgedächtnis. Ein Beitrag aus der Phänomenologie Husserls. In: *Husserl Studies* 27, 2011, S. 173–196.

van Inwagen, P.: *Material beings*, Ithaca 1990.

Waldenfels, B.: *Bruchlinien der Erfahrung. Phänomenologie – Psychoanalyse – Phänomenotechnik*, Frankfurt / M. 2002.

Zahavi, D.: *Subjectivity and Selfhood. Investigating the First Person Perspective*, Cambridge, MA 2006.

Logi Gunnarsson

WIE MAN SEINEN KÖRPER MIT EINEM ANDEREN TEILEN KANN

Zu personaler Identität und Individuation

Aus dem Englischen von Nadja El Kassar[1]

Dieser Aufsatz hat drei Ziele. *Erstens* verteidigt er die folgende These (die *Koexistenzthese*): Jeder von uns ist grundlegend eine Entität, von der es mehrere in einem Körper geben könnte. *Zweitens* verteidigt er ein Kriterium dafür, dass es zwei von uns in einem Körper geben könnte: ein *Individuationskriterium*. Die relevanten Argumente werden in den Abschnitten 3–5 vorgestellt werden. Die These und das Kriterium betreffen eine der Fragen, die meist unter der Überschrift »personale Identität« diskutiert werden. Da die Fragen, die in dieser Rubrik thematisiert werden, oft nicht klar unterschieden sind, muss ich zu Beginn Unterscheidungen zwischen mehreren Fragen einführen (Abschnitt 1). Die Koexistenzthese betrifft die Frage nach der Individuation »fundamentaler Entitäten« und Abschnitt 2 stellt diese These anderen möglichen Antworten auf die Frage gegenüber. *Drittens* wird ein Einwand gegen die Koexistenzthese behandelt. Nach diesem Einwand setzt diese These einen fragwürdigen Dualismus voraus, der mit phänomenologischen Auffassungen menschlicher Subjektivität und Leiblichkeit unvereinbar ist. Im Abschnitt 6 wird dieser Einwand zurückgewiesen und es wird gezeigt, dass die Koexistenzthese mit Maurice Merleau-Pontys Auffassung von Leiblichkeit kompatibel ist.

---

[1] Die Abschnitte 1–5 stellen eine Übersetzung von Gunnarsson, L.: Sharing my Body. Personal Identity and Individuation. In: *SATS. Nordic Journal of Philosophy* 10(1), 2009, S. 25–49, dar und erscheinen hier mit freundlicher Genehmigung von *De Gruyter*. Abschnitt 6 ist eine Übersetzung von Gunnarsson, L.: *Philosophy of Personal Identity and Multiple Personality*, New York – London 2010, S. 143–148, und erscheint hier mit freundlicher Genehmigung von *Taylor & Francis*. (Die Abschnitte 1–5 sind auch wesentlich in dieser Monografie erschienen.) Die Übersetzung der Texte wurde vom Autor autorisiert. Geringfügige Änderungen wurden vorgenommen, um aus den beiden Teilen einen einheitlichen Text zu erstellen. Manche Passagen vom Text überlappen mit Teilen von folgenden Aufsätzen: Gunnarsson, *Festlegungstheorie*; Gunnarsson, *Allein im Spiegelkabinett?*; Gunnarsson, *Wer bin ich?* Diese Passagen mussten von El Kassar nicht übersetzt werden.

1. Fragen zu »personaler Identität«

Zum Themenkomplex »personale Identität« gehören Fragen wie die folgenden: »Werde ich nach meinem irdischen Tod noch existieren?« »Auch wenn meine sämtlichen mentalen Funktionen irreversibel ausfallen, kann das Herz noch schlagen und die Atmung funktionieren. Ein Mensch kann in einem bloßen vegetativen Zustand immer noch existieren. Würde ich in so einem Zustand als Mensch weiterleben oder wäre meine Existenz damit zu Ende?« »Ich habe einen schweren Autounfall und falle ins Koma. Nach einem halben Jahr wacht ein Mensch aus diesem Koma auf, aber er kann sich an nichts aus seinem Leben vor dem Koma erinnern und muss jede erdenkliche menschliche Fähigkeit lernen. War der Verkehrsunfall mein Ende oder bin ich die Person, die aus dem Koma aufwacht?« »Beginnt meine Existenz bei meiner Geburt oder im Mutterleib (oder nach einer künstlichen Befruchtung)? Wenn sie im Mutterleib beginnt, zu welchem Zeitpunkt beginnt sie dann?«

Solche Fragen kann man genereller formulieren: »Wann endet meine Existenz? Wann beginnt sie? Was sind die Bedingungen meiner diachronen Identität?« Welche Antwort richtig ist, hängt davon ab, was ich fundamental bin. Die Frage »*Was bin ich grundlegend?*« zu stellen, heißt zu fragen, unter welchen *fundamentalen Begriff* ich falle. Diese Frage zu beantworten, heißt zu sagen, *welcher Begriff die Bedingungen meiner Identität* bestimmt. Eine mögliche Antwort wäre: Ich bin grundlegend ein Mensch bzw. *Mensch* ist der fundamentale Begriff, unter den ich falle. Diese Antwort müsste dann näher erläutert werden, indem der Begriff *Mensch* erklärt wird. Eine mögliche Auffassung dieses Begriffs wäre, dass der Mensch ein rein biologisches Wesen ist, dessen Existenzbeginn und -ende daher mit dem Anfang und dem Ende des rein biologisch verstandenen Lebens zusammenfällt. Einige Konsequenzen daraus wären: Meine Existenz fängt kurz nach der Zeugung im Mutterleib an. Mich gibt es auch noch in einem rein vegetativen Zustand, in dem alle mentalen Funktionen irreversibel ausgefallen sind, aber meinen biologischen Tod kann ich nicht überdauern.

Die Antworten auf die am Anfang gestellten Fragen hängen also von der Antwort auf die *Frage nach dem grundlegenden Begriff* ab:

Was bin ich grundlegend? Oder: Welcher Begriff bestimmt meine Identitätsbedingungen? (Frage 1)

Eine gewisse Terminologie ist hier nützlich. Die Frage »Was bin ich grundlegend?« muss immer so beantwortet werden, dass ich eine gewisse Art von Entität bin. Diese Entität wird hier »fundamentale Entität« genannt. Mit anderen Worten: Beantwortet man die Frage »Welcher Begriff bestimmt meine Identitätsbedingungen?« etwa mit »Mensch« oder »Person«, sagt man damit, dass Menschen oder Personen die fundamentalen Entitäten sind. Entsprechend wird hier die Frage nach den Bedingungen meiner diachronen Identität »die Frage nach diachroner Identität fundamentaler Entitäten« genannt:

Unter welchen Bedingungen ist X zum Zeitpunkt t_1 ein und dieselbe fundamentale Entität wie Y zum Zeitpunkt t_n? (Frage 2)[2]

Wenn also die richtige Antwort auf Frage 1 wäre »Ich bin ein Mensch«, dann würde Frage 2 lauten: »Unter welchen Bedingungen ist X zu t_1 ein und derselbe Mensch wie Y zu t_n?« Der aus den Fragen 1 und 2 bestehende Fragenkomplex ist meine Rekonstruktion des Themas, das in der philosophischen Literatur unter der Rubrik »personale Identität« am häufigsten diskutiert wird.[3]

Es gibt mehrere Gründe für diese Interpretation des Themas.[4] Ich werde

---

[2] Dieses ist natürlich eine Frage nach konstitutiven Bedingungen, nicht nach epistemischen Bedingungen.

[3] Dieses Vorgehen setzt voraus, dass meine Identität *nicht relativ* ist. Meine Identität wäre relativ, wenn kein Begriff meine Identitätsbedingungen an sich bestimmen würde, sondern vielmehr die Frage nach meiner Identität sich aufteilen würde in Fragen, ob ich *relativ* zu den verschiedenen auf mich anwendbaren Begriffen ein und derselbe wäre. Mit anderen Worten: Wenn meine Identität relativ wäre, könnten wir nicht fragen: »Bestimmt der Begriff *Mensch* oder der Begriff *Person* meine Identitätsbedingungen?« Vielmehr gäbe es keine wirkliche Frage nach meiner Identität, sondern nur Fragen dazu, was es heißt, ein und dasselbe Individuum einer Art zu sein, wobei diese Art durch die Begriffe, unter die ich falle, spezifiziert wird (beispielsweise die Begriffe *Mensch*, *Person* und *isländischer Staatsbürger*). Wir könnten nur Fragen stellen wie: »Was sind die Bedingungen dafür, ein und derselbe Mensch zu sein?« Und: »Was sind die Bedingungen dafür, ein und dieselbe Person zu sein?« Für Diskussionen zu relativer Identität, siehe Geach *Identity*; Perry, *The Same F*; Wiggins, *Sameness and Substance Renewed*, S. 21–54; Rapp, *Identität, Persistenz und Substantialität*, S. 157–187, 397–408; Olson, *Human Animal*, S. 159–162; Quante, *Personales Leben und menschlicher Tod*, S. 50–51; Deutsch, *Relative Identity*.

[4] In dieser Formulierung des Themas bin ich beeinflusst von Olson, *Human Animal*, S. 22–31; Baker, *Persons and Bodies*, S. 4–12, 138; Baker, *What am I*. Es ist aber wichtig anzumerken, dass – anders als Olson, *Human Animal*, S. 27–28 – die Frage »Was bin ich grundlegend?« hier nicht so verstanden wird, dass der Begriff, der als Antwort gegeben wird, notwendigerweise ein Substanzbegriff (»*substance concept*«) sein muss (Olson verweist auf Wiggins; vgl. Wiggins, *Sameness and Substance Renewed*, S. 21–22). Man kann die Frage »Was ist das?« über unterschiedliche Gegenstände stellen. Diese Frage kann beispielsweise über ein Wesen gestellt werden, das auf einer Wiese Gras frisst. Wenn die richtige Antwort »ein Schaf« wäre, dann wäre *Schaf* ein Substanzbegriff. Die Existenz des Wesens auf der Wiese würde nach dieser Antwort mit dem Existenzbeginn eines Schafes anfangen und die Existenz dieses Wesens würde mit dem Ende der Existenz dieses Schafes enden. Man muss in der Antwort auf diese Frage (»Was ist das?«) über dieses Wesen voraussetzen (wenn die richtige Antwort »ein Schaf« ist), dass das

hier nur zwei dieser Gründe anführen.[5] *Erstens*: Es kann anhand von Fragen 1 und 2 klar gemacht werden, über welche *strittigen Fragen* sich die verschiedenen Theorien in der philosophischen Diskussion über diachrone Identität uneinig sind. Dies lässt sich mit Hilfe unseres Beispiels eines Menschen zeigen, der im vegetativen Zustand lebt. Ist der Mensch im vegetativen Zustand ein und dasselbe Individuum, das den Unfall hatte, der diesen Zustand verursacht hat? Manche sagen »ja«, mit der Begründung, dass es sich durchgehend um ein und denselben Menschen handele. Manche sagen »nein«, mit der Begründung, dass der Mensch im vegetativen Zustand keine Person sei. Die zwei Parteien mögen sich einig sein, dass der Mensch in diesem Zustand keine Person sei, da er weder denken noch fühlen kann. Aus diesem Grund können sie sich auch einig sein, dass der Mensch *nicht* kontinuierlich ein und dieselbe *Person* sein kann. Sie mögen auch einig sein, dass dies kontinuierlich ein und derselbe *Mensch* ist. Worin kann aber dann die Uneinigkeit bestehen? Welche Positionen wollen die zwei Parteien mit ihren jeweiligen Begründungen verteidigen? Wir können den Dissens verstehen, wenn wir annehmen, dass es hier um eine Frage geht, die sich jeder selbst stellen kann: Wenn ich diesen Unfall gehabt hätte, würde *ich* in dem vegetativen Zustand weiterleben? Die zwei Parteien geben unterschiedliche Antworten auf diese Frage, indem sie unterschiedliche Antworten auf die Fragen 1 und 2 geben.[6]

Zweitens: Es ist entscheidend, die Frage nach diachroner Einheit so zu stellen, dass die Formulierung *keine relevante Antwort automatisch ausschließt*. Fragen 1 und 2 werden hier so verstanden, dass sie Folgendes voraussetzen: (A) Sie sind Fragen nach den *gemeinsamen Identitätsbedingungen von jedem, der Frage 1 stellen kann*, und der (B) zudem ein *Mensch* ist. Fragen 1 und 2 zusammen mit diesen Voraussetzungen erfüllen die Bedingung, keine relevanten Antworten zum Thema im Vorhinein auszuschließen.

Sein als Schaf *ontologisch fundamentaler* als das Sein als Gras fressendes System ist. Mit anderen Worten: Man muss voraussetzen, dass Schafe im Gegensatz zu Gras fressenden Systemen Substanzen sind. Wie sonst sollte man die Frage »Was ist das?« bezüglich des Wesens auf der Wiese beantworten können? Bezüglich der Frage »Was bin ich grundlegend?« wird hier hingegen keine solche Voraussetzung gemacht. Es mag sein, dass das, was ich grundlegend bin, nicht ontologisch fundamental ist. Es kann beispielsweise sein, dass Menschen ontologisch fundamentaler als Personen sind. Dies schließt nicht aus, dass die richtige Antwort auf die Frage »Was bin ich grundlegend?« die Antwort »eine Person« ist. Mit anderen Worten: Es kann sein, dass fundamentale Entitäten keine Substanzen sind.

5 Für weitere Gründe, siehe Gunnarsson, *Personal Identity*, Kapitel 3.

6 In einer Diskussion meines Ansatzes sagt Quante, dass meine Terminologie die Möglichkeit nicht ausschließt, dass Menschen und Personen fundamentale Entitäten sind (Quante, *Warum gibt es keine personale Identität?*, S. 564). Dies entspricht nicht meiner Verwendung von »fundamentale Entität«. Fundamentale Entitäten werden mit Hilfe des Begriffs spezifiziert, der meine Identitätsbedingungen bestimmt, und es kann nur *einen* solchen Begriff geben. Die Frage, um die es geht, ist die Frage, *welcher Begriff* meine Identitätsbedingungen bestimmt.

Wie (A) klar macht, ist die Frage »Was bin ich grundlegend?« nicht als eine Frage zu verstehen, die nach Identitätsbedingungen nur für die Person fragt, die die Frage gerade stellt. Vielmehr sucht der Fragende nach den *gemeinsamen* Identitätsbedingungen *aller, die diese Frage auch stellen können.* Ohne Einschränkung (B) würde man jedoch relevante Antworten auf 1 und 2 ausschließen. Man kann nicht einfach annehmen, dass nur Menschen Frage 1 stellen können. Vielleicht gibt es Engel oder andere Außerirdische, die sie stellen können, oder vielleicht können sogar Computer oder Menschenaffen sie stellen. Da der Begriff des Menschen keine *gemeinsamen* Identitätsbedingungen für eine Gruppe von Personen liefern kann, die nicht nur Menschen beinhaltet, wäre ohne Einschränkung (B) »Ich bin ein Mensch« als Antwort auf Frage 1 automatisch ausgeschlossen. Mit Einschränkung (B) wird aber weder diese Antwort ausgeschlossen, noch eine Antwort, der zufolge jeder Mensch, der Frage 1 stellen kann, Identitätsbedingungen hat, die auch für alle Personen gelten, seien sie Menschen oder nicht.[7]

Fragen 1 und 2 müssen von einem anderen Themenkomplex unterschieden werden. Am Ende von Willa Cather's Roman *The Professor's House* begegnet der Protagonist – der Geschichtsprofessor Godfrey St. Peter – in seinen Tagträumen sich selbst als dem kleinen Jungen aus Kansas, der er einmal war:

> Now that the vivid consciousness of an earlier state had come back to him, the Professor felt that life with this Kansas boy, little as there had been of it, was the realest of his lives, and that all the years between had been accidental and ordered from the outside. His career, his wife, his family, were not his life at all, but a chain of events which had happened to him. All these things had nothing to do with the person he was in the beginning.
> The man he was now, the personality his friends knew, had begun to grow strong during adolescence. [...] Because there was marriage, there were children. Because there were children, and fervor in the blood and brain, books were born as well as daughters. His histories, he was convinced, had no more to do with his original ego than his daughters had; they were a result of the high pressure of young manhood.[8]

Der Professor zieht hier eine Unterscheidung zwischen der Person oder Persönlichkeit, die er jetzt ist (»the man he was now, the personality, his friends knew«), und der Person oder Persönlichkeit, die er als Junge war (»the person he was in the beginning«, »his original ego«). Dabei setzt er fraglos voraus, dass er die ganze Zeit an sich selbst als eine und dieselbe fundamentale Entität denkt: Das Leben des Jungen aus Kansas war das echteste sei-

---

[7] Manche Überlegungen aus den oberen Absätzen aus Abschnitt 1 werden auch in Gunnarsson, *Festlegungstheorie*, S. 535–536, entwickelt.

[8] Cather, *Professor's House*, S. 240–241.

ner Leben (»the realest of his lives«) und *er* ist jetzt eine spezifische Person oder Persönlichkeit und war ursprünglich eine andere. Es gibt also nur eine fundamentale Entität, aber mindestens zwei Personen oder Persönlichkeiten dieser fundamentalen Entität, den Jungen aus Kansas und den Professor, der nun in Erinnerung schwelgt. Nun kann man nach der *diachronen Identität* dieser *Persönlichkeiten* fragen.

Persönlichkeiten P_1 zu t_1 und P_n und t_n sind Persönlichkeiten ein und derselben fundamentalen Entität. Unter welchen Bedingungen ist P_1 zu t_1 ein und dieselbe Persönlichkeit wie P_n zu t_n? (Frage 3)[9]

Diese Frage setzt voraus, dass es sich durchgehend um ein und dieselbe fundamentale Entität im Sinne von Frage 2 handelt. Wenn in der philosophischen Diskussion über diachrone Identität die Frage »Ist X zu t_1 ein und dieselbe Person wie Y zu t_n?« gestellt wird, muss zuerst geklärt werden, ob dabei Frage 2 oder 3 gemeint ist. Um die verschiedenen Theorien bewerten zu können, ist es notwendig, zwischen diesen zwei Fragen zu unterscheiden, obwohl dies in der Literatur über »personale Identität« viel zu oft versäumt wird. Hier nur ein Beispiel zur Illustration: Der sogenannten *psychologischen Auffassung* zufolge kann es sich von einem Zeitpunkt zum nächsten nur dann um ein und dieselbe Person handeln, wenn zwischen diesen beiden aufeinander folgenden Zeitpunkten genügend psychologische Verbindungen bestehen. Diese psychologischen Verbindungen sind kausale Beziehungen, aber sie setzen auch eine *Ähnlichkeitsrelation* zwischen den beiden psychologischen Zuständen, die sie verbinden, voraus. Um diese Theorie zu prüfen, muss man sie getrennt für die Fragen 2 und 3 untersuchen. Sind psychologische Ähnlichkeitsrelationen dafür notwendig, dass es sich um ein und dieselbe *fundamentale Entität* handelt? Sind sie dafür notwendig, dass es sich um ein und dieselbe *Persönlichkeit* handelt? Es ist möglich, dass die Antwort für die zwei Fragen anders ausfällt. Es ist auf jeden Fall entscheidend, dass die Theorie für die beiden Fragen getrennt geprüft wird.

---

[9] Um diese Frage präziser zu machen, müsste man erklären, was mit »Persönlichkeit« gemeint ist. Es kann sich herausstellen, dass Frage 3 keine einheitliche Frage ist, sondern für mehrere Fragen steht, und von der Interpretation von Persönlichkeit abhängt (das gleiche gilt für Frage 5). Wenn »Persönlichkeit« beispielsweise für *moralischen Charakter* steht, dann darf man fragen, ob eine fundamentale Entität immer noch der gleiche individuelle Charakter ist, auch wenn sie in ihrem Leben zunehmend korrupt wird. Oder man könnte auch fragen, ob jemand, dessen moralischer Charakter sich noch nicht geändert hat, immer noch die gleiche individuelle Persönlichkeit sein wird, wenn er – vielleicht wegen klinischer Depressionen – von einer sanguinen zu einer melancholischen Person wird. Es gibt natürlich noch weitere Interpretationen; vgl. Gunnarsson, *Moral Responsibility*; Gunnarsson, *Wer bin ich?*

Kehren wir zu Fragen 1 und 2 zurück. Antworten auf Frage 2 lassen eine andere Frage bezüglich der Identitätsbedingungen fundamentaler Entitäten offen. Dies kann anhand von einem Beispiel von verbundenen Zwillingen deutlich gemacht werden. Die 1990 geborenen Zwillinge Abigail und Brittany Hensel haben insgesamt zwei Arme und zwei Beine, wobei Abigail einen Arm und ein Bein bewegt und Brittany den anderen Arm und das andere Bein. Abwärts von den getrennten Köpfen und Hälsen haben sie von außen betrachtet einen gemeinsamen Körper. Obwohl sie getrennte Herzen und Rückenmarke haben, besitzen sie ein gemeinsames Kreislaufsystem und gemeinsame Geschlechtsorgane. Ihre Bewegungen sind gut koordiniert; sie betreiben Sportarten wie beispielsweise Basketball und Volleyball und 2006 erhielten sie einen Führerschein.[10]

Betrachten wir nun zwei mögliche Antworten auf Frage 1 und Frage 2: »Menschen sind fundamentale Entitäten. Es besteht diachrone Identität, wenn ein und derselbe Mensch kontinuierlich existiert.« »Personen sind fundamentale Entitäten. Es besteht diachrone Identität wenn ein und dieselbe Person kontinuierlich existiert.« Jede dieser Antworten auf die Fragen 1 und 2 könnte man sowohl auf Abigail als auch auf Brittany anwenden. Wenn Menschen fundamentale Entitäten sind, dann existiert Abigail deshalb seit 1990, weil die heutige Abigail und die 1990 geborene Abigail ein und derselbe Mensch sind. Wenn Personen fundamentale Entitäten sind, dann beruht Abigails diachrone Identität mit der 1990 geborenen Abigail darauf, dass sie ein und dieselbe Person sind. Gleiches gilt für Brittany. Dabei wäre aber nicht die Frage beantwortet worden, ob Abigail und Brittany *zwei Menschen* oder *ein und derselbe Mensch* sind (oder für die zweite Antwort: *zwei Personen* oder *ein und dieselbe Person*). Mit anderen Worten: Es wäre die Frage nicht beantwortet worden, ob Abigail und Brittany eine oder zwei fundamentale Entitäten sind. Es muss also noch die Frage nach der *Individuation fundamentaler Entitäten* gestellt werden:

X zu t_1 und Y zu t_n sind ein und dieselbe fundamentale Entität (= FE). W zu t_{1+1} und Z zu t_{n+1} sind ein und dieselbe fundamentale Entität (= FE*). Unter welchen Bedingungen sind FE und FE* ein und dieselbe fundamentale Entität? (Frage 4)

Diese Frage kann auch anhand von Dr. Jekyll und Mr. Hyde aus Robert Louis Stevensons bekanntem Roman beantwortet werden. »Dr. Jekyll« und »Mr. Hyde« – nehmen wir an – sind zwei Namen für einen Menschen. »Dr. Jekyll« bezeichnet diesen Menschen zu all den Zeiten, wenn er sich wie der gutmütige Arzt verhält, die andere Personen unter diesem Namen kennen.

---

[10] Siehe Wallis, *The Most Intimate Bond* und Weathers, *Abigail and Brittany Hensel.*

»Mr. Hyde« bezeichnet diesen Menschen zu all den anderen Zeiten in seinem Leben, d. h. zu den Zeiten, wenn er sich wie ein Ungeheuer verhält und auf den Namen »Mr. Hyde« hört. Nun können wir Folgendes annehmen: Dr. Jekyll zu t_1 und Dr. Jekyll zu t_n sind ein und dieselbe fundamentale Entität. Mr. Hyde zu t_{1+1} und Mr. Hyde zu t_{n+1} sind ebenfalls eine fundamentale Entität. Frage 4 fragt, ob Dr. Jekyll und Mr. Hyde ein und dieselbe fundamentale Entität sind.

Es ist durchaus möglich, dass man auf die Frage nach der diachronen Identität von fundamentalen Entitäten (Frage 2) und die Frage nach der Individuation von fundamentalen Entitäten (Frage 4) unterschiedliche Antworten gibt. Beispielsweise könnte man auf Frage 2 folgendermaßen antworten: Dr. Jekyll zu t_1 und Dr. Jekyll zu t_n sind ein und dieselbe fundamentale Entität, weil es sich durchgehend um *ein und dieselbe erstpersonale Perspektive* handelt. Laut dieser Antwort ist Dr. Jekylls diachrone Identität unabhängig von körperlicher oder menschlicher Identität: Wenn es sich durchgehend um ein und dieselbe erstpersonale Perspektive handelte, würde Dr. Jekyll in einem anderen Körper weiterexistieren. Dies ist mit einer Antwort auf Frage 4 vereinbar, der zufolge Dr. Jekyll und Mr. Hyde deshalb eine fundamentale Entität sind, weil es sich um *einen Menschen* (oder *einen Körper*) handelt.[11]

Wenn man zum Schluss kommt, dass es sich im Fall von Dr. Jekyll und Mr. Hyde um *eine fundamentale Entität* handelt, kann man noch fragen, ob es sich um *zwei Persönlichkeiten* handelt (*die Individuation von Persönlichkeiten*):

X zu t_1 und Y zu t_n sind ein und dieselbe Persönlichkeit (= P). W zu t_{1+1} und Z zu t_{n+1} sind ein und dieselbe Persönlichkeit (= P*). P ist eine Persönlichkeit derselben fundamentalen Entität wie P*. Unter welchen Bedingungen sind P und P* ein und dieselbe Persönlichkeit? (Frage 5)

Es handelt sich hier nur um eine fundamentale Entität. Die Persönlichkeit »Dr. Jekyll« zu t_1 und die Persönlichkeit »Dr. Jekyll« zu t_n sind ein und dieselbe Persönlichkeit. Die Persönlichkeit »Mr. Hyde« ist ebenfalls durchgehend ein und dieselbe Persönlichkeit. Frage 5 ist für diesen Fall die Frage, ob es sich hier um eine oder zwei Persönlichkeiten handelt.[12]

---

[11] So beantwortet Baker, *Persons and Bodies* (S. 107–109, 132) die Fragen 2 und 4.

[12] In Gunnarsson, *Personal Identity* (Kapitel 3), nenne ich weitere Fragen, die oft unter der Überschrift »personale Identität« diskutiert werden. Meine Einteilung des Feldes in verschiedene Fragen hat einiges gemeinsam mit Quante, *Personales Leben und menschlicher Tod*, S. 19–23, und Quante, *Person*, S. 1–16, 108–114, 168–175, 188–194. Aber es gibt auch wichtige Unterschiede.

In diesem Aufsatz werde ich nur die Frage 4 thematisieren.[13] In Abschnitt 5 formuliere ich ein Kriterium zur Individuation fundamentaler Entitäten. Bevor ich dieses Kriterium nenne, werde ich die Koexistenzthese verteidigen: *Jeder von uns ist eine fundamentale Entität, von der zwei oder mehr in einem Körper existieren können.* Wenn solch eine These auf Frage 5 antwortete, wäre sie trivial: Sie würde bloß sagen, dass eine einzelne fundamentale Entität mehr als eine Persönlichkeit haben kann. Da die Koexistenzthese jedoch Frage 4 betrifft, ist sie eine radikale These: Sie besagt, dass ein einzelner menschlicher Körper zwei oder mehr *fundamentale Entitäten* verkörpern kann – nicht bloß zwei oder mehr *Persönlichkeiten*.

2. Die Koexistenzthese vs. Animalismus

In diesem Artikel konzentriere ich mich auf fundamentale Entitäten, die ihre Existenz als Menschen beginnen und möchte daher die Koexistenzthese für *menschliche* Körper vertreten. Ich lasse dabei die Frage, ob es fundamentale Entitäten in anderen Arten von Körpern geben kann, unbetrachtet. Das bedeutet, dass *Animalismus* – die Auffassung, dass jeder von uns grundlegend ein *Mensch* ist – der wichtige Gegner der Koexistenzthese ist.

Animalismus wird viel häufiger auf das Problem diachroner Identität angewendet als auf die Individuationsfrage. Daher werde ich damit beginnen, zwei Versionen des Animalismus zu betrachten, die abweichende Antworten auf die Frage, wann die Existenz eines Menschen endet, geben. Hirnschäden können zu irreversiblem Verlust von höheren mentalen Funktionen führen. Ein Wesen existiert in einem rein vegetativen Zustand, Atmung und Verdauung funktionieren, aber vollkommen ohne Bewusstsein. Dieses Wesen fühlt nichts und denkt nichts und wird dies auch in Zukunft nie tun. Einige Reflexe mögen vorliegen – beispielsweise, Husten als Reaktion auf eine Verstopfung des Rachens – aber jegliche intentionalen oder koordinierten Bewegungen sind unmöglich. Der ethisch umstrittene Fall von Karen Quinlan war so ein Fall.[14] Die Frage ist hier metaphysisch: Würde der Mensch, der ich bis zum Verlust meiner Hirnfunktionen war, in dem vegetativen Zustand weiterleben oder hat er aufgehört zu leben?

Nach einer Version des Animalismus lebt der Mensch, der ich bin, so lange weiter wie das vegetative System noch funktioniert.[15] Im Gegensatz dazu behauptet eine andere Version des Animalismus, dass der Mensch, der ich bin, nicht mehr existiert, wenn die mentalen Funktionen irreversibel ver-

---

[13] In Gunnarsson, *Personal Identity* (Kapitel 3–7), verteidige ich Antworten auf Fragen 1 und 2.
[14] Vgl. Olson, *Human Animal*, S. 1–2.
[15] Olson, *Human Animal*, S. 7–9, 16–18; DeGrazia, *Human Identity and Bioethics*, S. 142–149.

Logi Gunnarsson

loren sind. Ein Mensch zu sein heißt, unter anderem, die grundlegenden Fähigkeiten für ein menschliches Leben zu haben. Ein Wesen in so einem vegetativen Zustand hat diese Fähigkeiten nicht und wird sie niemals wiedererlangen. Daher bin ich – das Wesen, das bis zum Verlust dieser Fähigkeiten existierte – nach dieser Auffassung nicht das Wesen im vegetativen Zustand. Ich habe aufgehört zu existieren.[16]

Der Begriff eines Organismus spielt eine zentrale Rolle in beiden Versionen des Animalismus: Meine Existenz besteht genau so lange wie die Existenz des *menschlichen Organismus*, der ich bin. Aber was sind die notwendigen und hinreichenden Bedingungen der Weiterexistenz eines menschlichen Organismus? Eine Frage betrifft den Verlust oder Ersatz von biologischen Organen durch künstliche Teile, die dieselbe Funktion wie die biologischen[17] Organe erfüllen.[18] Wenn die Organe langsam durch künstliche Teile, die erfolgreich die gleiche Funktion erfüllen, ersetzt würden, würde dann immer noch der gleiche menschliche Organismus existieren? Eine weitere Frage bezieht sich auf die Relevanz der verschiedenen Organe. Kann ein menschlicher Organismus den Verlust oder Ersatz von bestimmten Arten von Organen überleben, aber nicht den von anderen? Diese Problematiken können dann in Fragen kombiniert werden, wie etwa: Kann ich mit einem künstlichen Herz überleben, aber nicht mit einem künstlichen Gehirn? Beide Versionen des Animalismus müssen somit durch ein Kriterium zur Entscheidung ergänzt werden, wann man nicht mehr von ein und demselben menschlichen Organismus, der seine vegetativen oder mentalen Funktionen erhält, sprechen kann.

Ein mögliches Kriterium ist, dass es notwendig und hinreichend für die Weiterexistenz des Organismus ist, dass *das zentrale Organ, das den Organismus steuert*, weiterexistiert. Ein und derselbe Mensch existiert weiter, wenn genügend Teile seines zentralen Steuerungsorgans – des Gehirns – weiterexistieren, um Funktionen des Organismus aufrechtzuerhalten. Eine Kombination dieses Kriteriums mit der einen der zwei Versionen des Animalismus würde bedeuten, dass der Mensch solange weiterexistiert wie das Organ, das die vegetativen Funktionen dieses Menschen bisher gesteuert hat – also das Stammhirn –, diese Funktionen weiterhin aufrechterhält.[19]

---

[16] Wiggins, *Locke, Butler and the Stream of Consciousness*, S. 158–168; J. Whiting, *Personal Identity*, S. 208–209.

[17] Ich werde von nun an das Wort »Organ« verwenden, um *biologische Organe* in Abgrenzung von etwas, das keine biologische Struktur hat aber dennoch die gleiche Funktion wie ein biologisches Organ erfüllt, zu bezeichnen.

[18] Für eine Diskussion dieser Problematik siehe Rosenberg, *Thinking Clearly about Death*, S. 141–144; Quante, *Personales Leben und menschlicher Tod*, S. 152–155.

[19] Olson, *Human Animal*, S. 131–140.

Eine Kombination mit der anderen Fassung des Animalismus würde bedeuten, dass der Mensch weiterexistiert, solange das Organ, das die mentalen Funktionen dieses Menschen bisher gesteuert hat – also vielleicht der zerebrale Kortex dieses Menschen –, diese Funktionen weiterhin aufrechterhält.

Vor diesem Hintergrund können wir uns nun animalistischen Auffassungen von Individuation zuwenden. Das Thema Individuation ist die Frage danach, wie menschliche Organismen gezählt werden. Wie viele menschliche Organismen existieren beispielsweise im Fall verbundener Zwillinge?[20] Wenn dabei zwei menschliche Organismen existierten, dann wären verbundene Zwillinge zwei fundamentale Entitäten. Nach einer Version des Animalismus ist die Zahl der fundamentalen Entitäten identisch mit der Zahl der menschlichen Organismen, verstanden als System vegetativer Funktionen. Diese Auffassung müsste durch ein Kriterium X für die Individuation eines menschlichen Organismus als eines Systems von vegetativen Funktionen ergänzt werden. Nennen wir diese Auffassung »die vegetative Auffassung«. Nach der anderen Version des Animalismus ist die Zahl der fundamentalen Entitäten identisch mit der Zahl der menschlichen Organismen, verstanden als System mentaler Funktionen. Diese Auffassung müsste durch ein Kriterium Y für die Individuation eines menschlichen Organismus als eines Systems mentaler Funktionen weiter ausbuchstabiert werden. Nennen wir diese Auffassung »die aristotelische Auffassung«.

In meinem Argument gegen den Animalismus werde ich mit Versionen der Kriterien X und Y arbeiten, die annehmen, dass menschliche Organismen über das zentrale Steuerungsorgan individuiert werden. Wenn wir Fälle verbundener Zwillinge untersuchen, wird klar werden, dass diese Art von Animalismus impliziert, dass ein menschlicher Körper, der erfolgreich durch *zwei getrennte Steuerorgane* gesteuert würde, ein Fall von *zwei menschlichen Wesen* wäre. Der Unterschied zwischen der vegetativen und der aristotelischen Auffassung von Individuation wäre damit der folgende: Nach der ersteren ist die Zahl der menschlichen Organismen identisch mit der Zahl menschlicher biologischer Zentren, die die vegetativen Funktionen eines menschlichen Körpers regulieren. Nach der aristotelischen Auffassung zählt die Zahl der menschlichen biologischen Zentren, die die mentalen Funktionen steuern.

Obwohl mein Argument mit diesen beiden Beispielen für die Kriterien X und Y arbeiten wird, ist es gleichermaßen anwendbar auf alle Versionen des Animalismus im Bezug auf Individuation. Mein Argument wird lauten, dass ein Mensch mehr als ein Handlungs-, Denk- und Wahrnehmungssubjekt

---

[20] Vgl. Baker, *Persons and Bodies*, S. 107–108; Quante, *Personales Leben und menschlicher Tod*, S. 78–79; DeGrazia, *Human Identity and Bioethics*, S. 56–57.

verkörpern kann und damit mehr als eine fundamentale Entität verkörpern kann. Es ist möglich, eine Auffassung zu verteidigen, nach der ein menschlicher Körper *zwei Organismen* verkörpern würde, falls dieser menschliche Körper zwei Handlungs-, Denk-, und Wahrnehmungssubjekte verkörpert, egal wie organisch vereinigt der Körper in anderen Hinsichten ist – beispielsweise, ob er genau ein biologisch integriertes Gehirn zum Erhalt seiner mentalen und vegetativen Funktionen besitzt. So eine Auffassung ist mit der Koexistenzthese vereinbar und ich betrachte sie nicht als eine Version des Animalismus. Mein Argument bezieht sich auf alle Positionen, nach denen die Zahl der fundamentalen Entitäten identisch mit der Zahl der menschlichen Organismen ist, verstanden als biologische Einheiten (oder andere materielle Einheiten – sofern man annimmt, dass menschliche Organismen einen umfassenden Austausch von Organen durch künstliches Material überleben).

3. Erstes Argument für die Koexistenzthese

Für die Koexistenzthese kann ein sehr einfaches Argument gegeben werden. Wir fangen mit dem realen Fall von verbundenen Zwillingen an und gehen dann über zu einer Reihe von ausgedachten Fällen, von denen der letzte ein Fall von einem Menschen mit nur einem seine mentalen Funktionen steuernden Organ sein wird. Hier geht es darum, dass man sagen sollte, dass die realen verbundenen Zwillinge zwei fundamentale Entitäten sind und dass die Grundlage für diese Aussage auch bedeutet, dass wir das gleiche über die anderen Fälle sagen sollen. Zumindest der letzte Fall ist ein Fall, in dem wir zwei fundamentale Entitäten haben, die von einem einzelnen menschlichen Körper oder einem einzelnen Menschen verkörpert werden.

Die verbundenen Zwillinge Abigail und Brittany Hensel, auf die bereits in Abschnitt 1 verwiesen wurde, haben insgesamt zwei Arme und zwei Beine. Abigail bewegt einen Arm und ein Bein und Brittany kontrolliert den anderen Arm und das andere Bein. Abwärts von den getrennten Köpfen und Hälsen haben sie von außen betrachtet einen gemeinsamen Körper. Obwohl sie getrennte Herzen und Rückenmarke haben, besitzen sie ein gemeinsames Kreislaufsystem und gemeinsame Geschlechtsorgane. Ihre Bewegungen sind gut koordiniert; sie betreiben Sportarten wie beispielsweise Basketball und Volleyball und können Autofahren.

Nach dem Beginn mit diesem realen Fall fügen wir vier imaginäre Fälle hinzu:

(I)   Abigail und Brittany Hensel; zwei Arme, zwei Beine, zwei Köpfe; Abigail kontrolliert einen Arm und ein Bein, Brittany die anderen.

(II)   Wie (I), nur: jede kontrolliert den ganzen Körper zu unterschiedlichen Zeiten.

(III) Wie (II), nur: nicht zwei Köpfe, sondern nur zwei Gehirne.

(IV) Wie (III), nur: nicht zwei Gehirne, sondern *ein* biologisches Steuerungszentrum für rein vegetative Funktion (= ein Hirnstamm?) und *zwei* biologische Steuerungszentren für mentale Funktionen (= zwei zerebrale Kortexe?).

(V)   Wie (IV), nur: ein einziges Gehirn.

Ich denke, dass es klar ist, dass Fall (I) ein Fall ist, in dem zwei fundamentale Entitäten miteinander körperlich verbunden sind. Ich hätte auch mit anderen Fällen anfangen können, die noch klarer sind: Fälle, in denen die verbundenen Zwillinge komplett getrennte Körper haben, und nur etwa an den Hüften verbunden sind. Aber auch Abigail und Brittanys Fall ist an sich ein klarer Fall von zwei fundamentalen Entitäten. Der entscheidende Punkt ist, dass Abigail und Brittany zwei vollkommen getrennte Quellen von passiven psychologischen Zuständen, aktiven Einstellungen, Handlungen und Fähigkeiten sind. Betrachten wir zuerst *passive Zustände*. Wenn Abigail etwas sieht oder fühlt, sieht oder fühlt Brittany nicht schon dadurch das Gleiche (und umgekehrt). Ihre Wahrnehmungen mögen ein geteiltes Objekt haben (sie mögen den gleichen Baum anschauen) und ihre Gefühle mögen eine geteilte Ursache haben (der Juckreiz mag von einer Fliege auf ihrem Bauch kommen), aber ihre Wahrnehmungen und Gefühle sind vollständig getrennt. Auch wenn Brittany etwas sieht oder fühlt, sieht oder fühlt Abigail es *nicht schon dadurch*; sie – Abigail – müsste es *auch* sehen oder fühlen.[21] Das Gleiche gilt für *aktive Einstellungen*, beispielsweise, Überzeugungen und emotionale Einstellungen. Wenn Brittany die Überzeugung erlangt, dass John Adams der zweite amerikanische Präsident war, erlangt Abigail *nicht schon dadurch* diese Überzeugung; *sie* müsste sie *auch* erlangen. Wenn man annimmt, dass Abigail im Geschichtsunterricht auch aufgepasst hat, ist es nicht unwahrscheinlich, dass sie auch die Überzeugung erlangen wird, aber sie muss sie nicht erlangen. Der gleiche Punkt gilt ebenso für Brittanys und Abigails *Fähigkeiten*. Wenn Brittany lernt einen Volley zu spielen, dann weiß Abigail dadurch nicht schon wie das geht; sie muss diese Fähigkeit auch er-

---

[21] Wenn ich diese Zustände als passiv beschreibe, möchte ich damit nicht behaupten, dass es nichts Aktives etwa in der Wahrnehmung gibt. Der Punkt ist nur, dass in einigen Fällen – beispielsweise im Fall von perzeptuellen Illusionen, die man als solche erkennt – man nicht umhin kommt, die Dinge auf eine bestimmte Weise wahrzunehmen, auch wenn man gleichzeitig urteilt, dass die Dinge nicht sind, wie sie erscheinen; vgl. McDowell, *Mind and World*. Für eine Auffassung der Unterscheidung zwischen passiven Zuständen und aktiven Einstellungen, siehe Gunnarsson, *Personal Identity*, Kapitel 4 und 12.

werben.[22] Wiederum gilt dasselbe für ihre *Handlungen*. Ihre Handlungen basieren auf getrennten Einstellungen und Fähigkeiten und sind verschiedene intentionale Handlungen: Sie müssen *beide* die intentionale Handlung, einen Basketball zu werfen, ausführen. Da Abigail und Brittany somit vollständig getrennte Quellen passiver Zustände, aktiver Einstellungen, Fähigkeiten und Handlungen sind, ist es klar, dass sie zwei fundamentale Entitäten sind.[23]

Fall (II) unterscheidet sich von (I) in der folgenden Weise: Jeder der Zwillinge kontrolliert beide Arme und Beine, aber sie kontrollieren sie zu unterschiedlichen Zeiten. Es ist nicht wichtig, wie der Wechsel der Kontrolle stattfindet. Um eine parallele Struktur mit den späteren Fällen zu gewährleisten, ist es am einfachsten anzunehmen, dass die eine bewusstlos ist, wenn die andere die Kontrolle hat.[24] B und A sind hier voneinander unabhängig auf all die Weisen, die für (I) beschrieben wurden.[25] Wenn überhaupt, ist ihre Unabhängigkeit in diesem Fall noch klarer: Wenn A an einem Dienstag bei Bewusstsein ist und einen Volley zu spielen lernt, wird B nicht wissen, wie das geht, wenn sie am nächsten Tag bei Bewusstsein ist. Sie muss es getrennt lernen.

Fall (III) unterscheidet sich von (II), da der Körper nur einen Kopf hat, aber zwei Gehirne innerhalb dieses einen Kopfes hat. Wenn (II) ein Fall von zwei fundamentalen Entitäten ist, dann gilt das sicherlich auch für diesen Fall. Die Zwillinge sind so unabhängig voneinander wie zuvor. Sie haben jetzt nur bloß einen Kopf, um dies auszudrücken. Die Tatsache, dass B und A denselben Kopf nutzen, um ihre Gefühle und Einstellungen auszudrücken, macht diese Gefühle und Einstellungen nicht weniger unabhängig.

Fall (IV) zeigt, dass die vegetative Auffassung falsch ist. Dieser Fall unterscheidet sich von (III), da hier nun nicht zwei ganze Gehirne vorhanden sind. Es gibt immer noch zwei Gehirnzentren, die für die mentalen Funktionen verantwortlich sind (zwei zerebrale Kortexe?), aber es gibt nur ein Gehirnzentrum, das für die vegetativen Funktionen verantwortlich ist (einen Hirnstamm?). Deshalb muss die vegetative Auffassung sagen, dass es in diesem Fall nur eine fundamentale Entität gibt. Das ist klarerweise falsch. Auch wenn hier nur ein Steuerungszentrum für die vegetativen Funktionen besteht, bleibt die Unabhängigkeit von A und B bezüglich der passiven Zu-

---

[22] Laut meinen Informationen über den realen Fall stimmt dies tatsächlich, aber das ist hier nicht entscheidend. Auch wenn dies ein realer Fall ist, kann ich die Annahme um meines Argumentes willen machen.

[23] Verbundene Zwillinge verstehen sich üblicherweise als zwei fundamentale Entitäten, vgl. Smith, *Psychological Profiles of Conjoined Twins*, S. 18–82.

[24] Ich nehme an, dass es kein Problem ist, die diachrone Identität jedes Zwillings zu erklären, auch wenn jede Phasen von Bewusstlosigkeit hat; siehe Gunnarsson, *Personal Identity*, Kapitel 5.

[25] Da dies nicht mehr der reale Fall ist, nenne ich die Zwillinge »A« und »B«

stände, aktiven Einstellungen, Fähigkeiten und Handlungen gleich. Sowohl A als auch B sind genauso sehr wie zuvor jeweils eine unabhängige Quelle dieser. Somit sind sie zwei fundamentale Entitäten.

Fall (V) unterscheidet sich von (IV), weil hier genau ein ganzes Gehirn existiert. Es gibt nur ein biologisches Steuerungszentrum für mentale Funktionen.[26] Laut der aristotelischen Auffassung handelt es sich hier somit um einen Menschen und eine fundamentale Entität. Es ist wahr, dass sie nur ein Mensch sind, aber es handelt sich immer noch um einen Fall von zwei fundamentalen Entitäten. Was sich im Vergleich zu (IV) geändert hat, ist, dass es nur *ein biologisches Steuerungszentrum* für mentale Funktionen gibt. Mit anderen Worten, es gibt nur *ein Organ*, das die mentalen Funktionen steuert. Aber die Unabhängigkeit von A und B hat sich nicht geändert. Sie sind genauso unabhängig wie im Fall (II). Wenn sie aufgrund dieser Unabhängigkeit in (II) zwei fundamentale Entitäten sind, dann müssen sie auch hier zwei fundamentale Entitäten sein.

4. Das zweite Argument für die Koexistenzthese

Vertreter der vegetativen Auffassung können hier einwenden, dass es schlicht falsch ist zu sagen, dass in (IV) A und B die Akteure sind, die die relevanten Handlungen ausüben. Nach der vegetativen Auffassung gibt es in (IV) nur einen Menschen. Der Einwand gegen mein Argument ist, dass genau *dieser Mensch* in (IV) handelt; manchmal handelt der Mensch *als A* und manchmal *als B*. Der Aristoteliker kann ähnliche Behauptungen für (V) aufstellen. Ich werde zunächst ein Argument gegen die vegetative Auffassung entwickeln, das dann in ein Argument gegen die aristotelische Auffassung verwandelt und ein zweites Argument für die Koexistenzthese wird:

(A) Da es im Fall (IV) nur ein vegetatives Steuerungszentrum gibt, gibt es – nach der vegetativen Auffassung – nur einen Menschen in Fall (IV).

(B) Die Handlungen im Fall (IV) haben zwei getrennte Quellen; sie können nicht auf ein einzelnes Steuerungszentrum zurückgeführt werden.

(C) Die Handlungen in (IV) werden – nach den Kriterien der vegetativen Auffassung – nicht von einem Menschen ausgeführt; aus (A), (B).

(D) Die Handlungen in (IV) werden von zwei getrennten Akteuren ausgeführt; aus (B), (C).

(E) Wenn ich im Fall (IV) existierte, würde ich handeln.

---

[26] (V) soll sich auch darin von (I) unterscheiden, dass in (V) der Organismus in allen Hinsichten normal ist. In diesem Fall heißt das, dass es nicht nur ein Gehirn gibt, sondern auch ein Herz, ein Rückenmark etc.

(F) Wenn ich im Fall (IV) existierte, wäre ich einer von zwei Akteuren in
     einem Körper; aus (D), (E).
(G) Nach der vegetativen Auffassung bin ich grundlegend ein Mensch.
(H) Die vegetative Auffassung muss fälschlicherweise behaupten, dass ich
     im Fall (IV) nicht handeln würde; aus (C), (E), (G).

Die Prämissen (A) und (B) müssen hier nicht verteidigt werden: (A) ist einfach die Konsequenz aus dem vegetativen Verständnis von Individuation.
(B) wurde bereits ausreichend verteidigt in der vorgehenden Diskussion von
(IV). Die erste wichtige Frage ist, warum (C) aus (A) und (B) folgen soll.
Überlegen wir zunächst, was der Verteidiger der vegetativen Auffassung
über intentionale Handlungen in Normalfällen sagen sollte (in Fällen, in denen es klarerweise nur eine Quelle intentionaler Handlung und ein vollstän-
diges Gehirn gibt). Sicherlich kann der Vertreter der vegetativen Auffassung
nicht behaupten, dass auch das *vegetative Steuerungszentrum eine intentionale Handlung* ausführt, wenn der Mensch sie ausführt. Man kann sagen,
dass das vegetative System verdaut oder dass es die Verdauung steuert, aber
es führt keinesfalls eine intentionale Handlung aus. Es ist der Mensch – nicht
das vegetative Steuerungszentrum – der Bälle fängt und Steine wirft. Intentionale Handlung ist nicht möglich, ohne dass der Mensch schon bestimmte
Fähigkeiten besitzt und dann ist es der menschliche Akteur und nicht das
vegetative System, der diese Handlung ausführt.[27]
     Was soll der Vertreter der vegetativen Auffassung über (IV) sagen? Wer
handelt in diesem Fall? Wenn das vegetative Steuerungssystem in Normalfällen nicht handelt, dann handelt es in diesem Fall auch nicht. In Normalfällen ist es unproblematisch zu sagen, dass der Mensch handelt. In solchen
Fällen gibt es nur eine Quelle der Akteurschaft. Aber in Fall (IV) gibt es
zwei Quellen der Handlung. Keine dieser Quellen dient dazu, den Menschen zu individuieren; nach der vegetativen Auffassung wird der Mensch
über das vegetative System individuiert. Deshalb kann der Vertreter der vegetativen Auffassung nicht sagen, dass der Mensch in (IV) handelt, und zwar
manchmal als A und manchmal als B. Diese Antwort auf Argument 1 für die
Koexistenzthese steht für den Vertreter der vegetativen Auffassung schlicht
nicht zur Verfügung. Was oder wer auch immer in (IV) handelt, es ist nicht
der Mensch. (Aussage (D) macht explizit, dass es zwei Akteure in (IV) gibt.
Das könnte vom Aristoteliker für den Fall von (IV) angenommen werden
und er könnte immer noch darauf beharren, dass es hier zwei Menschen
gibt, die handeln, da die aristotelische Individuation von Menschen durch
die biologischen Steuerungszentren für mentale Funktionen erfolgt und es
zwei solcher Zentren in (IV) gibt.)

---

[27] Vgl. Karlsson, *Agency and Patiency.*

Der Vertreter der vegetativen Auffassung könnte einen weiteren Einwand gegen das Argument 1 vorbringen. Anstatt zu sagen, dass in (IV) der Mensch handelt, könnte er sagen, dass die Frage, wer in (IV) handelt, schlicht irrelevant für die Frage ist, wie viele fundamentale Entitäten in (IV) existieren. Es gibt nur eine fundamentale Entität in (IV) – den Menschen nämlich – und diese Entität handelt nicht. Das Argument aus (C), (E), (G) und (H) bietet eine Antwort auf diesen Einwand.

(C) wurde bereits diskutiert. (G) formuliert einfach die vegetative Antwort auf die Frage, was ich grundlegend bin. Prämisse (E) besagt: »Wenn ich im Fall (IV) existierte, würde ich handeln«. Das ist die entscheidende Prämisse. Es wäre sicherlich zirkulär, wenn man gegen die vegetative Auffassung annehmen würde, dass immer wenn ich existiere, ich handlungsfähig sein muss. Immerhin kann ich nach der vegetativen Auffassung in einem rein vegetativen Zustand existieren. Aber trotzdem scheint es eine angemessene Adäquatheitsbedingung für jede Antwort auf die Frage »Was bin ich grundlegend?« zu sein, dass ich grundlegend eine Art von Entität bin, von der – *wenn* intentionale menschliche Handlungen stattfinden – intentionale menschliche Handlungen ausgeübt werden: Wenn eine intentionale menschliche Handlung stattfindet, wird sie von einer fundamentalen Entität ausgeübt.[28] Es kann nicht geleugnet werden, dass in (IV) *Handlungen stattfinden*. Aber nach der vegetativen Auffassung würde ich diese Handlung nicht ausüben (keiner von uns würde sie ausüben), wenn ich – oder jemand von uns – in (IV) existieren sollte. Vielmehr wäre ich der Mensch und der Mensch handelt nicht in (IV). Die vegetative Auffassung führt somit zum *paradoxen* Ergebnis, dass in (IV) intentionale Handlungen erfolgen, aber diese Handlungen könnten nicht von mir ausgeführt werden, wenn ich in (IV) existieren würde. Dies beinhaltet eine Verletzung einer *angemessenen Adäquatheitsbedingung für Antworten auf die Frage »Was bin ich grundlegend?«*[29]

Aussage (F) ist nur dann wahr, wenn wir den Körper gemäß der vegetativen Auffassung individuieren. Da (F) keine Rolle im Argument gegen die vegetative Auffassung spielt, wende ich mich nun der Kritik an der aristotelischen Auffassung zu:

---

[28] Ich spreche von »intentionaler *menschlicher* Handlung« nur um Komplikationen bezüglich möglicher Handlungen zu vermeiden, die von Entitäten, die größer als Menschen sind, wie etwa Unternehmen, ausgeführt werden.

[29] Ich habe gesagt, dass meine Argumente auf andere Kriterien für die Individuation von menschlichen Organismen, die die vegetative Auffassung vorschlägt, angewendet werden können. Hier ein Beispiel dafür: Wenn Menschen durch die Zahl der Herzen, die sie haben, individuiert werden – wie Barilan vorsichtig vorschlägt (Barilan, *Head-Counting vs. Heart-Counting*, S. 602 f.) – dann entsteht das gleiche Paradoxon; siehe auch Barilan, *One or Two*.

(A)* Da es im Fall (V) nur ein biologisches Steuerungszentrum gibt, gibt es – nach der aristotelischen Auffassung – nur einen Menschen in Fall (V).

(B)* Die Handlungen im Fall (V) haben zwei getrennte Quellen; sie können nicht auf ein einzelnes biologisches Steuerungszentrum zurückgeführt werden.

(C)* Die Handlungen in (V) werden – nach den Kriterien der aristotelischen Auffassung – nicht von einem Menschen ausgeführt; aus (A)*, (B)*.

(D)* Die Handlungen in (V) werden von zwei getrennten Akteuren ausgeführt; aus (B)*, (C)*.

(E)* Wenn ich im Fall (V) existierte, würde ich handeln.

(F)* Wenn ich im Fall (V) existierte, wäre ich einer von zwei Akteuren in einem Körper; aus (D)*, (E)*.

(G)* Nach der aristotelischen Auffassung bin ich grundlegend ein Mensch.

(H)* Die aristotelische Auffassung muss fälschlicherweise behaupten, dass ich im Fall (V) nicht handeln kann; aus (C)*, (E)*, (G)*.

Fall (IV) und (V) unterscheiden sich auf wichtige Weise. Auf dieser Grundlage könnte man argumentieren, dass (B)* falsch ist und (B) wahr ist. Intentionale Handlungen können sicherlich nicht auf das vegetative System zurückgeführt werden; aber sie können auf das biologische Steuerungszentrum für mentale Funktionen zurückgeführt werden. Damit gibt es zwei wichtige Unterschiede zwischen (B) und (B*). Erstens können die Quellen der Handlung in (B) auf Systeme zurückgeführt werden, die sich in einem *biologischen Sinne* von dem vegetativen System unterscheiden und die selbst *biologisch distinkt* voneinander sind. In (B)* sind die zwei Quellen der Handlungen zwei getrennte mentale Systeme. Es gibt keinen biologischen Unterschied zwischen ihnen und dem Gehirn und sie sind nicht biologisch voneinander unterschieden. Zweitens kann in (B) intentionales Handeln *in keinem Sinn* auf das vegetative System zurückgeführt werden. In (B)* kann intentionales Handeln auf das biologische Steuerungszentrum für mentale Funktionen zurückgeführt werden; die zwei mentalen Systeme befinden sich innerhalb der Grenzen dieses biologischen Zentrums.

Trotz dieser Unterschiede sind die Aussagen (B)*, (C)* und (D)* in der hier intendierten Bedeutung wahr. Die aristotelische Auffassung liefert eine biologische Auffassung von Individuation: Das Steuerungszentrum für mentale Funktionen wird *biologisch* verstanden; es ist ein gewisses *Organ*. Wenn *ein* solches Organ vorliegt, haben wir es mit *einem* Menschen zu tun. Ich hatte vorher gesagt, dass das vegetative System keine intentionalen Handlungen ausführt. Auch wenn es weniger offensichtlich sein mag, gilt das Gleiche für die Teile des Gehirns, die in intentionalen Handlungen eingebunden sind. Das Gehirn führt diese intentionalen Handlungen nicht aus.

In Normalfällen wird ein Mensch, nachdem er bestimmte Fähigkeiten entwickelt hat, zu einem menschlichen Akteur, und es ist der menschliche Akteur, der die Handlungen ausführt. Fall (V) ist kein Normalfall. Es wird für (V) angenommen, dass A und B genauso getrennt sind, wie in den anderen Fällen. Wenn das so ist, dann ist in (V) nicht ein Mensch zu einem menschlichen Akteur geworden, sondern zu zweien. In Hinsicht auf all ihre passiven Zustände, aktiven Einstellungen, Fähigkeit und Handlungen sind A und B in (V) genauso getrennt wie Brittany und Abigail in (I). Wenn wir Menschen über zentrale Steuerungs*organe individuieren*, dann gibt es in (V) nur einen Menschen. Aber das, was Akteurschaft ausmacht, liegt nicht einmal, sondern zweimal vor. Wenn A lesen kann und B lesen kann, muss man dies folgendermaßen verstehen: *A kann lesen und B kann lesen*. A und B müssen diese Fähigkeiten einzeln erwerben. Damit gibt es hier nicht *einen* Akteur, der die Fähigkeit zu lesen erlernt, sondern zwei. Wenn wir Menschen über das zentrale Steuerungsorgan individuieren, müssen wir daher sagen, dass der Mensch überhaupt keine intentionalen Handlungen ausführt. Der menschliche Akteur, der die Handlungen ausführt, muss anders individuiert werden. Somit sind (B)*, (C)* und (D)* wahr.

Ich habe über (D) gesagt, dass es »explizit macht«, dass es in (IV) zwei Akteure gibt. Ähnliche Anmerkungen können zu (D)* getroffen werden. Die Zusammenfassung des Arguments besagt, dass (D)* aus (B)* und (C)* folgt. Wie die Argumentation im letzten Absatz verdeutlicht, kann man nicht wirklich entscheiden, ob (B)* und (C)* wahr sind, ohne gleichzeitig zu prüfen, ob (D)* wahr ist. Man könnte also sagen, dass (D)* explizit macht, was man bereits akzeptieren muss, wenn man (B)* und (C)* akzeptiert. (D)* ist die erste Prämisse im Argument 2 für die Koexistenzthese:

(D)*   Die Handlungen in (V) werden von zwei getrennten Akteuren ausgeführt.
(E)*   Wenn ich in Fall (V) existierte, würde ich handeln.
(F)*   Wenn ich in Fall (V) existierte, wäre ich einer von zwei Akteuren in einem Körper; aus (D)*, (E)*.

Wie bereits gesagt, sind die Argumente, die für (B)* und (C)* gegeben werden, auch Argumente für (D)*. Und die Gründe für (E) sprechen auch für (E)*. Die Koexistenzthese folgt aus (F)*. Während man sagen könnte, dass in (IV) zwei Menschen existieren, da es zwei die mentalen Funktionen steuernde Organe gibt, ist das für (V) nicht möglich. Kein Animalist kann behaupten, dass in (V) zwei Menschen oder Körper existieren. Wir können also aus (F)* folgern, dass ich – dass jeder von uns – eine Entität ist, von der es mehr als eine in einem einzelnen Körper geben kann.

Argumente 1 und 2 sind verschiedene, aber verwandte Argumente: Argument 1 besagt, dass wenn man eine bestimmte Auffassung von verbundenen Zwillingen hat, man auch die Koexistenzthese akzeptieren muss. Argument 2 verwendet den Vergleich mit verbundenen Zwillingen nicht ausdrücklich. Zudem spielt das Prinzip (E)* keine ausdrückliche Rolle in Argument 1. Im Argument 1 wird nichts ausdrücklich zu (IV) oder (V) gefragt. Man wird gebeten, sich den Fall von verbundenen Zwillingen vorzustellen und eine Erklärung dafür zu liefern, warum man glaubt, dass es in diesem Fall zwei fundamentale Entitäten gibt. Um die Konsistenz mit der relevanten Erklärung zu bewahren, muss man dann auch sagen, dass es zwei fundamentale Entitäten in (IV) und (V) gibt. Trotzdem sind die Argumente verwandt: Auch wenn ich direkt für (D)* hätte argumentieren können, habe ich (D)* untermauert, indem ich auf den Fall von verbundenen Zwillingen verwiesen habe (»A und B sind in (V) genauso unabhängig wie A und B in (II)«). Zudem könnte man sagen, dass die Prinzipien (E) und (E)* auf eine implizite Prämisse im Argument 1 hinauslaufen: Wie könnte man behaupten, dass der entscheidende ontologische Unterschied zwischen Abigail und Brittany ihre getrennte Akteurschaft und nicht ihre getrennten Gehirne sind, ohne implizit diese Prinzipien zu akzeptieren?

5. Das FAP-Kriterium

Ich habe gegen die aristotelische Position argumentiert, indem ich gesagt habe, dass es in Fall (V) zwei Akteure gibt. Ich habe gesagt, dass A und B in (V) zwei Akteure sind, weil A und B in (V) genauso unabhängig wie in den vorhergehenden Fällen sind. Diese Behauptung kann in Frage gestellt werden. Es kann bezweifelt werden, dass bei einem Menschen mit einem ganzen Gehirn jemals die Art von unabhängiger Akteurschaft möglich ist, die vorliegt, wenn es körperliche Unterschiede zwischen den Akteuren gibt (wie in den Fällen (I)-(IV)).

Ich werde auf diesen Einwand antworten, indem ich eine hinreichende Bedingung für die Koexistenz von zwei fundamentalen Entitäten in einem Körper formuliere. Kehren wir zunächst zurück zu meiner Diskussion der Unterschiede zwischen den zwei Akteuren in Fall (II) und führen eine gewisse Terminologie ein. Ich hatte angenommen, dass A und B niemals zur gleichen Zeit bei Bewusstsein sind. Ferner sind A und B völlig unabhängig voneinander *passiven Zuständen* (beispielsweise Trieben oder perzeptuellen Zuständen) ausgesetzt. Und sie erwerben *aktive Einstellungen* (beispielsweise Überzeugungen und emotionale Einstellungen) sowie *Fähigkeiten* (beispielsweise die Fähigkeit zu lesen) völlig unabhängig voneinander. Es ist wichtig hinzuzufügen, dass ihre *Erinnerungen* an diese Fähigkeiten, aktiven Einstellungen, und passiven Zustände (*FAPs*) auch unabhängig voneinander sind. A wird normalerweise in der Lage sein, Fähigkeiten auszuüben, die sie vorher erworben hat, und sie wird sich oft an ihre Erfahrungen erinnern. Aber Bs FAPs sind getrennt von denen von A. Damit gilt, dass auch wenn sie beide *die gleiche Art* von FAPs erworben oder erlebt haben, jede von ihnen sich nur an ihre eigenen FAPs erinnert. Es ist klar, dass *wenn* A und B in (V) genauso voneinander unabhängig bezüglich ihrer FAPs und ihrer Erinnerungen an diese wie in (II) sind, es sich um zwei Akteure und damit um zwei fundamentale Entitäten handelt. Wir müssen nun nur eine hinreichende Bedingung für diese Unabhängigkeit formulieren.

Zuerst muss eine gewisse Terminologie eingeführt werden: »Die Person im X-Zustand« (»PX«) bezeichnet eine bestimmte fundamentale Entität zu den Zeiten, zu denen diese fundamentale Entität die Persönlichkeit X ausagiert (»die Person im Y-Zustand« (»PY«) wird analog verstanden). Die Persönlichkeiten Dr. Jekyll und Mr. Hyde aus Stevensons Roman veranschaulichen diese Terminologie: »Die Person im Hyde-Zustand« bezeichnet eine bestimmte fundamentale Entität zu den Zeiten, zu denen diese fundamentale Entität die Persönlichkeit Hyde ausagiert. Mit anderen Worten: »X« bezeichnet eine Persönlichkeit, aber die Referenz von »PX« ist eine fundamentale Entität zu gewissen Zeiten – zu den Zeiten, zu denen diese fundamentale Entität die Persönlichkeit X ausagiert. PX ist also eine fundamentale Entität zu gewissen Zeiten und diese Terminologie lässt offen, ob PX und PY ein und dieselbe fundamentale Entität sind. Diese Redeweise ist daher mit allen Auffassungen der Individuation fundamentaler Entitäten vereinbar. Dies gilt auch für den Animalismus, dem zufolge PX und PY deshalb ein und dieselbe fundamentale Entität sind, weil jede dieser fundamentalen Entitäten mit dem Menschen, der die Persönlichkeiten X und Y hat, identisch ist.

Wir machen nun die folgenden Annahmen über PX und PY: PX und PY teilen den gleichen menschlichen Körper. PX und PY sind niemals gleichzeitig bei Bewusstsein: PX ist zu ungeraden Zeiten bei Bewusstsein (t_1, t_3, etc.) und PY ist zu geraden Zeiten bei Bewusstsein (t_2, t_4, etc.). Nehmen wir also an, dass PX eine fundamentale Entität ist, die über Zeit hinweg existiert und dass das Gleiche für PY gilt (diese Annahme schließt nicht aus, dass sie dieselbe fundamentale Entität sind; jede fundamentale Entität mag identisch mit dem Menschen sein). Nun müssen wir nur noch annehmen, dass PX und PY genauso unabhängig voneinander sind, wie A und B in (II): Wenn PX (zu ungeraden Zeiten) sich eine FAP erwirbt – eine Fähigkeit, aktive Einstellung oder einen passiven Zustand – dann hat PY damit nicht schon diese FAP oder eine Erinnerung an sie. Im Gegenteil: Damit PY diese FAP oder eine Erinnerung an sie hat, muss PY (zu einer geraden Zeit) *selbst sich* diese FAP *erwerben*. Das gleiche gilt für PX (zu ungeraden Zeiten) im Hinblick auf die FAPs, die PY sich erwirbt (zu geraden Zeiten). Dies kann in Form von *Unfähigkeiten* formuliert werden, die PX und PY gegenüber den FAPs des anderen haben:

Das FAP-Kriterium:

(1) PY hat nicht die Fähigkeit, diejenigen Typen von FAPs zu haben, die PX
    (zu ungeraden Zeiten) erwirbt – oder Erinnerungen daran –, es sei denn,
    PY selbst erwirbt diese Arten von FAPs (zu geraden Zeiten).
(2) PX hat nicht die Fähigkeit, diejenigen Typen von FAPs zu haben, die PY
    (zu geraden Zeiten) erwirbt – oder Erinnerungen daran – es sei denn, PX
    selbst erwirbt diese Arten von FAPs (zu ungeraden Zeiten).
(3) PY ist eine fundamentale Entität, die über die Zeit hinweg existiert. PX
    ist eine fundamentale Entität, die über die Zeit hinweg existiert.

Wenn (1) – (3) erfüllt sind, dann sind PX und PY zwei fundamentale Entitäten.

Der Erwerb von einer FAP zu einer bestimmten Zeit ist so zu verstehen, dass eine Person zur relevanten FAP auf einem anderen Weg kommt als
durch die *normale kausale Relation innerhalb des Gehirns dieses Menschen*,
die zwischen der relevanten FAP zu dieser Zeit und einer FAP besteht, die zu
einem früheren Zeitpunkt vom selben Menschen erworben wurde. Ein typi-
sches Beispiel für den *Erwerb* einer Überzeugung ist, dass jemand eine Überzeugung zu einer gewissen Zeit auf der Grundlage seiner Wahrnehmung zu
dieser Zeit gewinnt. PX und PY sind zwei fundamentale Entitäten, wenn sie
ihre FAPs unabhängig voneinander erwerben müssen: In diesem Fall bestehen keine kausalen Relationen innerhalb des gemeinsamen Gehirns zwischen
den FAPs, die PX und PY jeweils für sich erwerben.

Wenn das FAP-Kriterium erfüllt ist, handelt es sich um keinen Normalfall, da PX und PY in Bezug auf Erfahrungen, Gedanken und Handlungen
voneinander radikal unabhängig sind. Für sich genommen sind aber PX und
PY in diesem Fall vollkommen normale Subjekte von Erfahrung, Denken
und Handeln. Sie unterscheiden sich nicht von normalen Menschen in Bezug darauf, wie sie denken, Erfahrungen machen oder Handlungen vollziehen. Wie PX und PY zu einer bestimmten Zeit FAPs erwerben, unterscheidet sich nicht von der Art und Weise, wie ein normaler Mensch zu einer
gewissen Zeit FAPs erwirbt. Deshalb verlangt die Verwendung des Begriffs
vom Erwerb von FAPs im FAP-Kriterium nicht eine Entscheidung darüber,
ob es als Erwerb von einer FAP gelten würde, wenn jemand zu einer FAP
auf eine Art und Weise kommt, der vom normalen Weg des Erwerbs einer
FAP abweicht (d. h. auf eine Art und Weise, die in manchen Gedankenex-
perimenten beschrieben wird). Der Begriff des Erwerbs einer FAP, der im
FAP-Kriterium verwendet wird, ist einfach der Begriff eines Erwerbs, der
uns von normalen Fällen vertraut ist.

Es könnte eingewendet werden, dass das FAP-Kriterium nicht hinreichend für die Koexistenz zweier fundamentaler Entitäten in einem Körper
ist. Auch wenn diese Bedingung erfüllt ist, könnte man einwenden, dass dies

nur ein Fall einer fundamentalen Entität mit einer seltsam systematischen Amnesie ist: Zu geraden Zeiten hat diese fundamentale Entität Amnesie im Bezug auf ungerade Zeiten, und umgekehrt.

Dieser Einwand spielt mit einer Doppeldeutigkeit im Begriff der Amnesie. Man kann »Amnesie« nutzen, einfach um zu sagen, dass PY keine der FAPs hat, die PX erworben hat, oder auch keine Erinnerungen an diese, außer PY hat sie selbst erworben (und *vice versa*). Jedoch ist es nicht zulässig, von dieser Nutzung des Wortes zum Begriff der Amnesie als etwas, das zwischen den Zuständen ein und derselben fundamentalen Entität besteht, überzugehen. Man setzt voraus, was man beweisen möchte, wenn man annimmt, dass Fall (V) oder die Beziehung zwischen PX und PY ein Fall von Amnesie in letzterem Sinne ist. Ich würde sogar weitergehen und behaupten, dass (V) gar kein Fall von Amnesie in diesem Sinne ist. Erstens ist Amnesie in diesem Sinne niemals vollständig: Nur wenn ein Teil von den FAPs erhalten wurde, kann man sagen, dass jemand in Hinsicht auf einen anderen Teil seiner FAPs unter Amnesie leidet. Zweitens sind A und B in (V) (sowie PX und PY) in der folgenden Hinsicht genau wie Fall (II): A hat einfach nie die FAPs erworben, die B erworben hat, oder sie muss sie selbst erwerben, um sie zu haben. Und man kann nicht unter Amnesie bezüglich etwas leiden, wenn man es nie erworben hat.

Hier könnte ein weiterer Einwand bezüglich Erinnerung gemacht werden. Es gibt einen wichtigen Unterschied zwischen (II) und (V). A und B in (V) – sowie PX und PY – haben dasselbe Gehirn. Somit könnten PX und PY, im Gegensatz zu (II), grundsätzlich die Zustände des jeweils anderen bewahren und sich an sie erinnern. Somit sind PX und PY eine fundamentale Entität.

In Antwort auf diesen Einwand müssen wir zwei Arten von Eingriffen in den normalen Verlauf der Dinge in (II) betrachten. Wir könnten erstens A und B physisch getrennt belassen, aber irgendwie FAPs und »Erinnerungen« zwischen ihnen transportieren. Zum Beispiel: Wenn A eine bestimmte Überzeugung erwirbt, wird diese Überzeugung irgendwie kopiert und zu B transportiert. Oder wenn A eine Erfahrung macht, wird eine scheinbare Erinnerung an diese Erfahrung geschaffen. A und B bleiben getrennte fundamentale Entitäten. Es ist einfach nur so, dass wenn A eine Überzeugung erwirbt, B eine Überzeugung mit demselben propositionalen Gehalt erwirbt, und wenn A eine Erfahrung macht, dann hat B den falschen Eindruck, dass sie diese Erfahrung auch gemacht hat. Zweitens könnten wir zu t_n eine physische Fusion derart vornehmen, dass A und B danach ein physisches System bilden, das in der Lage ist, die FAPs, die entweder A oder B erworben hat, zu bewahren und sich an sie zu erinnern. Die Integration von FAPs und Erinnerungen würde nicht heißen, dass A und B die ganze Zeit eine fundamentale Entität waren. Vielmehr waren beide jeweils eine fundamentale Entität bis t_n

und die Existenz dieser beiden fundamentalen Entitäten endet zu t_n. Danach existiert eine dritte fundamentale Entität, die die FAPs von A und B bewahrt und sich an sie erinnert.

Zwei verschiedene Szenarios in den Fällen von PX und PY müssen genauso wie diese Eingriffe in (II) verstanden werden. Erstens können wir scheinbare »Erinnerungen« von PY an die FAPs von PX (und umgekehrt) genauso schaffen, wie sie in der ersten Einmischung in (II) geschaffen werden. Aber das würde PX und PY nicht zu ein und derselben fundamentalen Entität machen. Es wäre beispielsweise nur so, dass PY eine Überzeugung mit dem gleichen propositionalen Gehalt wie die Überzeugung, die PX erworben hat, hätte. Kritiker des FAP-Kriteriums würden annehmen, was sie beweisen sollten, wenn sie annähmen, dass nur weil PX und PY ein gemeinsames Gehirn haben, wirkliche Erinnerung an Erfahrungen oder die Wiedererlangung von Überzeugungen oder Fähigkeiten zwischen PX und PY möglich sein müsste. Zweitens könnte PY tatsächlich ab einem Punkt in der Lage sein, die FAPs von PX zu erhalten oder sich an sie zu erinnern. In diesem Fall existiert dann nur noch eine fundamentale Entität, auch wenn *davor* PX und PY zwei fundamentale Entitäten waren. Solange die gegenseitigen Unfähigkeiten im Bezug auf ihre FAPs bestehen, sind PX und PY zwei fundamentale Entitäten. Daher zeigt die Tatsache, dass PY (oder PX) diese Fähigkeit möglicherweise erwerben könnte, nicht, dass PY und PX eine fundamentale Entität waren, bevor PY diese Fähigkeit erwarb.[30]

Unter welchen Bedingungen gelten diese gegenseitigen Unfähigkeiten? Auch wenn ich keine allgemeine Antwort auf diese Frage anbiete, gibt es klare Fälle, in denen PX und PY unfähig sind, sich an die FAP des anderen zu erinnern oder diese zu erhalten, und auch klare Fälle, in denen sie diese Fähigkeit haben. Um diese Fähigkeit zu haben, muss PX nicht ganz alleine in der Lage sein, zu einer solchen Erinnerung zu kommen. Wenn, beispielsweise, Hypnose benötigt würde, um PX dabei zu helfen, sich bestimmte Überzeugungen und Erfahrungen ins Gedächtnis zu rufen, würde das immer noch als die Fähigkeit zählen, sich an diese Überzeugungen und Erfahrungen zu erinnern. Wenn jedoch nichts – zum Beispiel weder Hypnose, Psychotherapie, Medikamente, noch eine Gehirnoperation – PX dabei hilft, sich an die FAPs von PY zu erinnern, dann muss PX als unfähig gelten, sich an sie zu erinnern. Es ist also definitiv sinnvoll anzunehmen, dass PX und PY solche Fähigkeiten und Unfähigkeiten haben können.

---

[30] Die Antworten auf die beiden Einwände zu Erinnerung machen deutlich, dass Olson nicht gezeigt hat, dass Ungerade sich an die Handlungen von Gerade erinnert, ohne in der Lage zu sein auszudrücken, dass er sich an sie erinnert (vgl. Olson, *Was Jekyll Hyde?*, S. 344). Ungerade und Gerade sind in etwa meine PX und PY.

Wir dürfen damit zwei Schlussfolgerungen ziehen. Erstens, die Koexistenzthese ist wahr: Jeder von uns ist eine Entität, von der mehrere in einem Körper existieren können. Zweitens liefert das FAP-Kriterium eine hinreichende Bedingung[31] für die Präsenz von zwei fundamentalen Entitäten in einem Körper.

6. Leiblichkeit

Die Koexistenzthese besagt, dass zwei fundamentale Entitäten ein und denselben Körper teilen können. Ich denke aber auch, dass zwei fundamentale Entitäten mentale Zustände nicht teilen können.[32] Man kann nun einwenden, dass diese Position notwendigerweise eine falsche Auffassung des Bewusstseins vom eigenen Körper impliziert. Wenn fundamentale Entitäten keine mentalen Zustände, aber doch den Körper teilen können, dann – so das Argument – kann der Körper *nur* als *Gegenstand* des Bewusstseins erscheinen. Mit anderen Worten, für das Bewusstsein jeder der fundamentalen Entitäten kann der geteilte Körper nur als ein geteilter Gegenstand jedes Bewusstseins vorliegen. Dies würde aber einem völlig falschen Verständnis vom Bewusstsein seines eigenen Körpers gleichkommen. Wenn wir zwischen Körper und Leib unterscheiden, könnte man zwar sagen, dass der Körper (im Gegensatz zum Leib) nur *Gegenstand* des Bewusstseins sein kann. Wenn ich hingegen meines eigenen Leibs bewusst bin, kann der Leib *nicht ausschließlich* als *Gegenstand* des Bewusstseins verstanden werden. Die Koexistenzthese – die Auffassung, dass zwei fundamentale Entitäten einen Körper teilen können – impliziert, dass *alles Nicht-Mentale ausschließlich als Gegenstand des Bewusstseins* auftreten kann. Das impliziert wiederum die falsche Ansicht, dass der Leib ausschließlich als Gegenstand des Bewusstseins fungieren kann. Daher muss die Koexistenzthese abgelehnt werden.

Das ist die grobe Struktur eines Arguments, das nun ausgearbeitet werden muss. Insbesondere muss erklärt werden, was es heißt zu sagen, dass der eigene Leib »nicht ausschließlich als Gegenstand des Bewusstseins fungieren kann«. Um das Argument weiter auszuführen, werde ich eine Auffassung skizzieren, die auf der Grundlage von Maurice Merleau-Pontys Theorie entwickelt werden kann. Ich suche eine Auffassung, die den Leib auf der *wahrnehmenden* Seite und nicht auf der *wahrgenommenen* Seite verortet, so dass es anscheinend unmöglich wird anzunehmen, dass ein einzelnes Lebewesen zwei fundamentale Entitäten verkörpern kann. Ich denke, keine Auffassung

---

[31] In Gunnarsson, *Personal Identity* (Kapitel 12), argumentiere ich dafür, dass es auch eine *notwendige* Bedingung dafür ist.

[32] Siehe Gunnarsson, *Personal Identity*, Kapitel 9.

kann diese Bedingung besser erfüllen, als die Position, die ich im Folgenden auf der Grundlage von Merleau-Pontys Theorie entwickeln werde. Falls
es mir also gelingt zu zeigen, dass diese Position trotz des ersten Anscheins
doch mit der Existenz von zwei fundamentalen Entitäten in einem Lebewesen vereinbar ist, dann darf man annehmen, dass dies auch für andere derartige Positionen gilt. Merleau-Ponty schreibt:

> Wenn ich auch mit der linken Hand meine rechte befassen kann, indessen
> diese selbst einen Gegenstand berührt, so ist doch die rechte Hand als der Ge-
> genstand nicht die rechte Hand als berührende: jene ist das auf einen Raum-
> punkt festgelegte Gebilde von Knochen, Muskeln und Fleisch, nicht aber die
> schwebend den Raum durchstoßende, einen äußeren Gegenstand an seinem
> Ort berührend entdeckende Hand. *Als* die Welt sehender oder berührender
> ist so mein Leib niemals imstande, selber gesehen oder berührt zu werden.
> Weil er das ist, wodurch es Gegenstände überhaupt erst gibt, vermag er selbst
> nie Gegenstand, niemals »völlig konstituiert« zu sein.[33]

Wie die Rede von Konstitution zeigt, ist es nicht möglich, Merleau-Pontys eigener Theorie gerecht zu werden, ohne bestimmte Annahmen, die
sie mit der transzendentalen Philosophie teilt, aufzunehmen. Dieser Aspekt
kann hier jedoch ignoriert werden, da es mir nur um einen spezifischen
Punkt geht, den man auf Grundlage von Merleau-Pontys Ideen entwickeln
kann. Man könnte sagen, dass das wahrnehmende Subjekt sich prinzipiell
der Wahrnehmung entzieht. Wenn das wahrnehmende Subjekt versucht, sich
selbst zum *Gegenstand* von Wahrnehmung zu machen, entzieht es sich wieder der Wahrnehmung als *Subjekt dieser* Wahrnehmung. In dieser Passage
übernimmt Merleau-Ponty diese Auffassung des wahrnehmenden Subjekts
für seine Konzeption der berührenden Hand oder des berührenden Leibs.
(Auch wenn er die Terminologie in diesem Ausschnitt nicht verwendet, ist
die berührte Hand ein Teil vom Körper und die berührende Hand ein Aspekt
vom Leib).[34] Für unsere Zwecke ist Folgendes der entscheidende Gedanke
von Merleau-Ponty: Der Leib ist kein Gegenstand der Wahrnehmung. Es
ist nicht etwas, das zwischen dem wahrgenommenen Gegenstand, auf der
einen, und dem wahrnehmenden Subjekt oder den Wahrnehmungen und
Gedanken dieses Subjekts, auf der anderen Seite, liegt. »Mein Leib hat seine
Welt oder begreift seine Welt, ohne erst den Durchgang durch ›Vorstellungen‹ nehmen oder sich einer ›objektivierenden‹ oder ›Symbol-Funktion‹ un-
terordnen zu müssen.«[35] Hier übernimmt mein Eigenleib die Rolle, die normalerweise dem wahrnehmenden Subjekt oder den Wahrnehmungen zugewiesen wird. Der wahrnehmende Leib ist keine Vorstufe der Wahrnehmung

---

[33] Merleau-Ponty, *Phänomenologie der Wahrnehmung*, S. 117.
[34] Merleau-Ponty, *Phänomenologie der Wahrnehmung*, S. 131–132.
[35] Merleau-Ponty, *Phänomenologie der Wahrnehmung*, S. 170.

oder ein Zwischenstück zwischen dem wahrgenommenen Gegenstand und dem wahrnehmenden Subjekt. Mein Leib ist vielmehr der Ort, an dem Wahrnehmung stattfindet. Im Gegensatz zu einem Subjekt, von dem man annimmt, dass es *im* Leib existiert, kann mein eigener Leib nicht als etwas verstanden werden, das den Dingen gegenübersteht. Vielmehr steht mein Leib selbst mit ihnen in Verbindung. »Die Geste der Hand, die sich auf einen Gegenstand zu bewegt, impliziert einen Verweis auf den Gegenstand nicht als solchen der Vorstellung, sondern als dieses sehr bestimmte Ding, auf das hin wir uns entwerfen, bei dem wir vorgreifend schon sind und das wir gleichsam umgeistern.«[36] Der Verweis auf den Gegenstand, das Bewusstsein vom Gegenstand wird nicht durch etwas Inneres – etwas essentiell vom Gegenstand und dem Leib Getrenntes – erreicht, sondern durch den Leib selbst, der am Ende den Gegenstand berühren kann.[37]

Auf der Grundlage dieser Auffassung kann nun ein Argument gegen die Koexistenzthese vorgebracht werden: Diese These kann nur aufrechterhalten werden, wenn eine fundamentale Entität als etwas Inneres verstanden wird. Nur wenn fundamentale Entitäten etwas Inneres sind, können zwei getrennte Entitäten dieser Art über die Zeit hinweg im selben Körper existieren. Nach der gerade skizzierten Auffassung kann die Wahrnehmung von Dingen (oder allgemeiner gesprochen, das Bewusstsein von Dingen) nicht als etwas Inneres, das vom Leib getrennt ist, verstanden werden. Auch wenn der eigene Leib nicht mit dem eigenen Körper als einem möglichen Gegenstand des Bewusstseins identifiziert werden kann, ist der eigene Leib etwas Körperliches, etwas, das buchstäblich seinen Gegenstand berühren kann. Somit kann es nur *einen* Eigenleib geben. Es folgt somit, dass es nicht mehr als ein wahrnehmendes Subjekt geben kann, da das wahrnehmende Subjekt nichts vom Leib Getrenntes, Inneres ist. Die Koexistenzthese muss daher abgelehnt werden.

Das Argument kann zusätzlich durch Merleau-Pontys Überlegungen zu einem anderen Beispiel untermauert werden:

> Man pflegt des weiteren zu sagen, der Leib sei ein affektiver Gegenstand, indessen äußere Dinge lediglich Gegenstände meines Vorstellens seien. Damit ist abermals das Problem der Seinsweise des Eigenleibes gestellt. Denn wenn ich sage, mein Fuß »tue mir weh«, so will ich damit nicht etwa ihn als Ursache meines Schmerzes im gleichen Sinne, wie es der ihn verletzende Nagel ist, ansprechen, und lediglich als eine nähere Ursache; ich will nicht sagen, der Fuß sei sozusagen der letzte Gegenstand der Außenwelt, hinter dem dann der Schmerz des inneren Sinnes begönne, das an ihm selbst nicht lokalisierte Bewußtsein des Schmerzes, das mit dem Fuß nur durch Kausaleinflüsse und

---

[36] Merleau-Ponty, *Phänomenologie der Wahrnehmung*, S. 167.
[37] Vgl. Kelly, *The Relevance of Phenomenology*, S. 77–89.

nur im System der Erfahrung verbunden ist. Vielmehr will ich sagen, daß der Schmerz selbst seinen Ort anzeigt, also einen »Schmerzraum« konstituierend. »Mein Fuß tut mir weh« – das heißt nicht: »Ich denke, mein Fuß ist Ursache des Schmerzes«, sondern »Der Schmerz kommt vom Fuß« oder einfacher noch: »Mein Fuß schmerzt«.[38]

Der Leib kann *nicht nur* als etwas verstanden werden, in dem der Schmerz *verortet* ist, sondern *der Leib selbst ist etwas, das Erfahrungen hat*: Der Leib besetzt die Position, die die meisten Theorien dem wahrnehmenden Subjekt zuweisen. Der Schmerz ist aber *auch* im Leib – also in etwas im weiten Sinne Körperlichem – zu lokalisieren. Wenn man etwas berührt, dann ist man sich der Position der Hand während der Berührung bewusst. Analog erfährt der Leib den Schmerz im Fuß.[39]

Man könnte argumentieren, dass diese Position unvereinbar mit der Koexistenzthese ist. Es kann nur dann zwei fundamentale Entitäten in einem Körper geben, wenn jede der fundamentalen Entitäten einen eigenen Schmerz empfindet. Wenn jedoch der Leib sowohl selbst im Raum verortet ist, als auch den Schmerz erfährt, dann kann es nicht zwei fundamentale Entitäten in demselben Lebewesen geben, die getrennt den Schmerz erfahren. Der Leib ist dasjenige, was den Schmerz erfährt, und jedes Lebewesen hat nur einen Leib.

Ich möchte zu dieser Auffassung, die hier aus Elementen in Merleau-Pontys Werk entwickelt wurde, keine Stellung beziehen. Ich möchte nur eine Frage diskutieren: Wenn diese Auffassung richtig ist, heißt das, dass es nur eine fundamentale Entität in einem Körper geben kann? Eine positive Antwort auf diese Frage beruht auf der Annahme, dass jedes Lebewesen nur einen Leib im Sinne dieser Auffassung haben kann. Diese Annahme ist jedoch falsch. Wenn die Merleau-Ponty'sche Auffassung richtig ist, dann ist PXs Leib etwas, das Gegenstände wahrnimmt. Das wahrnehmende Subjekt ist kein inneres Subjekt. Vielmehr ist es der Leib selbst, der die Wahrnehmungen hat – Wahrnehmung ist buchstäblich leiblich. Das gilt natürlich auch für PY. Nun ist das Folgende möglich: PY hat keine (leiblichen) Erinnerungen an die (leiblichen) Wahrnehmungen und Erfahrungen, die PX hat, außer PY selbst hatte solche Wahrnehmungen und Erfahrungen (und umgekehrt). Und PY besitzt keine der (leiblichen) Fähigkeiten, die PX besitzt, außer PY hat diese Fähigkeit selbst erworben (und umgekehrt). Trotzdem werden diese (leiblichen) Erinnerungen, Wahrnehmungen, und Fähigkeiten im Merleau-Ponty'schen Sinne verstanden. Mit anderen Worten: Es ist möglich, dass PX und PY das FAP-Kriterium erfüllen *und* dass die Wahrnehmungen

---

[38] Merleau-Ponty, *Phänomenologie der Wahrnehmung*, S. 118–119.
[39] Vgl. Brewer, *Bodily Awareness*.

und andere Phänomene gemäß der Merleau-Ponty'schen Position verstanden werden. Wenn das FAP-Kriterium auf diese Weise erfüllt wird, dann wirken PXs Leiblichkeit und PYs Leiblichkeit vollkommen getrennt voneinander. PXs leiblicher Umgang mit der Welt hat nichts mit PYs leiblichem Umgang zu tun. In Merleau-Pontys Terminologie könnten wir sagen, dass PX einen Leib hat und PY einen anderen. Aber es ist unwichtig, ob wir diese Terminologie verwenden. Die entscheidenden Punkte sind vielmehr die Folgenden: Wenn das FAP-Kriterium erfüllt ist, dann sind PX und PY zwei fundamentale Entitäten. Sie sind von einem Lebewesen materiell konstituiert.[40] Das gibt uns keinen Grund dafür, PXs und PYs Wahrnehmungen als rein innerliche Phänomene zu verstehen. Wir mögen ihre Wahrnehmungen im Merleau-Ponty'schen Sinne als durch und durch leibliche Phänomene verstehen. Wenn die Leiblichkeit von PX in diesem Merleau-Ponty'schen Sinne vollkommen getrennt von der Leiblichkeit von PY funktioniert und die anderen Bedingungen des FAP-Kriteriums erfüllt sind, dann sind PX und PY zwei fundamentale Entitäten in einem einzelnen Lebewesen.

Zur Verdeutlichung ist es hilfreich, zu Merleau-Pontys Beispiel »mein Fuß schmerzt« zurückzukehren. Nehmen wir an, dass PX eine schlimme Fußverletzung hatte. PX hat Schmerzen. Zu einer geraden Zeit wird PY dann aktiv und hat nun auch Schmerzen. Dies ist vollkommen vereinbar mit der Annahme, dass die Leiblichkeit von PX vollkommen getrennt von der Leiblichkeit von PY funktioniert. Die Verletzung ist ein physisches Ereignis. Die Tatsache, dass PX und PY Schmerzen haben, bedeutet nur, dass PX und PY mit Schmerzen auf dieses physische Ereignis reagieren. Es bedeutet nicht, dass PX und PY Schmerz auf die gleiche Weise erleben. PX mag ihn als stechenden Schmerz in einem bestimmten Teil des Fußes erfahren. PY mag ihn als brennendes Gefühl im Fuß, dem er keinen genauen Ort zuordnen kann, erfahren. Es wäre im Geist der Merleau-Ponty'schen Auffassung, dies als zwei sehr verschiedene leibliche Erfahrungen vom Schmerz zu beschreiben. Man könnte sagen: PXs Leib erfährt Dinge sehr anders als PYs Leib. Dies eröffnet die Möglichkeit, dass die leibliche Schmerzerfahrung von PY nicht von der leiblichen Schmerzerfahrung von PX stammt. Vielmehr ist PYs leibliche Schmerzerfahrung seine leibliche Reaktion auf das physische Ereignis, worauf PX auf seine eigene Weise reagiert hat. Die Merleau-Ponty'sche Auffassung schließt also eine Unterscheidung zwischen dem physischen Ereignis und der Leiblichkeit der zwei fundamentalen Entitäten in einem Lebewesen nicht aus. Diese Auffassung scheint sogar eine solche Unterscheidung zu *verlangen*: Über das physische Ereignis hinaus ist ein leiblicher Umgang mit dem Ereignis konstitutiv für die Schmerzerfahrung. Es kann zwei völlig getrennte leibliche Umgangsweisen mit physischen Ereignissen in einem ein-

---

[40] Zur materiellen Konstitution siehe Gunnarsson, *Personal Identity*, Kapitel 6 und 11.

zelnen Lebewesen geben. Wir dürfen also die Schlussfolgerung ziehen, dass eine Merleau-Ponty'sche Auffassung von Subjektivität und Leiblichkeit mit der Koexistenzthese vereinbar ist.

Würde man diese Merleau-Ponty'sche Auffassung mit der Koexistenzthese in einer Theorie zusammenfassen, hätte man folgendes Ergebnis: Jeder von uns ist grundlegend eine Entität, von der es mehr als eine in einem Körper geben kann. Jede fundamentale Entität, die ihren Körper mit anderen fundamentalen Entitäten teilt, zeichnet sich durch eine eigene Leiblichkeit aus.[41]

LITERATUR

Baker, L. R.: What am I? In: *Philosophy and Phenomenological Research* 59, 1999, S. 151–159.
– *Persons and Bodies. A Constitution View*, Cambridge 2000.
Barilan, Y. M.: Head-Counting vs. Heart-Counting. An Examination of the Recent Case of the Conjoined Twins from Malta. In: *Perspectives in Biology and Medicine* 45, 2002, S. 593–603.
– One or Two. An Examination of the Recent Case of the Conjoined Twins from Malta. In: *Journal of Medicine and Philosophy* 28, 2003, S. 27–44.
Brewer, B.: Bodily Awareness and the Self. In: *The Body and the Self*, hgg. von José Luis Bermúdez, Anthony Marcel und Naomi Eilan. Cambridge, Mass. 1995, S. 291–309.
Cather, W.: *The Professor's House*, New York 1990.
DeGrazia, D.: *Human Identity and Bioethics*, Cambridge 2005.
Deutsch, H.: Relative Identity. In: *The Stanford Encyclopedia of Philosophy*, hg. von Edward Zalta. Erstveröffentlichung 22.4.2002, letzte grundlegende Revision 5.11.2007, http://plato.stanford.edu/entries/identity-relative/, Zugriff: 25.7.2008.
Geach, P.: Identity. In: *Review of Metaphysics* 21, 1967–68, S. 3–12.
Gunnarsson, L.: Festlegungstheorie zur Frage personaler Identität. In: *Deutsche Zeitschrift für Philosophie* 56, 2008, S. 535–553.
– *Philosophy of Personal Identity and Multiple Personality*, New York 2010.
– Allein im Spiegelkabinett? Zu personaler Identität und multipler Persönlichkeit. In: *Deutsches Jahrbuch Philosophie 02. Lebenswelt und Wissenschaft*, hg. von C. F. Gethmann. Hamburg 2010, S. 587–602.
– Moral Responsibility, Multiple Personality, and Character Change. In: *Human Nature and Self Design*, hgg. von Sebastian Schleidgen, Michael Jungert, Robert Bauer und Verena Sandow. Paderborn 2011, S. 49–66.

---

[41] Dieser Aufsatz basiert auf einem Vortrag, den ich bei der jährlichen Konferenz der *Welsh Philosophical Society* und an der Universität Köln gehalten habe. Ich danke den Zuhörern für ihre wertvollen Anmerkungen.

- Wer bin ich und wenn Nein, Warum Nicht? In: *Personale Identität, Narrativität und Praktische Rationalität. Die Einheit der Person aus metaphysischer und praktischer Perspektive*, hgg. von Georg Gasser und Martina Schmidhuber. Münster 2013, S. 129–158.

Hartmann, D., & Galert, T. (Hauptautoren): Person, Personal Identity, and Personality. In: *Intervening in the Brain: Changing Psyche and Society*, hgg. von R. Merkel, G. Boer, J. Fegert, T. Galert, D. Hartmann, B. Nuttin, und S. Rosahl. Berlin 2007, S. 189–287.

Karlsson, M. M.: Agency and Patiency: Back to Nature? In: *Philosophical Explorations* 5, 2002, S. 59–81.

Kelly, S. D.: *The Relevance of Phenomenology to the Philosophy of Language*, New York 2001.

McDowell, J.: *Mind and World. With a New Introduction*, Cambridge, Mass. 1996.

Merleau-Ponty, M.: *Phänomenologie der Wahrnehmung*, Berlin [6]1966.

Olson, E. T.: *The Human Animal. Personal Identity Without Psychology*, New York 1997.

- Was Jekyll Hyde? In: *Philosophy and Phenomenological Research* 66, 2003, S. 328–348.

Perry, J.: The Same F. In: *The Philosophical Review* 79, 1970, S. 181–200.

Quante, M.: *Personales Leben und menschlicher Tod. Personale Identität als Prinzip der biomedizinischen Ethik*, Frankfurt/Main 2002.

- *Person*, Berlin 2007.

- Warum (und in welchem Sinne) gibt es keine personale Identität? *Deutsche Zeitschrift für Philosophie* 56, 2008, S. 555–568.

Rapp, C.: *Identität, Persistenz und Substantialität. Untersuchung zum Verhältnis von sortalen Termen und Aristotelischer Substanz*, Freiburg 1995.

Rosenberg, J. F.: *Thinking Clearly about Death*, Indianapolis [2]1998.

Smith, J. D.: *Psychological Profiles of Conjoined Twins. Heredity, Environment, and Identity*, Vorwort von Robert Bogdan, New York 1988.

Wallis, C.: The Most Intimate Bond. In: *Time Magazine*, 25.3.1996.

Weathers, H.: Abigail and Brittany Hensel. An Extraordinary Bond. In: MailOnline: http://www.dailymail.co.uk/femail/article-425736/Abigail-Brittany-Hensel-extraordinary-bond.html, letztes Update: 31.12.2006, Zugriff: 24.7.2008.

Whiting, J.: Personal Identity. The Non-Branching Form of ›What Matters‹. In: *The Blackwell Guide to Metaphysics*, hg. von R. Gale. Oxford 2002, S. 190–218.

Wiggins, D.: Locke, Butler and the Stream of Consciousness: And Men as a Natural Kind. In: *The Identities of Persons*, hg. von A. Rorty. Berkeley 1976, S. 139–174.

- *Sameness and Substance Renewed*, Cambridge 2001.

Christian Kanzian

PERSON UND ORGANISMUS

0. HINFÜHRUNG

In meinem Beitrag möchte ich mich kritisch mit sogenannten *Konstitutionstheorien* von Person und Organismus auseinandersetzen, der Auffassung also, dass Personen auf der Basis von Organismen konstituiert werden. Ich werde eine der prominentesten aktuellen Konstitutionstheorien aus dem Bereich der analytischen Ontologie der Personen aufgreifen, nämlich die von Lynne Rudder Baker. Mein Anliegen ist es zu zeigen, dass die Problematik dieser Konstitutionstheorie als beispielhaft auch für andere Ansätze zur Erklärung der Dichotomie von Organismus und Person angesehen werden kann: sowohl für reduktionistisch-monistische als auch für dualistische Positionen, sogar für (vermeintliche) Mittelpositionen unter dem Etikett von Supervenienztheorien. Dann werde ich eine Alternative vorschlagen, besser und bescheidener gesagt, einige Rahmenbedingungen für einen Erklärungsansatz, der nicht von dieser Problemlage betroffen ist. Meine Alternative wird sich an einem *hylemorphistischen* Konzept orientieren, einem Konzept, von dem ich meine, dass es durchaus methoden- oder zugangsübergreifend verstanden werden kann; das heißt sowohl analytische, als auch nicht-analytische, etwa phänomenologische Intuitionen mitzutragen vermag.

Die Stichwörter »methoden- und zugangsübergreifend« mögen Anlass sein, ein Wort zum besonderen Anliegen dieser Edition zu sagen, nämlich zur Frage nach *analytischer Philosophie* im Verhältnis zu anderen Zugangsweisen, im Allgemeinen, und besonders im Hinblick auf das Thema »Personen«.

1. Was ist analytische Philosophie,
und wie kann man ihr Verhältnis zu anderen
Zugangsweisen verstehen?

Die Einstellung von außen zu analytischer Philosophie ist oft von Vorurteilen geprägt. Da ist zunächst die Meinung, analytische Philosophie sei nach dem »linguistic turn« rein auf Sprachanalyse beschränkt und kümmere sich nicht um »Objektfragen«. Genauso hört man, dass man als analytischer Philosoph auf naturalistisch-materialistische Auffassungen festgelegt sei. Besonders relevant ist das übrigens im Hinblick auf die Frage nach Personen. Ein drittes Vorurteil besteht darin, dass analytische Philosophie wesentlich mit formal logischer Analyse operiert. Schließlich schließe analytische Philosophie ganze philosophische Traditionen von vornherein aus, etwa die »kontinentalen«, Transzendentalphilosophie und Phänomenologie, und wachse ausschließlich aus anglo-amerikanischen Wurzeln v. a. empiristischer Provenienz.

Diese Vorurteile treffen, wenn überhaupt, dann nur einen Teil der Sache. Wiewohl einige Gründungsväter analytischer Philosophie in manchen Phasen ihres Schaffens den »linguistic turn« dogmatisch praktizierten, zeichnet sich heute die analytische Philosophie durch *vollständige thematische Offenheit* aus. Die *Bedeutung der philosophischen Sprachanalyse* bleibt, schlägt sich aber nieder in der Bereitschaft, diese systematisch im Aufbau von Theorien mit einzubeziehen, nicht in einer Reduktion von Objektfragen auf Sprachanalyse. Tatsächlich sind viele analytische Philosophen naturalistisch eingestellt. Aber, und das ist entscheidend, analytische Philosophie als solche *verpflichtet nicht* auf naturalistische Auffassungen.[1] Sie ist inhaltlich, d. h. hinsichtlich der in ihr *vertretenen Positionen* offen. So hat sich die analytische Philosophie zum bevorzugten Podium der Auseinandersetzung mit der Naturalismus- bzw. Szientismusfrage entwickelt. Logik spielt natürlich eine Rolle, und logische Formalisierungen sind ein probates Mittel zur Darstellung von Gedankengängen. Aber die Formalisierung von Argumenten ist keinesfalls notwendig für das analytische Philosophieren, nebenbei bemerkt auch nicht hinreichend. Was jedoch zählt, ist Nachvollziehbarkeit und Klarheit in der Terminologie und der hohe *Stellenwert systematischer Argumentation*. Schließlich ist es richtig, dass die anglo-amerikanische Philosophie, mit ihren Wurzeln im Empirismus, eine dominierende Stellung einnimmt. Aber immer mehr analytische Philosophen wenden sich heute auch der klassischen Philosophie, z. B. der aristotelischen Tradition zu, aber auch der

---

[1] Vgl. dazu u. a. Corradini/Galvan/Lowe (Hgg.), *Analytic Philosophy*.

Transzendentalphilosophie, offensichtlich auch der Phänomenologie, insbesondere im Gefolge des frühen Husserl.[2]

Was aber bedeutet dies im Hinblick auf das Thema »Personen«? – Analytische Philosophie beschränkt sich nicht auf Analyse der Sprache, sondern ist prinzipiell offen für Objektfragen, die unseren Themenkreis betreffen: etwa die Erörterung von Charakteristika von Personalität, Bedingungen der Personalität, natürlich auch die Frage nach dem Verhältnis von Personalität und organischem Leben etc. Freilich nimmt sie, wo es sachlich angebracht ist, Rücksicht auf eine philosophische Analyse etwa der Eigenart unserer Rede über charakteristisch personale Vollzüge, über mentale und kognitive Zustände. Analytische Philosophie der Person ist nicht auf bestimmte Auffassungen festgelegt, auch nicht auf solche, die aus der naturalistischen Sichtweise von Personalität kommen. Sie ist offen für sämtliche inhaltliche Positionen und so ein Forum der kontroversen Auseinandersetzung. Bei vielen Debatten spielen logische bzw. formale Analysen eine Rolle. Aber auch hier gilt, dass das, was für manche Zwecke sinnvoll und hilfreich sein kann, nicht notwendig ist zum Mittun in der analytischen Philosophie. Sauberkeit in der Terminologie und Klarheit in der Argumentation reichen. Schließlich muss die Offenheit der analytischen Diskussion für alle Traditionen hervorgehoben werden: Locke, Kant spielen ebenso eine Rolle wie Aristoteles, natürlich auch Autoren aus phänomenologischen Traditionen. Niemand kann aufgrund seines philosophischen Hintergrunds aus der analytischen Debatte ausgeschlossen werden, zumindest nicht so, dass sich der Ausschließende nicht selbst aus besagter Debatte disqualifiziert.

Ich möchte hier nicht zu weit ins Detail gehen: allein ein Plädoyer für die Vielfalt der Zugangsweise zur Personen-Debatte möchte ich deponieren; vom Standpunkt einer als dialogfähig gekennzeichneten analytischen Philosophie. Nun aber zum angekündigten roten Faden: die Konstitutionstheorie des Verhältnisses Organismus – Person. Was besagt sie, welche Probleme weist sie auf, inwiefern sind diese Probleme signifikant auch für andere Lösungsansätze zur Erklärung der Dichotomie von Organismus und Person?

---

[2] Vergleichbare Überlegungen bzgl. der Eigenart analytischer Philosophie habe ich auch in Kanzian, *Analytische Religionsphilosophie*, angestellt.

2. Bakers Konstitutionstheorie
des Verhältnisses von Organismus
und Person

Als Bezugspunkt meiner Auseinandersetzung dient Lynne Rudder Bakers Buch *The Metaphysics of Everyday Life*.[3] Es enthält eine der einflussreichsten aktuellen Theorien der Konstitution, auch im Hinblick auf Personen.

Der ontologische Grundgedanke ist, dass die Wirklichkeit nach einem *Viel-Schichten-Modell* interpretiert wird. Die oberste Schicht ist unsere alltägliche Welt, die *Makro-Welt*, wie es auch heißt, die Welt der *naiven Physik*. Sie, ich, Schafe, Autos, Computer, sind BewohnerInnen dieser Makrowelt. Die unterste Schicht ist jene Basis, die uns die Naturwissenschaften, heutzutage wohl die Quantenphysik, aufweisen und erläutern. Baker erhebt nun den Anspruch, das Verhältnis der vielen Schichten, welche in ihrem Modell angenommen werden, zu *erklären*[4], was unumgänglich ist für den theoretischen Erfolg einer Viel-Schichten-Theorie. Die Erklärung beruht zunächst in der Annahme, dass die jeweils oberen Schichten aus den jeweils unteren *emergieren*. Das bedeutet, dass die oberen Schichten Merkmale aufweisen, welche jene der unteren Schichten »transzendieren«, das heißt, sie verhalten sich so, dass das auf der Basis der Gesetze der unteren Schichten nicht vorhergesagt werden kann.[5] Emergenz wird jedoch nicht nur angenommen, sondern auch erläutert, und zwar durch *Konstitution*. Aufgrund der Konstitution der oberen durch die unteren Schichten, kommt es zur Emergenz. Somit ist Konstitution der Schlüssel von Mikrowelt zu Makrowelt.

Fragt man nun nach Konstitution selbst, braucht es einen Schritt ins Detail: »The fundamental idea of constitution is this: when a thing of one primary kind is in certain circumstances, a thing of another primary kind – a new thing, with new causal powers – comes to exist.«[6] Die Grundidee von Konstitution ist also, dass es sich dabei um eine Beziehung handelt, die zwischen *Dingen* besteht. Dinge sind Vorkommnisse von *primary kinds* (wie man im Deutschen auch sagen könnte »von natürlichen Arten«), was einer aristotelischen Substanz-Theorie entspricht: Individuelle primäre Substanzen sind Vorkommnisse allgemeiner Substanzen, im zweiten Sinn. Durch Konstitution wird nun aus einem Ding der Art *(primary kind)* F ein Ding der (von F verschiedenen) Art G, wobei das neue Ding Eigenschaften und Wirkungen aufweist, die aus dem alten nicht erklärt und nicht vorausgesagt werden können. Konstitution macht einen ontologischen Unterschied, d. h. zwi-

---

[3] Hier: Baker, *Metaphysics of Everyday Life*.
[4] Baker, *Metaphysics of Everyday Life*, S. 234–237.
[5] Vgl. Baker, *Metaphysics of Everyday Life*, S. 238.
[6] Baker, *Metaphysics of Everyday Life*, S. 32, 161.

schen dem Konstituierten und dem Konstituierenden besteht keine strikte Identität. Zwischen Konstituierendem und Konstituiertem besteht dennoch eine Art von *Einheit (unity)*, die zwar kontingent und somit zeitlich befristet ist. Diese Einheit ist aber, wie gesagt, nicht Identität.[7]

Als paradigmatischen Fall für Konstitution führt Baker das Verhältnis zwischen einer Statue und ihrem Material an. Der Bronzeklumpen ist ein *Ding*, das unter gewissen Umständen ein anderes *Ding*, nämlich die Statue, konstituiert. Bronzeklumpen und Statue sind *verschiedene* Dinge. Ihre Einheit ist eine rein »akzidentelle Selbigkeit«: Die eine Statue kann im Verlauf ihrer Geschichte von verschiedenen Bronzeklumpen konstituiert werden, ebenso wie derselbe Bronzeklumpen zeitlich versetzt verschiedene Statuen konstituieren kann. Baker gibt aber zu verstehen, dass dieselbe Beziehung der Konstitution auch auf anderen Ebenen der Wirklichkeit besteht, auch zwischen Atomen bzw. Molekülen und Atom- bzw. Moleküllaggregaten.[8] Sollte es noch tiefere Schichten, etwa im subatomaren Bereich geben, muss es auch dort als Konstitutionsbasis fungierende *Dinge* geben.

Uns interessieren hier aber letztlich weder Statue und Bronze, noch Moleküle, Atome und Quarks. Unsere Zielrichtung sind Personen und ihr Verhältnis zu Organismen, welches aber von Baker als ebensolche Konstitution interpretiert wird: »[...] human persons are constituted by human bodies without being identical to the bodies that constitute them. [...] *Person* – like *statue* – is a primary kind [...]. What distinguishes *person* from other primary kinds [...] is that persons have first-person perspectives necessarily.«[9] Zwischen Organismus und Person besteht also eine Konstitutionsbeziehung, wie sie auch zwischen anderen Dingen, anderen Vorkommnissen von *primary kinds*, besteht. Durch Konstitution wird nun aus einem Ding der Art Organismus ein Ding der (von den Organismen verschiedenen) Art der Personen. Wobei die Personen Eigenschaften und Wirkungen aufweisen (z. B. jene, die auf die spezifische personale Perspektive, sich selbst und die Welt zu begreifen, zurückgehen), welche aus ihrer organischen Grundlage nicht erklärt und nicht vorausgesagt werden können. Zwischen Organismus und Person besteht keine strikte Identität. Es besteht dennoch eine Art von *Einheit (unity)*, die zwar kontingent und somit zeitlich befristet ist. Diese Einheit ist aber, wie gesagt, nicht Identität. Menschliche Personen, wie Sie und ich, sind demnach Organismus plus die auf Basis des Organismus konstituierte Person.

---

[7] Vgl. Baker, *Metaphysics of Everyday Life*, S. 33 f.
[8] Baker, *Metaphysics of Everyday Life*, S. 35 f.
[9] Baker, *Metaphysics of Everyday Life*, S. 67 f.

3. Probleme von Bakers
Konstitutionstheorie

Was ist nun kritisch an dieser Auffassung? – Ich möchte dazu auf einige Voraussetzungen verweisen, die Baker macht. Es sind schwerwiegende und, wie ich meine, problematische. Da es gerade diese Voraussetzungen sind, die auch andere Positionen in der Theorie des Verhältnisses von Organismus und Person – entweder vollständig oder teilweise – teilen, möchte ich die diesbezügliche Problematik als paradigmatisch bezeichnen.

Baker setzt voraus, a) dass sich auf allen angenommenen Ebenen der Wirklichkeit *Entitäten* befinden, die in einem ontologisch-technischen Sinne als substanzhafte *Dinge,* als Vorkommnisse von *primary kinds*, kategorisiert werden können. – Ich halte das für problematisch. Am meisten Plausibilität hat dabei noch die Annahme, dass es sich bei einem menschlichen Organismus, *per se,* d. h. unter Absehung von Personalität, um eine Substanz handelt. Wenn tierische Organismen insgesamt Substanzen sind, was nicht zu leugnen ist, warum dann nicht auch solche der *primary kind homo sapiens.* Streiten kann man allerdings schon darüber, um auf das Ausgangsbeispiel zurückzukommen, ob das reine Material eines Dinges, z. B. einer Statue, selbst als ein Seiendes, eine Entität, ein *Ding* aufgefasst werden kann. Dann existierten an ein und derselben Stelle mindestens zwei verschiedene Dinge: das Material-Ding und das Statuen-Ding. Dieses *Kohabitationsproblem* ist nur eines dieser These, wenn auch ein signifikantes.[10] Die Annahme aber, dass wir auch in den unteren Schichten, bis hinunter zur mikrophysikalischen oder subatomaren Basis *Entitäten* vorfinden, noch dazu solche der Kategorie der Dinge oder Substanzen, möchte ich ernsthaft in Zweifel ziehen.[11] Selbst szientistisch eingestellte OntologInnen weisen darauf hin, dass die empirischen Befunde, die wir von der mikrophysikalischen Welt haben, nicht so interpretiert werden können, dass sie auf Dinge schließen lassen, welche klare Identität aufweisen und als Träger von Eigenschaften und Prozessen fungieren.[12] Das wird aber von KonstitutionstheoretikerInnen behauptet, ja muss behauptet werden: Ansonsten könnte man weder die mittleren Schichten, noch die oberen Schichten, bis hinauf zu jener der Organismen, ja der Personen, rekonstruieren, zumindest nicht mit den Mitteln von Bakers Konstitutionstheorie.

Unabhängig vom Problem der Annahme subatomarer Dinge oder Substanzen, ist b) das Dilemma bzgl. einer »untersten Ebene«: Nimmt man als

---

[10] Vgl. Kanzian, *Ding – Substanz – Person,* u. a. S. 58f.

[11] Argumente gegen mikrophysikalische *Entitäten* habe ich versucht, in Kanzian, *Integration versus Revision,* v. a. S. 273–277, vorzubringen.

[12] U. a. Simons, *Farewell to Substance.*

Konstitutionstheoretikerin eine unterste, fundamentale Ebene von Dingen an, muss man entweder begriffliche oder gar empirische Gründe dafür ins Treffen führen. Beides ist nicht in Sicht.[13] Oder aber man ist »nach unten offen«: Dann aber wird, um die Metapher weiterzuspinnen, jedes Konstitutionsverfahren bodenlos. Das gilt übrigens auch für Konstitutionstheorien, die versuchten, Problem a) zu entkommen und andere Basis-Entitäten als Dinge an der mikrophysikalischen Basis anzunehmen: z. B. Prozesse, individuelle Qualitäten.

Ein drittes Problem, c), ist etwas spezieller, sprich fach-analytisch-ontologisch. Wie ist das mit Konstitution selbst? Es ist eine Beziehung oder eine Relation. Ja, aber wie ist sie zu verstehen? Ein Detailproblem: In der aktuellen Ontologie hat sich, nicht zuletzt im Gefolge des frühen Husserl, eine Distinktion etabliert: zwischen sogenannten *formalen* und *nicht-formalen* Relationen. Formale Relationen fügen der Wirklichkeit nichts hinzu. Sie lassen sich aus der Natur ihrer Relata vollständig herleiten. Identität zum Beispiel. Dass ich mit mir identisch bin, ergibt sich aus dem, dass ich bin. Es ist nicht so, dass da ich bin, und es etwas Zusätzliches gibt, eine relationale Entität, die darin bestünde, dass ich mit mir selbst identisch bin. Für Gleichheit gilt analoges. Dass hier zwei gleiche Kugeln vorliegen, ist mit den Kugeln gegeben. Es braucht dazwischen keine zweistellige Entität, die darin bestünde, dass sie gleich sind. Nicht-formale Relationen wären, im Gegensatz dazu, *Entitäten* in der Kategorie der Eigenschaften, Genus zweistellige Eigenschaften. Für unsere Konstitution gibt es nur ein entweder – oder: formal oder nicht formal. Ersteres wird normalerweise in der Debatte angenommen, vielleicht besser vorausgesetzt. Auch Bakers Bestimmungen weisen in diese Richtung. Das Problem ist nur, ob eine rein formale Beziehung wirklich eine derart schwerwiegende Funktion erfüllen kann, wie das Hervorbringen neuer, übergeordneter Seinsschichten? Formale Entitäten sind in der Natur ihrer Relata vollständig gegründet. Wie sollen sie dann selbst eines ihrer Relata gründen?[14] Wenn Konstitution keine formale Beziehung sein kann, dann nicht doch eine Entität!? Das ist auch nicht so einfach. Führte es doch zu einer unüberschaubaren Vermehrung von Entitäten. Auch im Hinblick auf menschliche Personen. Wir bestünden dann nicht nur aus Organismus und Person-Substanz, sondern zusätzlich auch noch aus Konstitution von Person-Substanz durch Organismus. Dazu kommen noch Probleme ontologisch technischer Natur: wie man etwa die Identität von Konstitution versteht, ob es mehrere Arten von Konstitutionsrelationen gibt, oder nicht?

---

[13] Siehe dazu u. a. Schaffer 2003, v. a. S. 501–506.

[14] Der Ausweg: *Emergenz* ist die Relation, die hervorbringt, *nicht* Konstitution, ist nicht zulässig. Konstitution bietet nämlich in Theorien wie jener Bakers die Erläuterungsbasis für Emergenz. Also kann Emergenz nicht die Erläuterungsbasis für Konstitution sein.

Kurzum: Wir stehen vor einem Dilemma, den ontologischen Status der Konstitutionsrelation betreffend.

Ich denke somit, dass Makro-Dinge nicht als Konstitutionsprodukte von Dingen auf unteren Ebenen verstanden werden können, weder Autos und Computer, noch Schafe, noch Personen.

4. Diese Probleme betreffen nicht nur Konstitutionstheorien

Die gegen die Konstitution vorgebrachten Argumente können auch gegen andere Positionen angeführt werden, welche Personen aus organischer Basis herzuleiten versuchen; seien sie reduktionistischer Ausprägung wie Materialismus bzw. Biologismus (Personen sind letztlich nicht anderes als Materialkonfigurationen bzw. Organismen), seien sie nicht-reduktionistischer Art wie Supervenienztheorien (Personen hängen seinsmäßig ab von Materialkonfigurationen bzw. Organismen, ohne dass der nichts-anderes-als-Reflex ausgelöst werden könnte, der nomologische Herleitungen implizierte). Sie alle sehen sich den a), b), c)-Problemen ausgesetzt. Ich würde sogar so weit gehen zu sagen, dass Supervenienztheorien ein noch viel schärferes c)-Problem haben, insofern sie, im Unterschied zu Konstitutionstheorien, über keine Erklärung jener Relation verfügen, der sie den Aufbau von Personen aus Organismen aufbürden. Supervenienz beruht auf der *Beschreibung* von Korrelationen zwischen Eigenschaftsgruppen aus verschiedenen Bereichen, etwa organischer Natur und personaler Vermögen. Worin diese Korrelation besteht, wird jedoch nicht ergründet und somit auch nicht *erklärt*.[15] Polemisch gesagt, wird Beschreibung und Erklärung verwechselt. Reduktionismen leiden wohl so sehr unter c)-Problemen, dass sie heute gewöhnlich in Richtung Supervenienz verschoben werden. Desgleichen auch unter b)-Problemen. Was ist die Basis der Reduktion? Gibt es eine untere Ebene?

Damit plädiere ich keinesfalls für einen Dualismus, etwa zwischen einer organischen und einer (reinen) psychologischen Substanz. Dualismen haben zwar kein b)-Problem, die unterste Ebene ist klar. Sehr wohl jedoch ein c)-Problem: Wie ist jene Beziehung zu verstehen, welche die dualen Substanzen zur Ganzheit einer menschlichen Person vereint? Und noch dazu eine verschärfte a)-Frage: Wie gehen wir mit Substanzen auf verschiedenen Ebenen um? Auf der Ebene der Komponenten sind es Person und Organismus, auf der darüberliegenden Ebene der personale Organismus.

---

[15] Kim, *Supervenience and Mind*, S. 168; Heil, *Ontological Point of View*, S. 67.

So stellt sich die Frage, ob es einen theoretischen Rahmen gibt, der nicht von a), b), c)-Problemen belastet ist; noch dazu einen, der in verschiedenen philosophischen Zugangsweisen kommuniziert werden kann? Ich möchte ein hylemorphistisches Konzept für das Verhältnis Organismus – Person vorschlagen und in Dialog zwischen analytischen und nicht-analytischen Positionen bringen.

Dazu darf ich zunächst den Hylemorphismus als allgemeines Konzept vorstellen, dieses auf das Verhältnis Organismus – Person umlegen (dabei zeigen, wie a), b), c)-Probleme verschwinden), und schließlich, wie angekündigt, andeuten, wie Intuitionen, die durch den Hylemorphismus stark gemacht werden, in den verschiedenen Grundströmungen zu finden sind.

5. Hylemorphismus

Prima facie wäre es am Einfachsten, den Hylemorphismus historisch zu charakterisieren, unter Rückgriff auf die aristotelische Substanzontologie. Das ist verlockend, aber, bei näherem Hinsehen, auch wieder nicht. Denn erstens ist es alles andere als klar, was *die* aristotelische Substanzontologie überhaupt ist; und zweitens läuft man Gefahr, sich (deshalb) in exegetische Details zu verzetteln, und so den Hylemorphismus als Gegenentwurf zu den angeführten aktuellen Positionen nicht in den Blick zu bekommen.

So möchte ich damit beginnen, hylemorphistisches Denken als Alternative zu etwas zu charakterisieren, was schon in der Antike als »Atomismus« bekannt war, und wohl in erster Linie *via* Newton stillschweigend auch zu einer neuzeitlichen »main-stream«-Interpretation der Wirklichkeit geworden zu sein scheint. Dieser zufolge ist die Basis der Wirklichkeit *unten*: Die *Vielheit* von mikrophysikalischen Partikeln machen die eigentlichen Seienden oder Entitäten aus, von der her wir die Makro-Dinge unserer Lebenswelt rekonstruieren müssten. Sir Isaak schreibt: »the smallest particles of matter cohere to compose bigger particles, which in turn compose still bigger particles, until the biggest particles, which in turn compose bodies of a sensible magnitude.«[16] Man erkennt sofort, wie sowohl Konstitutions- als auch Supervenienztheorie, ja auch der Reduktionismus, in dieser Spekulation ihre weltanschauliche Rahmenbedingung finden. Die ontologische Priorität ist unten. Auch der Dualismus übrigens als eine Unterart einer solchen »Priorität von unten«-Theorie verstanden werden. Man muss dazu nur die Möglichkeit annehmen, dass sich unter Newtons »smallest particles« rein psychische oder geistige befinden, wie Locke das übrigens, wohl unter dem

---

[16] Isaak Newton, *Opticks: Or a Treatise on the Reflection, Refractions, Inflections, and Colours of Light*. New York: Dover 1704, S. 394; zitiert nach Schaffer, *Fundamental Level*, S. 499.

Einfluss des von ihm geschmähten Cartesianismus, getan hat[17], und schon ist man beim neuzeitlichen Substanzdualismus.

Wie auch immer. Ich möchte den Hylemorphismus als ein Rahmenkonzept vorstellen, das nicht von einer unten-Priorität ausgeht, sondern umgekehrt: Die ontologische Priorität liegt nicht auf der Vielheit der kleinsten Partikel, sondern auf der *Einheit der Makrodinge* unserer alltäglichen Lebenswelt. (Das sind Newtons »composed bodies of a sensible magnitude«.) Die Basis der Wirklichkeit ist oben: Autos, Schafe, menschlich-organische Personen. Einer der Vorteile dieser ontologischen Umkehr gegenüber der newtonschen *main-stream* Weltinterpretationen ist gleichermaßen ein weiteres Charakteristikum des Hylemorphismus: Es braucht keine *bottom-up*, also keine »von unten nach oben«-Rekonstruktion der Makroeinheiten unserer Lebenswelt. Das macht das Leben einfacher, wenn wir uns an die a), b), c)-Probleme erinnern, die allesamt newtonianische Rekonstruktionstheorien betreffen.

Unsere Alltagsdinge sind die primären Entitäten, nicht deren Komponenten. Manchmal ist es überraschend, wie revolutionär diese einfache Idee ist, wenn man versucht, seine ontologischen Untersuchungen an ihr auszurichten. Der Hylemorphismus ist natürlich nicht hinreichend charakterisiert durch diese einfache Idee. Im Zentrum hylemorphistischer Theorienbildung steht nicht nur die Überzeugung, dass die Makrodinge die primären Entitäten sind, sondern auch, dass sie auf bestimmte Weise ontologisch zu analysieren sind: Makrodinge sind *komplexe* primäre Einheiten. Sie sind in einen Hyle- oder Material- und einen Morphe- oder Formaspekt zu analysieren.

Komplexität steht als Gegenteil von Einfachheit und meint, dass es eben verschiedene und unterschiedliche Elemente oder Aspekte gibt, welche die zu analysierende Einheit strukturieren. Wichtig ist, dass wir daran festhalten, dass diese Komplexität der Priorität der Einheit vor der Verschiedenheit der Komponenten nicht entgegensteht. Die Einheit ist nicht sekundär oder abgeleitet. Die Einheit ist keine einfache Summe aus ihren Strukturelementen. Materie und Form sind keine Teile des ganzen Dinges, für die wir eine Relation suchen müssten, welche sie zur Einheit des Dinges verbindet. Das macht schon Aristoteles in seiner *Metaphysik* explizit klar: Es wäre ein schwerer Fehler, ein drittes, relationales Element anzunehmen, welches gemeinsam mit den anderen, der Materie und der Form, die Substanz aufbaute.[18] Ontologisch betrachtet sind Materie und Form eines. Die Unterscheidung dieser Aspekte ist eine Sache der Analyse. Das Material ist das Prinzip der Potenzialität. Es ist das, *woraus* ein Ding besteht. Das Mate-

---

17 Vgl. u. a. Lockes *Essay Concerning Human Understanding*, verw. Ausgabe Oxford: Clarendon Press 1975, §§ 4 f., Kap. XXIII.
18 *Metaphysik* Z, 1041b 11–14; zitiert nach Runggaldier, *Unsterblichkeitshoffnung*, S. 97 ff.

rial entscheidet die Möglichkeiten der Realisierung oder Aktualisierung von etwas. Die Form ist das Prinzip, *wie* das Material strukturiert ist in die komplexe Einheit des Dinges. Es ist das Prinzip der Realisierung oder Aktualisierung. Die Form entscheidet, welcher Art ein Ding angehört, und fungiert als Identitätsprinzip. Material und Form sind in ihren ontologischen Funktionen für das ganze Ding aufeinander irreduzibel.

6. ORGANISMUS – PERSON:
HYLEMORPHISTISCH INTERPRETIERT

Wie aber können wir das Verhältnis Organismus – Person vor hylemorphistischem Hintergrund verstehen? – Indem wir erstens davon ausgehen, dass die *Einheit* menschlicher, sprich organischer Personen, ontologisch grundlegend ist. Wir brauchen keine Strategie, wie wir aus einer organischen Basis personale Merkmale herleiten, auch keine, wie wir, wie Dualisten das annehmen, aus einer rein psychologischen Substanz, die wir Person nennen, und einem rein organischen Körper im Nachhinein menschliche Personen zusammenfügen. Organische Personen sind die Substanzen.

Als Substanzen sind organische Personen aber *komplexe* Einheiten, wobei diese ihre Komplexität ihrem Status als primären Einheiten nicht entgegensteht. Die Einheit organischer Personen ist jedenfalls nicht sekundär oder abgeleitet. Organische Personen haben einen *Hyle*- oder einen *Material*aspekt. Dieser unterscheidet sich wohl nicht grundlegend vom Materialaspekt anderer Lebewesen. Die Biochemie kann uns darüber mehr sagen. Eigentümlich ist organischen Personen ihre *Morphe*, ihre Form. Sie unterscheidet sich von der Form anderer Lebewesen. Manche Ontologen behaupten, dass die personale Form ein ganz eigentümliches Identitätsprinzip ist, das die Identität personaler Organismen auf eine Weise bestimmt, wie das bei nicht-personalen Lebewesen nicht der Fall ist.[19] Das aber führt uns ins tiefe Detail der analytischen Ontologie der Personen. Wir können jedenfalls festhalten: Die Form ist auch bei organischen Personen, hylemorphistisch interpretiert, die Morphe, das Prinzip, wie das Material strukturiert ist, um die ganze Substanz zu realisieren. Material und Form sind keine Teile der ganzen menschlichen Person. Es braucht keine Relation, die aus vorausliegenden Konstituenten die Einheit der menschlichen Personen bilden müsste. Die organische Person ist primär eine. Das schließt, wie gesagt, eine Differenzierung in zwei Aspekte nicht aus, wie sie bei allen Substanzen anzutreffen ist. Aber es ist

---

[19] Diesen Punkt habe ich in Kanzian, *Ding – Substanz – Person*, Teil III, ausführlich darzulegen versucht.

eine Differenzierung von oben nach unten, nicht eine Konstitution von unten nach oben.

Wichtig ist festzuhalten, dass eine hylemorphistische Interpretation menschlicher Personen bzw. des Verhältnisses zwischen Organismus und Person die a), b), c)-Probleme verschwinden lässt. Wir brauchen a) keine Substanzen oder Dinge auf den verschiedenen Ebenen der Wirklichkeit, bis hinunter zur mikrophysikalischen Welt. Wir brauchen im Grunde gar keine mikrophysikalische Basiswelt. Wir können es der Naturwissenschaft überlassen, Modelle zu entwickeln zur Interpretation jener empirischen Befunde, die wir aus dem subatomaren Bereich haben. Wir dürfen als PhilosophInnen der Versuchung widerstehen, diese Modelle zu hypostasieren, zu Sir Isaaks Basis-Partikeln oder -Entitäten zu machen. Wir können aber die Ergebnisse der Einzelwissenschaften integrieren in unsere Analysen der alltäglichen Lebenswelt. Einzelwissenschaften untersuchen nach Maßgabe ihrer Methode den Hyle-Aspekt lebensweltlicher Substanzen, auch jenen organischer Personen.

Als Hylemorphisten sind wir auch nicht dem b)-Problem einer untersten Ebene ausgesetzt. Wir haben nur eine Ebene der Wirklichkeit. Und wir vermeiden das c)-Problem. Relationen, welche von unten her die Makrodinge bedingen, etwa Konstitution, brauchen wir schlicht nicht. Die Substanz ist ursprünglich gegeben. Sie muss nicht konstituiert werden. Somit vermeiden wir das Problem der Erklärung von Konstitution, nicht zuletzt auch das formal / nicht-formal Dilemma bzgl. dieses (eben nicht gebrauchten) relationalen Aufbauprinzips.

Auch hier möchte ich es mir versagen, ins Detail zu gehen und lieber meinen Bogen schließen: Wie weit kann ein derartiges Konzept, sprich ein hylemorphistischer Theorienrahmen, Grenzüberschreitungen zwischen verschiedenen philosophischen Zugangsweisen, analytischen und nicht-analytischen, motivieren, gerade im Hinblick auf die Frage nach Personen?

7. Grenzüberschreitungen

Meine Grenzüberschreitungen können nur in Form fragmentarischer Ausblicke geschehen. Bevor ich diese allerdings angehe, ein Wort zur Vermeidung nahe liegender Missverständnisse. Ich möchte es tunlichst vermeiden, ungerechtfertigte Vereinnahmungen vorzunehmen, oder systematische bzw. ideengeschichtliche Kurzschlüsse zu produzieren. Eine Vereinnahmung wäre es etwa, wenn man Heideggers Daseinsphilosophie zur Substanzontologie menschlicher Personen stilisieren würde (obwohl sich sicher auch diskutieren ließe, ob sich Heidegger vollständig von manchen aristotelischen Wurzeln verabschiedet habe oder vielleicht doch nicht). Ein systematischer Kurzschluss aber läge vor, wenn man Anthropologen, wie Plessner und andere, etwa als Anti-Supervenienz-Philosophen ins Treffen führen; ein historischer, wenn man Kant als hard-core-Analytiker bezeichnen würde (obwohl Plessner ganz sicher nicht die Fehler der Supervenienz-Theoretiker begeht, und Kants Philosophie bei näherem Hinsehen bemerkenswerte Spuren bei Frege, ja auch Quine, v. a. Strawson hinterlassen hat).

Worum es mir aber schon geht, ist, darauf aufmerksam zu machen, dass sich manche *Leitintuitionen*, wenn man es philosophischer wollte, manche *wissenschaftstheoretischen Grundoptionen* des Hylemorphismus in die verschiedenen analytischen und nicht-analytischen philosophischen Strömungen und Kulturen kommunizieren lassen. Historisch gesehen, ist das nicht überraschend. Den Hylemorphismus gibt es länger als die Diskrepanz zwischen analytischer Philosophie, Transzendentalphilosophie, Phänomenologie und philosophischer Anthropologie. Hylemorphistische Theoreme sind in alle Strömungen eingegangen, auch, ja *gerade* im Hinblick auf die Frage nach der Priorität entweder von Einheit oder von Vielheit bzw. von Mikro- oder von Makrowelt. Darüber hinaus gibt es in der kontinentalen Philosophie der Neuzeit klare Bewegungen gegen Newtons *bottom-up* Weltsichtweise, wie sie sowohl über Descartes als auch *via* Locke in richtungweisende Traditionen eingegangen ist. Kant etwa ist fasziniert von Newtons Mechanik, nicht von dessen metaphysischen Spekulationen. Diese Skepsis gegenüber »von unten nach oben«- Theorien setzt sich von Kant fort in den deutschen Idealismus. Hegel ist ein begeisterter und geradezu paradigmatischer »von oben nach unten«-Interpret der Wirklichkeit. Greift man, auch als analytischer Philosoph, hylemorphistische Intuitionen auf, stellt man sich damit, nämlich in der Anti-Newton-Weltsicht, auf die Seite jener kontinentalen Traditionen, die dies ebenfalls propagieren.

Gerade im Hinblick auf das Personen-Thema gibt es, ausgehend davon, in analytischen wie in nicht-analytischen Traditionen klare Bekenntnisse zur Priorität der Lebenswelt bzw. zur Einheit lebensweltlicher Entitäten, allen voran organischer Personen, die durch das In-der-Welt-sein, also durch das in der Lebenswelt sein (nicht durch ein aus der Mikrowelt konstituiert sein), charakterisiert sind. Der späte Husserl, und mit ihm der frühe Heidegger, können hier als Exponenten angeführt werden. Das entspricht der hylemorphistischen Intuition von der ontologischen Priorität der Lebenswelt und ihrer organisch-personalen Bewohner.

Vergleichbares lässt sich im Hinblick auf den hylemorphistischen Anti-Reduktionismus sagen. Sowohl der frühe als auch der späte Husserl, und mit ihm der frühe und spätere Heidegger, sind klare Gegner jedweden szientistisch motivierten Reduktionismus, sei er psychologistischer, sei er biologistischer oder gar physikalistischer Art. Naturwissenschaftliche Methoden sind deshalb nicht unberechtigt. Sie dienen dazu, nach Maßgabe ihrer partiellen

Perspektive empirische Befunde zu interpretieren bzw. bestimmte Zusammenhänge zu prognostizieren. Die Philosophie aber ist keine der Naturwissenschaften, wie *unisono* mit Husserl und Heidegger im *Tractatus* Wittgensteins (4.111) nachzulesen ist. Die Philosophie integriert naturwissenschaftliche Ergebnisse in eine allgemeine und universale Sicht, etwa menschlicher Personen. Hylemorphistische Ansätze können dazu ein Rahmenprogramm bereitstellen, ebenso wohl wie phänomenologische.

Hylemorphistische Substanzontologien stehen auch dem Dualismus entgegen. Auch mit diesem Anti-Cartesianismus trifft man existenzphilosophische und auch anthropologische Grundintuitionen. Heidegger ist dazu in *Sein und Zeit* sogar explizit.[20] Aber auch Plessners exzentrische Positionalität ist die Grundstruktur *eines*, freilich in sich dialektisch verfassten Wesens.[21] Ich bin bei diesen ausblickenden Fragmenten, so gebe ich gerne zu, auf fremde Hilfe angewiesen, und somit im Status meiner Behauptungen zur Vorsicht verpflichtet.

Diese Vorsichtsbekundung verstehe ich auch als Bekenntnis, ausgehend von meiner analytischen Herkunft, intrinsisch auf Offenheit und Dialog angewiesen zu sein. Vielleicht ist das auch die adäquateste Zusammenfassung des Inhalts meines bescheidenen Beitrags. Es sprechen gute Gründe für eine hylemorphistische Interpretation organischer Personen. Meine kritische Analyse von Gegenpositionen, allen voran der Konstitutionstheorie, und der Versuch einer positiven Skizze, sollten dies andeuten. Eine solche hylemorphistische Deutung aber ist dialogfähig, insofern sie Intuitionen und Grundtheoreme analytischer, aber auch nicht-analytischer Programme trifft. Vorausgesetzt, ja vorausgesetzt natürlich, wenn man analytische Philosophie nicht isolationistisch versteht und man auch bei anderen Resonanz auf das Dialogangebot findet.

LITERATUR

Baker, Lynne Rudder: *The Metaphysics of Everyday Life*, Cambridge 2007.

Corradini, A./ Galvan, S./ Lowe, E. J. (Hgg.): *Analytic Philosophy Without Naturalism*, London – New York 2005.

Coreth, Emerich / Ehlen, Peter / Haeffner, Gerd / Ricken, Friedo: *Philosophie des 20. Jahrhunderts*, Stuttgart u. a. 1986.

Heidegger, Martin: *Sein und Zeit*, Tübingen [16]1986.

Heil, John: *From an Ontological Point of View*, Oxford 2003.

Kanzian, Christian: *Ding – Substanz – Person*, Frankfurt a. M. 2009.

---

[20] Vgl. Heidegger, *Sein und Zeit*, v. a. §§ 19–21.
[21] Vgl. Coreth, Ehlen, Haeffner u. Ricken, *Philosophie des 20. Jahrhunderts*, S. 61 f.

– Analytische Religionsphilosophie. Dialogkompetenz als Profil. In: *Die Tradition einer Zukunft. Perspektiven einer Religionsphilosophie*, hgg. von F. Uhl, S. Melchardt und A. Bölderl. Graal-Müritz 2011, S. 445–458.

– Integration versus Revision. In: *Zeitschrift für Katholische Theologie* 133, 2011, S. 271–286.

Kim, Jaegwon: *Supervenience and Mind. Selected Philosophical Essays*, Cambridge 1993.

Runggaldier, Edmund: Unsterblichkeitshoffnung und hylemorphische Einheit von Leib und Seele. In: *Seele oder Hirn*, hgg. von K.-L. Koenen und J. Schuster. Münster 2012.

Schaffer, Jonathan: Is There a Fundamental Level? In: *Nous* 37, 2003, S. 498–517.

Simons, Peter: Farewell to Substance. A Differentiated Leave-Taking. In: *Ratio* (new series) 11, 1998, S. 235–252.

Matthias Wunsch

STUFENONTOLOGIEN DER MENSCHLICHEN PERSON

Mein Ausgangspunkt ist die Frage, was menschliche Personen sind. Die Debatte zu dieser Frage war lange von der Suche nach den – wie es im Titel eines berühmten Aufsatzes von Daniel Dennett heißt – »Conditions of Personhood« dominiert.[1] Mein Interesse richtet sich eher auf die ontologische Binnenstruktur menschlicher Personalität und der Fokus liegt dabei auf dem sogenannten Person-Körper-Problem. Stufenontologien, so die *erste* These, sind aussichtsreiche Kandidaten, die so verstandene Frage nach der menschlichen Personalität zu beantworten. Im Kontext einer multiperspektivischen, d. h. verschiedene Denkrichtungen einbeziehenden, Philosophie der Person ist es interessant, dass solche Ontologien nicht nur in der Philosophischen Anthropologie eine große Rolle spielen, sondern auch in der analytischen Philosophie von zunehmender Bedeutung sind.[2] Die Stufenontologien beider philosophischen Denkansätze, so meine *zweite* These, können an verschiedenen Punkten wechselseitig voneinander profitieren.

Ich werde mit einer Einführung in das Person-Körper-Problem beginnen (1.), anschließend einige Grundzüge von Stufenlehren diskutieren und Helmuth Plessners philosophisch-anthropologische Konzeption menschlicher Personalität in den *Stufen des Organischen und der Mensch* darlegen (2.). Dann wende ich mich der analytischen Stufenontologie zu, die Lynne Baker im Horizont ihrer »Constitution View« menschlicher Personalität entwickelt (3.). Unterwegs werde ich die Vorzüge der jeweiligen stufenontologischen Ansätze würdigen. Abschließend stelle ich im Rückgriff auf Nicolai Hartmanns »Neue Ontologie« heraus, dass Bakers Überlegungen zur menschlichen Personalität nicht weit genug reichen (4.). Ich denke und dies wird meine *dritte* These sein, dass Bakers zu stark in der Locke'schen Tradition stehender, oder sachlich gesagt, ihr zu stark *mind*-orientierter Ansatz in eine *philosophy of spirit* einzubetten wäre.[3]

---

[1] Dennett, *Conditions of Personhood*.

[2] Auch Edmund Husserl, *Ideen II*, hat, von der Phänomenologie her, eine Stufenkonzeption entwickelt. Darauf werde ich hier allerdings nicht eingehen können.

[3] Der vorliegende Text ist eine neu akzentuierte und erweiterte Fassung von Wunsch, *Anthropologische Wenden*.

1. Das Person-Körper-Problem

Für Descartes sind Körper und Geist verschiedene Grundelemente der Wirklichkeit, nicht aber ihre als »Person« bezeichnete Einheit. Im 20. Jahrhundert war es Peter F. Strawson, der dagegen für die logische Primitivität des Personbegriffs argumentiert hat: Mentale Zustände können überhaupt nicht zugeschrieben werden, wenn sie nicht *denselben* Subjekten zugeschrieben werden, denen auch körperliche Eigenschaften zukommen.[4] Die Subjekte von mentalen Zuständen können demnach nicht als cartesianische Egos verstanden werden. Strawson nennt sie »Personen« und versteht darunter solche Entitäten, denen sowohl mentale Zustände als auch körperliche Eigenschaften zugeschrieben werden können.[5]

Systematisch gesehen treten damit an die Stelle des traditionellen Geist-Körper-Problems Fragen nach dem Verhältnis zwischen Personen und ihren Körpern. Sind Personen Körper? Ist eine menschliche Person mit ihrem Körper numerisch identisch? Wenn nicht: Welche schwächere Beziehung als Identität kommt in Frage, um die Einheit beider zu fassen? Wie verhalten sich die Persistenzbedingungen von menschlichen Personen zu denen von menschlichen Organismen? – Ich schlage vor, den Inbegriff solcher Fragen als das »Person-Körper-Problem« zu bezeichnen. Seine Diskussion bildet einen Schwerpunkt der heutigen analytischen Philosophie der menschlichen Person.

Dabei stehen sich, grob gesagt, zwei Ansätze gegenüber: eine Position, die die Relation zwischen menschlicher Person und menschlichem Organismus als numerische Identität konzipieren möchte[6] – »Animalismus« genannt – und eine Position, die diese Relation weniger strikt fassen möchte. Die am besten ausgearbeitete Variante der zweiten Position ist Lynne Bakers »Constitution View«. Baker zufolge ist eine Person überhaupt und insbesondere eine menschliche Person ein Wesen mit dem Vermögen zu einer Erste-Person-Perspektive.[7] Ihre Grundidee zum Person-Körper-Problem ist, dass jede menschliche Person zwar denselben Raum einnimmt wie ein bestimmter menschlicher Organismus, beide aber eine *»unity without identity«* bilden – analog zu Michelangelos Statue *David* und einem Stück Marmor, das sich gegenwärtig in Florenz befindet. Das Marmorstück existiert nicht getrennt vom *David*, sondern – so Bakers Schlüsselbegriff – *konstituiert* ihn, wobei Konstitution schwächer ist als numerische Identität, weil das Mar-

---

[4] Strawson, *Individuals*, S. 129, 133f.
[5] Strawson, *Individuals*, S. 130.
[6] Olson, *The Human Animal*.
[7] Baker, *Persons and Bodies*, S. 20.

morstück im Unterschied zum *David* auch in einer Welt ohne Kunst existieren könnte.

Sowohl der Animalismus als auch die »Constitution View« verstehen sich als materialistische Positionen.[8] Ihr »Materialismus« ist durch die These gekennzeichnet, dass es in der realen Welt nichts Immaterielles gibt und dass daher auch menschliche Personen materielle Wesen sind. Ich halte die materialistische Grundthese für richtig. Sie schließt einen ontologischen Dualismus à la Descartes aus, impliziert umgekehrt aber auch keinen ontologischen Monismus. Denn innerhalb des materialistischen Rahmens ist Platz für nicht-reduktive Positionen und damit auch für ontologische Pluralismen.[9] Während der reduktionistische Materialismus davon ausgeht, dass es in der realen Welt letztlich nur eine Gattung von Dingen – sagen wir physikalische Teilchen oder mereologische Summen von Teilchen – gibt, kann es in einem nicht-reduktiven Materialismus viele verschiedene genuine Gattungen von Dingen geben. Die »Constitution View« ist ein gutes Beispiel für eine solche Position. Der durch ein Marmorstück konstituierte *David* etwa gehört in eine genuine Gattung – die der Statuen –, da er kausale Kräfte hat (bspw. das Reiseziel vieler Touristen zu beeinflussen), die das Marmorstück ohne diese Konstitutionsbeziehung nicht hätte. In demselben Sinne gehören auch menschliche Personen, Geldscheine, Fahrräder etc. genuinen Gattungen an. Es ist ein wichtiger Vorzug eines solchen vor dem Hintergrund eines nicht-reduktiven Materialismus stehenden ontologischen Pluralismus, dass er unserer im Alltag selbstverständlichen Annahme gerecht wird, dass es all diese Dinge wirklich gibt, sie also nicht bloß Aggregate oder Summen physikalischer Teilchen sind.

2. Stufenontologie: Plessners Konzeption der exzentrischen Positionalität

Der Perspektive der modernen philosophischen Anthropologie kommt eine Konzeption von Personalität entlang des Gedankens einer Einheit ohne Identität sehr entgegen. Besonders deutlich wird dies in Hinblick auf den Personbegriff, in dem Helmuth Plessners naturphilosophische Anthropologie in den *Stufen des Organischen und der Mensch* kulminiert. Plessner schreibt dort in Bezug auf menschliche Lebewesen: »Positional liegt ein Dreifaches vor: das Lebendige *ist* Körper, *im* Körper (als Innenleben oder Seele) und *außer* dem Körper als Blickpunkt, von dem aus es beides ist. Ein Individuum, welches positional derart dreifach charakterisiert ist, heißt *Per-*

---

[8] Olson, *The Human Animal*, S. 4; Baker, *Persons and Bodies*, S. 22.
[9] Baker, *Persons and Bodies*, S. 25.

son«.[10] Wie mit den inkompatiblen räumlichen Metaphern angezeigt wird, ist die Einheit, die personale Lebewesen ausmacht, durch eine dreifache Nichtidentität geprägt. Das Lebendige, das außer dem Körper als Blickpunkt ist, ist mit dem Lebendigen, das Körper ist, und mit dem, das im Körper ist, ebenso wenig identisch wie diese untereinander. Was Plessner dem genannten Zitat zufolge unter Personalität versteht, wird von ihm auch als »Exzentrizität« bezeichnet. Wegen ihres Außer-dem-Körper-als-Blickpunkt-seins sind personale Lebewesen exzentrische Lebewesen. Wie der Titel seines Buchs *Die Stufen des Organischen und der Mensch* schon anzeigt, entwickelt Plessner den Begriff der Exzentrizität mit Hilfe einer ontologischen Stufenlehre.

Allgemein gesprochen dient der ontologische Stufenbegriff dazu, einen Zusammenhang zu formulieren, der die Heterogenität von Entitäten respektiert und ihre Einheit trotz und in der Verschiedenheit verständlich macht. Ein Vorzug von Stufenontologien ist, dass sie im Gegensatz zu reduktionistischen Positionen die unser Selbstverständnis prägende Besonderheit personaler gegenüber anderen Lebewesen bewahren. Zugleich und dies ist ein weiterer Vorzug sind sie im Gegensatz etwa zum Substanzdualismus gut geeignet, der Auffassung Rechnung zu tragen, dass menschliche Personen Lebewesen sind und dass Lebewesen materielle Körper sind. Diese Auffassung ist im Wesentlichen unserem materialistischen Ausgangspunkt geschuldet und kann in Stufenontologien leicht durch ein Wohlgeformtheitskriterium verankert werden. Es besteht darin, dass jede Entität der Stufe $k+1$ auch eine Entität der Stufe k ist. Die traditionelle Stufenfolge »Pflanze, Tier, Mensch« erfüllt dieses Kriterium nicht, da Tiere keine Pflanzen sind. Eine in diesem Sinne wohlgeformte Stufenfolge wäre etwa »materieller Körper, Lebewesen, Lebewesen mit Bewusstsein, personales Lebewesen«.

Stufenlehren begründen eine Ordnung des Höherseins zwischen verschiedenen Entitäten. Sie ist irreflexiv, asymmetrisch und transitiv, d. h. keine Entität ist höherstufiger als sie selbst, Höhersein ist keine wechselseitige Relation und setzt sich durch die Vermittlung von Zwischengliedern fort. Außer diesen formalen Gesichtspunkten ist zu klären, wie das Höhersein und die Stufenunterschiede inhaltlich zu interpretieren sind. Dafür bestehen, wie ich am Beispiel der Personalität erläutern möchte, grundsätzlich zwei Optionen:

(a) Menschliche Personen sind *auf dieselbe Weise* Lebewesen wie andere Lebewesen auch, nur dass bei ihnen im Vergleich zu diesen etwas hinzukommt, das sie allererst zu Personen macht. Was dieser Sichtweise zugrunde liegt, möchte ich als das *Additionsmodell* menschlicher Persona-

---

[10] Plessner, *Stufen des Organischen*, S. 293.

lität bezeichnen. Denn menschliche Personen gelten hier als Lebewesen +*X*, wobei »*X*« wahlweise für Selbstbewusstsein, Spontaneität, Rationalität oder dergleichen stehen mag.

(b) Menschliche Personen sind *auf eine andere Weise* Lebewesen als nicht-personale Lebewesen, und zwar in dem Sinne, dass ihr Lebewesensein von Grund auf etwa mit Selbstbewusstsein, Spontaneität, Rationalität oder dergleichen durchsetzt ist. In diesem Fall möchte ich von einem *Durchdringungsmodell* menschlicher Personalität sprechen.

Der berühmteste heutige Vertreter eines Durchdringungsmodells ist John McDowell, dem zufolge unser Lebewesensein »is permeated with rationality«.[11] Als Begründer des Modells kann Johann Gottfried Herder gelten, für den »die Menschengattung über den Tieren nicht an Stufen des Mehr oder Weniger stehe, sondern an Art«.[12] Dass der Mensch Vernunft hat – Herder bevorzugt den Terminus »Besonnenheit« –, bedeutet »eine seiner Gattung eigne Richtung aller [seiner] Kräfte«.[13] Auch Plessner vertritt ein Durchdringungsmodell. Seines Erachtens darf die »personale Zone [...] nicht einfach als die oberste Schicht im Bau der menschlichen Natur, sozusagen als das Dachgeschoß des etagenreichen Hauses angesehen werden, sondern sie prägt es von Grund aus und im Wandel der Geschichte immer wieder anders«.[14] Entsprechend betont er, dass »schon im normalen menschlichen Verhalten die rein vitalen Funktionen: Schlafen, Ernährung, Verdauung, Begattung, Orientierung, Schutz- und Abwehrreaktionen gegenüber den entsprechenden Funktionen auch der nächst verwandten Tiere anders stilisiert sind«.[15]

Lebendige Dinge, so die Grundthese von Plessners »philosophischer Biologie« (III, 66, 76)[16], sind solche, zu deren Erscheinungsweise es gehört, dass sie in einem Verhältnis zu ihrer Grenze stehen. Anders als ein gewöhnliches Ding ist ein lebendiges nicht nur in seine Grenzen eingeschlossen, sondern auch seiner Umgebung gegenüber aufgeschlossen, mit ihr in Verbindung gesetzt. Es verkörpert in seiner räumlichen Begrenzung einen Innen-Außen-Übergang bzw. es ist in dieser Begrenzung ein solches Übergehen in beide Richtungen zwischen Innen und Außen. Plessner kann daher sagen, das lebendige Ding sei »einerseits über es hinaus[ge]setzt (streng genommen: außerhalb seiner [ge]setzt), andererseits in es hinein[ge]setzt (in ihm [ge]setzt)« (128 f.). Er bezeichnet das, was ein Ding »in seinem Sein zu einem [auf diese

---

[11] McDowell, *Mind and World*, S. 85.
[12] Herder, *Abhandlung*, S. 19.
[13] Herder, *Abhandlung*, S. 22.
[14] Plessner, *Über einige Motive*, S. 125.
[15] Plessner, *Conditio humana*, S. 184.
[16] Hier und im restlichen Abschnitt verweise ich mit eingeklammerten Seitenzahlen auf Plessner, *Stufen des Organischen*.

Weise] gesetzten macht«, terminologisch als »*Positionalität*« (129). Der Begriff der Positionalität muss zusammen mit dem Begriff der Grenze als der zentrale Begriff von Plessners philosophischer Biologie gelten. Er dient ihm in der Folge dazu, drei verschiedene *Stufen des Organischen* zu charakterisieren.

Die erste Positionalitätsstufe umfasst alle Lebewesen, unabhängig von ihrer Organisationsform. Der Begriff der zweiten ergibt sich durch die Unterscheidung zwischen zwei solchen Formen. Je nachdem, ob der Organismus in allen seinen Lebensäußerungen *unmittelbar* oder *mittelbar* seiner Umgebung eingegliedert ist, ist seine Organisationsform *offener* oder *geschlossener* Art (219, 226). Das Ranken einer Pflanze an einem Haus oder ihre sich bei Sonnenlicht öffnende Blüte etwa veranschaulichen ihre unmittelbare Eingliederung in die Umgebung. Denn diese Veränderungen unterliegen ganz den Bedingungen, die durch das Medium gegeben sind, in dem die Pflanze existiert (Helligkeit und Dunkelheit, Wärme und Kälte etc.). Der Offenheit steht die Geschlossenheit der Organisationsform gegenüber. Sie besteht in der »Abkammerung des Lebewesens gegen seine Umgebung«, in seiner »mittelbaren Eingliederung in das Medium« (226). »Mittelbar« bedeutet dabei: durch eine eingeschaltete Zwischenschicht vermittelt.

Doch es bestehen gegenläufige Anforderungen an diese Zwischenschicht: Einerseits muss sie, um das Vermittlungsproblem lösen zu können, mit dem Lebewesen in lebendiger Beziehung stehen, andererseits darf sie aber qua *Zwischen*schicht nicht mit ihm zusammenfallen. Plessner löst das Problem, indem er die Organe bzw. den Körper, der *aus diesen Organen besteht*, als vermittelnde Schicht auszeichnet und diesen vom lebendigen Ganzen unterscheidet, das Organe *hat* und durch diese in mittelbarem Kontakt mit den Dingen des Mediums steht (229). Um der in dem Gedanken der geschlossenen Organisationsform liegenden Anforderung gerecht zu werden, muss das Lebendige also in ihm selber eine Grenze haben bzw. in zwei antagonistische Organisationszonen zerfallen. Es kann Lebendiges dieser Art jedoch nur dann wirklich geben, wenn dieser Antagonismus keinen einheitsverhindernden Bruch bedeutet, sondern ihm eine einheitsgewährleistende, eine organisatorische Funktion zukommt. Sein »organisatorische[r] Sinn« geht Plessner zufolge »nur dann nicht verloren, wenn auch ein *Zentrum* da ist, das dieses Gegeneinander technisch aufrecht hält« (228), und auf diese Weise, dem Antagonismus übergeordnet, »als Bedingung organischer Einheit« für Lebendiges der geschlossenen Form fungiert (229).

Auf der Basis seiner Annahme eines Zentrums kann Plessner dann festhalten: Das Lebewesen »hat eine Realität ›im‹ Körper, ›hinter‹ dem Körper gewonnen« und kommt mit dem Medium daher nur auf eine durch seinen Körper vermittelte Weise in Kontakt (230). Das Problem, wie eine mittelbare Eingliederung eines Lebewesens in das Medium zu denken ist, wird demnach durch die Annahme einer internen und für ein solches Wesen konstitutiven Nichtidentität gelöst: Es *ist* Körper *und* es ist *im* Körper. Um diese Differenz terminologisch zu fassen, bringt Plessner den Begriff des Leibes ins Spiel. Ein Lebewesen der geschlossenen Form, so Plessner, hat »Wirklichkeit als dieser Körper und als sein Leib, d. h. im Körper«, wobei der Leib als die »vom Zentralorgan abhängige[] Körperzone« aufgefasst wird (237). Körper und Leib bestehen nebeneinander, bilden eine Einheit ohne Identität.[17] Sein Leibsein, das heißt sein Im-Körper-sein oder Körper-haben, so die ontologische Konsequenz dieser Nichtidentität, bringt das Lebewesen »auf ein höheres Seinsniveau [...], das mit dem vom eigenen Körper eingenommenen nicht in gleicher Ebene liegt« (230). »Positionalität« erweist sich damit als ontologisch mehrstufiges Konzept. Der körperleibliche Doppelaspekt von Lebewesen der geschlossenen Form bildet den kategorialen Kern der zweiten Positionalitätsstufe.

Die Lebewesen auf dieser von Plessner als »Positionalität der geschlossenen Form« bezeichneten Stufe (237) können zentrisch oder zentrisch-exzentrisch positioniert sein, lebensweltlich gesagt: Tiere oder Menschen sein. Dieser Stufenunterschied unterliegt demselben »Gesetz« wie der zwischen den beiden ersten Stufen: Das »Moment der niederen Stufe, als Prinzip gefasst, [ergibt] die nächsthöhere Stufe und [tritt] zugleich als Moment in ihr« auf (290). So also wie das positionale Moment der ersten Stufe auf der zweiten Stufe zum Konstitutionsprinzip des Lebewesens geworden ist (290)[18], insofern hier ein Gesetztsein vorliegt, das zugleich ein Gesetztsein in die eigene Mitte ist, wird *dieses* Moment, also das des zentrischen Gesetztseins, auf der dritten Stufe zum Konstitutionsprinzip, sodass das Lebewesen »in das in seine eigene Mitte Gesetztsein gesetzt ist« (290). Damit besteht eine zentrische Positionalität, die zugleich exzentrisch ist, in der das Lebewesen also nicht nur Distanz zu seinem Körper-sein, sondern auch zu seinem Im-Körper-sein hat und damit auch Abstand zur Körper-Leib-Differenz selbst. Vereinfacht gesagt: Bloß zentrische Wesen leben nicht nur, sondern erleben; exzentrische Wesen aber erleben auch ihr Erleben (292).

Bevor ich mich der Stufenontologie von Lynne Baker zuwende, möchte ich den Ertrag der bisherigen Diskussion zu Plessner – auch mit Blick auf das, was ich eingangs schon über Bakers »Constitution View« gesagt habe – in drei Punkten zusammenfassen:

(1) Es besteht eine Differenz zwischen menschlichen Personen und Körperleibern, nicht nur weil auch nicht-personale Lebewesen – alle höheren

---

[17] Vgl. »Die Position ist eine doppelte: das der Körper selber Sein und das im Körper Sein, und doch Eines, da die Distanz zu seinem Körper nur auf Grund völligen Einsseins mit ihm allein möglich ist« (237).

[18] Vgl. auch Plessner, *Der Mensch als Lebewesen*, S. 9.

Tiere etwa – Körperleiber sind, sondern weil schon ein ontologischer Unterschied zwischen einer menschlichen Person und ihrem eigenen Körperleib besteht. Menschliche Personen sind, anders als etwa der Animalismus behauptet, durch eine innere Nichtidentität geprägt.

(2) Auch in der »Constitution View« Bakers wird diese These der inneren Nichtidentität menschlicher Personen vertreten. Dort liegt allerdings nur eine *einfache* Nichtidentität vor – in Bakers Vokabular zwischen »human person« und »human body« –, während Plessner auch den Unterschied zwischen Körper und Leib berücksichtigt, sodass er die Einheit der menschlichen Person durch eine *dreifache* Nichtidentität geprägt sieht. Das Einbeziehen der Körper-Leib-Differenz, und zwar sowohl in ihrem Bestehen als auch in ihrem reflexiven Gegebensein macht Plessners Konzeption menschlicher Personalität phänomengerechter als die Bakers.[19]

(3) Ein weiterer Vorzug von Plessners Ansatz gegenüber dem Baker'schen scheint mir darin zu bestehen, dass er das Wesen der Person nicht als ein Vermögen versteht. Für Baker ist eine Person »a being with a capacity for a ›first person perspective‹«.[20] Eine solche Bestimmung führt zu den bekannten Abgrenzungsproblemen: Denn wir brauchen nun die Unterscheidung zwischen einer rudimentären und einer robusten Erste-Person Perspektive, um eine begriffliche Untergrenze des Personseins zu ziehen, laufen mit genau einer solchen Unterscheidung aber Gefahr, einigen Menschen das Personsein abzusprechen. Baker scheint mir angesichts dieser Herausforderung hilflos zu sein, was sich darin zeigt, dass sie, um an ihrem Kriterium festhalten zu können, ohne Weiteres bereit ist, die moralische Dimension des Personbegriffs aufzugeben.[21] Meines Erachtens besteht das Grundproblem aller *mind*-orientierten, d. h. vermögenstheoretischen Ansätze der Personalität darin, dass es keine an psychologische Merkmale geknüpften Aufnahmekriterien für Personsein geben kann. Solche Kriterien sind immer zu weit, zu eng oder beides. Plessner trägt dem Rechnung, indem er Exzentrizität *nicht* als Vermögen bestimmt, das einige Lebewesen zusätzlich haben (als hinzukommendes *X*), sondern als die »Lebensform« der dreifach positionierten, also personalen Lebewesen (VI, 291–293). Ihm geht es nicht um die Frage, wodurch ein Lebewesen allererst zu einer Person wird, sondern um die Frage nach dem Modus der Lebensführung von Wesen, die wir erfolgreich als personale ansprechen.

---

[19] Siehe dazu etwa Krüger, *Philosophische Anthropologie als Lebenspolitik*, S. 72 f.
[20] Baker, *Persons and Bodies*, S. 20.
[21] Baker, *Persons and Bodies*, S. 19.

3. Stufenontologie: Bakers »Constitution View«

Das Eintreten für eine moderne Stufenontologie ist kein Alleinstellungsmerkmal der Philosophischen Anthropologie und der ihr verwandten Positionen wie der »Neuen Ontologie« Nicolai Hartmanns. Auch in der jüngeren analytischen Philosophie liegt mit Bakers »Constitution View« eine gut durchdachte Stufenontologie vor. Auch sie ist dadurch motiviert, eine ontologische Alternative zwischen einem reduktionistischen Materialismus und einem Dualismus à la Descartes auszuarbeiten.[22] Baker kennt Plessners Texte nicht, aber ihre Stufenontologie hat einige Merkmale, die sich als Vorzüge gegenüber der Plessner'schen werten lassen. Ich möchte drei solcher Vorzüge nennen, die dann noch konkretisiert werden.

(1) Wie gesehen, macht Plessner einen ontologischen Unterschied zwischen der menschlichen Person und ihrem eigenen Körperleib. Zugleich ist er aber als Stufenontologe einem materialistischen Ausgangspunkt und damit der Auffassung verpflichtet, dass menschliche Personen Körperleiber sind. Demnach gibt es einen ontologischen Unterschied zwischen menschlichen Personen und den Körperleibern, die sie sind. Das klingt paradox. Meines Erachtens bemüht sich Plessner zu wenig um die Auflösung solcher Paradoxien. Anders Baker: Sie macht im Einzelnen deutlich, dass von zwei Individuen x und y in bestimmten Fällen gesagt werden kann, dass y x ist, ohne mit diesem identisch zu sein, und zwar dann, wenn y durch x konstituiert wird.

(2) Ein weiterer Vorzug von Bakers Stufenontologie ist, dass deren zentrales Konzept »Konstitution« gut ausgearbeitet ist – nicht zuletzt durch die Verfeinerungen, die es in der intensiven Auseinandersetzung mit konkurrierenden Ansätzen und Kritikern erfahren hat – und dass es die entsprechenden Konzepte in der Stufenontologie der Philosophischen Anthropologie an formaler Präzision deutlich übertrifft.

(3) Im Vergleich mit Plessners Konzeption, in der es um Stufen bloß des Organischen geht, ist Bakers Stufenontologie allgemeiner. Denn Konstitutionsbeziehungen bestehen nicht nur zwischen menschlichen Personen und ihren Körpern. Baker hat auch eine »Constitution View of artifacts« entwickelt, der zufolge Artefakte durch geeignete Aggregate konstituiert werden.[23]

Eine Übersicht über die Grundzüge von Bakers Stufenontologie lässt sich anhand ihres Buchs *The Metaphysics of Everyday Life* gewinnen. Dort grenzt sie ihren ontologischen Ansatz von mereologischen Stufenlehren ab. Mereologische Summen sind Baker zufolge nur Aggregate, aber Aggregate

---

[22] Vgl. Baker, *Non-reductive Materialism*.
[23] Baker, *Metaphysics*, S. 49–66

sind nicht in ontologischer Hinsicht auf einer höheren Stufe als ihre Teile. In einer mereologischen Sichtweise gibt es zwar auch Stufen, diese sind aber durch Beschreibungen bestimmt. Baker jedoch geht es nicht um »levels of description«, sondern um »ontological levels«. Ihres Erachtens sind neue Entitäten und neue erste Gattungen von Entitäten (»new primary kinds«) in die Welt gekommen als im Verlauf der Naturgeschichte Sonnenblumen oder Tiger entstanden sind und im Verlauf der Kulturgeschichte der Faustkeil erfunden wurde oder Galilei sein erstes Fernrohr gebaut hatte. Diese *new primary kinds* gehen ontologisch nicht in dem auf, was es bis dato gab. Baker spricht daher von »ontological novelty«.[24]

Für jede ontologische Stufenlehre ist die Relation des Höherseins entscheidend. Baker greift in ihrer Definition auf den Schlüsselbegriff »Konstitution« zurück, der sich wiederum nicht ohne die Begriffe der *primary kind* und der Umstände (»circumstances«) verständlich machen lässt. Um die Grundzüge von Bakers Stufenontologie nachzuzeichnen, werde ich also die Begriffe der folgenden Liste rekonstruieren müssen: (i) *primary kind*, (ii) *circumstances*, (iii) Konstitution, (iv) Höherstufigkeit.

(i) Baker geht davon aus, dass alle Dinge irgendeiner Art angehören und dass es für jedes Ding genau eine Art gibt, die seine erste Gattung, seine *primary kind*, ist. *Primary kinds* sind Baker zufolge Gattungen von Dingen, nicht Gattungen von Stoff, wie sie durch Massen-Ausdrücke etwa »Wasser« oder »Marmor« angegeben werden. Worin die *primary kind* eines Dinges *x* besteht, ergibt sich ihres Erachtens als Antwort auf die Frage, was *x* am grundsätzlichsten ist. Beispiele: Der Nil ist am grundsätzlichsten ein Fluss (nicht einfach Wasser); *David* ist am grundsätzlichsten eine Statue (nicht einfach Marmor).[25] Baker formuliert einen Test für die *primary kind* von Dingen: Ein Ding hat *A* nur dann als seine *primary kind*, wenn es zu jedem Zeitpunkt seiner Existenz von der Art *A* ist und es nicht sein kann, dass es *A* verliert und zu existieren fortfährt.[26] Das bedeutet, die *primary kind* ist diejenige Gattung eines Dinges, von der her es seine Persistenzbedingungen hat. Baker zufolge ist die *primary kind* von Ihnen und mir »Person«, wobei Personen Wesen sind, die »a capacity for a first-person perspective« haben.

(ii) Nun zum Begriff der Umstände (»circumstances«), den Baker braucht, um Bedingungen formulieren zu können, unter denen ein Ding ein anderes konstituiert. Auch hier sind Beispiele hilfreich: Eine Heiratsurkunde wird durch ein bestimmtes Stück Papier konstituiert, aber nur unter bestimmten Umständen; ein menschliches Herz wird durch ein Konglomerat von Zellen konstituiert, ebenfalls nur in bestimmten Umständen. Die Art der Um-

---

[24] Baker, *Metaphysics*, S. 234.
[25] Baker, *Persons and Bodies*, S. 40.
[26] Baker, *Metaphysics*, S. 35.

 stände, die für das Vorliegen eines Konstitutionsverhältnisses erforderlich sind, ist offenbar in beiden Fällen verschieden. Allgemein gesagt, hängt sie von der *primary kind* des konstituierten Dings ab. Es gibt Heiratsurkunden-günstige Umstände, bei deren Vorliegen ein bestimmtes Stück Papier eine Heiratsurkunde konstituiert. Dazu gehören etwa das Bestehen der Institution der Ehe und des entsprechenden rechtlichen oder religiösen Hintergrundes.

(iii) Damit sind die unerlässlichen Vorbereitungen getroffen, um den Begriff der Konstitution definieren zu können. Dabei möchte ich solche Dinge als *F*- bzw. *G*-Dinge bezeichnen, deren *primary kind*-Eigenschaft *F* bzw. *G* ist. Hier nun eine vereinfachte und weitgehend in Prosa übersetzte Fassung von Bakers formaler Definition.[27] Dass ein *F*-Ding x ein *G*-Ding y konstituiert (wobei $F \neq G$), soll genau dann gelten, wenn die folgenden Bedingungen erfüllt sind:

(a) x und y fallen zur Zeit t räumlich zusammen.[28]
(b) x ist zur Zeit t unter *G*-günstigen Umständen.
(c) Es ist notwendig, dass es, wenn irgendein *F*-Ding z zur Zeit t in *G*-günstigen Umständen ist, ein zu dieser Zeit mit z räumlich zusammenfallendes *G*-Ding gibt.
(d) Es ist möglich, dass es, obwohl x zur Zeit t existiert, zu dieser Zeit kein mit x räumlich zusammenfallendes *G*-Ding gibt.
(e) Wenn x aus einer basalen Art Stoff ist, dann ist y aus demselben Stoff.

Von den nach Bedingung (a) räumlich zusammenfallenden Individuen x und y fordert Bedingung (b), dass sich x in einem Milieu befindet, das erforderlich dafür ist, *G* zu sein. Entsprechend ist Bedingung (c) so zu verstehen, dass das Vorliegen eines für *G*-sein erforderlichen Milieus zwingend sicherstellt, dass es ein *G* gibt, sofern sich irgendein *F*-Ding in diesem Milieu befindet. Ein *F*-Ding muss aber nicht unbedingt ein *G*-Ding konstituieren. Das dafür erforderliche Umfeld könnte fehlen. Dies ist der Hintergrund der Bedingung (d). Die Bedingung (e) schließlich soll ausschließen, dass ein materielles Ding etwas teilweise Immaterielles konstituiert, ein menschlicher Körper etwa eine cartesianisch konzipierte Person.

---

[27] Vgl. Baker, *Persons and Bodies*, S. 43; Baker, *Metaphysics*, S. 161.

[28] In Reaktion auf Einwände von Kritikern hat Baker die Bedingung (a) inzwischen um die Zusatzbedingung erweitert, dass es kein von y verschiedenes *G*-Ding z gibt, das ebenfalls zu dieser Zeit mit x zusammenfällt. Sie möchte damit begrifflich ausschließen, dass irgendein Ding zwei verschiedene Dinge derselben Art gleichzeitig konstituiert (Baker, *Metaphysics*, S. 161). Damit ist insbesondere ausgeschlossen, dass ein Körper zwei verschiedene Personen gleichzeitig konstituiert.

(iv) Konstitution ist eine irreflexive, asymmetrische und transitive Relation.[29] Daher lässt sich im Rückgriff auf sie auch eine Relation »höherstufiger als« formulieren, wie sie für Stufenontologien zentral ist. Baker definiert diese Relation sowohl für Dinge als auch für Eigenschaften, aber ich beschränke mich hier auf ihr Verständnis der Höherstufigkeit von Dingen. Die Definition muss sicherstellen, dass zwei Dinge auch dann in dieser Beziehung stehen können, wenn sie nicht in einem Konstitutionsverhältnis stehen. Die Person »Herr Meier« beispielsweise soll nicht nur ontologisch höherstufiger als ihr eigener Körper sein, sondern auch als der von Herrn Müller. Nach Bakers Auffassung ist ein Ding *y* daher genau dann ein höherstufigeres Ding als *x*, wenn es ein *u* mit derselben *primary kind*-Eigenschaft wie *x* und ein *v* mit derselben *primary kind*-Eigenschaft wie *y* gibt, wobei *u* zu einer bestimmten Zeit *v* konstituiert.

Der Überblick über die Grundzüge von Bakers Stufenontologie zeigt, dass ihr Ansatz von großer Allgemeinheit ist, also über die Philosophie der Person hinausreicht, und mit dem Konzept der Konstitution über einen ausdifferenzierten und relativ genauen Grundbegriff verfügt. Allerdings hat sich noch nicht gezeigt, wie sich durch den Konstitutionsbegriff die erwähnte Paradoxie auflösen lässt, dass jedes höherstufige Ding zugleich irgendein Ding einer niederen Stufe *ist*, ohne mit diesem identisch zu sein. Jenes ist durch dieses konstituiert; es ist aber noch nicht klar, warum die Einheitsrelation der Konstitution sich sowohl von numerischer Identität als auch von separater Existenz unterscheidet und gleichsam zwischen beiden liegt.[30]

Dass zwei Dinge, die in einem Konstitutionsverhältnis stehen, nicht numerisch identisch sind, habe ich bereits eingangs mit Blick auf Michelangelos *David* und das ihn konstituierende Marmorstück angedeutet. *Davids primary kind*-Eigenschaft ist, eine Statue zu sein. Er hat diese Eigenschaft daher wesentlich. Das bedeutet, er könnte nicht existieren, ohne eine Statue zu sein. Da es in einer Welt ohne Kunst offenbar auch keine Statuen gäbe, könnte *David* in einer solchen Welt nicht existieren. Das Marmorstück dagegen, das ihn in unserer Welt konstituiert, könnte auch in einer Welt ohne Kunst existieren und dort etwa durch irgendeinen kosmischen Zufall zustande gekommen sein. Das bedeutet, dass nur *David*, nicht aber das Marmorstück die Eigenschaft, eine Statue zu sein, wesentlich hat. Nimmt man

---

[29] Vgl. Baker, *Metaphysics*, S. 165, in Korrektur von Baker, *Persons and Bodies*, S. 44–46.

[30] Baker, *Persons and Bodies*, S. 27, 91. – Ein formaler Unterschied lässt sich einfach benennen: Die Relationen »ist numerisch identisch mit« oder »existiert getrennt von« sind offenbar symmetrisch; Konstitutionsverhältnisse sind aber nie wechselseitige Verhältnisse. Doch dieser Unterschied bleibt für sich genommen abstrakt, da *prima facie* gar nicht klar ist, ob es für eine Relation wirklicher Dinge überhaupt einen begrifflichen Raum zwischen numerischer Identität und separater Existenz gibt.

hinzu, dass numerische Identität üblicherweise als notwendige Identität, als Identität in allen möglichen Welten verstanden wird, so ergibt sich, dass *David* und das ihn konstituierende Marmorstück verschieden sind.

Doch wenn ein höherstufiges Ding nicht mit dem es konstituierenden Ding identisch ist, haben wir es dann nicht mit zwei getrennten Dingen zu tun? Impliziert die numerische Differenz zwischen wirklichen Dingen nicht ihre separate Existenz? Doch was separate Existenz hier überhaupt bedeuten soll, ist nicht ganz leicht zu sehen, da x und y, sofern sie in einem Konstitutionsverhältnis stehen, *per definitionem* räumlich zusammenfallen. Folgendes Kriterium bietet sich an: Zwei wirkliche Dinge x und y existieren zu einer Zeit genau dann separat voneinander, wenn es keine Eigenschaft F gibt, bezüglich der sie zu dieser Zeit dasselbe F sind.[31] Damit wird die Herausforderung klar, vor der die »Constitution View« steht: Sie muss einsichtig machen, dass es eine Eigenschaft F gibt, für die x und y, sofern sie in einer Konstitutionsbeziehung stehen, dasselbe F sind. Baker meint, dass die genannte Bedingung beispielsweise von der *primary kind*-Eigenschaft des konstituierten Dinges erfüllt wird. Wenn x ein G-Ding y konstituiert, dann sind demnach beide dasselbe G, beispielsweise dieselbe Statue oder dieselbe Person. Sowohl *David* als auch das Marmorstück, um bei diesem Beispiel zu bleiben, sind eine Statue; und sie sind darüber hinaus trotz ihrer numerischen Verschiedenheit dieselbe Statue. Das Marmorstück hat diese Eigenschaft allerdings abgeleiteterweise, vermöge seiner Konstitutionsrelation zu *David*, während dieser sie nicht-abgeleiteterweise hat.[32] Baker zufolge sind x und y also nicht nur dann dasselbe F, wenn sie numerisch identisch sind und die Eigenschaft F haben, sondern auch dann, wenn sie in einer Konstitutionsrelation zueinander stehen und die Eigenschaft F haben. Obwohl ein höherstufiges Ding von dem es konstituierenden Ding numerisch verschieden ist, existieren beide also nicht getrennt voneinander.

---

[31] Vgl. Baker, *Metaphysics*, S. 170.

[32] Für die genaue Definition der Unterscheidung zwischen diesen beiden Weisen, eine Eigenschaft zu haben, siehe Baker, *Persons and Bodies*, S. 46–58, u. *Metaphysics*, S. 167 f. – Die Unterscheidung trägt auch dem folgenden Standardeinwand Rechnung: Wenn das Marmorstück und *David* numerisch verschieden sind, beide n kg wiegen, dann müsste die gesamte Statue $2n$ kg wiegen, während sie tatsächlich nicht soviel wiegt. – Der springende Punkt von Bakers Antwort ist, dass *David* die Eigenschaft, n kg zu wiegen, allein vermöge seiner Konstitutionsrelation zu dem Marmorstück hat, das sie selbst nicht-abgeleiteterweise hat (vgl. Baker, *Persons and Bodies*, S. 176).

4. Von der *mind-* zur *spirit*-Orientierung: Hartmanns »Neue Ontologie«

Bakers Stufenontologie ist zweifellos eine beeindruckende philosophische Konzeption. In Bezug auf ihren Kernbereich, den der menschlichen Personalität, scheint sie aber zu kurz zu greifen. Das Hauptproblem besteht darin, dass sie hinter den Möglichkeiten, die der Konstitutionsbegriff bietet, zurückbleibt. Der Grund dafür ist, dass Baker mit einem zu einseitigen Personbegriff arbeitet. Sie bindet sich zu stark an die Locke'sche Tradition, die menschliche Personalität in ein psychologisches Merkmal setzt. Eine ähnlich lautende Kritik könnte auch Eric Olson vor dem Hintergrund seines Animalismus formulieren. Auch er meint, Personalität sei nicht in erster Linie eine psychologische Kategorie. Seine Alternative allerdings, ein biologischer Ansatz, dem zufolge menschliche Personen mit menschlichen Lebewesen (»human animals«) numerisch identisch sind, verlässt den psychologischen Ansatz, stufentheoretisch gesehen, in die falsche Richtung: nach unten. Meines Erachtens muss die entgegengesetzte Richtung eingeschlagen werden. »Personalität« ist nicht deshalb keine primär psychologische Kategorie, weil sie eine biologische, sondern weil sie eine geistige Kategorie ist.

Ich möchte diesen Punkt anhand der im 20. Jahrhundert wohl am weitesten ausgearbeiteten Ontologie verdeutlichen: der »Neuen Ontologie« Nicolai Hartmanns. Anders als Plessner und Baker ist Hartmann eher an Schichten als an Stufen orientiert. Er unterscheidet hauptsächlich vier Schichten des Realen: das anorganische Sein, das organische, das seelische und das geistige Sein.[33] Da sich diese Schichten in konkreten Gebilden wie Steinen, Lebewesen oder Artefakten überlagern, lässt sich ein einfacher Zusammenhang zwischen den Seinsschichten und den Gebildestufen herstellen: Ein Gebilde, in dem sich k *Schichten* überlagern, ist eines der k-ten *Stufe*. Beachtet man die erwähnte Wohlgeformtheitsbedingung, dass jede Entität der Stufe $k+1$ auch eine Entität der Stufe k sein soll, so erhält man, von unten nach oben aufgezählt, die viergliedrige Stufenfolge: materielles Ding, Lebewesen, Lebewesen mit Bewusstsein und personales Lebewesen (Mensch). Die Stufe des Menschen ist dann so verstanden, dass sich auf ihr die vier Seinsschichten des anorganischen, organischen, seelischen und geistigen Seins überlagern.

Menschen sind also anders als andere Lebewesen mit Bewusstsein und anders daher als die höheren nicht-menschlichen Lebewesen auch *geistige* Le-

---

[33] Siehe grundlegend dazu: Hartmann, *Der Aufbau der realen Welt*. Zur systematischen Bedeutung von Hartmanns Kategorienlehre für die gegenwärtige Philosophie des Geistes und der Person siehe die Hinweise bei Wunsch, *Kategoriale Gesetze*, S. 162ff.

bewesen. Hartmann hat unter dem Titel *Das Problem des geistigen Seins* eine umfangreiche Philosophie des Geistes vorgelegt. Er unterscheidet dabei drei Grundkategorien: den personalen Geist, den objektiven Geist und den objektivierten Geist (71–73).[34] Sie stehen nicht für Teile oder Binnenschichten, sondern für Grundformen des Geistes. Das geistige Sein bildet Hartmann zufolge eine Einheit, in der »die dreierlei Seinsform des Geistes immer schon enthalten, ineinander verwoben und durchaus untrennbar« ist (73). Mit den drei Grundkategorien des Geistes werden also verschiedene Aspekte seiner untrennbaren Einheit hervorgehoben.

Während der *personale* Geist von »menschlichen Individuen« her bekannt ist, kennen wir den *objektivierten* Geist von den »Produkten geistigen Schaffens« her, die als solche nicht mehr lebender Geist, sondern »›fixierter‹ geistiger Gehalt sind« (72). Der *objektive* Geist ist kein einzelgeistiges Sein wie der personale Geist, sondern Gemeingeist und damit überindividuell und überpersönlich wie der im objektivierten Geist fixierte Gehalt.[35] Er ist aber anders als der objektivierte, gewissermaßen geronnene Geist in Bewegung, lebender Geist und darin dem personalen Geist vergleichbar. Der objektive Geist ist demnach »lebender Gemeingeist« und damit geschichtlicher Geist. Er wird kenntlich an verschiedenen Inhaltsgebieten – »Recht, Sitte, Sprache, politisches Leben«, »Glaube, Moral, Wissen, Kunst« (186, vgl. 212) –, aber auch als Zeitgeist, wie dem »›Geist‹ des Hellenismus, der Renaissance« (189), und schließlich als Geist von Kollektiven oder Gruppen: »Der Differenzierung sind hierbei keine prinzipiellen Grenzen gezogen. Ein Städtchen, eine Gemeinde, eine Berufsklasse, eine Arbeitergruppe können jede ihren bestimmt ausgeprägten Gemeingeist haben« (190).[36] Die möglichen Unterschiede sind vielfältig und können, ähnlich wie dies in Pierre Bourdieus *habitus*-Konzept der Fall ist[37], etwa auch Dresscodes, Stilfragen, Geschmack, Gestik und Mimik, Tempo, Lautstärke der Individuen betreffen (233–40).

Hartmann eröffnet mit seiner Ontologie zwei grundlegende Dimensionen des Zugangs zur menschlichen Personalität. Er kann sich den Kategorien der Person zum einen als *naturphilosophisch* orientierter Stufenontologe nä-

---

[34] Hier und im restlichen Abschnitt verweise ich mit eingeklammerten Seitenzahlen auf Hartmann, *Das Problem des geistigen Seins*.

[35] Mit Da Re, *Objective Spirit*, S. 321, lässt sich der Unterschied so fassen, dass der objektive und der objektivierte Geist deshalb überindividuell und überpersönlich sind, weil sie im Unterschied zum personalen Geist kein Bewusstsein haben.

[36] Hartmanns zeitgeist-imprägnierter Titel für den Gruppengeist ist »völkischer Geist«; wie die obigen Differenzierungen zeigen, kann dies selbst im für Hartmann günstigsten Fall nur ein *pars pro toto* sein.

[37] Bourdieu, *La distinction*.

hern, das heißt ›von unten‹, den niederen Stufen her. Dieses Vorgehen ist dem von Baker und Plessner vergleichbar, weil menschliche Personen dabei im Ausgang von dem in den Blick kommen, was sie ›konstituiert‹ (Baker) oder positional charakterisiert (Plessner). Es erstaunt daher nicht, dass Hartmann in seinen Überlegungen zum personalen Geist ausdrücklich auf Plessners Konzept der exzentrischen Positionalität zurückgreift, um zwischen dem geistlosen, vormenschlichen Bewusstsein und dem geistigen, personalen Bewusstsein zu unterscheiden (108 ff.). – Zum anderen kann sich Hartmann den Kategorien der Person auch *geistphilosophisch*, ›von der Seite‹ her nähern, das heißt ausgehend von den dem personalen Geist nebengeordneten Grundkategorien des geistigen Seins, vor allem dem objektiven Geist. Dass er genau diesen Zugang in den Vordergrund stellt, macht ihn für die Auseinandersetzung mit Bakers »Constitution View« so interessant.

In der Beschreibung des Phänomens der menschlichen Personalität legt Hartmann von Beginn an ein besonderes Gewicht auf die Vielfalt der Beziehungen, in denen Personen stehen (125). Es geht ihm aber nicht darum, dass Individuen, die anderweitig (d. i. intrinsisch) schon als Person bestimmt sind, in solche Beziehungen eintreten. Sein Punkt ist vielmehr, dass diese Beziehungen für menschliche Personalität konstitutiv sind. Dabei bilden die traditionell und auch bei Baker im Mittelpunkt stehenden aktiven oder spontanen Selbstbeziehungen nur einen Aspekt. Zum Phänomen der Personalität gehören auch verschiedenartige Welt- und insbesondere Mitweltbeziehungen; und diese verlaufen nicht einseitig von der Person zur Welt, wie bei den Weltbezügen, die mit dem Scheler'schen Terminus »Weltoffenheit« beschrieben werden, sondern auch von der Welt zur Person. Denn für die Mitwelt, für die anderen Personen ist die Person Mit- und Gegenspieler. Sie ist darüber hinaus ein durch Welt und Mitwelt geformtes Wesen. Hartmann akzentuiert dies in seiner Rede vom »Für-die-Welt-sein« der Person (126).

Im Übergang vom ersten, dem personalen Geist gewidmeten Teil von *Das Problem des geistigen Seins* zum zweiten Teil »Der objektive Geist« betont Hartmann nochmals, seine Theorie der menschlichen Person wurde »nicht unmittelbar dem geistigen Individuum abgewonnen, sondern den Verhältnissen, in denen es steht«; die Grundzüge der Personalität, so Hartmann weiter, »haben deutlichen Relationscharakter« (175). Die Relationalität der Person wird dann in Überlegungen zum Verhältnis zwischen personalem Geist und objektivem Geist konkretisiert. Der springende Punkt ist, dass dabei nicht zwei für sich bestehende, sondern voneinander abhängige Größen ins Verhältnis gesetzt werden (319 f.). Hartmann hält den objektiven Geist nicht für eine Geist-Substanz, der gegenüber die Individuen nur Akzidentien sind; er bestehe vielmehr nur »in« ihnen, weder »hinter« noch »aus« ihnen, und dies auch nicht in »subsistierender«, sondern in aufruhender und abhängiger, das heißt »superexistierender« Weise (200, 288f.).[38] Umgekehrt, und dies ist für die Auseinandersetzung mit Bakers Ansatz entscheidend, ist aber auch der objektive Geist den ihn tragenden Individuen gegenüber darin autonom, dass er »zu einer sie überformenden und beherrschenden Macht wird« – mehr noch: »Er hebt sie damit erst auf die höhere Seinsstufe, die des eigentlich geistigen Seins« (290, vgl. 297). Es gibt also nicht nur keinen objektiven Geist ohne personalen, sondern auch keinen personalen ohne objektiven Geist (319). Hartmanns Einsicht in den relationalen Charakter personaler Grundzüge konkretisiert sich damit in der These der Unselbständigkeit des personalen Geistes gegenüber dem objektiven.

Auch Plessner hat das Wechselverhältnis von personalem und objektivem Geist deutlich im Blick, und zwar mit seiner Mitwelt-Konzeption. »Die Mitwelt trägt die Person, indem sie zugleich von ihr getragen und gebildet wird« (Stufen, 303). Ihr Tragen ist der Person aber nicht äußerlich. Mitweltlichkeit ist eine wesentliche Bestimmung von exzentrisch positionierten Wesen bzw. personalen Lebewesen – und dies nicht nur für das Verhältnis dieser Person zu anderen und anderem, sondern auch für ihre Selbstverhältnisse. Die »Sphäre dieser Welt des Geistes«, so Plessner, liegt nicht nur zwischen »mir und ihm«, sondern auch zwischen »mir und mir« (ebd.). Der »geistige Charakter der Person« besteht Plessner zufolge entsprechend »in der Wir-form des eigenen Ichs, in dem durchaus einheitlichen Umgriffensein und Umgreifen der eigenen Lebensexistenz nach dem Modus der Exzentrizität« (ebd.).

Wie steht es mit Baker? Auf den ersten Blick gibt es in ihrer Konzeption keinen Raum für die These der Unselbständigkeit des personalen gegenüber dem objektiven Geist – zu *mind*-orientiert bzw. zu psychologisch scheint ihre Auffassung zu sein, Personen seien Wesen mit der Fähigkeit zu einer Erste-Person-Perspektive. Doch das ist zu einfach gedacht. Denn in Bakers Konzeption liegen Möglichkeiten, die es erlauben, die zu enge *mind*-Orientierung zu überschreiten. Im Grunde genommen steht der Ansatzpunkt dazu mit der Diskussion des *David*-Beispiels schon im Raum. Der *David*, so zeigte sich, ist dadurch von dem ihn konstituierenden Marmorstück unterschieden, dass er die Eigenschaft, eine Statue zu sein, wesentlich hat. Eine Statue zu sein, ist aber eine relationale Eigenschaft.[39] Etwas kann sie nur dann haben, wenn es auf eine Kunstwelt bezogen ist. Darin zeigt sich der meines Erachtens wichtigste Punkt der »Constitution View«: Es gibt Entitäten, die einige ihrer relationalen Eigenschaften wesentlich haben.

---

[38] Darüber hinaus ist der objektive Geist in dem Sinne unvollständig, dass ihm mit Hegel gesprochen das »Fürsichsein« fehlt (318). Zum Verhältnis zwischen Hartmanns und Hegels Konzeption des Geistigen siehe Jaeschke, *Der Geist und sein Sein*.

[39] *F* ist eine relationale Eigenschaft, wenn das *F*-sein von x davon abhängt, dass x in einer bestimmten Beziehung zu anderem steht.

Auch menschliche Personen gehören in einem wichtigen Sinne dazu. Baker selbst hat dies in ihrer Auseinandersetzung mit Eric Olson angedeutet. Sie stimmt ihm darin zu, dass menschliche Personen und menschliche Lebewesen (»human animals«) sich *nicht* in ihren aktualen physischen intrinsischen Eigenschaften unterscheiden, meint aber, es sei falsch, daraus zu folgern, dass menschliche Personen und *human animals* numerisch identisch sind. Denn ihres Erachtens sind die Eigenschaften, die menschliche Personen wesentlich haben, nicht schon durch ihre intrinsischen Eigenschaften festgelegt. Bei einigen jener Eigenschaften handelt es sich vielmehr um relationale Eigenschaften.[40] Dieser Gedanke ergibt sich gewissermaßen schon aus der Definition der Konstitutionsrelation, wo von *G*-günstigen, das heißt in unserem Kontext: von Person-günstigen Umständen, die Rede ist.

Worin diese Person-günstigen Umstände bestehen könnten, wird bei Baker allenfalls angedeutet. Aus ihrer Sicht besteht der Unterschied zwischen menschlichen Personen und menschlichen Organismen darin, dass nur die ersteren die Fähigkeit zu einer Erste-Person-Perspektive wesentlich haben. Demnach könnte ein menschlicher Organismus existieren, *ohne* diese Fähigkeit zu haben. Anders gesagt, er könnte in einer Welt leben, in der die Bedingungen, um diese Fähigkeit zu haben, nicht erfüllt sind. An einer Stelle erwähnt Baker, welches ihres Erachtens diese Bedingungen sind: Ein menschlicher Organismus muss alle strukturellen Eigenschaften haben, die für eine Erste-Person-Perspektive erforderlich sind, und er muss in der Vergangenheit eine Erste-Person-Perspektive aufgewiesen haben oder in einer Umgebung (»environment«) sein, die für die Entwicklung und Aufrechterhaltung einer Erste-Person-Perspektive zuträglich ist.[41] Während die genannten strukturellen Eigenschaften zu den intrinsischen Eigenschaften des Organismus gehören, weist die Rede von der Umgebung auf relationale Eigenschaften hin. Beide Aspekte kommen auch in einer der raren Stellen zusammen, an denen Baker eine Spezifikation der Person-günstigen Umstände andeutet; diese bestünden in den »intrinsic and environmental conditions conducive to development and maintenance of first-person perspective«.[42] Mit den »environmental conditions« menschlicher Personalität kann nicht einfach gemeint sein, dass es etwa genug Sauerstoff gibt oder die Umgebungstemperatur in einem bestimmten Rahmen bleibt. Denn solche *biologischen* Bedingungen gehören bereits zu den Organismus-günstigen Umständen und können daher die Person-günstigen Umstände nicht erschöpfen. Das bedeutet aber, dass zu den »environmental conditions« menschlicher Personalität all das gehören muss, was die Unselbständigkeit des personalen gegenüber dem objektiven

---

[40] Vgl. Baker, *Persons and Bodies*, S. 195 f.
[41] Baker, *Persons and Bodies*, S. 92.
[42] Baker, *Persons and Bodies*, S. 96.

Geist erklärt. Bakers »Constitution View« müsste also in eine Philosophie des objektiven Geistes eingebettet werden.

5. Schluss

Abschließend möchte ich meine Kernthesen kurz zusammenfassen: (1) Stufenontologien sind für eine Theorie der menschlichen Personalität hilfreich, da sie es erlauben, die verschiedenen Aspekte menschlicher Personalität in ihren Beziehungen und ihrer Einheit zu begreifen. (2) Die Stufenontologien der modernen philosophischen Anthropologie Plessners und der analytischen Philosophie der Person Bakers ergänzen sich wechselseitig. (3) Der von Strawson für die analytische Philosophie eröffnete und heute von Baker fortgesetzte Weg von der *philosophy of mind* zur Philosophie der Person kann nur dann in einer befriedigenden Konzeption menschlicher Personalität münden, wenn diese in eine *philosophy of spirit* eingebettet wird. Anknüpfungspunkte dafür sind bei Baker zu finden, entscheidende Anregungen für ihre anstehende Entfaltung bei Hartmann.

Literatur

Baker, Lynne R.: *Persons and Bodies. A Constitution View*, Cambridge 2000.
- *The Metaphysics of Everyday Life. An Essay in Practical Realism*, Cambridge 2007.
- Non-reductive Materialism. In: *The Oxford Handbook of Philosophy of Mind*, hgg. von B. McLaughlin, A. Beckermann u. S. Walter. Oxford 2009, S. 109–127.
Bourdieu, Pierre: *La distinction. Critique sociale du jugement*, Paris 1979 (dt. *Die feinen Unterschiede. Kritik der gesellschaftlichen Urteilskraft*, Frankfurt a. M. 1982).
Da Re, Antonio: Objective Spirit and Personal Spirit in Hartmann's Philosophy. In: *Axiomathes* 12, 2001, S. 317–326.
Dennett, Daniel C.: Conditions of Personhood. In: ders., *Brainstorms. Philosophical Essays in Mind and Psychology*, Hassocks 1978.
Hartmann, Nicolai: *Das Problem des geistigen Seins. Untersuchungen zur Grundlegung der Geschichtsphilosophie und der Geisteswissenschaften*, Berlin 1933, [3]1962.
- *Der Aufbau der realen Welt. Grundriß der allgemeinen Kategorienlehre*, Berlin 1940, [3]1964.
Herder, Johann Gottfried: Abhandlung über den Ursprung der Sprache (1772) [Auszug]. In: ders., *Sprachphilosophie. Ausgewählte Schriften*, hg. von E. Heintel. Hamburg 2005, S. 1–87.

Husserl, Edmund: *Ideen zu einer reinen Phänomenologie und phänomenologischen Philosophie, Zweites Buch: Phänomenologische Untersuchungen zur Konstitution* (= *Husserliana*, Bd. IV), hg. von M. Biemel. Den Haag 1952.

Jaeschke, Walter: Der Geist und sein Sein. In: *Hegel in der neueren Philosophie*, hg. von T. Wyrwich. Hamburg 2011, S. 181–213.

Krüger, Hans-Peter: *Philosophische Anthropologie als Lebenspolitik. Deutsch-jüdische und pragmatistische Moderne-Kritik* (= Deutsche Zeitschrift für Philosophie, Sonderband 23), Berlin 2009.

McDowell, John: *Mind and World*, Cambridge / Mass 1994.

Olson, Eric T.: *The Human Animal. Personal Identity Without Psychology*, Oxford – New York 1997.

Plessner, Helmuth: *Die Stufen des Organischen und der Mensch. Einleitung in die philosophische Anthropologie* (1928), Berlin – New York 1975.

– Über einige Motive der Philosophischen Anthropologie (1956). In: ders., *Conditio humana* (= *Gesammelte Schriften*, Bd. XIII, hgg. von G. Dux, O. Marquard u. E. Ströker), Frankfurt a. M. 1983, S. 117–135

– Die Frage nach der Conditio humana (1961). In: ders., *Conditio humana* (= *Gesammelte Schriften*, Bd. XIII, hgg. von G. Dux, O. Marquard u. E. Ströker), Frankfurt a. M. 1983, S. 136–217.

– Der Mensch als Lebewesen. In: ders., *Mit anderen Augen. Aspekte einer philosophischen Anthropologie*, Stuttgart 1982, S. 9–62.

Strawson, Peter F.: *Individuals. An Essay in Descriptive Metaphysics*, London 1959; hier nach der dt. Übers. zitiert: *Einzelding und logisches Subjet (Individuals). Ein Beitrag zur deskriptiven Metaphysik*, Stuttgart 1972.

Wunsch, Matthias: Kategoriale Gesetze. Zur systematischen Bedeutung Nicolai Hartmanns für die moderne philosophische Anthropologie und die gegenwärtige Philosophie der Person. In: *Von der Systemphilosophie zur systematischen Philosophie – Nicolai Hartmann*, hgg. von G. Hartung, M. Wunsch und C. Strube. Berlin – Boston 2012, S. 153–169.

– Anthropologische Wenden – Das Person-Körper-Problem. In: *Die Anthropologische Wende – Le tournant anthropologique* (= Studia philosophica, Bd. 72 / 2013), hgg. von A. Horn et al. Basel i. Ersch.

Gerald Hartung

ORGANISMUS UND PERSON

Über die Grenzen einer Biologie der Person

In welcher Beziehung stehen »Organismus« und »Person« zueinander? Was wird behauptet, wenn eine Relation gesetzt wird, die das Gefüge des Organismus mit dem einer Person in Verbindung bringt? Werden hier nicht die disziplinären Grenzen zwischen den Natur- und Geistes- resp. Kulturwissenschaften unterlaufen? Tatsächlich geht die Forschungsrichtung, die auf eine Biologie der Person abzielt – und im Folgenden in den Grundzügen dargestellt werden soll –, auf eine Vereinheitlichung der disziplinären Perspektiven und verfolgt einen holistischen Konzeptionsansatz. Seit Darwin steht die These im Raum, dass Individuation als ein *bottom up*-Prozess bereits auf der Ebene des Organismus einsetzt. Für jeden Organismus als Individuum entscheidet sich in seiner Umwelt die Frage der Anpassung und des Überlebens. Unter der Rubrik »unlösbare Probleme« der Biologie hat Driesch in seiner *Philosophie des Organischen* (2. Auflage: 1921) neben der Frage nach dem Ursprung des Lebens überhaupt die Frage nach dem Ursprung und Ende des *individuellen* Lebens aufgeführt.[1] Seine Definition des individuellen Organismus ist für die Debatte, die hier entwickelt werden soll, von großer Bedeutung: »Der individuelle Organismus als Gegenstand der Naturlehre ist ein aus organisch-chemischen Stoffen weniger Gruppen bestehendes, im Stoffwechsel stehendes, sich entwickelndes materielles System von anfangs niedrigstufiger, im Endstadium hochstufiger Mannigfaltigkeit, welches der adaptiven und restitutiven Regulation fähig ist und in seinem gesamten Werden, sei dieses evolutiv, funktionell oder regulativ, einer Gesetzlichkeit vom Typus der Ganzheitskausalität untersteht.«[2]

In Drieschs Definition ist der Gedanke der »Ganzheit« herauszustellen. Ein Organismus realisiert sich als Ganzheit; alles, was seine Teile betrifft, wirkt sich auf den ganzen Organismus aus; sein Werden, das sich in einer Umwelt vollzieht, steht unter dem Aspekt der Ganzheitskausalität, d. h. auf die Fragen der Anpassung und des Überlebens muss der Organismus als

---

[1] Driesch, *Philosophie des Organischen*, S. 514–518.
[2] Driesch, *Philosophie des Organischen*, S. 556.

Ganzheit eine Antwort finden; diese Antwort ist, da der Organismus eine bestimmte Stellung in seiner Umwelt einnimmt, eine je individuelle. Die These einer »Biologie der Person« lautet nun, dass wir in dieser Argumentation jeweils den Begriff »Organismus« durch den Begriff »Person« ersetzen können.

Das Thema »Biologie der Person« wird sowohl in historischer als auch systematischer Hinsicht dargestellt. Vornehmlich historisch wird ein erster Teil sein, in dem ein erstaunliches Werk, das von den Medizinern Theodor Brugsch und Friedrich Jacob Heinrich Lewy herausgegebene vierbändige Werk *Die Biologie der Person* (1926–1931), vorgestellt wird. Mit Blick auf dieses Werk und die an ihm beteiligten Autoren hat Helmuth Plessner im Jahr 1928 davon gesprochen, dass »Wissenschaft und Philosophie unserer Zeit seit längerem um Begründung und Ausbau einer Lehre von der menschlichen Person« ringen.[3] In einem zweiten Teil wird in die allgemeine und spezielle Pathologie der Person des einflussreichen Berliner Mediziners Friedrich Kraus eingeführt. Ein dritter Teil hat die Psychopathologie der Person bei Erwin Straus und Kurt Goldstein zum Gegenstand; hier steht ein systematisches Grundproblem der biologischen, anthropologischen und medizinischen Konzeptionen der Person im Vordergrund: das Problem der Individualität. Abschließend wird nach den Grenzen einer Biologie der Person gefragt. Dabei geht es zum einen um die geschichtliche Bedingtheit einer »Biologie der Person« im frühen 20. Jahrhundert, aber auch um den, einen weltanschaulichen Rahmen überschreitenden Denkansatz, Organismus und Person in nicht-reduktionistischer Weise zusammenzudenken und in ihren Umweltbeziehungen zu analysieren.

1. Die Biologie der Person – die Anfänge in der medizinischen Konstitutionsforschung

Das vierbändige Werk *Die Biologie der Person* (1926–1931) ist von gewaltigem Ausmaß, umfasst knapp viertausend Seiten und stellt den Versuch von Medizinern – im Verbund mit Vertretern anderer Disziplinen – dar, den Blick des Forschers in den Lebenswissenschaften, wie wir heute sagen würden, von einer allgemeinen Biologie auf eine Biologie des Menschen, oder, im Fall der Medizin, von einer Analyse der Krankheiten auf eine Betrachtung des Kranken selbst umzulenken. Als Reaktion auf eine Anthropologie, die sich in Biologie auflöst, wird hier der Versuch unternommen, die Skizze einer »künftigen personellen Menschenkunde« zu zeichnen.[4]

---

[3] Plessner, *Stufen des Organischen*, S. 37.

[4] Brugsch/Lewy (Hg.), *Die Biologie der Person*, Bd. I, »Vorwort« (Oktober 1925), S. V–VI.

Das Werk, das den Untertitel »Ein Handbuch der allgemeinen und speziellen Konstitutionslehre« trägt, ist in vier Bereiche unterteilt, die den »Allgemeinen Teil der Personallehre« (I.), die »Allgemeine somatische und psychophysische Konstitution« (II.), »Organe und Konstitution« (III.) und eine »Soziologie der Person« (IV.) behandeln. Das Panorama ist enorm: Während im ersten Teil »Ding« und »Person« unterschieden werden, die Strukturen der Vererbung freigelegt, die Relation von individuellem Verhalten und »Infekt«, die Konstitution der Rassen und die Lebensdauer des Menschen im Vergleich zu anderen organischen Strukturen untersucht werden, behandelt der letzte Teil Fragen der Arzneiwirkung, des Rauschmittelmissbrauchs, des Einflusses der Körperfülle, des Milieus, des Wetters, der Erziehung und der verschiedenen Kulturen auf die »Person«.[5]

Theodor Brugsch hat dem vierbändige Buchprojekt *Die Biologie der Person* eine instruktive »Einführung in die Konstitutionslehre, ihre Entwicklung zur Personallehre« vorangestellt. In ideengeschichtlicher Hinsicht wird hervorgehoben, dass bereits seit der Antike das medizinische Verhältnis von Arzt und Krankem in zweierlei Weise bestimmt ist. Einerseits gibt es eine Krankheitslehre, die in jedem Einzelfall die Aktualisierung eines Typus sieht, und andererseits eine medizinische Praxis, die vom Einzelfall ausgehend zu allgemeinen Konsequenzen kommt. In letzterem Fall dient Hippokrates als Vorbild einer »Gesamteinstellung als Arzt«, die auf »reiner Naturbeobachtung« und der »Beobachtung des Einzelfalles« basiert.[6] Die Geschichte der Konstitutionslehre von der Antike bis in die Moderne zeigt, dass es verschiedene Phasen philosophischer Reflexion gegeben hat, die auch das Verhältnis von Arzt und Krankem betrafen und zu guten oder schlechten Verallgemeinerungen geführt haben; hierzu gehören Spielarten des Materialismus in Form von Lokalisationslehren, die Pneuma-Lehre, die Nosologie und andere Konzeptionen. Die Geschichte der Medizin erscheint in der Perspektive von Brugsch wie ein Wechselspiel widerstreitender Tendenzen: Auf Phasen, in denen der Einzelfall (der Kranke) im Zentrum der Betrachtung steht, folgen Phasen, in denen alle Aufmerksamkeit allein dem Allgemeintypus (die Krankheit) gilt. Insgesamt lässt sich diese Geschichte als Fortschritt begreifen, da die Systematik der Krankheiten den Blick für den Einzelfall schärfen kann und dieser die Klassifikationsmodelle präzisieren hilft.

In dieser Geschichte gibt es einen entscheidenden Bruch, hinter den es *kein Zurück* mehr geben wird: der erste Weltkrieg. »Der Weltkrieg ist für die Ärzte ein großer Lehrmeister geworden; das Umlernen ist uns nicht erspart geblieben. Dieses Umlernen und Neulernen hat sich aber nicht nur [wie bis-

---

[5] Vgl. zum sozial- und wissenschaftsgeschichtlichen Hintergrund die Studie von Harrington, *Suche nach Ganzheit*.

[6] Brugsch, *Einführung in die Konstitutionslehre*, S. 6.

her überwiegend] auf Wundchirurgie und Infektionskrankheiten erstreckt, sondern in der Hauptsache auf die konstitutionelle Medizin. Es *mußte* das Individuum nach ganz anderen Maßstäben gewertet werden, als sie der Friedenszustand vor 1914 uns an die Hand gegeben hat.«[7] Die Eindrücke des großen Krieges lehrten die Mediziner, dass es einen »Komplex konstitutioneller Erfahrungen« zu berücksichtigen gilt, wenn Krankheitsbilder, soziale und kulturelle Einflüsse und die je individuelle Leistungsfähigkeit eines Menschen zu korrelieren sind. Psycho-physische Eigenarten von sozialen Gruppen wurden untersucht, der Einfluss der Klimate an verschiedenen Kriegsschauplätzen, der Ernährung resp. Unterernährung auf ganze Bevölkerungen ausgewertet. Aber auch die Auswirkung von Hygiene-Praktiken, die Forschungsergebnisse der Arbeitsphysiologie im Zusammenhang des Taylorismus in Nordamerika und die Anfänge sportärztlicher Untersuchungsreihen in Deutschland lieferten weitere Daten für die Konstitutionsforschung.[8]

Meilensteine der medizinischen Konstitutionsforschung sind das Werk *Die konstitutionelle Disposition zu inneren Krankheiten* (1917) von Julius Bauer, die Arbeiten des Mediziners Friedrich Kraus, auf die noch eingegangen wird, und die *Allgemeine Prognostik oder die Lehre von der Beurteilung des Gesunden und Kranken* (1918) von Brugsch und Lewy. Die Einstellung in der medizinischen Forschung verlagert sich zunehmend auf die Betrachtung des individuellen Moments im Krankheitsbild, denn »es sollte der Versuch gemacht werden, konstitutionell jede Person so zu erfassen, daß man ein Urteil über ihre Leistungsfähigkeit in jeder medizinischen Beziehung abgeben kann. Damit war das Problem der scheinbaren Irrationalität des Individuums unmittelbar angegangen, anstatt einer Aufzählung von sog. Anomalien.«[9]

Die Konstitutionslehre der Zukunft, so prophezeit Brugsch, wird auf dem Fundament biologischer Forschung aufruhend die Strukturzusammenhänge der »Person in ihrer geschlossenen Einheit nach innen und außen« zum Untersuchungsgegenstand machen. Damit ist die »Drehung der Konstitutionsforschung zur Personallehre«[10] vollzogen. Die Personallehre nimmt Anregungen aus der Biologie – Hans Drieschs »psycho-physische Person« –, aus der Phänomenologie – Max Schelers Leib-Person-Relation – und William

---

[7] Brugsch, *Einführung in die Konstitutionslehre*, S. 19. Vgl. dazu ganz allgemein, und für meine Überlegungen nur kursorisch von Interesse, Eckert/Gradmann (Hg.), *Die Medizin und der Erste Weltkrieg*.

[8] Im Jahr 1912 wurde eine ständige Hygiene-Ausstellung in Dresden eingerichtet; dementsprechend findet derzeit eine große Ausstellung zum hundertjährigen Bestehen des Deutschen Hygiene-Instituts Dresden statt: http://www.dhmd.de/index.php?id=999 (08.08.2012).

[9] Brugsch, *Einführung in die Konstitutionslehre*, S. 20.

[10] Brugsch, *Einführung in die Konstitutionslehre*, S. 21.

Sterns personalistische Psychologie auf. Schillernd ist in diesem Zusammenhang der Begriff der »Konstitution«. Es erscheint nachrangig zu sein, ob mit Konstitution das Genom oder das Nichtgenotypische, das Morphologische oder Funktionelle am Individuum gemeint ist. »Im Vordergrund muß immer die Tatsache der Einheit, Ganzheit und Einmaligkeit der Person und damit jeder Konstitutionslehre stehen, denn von einem Individuum läßt sich nichts subtrahieren, teilen, addieren oder potenzieren, da sonst die Einheit, Ganzheit und Einmaligkeit eines Individuums wohl gefährdet werden dürfte.«[11] Und das gilt vor allem für den Organismus als Individuum, auf dem die Person aufruht. In der Anwendung auf die Medizin heißt das: Die medizinische Personallehre beruht auf einer Gleichsetzung von »Organismus« und »Person« angesichts gleicher Strukturbedingungen ihrer »Konstitution«.[12]

Die »Personallehre« in der Medizin bedient sich eines induktiven Verfahrens, insofern sie beim Individuum (der Kranke) ansetzt und erst nachträglich auf das Allgemeine (die Krankheit) schließt. Gleichzeitig aber dient das Allgemeine, Regelhafte und Normierende zur Bestätigung individueller Ausprägungen von Verhaltensweisen, insbesondere bei pathologischem Verhalten. Was den einzelnen Menschen individuiert, das ist ein Individuell-Allgemeines, so z. B. die Erblichkeit, der Habitus, die innere Organisation, die Entwicklung, die Reaktionsnormen auf die Umwelt usw.; die Unterscheidung von normal und pathologisch am Individuum wird letztlich in einer Reihenuntersuchung von Individuen bestätigt.

Das systematische Grundproblem der Konstitutionslehre ist ganz offensichtlich die Relation von Individuellem und Allgemeinen. Es stellt sich die Frage, gerade wenn es um individuelles Kranksein und ein allgemeines Krankheitsbild geht, ob das Allgemeine nicht nur ein verallgemeinertes Individuelles oder das Individuelle nicht immer schon ein verkörpertes Allgemeines ist. Dieses Grundproblem durchzieht *Die Biologie der Person* von Brugsch und Lewy insgesamt und führt, bei der großen Anzahl der Beiträger zu einer erheblichen Heterogenität, was die Herausgeber auch eingestehen. Dennoch oder gerade deshalb ist das Werk in seiner Uneinheitlichkeit instruktiv, weil es das Zwischenfazit einer Debatte über die »Konstitution« des Menschen bildet, an der Psychologen, Gestaltpsychologen, Mediziner, Neurologen und Psychiater, aber auch Philosophen wie Ernst Cassirer – *Philosophie der symbolischen Formen*, Bd. 3. (1929) – und Maurice Merleau-Ponty – *La Structure du comportement* (1942) – sich beteiligt haben.

---

[11] Brugsch, *Einführung in die Konstitutionslehre*, S. 21.

[12] Brugsch, *Einführung in die Konstitutionslehre*, S. 22: »Die Person in ihrem äußeren Habitus, in ihrer gesamten Struktur, in ihrer Organisation, in ihrer psychophysischen Neutralität mit ihrer gesamten Reaktionsnorm gegen die Umwelt mit allen periodischen und nichtperiodischen Schwankungen repräsentiert das, was als Konstitution bezeichnet werden muß.«

In ideenpolitischer Perspektive ist diese Debatte schon deshalb von herausragender Bedeutung, weil die Konstitutionsforschung in den biopolitischen Programmen der 30er Jahre für rassenbiologische Zwecke mobilisiert und pervertiert wurde. Es ist lehrreich, noch einmal auf die Anfänge der Debatte über die »Biologie der Person« zu schauen, um deren systematische Potentiale – auch systematischen Schwächen, jenseits ideologischer Verzerrungen – zu erkennen.

2. Allgemeine und spezielle Pathologie der Person – Friedrich Kraus

»Die ›Krankheit‹ ist nicht mehr, auch nicht mehr im Virchowschen Sinne, ein Ontologisches. Wir Ärzte haben als Personen in Beziehung zu kranken Personen zu treten. In diesem Zusammenhang geht für mich die Konstitutionsforschung über in die Personenforschung. Mit dem Begriff des Gesamt(Organismus) kommt weiterhin vor allem noch derjenige der Individualität zur Wirkung. Die praktische Frage ist nur: Wie kommen wir wissenschaftlich und, wie ich will, naturwissenschaftlich an die Individualität heran?«[13]

Die bereits erwähnten Herausgeber des mehrbändigen Werkes zur *Biologie der Person*, Theodor Brugsch und Friedrich Heinrich Lewy sind – wie auch Rahel Hirsch und Gustav von Bergmann – Schüler des Mediziners und langjährigen Direktors der zweiten Medizinischen Klinik der Berliner Charité, Friedrich Kraus.[14] Kraus hat in seinem Hauptwerk *Allgemeine und spezielle Pathologie der Person. Klinische Syzygiologie* (1919) die hier vertretene Forschungsrichtung begründet. Kraus legt dar, dass die aktuelle Forschung in Physiologie, Psychologie, Biologie angesichts des nosologischen Ziels, eine Klassifikation der Krankheiten mit dem phänomenalen Befund individuellen Krankseins zusammenzubringen, unbefriedigend ist. Er sieht den Grund hierfür in einer fehlenden Erkenntnis der Einheit und Ganzheit des Organismus, die sowohl die genotypische Konstitution als auch die phänotypische Integration, sprich: das »Personal-Individuelle« berücksichtigt.[15]

---

[13] Kraus, *Geschichte und Wesen des Konstitutionsproblems*, S. 82 [zitiert nach Lindner, *Die Pathologie der Person*, S. 28].

[14] Vgl. Lindner, *Die Pathologie der Person*, insbes. S. 129–133. Die Bibliographie: S. 135–137.

[15] Kraus, *Allgemeine und spezielle Pathologie der Person, Allgemeiner Teil*, S. 3. Vgl. auch Bräuer, *Vorlesungen über Allgemeine Konstitutions- und Vererbungslehre*, der die »Konstitutionspathologie« als Erforschung »der vielfachen individuellen Differenzen im Bau, in der Organisation, Funktionsfähigkeit und Reaktionsweise des Organismus« definiert (S. 3).

In seinem Hauptwerk wendet Kraus sich gegen ein analytisches und klassifikatorisches Verfahren in der Medizin, das nur Krankheiten kennt, und propagiert eine »Erkenntnis von Beziehungen«.[16] Eine solche Erkenntnis setzt auf die Kontinuität im Krankheitsgeschehen und den Zusammenhang organischer Funktionen. Nichts geschieht im Organismus isoliert. »Überall konstatieren wir ein Berühren, ein Verknüpftsein der Funktionen.«[17] Die Grundgedanken seiner Konzeption findet Kraus bei Henri Bergson und William James. Das Zauberwort ist Entwicklung.[18] In der klinischen Praxis sollen wir, so Kraus, die somatische und psychische Entwicklung und die inneren wie auch äußeren Funktionszusammenhänge des Organismus beachten. Jeder Organismus entwickelt sich, auch beim Menschen findet Entwicklung durch »Einflußnahme der Umgebungsverhältnisse« statt. Aber nicht nur; auch der Mensch »modifiziert die Umwelt«.[19] Wie Entwicklung abläuft, das ist in einem genotypischen System zugrunde gelegt; hieraus entfaltet sich ein Phänotypus in erstaunlicher Verschiedenheit. Entwicklung wird angestoßen durch äußere und innere Kräfte; der Organismus wird in verschiedene Erregungs- und Hemmungszustände gesetzt; niemals ist er rein aktiv oder reaktiv. Durch Kombination aller Faktoren entwickelt sich die »Totalität des Organismus«. Der Zustand, in dem sich ein Organismus befindet, resultiert aus der Summe der »effektorischen Folgen von Erregung und Hemmung«.[20]

Der Organismus ist ein Individuum, weil er eine je einzigartige Kombination von vererbtem Anlagekomplex und Entwicklung ist. Diese »Gesamtorganisation [ist] maßgebend für die vereinheitlichende Ordnung, die Stabilität des Körpers, für die Assimilation der Reizkomplexe und deren Gestaltung zur artgemäßen Umwelt, für unsere Begriffe und Urteile, für die eindeutige Bestimmtheit des Gehabens, des Handelns und der Anpassungen.«[21] Ausgangspunkt von Kraus' Untersuchung ist der »Begriff des menschlichen Individuums als eines für sich bestehenden Wesens, in dem jeder der verschiedenen Teile ›integrierend zum Ganzen gehört‹, ausgerüstet noch jeweils mit einer ›selbsteigentümlichen Beschaffenheit‹, wodurch er sich von allen anderen Exemplaren der Art unterscheidet, und mit jener ›Einheit der psychischen Leistungen‹, wie sie sich namentlich als einheitlicher ›Wille‹ bekundet.«[22]

---

[16] Kraus, *Allgemeine und spezielle Pathologie der Person*, S. 4.

[17] Kraus, *Allgemeine und spezielle Pathologie der Person*, S. 4.

[18] Vgl. zum Hintergrund Hartung, *Das Maß des Menschen*, S. 36–102.

[19] Kraus, *Allgemeine und spezielle Pathologie der Person*, S. 5.

[20] Kraus, *Allgemeine und spezielle Pathologie der Person*, S. 7.

[21] Kraus, *Allgemeine und spezielle Pathologie der Person*, S. 17. Vgl. Plessner, *Die Stufen des Organischen und der Mensch*, S. 136–138.

[22] Kraus, *Allgemeine und spezielle Pathologie der Person*, S. 35.

Der Grundbegriff der Biologie ist, wie wir bei Driesch gesehen haben, der individuelle Organismus. Die Bedeutung der Individuation ergibt sich für uns aus der Beobachtung des Verhaltens tieferstehender Organismen. Ein organisches Individuum meint die Anhäufung chemischer Energie um einen einzelnen Kern; eines der allgemeinsten energetischen Merkmale eines Individuums ist die Aufrechterhaltung des dynamischen Gleichgewichts in diesem Gefüge, das zusätzlich vom Wechselverhältnis zwischen Organismus und Umwelt abhängig ist.[23]

Die Person ist als ein organisches System zu verstehen, das sich in einem bestimmten Gleichgewichtszustand der inneren Kräfte in Bezug zur Umwelt befindet. In den Untersuchungen des Gleichgewichtszustandes, der sich sowohl im Organismus-Umwelt- als auch im Person-Welt-Verhältnis artikuliert, ist ein Rückgriff auf übersinnliche Substrate oder Wirkkräfte ausgeschlossen.[24] Denn solche Hypothesen haben die Konsequenz, die Frage nach der Entstehung und Erhaltung des Individuums der Naturforschung zu entziehen, während doch nach Kraus‹ Ansicht »auch die psychisch-physische Person des Menschen wie das tierische Individuum zur Natur und nur zur Natur zu rechnen [sind]. Das ist der spezielle Inhalt dieses Buches.«[25]

Kraus hat seine Thesen schon in der frühen Studie *Ermüdung als ein Mass der Constitution* (1897) entwickelt, die der Ausarbeitung in seiner *Pathologie der Person* vorausgegangen ist. Grundlegend ist die Ansicht, dass der Organismus nicht ein »Zellenstaat«, sondern ein organisches System ist, das durch innere und äußere Abhängigkeiten und Wechselbeziehungen gekennzeichnet ist. Durch Erkenntnis dieser Interdependenzen entsteht ein Bild von der Ganzheit des Organismus. Der Organismus ist in seiner Gesamtleistung von seiner inneren Funktionsstruktur abhängig, die ihn mehr oder weniger befähigt, sich einer Umwelt anzupassen. Für die Gesamtleistung hat Kraus den Begriff »Konstitution« reserviert. Damit wird auf die Erkenntnis des individuellen Organismus als einer komplex strukturierten Lebenseinheit abgehoben, in der allgemeine Strukturen (Genotypus, Umweltbedingungen) mit

---

[23] Kraus, *Allgemeine und spezielle Pathologie der Person*, S. 57: »Zum erstenmal finden wir ein System, welches die dynamische Wechselwirkung zwischen den Lebewesen und den sie beeinflussenden Einflüssen der Umwelt kennzeichnet, bei Lotze und Spencer. Das Leben besteht in der Aufrechterhaltung eines beweglichen Gleichgewichts zwischen inneren und äußeren Vorgängen, in der beständigen ›Anpassung‹ innerer an äußere Relationen.«

[24] Kraus, *Allgemeine und spezielle Pathologie der Person*, S. 73: »Ja, wir dürfen, auch in der Pathologie, kein ›übersinnliches‹ Problem des Lebens gelten lassen, etwa in dem Sinne, daß alles, was in der großen Welt geschieht und was dem Organismus jederzeit die Bedingung schafft für ein ›plan'mäßiges Walten der einzelnen vitalen Prozesse, ein für allemal geregelt ist, wodurch die organischen Individuen entstehen und erhalten bleiben.«

[25] Kraus, *Allgemeine und spezielle Pathologie der Person*, S. 73.

besonderen Momenten (Phänotypus, Umweltsituation) in Vermittlung stehen.

Die *Pathologie der Person* hat nach Kraus das Erkenntnisziel, die Bedingungen, Chancen und Risiken der komplexen Einheiten von Organismus und Person zu untersuchen. Dabei zeigt sich schon auf dem Niveau des Organismus, dass die »Einheit der Person« nicht selbstverständlich gegeben ist, sondern eine dauernde Aufgabe bleibt. Mit Hinweis auf den Psychologen Pierre Janet spricht er von einem »travail d'unité«.[26] Woher aber erhält diese Arbeit ihre Richtung? Kraus führt eine folgenreiche Differenzierung ein, insofern er von der Person im Sinne Schelers, James' und Diltheys als einer Einheit des bewussten Erlebens, die er »Kortikalperson« nennt, eine »Tiefenperson« als Einheit des vital-animalischen Lebens unterscheidet.[27] Das vital-animalische Leben liegt dem bewussten Erleben zugrunde, letzteres ruht auf ersterem auf.

Dieser Grundgedanke, der in Anlehnung an die Philosophie Arthur Schopenhauers und Eduard von Hartmanns gefasst wird und sich auch bei Henri Bergson wiederfinden lässt, wird in der *Pathologie der Person* wirkmächtig entfaltet.[28] Die Pointe ist, dass die Frage nach dem Grund der Individualität, als Schnittstelle von Organismus und Person, einer naturwissenschaftlichen Erklärung entzogen wird, der sie doch – in Abweisung aller metaphysischen Theorien – geöffnet werden sollte. Tatsächlich wird die »Tiefenperson« zur inneren, schöpferischen Instanz, zum Kern des Individuums ernannt. Sie liegt der gesamten Entwicklung zum fertigen Organismus zugrunde; sie ist eine vegetative Strömung als Teil eines allgemeinen Lebensgeschehens. Das ist im Ergebnis eine merkwürdige Zusammenfügung einiger philosophischer Theoreme, die allerdings nicht auf einer systematischen Exposition der dort vorliegenden Probleme beruht.

Für die Frage nach der Relation von Organismus und Person sind diese Überlegungen, trotz der behaupteten Identität beider, widersprüchlich: Zum einen verfolgt Kraus den interessanten Gedanken, dass das Problem der Lebenseinheit ein unteilbares Problem ist, das sich am Organismus – d. h. an der Person – jeweils in der Binnenstruktur (Konstitution) und Außenstruktur (Verhalten zur Umwelt) zeigt. Ebenfalls nachvollziehbar ist die Überlegung, dass die Lösung des Problems der Lebenseinheit prinzipiell individuell ist und die Forschung daher beim Individuum ansetzen muss, um hier aufzu-

---

[26] Kraus, *Allgemeine und spezielle Pathologie der Person*, S. 434. Vgl. dort den Hinweis auf Janet, *L'évolution psychologique de la personnalité*.

[27] Kraus, *Allgemeine und spezielle Pathologie der Person, Besonderer Teil I: Tiefenperson*. Vgl. zur Wirkungsgeschichte dieser Unterscheidung Wilhelm Reichs Studien.

[28] Vgl. zum Hintergrund der Debatte über das Verhältnis des Bewusstseins zum Bereich des Unbewussten Hartung, *Bewusstsein*.

zeigen, wie der Organismus resp. die Person sich als Einheit artikuliert und im Leben erhält. Kaum nachvollziehbar ist jedoch sein Gedanke, dass das Streben nach Gestalteinheit in der Natur auf einen schöpferischen Impuls zurückgeht, den er in der Konzeption der »Tiefenperson«, als der personalen Struktur organischen Lebens, jeder Erklärung entzieht. In der Konsequenz wird auf diese Weise das Problem der Individualität nicht gelöst, schon gar nicht einer naturwissenschaftlichen Analyse eingefügt, wie eingangs behauptet, sondern gleichsam a-rationalistischer Spekulation überantwortet.[29]

3. Psychopathologie der Person

3.1 Erwin Straus und das Problem der Individualität

Das Grundproblem der »Personallehre« ist, wie bei Kraus zu sehen ist, die Frage nach der Einheit, Ganzheit und Einmaligkeit eines Individuums. Daher setzt das vierbändige Werk zur *Biologie der Person* von Brugsch und Lewy mit einer Abhandlung des Philosophen und Psychiaters Erwin Straus ein, die den Titel *Das Problem der Individualität* trägt.[30] Straus teilt die von Kraus proklamierte anthropologische Wende in der biologischen Medizin. Im allgemeinen Teil seiner Abhandlung spricht auch er von einer »Veränderung der Gesamteinstellung«, einem »Stilwandel« in den Wissenschaften.[31] Die Medizin als biologische Sonderdisziplin ist seiner Auffassung nach an die Erscheinungswelt mit ihren qualitativen Aspekten gebunden; d. h. ihre Grundbegriffe, wie z. B. »krank« und »gesund«, sind nur aus der Geschichte einzelner Individuen zu gewinnen. Nur in der phänomenalen Welt macht der Gebrauch des Begriffs der Individualität Sinn; ob es Ganzheitliches in der Natur gibt, darüber kann *a priori* keine Entscheidung getroffen werden. Das induktive Verfahren ist mit einem Mangel behaftet, denn unsere Urteile sind immer vorläufig und unsere Begriffe nie umfassend. Auch die Annahme von Regelmäßigkeit im Naturverlauf bleibt problematisch, weil wir das Ganze der Natur nicht in den Blick bekommen. Straus formuliert daher die Aufgabe einer Analyse, ob und wie der Begriff der Individualität

---

[29] Vgl. zur Wirkungsgeschichte: Hartung, *Organismus und Umwelt*.

[30] Straus, *Das Problem der Individualität*.

[31] Straus, *Das Problem der Individualität*, S. 27–28: »Für dieses Neue werden eine Reihe verschiedener Namen, die zwar nicht den gleichen Sinn, aber doch eine gemeinschaftliche Färbung haben, gebraucht. Man spricht so von der Erforschung der Strukturzusammenhänge, der Gestalt, der Totalität, der Ganzheit, der Person, des Lebens und wohl am umfassendsten der Individualität.«

in den drei Naturkreisen der toten Dinge, der lebendigen Organismen und der Personen passt.[32]

Straus diskutiert extensiv die Frage der Ganzheit eines Organismus, auf die sowohl Biologie als auch Anthropologie wie auch Medizin zurückkommen. Das Ganze ist uns in der Betrachtung niemals vollständig gegeben, denn »es gibt keine Anfänge und kein Ende der ganzheitlichen Entwicklung.«[33] In Abgrenzung zu Drieschs Ganzheits- und Individualitätskonzept fügt er hinzu: »Das Ganze ist aber nicht mehr als die Summe der Teile, sondern es ist von der Summe der Teile völlig verschieden. Das Ganze ist nicht in der gleichen Weise da, wie die einzelnen Teile räumlich-zeitlich da sind.«[34]

Erhellend sind Straus' Überlegungen zum Konstitutionsbegriff. Genotypische Möglichkeiten, die in den Erbfaktoren des Keimes gegeben sind, machen die Konstitution eines Menschen aus. Diese Möglichkeiten müssen mit ihren phänotypischen Ausdrucksformen korreliert werden. Dabei kann der Fall auftreten, dass zwei Individuen in ihren Eigenschaften völlig übereinstimmen, aber dennoch ihre Individualität nicht in Frage steht. »Grundlegend für die Konstitutionsforschung war die Erkenntnis, daß phänomenal gleichen Erscheinungen eine verschiedene Bedeutung bei den verschiedenen Individuen zukomme.«[35] Das Moment des Individuellen hängt also nicht am Phänomen, aber auch nicht an der Erbanlage; gerade die Erbforschung ermöglicht es, Individuen als Teile einer höheren Einheit bestimmbar zu machen. Die äußerliche Gleichheit und Verschiedenheit von Individuen weist nur auf eine Besonderheit hin. Individualität hingegen hängt allein mit der Bedeutung zusammen, die Artzugehörigkeit und Besonderheit für einen einzelnen Organismus in einer Umwelt hat. Anders gesagt: Ein Individuum zeigt sich durch seine innere und äußere Begrenztheit und die mit diesen Grenzverläufen zusammenhängende Konstitution und das entsprechende Verhalten zur Umwelt. Das Sein des Individuums ist bestimmt durch die Stelle, die es innerhalb von Art und Stamm bezogen auf eine Umwelt innehat.

---

[32] Straus, *Das Problem der Individualität*, S. 37 ff.: das Ding; S. 60 ff.: der Organismus. Der Begriff des Lebens »oder richtiger des lebenden Organismus ist konstitutiv für die gesamte Biologie« (S. 61). Und mit Hinweis auf Driesch heißt es: »Der Organismusbegriff enthält implicite die ganzen theoretischen Voraussetzungen der Biologie« (S. 61).

[33] Straus, *Das Problem der Individualität*, S. 72.

[34] Straus, *Das Problem der Individualität*, S. 76. Und er fügt S. 80 hinzu: »Daß es Organismen gibt, daß uns die Einzelheiten nur im Ganzen einer Entwicklung entgegentreten, ist aber einfach hinzunehmen und nicht weiter zu erklären.« Ebenfalls S. 91: »Wir können die organische Einheit im einzelnen nur diskursiv begreifen. Wir können sie nur rekonstruieren, nachdem wir das gegebene Ganze in Teile aufgelöst haben.«

[35] Straus, *Das Problem der Individualität*, S. 100.

Die Konstitutionsforschung, die zu verstehen versucht, was ein Individuum ist, muss einerseits ein generalisierendes Verfahren anwenden, d. h. die Einheit des Organismus in seine Teile zerlegen und aus ihnen wieder zusammensetzen.[36] Andererseits muss sich die Konstitutionsforschung eingestehen, dass sie auf induktivem Weg nicht zum Verständnis von Individualität kommt. Mit diesem Eingeständnis geht die Wiederentdeckung der alltäglichen Wahrheit von der »Einheit der Person« einher.[37] Straus setzt sich mit dem kritischen Personalismus von William Stern auseinander, dessen Einfluss auf Kraus und Brugsch er skizziert. Was bei Stern »Person« heißt, das wird in der Medizin »Organismus« genannt. Max Scheler ist es zu verdanken, dass die Korrelation der Begriffspaare Person-Welt, Leib-Umwelt, Ich-Du, Ich-Außenwelt präziser bestimmt wurde. Dennoch bleiben die phänomenologische wie auch medizinisch-anthropologische Forschung eine Antwort auf die Frage schuldig, was die Individualität, und d. h. hier die Singularität von Organismus resp. Person, die Einmaligkeit ihres Daseins, ausmacht. Mit dem Hinweis auf die Bestimmung einer Stelle im Raum-Zeit-Kontinuum, den Driesch und Kraus gegeben haben, wird die »Einmaligkeit des Soseins« eines Organismus resp. einer Person nicht erfasst.

Aber wie soll sie erfasst werden, fragt Straus? Ist die Einmaligkeit von Organismus resp. Person notwendig oder ein bloß empirisches Faktum? Um einer Antwort näher zu kommen, beruft Straus sich in eklektischem Zugriff auf Hermann Lotzes Logik, Wilhelm Diltheys Hermeneutik, Edmund Husserls phänomenologische Methode und Ludwig Binswangers psychologische Technik des Nacherlebens – und kommt zu der Festlegung, dass eine Erkenntnis des Individuellen über die präzise Bestimmung allgemeiner Merkmale vorbereitet, dann aber intuitiv verstanden werden muss. Ein Verstehen von Einheit und Ganzheit, sowohl beim Organismus als auch bei der Person, kann nur durch Intuition gewonnen werden. »Daß überhaupt eine Individualität im Sinne der Einheit und Einzigkeit vorliegt, dieses Wissen dürfte nach dem früher Gesagten, wohl als intuitiv gewonnen, bezeichnet werden. Diese Einheit aber nun in ihrer Begrenzung und in ihren einzelnen Momenten zu erkennen, setzt die Kenntnis der Totalität der Umstände voraus; und diese kann uns auch die Intuition nicht vermitteln.«[38] Intuition

---

[36] Straus, *Das Problem der Individualität*, S. 104: »Auflösung der Einheit des Organismus in eine große Zahl einzelner, qualitativ bestimmter Eigenschaften, soweit als möglich vergleichende Messungen der Merkmale, Bildungen von Variationsreihen, willkürliche Begrenzung einer Norm und der Abweichung von der Norm, die Aufstellung von Konstitutionstypen und schließlich die Berücksichtigung des Erbganges.«

[37] Straus, *Das Problem der Individualität*, S. 109: »Die Wiederentdeckung der Person ist also nicht die Erkenntnis einer neuen Lösung, sondern die Wiederentdeckung eines alten Problems.«

[38] Straus, *Das Problem der Individualität*, S. 108.

als Erkenntnisart ermöglicht uns allein eine Vorwegnahme der Einheit von Organismus resp. Person, die aufgrund der fehlenden Kenntnis innerer und äußerer Begrenztheit derselben, der Totalität der Umstände, nicht erreicht werden kann. Mit Binswanger definiert Straus die letzte Aufgabe der verstehenden Psychologie als den Versuch zu verstehen, dass und wie sich eine einheitliche Person in jedem einzelnen Erlebnis, in jeder Phase ihrer Entwicklung ausdrückt; es gilt, das Nebeneinander und Nacheinander in der Erscheinung als Einheit einer Mannigfaltigkeit zu deuten. Oder: zu zeigen, wie das Ich in allen Wandlungen der einzelnen Erlebnisse anders wird, ohne sich zu verändern.[39]

In Straus' Konzeption der Einheit von Organismus resp. Person wird das Rätsel der Individualität zwar nicht gelöst, aber auch nicht als Mysterium deklariert. Jeder Verstehensakt, ob allgemein lebensweltlich oder in der besonderen Situation von Arzt und Krankem, setzt neben der schöpferischen Spontaneität der einzelnen Personen als Individuen auch eine Übereinstimmung in den Grundlagen und Ausdrucksformen voraus, so dass es hier für die Forschung und das diagnostische Gespräch eine Basis der Vergleichbarkeit gibt. Diese Ansicht hat, wie Straus ausdrücklich hervorhebt, nichts mit der Lehre von der allgemeinen Gleichheit der Menschen zu tun; es geht vielmehr darum, eine »Übereinstimmung *hinter* jeder konkreten Erscheinung zu suchen [...], eine umfassende Beziehung Person-Welt [...], die von keiner empirischen Person vollständig erfüllt wird.«[40] Individualität hat so gesehen eine paradoxe Struktur, weil der Versuch unternommen wird, Einmaligkeit und Vergleichbarkeit zusammen zu denken. »Alles historisch Einmalige ist nur dann verständlich, wenn das faktisch nur einmal vorkommende doch einen allgemeinen zeitlosen Sinn hat.«[41]

Gegen den Trend in der Konstitutionsforschung, dem auch schon Kraus folgt, weist Straus die Forschung darauf hin, dass sie dem Problem der Individualität nicht entgehen kann, indem sie entweder das Moment der Einmaligkeit oder dasjenige der Vergleichbarkeit jeweils leugnet oder verallgemeinert. Seine Entschärfung dieser Paradoxie läuft auf eine Unterscheidung von empirischer Person und wesentlicher Person hinaus. Die »Beziehung der empirischen Person zu den Grundanlagen ist von der individuellen Grund-

[39] Straus, *Das Problem der Individualität*, S. 117. Und S. 118: »Es ist die Beziehung der Person zur Welt, die sich im Laufe der Entwicklung als ganze wandelt.« Während es einem früheren Standpunkt in der Psychologie gemäß die Aufgabe war zu zeigen, wie Einzelheiten synthetisch verknüpft werden können, stellt uns ein heutiger Standpunkt »in völliger Verkehrung der Problemlage« vor die Aufgabe, »verständlich zu machen, wie die Einheit sich in die Einheiten entfaltet, in ihnen wandelt oder im pathologischen Fall sogar in Einzelnes zerfällt.«
[40] Straus, *Das Problem der Individualität*, S. 120–121.
[41] Straus, *Das Problem der Individualität*, S. 121.

anlage zu der allgemeinen Wesensart der Person überhaupt streng zu unterscheiden.«[42] Im Gegensatz zu Kraus' »Tiefenperson« handelt es sich bei Straus' Wesensverständnis der Person um eine eidetische Bestimmung im Sinne Husserls.[43]

Die Pointe von Straus' Denkansatz besagt, dass die biologische Forschung ernst zu nehmen ist und für die »Personlehre« gefordert werden muss, dass sie komplementär zur Kenntnis vom genetischen Aufbau der Person ist. Erst die Kenntnis der Genetik ermöglicht die Unterscheidung zwischen dem, was an ihrer Erscheinung »reine Auszeugung der Grundanlagen« und was »durch äußere Umstände bedingt« ist.[44] Damit ist das Problem der Individualität aber noch gar nicht berührt. Die Einsicht darin, dass und wie sich ein Organismus resp. eine Person als Individuum artikuliert und behauptet, übersteigt eine *Biologie der Person* und macht die Aufnahme phänomenologischer, gestaltpsychologischer und anthropologischer Ansätze notwendig.[45]

3.2 KURT GOLDSTEIN UND DER AUFBAU DES ORGANISMUS

Kurt Goldsteins Studie *Der Aufbau des Organismus* (1934)[46] steht ebenfalls in der Tradition der Konstitutionspathologie, an der er allerdings einige weitreichende Korrekturen vornimmt. In der Einleitung macht Goldstein deutlich, dass die Betrachtung von »Erfahrungen am Menschen« ausgehen muss und die Biologie daher unter den Naturwissenschaften eine Sonderstellung einnimmt, weil sie vom »lebendigen Wesen« ausgeht und nicht davon abstrahieren kann, dass der Mensch in seiner Lebendigkeit auf sich selbst reflektiert.[47]

Die These seiner Untersuchungen ist, dass der Organismus eine »Ganzheit« ist, dessen Symptome und Leistungen dementsprechend auch in ihrer »Ganzheitsbezogenheit« betrachtet werden müssen. In detaillierten Schritten geht Goldstein den »Reflexaufbau des Organismus« durch und stellt sich die Frage, woher die Dynamik und Richtung im Geschehen, die in den Leistungen (Reaktionen, Regulationen usw.) zutage tritt, kommt. Die Grundfrage des Verstehens lebendiger Vorgänge lautet daher: Wird die Richtung

---

[42] Straus, *Das Problem der Individualität*, S. 124.
[43] Vgl. die Beiträge zur Phänomenologie der Person in diesem Band.
[44] Straus, *Das Problem der Individualität*, S. 128–129.
[45] An dieser Stelle muss ein Hinweis auf Straus' Studien zur Phänomenologie und Psychopathologie genügen, die unter dem Titel *Psychologie der menschlichen Welt* erschienen sind.
[46] Goldstein, *Der Aufbau des Organismus*.
[47] Goldstein, *Der Aufbau des Organismus*, Einleitung: S. 1–7.

durch eine »bestimmte Umwelt, in der der Organismus lebt«, oder »durch eine vom Organismus selbst ausgehende Bestimmung und Kraft« bewirkt?[48]

Goldsteins Antwort auf diese Fragen impliziert eine Kritik der Umwelttheorien, wie wir sie bei Darwin, aber auch bei Uexküll vorfinden. Auch wenn ein Organismus einer Umwelt zugeordnet ist, bedeutet dies nicht, dass der Organismus durch diese Umwelt bestimmt ist. Es zeigt sich vielmehr, dass jeder Organismus vor der Aufgabe steht, aus einer vorgefundenen »Welt« seine Umwelt auszugrenzen; diese ist nichts Fertiges, sondern sie entsteht in der Tätigkeit des Organismus. Die Selbstbehauptung des Organismus hängt davon ab, ob und inwieweit es ihm gelingt, »in der Welt eine adäquate Umwelt zu finden. [...] Umwelt entsteht aus Welt erst bei geordnetem Organismus.«[49] Es ist also geradezu umgekehrt wie in der Theorie Darwins und anderen materialistischen Konzeptionen: Nicht die Umwelt bestimmt den Organismus, sondern der Organismus ordnet seine Beziehung zur Umwelt.

Goldstein entwickelt nun eine Ganzheitstheorie des Organismus. Die Ordnung im Organismus ist eine Ganzheit; Veränderungen in der Umwelt wirken sich auf den ganzen Organismus aus, und auch Veränderungen an einzelnen Organen haben eine Auswirkung auf den ganzen Organismus. Dies belegen Untersuchungen auf motorischem und sensorischem Gebiet, die Goldstein mit seinem Kollegen Adhemar Gelb insbesondere anhand pathologischer Bewusstseinszustände durchgeführt hat.[50] Es gibt vergleichbare Verhaltensmuster »beim Hund, Krebs oder Seestern [...wie] beim bewusstseinsgestörten Menschen, welche die Folgerung nahelegen, dass nicht das Bewusstsein ihr Urheber ist, »sondern dass es sich um tief biologisch bedingte aber allerdings nur bei ganzheitlicher Betrachtung verständliche Erscheinungen handelt.«[51]

Positiv gewendet heißt dies, dass jede geistige Tätigkeit, ob bewusst, unbewusst, normalpsychologisch oder gestört, auch eine Erscheinung des Organismus als Ganzem und nicht etwas »neben« und »außerdem« sein kann.[52] Im Rahmen einer instruktiven Kritik an Schelers funktionalem Dualismus von »Leben und Geist« und Cassirers kritischer Auseinandersetzung mit

---

48 Goldstein, *Der Aufbau des Organismus*, S. 57.

49 Goldstein, *Der Aufbau des Organismus*, S. 58. Vgl. Kraus, *Allgemeine und spezielle Pathologie der Person*, S. 60: »Die Umwelt erscheint, ererbt und durch die Lebenslage modifiziert, art- und individualgemäß verschieden.«

50 Vgl. die Diskussion hierzu in Cassirer, *Philosophie der symbolischen Formen*, Dritter Teil: *Phänomenologie der Erkenntnis*, Zweiter Teil, Kap. VI. Zur Pathologie des Symbolbewußtseins, S. 238–325.

51 Goldstein, *Der Aufbau des Organismus*, S. 152.

52 Vgl. hierzu Goldstein, *Der Aufbau des Organismus*, Neuntes Kapitel: Leben und Geist, S. 293–318.

Scheler, kommt Goldstein zu dem Ergebnis, dass bereits die Rede von »Leben«, das umweltgebundene und weltoffene Verhaltensstrukturen aufweist, und vom »Geist«, der dem Leben widersteht, zweideutig ist, weil er den Aspekt der Ganzheit eines »einheitlichen, in sich selbst zwiespältigen Wesens« verdeckt.[53] Stattdessen muss gezeigt werden, dass die Struktur des menschlichen Organismus Aspekte aufweist, die sein besonderes Verhalten zur Umwelt aus sich erzeugen und damit in einem fundamentaleren Sinne eine Zwiespältigkeit zum Ausdruck bringen, die der bekannte Antagonismus von »Leben und Geist« nicht trifft.

Diese Überlegungen sind in der frühen Studie *Der Aufbau des Organismus* lediglich angedeutet und nehmen erst in der späteren Arbeit unter dem Titel *Human Nature in the Light of Psychopathology* (1951) Gestalt an.[54] In dieser, auf Vorträge an der Universität Harvard zurückgehenden, Arbeit expliziert Goldstein seinen »holistic approach«: Der Organismus ist ein Ganzes, dessen einzelne Organe und dessen Verhalten gegenüber einer Umwelt unter den Gesichtspunkten der »constancy«, »consistency« und »equalization« zu betrachten ist.[55] Mit Berufung auf Goethe plädiert Goldstein für einen synthetischen Blick in der Biologie, die einen Organismus nicht aus seinen Teilen zusammensetzt, sondern anhand eines »Urbildes« oder einer »Gestalt« in seiner Ganzheit erfasst. Was für einen Organismus zutrifft, das gilt auch für eine Person.[56]

Allerdings zeigt sich hier eine Einschränkung für die Festlegung typischer Charakteristika: So angemessen die Suche nach »anthropological types«, wozu auch die Konstitution gehört, für die Beschreibung von Übereinstimmungen im menschlichen Verhalten ist, so unzureichend ist doch die Suche nach Verhaltensdeterminanten, insofern sie das Individuum als Beispiel eines Typus versteht.[57] Dieser Einwand hat Konsequenzen. Die Aktualisierung der Ganzheit eines Organismus resp. einer Person hängt einerseits

---

[53] Goldstein, *Der Aufbau des Organismus*, S. 299: »Wenn [...] der Grundgedanke Cassirers zum Ausdruck kommen soll, so wie wir ihn verstehen und mit ihm übereinstimmen, wenn man Geist und Leben nur als ›Regionen‹ des einheitlichen, in sich selbst zwiespältigen Wesens betrachtet, müsste auch dementsprechend von einem *Kampf innerhalb dieses Wesens* gesprochen werden, von dem aus gleichzeitig die Energie zum Wirken und zum Bilden ausgeht.« Vgl. zum Hintergrund dieser Debatte Hartung: Das Maß des Menschen. Aporien der philosophischen Anthropologie und ihre Auflösung in der Kulturphilosophie Ernst Cassirers. Weilerswist 2003, S. 240–254.

[54] Goldstein, *Human Nature in the Light of Psychopathology*.

[55] Goldstein, *Human Nature in the Light of Psychopathology*, Kap. I: The Holistic Approach and the Analytic Method in Science, S. 3–33.

[56] Goldstein, *Human Nature in the Light of Psychopathology*, Kap. VII: On the Structure of Personality, S. 171–200.

[57] Goldstein, *Human Nature in the Light of Psychopathology*, S. 190–191.

an ihrer »Natur«, andererseits an ihrer Umwelt, in der andere Organismen resp. Personen begegnen. Während Kraus und selbst Straus in einem biologistisch verkürzten Sinne von Umwelt sprechen, nimmt Goldstein den Gedanken ernst, dass Organismen resp. Personen sich in ihren organismischen resp. personhaften Umwelten dadurch in ihrer Konstitution behaupten und in ihrem Verhalten ausrichten, weil ihnen andere Organismen resp. Personen begegnen. »This implies that the behavior has to presume definite environmental conditions, in particular the existence of other men.«[58]

Goldstein geht so weit, dass er die Individuation eines Organismus und einer Person konstitutiv davon abhängig macht, dass ihr die Begegnung eines anderen vorausgeht. »The self-actualization of the individual in his social environment can take place only [...] by claiming something from another, by imposing upon another to a certain degree.«[59] Damit wird ein alltagsweltlich simples Faktum, dass ein Individuum nicht allein existiert, zur Voraussetzung für die Konstitution organischer und personaler Ganzheit. Während die Konstitutionsforschung davon ausgeht, dass ein Individuum sich durch Aktualisierung seiner, in ihm angelegten Möglichkeiten im Gegensatz zu einer Umwelt entwickelt und behauptet, spricht Goldstein von einem Verzicht auf Autonomie und Angewiesenheit des Organismus auf seine Umwelt.

In diesem Zusammenhang gilt es aber – neben dem Gedanken der radikalen Selbständigkeit und Selbstbehauptung – ein weiteres, gegenläufiges Vorurteil zu beseitigen, demzufolge die Gemeinschaft dem Individuum übergeordnet ist. Alltagsweltlich scheint es nahezuliegen, das Individuum als Teil einer sozialen Organisation zu begreifen. Üblicherweise sprechen wir von einem Primat des »Wir« – empirically given – vor dem »Ich«. »The widespread assumption, in fact, is that nature is not interested in the individual.« Das jedoch ist nicht richtig: »Everywhere in nature we meet with individuals, not only in the realm of man but also in that of animals and plants. What we call kinds, races, and so on, are products of human thought in its generalizing aspect.«[60]

Goldstein lenkt in den späten 30er Jahren den Blick auf einen Punkt, auf den jeder Versuch der Begründung einer *Biologie der Person* letztlich abzielt. Es geht um die theoretische Frage, ob in der Welt des Lebendigen das Individuum oder die Allgemeinheit (Art, Stamm, Volk usw.) den Primat bean-

---

[58] Goldstein, *Human Nature in the Light of Psychopathology*, Kap. VIII: The Individual and the Others, S. 201–223; hier: S. 201.

[59] Goldstein, *Human Nature in the Light of Psychopathology*, S. 203.

[60] Goldstein, *Human Nature in the Light of Psychopathology*, S. 209. Und er fügt S. 209–210 hinzu: »How are we to understand the immense variety of forms, colors, and ways of living, without assuming that they are all of importance to nature, an importance which is much greater than it usually appears to the human mind to be, especially in the scientific approach?«

spruchen kann, und die aus der jeweiligen Beantwortung dieser Frage resultierenden praktischen Konsequenzen. Auf der einen Seite lehnt Goldstein eine unzulässige Generalisierung ab, auf der anderen Seite jedoch weiß er, dass sein Plädoyer für Individualität in Natur und Kultur eine metaphysische Behauptung ist.[61]

In einem bestimmten Sinne reformuliert Goldstein den Gedanken von Straus, dass es zur paradoxen Struktur des Verständnisses von Individualität gehört, dessen Einmaligkeit und Vergleichbarkeit in Betracht zu ziehen. So ist es auch für ihn selbstverständlich, dass trotz der Behauptung des Primats der Individualität, kein »Ich« ohne ein »Wir« denkbar ist; beide sind wechselseitig voneinander abhängig. Selbstverständlich wird das Individuum – als Organismus durch Umweltbedingungen wie auch als Person durch Gewohnheiten, Gebräuche und Institutionen, die für seine Gesellschaft charakteristisch sind – in seinem Verhalten bestimmt. Aber alles das, was in einer organischen Welt für den Organismus und in einer sozialen Welt für die Person gültig ist, ist und bleibt das Produkt individueller Kräfte. So sind Individualität und Allgemeinheit auf eine, in Bezug auf das Individuum nicht-reduktive Weise miteinander verbunden; diesen Anti-Hegelianischen Gedanken findet Goldstein in den Sprachstudien von Wilhelm von Humboldt und Ernst Cassirer entwickelt.[62]

4. Die Grenzen einer Biologie der Person – ein Ausblick

In wenigen Jahren ereignet sich der Aufstieg einer neuen Forschungsrichtung, die auf den Namen einer *Biologie der Person* hört und mit der Konstitutionsforschung und der Organismus-Umwelt-Theorie progressive Denkansätze zu integrieren sucht. In dem monumentalen vierbändigen Werk von Brugsch und Lewy werden zugleich, zumindest in der Abhandlung von Straus, grundlegende Probleme artikuliert, die sich innerhalb einer biologischen Perspektive nicht beantworten lassen. Festzuhalten ist hierfür, dass bereits Brugsch das Problem der Individualität erkennt und fordert, dass das Problem der scheinbaren Irrationalität des Individuums (als Organismus und Person) Vorrang erhalten muss. Kraus bemerkt, dass eine Person-Lehre,

---

[61] Goldstein, *Human Nature in the Light of Psychopathology*, S. 210f.: »My assumption that nature is concerned with the individual may appear to be merely a metaphysical belief. Yet it is certainly no more metaphysical than the idea which ascribes to nature a lack of concern with the individual and sees as its goal the preservation of the species.«

[62] Goldstein, *Human Nature in the Light of Psychopathology*, S. 216. Vgl. zum Hintergrund Hartung, *Sprach-Kritik*, insbes. die Kapitel 1–3 und 7.

die diese Aufgabe in Angriff nimmt, sich nicht auf eine Analyse von Zuständen zurückziehen darf, sondern sich um eine »Erkenntnis von Beziehungen« erweitern muss. Ein holistischer Ansatz lässt die Überlegungen zur Ganzheit des Organismus und der Person mindestens konvergieren, wenn nicht gar ineinander fallen. Dadurch droht die Gefahr einer biologistischen Verkürzung durch die Gleichsetzung von Organismus und Person (Kraus und Brugsch) oder durch die Behauptung struktureller Konvergenz bei Straus, bei dem es ausreicht, »eine Verknüpfung von Person und Organismus dadurch zu begründen, daß wir uns die Grenzen der Entfaltung der Person an die Struktur des Organismus gebunden denken.«[63] Straus' Ziel ist es, von der biologischen Seite zu einer Kenntnis der Person zu kommen, um ihr Werden, d. h. ihre Entfaltung im normalen oder pathologischen Fall zu begreifen. Auf diese Weise hebt er den klassischen Dualismus von Materie und Geist, hier in der Form von Organismus und Person, zwar auf, transportiert ihn jedoch auf eine andere Ebene, indem er methodisch zwischen der Kenntnis einer empirischen Person und dem Verständnis einer Person im eidetischen Sinne unterscheidet. Denkt man diesen Gedanken weiter, dann verliert das Programm einer *Biologie der Person* seine Berechtigung als integrativer, ganzheitlicher Sichtweise. Dagegen entwirft bereits Goldstein und nach ihm die phänomenologische Psychopathologie eine ganzheitliche Perspektive, in der Organismus und Person in nicht-reduktionistischer Weise zusammengedacht und in ihren Umweltbeziehungen analysiert werden.[64] Eine *Biologie der Person*, wie sie in den 20er und 30er Jahre des zurückliegenden Jahrhunderts entworfen wurde, ist heute *ad acta* gelegt. Die Frage nach den Risiken, aber auch Chancen eines ganzheitlichen Denkansatzes in der phänomenologischen Anthropologie und Psychopathologie ist damit aber noch nicht beantwortet.

[63] Straus, *Das Problem der Individualität*, S. 129.
[64] Vgl. Fuchs, *Leib und Lebenswelt*.

Literatur

Bräuer, Julius: *Vorlesungen über Allgemeine Konstitutions- und Vererbungslehre. Für Studierende und Ärzte*, Zweite vermehrte und verbesserte Auflage: Berlin 1923.

Brugsch, Theodor/Lewy, Friedrich Heinrich (Hgg.): *Die Biologie der Person. Ein Handbuch der allgemeinen und speziellen Konstitutionslehre*, Bd. I: *Allgemeiner Teil der Personallehre*, Berlin-Wien 1926.

Brugsch, Theodor: Einführung in die Konstitutionslehre, ihre Entwicklung zur Personallehre. In: *Die Biologie der Person. Ein Handbuch der allgemeinen und speziellen Konstitutionslehre*, Bd. I, hgg. von T. Brugsch u. F. H. Lewy. Berlin – Wien 1926, S. 1–23.

Cassirer, Ernst: *Philosophie der symbolischen Formen*, Dritter Teil: *Phänomenologie der Erkenntnis* (1929), ND Darmstadt 1994.

Driesch, Hans: *Philosophie des Organischen* – Gifford-Vorlesungen, gehalten an der Universität Aberdeen in den Jahren 1907–1908, Zweite verbesserte Auflage: Leipzig 1921.

Eckert, Wolfgang U./ Gradmann, Christoph (Hgg.): *Die Medizin und der Erste Weltkrieg* (Neuere Medizin- und Wissenschaftsgeschichte – Quellen und Studien. Bd. 3), Pfaffenweiler 1996.

Fuchs, Thomas: *Leib und Lebenswelt – Neue philosophisch-psychiatrische Essays*, Kusterdingen 2008.

Goldstein, Kurt: *Der Aufbau des Organismus. Einführung in die Biologie unter besonderer Berücksichtigung der Erfahrungen am kranken Menschen*, The Hague 1934.

– *Human Nature in the Light of Psychopathology* (The William James Lectures, delivered at Harvard University 1938–1939), Cambridge/Mass. 1951.

Harrington, Anne: *Die Suche nach Ganzheit – Die Geschichte biologisch-psychologischer Ganzheitslehren: vom Kaiserreich bis zur New-Age-Bewegung*, Reinbek bei Hamburg 2002.

Hartung, Gerald: *Das Maß des Menschen. Aporien der philosophischen Anthropologie und ihre Auflösung in der Kulturphilosophie Ernst Cassirers*, Weilerswist 2003.

– *Sprach-Kritik. Sprach- und kulturtheoretische Reflexionen im deutsch-jüdischen Kontext*, Weilerswist 2012.

– Bewusstsein. In: *Archiv für Begriffsgeschichte* (Sonderband: Philosophische Grundbegriffe des 19. Jahrhunderts), Hamburg [im Druck].

– Organismus und Umwelt. Hans Jonas' Ansatz zu einer Theorie der menschlichen Umwelt. In: *Naturphilosophie als Grundlage der Naturethik. Zur Aktualität von Hans Jonas*, hgg. von G. Hartung, G. Hofmeister, K. Köchy u. J. C. Schmidt. Freiburg 2013, S. 75–99.

Janet, Pierre: *L'évolution psychologique de la personnalité*, Paris 1929.

Kraus, Friedrich: *Allgemeine und spezielle Pathologie der Person – Klinische Syzygiologie. Allgemeiner Teil*, Leipzig 1919.

– Geschichte und Wesen des Konstitutionsproblems. In: *Archiv für Frauen-kunde und Eugenik, Sexualbiologie und Vererbungslehre* IX, 1923.
– *Allgemeine und spezielle Pathologie der Person – Klinische Syzygiologie. Besonderer Teil I: Tiefenperson*, Leipzig 1926.
Lindner, Martin: *Die Pathologie der Person – Friedrich Kraus' Neubestimmung des Organismus am Beginn des 20. Jahrhunderts*, Berlin-Diepholz 1999.
Plessner, Helmuth: *Die Stufen des Organischen und der Mensch. Einleitung in die philosophische Anthropologie* (1928), Dritte Auflage: Berlin – New York 1975.
Straus, Erwin: Das Problem der Individualität. In: *Die Biologie der Person. Ein Handbuch der allgemeinen und speziellen Konstitutionslehre*. Bd. I, hgg. von T. Brugsch u. F. H. Lewy. Berlin – Wien 1926, S. 25–134.
Straus, Erwin: *Psychologie der menschlichen Welt. Gesammelte Schriften*, Berlin – Göttingen – Heidelberg 1960.

III.
DIE PERSON IN
PRAKTISCHEN
ZUSAMMENHÄNGEN

Dieter Sturma

AKTEUR UND ANERKENNUNG

*»Person« als Grundbegriff der theoretischen
und praktischen Philosophie*

Einleitung

Der Begriff der Person hat über die Jahrhunderte sowohl in semantischer wie
in systematischer Hinsicht viele Veränderungen durchlaufen und sich dabei
als überaus widerstandsfähig gegenüber grundsätzlicher Kritik am Subjektgedanken erwiesen. Denn es ist ein Kennzeichen neuzeitlichen Denkens,
Subjektgedanken[1] genauso zu entwickeln wie Subjektkritik. Die subjekt-
kritischen Motive haben übergreifende natur-, geistes- und – später auch –
sozialwissenschaftliche Hintergründe. Immer wieder ist von wissenschaftlichen Demütigungen des Menschen durch die Naturwissenschaften oder sogar vom Tod des Subjekts die Rede. Insbesondere Positionen im neunzehn-
ten Jahrhundert melden entschiedene Vorbehalte gegen eine wie auch immer
geartete Sonderrolle des Menschen an. Exemplarisch für solche Sichtweisen
sind die Ansätze von Schopenhauer, Nietzsche, Darwin oder Freud, an denen sich nicht zuletzt auch die radikale Kritik orientiert, die postmoderne,
neokonservative und neostrukturalistische Positionen an der Subjektphilosophie üben. Auch wenn diese vielfältigen Formen der Subjektkritik in der
Regel nicht dem Bereich der systematischen Philosophie zuzuordnen sind,
werden im Resultat einige ihrer Vorbehalte von der analytischen Philosophie
geteilt. Diese weist insbesondere die systematische und semantische Naivität
der traditionellen Subjektphilosophie zurück – ein Einwand, der sich schon
bei Nietzsche findet und sich vor allem auf die Verwendung des egologischen
Vokabulars bezieht. Diese Vorbehalte haben Teile der analytischen Philosophie allerdings nicht davon zurückgehalten, mit dem Begriff der Person eine
hervorgehobene systematische Rolle zu verbinden.

Die semantische Widerstandsfähigkeit des Begriffs Person ist in einer
Hinsicht überraschend. Zwar fehlt der sprachlichen Erscheinung nach ein
ausdrücklicher Subjektbezug, mit ihm verbinden sich historisch wie syste-

---

[1] Im Unterschied zum Begriff des Subjekts der traditionellen Metaphysik ist der neuzeitliche
Subjektgedanke erkenntnistheoretisch und moralphilosophisch vermittelt.

matisch gleichwohl Vorstellungen von einer systematischen Sonderstellung in der theoretischen und praktischen Philosophie. Von den Vorbehalten gegenüber Sonderstellungserwägungen bleibt er in seinem semantischen Gehalt eigentümlich unberührt. Bei aller Kritik im Einzelnen besteht in konzeptioneller wie in praktischer Hinsicht weitgehend Einigkeit darüber, dass er sich der Bestimmung nach auf einen Akteur im sozialen Raum der Gründe bezieht, der gleichermaßen Subjekt und Objekt von Zuschreibungen beziehungsweise Selbstzuschreibungen ist. Was diese Semantik für die Lebensführung der einzelnen Person bedeutet, mag umstritten bleiben. In unserem epistemischen, moralischen, rechtlichen und kulturellen Verständnis beziehungsweise Selbstverständnis ist sie jedoch fest verankert.

1. DER BEGRIFF DER PERSON

Der Ausdruck »Person« bezeichnet formal den Ausgangs- und Bezugspunkt von epistemischen oder normativen Einstellungen. Bereits in dieser formalen Bestimmung wird seine grundlegende Bedeutung für die Belange der theoretischen wie der praktischen Philosophie sichtbar. Inhaltlich orientiert sich sein semantisches Feld an der Fähigkeit von Akteuren, sowohl aus sich heraus erkennen und handeln als auch sich zu sich selbst, zu anderen Personen und zu ihrer Umwelt verhalten zu können. Mit diesen Verhältnissen verbinden sich spezifische epistemische und praktische Möglichkeiten, die in der Gestalt von Bestimmungen wie Selbstreferenz, Selbstbewusstsein, Begründung und Anerkennung die praktischen Lebensvollzüge von Personen formieren.

Der Ausdruck »Person« verfügt über keine kohärente Begriffsgeschichte. Vor allem in seinen Anfängen werden beiläufige Verwendungsweisen immer wieder zum Anlass genommen, ihn im Rahmen von neuen philosophischen Frage- und Problemstellungen einzusetzen. Systematische Innovationen in der Begriffsgeschichte zeigen sich vor allem bei Überlegungen zur metaphysischen Dignität in der Patristik, bei der Neubestimmung des *principium individuationis* durch John Locke sowie in der Entwicklung der Selbstzweckformel beziehungsweise des Instrumentalisierungsverbots durch Immanuel Kant.[2] Im zwanzigsten Jahrhundert findet der Begriff der Person zunehmend Einzug in grundsätzliche Überlegungen der analytischen Philosophie zu den Bedingungen und Voraussetzungen von Wissen.[3] Mittlerweile steht er auch im Mittelpunkt einer Vielzahl bioethischer Erweiterungen, die sich seit einiger Zeit in der praktischen Philosophie, im Recht und in der Politik

---

[2] Zur Begriffsgeschichte des Ausdrucks »Person« siehe Sturma, *Philosophie der Person*, S. 44 ff.

[3] Vgl. Hampshire, *Thought and Action*; Strawson, *Individuals*; Chisholm, *Person and Object*.

vollziehen. Für den Großteil der Begriffsgeschichte gilt, dass sich das semantische Feld des Ausdrucks »Person« unabhängig oder sogar abgrenzend von der Bedeutung des Begriffs des Menschen entwickelt. Erst in neuerer Zeit finden sich Versuche, vor dem Hintergrund bioethischer Herausforderungen die Bedeutung von »Mensch« und »Person« zusammenzuführen.

Auch wenn sich in der Philosophie nach wie vor von der Erkenntnistheorie bis zur Bioethik etliche Verwendungen des Begriffs der Person ausmachen lassen, die semantisch sehr unterschiedlich ausfallen, zeichnet sich in systematischer Hinsicht durchaus ein Kernbereich ab. Danach bezeichnet »Person« einen Akteur, der sich zum einen epistemisch und praktisch *zu* Gründen und *aus* Gründen verhält sowie zum anderen intentionales Korrelat der Zuschreibung von Gründen ist. Die Rolle von Gründen im Leben von Personen ist insbesondere in der analytischen Philosophie konturiert herausgearbeitet worden. Sie reagiert sprachphilosophisch und erkenntnistheoretisch auf den Sachverhalt, dass sich in deskriptiver wie in normativer Hinsicht personales Leben im logischen Raum der Gründe[4] vollzieht – was im Übrigen nicht bedeutet, dass Personen dadurch den Zwangsläufigkeiten des Raums der Ursachen[5] entkommen.

2. Identität und Selbstreferenz

Mit John Lockes Neubestimmung des Individuationsprinzips erfährt der Begriff der Person seine systematische Einführung in die theoretische Philosophie der Neuzeit.[6] Locke untersucht das *principium individuationis*, das der Konzeption nach über die Unterscheidung zwischen Identität und Verschiedenheit entscheidet, am Beispiel personalen Lebens. Angesichts des Umstands, dass Personen im Laufe ihres Lebens vielfältige physische und psychische Veränderungen durchlaufen, stellt er die Frage, worin ihre Identität über die Zeit hinweg bestehe und wie sie zu erkennen sei.

Locke fasst das *principium individuationis* grundsätzlich als Existenz in Raum und Zeit auf. Alles was *als solches* existiere, verfüge für die Dauer seiner Existenz jeweils über eine eigene Zeit und einen eigenen Ort.[7] Er orientiert sich bei seiner Auffassung an den methodischen Vorgaben der neuzeit-

---

[4] Zum Ausdruck des logischen Raums der Gründe siehe Sellars, *Empiricism and the Philosophy of Mind*, S. 75 f.; vgl. McDowell, *Mind and World*, S. 125.

[5] Im Raum der Ursachen gelten die naturwissenschaftlichen Nomologien.

[6] Siehe Locke, *An Essay concerning Human Understanding*, S. 328 ff. [II, 27]

[7] Siehe Locke, *An Essay concerning Human Understanding*, S. 330: »From what has been said, 'tis easy to discover, what is so much enquired after, the *principium Individuationis*, and that 'tis plain is Existence it self, which determines a Being of any sort to a particular time and place incommunicable to two Beings of the same kind.«

lichen Erkenntnistheorie und verzichtet ausdrücklich darauf, in seinen weiteren Ausführungen die Bestände der traditionellen Metaphysik heranzuziehen. Daher ist es für ihn naheliegend, auf einen metaphysisch unbelasteten Begriff zurückzugreifen. Vor diesem Hintergrund ist die Verwendung des Ausdrucks »Person« gut nachvollziehbar, zumal für die neue Bezugnahme auf vernünftige Individuen auch in den akademisch gebräuchlichen Sprachen nur sehr begrenzte Optionen zur Verfügung stehen.

Lockes erkenntniskritischer Zugriff setzt bei der semantischen Ausdifferenzierung der Ausdrücke »Person«, »Mensch« und »Substanz« an. Wenn wir von einer Person reden, dann reden wir Locke zufolge weder über eine Substanz noch über einen belebten Körper, sondern über ein Individuum, das aufgrund seines Selbstbewusstseins und seiner Fähigkeit, sich zu Gründen vernünftig verhalten zu können, in der Lage ist, sein Leben selbstbestimmt über die Zeit hinweg zu führen. Personen wissen in ihrer jeweiligen Gegenwart von ihrer Vergangenheit und tragen Sorge für ihre Zukunft. Es ist dieses Bewusstsein über die Zeit hinweg, das für Locke personale Identität konstituiert. Die Identität einer Person erstrecke sich so weit, wie ihr Bewusstsein in die Vergangenheit zurückreiche und auf die Zukunft vorgreife.

An die Extension des Bewusstseinsbegriffs koppelt Locke die Frage nach der Verantwortung einer Person. Handlungen oder Verhaltensweisen seien einer Person dann zurechenbar, wenn sie in einer unmittelbaren Beziehung zu ihrem Bewusstsein stünden. Um seine so genannte *memory theory* systematisch entwickeln zu können, ist Locke allerdings zu der Annahme genötigt, dass Bewusstseinszustände grundsätzlich transparent seien – eine Annahme, die in der Philosophie des Geistes nicht mehr als rechtfertigungsfähig gilt.[8] Seine Überlegungen haben unangesehen ihrer vielfach kritisierten Schwächen in der neuzeitlichen Philosophie eine durchgreifend innovative Wirkung ausgeübt. Nicht zuletzt zeichnet sich in Lockes Theorie personaler Identität bereits die systematische Rolle von Selbstreferenz ab. Zwar fehlt bei ihm noch eine ausdrücklich ausgeführte Theorie der konstitutiven Bedeutung von Selbstreferenz, er vollzieht aber schon die Zusammenführung von egologischem Vokabular und dem semantischen Feld des Personbegriffs – was in dieser Form bis dahin ohne Beispiel gewesen ist.

Der Sachverhalt, dass propositionale Einstellungen einen selbstbewussten epistemischen Akteur zur Voraussetzung haben, ist von Leibniz und Kant eingehend herausgearbeitet worden. Sie zeigen auf jeweils eigenen Theoriewegen, dass Wissen und Erfahrung einer Person durch selbstreferenzielle

---

[8] Die grundsätzlichen Fehler, die der Annahme von der durchgängigen Selbsttransparenz zugrunde liegen, sind bereits von Leibniz herausgearbeitet worden; siehe Sturma, *Philosophie des Geistes*, S. 55 f.

Bezüge über die Zeit hinweg konstituiert werden. Kant ist es zudem gelungen, die Rolle von Selbstreferenz bei der Konstitution von Erfahrung in einer Weise zu rekonstruieren, die bis heute systematisch belangvoll ist.

Der Kern von Kants erkenntniskritischen Überlegungen besteht in dem Nachweis, dass jeder Fall propositionalen Bewusstseins sich unter Bedingungen möglichen Selbstbewusstseins vollzieht. Eine Person ist nur dann in der Lage über konsistente und kohärente Gedanken zu verfügen, wenn sie sich in ihren mentalen Akten auf ihre jeweiligen Gegenstände der Erfahrungen beziehen *und* zurückbeziehen kann: Ihre mentalen Akte und Erfahrungszustände müssen in einem konstitutiven Sinne vom *Ich denke* begleitet werden.[9]

Ein auch noch für die gegenwärtige Philosophie und Psychologie bedeutsames Resultat von Kants Analysen zur formalen Selbstreferenz des Denkens besteht in dem Nachweis, dass das egologische Vokabular ausschließlich auf mentale Prozesse und Funktionen bezogen werden kann. Ihm kommt keine reifizierende Bedeutung zu: Der Ausdruck »ich« bezeichnet kein »Ich«.

Selbstreferenz als Bedingung von propositionalen und praktischen Einstellungen ist in der modernen Erkenntnistheorie und Sprachphilosophie nur vereinzelt herausgearbeitet worden. Das dürfte damit zusammenhängen, dass der Standpunkt einer Person tief in der Semantik und Syntax der Sprache eingeschrieben ist und aufgrund dessen in den syntaktischen und semantischen Strukturen des Sprachverhaltens *als solcher* an der Äußerungsoberfläche unauffällig bleibt.

In Teilen der analytischen Philosophie zeigt sich, dass der Zusammenhang von Selbstreferenz und Sprachverhalten enger ausfällt als die Hauptströmungen der neuzeitlichen Erkenntnistheorie und namentlich Locke, Leibniz und Kant gemeinhin annehmen. In der Folge des *linguistic turn* wird offenkundig, dass propositionale Einstellungen einen selbstreferenziellen Bezugsrahmen zur Voraussetzung haben, was sich besonders bei Identifikationen und Reidentifikationen zeigt. Die Rekonstruktionen von Peter F. Strawson und Stuart Hampshire führen in aller Ausführlichkeit vor, dass epistemische Situationen von körperlichen Subjekten abhängen, die im Fall von Wahrnehmungen oder Erlebnissen nicht etwas nur passiv verzeichnen, sondern mit ihrer Welt beziehungsweise Umwelt interagieren.

Strawson zufolge bezieht sich der Begriff der Person auf Individuen, denen im Hinblick auf ihre Erfahrungen und Selbsterfahrungen ursprünglich psychische und physische Prädikate zugesprochen werden müssen. Der

---

[9] Siehe Kant, *Kritik der reinen Vernunft*, B 131 ff.; Kant fasst *das Ich denke, das alle meine Vorstellungen begleiten können muss* nicht als einen ausdrücklichen Fall sich selbst transparenten Selbstbewusstseins auf.

interne Zusammenhang zwischen Prädikaten, deren intentionale Korrelate zum einen Bewusstseinszustände und zum anderen körperliche Eigenschaften sind, lässt sich daran ablesen, dass sich auch in sprachlicher Hinsicht Selbstreferenz und Referenz wechselseitig bedingen. Etwa wird der Ausdruck »Schmerz« in der Perspektive der ersten Person anders verwendet als in der Perspektive der dritten Person. Während Personen ihre eigenen Schmerzzustände unmittelbar erleben, müssen sie bei Fremdzuschreibungen von Schmerzen auf Kriterien, Identifikationen und Reidentifikationen zurückgreifen. Aus der unterschiedlichen Verwendungsweise kann gleichwohl nicht geschlossen werden, dass wir es mit jeweils anderen Prädikaten zu tun hätten. Das Wechselverhältnis von Erlebnis und Zuschreibung lässt sich in dieser Form nur bei vernünftigen Individuen beobachten. Aus diesem Grund ist es für Strawson unausweichlich, den Begriff der Person als logisch primitiv aufzufassen. Er sei weder durch andere Bestimmungen zu ersetzen noch aus anderen Sachverhalten vollständig abzuleiten. Der Ansatz von Strawson ist in der neueren Philosophie überaus einflussreich. Sowohl in konstruktiver wie in kritischer Hinsicht ist er nach wie vor Bezugspunkt von Spielarten substanzphilosophischer und konstitutionstheoretischer Erklärungsmodelle.

Die Einsicht, dass wir es bei propositionalen Einstellungen keineswegs nur mit einem abstrakten Subjekt zu tun haben, sondern mit einem Akteur, der in seinen spezifischen Einstellungen und Handlungssituationen auf konstitutive Weise präsent ist, steht im Zentrum von Stuart Hampshires Rekonstruktionen. Selbstreferenzielle Aktivitäten können ihm zufolge nur dann zustande kommen, wenn sie von einer verkörperten Person initiiert und ausgeführt werden, die im Vollzug – nicht im Resultat – sich nie gänzlich von ihren epistemischen Aktivitäten lösen kann. Wenn sich eine Person in einer epistemischen Situation befindet, dann unterscheidet sie sich zumindest implizit von dem, worauf sie sich bezieht.[10] Sie nimmt eine spezifische Stellung in der erfahrbaren Welt ein, die für ihre jeweiligen Einstellungen und Verhaltensweisen eine konstitutive Bedeutung hat. Ein wesentlicher Aspekt dieses Sachverhaltes besteht aber darin, dass eine Person integrativer Bestandteil der Zusammenhänge bleibt, auf die sie sich bezieht. Zudem muss sie im Zuge ihrer Wahrnehmungs- und Erfahrungsprozesse in aller Regel ihre jeweilige Stellung wie Einstellung von Fall zu Fall verändern können. Sie mag von diesem Umstand nur selten ein ausdrückliches Bewusstsein haben, er bestimmt gleichwohl epistemisch wie praktisch die Weise, in der sie sich zur Welt verhält. Sie bewegt sich mit Selbstverständlichkeit in einer Welt, die im Hinblick auf ihre Aktivitäten räumlich und zeitlich offen ist.

---

[10] Zum Folgenden siehe Hampshire, *Thought and Action*, S. 50 ff.

Die Einstellungen und Verhaltensweisen einer Person sind perspektivisch
formiert. Ihren propositionalen Einstellungen und Handlungen liegt ein
Standpunkt zugrunde, auf den ihre Wahrnehmungen bezogen sind und von
dem ihre Handlungen ausgehen. Dieser Standpunkt ist nicht neutral oder
distanziert, sondern unmittelbar mit ihren Erfahrungen und Verhaltensweisen verbunden. Diese Eingebundenheit bezeichnet Hampshire als »sense of
being in the world«[11]. Aus diesem Sachverhalt heraus erklärt sich für ihn
nicht zuletzt auch das Phänomen personaler Identität. Es bestehe kein Anlass, nach einem Kriterium für personale Identität jenseits der psychophysischen Kontinuität einer Person zu suchen. Ihre Erfahrungen, Absichten
und Handlungen manifestierten sich zu einer bestimmten Zeit und an einem bestimmten Ort als kontinuierlicher Ausdruck ihres Lebens über die
Zeit hinweg.[12] In diesem Verständnis von personaler Identität über die Zeit
hinweg konvergieren Wahrnehmungen, Erfahrungen und Handlungen einer Person. Ihre epistemische Situation erweist sich als unmittelbar praktisch.

3. Bewusstsein und Handlung

Personen führen ihr Leben, indem sich ihre jeweiligen Absichten in Handlungen manifestieren. In ihren praktischen Lebensvollzügen gehen Bewusstsein, Sprachverhalten und Handeln wechselseitig ineinander über. Auch
wenn sie nicht imstande sind, das eigene Leben *durchgängig* an ihren jeweiligen Einstellungen auszurichten, kann in den reflektierten Verbindungen
zwischen Absichten und Handlungen gleichwohl die Quelle von Selbstbestimmung gesehen werden. Ihre epistemischen Orientierungen entscheiden
darüber, von welchen Optionen sie in Entscheidungssituationen ausgehen
kann und welche der möglichen Handlungen sie tatsächlich ausführt.

Die Fähigkeit einer Person, sich zu den eigenen Einstellungen reflektiert
und bewertend verhalten zu können, ist praktisch überaus folgenreich. Wenn
ihr Verhalten aus Absichten und Initiativen hervorgeht, die der Reflexion
und Gründen zugänglich sind, ist sie als Akteur von Handlungen präsent.
Ihre bewussten Einstellungen erweisen sich dann als Grund von Initiativen,
die sich in der Gestalt von Handlungen verändernd in den Lebensvollzügen
auswirken. Weil diese Handlungen in einem konstitutiven Sinne auf Einstellungen der agierenden Person zurückgehen, kann ihnen das Prädikat »frei«
verliehen werden.

---

[11] Hampshire, *Thought and Action*, S. 69.
[12] Siehe Hampshire, *Thought and Action*, S. 75.

Anders als einige Ansätze des szientistischen Naturalismus unterstellen, läuft die Annahme, dass Handlungen von Personen als frei bezeichnet werden können, keinesfalls auf die Voraussetzung von »außerweltlichen« Ereignissen hinaus. Die interne Verbindung von Bewusstsein und Handlung als Veränderung im Raum der Ursachen ist mit einem naturalistischen Theorierahmen vereinbar. Versteht man unter Naturalismus einen Ansatz, der unter Bedingungen eines umfassenden Begriffs von Natur die Einheit der Wirklichkeit und die Kompatibilität der verschiedenen Disziplinen des Systems der Wissenschaften annimmt, gibt es keinen zwingenden Grund, nicht von internen Zusammenhängen zwischen dem Raum der Gründe und dem Raum der Ursachen auszugehen.[13]

Eine handelnde Person verlässt zu keiner Zeit ihres Lebens den Raum der Ursachen. Dessen Zwangsläufigkeit entscheidet aber nicht allein über den konkreten Verlauf ihrer Handlungen. Wenn eine Person überlegt oder etwas unternimmt, folgt sie immer auch den Regeln des Raums der Gründe beziehungsweise den Regeln der Sozialverhältnisse – ohne deswegen die Zwangsläufigkeiten des Raums der Ursachen außer Acht zu lassen. Die Orientierung an Regeln und Zwangsläufigkeiten machen ihre Handlungen zumindest in Grenzen sogar vorhersagbar, ohne dass ihnen deshalb das Prädikat »frei« entzogen werden müsste. Personen einen Spielraum von Handlungsmöglichkeiten einzuräumen, läuft überdies auch nicht auf die Annahme hinaus, dass sie imstande sind, zu jedem Zeitpunkt anders handeln zu können.

Es gibt eine Reihe von Handlungen, von denen zu erwarten ist, dass sie unter günstigen Bedingungen von einer Person aufgrund ihrer bisherigen Handlungsgeschichten ausgeführt werden beziehungsweise ausgeführt werden könnten. Was eine Person in einem spezifischen Fall tun wird, kann von einem kenntnisreichen Beobachter, der mit ihren Einstellungen und Verhaltensweisen genauso vertraut ist wie mit den entsprechenden Handlungsumständen, möglicherweise vorhergesagt werden. Wenn eine Person aber eine distanzierte Einstellung zu sich selbst einnimmt und das Wissen, auf dem die Vorhersage beruht, mit dem äußeren Beobachter teilt, verändert sich die Situation grundlegend.[14] Unabhängig von externen Beeinflussungen und internen Dispositionen ist es dieser Person nunmehr möglich, zu ihrem Verhalten Stellung zu nehmen. Sie hat jetzt die Möglichkeit, den Dingen bewusst ihren Lauf zu lassen oder sich im Lichte ihres Wissens um die Situation zu einer Veränderung des eigenen Verhaltens zu entschließen. Was die Person in diesem konkreten Fall tun wird, ist dem kenntnisreichen Beobachter nicht mehr zugänglich. Sein Wissen um die Dispositionen und vergangenen Ver-

---

[13] Siehe Sturma, *Freiheit im Raum der Gründe*.
[14] Vgl. Hampshire, *Thought and Action*, S. 177 f.

haltensweisen gibt ihm keinen belastbaren Hinweis darauf, was als Nächstes tatsächlich geschehen wird.[15]

Der interne Zusammenhang von Bewusstsein, Sprachverhalten und Handlung wirkt sich auch auf die Zurechenbarkeit beziehungsweise Verantwortung der Person aus. Externe Determinationen der eigenen Lebensführung entlasten eine Person von Stellungnahme und Verantwortung nur solange, wie sie ihr prinzipiell unzugänglich bleiben.[16] Das Wissen von Beeinflussungsszenarien erzeugt unmittelbar neue Handlungsoptionen. Wenn eine Person kausale Zusammenhänge in ihrem Verhalten ausmacht, verändert sie sich auch praktisch. Sie verfügt damit über die Möglichkeit, auf diese Zusammenhänge Einfluss zu nehmen – unabhängig davon, ob sie sich dazu entschließt oder nicht. Sie kommt nicht umhin, etwas zu tun oder zu unterlassen. Auch unter den Bedingungen externer Beeinflussung verleiht das Wissen um die kausalen Zusammenhänge der Person grundsätzlich den Status eines Akteurs.[17]

Die Erfahrung, Akteur zu sein, verleiht der Person keine grenzenlose Freiheit. Sie weiß, dass ihr Einfluss begrenzt ist und ihre Absichten nicht durchgängig in die Tat umgesetzt werden können. Deshalb kann auch nicht grundsätzlich oder kategorisch von der Freiheit der Person gesprochen werden, aber immerhin noch von ihrer Fähigkeit, sich von Fall zu Fall in einer Weise zu verhalten, auf die das Prädikat »frei« anwendbar ist.[18]

Es ist ein besonderes Merkmal des Lebens von Personen, dass sich in Entscheidungssituationen Selbstverhältnisse und praktische Ausrichtungen motivational auf verschiedenste Weise überlagern. Personen verfügen über eine Vielzahl von Mitteln, sich zu ihren jeweiligen Lebensabläufen zu verhalten. Dazu gehören Verdrängungen und Vernachlässigungen genauso wie Bewertungen aus Gründen oder Orientierungen an Normen und Idealen.

Aufgrund ihrer Fähigkeit, reflektieren, modifizieren und korrigieren zu können, ist es Personen möglich, ein partiell selbstbestimmtes beziehungsweise selbstbewertetes Leben zu führen. Durch die Wertungen, die personales Leben über die Zeit hinweg bestimmen, erlangt der Begriff der Person

---

[15] Es entsteht eine epistemisch verworrene Situation, die mit dem Fall des Stürmers vergleichbar ist, der vor der Ausführung eines Strafstoßes weiß, dass der Torwart weiß, dass er weiß, dass der Torwart weiß, in welche Torecke er in vergangenen Spielen den Strafstoß platziert hat.

[16] Siehe Hampshire, *Thought and Action*, S. 185 f., S. 187: »Human beings can identify their own limitations, as one feature of the world among others to be self-consciously accepted, or, if possible, deliberately changed, rather than simply responded to. [...] As soon as I have identified these influences as determining influences, I am thereby faced with the choice of acquiescing or of trying to find means of diverting of nullifying their effects.«

[17] Es gibt Fälle von psychischen Störungen, in denen der Status des Akteurs auch im Fall des Wissens nicht erreicht wird.

[18] Siehe Sturma, *Ausdruck von Freiheit*.

in normativer wie in lebenspraktischer Hinsicht eine zentrale systematische Stellung.[19] Personen entwerfen Lebenspläne in dem Sinne, dass sie implizit oder explizit Bewertungen im Hinblick auf das vornehmen, was ihnen als wichtiger oder unwichtiger erscheint. Lebenspläne sind Manifestationen eines »sense of self«[20]. Vor dem Hintergrund der hierarchisierten Wertungen, die ihren Lebensplan ausmachen, initiieren Personen als Akteure ihre Handlungsgeschichten und interpretieren die jeweiligen Handlungskontexte und Sozialverhältnisse. Auf diese Weise erfüllt der personale Standpunkt über die Zeit hinweg in seinen epistemischen wie in seinen normativen Bestimmungen konstitutive Funktionen für die Lebensvollzüge und die zeitübergreifende Lebensführung.

Die Tiefe und die Extension von Bewertungen fallen innerhalb des personalen Lebens sowie von Person zu Person sehr verschieden aus. Oft verbleibt personales Leben an der sozialen Oberfläche und bewegt sich in kleinen, wenig reflektierten und an Erfordernissen der Alltagsroutinen ausgerichteten Schritten voran. Gleichwohl bleibt sowohl in epistemischer wie in normativer Hinsicht die zumindest schwach ausgebildete Kontinuität des reflektierenden und bewertenden Standpunkts die notwendige Bedingung, das Leben einer Person führen zu können.

4. Zuschreibung und Anerkennung

Die selbstreferenziellen normativen Perspektiven in den einzelnen Handlungsgeschichten bilden den Bedeutungs- und Handlungshintergrund personalen Lebens. Normative Einstellungen haben einen subjektiven Standpunkt von Bewertungen zur Voraussetzung. Das Spektrum der Bewertungen ist von den jeweiligen Selbstverhältnissen der Personen abhängig. Abhängig von der Tiefe der Reflexionszustände kann das Spektrum der Bewertungen von bloßen Abwägungen bis zu durchgreifenden Formen der Selbstbestimmung reichen.

---

[19] Vgl. Rawls, *A Theory of Justice*; Parfit, *Reasons and Persons*; Taylor, *Human Agency and Language*; Wollheim, *The Thread of Life*; Nagel, *The View from Nowhere*; Frankfurt, *The Importance of What We Care About*.

[20] Siehe Taylor, *Human Agency and Language*, S. 97: »A person is a being who has a sense of self, has a notion of the future and the past, can hold values, make choices; in short, can adopt life-plans. At least, a person must be the kind of being who is in principle capable of all this, however damaged these capacities may be in practice. Running through all this we can identify a necessary (but not sufficient) condition. A person must be a being with his own point of view on things. The life-plan, the choices, the sense of self must be attributable to him as in some sense their point of origin.«

Im Zentrum der normativen Bestimmungen stehen wechselseitige Beziehungen zwischen den Standpunkten der ersten, zweiten und dritten Person. Diesen Beziehungen liegen moralische Anerkennungsverhältnisse zugrunde.[21] Idealtypisch werden diese Anerkennungsverhältnisse symmetrisch aufgefasst. Im Zuge der bioethischen Herausforderungen hat sich gleichwohl gezeigt, dass Anerkennungsverhältnisse in vielen Bereichen personalen Lebens asymmetrisch verfasst sind. So kann aus dem Umstand, dass Personen Quellen normativer Verpflichtungen sind, keineswegs abgeleitet werden, dass sie nur gegenüber solchen Lebensformen Verpflichtungen haben, die moralische Anerkennungen bewusst erwidern können.

Personen sind für moralische Einstellungen und Bewertungen empfänglich. Sie wissen, was es bedeutet, etwas als moralisch oder unmoralisch auszuweisen. Unabhängig von ihren jeweiligen Neigungen und Wünschen entwickelt eine Person im sozialen Raum ein deutliches Bewusstsein davon, dass sie ihr Leben unter anderen Personen führt, die ähnliche Ziele verfolgen und über epistemisch und moralisch vergleichbare Einstellungen verfügen.

Personen sind nicht nur Quellen von Normativität und Ausgangspunkte von moralischen Einstellungen, sondern zugleich – wenn auch nicht ausschließlich – Adressaten von moralischen Zuschreibungen. Ohne dass es in der Regel eigens angesprochen wird, bilden Personen eine ethische Gemeinschaft, die sich über eine umfassende Empfänglichkeit für moralische Gründe konstituiert und die Grundlage für geteilte ethische Intuitionen und normative Verständigungen bildet.

Die Fähigkeit, Zwecke zu setzen und für Gründe empfänglich zu sein, verleiht Personen epistemisch und moralisch einen besonderen Stellenwert,[22] der in der Selbstzweckformel seinen Ausdruck findet.[23] Dieser Sachverhalt hat einen subjektiven und einen objektiven beziehungsweise intersubjektiven Aspekt. Die Vorstellung, Zweck des eigenen Lebens zu sein, ist ein subjektives Prinzip menschlicher Handlungen. Die Erfahrung der Selbstzweckhaftigkeit hat aber insofern einen objektiven Hintergrund als offenbar auch andere Personen über die Vorstellung verfügen, sich selbst Zweck zu sein. Kant entwickelt aus diesem ethischen Entsprechungsverhältnis von erster, zweiter und dritter Person ein ethisches Objektivitätsargument, dem zufolge Personen wechselseitig voneinander wissen, aus Gründen Zwecke

---

[21] Dieser Sachverhalt ist in der Philosophiegeschichte in vielen Anläufen herausgearbeitet worden – etwa von Kant und Fichte, aber auch von John Rawls und Thomas Nagel.

[22] Vgl. Kant, *Grundlegung zur Metaphysik der Sitten*, S. 437.

[23] Die Selbstzweckformel formuliert Kant in der Gestalt der so genannten materialen Vorstellungsart des kategorischen Imperativs; siehe Kant, *Grundlegung zur Metaphysik der Sitten*, S. 429: »*Handle so, daß du die Menschheit sowohl in deiner Person, als in der Person eines jeden andern jederzeit zugleich als Zweck, niemals bloß als Mittel brauchst.*«

zu setzen und handeln zu können. Der kategorische Imperativ in der Form der materialen Vorstellungsart ist das Ergebnis einer ethischen Objektivierung. Seine normative Pointe besteht darin, dass die Darstellung der Selbstzweckformel zugleich ein Instrumentalisierungsverbot einschließt, dem zufolge es unter keinen Bedingungen gerechtfertigt ist, Personen *ausschließlich* als Mittel zu gebrauchen.[24] Selbstzweckformel und Instrumentalisierungsverbot bilden den ›höchsten systematischen Punkt‹ des normativen Begriffs der Person.

Der Selbstzweckformel und dem Instrumentalisierungsverbot liegen normative Anerkennungs- und Gegenseitigkeitsverhältnisse zugrunde. Die subjektive Erfahrung, sich selbst Zweck zu sein, ist allen Personen zumindest in dem Sinne gegenwärtig, dass sie zu allem, was in der Welt der Fall ist, ein kontingentes Verhältnis einnehmen können, nur nicht zu sich selbst. Auch sind sie sich in der Regel darüber im Klaren, dass sie diese Erfahrung mit den anderen Personen teilen und mit ihr Verpflichtungs- und Verantwortungsverhältnisse verbunden sind. In den Anerkennungsverhältnissen des kategorischen Imperativs kommen Verpflichtungen zum Ausdruck, auf die sich die ethische Gemeinschaft der Personen aus systematischen wie normativen Gründen einzulassen hat.

Die Anerkennungsverhältnisse der Selbstzweckformel sind vom neokantianischen Konstruktivismus zum Anlass genommen worden, ein gerechtigkeitstheoretisches Ideal der Person zu entwickeln.[25] Personen verfügen nach John Rawls über einen Gerechtigkeitssinn und die Fähigkeit, eine begründbare Konzeption des guten Lebens zu entwickeln. Diese Bestimmungen seien für die moralische Persönlichkeit grundlegend und letztlich dafür verantwortlich, dass Personen als frei und gleich angesehen werden könnten.[26] Von den Lebensplänen einer Person kann gesagt werden, dass sie gut begründet sind, wenn sie sich schrittweise im Einklang mit der praktischen Einheit der Person über die Zeit hinweg entfalten. Dabei geht es vor allem um die Vermeidung von grundsätzlichen Revisionsbedürfnissen. Eine Person habe ihr Leben so zu gestalten, dass sie für einen späteren Zeitpunkt keine Gründe für Bedauern und Zurückweisung erzeugt – soweit das eben unter den eingeschränkten epistemischen Bedingungen menschlicher Existenz überhaupt vorhersehbar ist.

---

[24] Das schließt im Rahmen von Arbeitsteilungen partielle fremdnützige Inanspruchnahmen nicht aus. Diese müssen aber zustimmungsfähig sein und dürfen den moralischen Status von Personen nicht missachten.

[25] Siehe Rawls, *A Theory of Justice*, S. 407 ff., S. 453 ff.; Rawls, *Kantian Constructivism in Moral Theory*.

[26] Siehe Rawls, *Political Liberalism*, S. 29 ff.

Ein Entscheidungskriterium bei der Umsetzung des vernünftigen Lebensplans ist die Sicherung der Selbstachtung. Eine Person muss davon ausgehen können, dass ihr Lebensplan und ihre Vorstellungen vom guten Leben bedeutsam sind. Unabhängig von Fragen der eigenen Wertschätzung und Lebenszufriedenheit müsse eine Person ihren Lebensplan in den Augen der Anderen als anerkannt erleben können. Wenn ihre Selbstachtung keine unmittelbare Entsprechung in den Anerkennungsverhältnissen durch andere Personen erfährt, ist von moralischer und sozialer Missachtung auszugehen. Es ist denkbar, dass Personen, die an die Ränder der Gesellschaft gedrängt werden und unter schwierigsten ökonomischen wie sozialen Bedingungen ihr Leben führen müssen, durchaus einen Grad von Lebenszufriedenheit entwickeln, den viele Personen in der vermeintlichen Mitte der Gesellschaft mit deutlich besseren Lebensumständen nicht erreichen. Unangesehen ihrer Lebenszufriedenheit wird ihnen in aller Regel gleichwohl die *objektive* Selbstachtung fehlen.

Der im Rahmen des neokantianischen Konstruktivismus entfaltete normative Begriff der Person wird von Gegenseitigkeits- und Anerkennungsverhältnissen konstituiert, die gleichermaßen als Bedingungen der praktischen Einheit der Person über die Zeit hinweg und der Konzeption der Gerechtigkeit als Fairness im sozialen Raum fungieren. Moralpsychologisch werden Gegenseitigkeit und Anerkennung vom Gerechtigkeitssinn getragen. Rawls zufolge fehlen denjenigen, die über keinen Gerechtigkeitssinn verfügen, grundlegende Eigenschaften und Fähigkeiten, die sich mit der humanen Lebensform verbinden.[27]

5. An den Grenzen der Person

Der Begriff der Person ist seit einiger Zeit Gegenstand bioethischer Auseinandersetzungen. Dabei geht es um ethische Probleme, die beim Umgang mit dem entstehenden und vergehenden menschlichen Leben auftreten. Umstritten ist die Extension des Begriffs und welche Folgen die jeweiligen Zuschreibungen für die Anerkennung von moralischem Status und Lebensrecht haben. Seine prominente bioethische Rolle gilt in den Auseinandersetzungen nicht als unproblematisch. Weil in seinem semantischen Feld der Raum der Gründe eine systematisch entscheidende Rolle einnimmt, werden immer wieder Bedenken laut, dass seine Verwendungsweise im Fall eines deutlich eingeschränkten personalen Lebens zu unvermeidlichen Härten oder sogar zu ethisch nicht zu rechtfertigenden Ausgrenzungen führe. Es ist offensicht-

---

[27] Siehe Rawls, *A Theory of Justice*, S. 453 ff.

lich, dass in den Bereichen des entstehenden und vergehenden menschlichen Lebens, in denen sich Mitteilungsfähigkeit noch nicht entwickelt hat oder irreversibel verloren gegangen ist, die Anwendbarkeit des Personbegriffs nicht ohne Schwierigkeiten gelingt.

Das ethische Konfliktpotential, das sich in der Bioethik um den Begriff der Person aufgebaut hat, hängt zu einem wesentlichen Teil damit zusammen, dass seinen Anwendungen – implizit oder explizit – Ausdifferenzierungen der semantischen Felder von »Mensch« und »Person« zugrunde liegen. Im Unterschied zum Ausdruck »Person« ist der Begriff des Menschen eine speziesistische beziehungsweise biologische Bestimmung, mit der ein Wesen bezeichnet wird, das aufgrund seiner Natur- und Kulturgeschichte in der Lage ist, im sozialen Raum personale Fähigkeiten und Eigenschaften zu entwickeln. Aus biologischen Eigenschaften lassen sich jedoch keine moralischen Eigenschaften ableiten. Entsprechend enthält der Ausdruck »Mensch« als deskriptive Bestimmung keinen moralischen Inhalt. Wer ihm einen solchen umstandslos unterstellt, behandelt ihn stillschweigend *als* Begriff der Person und begeht einen naturalistischen Fehlschluss.[28]

Das Spektrum der unterschiedlichen Positionen, die sich in den Auseinandersetzungen zum Verhältnis der Ausdrücke »Mensch« und »Person« ausmachen lassen, ist überaus breit gefächert: In essentialistischen Ansätzen wird unterstellt, dass »Mensch« und »Person« synonyme Wesensbestimmungen seien. Für speziesistische Ansätze sind Menschen allein aufgrund ihrer Gattungszugehörigkeit Personen. Dem Interessensansatz zufolge kann ohne bewusstes Lebensinteresse nicht von einer Person die Rede sein. Der Fähigkeitenansatz fasst Menschen aufgrund bestimmter Fähigkeiten und Eigenschaften als Personen auf. Einen radikalen Standpunkt nimmt in diesem Zusammenhang der szientistische Eliminativismus ein, für den es nur biologische Wesen gibt.

Es ist nicht zu bestreiten, dass uns Personen bislang nur in der Gestalt menschlicher Individuen begegnen. Es kann aber prinzipiell nicht ausgeschlossen werden, dass es personales Leben auch jenseits der menschlichen Gattung gibt, gegeben hat oder geben wird. Dieser Sachverhalt darf konzeptionell und begründungstheoretisch nicht außer Acht gelassen werden. Daher sind Ansätze zurückzuweisen, die dem biologischen Ausdruck

---

[28] Der Vorwurf des naturalistischen Fehlschlusses ist dann berechtigt, wenn aus deskriptiven Sätzen unmittelbar ethische Sätze abgeleitet werden. Das bedeutet aber nicht, dass unter keinen Umständen ein argumentativer Zusammenhang zwischen deskriptiven und normativen Bestimmungen herzustellen ist. Es besteht immer die Möglichkeit, sich zu Tatsachen bewertend zu verhalten. Die Bewertungen sind dann im Weiteren Gegenstand von Fragen nach Begründung und Rechtfertigung. Dieser Sachverhalt ist von entscheidender Bedeutung für den Umgang mit Anerkennungen, deren Adressaten keine Personen sind; vgl. Sturma, *Naturethik und Biodiversität*.

»Mensch« gleichsam begleitend einen normativen Personbegriff an die Seite stellen. Solche Ansätze führen zu einem dualen Schichtenmodell, das biologisches und personales Leben der Bestimmung nach voneinander abkoppelt.[29]

An Schärfe gewinnt der bioethische Streit um das Verhältnis der Ausdrücke »Mensch« und »Person«, weil mit den jeweiligen semantischen Differenzierungen in aller Regel unmittelbar auch schon Entscheidungen über den moralischen Status, das Lebensrecht oder moralische Verpflichtungen verbunden werden. Eine derartige Verknüpfung ist kurzschlüssig. Es wird übersehen, dass unabhängig von der Festlegung der Extension des Personbegriffs sowohl im Hinblick auf den moralischen Status und das Lebensrecht als auch für den Fall moralischer Verpflichtungen noch jeweils eigene Begründungen und Rechtfertigungen zu entwickeln sind.

Personales Leben wird von einem Akteur als psychophysische Einheit über die Zeit hinweg geführt und gelebt, der im »normalen« Verlauf seines Lebens ständigen Veränderungsprozessen unterworfen ist. Zum personalen Leben gehören Phasen, die sich nicht durch epistemisch und normativ sichere Umsetzungen des eigenen Lebensplans verstehen lassen. An seinem Anfang und in vielen Fällen auch zu seinem Ende sind epistemische, moralische und ästhetische Fähigkeiten, die wir vorderhand mit Personsein verbinden, nicht präsent – etwa bei Kleinstkindern einerseits oder bei demenziellen Erkrankungen in einem sehr fortgeschrittenen Stadium andererseits.

Der normative Kern der ethischen Gemeinschaft der Personen besteht aus Bestimmungen wie Autonomie, Selbstachtung, Verpflichtung, Achtung und dem Reich der Zwecke.[30] Zu ihren Grundregeln gehört vor allem auch eine Vielzahl von asymmetrischen Anerkennungen. Sie treten zwischen Personen, etwa bei Verpflichtungen von Eltern gegenüber ihren Kindern, genauso auf wie zwischen Personen und Nicht-Personen, etwa beim Umgang mit Tieren oder beim Schutz von Biodiversität. Es ist in der ethischen Gemeinschaft üblich, der Verpflichtung gegenüber Personen auch bei asymmetrischen Anerkennungen einen höheren Rang gegenüber Nicht-Personen einzuräumen. Dieser Vorrang folgt aber nicht unmittelbar aus der Spezieszugehörigkeit. Er lässt sich nur aus normativen Bestimmungen mit *eigenen* Begründungsformen ableiten. Asymmetrien entscheiden als solche noch nicht über den moralischen Vorrang oder Status des jeweiligen Adressaten von Anerkennungen. Es ist die Grundlage von Moralität und Ethik, dass Personen formal den moralischen Status anderer Personen und Wesen dem eige-

---

[29] Das Schichtenmodell findet sich bei den Ansätzen, die sich vorrangig an der Persistenz von physischer oder psychischer Identität ausrichten – das gilt auch für John Lockes Konzeption.
[30] Vgl. Korsgaard, *Creating the Kingdom of Ends*.

nen Status gleichstellen oder zumindest vergleichbar machen. Die mit diesen Gleichstellungen und Vergleichen verbundenen Anerkennungen sind nicht notwendigerweise auf den Kreis der Personen beschränkt, auch wenn sie eine ethische Gemeinschaft bilden.

LITERATUR

Chisholm, R. M.: *Person and Object*, London 1976.
Chisholm, R. M.: *The First Person*, Brighton 1981.
Cicero, M. T.: *Vom rechten Handeln. De officiis*, Zürich 1994.
Dworkin, R.: *Life's Dominion. An Argument about Abortion, Euthanasia, and Individual Freedom*, New York 1993.
Evans, G.: *The Varieties of Reference*, Oxford 1982.
Frankfurt, H. G.: *The Importance of What We Care About: Philosophical Essays*, Cambridge 1988.
Hampshire, S.: *Thought and Action*, London 1959.
Kant, I.: *Kritik der reinen Vernunft*, Hamburg 1998.
Kant, I.: *Grundlegung zur Metaphysik der Sitten*, in: *Gesammelte Schriften, Band IV (Akademieausgabe)*, Berlin 1968.
Kant, I.: *Kritik der praktischen Vernunft, Gesammelte Schriften, Band V (Akademieausgabe)*, Berlin 1968.
Korsgaard, C. M.: *The Sources of Normativity*, Cambridge 1996.
Korsgaard, C. M.: Creating the Kingdom of Ends. Reciprocity and Responsibility in Personal Relation. In: dies., *Creating the Kingdom of Ends*, Cambridge 1996, S. 188–221.
Locke, J.: *An Essay concerning Human Understanding*, Oxford 1975.
McDowell, J.: *Mind and World*, Cambridge, Mass. 1994.
Nagel, T.: *The View From Nowhere*, New York 1986.
Nagel, T.: *The Possibility of Altruism*, Oxford 1970.
Parfit, D.: *Reasons and Persons*, Oxford 1984.
Rawls, J.: *A Theory of Justice*, Cambridge, Mass. 1971.
Rawls, J.: Kantian Constructivism in Moral Theory. In: *Journal of Philosophy 77*, 1980, S. 515–572.
Rawls, J.: *Political Liberalism*, New York 1993.
Sellars, W.: *Empiricism and the Philosophy of Mind*, Cambridge, Mass., [1956] 1997.
Sellars, W.: *Science, Perception and Reality*, Atascadero 1963.
Shoemaker, S./ Swinburne, R.: *Personal Identity*, Oxford 1984.
Spaemann, R.: *Personen. Versuche über den Unterschied zwischen ›etwas‹ und ›jemand‹*, Stuttgart 1996.
Strawson, P. F.: *Individuals. An Essay in Descriptive Metaphysics*, London 1959.
Sturma, D. (Hg.): *Person. Philosophiegeschichte – Theoretische Philosophie – Praktische Philosophie*, Paderborn 2001.

Sturma, D.: Person und Menschenrechte. In: *Person. Philosophiegeschichte – Theoretische Philosophie – Praktische Philosophie*, hg. von D. Sturma. Paderborn 2001, S. 337–362.

Sturma, D.: Kants Ethik der Autonomie. In: *Kants Ethik*, hgg. von K. Ameriks und D. Sturma. Paderborn 2004, S. 160–177.

Sturma, D.: *Philosophie des Geistes*, Leipzig 2005.

Sturma, D.: Ausdruck von Freiheit. Über Neurowissenschaften und die menschliche Lebensform. In: *Philosophie und Neurowissenschaften*, hg. von D. Sturma. Frankfurt am Main 2006, S. 187–214.

Sturma, D.: Freiheit im Raum der Gründe. Praktische Selbstverhältnisse und die neurophilosophische Herausforderung. In: *Naturalismus als Paradigma. Wie weit reicht die naturwissenschaftliche Erklärung des Menschen?*, hgg. von L. Honnefelder und M. C. Schmidt. Berlin 2007, S. 138–153.

Sturma, D.: *Philosophie der Person. Die Selbstverhältnisse von Subjektivität und Moralität*, Paderborn – Wien – Zürich 2008.

Sturma, D.: Naturethik und Biodiversität. In: *Jahrbuch für Wissenschaft und Ethik* 17, 2012, hgg. von L. Honnefelder und D. Sturma. Berlin 2013, S. 141–155.

Taylor, C.: *Human Agency and Language. Philosophical Papers 1*, Cambridge 1985.

Taylor, C.: *Sources of the Self. The Making of the Modern Identity*, Cambridge 1989.

Wilkes, K. V., *Real People. Personal Identity without Thought Experiments*, Oxford 1988.

Williams, B.: *Problems of the Self. Philosophical Papers 1956–1972*, London 1973.

Wollheim, R.: *The Thread of Life*, Cambridge 1984.

Dieter Birnbacher

DER PERSONENBEGRIFF
IN DER BIOETHIK

Hilfe oder Hindernis?[1]

1. BEGRÜNDUNGEN BIOETHISCHER NORMEN
MIT REKURS AUF DEN PERSONENBEGRIFF

Person und Personalität sind in der Angewandten Ethik – und hierbei besonders in der Bioethik – in den letzten Jahrzehnten nachgerade zu Schlüsselbe-
griffen geworden. Der Streit darum, welche Bedingungen ein Wesen erfüllen
muss, um Personalität zugesprochen zu bekommen, haben zu einer Reihe
von oftmals stark emotionalisierten Auseinandersetzungen geführt, besonders im Zusammenhang mit der Frage nach dem moralischen und rechtlichen Status von *Grenzfällen* innerhalb und außerhalb der Sphäre des Menschen (»marginal cases«[2]): auf der einen Seite menschlichen Embryonen und
Föten, ohne Großhirn geborenen Menschen (Anenzephalen), schwer geistig Behinderten, irreversibel bewusstseinsunfähigen Menschen, Hirntoten;
auf der anderen Seite Angehörigen anderer biologischer Gattungen mit dem
Menschen nahekommenden kognitiven und emotionalen Fähigkeiten wie
Menschenaffen sowie möglichen in Zukunft verfügbaren bewusstseinsfähi-
gen Maschinen.

Verschärft wird diese Auseinandersetzung u. a. dadurch, dass diametral
entgegengesetzte Ethikansätze den Personenbegriff an zentraler Stelle ins
Spiel bringen, diesen jedoch zum Ausgangspunkt sehr verschiedener normativer Positionen machen.[3] Ermöglicht wird dies durch die ausgeprägte
semantische Uneindeutigkeit des Begriffsfelds Person / Personalität / Personenstatus und die Vielfalt der Bedeutungen und Funktionen, die dem Personenbegriff in der Tradition der Philosophie zugewiesen worden sind. Dies
ist einer der Gründe für einige Philosophen gewesen, die Tauglichkeit dieses

---

[1] Dieser Beitrag basiert auf Birnbacher, *Hilft der Personenbegriff bei der Lösung bioethischer
Fragestellungen?* und Birnbacher, *Personalität.*
[2] Vgl. Pluhar, *The Personhood View.*
[3] Vgl. etwa Spaemann, *Sind alle Menschen Personen?*; Spaemann, *Personen*; Singer, *Praktische
Ethik*, Kap. 4.

Begriffs zur anthropologischen Fundierung bioethischer Normen grundlegend in Zweifel zu ziehen.[4] Sie befürchten, dass dieser Begriff eine dogmatische Verhärtung der Standpunkte begünstigt und differenzierte Antworten verhindert. Darüber hinaus sehen sie die Fundierung von konkreten moralischen Normen in der Zuschreibung von Personalität mit dem methodischen Problem konfrontiert, dass – ähnlich wie vielfach beim Begriff »Menschenwürde« – über die Frage, wem Personalität zukommt, so gestritten wird, als handele es sich um eine Frage der adäquaten Beschreibung, während gleichzeitig aus den jeweils vorgeschlagenen Beschreibungen weitreichende bewertende und normierende Aussagen abgeleitet werden.

2. Personenbegriffe in der Bioethik

Der Begriff der Person wird in der Bioethik ganz überwiegend als ein »dichter« Begriff (*thick concept*) gebraucht, d. h. als ein Begriff mit sowohl beschreibendem als auch evaluativem und/oder präskriptivem Inhalt. Dass ein Wesen eine Person ist (Personalität besitzt), wird üblicherweise so gemeint und verstanden, dass dieses Wesen damit als ein Wesen mit bestimmten manifesten und/oder dispositionalen Eigenschaften charakterisiert wird, dem gleichzeitig ein bestimmter *Wert* zugesprochen und das als Träger bestimmter *legitimer Ansprüche* qualifiziert wird. Dabei wird unterstellt, dass dieser Wert und dieser moralische oder rechtliche Status ihm nicht aufgrund von irgendwelchen weiteren Prinzipien, sondern unmittelbar aufgrund der beschriebenen Eigenschaften zukommen.

Damit unterscheidet sich der ethische Personenbegriff sowohl von dem alltagssprachlichen wie auch dem rechtlichen Begriff. In der Alltagssprache wird der Begriff der Person überwiegend ohne alle normativen oder evaluativen Komponenten verstanden und bedeutet dasselbe wie »Mensch« oder »menschliches Individuum«. Auf diesen Alltagsbegriff zielt etwa Strawsons Analyse des Personenbegriffs im Rahmen seiner »deskriptiven Metaphysik«.[5] Ein deskriptiver Personenbegriff wird zumeist auch im Kontext des philosophischen Problems der diachronen und synchronen »Personenidentität« unterstellt, etwa wenn gefragt wird, um wie viele Personen es sich im Fall einer sogenannten »multiplen Persönlichkeit« handelt oder wie weit ein schwer dementer Patient dieselbe Person ist, die er in gesunden Tagen war.[6] Im Recht dagegen wird »Person« gemeinhin in einem *rein normativen*

---

[4] Vgl. Birnbacher, *Das Dilemma des Personenbegriffs*; Beauchamp, *The Failure of Theories of Personhood*; Gordijn, *The Troublesome Concept of a Person*.

[5] Vgl. Strawson, *Einzelding und logisches Subjekt (Individuals)*, Kap. 3.

[6] Vgl. Quante, *Personales Leben und menschlicher Tod*, Kap. 1.

Sinn verstanden, d. h. so, dass auch eine Körperschaft, Firma oder sogar eine Vermögensmasse eine »juristische« Person sein kann, solange sie bestimmte rechtliche Kriterien erfüllt. In der Bioethik wird ein derartiger rein normativer Begriff nur von wenigen Autoren vertreten.[7] Rein normative Bestimmungen des Personenbegriffs lassen offen, welche Art von Wesen Personen sind. Die Tatsache, dass Personen überwiegend Menschen sind, ist im Rahmen dieser Konzeptionen ein kontingentes Faktum.

Für die Bioethik ist charakteristisch, dass sie die Verknüpfung des Begriffs »Person« mit bestimmten Rechtsansprüchen überwiegend als eine semantische oder begriffslogische Verknüpfung auffasst – im Unterschied zu der nur pragmatischen oder rhetorischen Verknüpfung bei anderen Begriffen, die zur Begründung solcher Rechte des öfteren herangezogen werden, etwa »Mensch« oder »Leben«. Zwar impliziert auch der, der behauptet, dass der menschliche Embryo oder Fötus ein *Mensch* sei, gewöhnlich nicht nur, dass es sich beim menschlichen Embryo und Fötus um ein zur biologischen Gattung *homo sapiens* gehörendes Wesen handelt, sondern dass diesem bestimmte Rechte, insbesondere ein Recht auf Leben zukommt. Wenn etwa das Bundesverfassungsgericht in seinem Urteil zur Fristenlösung vom 28. Mai 1993 feststellt, dass sich das »Ungeborene [...] nicht zum Menschen, sondern als Mensch« entwickelt, möchte es damit offensichtlich nicht nur die deskriptive Aussage treffen, dass der Embryo von Anfang an Mensch ist, d. h. die biologischen Merkmale eines Menschen besitzt, sondern zugleich die normative Aussage, dass dem menschlichen Embryo deshalb, weil er sich *als* Mensch und nicht nur als Vorstufe *zum* Menschen entwickelt, ein Lebensrecht zukommt. Auch wer die Frage nach dem »Beginn des menschlichen Lebens« stellt, erwartet von der Antwort zumeist eine Antwort auf die Frage nach dem Beginn des Lebens*rechts*. In beiden Fällen ist die Verknüpfung zwischen deskriptiven und normativen Bedeutungsanteilen allerdings nicht mehr als eine pragmatische Kopplung. Einem Menschen oder menschlichen Wesen das Lebensrecht abzusprechen, mag *ethisch* falsch sein; es ist aber nicht *begriffslogisch* falsch – in dem Sinne falsch, in dem es falsch ist, einer *Person* das Lebensrecht abzusprechen.

Auch über zwei weitere – in ihren Konsequenzen weitreichende – Eigentümlichkeiten des Personenbegriffs besteht in der philosophischen Diskussion weitgehend Einigkeit. Erstens darüber, dass Personalität ein Alles-oder-Nichts-Begriff ist, der keine Abstufungen zulässt. Personalität kommt einem Wesen nur entweder ganz oder gar nicht zu. Es mag zwar sein, dass ein Wesen nach dem einen Personenbegriff Person und nach einem anderen Nicht-Person ist. Es ist jedoch ausgeschlossen, dass es nach ein und demselben Begriff Personalität in einem bestimmten eingeschränkten Ausmaß

---

[7] Vgl. aber Sapontzis, *Personen imitieren*, S. 412.

besitzt. Allerdings ist gelegentlich auch die Möglichkeit eines abgestuften Personenbegriffs erwogen worden.[8] Eine solche Abstufung der »Personenhaftigkeit« eines Wesens hätte den Vorteil, indirekt auch eine entsprechende Abstufung der einem Wesen zukommenden moralischen Rechte zuzulassen. Danach haben je nach dem ihnen zukommenden Grad an Personalität (der etwa mit den geistigen Fähigkeiten oder den Lebensphasen variiert), Menschen verschieden weitgehende Rechte und einige Wesen mehr Rechte als andere. Um diesen Vorschlag operabel zu machen, müsste allerdings geklärt werden, wo genau die Skala beginnt (auf welcher ontogenetischen oder phylogenetischen Entwicklungsstufe das Maß der Personalität zum ersten Mal größer als Null ist) und wo sie das Maximum des vollen Personenstatus erreicht. Außerdem müsste spezifiziert werden, welches Gewicht den einzelnen Kriterien zukommt. Insgesamt scheint mir dieser Explikationsvorschlag jedoch eine allzu gravierende Abweichung vom üblichen Sprachgebrauch, um ernsthaft in Frage zu kommen.

Zweitens besteht weitgehende Einigkeit darüber, dass der Personenstatus an den Besitz bestimmter kognitiver Fähigkeiten, darunter vor allem die Vernunftfähigkeit geknüpft ist. Getreu der klassischen Definition der Person durch Boethius: »Persona est naturae rationabilis individua substantia« (Person ist die individuelle Substanz der vernünftigen bzw. vernunftfähigen Natur) sehen nahezu alle Personentheoretiker den Personenstatus an eine mehr oder weniger anspruchsvoll verstandene Vernunftfähigkeit geknüpft, wobei für manche die für die Person kennzeichnende Vernunftfähigkeit ausschließlich kognitiv, für andere zusätzlich auch moralisch bestimmt ist.[9]

Trotz dieser Übereinstimmungen herrscht in der Angewandten Ethik ein tiefgreifender Dissens darüber, welche Wesen als Träger von Personalität in Frage kommen. Sieht man genauer hin, zeigt sich, dass es sich bei diesem Dissens um einen *multidimensionalen* Dissens handelt, der drei verschiedene Dimensionen betrifft:

1. die Art und Zahl der für Personalität geforderten Fähigkeiten;
2. das Ausmaß, in dem diese Fähigkeiten bei einem Wesen realisiert sind; und
3. die Bedingungen, die erfüllt sein müssen, damit diese Fähigkeiten als realisiert gelten können.

Eine *erste* Quelle von Divergenz in den verschiedenen Personenbegriffen ist die Verschiedenheit in den inhaltlichen Bedingungen für den Personenstatus. Diese lassen sich einerseits den kognitiven, andererseits den moralischen Fä-

---

[8] Vgl. Siep, *Personenbegriff und angewandte Ethik*, S. 44, und Vaas, *Mein Gehirn ist, also denke ich*, S. 1513.
[9] So etwa Sturma, *Philosophie der Person*, S. 301.

higkeiten zuordnen und sich in Gestalt von zwei aufsteigenden Hierarchien darstellen:

A. Kognitive Fähigkeiten:
  1. Intentionalität, Fähigkeit zu Urteilen
  2. zeitliche Transzendenz der Gegenwart (Zukunftsbewusstsein / Erinnerungsfähigkeit)
  3. Rationale Verhaltenssteuerung
  4. Selbstbewusstsein, Ichbewusstsein
  5. Selbstdistanz, Präferenzen zweiter Stufe
B. Moralische Fähigkeiten:
  1. Autonomie, Selbstbestimmung
  2. Moralität, Moralfähigkeit
  3. Fähigkeit zur Übernahme von Verpflichtungen
  4. Fähigkeit zur kritischen Selbstbewertung

In der Mehrzahl der Personenkonzeptionen stehen die jeweils geforderten Bedingungen nicht allein, sondern werden mit anderen »gebündelt«, so etwa die Merkmale A1 und A2 bei John Locke und Peter Singer, die Bedingungen A3, A4 und B4 bei G. W. F. Hegel und Daniel Dennett.

Die *zweite* Dimension, in der sich die Personenkonzeptionen unterscheiden, ist das Ausmaß, in dem diese Fähigkeiten ausgeprägt sein müssen, um ein Wesen als Person zu qualifizieren. Hierbei kann man zwischen *minimalistischen*, *mittleren* und *maximalistischen* Varianten unterscheiden.

Der größte Anteil der Varianz in den Personalitätskonzeptionen entfällt auf die *dritte* Dimension. Die Frage lautet hier: Reicht es für den Besitz einer Fähigkeit aus, sie »im Prinzip« aktualisieren zu können, auch wenn sie aus kontingenten Umständen zeitweilig nicht aktualisiert werden kann? Oder muss eine Fähigkeit, die man besitzt, *hic et nunc* aktualisierbar sein? Kann man einem Menschen die Fähigkeit zu rationaler Selbststeuerung zuschreiben, solange er diese – etwa infolge einer schweren psychischen Erkrankung – über längere Zeit nicht betätigen kann? Reicht es für den Besitz der Fähigkeit hin, dass ein Mensch sie zu einem früheren Zeitpunkt besessen hat oder absehbar ist, dass er sie zu einem späteren Zeitpunkt besitzen wird? Reicht es, dass er sie erwerben könnte, falls er nicht durch innere oder äußere Hemmnisse daran gehindert würde?

Idealtypisch kann man hier vier aufsteigend inklusivere Personenkonzeptionen unterscheiden:

1. Aktualismus
2. Lebenszeitlicher Holismus
3. Potenzialismus
4. Gattungspotenzialismus.

Nach dem *Aktualismus* kommt Personalität denjenigen Wesen zu, die aktuell über die jeweiligen Fähigkeiten (Dimension 1) in dem erforderlichen Ausmaß (Dimension 2) verfügen. Vertreter des Aktualismus fordern wohlgemerkt lediglich die aktuale Verfügbarkeit der Fähigkeit, nicht ihre Ausübung. Fähigkeiten sind Dispositionseigenschaften, die einem Subjekt auch dann zugeschrieben werden können, wenn es sie nicht aktualisiert. Ein schlafender N verliert nicht bereits dadurch seinen Personenstatus, dass er die Fähigkeit zum Selbstbewusstsein zeitweilig nicht aktualisiert oder zeitweilig nicht aktualisieren kann.

Nach dem *lebenszeitlichen Holismus* kommt Personalität allen Wesen zu, die über die jeweiligen Fähigkeiten verfügen, früher verfügt haben oder in Zukunft verfügen werden. Diese Konzeption schreibt den Personenstatus auch Wesen zu, die die betreffenden Fähigkeiten einmal besessen haben, aber aktuell nicht mehr besitzen (z. B. schwer Dementen) oder einmal besitzen werden (z. B. Kleinkindern). Indem diese Position Personalität als jeweils für ein ganzes Menschenleben kennzeichnende Eigenschaft definiert, nähert sie sich dem Alltagsbegriff der Person an.

Dem *Potenzialismus* zufolge kommt Personalität allen Wesen zu, die das *Potenzial* haben, die entsprechenden Fähigkeiten zu erwerben. Diese meist zusammen mit dem lebenszeitlichen Holismus vertretene Position besagt, dass auch solchen Wesen Personalität zuzusprechen ist, die die entsprechenden Fähigkeiten erwerben könnten, falls sie nicht durch äußere Faktoren daran gehindert würden. Viele der katholischen Moraltheologie nahestehende Autoren vertreten dieses Kriterium und schreiben deshalb auch dem menschlichen Embryo, der durch eine Abtreibung seiner Entwicklungschancen beraubt wird, den Personenstatus zu. Allerdings ist dieses Kriterium immer noch insofern exklusiv, als es den Personenstatus einerseits von der Entwicklungsfähigkeit, andererseits von der Chance auf den Erwerb der fraglichen »personalen« Eigenschaften abhängig macht. Deshalb kommt nach diesem Kriterium weder dem menschlichen Embryo mit einer schweren chromosomalen Anomalie noch dem anenzephal, d. h. ohne Großhirn geborenen Neugeborenen der Personenstatus zu. Beide haben keine Chance, sich zu einem Erwachsenen mit den erforderlichen Fähigkeiten zu entwickeln – der eine, weil er bereits im Embryonalstadium abstirbt, der andere, weil er zwar geboren werden kann, aber aufgrund des fehlenden Großhirns unfähig zur Ausprägung der »personalen« Fähigkeiten ist. Eine Tendenz zum Potenzialismus findet sich u. a. in dem in Deutschland geltenden Embryonenschutzgesetz, das in § 8 den Embryo so definiert, dass nicht jeder menschliche Embryo unter diese Definition fällt, sondern lediglich der »entwicklungsfähige« Embryo.

Noch weiter in der Zuschreibung des Personenstatus geht der *Gattungspotenzialismus*. Nach dieser Auffassung kommt einem Wesen der Personenstatus auch dann zu, wenn es individuell keines der obigen Kriterien erfüllt, aber einer biologischen Gattung angehört, deren typische oder »normale« Mitglieder mindestens eines dieser Kriterien erfüllen. Dieses Kriterium ist das schwächste und inklusivste modale Kriterium. Es wird auch von solchen Wesen erfüllt, die zwar zur Gattung *homo sapiens* gehören, aber nicht über das für diese Gattung typische Potenzial verfügen, darunter nicht entwicklungsfähige (oder künstlich ihres Entwicklungspotenzials beraubte) Embryonen oder anenzephale Neugeborene.[10]

Da der Personenbegriff, wie er in der Bioethik verwendet wird, über seine deskriptiven Anteile hinaus *normative* Anteile aufweist, gibt es damit eine weitere Dimension, in der die verschiedenen Personenbegriffe variieren. In der Tat unterscheiden sich die verschiedenen Personalitätskonzeptionen auch darin, welche moralischen Rechte – und daraus abgeleitet welche Forderungen nach entsprechendem Schutz durch die Rechtsordnung – sie mit dem Personenstatus verknüpfen. Einen Kernbereich dieser Rechte machen zweifellos die Menschenrechte aus, wie sie in der UN-Deklaration der Menschenrechte von 1948 formuliert sind – in den Grenzen, in denen sie im jeweiligen Kontext anwendbar sind (Freiheitsrechte sind unanwendbar auf Föten, Religionsfreiheit und Wahlrecht gelten erst ab bestimmten Altersgrenzen usw.). Umstritten ist aber etwa die genaue Reichweite des zu den Menschenrechten gehörenden Lebensrechts. Zumeist wird es im Sinne eines Tötungsverbots verstanden, d. h. im Sinne eines *schwachen* Lebensrechts. Gelegentlich wird es aber auch als Gebot, Leben aktiv zu erhalten, verstanden, also im Sinne eines *starken* Lebensrechts. Je nachdem, ergeben sich insbesondere für die Vertreter nicht-aktualistischer Kriterien weit divergierende normative Folgerungen, insbesondere an den Lebensgrenzen. Gesteht man auch einem nicht entwicklungsfähigen menschlichen Embryo Personalität zu, hat die Zuschreibung eines starken Lebensrechts zur Folge, dass man, soweit möglich, dieses Potenzial aktiv (wieder)herstellt, andernfalls nicht. Für die Praxis des sogenannten *Altered Nuclear Transfer (ANT)* zur Gewinnung embryonaler Stammzellen, bei der eine der Gameten vor der Vereinigung von Ei- und Samenzelle so verändert wird, dass kein entwicklungsfähiger Embryo entsteht, hätte das starke Lebensrecht sogar die paradoxe Konsequenz, dass die Entwicklungsfähigkeit – falls technisch möglich – wiederhergestellt werden müsste, sobald die Gameten vereinigt sind und ein der Gattung Mensch zugehöriges Individuum entstanden ist.

---

[10] So z. B. Rosada, *Kein Mensch, nur Mensch oder Person?*, S. 230.

3. Der »harte Kern« der Debatte um den Personenbegriff: Äquivalenz-Doktrin versus Nichtäquivalenz-Doktrin

Viele der kritischen Argumente, die gegen Personenkonzeptionen in der Tradition der Philosophie vorgebracht worden sind, treffen die gegenwärtig in der Angewandten Ethik vertretenen oder implizit zugrunde gelegten Personalitätsverständnisse nur noch vereinzelt. Dazu gehört insbesondere das Argument, dass eine Personenkonzeption ihre Akzeptanz nicht dadurch untergraben sollte, dass sie von spekulativen Voraussetzungen ausgeht, die nur von wenigen geteilt werden und keine Aussicht auf breite Zustimmung haben. Auffassungen wie die Kants, dass dem Menschen »Persönlichkeit«, d. h. Personenstatus genau soweit – und nur soweit – zukommt, als dieser Bürger zweier Welten ist und außer an der sinnlichen Welt in Raum und Zeit an der übersinnlichen Welt des »Dings an sich« teilhat[11], werden innerhalb der Angewandten Ethik kaum noch vertreten. Die kognitiven und moralischen Fähigkeiten, die als Basis der Zuschreibung des Personenstatus dienen, werden überwiegend als empirisch aufweisbare Fähigkeiten aufgefasst bzw. als Fähigkeiten, für deren Bestehen empirische Indizien vorliegen, mögen diese das Vorliegen der betreffenden Eigenschaften auch nur wahrscheinlich machen.

Der Kernkonflikt innerhalb der Debatte betrifft zwei konträre Doktrinen, die man als *Äquivalenz-Doktrin* und *Nichtäquivalenz-Doktrin* bezeichnen kann.[12] Die Äquivalenz-Doktrin besagt, dass alle lebenden menschlichen Wesen Personen sind, während dies nach der Nichtäquivalenz-Doktrin nicht der Fall ist. Nach ihr sind nicht alle lebenden menschlichen Wesen Personen, sondern nur diejenigen, die bestimmte weitergehende Bedingungen erfüllen.

Die Äquivalenz-Doktrin darf nicht so verstanden werden, als bestünde ihr zufolge zwischen den Ausdrücken »lebendes menschliches Wesen« und »Person« eine intensionale oder Bedeutungsgleichheit. Zwar behauptet eine der am häufigsten vertretenen Varianten dieser Doktrin in der Tat die Bedeutungsgleichheit der Ausdrücke »Person« und »lebendes menschliches Wesen«. Nach dieser vor allem von Theologen und christlich geprägten Philosophen vertretenen Auffassung soll die Zugehörigkeit zur biologischen Gattung Mensch zusammen mit dem Merkmal der Lebendigkeit bereits aus semantischen Gründen eine notwendige und hinreichende Bedingung für Personalität darstellen. Der Personenstatus ist danach unmittelbar und zwingend in dem Menschsein und der Lebendigkeit eines Wesens begründet.

11　Kant, *Kritik der praktischen Vernunft*, S. 87.
12　Vgl. Birnbacher, *Das Dilemma des Personenbegriffs*.

Aber auch Konzeptionen, die zwischen der Klasse der lebenden Menschen und der Klasse der Personen lediglich eine extensionale oder Umfangsgleichheit behaupten, können dieser Doktrin zugerechnet werden. Wenn etwa Kant postuliert, dass dem Menschen »Persönlichkeit«, d. h. Personenstatus genau soweit zukommt, als dieser an der übersinnlichen Welt des Dings an sich teilhat, betrachtet er den Ausdruck »Person« keineswegs als bedeutungsgleich mit dem Ausdruck »Mensch«. Während der letztere lediglich den Angehörigen der biologischen Gattung *homo sapiens* bezeichnet, impliziert der erstere das von Kant postulierte metaphysische Teilhabeverhältnis. Dennoch sind – vorausgesetzt, dieses Teilhabeverhältnis kommt allen biologischen Menschen zu – die Klasse der Menschen und die Klasse der Personen deckungsgleich.

Nach der Nichtäquivalenz-Doktrin weichen die Ausdrücke »lebendes menschliches Wesen« und »Person« nicht nur der Intension, sondern auch der Extension nach voneinander ab. Danach sind etwa Menschen im vorgeburtlichen Stadium noch keine Personen (auch wenn sie später Personen werden), und zumindest einige Vertreter dieser Doktrin plädieren dafür, auch bestimmten Nicht-Menschen, etwa Menschenaffen den Personenstatus zuzuschreiben.[13] Nach dieser Auffassung ist die Eigenschaft, ein Mensch zu sein, weder im semantischen noch im nomologischen Sinn eine notwendige oder hinreichende Bedingung dafür, eine Person zu sein. Ausschlaggebend sind vielmehr bestimmte kontingente Eigenschaften, etwa Denkfähigkeit und Zukunftsbewusstsein und / oder Handlungs- und Vernunftfähigkeit.

4. Defizite beider polar entgegengesetzten Doktrinen

Ich meine, dass beide Doktrinen in entscheidenden Punkten defizitär sind und dass u. a. deshalb die Bioethik deshalb gut daran täte, auf den Personenbegriff zu verzichten. Statt vom Personenbegriff auszugehen, sollte sie unmittelbar von den Eigenschaften und Fähigkeiten aus argumentieren, die sich jeweils hinter dem Personenbegriff verbergen, und auf diese Weise zu einer adäquateren, differenzierten, transparenteren und weniger missverständlichen Begründung bioethischer Normen gelangen.

Das erste und am nächsten liegende Defizit, das man den Personenbegriffen beider Doktrinen attestieren muss, ist, dass sich beide sehr weit vom Alltagssprachgebrauch entfernen. Beide Doktrinen zwingen den Personen-

---

[13] Vgl. Birnbacher, *Selbstbewußte Tiere*.

begriff, so wie er allgemein gebraucht wird, in das Prokrustesbett eines ethischen Dogmas.

Am offenkundigsten ist dies wohl für die Äquivalenz-Doktrin. Den menschlichen Embryo in seinen frühesten Stadien bereits als »Person« zu qualifizieren – schlicht aufgrund der Tatsache, dass es sich im biologisch-genetischen Sinn um ein der biologischen Gattung Mensch zugehöriges lebendiges Wesen handelt –, bedeutet eine erhebliche Abweichung vom allgemeinen Sprachgebrauch und bedarf allererst erläuternder Kommentare, um für Uneingeweihte verständlich zu sein. Auch wenn der frühe menschliche Embryo *dasselbe* Wesen ist wie das später ausgereifte menschliche Individuum, liegt es uns doch gemeinhin fern, es um dieser Identität willen bereits in seinen frühesten Stadien als Person zu bezeichnen. Zwar ist die Vereinigung von Ei- und Samenzelle der Punkt, mit dem man im allgemeinen das menschliche *Leben* beginnen lässt. Aber dies bedeutet nicht, dass man an diesem Punkt damit auch schon die Person beginnen lassen muss. Auch die Tatsache, dass die meisten – nicht alle – menschlichen Embryonen das »aktive Potential« besitzen, sich unter günstigen Umständen zu Menschen mit charakteristisch »personalen« Fähigkeiten wie Vernunft und Moralität zu entwickeln, macht diese Embryonen noch nicht zu Personen, sondern allenfalls zu *potenziellen* Personen – in einem der Nichtäquivalenz-Doktrin entlehnten Sinn von »Person«. Semantisch scheint es mir sehr viel adäquater, von einer *Person* erst dann zu sprechen, wenn ein menschliches Wesen »zur Welt gekommen« und damit in einen sozialen Zusammenhang eingelassen ist. Erst als zur Welt gekommener ist der Mensch ein Mensch unter Menschen, der als je individuelle Person von anderen unterschieden wird. Wer etwa fragt, wie viele *Personen* sich in einem Raum befinden, wird kaum auf den Gedanken kommen, die Ungeborenen mitzuzählen, die das eine oder andere weibliche Mitglied des Publikums gerade austragen mag.

Auch der Personenbegriff der Nichtäquivalenz-Theorie ist hochgradig kontraintuitiv, und zwar genau deswegen, weil er den Personenstatus von dem Besitz oder Nichtbesitz bestimmter Fähigkeiten abhängig macht, die nicht allen erwachsenen Menschen zukommen. Dies gilt insbesondere für Personenkonzeptionen, die Personalität an den Besitz *moralischer* Fähigkeiten binden und damit alle diejenigen Menschen zu Nicht-Personen machen, die, wie immer intelligent sie sein mögen, ihr Verhalten ausschließlich an außermoralischen Maßstäben orientieren. Es würde folgen, dass Psychopathen mit »Über-Ich-Schwäche«, die sich keinem moralischen Gesetz unterworfen fühlen, keine Personen sind und deshalb auch an den Privilegien von Personen nicht teilhaben. Macht man sich weiterhin klar, dass viele Ethikkonzeptionen fordern, dass moralische Normen von strikt *universaler* Form sein müssen, ergeben sich noch radikalere Konsequenzen: Nur diejenigen werden diesem anspruchsvollen Standard gerecht, deren moralische Urteilsfähigkeit sich bis zu den beiden höchsten Stufen auf Kohlbergs Skala der moralischen Urteilsfähigkeit entwickelt hat, d. h. die moralische Urteile aufgrund von Prinzipien treffen, die »unabhängig von der Autorität der diese Prinzipien vertretenden Gruppen oder Personen sind«.[14] Da empirisch die Menschen allerdings auch in der Moral in der Mehrheit Konformisten sind und es nur bis knapp unterhalb dieser Schwelle schaffen, wären alle diese Menschen strenggenommen keine Personen.

Einen zweiten Verstoß gegen die Norm der semantischen Adäquatheit begeht die Nichtäquivalenz-Doktrin dadurch, dass sie Personalität zu einem *Phasenbegriff* macht. Personalität kann einem Menschen stets nur während derjenigen Phasen zugeschrieben werden, in denen er über die entsprechenden Fähigkeiten verfügt. Daraus folgt, dass je enger die Kriterien für die Zuschreibung von Fähigkeiten angesetzt werden, desto kontraintuitiver die Ergebnisse ausfallen. Einem Psychotiker müsste etwa für die Zeit eines psychotischen Schubs der Personenstatus aberkannt werden, während er ihm in einer Phase wiedererlangter Zurechenbarkeit und Autonomie erneut zugesprochen werden müsste. Der Personenbegriff der Alltagssprache ist demgegenüber – anders als etwa »Zurechenbarkeit« oder »Autonomie« – kein Phasenbegriff. Vielmehr bleibt eine Person eine Person auch dann, wenn sie die für Personen typischen Fähigkeiten vorübergehend oder dauerhaft einbüßt.

Ein weiterer Grund dagegen, den Personenbegriff zur Begründung bioethischer Normen heranzuziehen liegt darin, dass solche Begründungen in Gefahr stehen, zirkulär zu werden. Wie wir gesehen haben, setzt der Personenbegriff bereits einen bestimmten normativen Status voraus. Er kann diesen Status nicht seinerseits begründen. Die Berufung auf den Personenbegriff zur Begründung dieses normativen Status dreht sich zwangsläufig im Kreis.

Hinzu kommt ein weiterer Einwand: Der Personenbegriff ist, wie ich oben argumentiert habe, ein Alles-oder-Nichts-Begriff und lässt keinerlei Abstufungen zu. Ein Wesen ist entweder eine Person oder nicht. Insoweit eine Bioethik Rechte und Pflichten durch Rekurs auf den Personenstatus begründet, ist sie deshalb gezwungen, die Welt des Lebendigen in Personen und Nichtpersonen aufzuteilen und den einen alles und den anderen nichts zu geben. Sie kann ihre Zuschreibungen von Rechten nicht nach dem *Ausmaß* abstufen, in dem ein Wesen die Bedingungen des Personseins erfüllt.

Es spricht einiges dafür, dass eine Zweiteilung der Welt in Personen und Nicht-Personen für viele bioethische Zwecke allzu grobschlächtig ist und verhindert, dass lebendigen Wesen jeweils diejenigen Rechte zugesprochen werden, die ihren spezifischen Fähigkeiten und Bedürfnissen angemessen

---

[14] Kohlberg/Turiel, *Moralische Entwicklung*, S. 19.

sind. Wollte eine Bioethik ausschließlich mit dem Gegensatzpaar Person /
Nicht-Person auskommen, müsste sie Personen – ungeachtet ihrer spezifischen Beschaffenheit – alle moralischen Rechte zusprechen, die Personen
haben können, und Nicht-Personen alle Rechte absprechen, die sie Personen zuspricht. Eine solche Binarität würde wichtigen Gegenstandsbereichen
der Bioethik jedoch nicht gerecht, etwa leidensfähigen Tieren. Ihnen schreiben wir gemeinhin keinen Personenstatus zu. Dennoch kommen sie durchaus als Subjekte moralischer Rechte in Frage, und zwar als Subjekte einiger
der Rechte, die auch leidensfähigen Menschen zukommen, etwa das Recht,
von sinnlosen, mutwilligen oder nicht durch höherwertige Güter gerechtfertigten Leidenszufügungen verschont zu bleiben. Auch wenn Tiere Nicht-
Personen sind, haben sie doch an einigen der moralischen Rechte teil, an
denen auch Personen teilhaben. Empfindungsfähigkeit kann für den Besitz
moralischer Anspruchsrechte hinreichend sein, während sie nach keiner Personenkonzeption – außer der exzentrischen Konzeption Leonard Nelsons,
der Personen mit Interessensubjekten gleichsetzt[15] – für den Personenstatus
hinreichend ist.

Selbstverständlich kann eine Bioethik, die auf den Personenbegriff setzt,
weitere Prinzipien einführen, die das Risiko einer allzu simplistischen Dichotomie zwischen Personen und Nichtpersonen mindert. Sie ist keineswegs *gezwungen*, sämtliche Zuschreibungen von Rechten, die sie vornimmt,
auf den Personenbegriff zurückzuführen. Sie kann etwa Freiheitsrechte auch
schlicht mit Bezug auf die Handlungs- und Entscheidungsfähigkeit eines
Wesens plausibilisieren und dann auch solchen Wesen zuschreiben, die nicht
den vollen Personenstatus besitzen. Analog kann sie das Recht auf Leidens-
freiheit schlicht mit Bezug auf die Leidensfähigkeit eines Wesens begründen,
ohne diesem Wesen damit Personalität zuschreiben zu müssen. In der Tat ist
dies genau der Weg, den die beiden Exponenten der beiden Doktrinen, Spaemann und Singer, einschlagen, wenn es um die Rechte der leidensfähigen
Tiere geht. Aber in demselben Maße, in dem die personalistische Begründung durch derartige zusätzliche Prinzipien ergänzt wird, verflüchtigt sich
der ursprüngliche Reiz des Personenbegriffs als bioethisches Fundamental-
prinzip. Je mehr Personalität nur noch als eine unter vielen Größen postuliert wird, nach denen sich der moralische Status eines Lebewesens bemisst,
desto mehr rückt sie an den Rand der bioethischen Theoriebildung und wirft
die Frage auf, warum dann nicht der Klarheit und Eindeutigkeit besser ge-
dient ist, wenn man die postulierten Rechte ohne den Umweg über den Personenbegriff unmittelbar mit Bezug auf die zugrunde liegenden Merkmale
plausibilisiert – mit Bezug auf die Gattungszugehörigkeit im Falle der Äqui-

---

[15] Vgl. Nelson, *Kritik der praktischen Vernunft*, S. 132.

valenz-, mit Bezug auf Denkfähigkeit, Selbstbewusstsein, Vernunftfähigkeit und Moralfähigkeit im Fall der Nichtäquivalenz-Doktrin.

5. Normative Bedenken

Auch in normativer Hinsicht weisen bioethische Konzeptionen, die sich an zentraler Stelle auf den Personenbegriff beziehen, Defizite auf. Gemessen an weit verbreiteten moralischen Intuitionen tendieren Varianten der Äquivalenz-Doktrin dazu, den moralischen Status ungeborenen menschlichen Lebens zu *über*schätzen und tendieren Varianten der Nichtäquivalenz-Doktrin dazu, den moralischen Status geborener Menschen zu *unter*schätzen.

Eine gravierende normative Schwäche der Äquivalenz-Doktrin ist darin zu sehen, dass sie nicht hinreichend differenziert zwischen den moralischen Rechten, die *menschlichem Leben* und den moralischen Rechten, die *Menschen* zugeschrieben werden. Angesichts der Unabstufbarkeit des Personenbegriffs und des für die Äquivalenz-Doktrin definierenden Axioms, Personalität unabhängig von allen Fähigkeiten zuzuschreiben, ist die Äquivalenz-Doktrin zu dem wenig plausiblen Schritt gezwungen, dem menschlichen Embryo bereits in seinen frühesten Stadien dasselbe Lebensrecht und dieselbe Menschenwürde wie erwachsenen Menschen zu gewähren. Selbst für den Fall einer Kollision zwischen dem Lebensrecht des Embryos und dem Leben der ihn austragenden Frau, in der nur das Leben entweder des Embryos oder der Frau gerettet werden kann, kann sie das Leben der Frau nicht mit derjenigen Selbstverständlichkeit priorisieren, die allgemein verbreiteten Sichtweisen entspricht. Solange sie konsequent ist und ihre Einschätzung ausschließlich am Personenbegriff orientiert, muss sie das Leben des Embryos und das Leben der Frau als prinzipiell gleichwertig betrachten.

Auch wenn man der Äquivalenz-Doktrin zugibt, dass bereits den frühesten Stadien individuellen menschlichen Lebens Lebensrecht und Menschenwürde zukommen, werden die aus diesen Prinzipien folgenden Schutzpflichten doch im allgemeinen als sehr viel schwächer aufgefasst als diejenigen, die für geborene Menschen gelten. Nicht nur die vorherrschenden Denkweisen, auch die faktisch geltenden rechtlichen Regelungen ordnen dem ungeborenen menschlichen Leben keine konstante, sondern eine mit dem Entwicklungsstand zunehmende moralische Wertigkeit zu, mit der Geburt (dem In-die-Welt-der-Menschen-Treten) als entscheidender Zäsur.

Am offenkundigsten gilt dies für das *Lebensrecht* des ungeborenen menschlichen Lebens. Nach deutschem Recht ist das Leben eines Fötus vor der Geburt noch gegen die Gesundheitsinteressen der Mutter abwägbar, nach der Geburt nicht mehr. Nach § 218 StGB ist ein Schwangerschaftsabbruch unter bestimmten Umständen selbst noch bis kurz vor der Geburt rechtfertigbar. Demgegenüber kommt dem aus einer missglückten Spätabtreibung hervorgehenden lebenden Neugeborenen dasselbe Lebensrecht zu wie einem Erwachsenen. Es darf nur unter denselben Bedingungen sterben gelassen werden, unter denen dies auch bei einem nicht einwilligungsfähigen Erwachsenen zulässig wäre.[16] In allen Rechtssystemen, auch in denen, deren Dogmatik unter dem direkten Einfluss der Äquivalenz-Doktrin steht, werden dem menschlichen Leben im ungeborenen Stadium weniger oder schwächere Schutzrechte zugesprochen als geborenen Menschen. So sah etwa das Bundesverfassungsgericht, das in seinen Urteilen von 1975 und 1993 die Rechtswidrigkeit des Schwangerschaftsabbruchs u. a. mit der Menschenwürde des Embryos begründete, keinen Anlass, den früheren § 219d StGB (entsprechend dem ersten Satz des heutigen § 218) in Frage zu stellen, der den frühen menschlichen Embryo bis zur Entwicklungsstufe von 14 Tagen ausdrücklich von dem durch den § 218 gewährten rechtlichen Schutz ausnimmt.

Nicht nur das Lebensrecht, auch die *Menschenwürde* des frühen Embryos wird vom Rechtssystem faktisch als ungleichwertig mit der Menschenwürde des erwachsenen Menschen aufgefasst. Einer der zentralen Gehalte des Menschenwürdeprinzips ist das Recht eines Wesens, nicht ohne Einwilligung und in schwerwiegender Weise zu fremden Zwecken instrumentalisiert zu werden. »Instrumentalisierung« ist allerdings ein höchst verfänglicher Begriff. Er sollte nicht so verstanden werden, als müsse damit eine Indienstnahme von Menschen zu fremden Zwecken *eo ipso* als menschenwürdewidrig gelten. Auch Arbeitnehmer, Probanden, Kunden, ganz zu schweigen von Polizisten und Soldaten werden zu anderen als ihren höchstpersönlichen Zwecken gebraucht, ohne dass dies in jedem Fall Anlass zu moralischer Verurteilung oder gar zum Vorwurf der Menschenwürdeverletzung gibt. Schon Kants zweite Formel des Kategorischen Imperativs besagte ja nicht, dass niemand als Mittel gebraucht, sondern dass niemand *bloß* als Mittel gebraucht werden darf, und dieses »bloß« schränkt die Reichweite dieser Norm beträchtlich ein. Eine »bloße« Instrumentalisierung im kantischen Sinne und damit eine Verletzung der Menschenwürde liegt aber zweifellos dann vor, wenn lebende menschliche Embryonen zum Gegenstand »verbrauchender«, d. h. mit ihrem Überleben nicht vereinbarer Forschung gemacht werden oder – wie bei der Gewinnung embryonaler Stammzellen – zu Zwecken genutzt werden, die nichts mit ihrem Überleben oder späteren Wohl zu tun haben. Gälte jedoch für den frühen menschlichen Embryo dieselbe Pflicht zum Schutz der Menschenwürde wie für erwachsene Menschen, dürfte die verbrauchende Forschung an Embryonen in vitro nicht mit den relativ schwachen Sanktionen bedroht sein, die das Embryonenschutz-

---

[16] Vgl. Merkel, *Früheuthanasie*, S. 233 ff.

gesetz dafür vorsieht. Man müsste vielmehr erwarten, dass sie mit denselben Sanktionen bedroht wird, mit denen analoge tödliche Versuche an kleinen Kindern bedroht sind. Auch nehmen weder das Bundesverfassungsgericht noch die ärztliche Standesethik daran Anstoß, dass bei der In-vitro-Fertilisation drei künstlich erzeugte menschliche Embryonen einem »russischen Roulett« ausgesetzt werden, bei dem möglichst nur einer überleben soll – eine in einem schwachen Sinn »instrumentalisierende« Verfahrensweise, die bei einem Erwachsenen ernste Zweifel an ihrer Vereinbarkeit mit dem Menschenwürdeprinzip wecken würden.

Auch wenn die »normative Kraft des Faktischen« kein gültiges Argumentationsprinzip ist, weisen diese Umstände doch insgesamt auf eine intuitive Differenzierung der Menschenwürde nach dem Entwicklungsstand hin, die *grosso modo* der Abstufung des Lebensrechts parallel verläuft. Nicht nur das Lebensrecht reift mit dem pränatalen Entwicklungsstand heran, sondern auch das durch den Ausdruck »Menschenwürde« bezeichnete Ensemble von Rechten. Allerdings betrifft diese Parallelität lediglich den Entwicklungsverlauf, nicht den moralischen Stellenwert des Endzustands, der Geburt. Während das Lebensrecht auch nach der Geburt nicht absolut gilt, sondern – wie etwa die strafrechtlichen Regelungen zum Notstand zeigen – unter engen Bedingungen abwägbar bleibt, gelten die aus dem Menschenwürdebegriff folgenden (minimalen) Rechte absolut und sind einer Abwägung mit den Rechten anderer prinzipiell entzogen.

Aus alledem ergibt sich ein zweifacher Mangel an Differenzierung. Die Äquivalenz-Doktrin nivelliert die Unterschiede zwischen dem *starken* Lebensrecht des geborenen Menschen und dem *schwächeren* Lebensrecht des ungeborenen menschlichen Lebens, und sie nivelliert den Unterschied zwischen den *unabwägbaren* aus der Menschenwürde fließenden Rechten des geborenen Menschen und den *abwägbaren* aus der Menschenwürde fließenden Rechten des Ungeborenen. Das Mehr an Einfachheit, das diese Doktrin für sich verbuchen kann, ist durch das Weniger an normativer Adäquatheit teuer erkauft.

Auch die Nichtäquivalenz-Doktrin kann kaum als normativ adäquat gelten. Auch sie weist in normativer Hinsicht Defizite auf. Diese sind zuallererst darin begründet, dass ihre Zusatzkriterien der Personalität einseitig auf *Fähigkeiten* statt auf *Bedürftigkeiten* rekurrieren. Plausibel ist es jedoch, die Zuschreibung moralischer Rechte primär an Bedürftigkeiten und nur sekundär an Fähigkeiten zu orientieren. Oft sind Fähigkeiten gar nicht oder nur indirekt normativ relevant. Der primäre Grund für die Zuschreibung des Rechts ist nicht die Fähigkeit, sondern das Bedürfnis nach der Ausübung dieser Fähigkeit. Freiheitsrechte (Rechte, nicht daran gehindert zu werden, etwas zu tun oder nicht zu tun) werden Menschen nicht primär deshalb zugeschrieben, weil sie zur Freiheit *fähig* sind, sondern primär deshalb, weil sie ein *Bedürfnis* nach Freiheit haben. Sie sollen nicht zu etwas gezwungen werden, was sie nicht wollen, weil sie selbst entscheiden *wollen*. Dass sie selbst entscheiden können, ist lediglich eine Voraussetzung dafür. In einer fiktiven Welt, in der Freiheitsbedürfnisse unbekannt wären, gäbe es keinen Grund, ein Recht auf Freiheit anzuerkennen, auch dann, wenn Freiheit weiterhin eine Grundfähigkeit des Menschen wäre. Der Personenbegriff konstruiert den Besitz moralischer Rechte irreführenderweise so, als seien Rechte etwas, was man sich durch Leistung (den Beweis von Fähigkeiten) *verdienen* muss. Aber Menschen kommen Rechte nicht primär deswegen zu, weil sie diese aufgrund ihrer Leistungen oder Fähigkeiten *verdient* haben oder weil ihnen Leistungen oder Fähigkeiten einen besonderen *Status* verleihen. Ihnen kommen Rechte primär deswegen zu, weil sie sie für ein befriedigendes und erfülltes Leben *brauchen*. Auch ein Psychotiker, der nicht selbstbestimmt im Sinne einer autonomen Selbststeuerung zu leben vermag, hat ein Recht auf Selbstbestimmung, solange er das Bedürfnis hat, Zwang und Nötigung zu entgehen und sein Leben nach seinen – nicht oder nur in engen Grenzen selbstbestimmten – Wünschen und Neigungen zu leben. Dass dieses Recht nicht unbegrenzt ist und einerseits mit den Rechten anderer, andererseits mit anderen Rechten des Psychotikers selbst in Konflikt geraten kann, ändert nichts daran, dass es von dem Ausmaß, in dem dieser der Selbstbestimmung fähig ist, zunächst ganz unabhängig ist. Für Autonomie im Sinne eines *Rechts* auf Selbstbestimmung ist Autonomie im Sinne der *Fähigkeit* zur Selbstbestimmung keine zwingende Bedingung.

Ein aufgrund von Fähigkeiten zugeschriebener Personenstatus ist insofern für die Begründung der Zuschreibung moralischer Rechte allenfalls sekundär relevant – über die aus den besonderen Fähigkeiten von Personen resultierenden Bedürftigkeiten. Wiederum erweist sich der Personenbegriff als irreführend. Indem er nahelegt, die Zuschreibung moralischer Rechte könne unmittelbar durch den Besitz von Fähigkeiten fundiert werden, führt er das bioethische Denken auf eine falsche Fährte.

6. Schluss

Das Fazit, das aus dem Durchgang durch die wesentlichen Einwände gegen den Personenbegriff als bioethisches Grundprinzip gezogen werden kann, ist im Wesentlichen negativ: Mit der zentralen Rolle, die dem Personenbegriff in zahlreichen zeitgenössischen bioethischen Konzeptionen eingeräumt wird, ist dieser Begriff eindeutig überfordert. Er schafft mehr Probleme, als er löst. Insofern spricht viel dafür, bioethische Diskussionen um moralische Rechte und Pflichten im Umgang mit dem Lebendigen ohne den Rückgriff auf den Personenbegriff zu führen. Ein Verzicht auf den Personenbegriff wäre kein Verlust, sondern verspräche im Gegenteil einen Zugewinn an Transparenz, Differenzierung und inhaltlicher Plausibilität.

LITERATUR

Beauchamp, Tom L.: The Failure of Theories of Personhood. In: Kennedy Institute of Ethics, *Journal* 9, 1999, S. 309–324.

Birnbacher, Dieter: Das Dilemma des Personenbegriffs. In: *Personsein aus bioethischer Sicht*, hgg. von Peter Strasser und Edgar Starz. Stuttgart 1997 (ARSP-Beiheft 73), S. 9–25.

– Selbstbewußte Tiere und bewußtseinsfähige Maschinen – Grenzgänge am Rand des Personenbegriffs. In: *Person. Philosophiegeschichte – Theoretische Philosophie – Praktische Philosophie*, hg. von Dieter Sturma. Paderborn 2001, S. 301–321.

– Hilft der Personenbegriff bei der Lösung bioethischer Fragestellungen? In: *Menschenleben – Menschenwürde*, hgg. von Walter Schweidler, Herbert A. Neumann und Eugen Brysch. Münster 2003, S. 31–43.

– Personalität. In: *Handbuch Angewandte Ethik*, hgg. von Ralf Stoecker, Christian Neuhäuser und Marie-Luise Raters. Stuttgart – Weimar 2011, S. 87–92.

Cavalieri, Paola / Peter Singer (Hgg.): *Menschenrechte für die Großen Menschenaffen. Das Great Ape Projekt*, München 1993.

Dennett, Daniel C.: Bedingungen der Personalität. In: *Analytische Philosophie des Geistes*, hg. von Peter Bieri. Königstein 1981, S. 303–324.

Gordijn, Bert: The Troublesome Concept of a Person. In: *Theoretical Medicine and Bioethics* 20, 1999, S. 347–359.

Kant, Immanuel: Kritik der praktischen Vernunft. In: *Kants Werke. Akademie-Textausgabe Bd. V*. Berlin 1968, S. 1–164.

Kohlberg, Lawrence / Elliot Turiel: Moralische Entwicklung und Moralerziehung. In: *Sozialisation und Moral. Neue Ansätze zur moralischen Entwicklung und Erziehung*, hg. von Gerhard Portele. Weinheim 1978, S. 13–80.

Merkel, Reinhard: *Früheuthanasie. Rechtsethische und strafrechtliche Grundlagen ärztlicher Entscheidungen über Leben und Tod in der Neonatalmedizin*, Baden-Baden 2001.

Nelson, Leonard: *Kritik der praktischen Vernunft*, Gesammelte Schriften Bd. 4, Hamburg 1972.

Pluhar, Evelyn B.: The Personhood View and the Argument From Marginal Cases. In: *Philosophica* (Gent) 39, 1987, S. 23–38.

Quante, Michael: *Personales Leben und menschlicher Tod. Personale Identität als Prinzip der biomedizinischen Ethik*, Frankfurt am Main 2002.

Rosada, Johannes: Kein Mensch, nur Mensch oder Person? – Das Lebensrecht des Anencephalen. In: *Der Status des Hirntoten. Eine interdisziplinäre Analyse der Grenzen des Lebens*, hgg. von Markus Schwarz und Johannes Bonelli. Wien – New York 1995, S. 221–234.

Sapontzis, Steve F.: Personen imitieren – Pro und contra. In: *Menschenrechte für die Großen Menschenaffen. Das Great Ape Projekt*, hgg. von Paola Cavalieri und Peter Singer. München 1993, S. 411–426.

Siep, Ludwig: Personenbegriff und angewandte Ethik. In: *Person und Sinnerfahrung. Philosophische Grundlagen und interdisziplinäre Perspektiven. Festschrift für Georg Scherer zum 65. Geburtstag*, hgg. von Carl Friedrich Gethmann und Peter L. Oesterreich. Darmstadt 1993, S. 33–44.

Singer, Peter: *Praktische Ethik. Neuausgabe*, Stuttgart 1994.

Spaemann, Robert: Sind alle Menschen Personen? Über neue philosophische Rechtfertigungen der Lebensvernichtung. In: *Tüchtig oder tot? Die Entsorgung des Leidens*, hg. von Jürgen-Peter Stössel. Freiburg 1991, S. 133–147.

– *Personen. Versuche über den Unterschied zwischen »etwas« und »jemand«*, Stuttgart 1996.

Strawson, Peter F.: *Einzelding und logisches Subjekt (Individuals)*, Stuttgart 1972.

Sturma, Dieter: *Philosophie der Person. Die Selbstverhältnisse von Subjektivität und Moralität*, Paderborn 1997.

Vaas, Rüdiger: Mein Gehirn ist, also denke ich. Neurophilosophische Aspekte von Personalität. In: *Cognitio humana – Dynamik des Wissens und der Werte. XVII. Kongreß für Philosophie Leipzig 1996. Workshop-Beiträge Bd. 2*, hgg. von Christoph Hubig und Hans Poser. Leipzig 1996, S. 1507–1513.

Heike Baranzke

WER IST EINE PERSON?

Zur bioethischen Brisanz einer Frage
im Ausgang von John Locke

Die Berufung auf subjektphilosophische Traditionsbegriffe wie »Person«
und »Menschenwürde« löst im angewandt ethischen Feld der Biomedizin
und der Lebenswissenschaften heftig geführte Kontroversen aus, die in Aporien zu enden scheinen. Gegen beide Begriffe wird von der einen Seite der
Vorwurf des »Diskussionsstoppers«[1] erhoben, während die andere Seite Tra-
ditionsbrüche bei der aktuellen Verwendung der Ausdrücke diagnostiziert.
In Bezug auf den »Streit um die Person« in der Bioethik[2] führt nach verbrei-
teter Ansicht insbesondere die Rezeption des Locke'schen Personbegriffs
in der Analytischen Ethik infolge der Bestreitung der Koextensivität der
Begriffe Mensch und Person[3] sowie der Bedingung des Selbstbewusstsein
für das Vorliegen von Personalität zu potenziell inakzeptablen moralischen
Konsequenzen an den Grenzen und in Grenzsituationen menschlichen Lebens.[4] Eine besonders provozierende Form der bioethischen Verwendung
des Personbegriffs Locke'scher Prägung legte Michael Tooley in seinem 1972
erstmals publizierten, seitdem vielfach wieder abgedruckten und in mehrere
Sprachen (portugiesisch, deutsch, japanisch, schwedisch) übersetzten Artikel über »Abortion and Infanticide«[5] vor – im Kontext der öffentlichen
US-amerikanischen Debatten über Abtreibung und Früheuthanasie. In diesem Artikel sowie in den nachfolgenden Publikationen zu der Thematik gebraucht Tooley den Satz »›X ist eine Person‹ gleichbedeutend [...] mit dem

---

[1] Vgl. Quante, *Menschenwürde und personale Autonomie*, S. 224 Anm. 102; vgl. z. B. auch die
   Beiträge in Bayertz (Hg.), *Sanctity of Life and Human Dignity* und in Kettner (Hg.), *Biome-*
   dizin und Menschenwürde.

[2] Honnefelder, *Der Streit um die Person*; vgl. auch Birnbacher, *Das Dilemma des Personbegriffs,*
   Rehbock, *Personsein in Grenzsituationen,* und Siep, *Der Begriff der Person als Grundlage der*
   biomedizinischen Ethik: Zwei Traditionslinien.

[3] Von Birnbacher »Nichtäquivalenz-« bzw. im Fall der Behauptung, dass alle und nur Menschen
   Personen sind, »Äquivalenz-Doktrin« genannt. Birnbacher, *Das Dilemma des Personbegriffs,*
   S. 54.

[4] Vgl. Quante, *Menschenwürde und personale Autonomie*, S. 98.

[5] Tooley, *Abtreibung und Kindstötung.*

Satz: ›X hat ein (gewichtiges) moralisches Recht auf Leben.‹«[6] Die Möglichkeit der Zuschreibung eines Lebensrechts ist nach Tooley an die Bedingung
von Selbstbewusstsein in dem Sinne geknüpft, dass nur ein selbstbewusstes
Wesen einen (nicht notwendig versprachlichten) Begriff von seiner Fortexis-
tenz zu besitzen vermag. Seinen ursprünglichen Versuch, eine direkte begriffliche Verbindung zwischen den Rechten und den Wünschen eines Wesens herzustellen, modifiziert Tooley schon bald darauf in einen interessenethischen, der die Möglichkeit von Rechten an Interessen knüpft.[7] Tooleys interessenethischer Personbegriff ist in der biomedizinethischen Debatte nicht zuletzt durch die direkte Rezeption Peter Singers in seiner *Praktischen Ethik* einflussreich geworden, deren Erscheinen wiederum eine hef-
tige Kontroverse über Euthanasie in Deutschland ausgelöst hat.[8] Der vorliegende Beitrag geht der Frage nach, wodurch genau die Bezugnahme auf
Lockes Persondefinition in der Bioethik so brisant wird.

Nach einer kurzen Rekapitulierung des Personbegriffs John Lockes (1.)
folgt eine vergleichende Darstellung von Tooleys, auf Locke'schen Bestimmungen beruhenden interessenethischen Personbegriffs (2.). Auf dem Hintergrund dieser exemplarischen Analyse wird gefragt, welche Bedürfnisse
die interessenethisch modifizierte Persondefinition Lockes in der Bioethik
indiziert und welche Defizite ihn so kontrovers erscheinen lassen (3.). Im
Anschluss daran wird der Begriff des Interesses kurz beleuchtet, der in interessenethischen Ansätzen zur Fundierung eines personalen Rechtsstatus
dient (4.). Abschließend wird versucht, mit Lynne Rudder Bakers Unterscheidung zwischen schwachen und starken Ich-Phänomenen eine selbstre-
flexive Lesart des Locke'schen Personbegriffs als Ausdruck des praktischen
Selbstverhältnisses eines Akteurs für die bioethische Argumentation zu erschließen (5.).

---

[6] Tooley, *Abtreibung und Kindstötung*, S. 159.

[7] In dem Nachtrag zur 1990 erschienenen deutschen Übersetzung seines ursprünglich 1972 verfassten Artikels spricht Tooley von »einigen revidierten Versionen« dieses Artikels in argumentativ relevanten Hinsichten, die ihren Abschluss in der als Monografie vorgelegten Version
von »Abortion and Infanticide« (Oxford 1983) fanden (Tooley, *Abtreibung und Kindstötung*,
S. 188).

[8] Singer, *Praktische Ethik*. Vgl. zur Analyse Baranzke, *Zwischen Speziesismus und Lockes Personbegriff*.

1. John Locke's bewusstseinstheoretische
Transformation des Personbegriffs

Lockes klassisch gewordene Persondefinition[9] findet sich in dem 27. Kapitel »Of Identity and Diversity«, das er 1694 bei der zweiten Auflage in
dem zweiten Buch seines *Essays Concerning Human Understanding* nachträglich einfügte. Darin bezeichnet er mit Person »ein denkendes, verstän-
diges Wesen, das Vernunft und Überlegung besitzt und sich selbst als sich
selbst betrachten kann. Das heißt es erfaßt sich als dasselbe Ding, das zu verschiedenen Zeiten und an verschiedenen Orten denkt. Das geschieht lediglich durch das Bewusstsein, das vom Denken untrennbar ist [...].«[10] Motiviert wurde Locke zu der Erörterung der Bedingungen personaler Identität
durch eine im ausgehenden 17. Jahrhundert geführte theologische Diskussion über Auferstehung und Jüngstes Gericht. Die Frage war, wodurch die
Gerechtigkeit des göttlichen Urteilsspruchs gewährleistet sei, dass auch jeder für die je eigenen Handlungen Lohn und Strafe empfange, wenn die körperlichen Veränderungsprozessen unterworfene menschliche Gestalt hierfür
keine zuverlässige Identifizierungsgrundlage liefere. Das Problem des Kriteriums für die Feststellung der Identität zwischen Täter und Verurteiltem
stellt sich »nicht nur in bezug auf das göttliche Urteil, sondern auch in bezug auf menschliche Gerichtshöfe«[11]. Zur Lösung dieser theologischen, moralischen und rechtlichen Gerechtigkeitsfragen definiert Locke die forensische Funktion seines zuvor aus der ersten Personperspektive eingeführten
psychologischen Personbegriffs, die er in besonderer Weise motiviert: »Der
Name für dieses Selbst ist meines Erachtens nach das Wort *Person*. Überall,
wo jemand das findet, was er sein ›Ich-Selbst‹ nennt, kann meiner Meinung
nach ein anderer sagen, es sei dieselbe Person vorhanden. Es ist ein juristischer Ausdruck, der sich auf Handlungen und ihren Lohn bezieht; er findet
also nur bei vernunftbegabten Wesen Anwendung, für die es Gesetze geben
kann und die glücklich und unglücklich sein können. Diese Persönlichkeit
erstreckt sich vom gegenwärtigen Dasein in die Vergangenheit zurück nur
durch das Bewusstsein, durch das sie beteiligt und verantwortlich wird und
sich vergangene Handlungen mit derselben Begründung und aus derselben
Ursache zueignet und zurechnet wie die gegenwärtigen. Das alles beruht auf
einem Interesse am Glück, das die unvermeidliche Begleiterscheinung des
Bewußtseins ist; denn das Wesen, das sich der Freude und des Schmerzes
bewußt ist, wünscht, dass dieses bewußte Selbst glücklich sei. Deshalb kann

---

[9] Nach Sturma (*Philosophie der Person*, S. 189) ist offen, ob Locke eine Definition oder eher eine
Beschreibung personalen Lebens gegeben hat.
[10] Locke, *Über den menschlichen Verstand*, Bd. II, § 9, S. 419.
[11] Thiel, *Person und persönliche Identität*, S. 80.

es an allen vergangenen Handlungen, die es nicht mit Hilfe des Bewußtseins mit dem gegenwärtigen Ich vereinigen oder ihm *zueignen* kann, nicht mehr interessiert sein als an Handlungen, die überhaupt nicht stattgefunden haben. Wenn es wegen einer solchen Handlung Freude oder Schmerz, das heißt Lohn oder Strafe, erführe, so bedeutete das, daß es gleich am Anfang seines Daseins ohne jedes Verdienst und Verschulden glücklich oder unglücklich gemacht worden wäre. Nehmen wir an, ein *Mensch* würde jetzt für das bestraft, was er in einem anderen Leben getan hat, wovon aber durchaus kein Bewußtsein in ihm erweckt werden könnte. Wie unterscheidet sich eine solche Bestrafung davon, dass man unglücklich *erschaffen* ist? In Übereinstimmung damit sagt uns denn auch der Apostel, dass an dem großen Tag, an dem jeder ›nach seinen Taten empfangen wird, die Geheimnisse aller Herzen offenbar werden sollen‹. Das Urteil wird dadurch gerechtfertigt werden, dass sich alle Personen dessen bewußt sein werden, daß sie selbst – gleichviel in welchen Körpern sie erscheinen oder mit welchen Substanzen dieses Bewußtsein verknüpft ist – eben diejenigen sind, die bestimmte Handlungen begangen haben und dafür bestimmte Strafen verdienen. Das Urteil wird dadurch gerechtfertigt werden, dass sich alle Personen dessen bewusst sein werden, dass *sie selbst* [...] *eben diejenigen* sind, die bestimmte Handlungen begangen haben und dafür bestimmte Strafen verdienen.«[12] Hier konzipiert Locke den Begriff der Person als einen »juristischen Ausdruck«, der »nur bei vernunftbegabten Wesen [...], für die es Gesetze geben kann«, Anwendung finde. Als juristischer Ausdruck bezeichnet Person »eine moralische Qualität«, d. h. »die Eigenschaft des menschlichen Subjekts [...], mit Bezug auf welche es moralisch und rechtlich verantwortlich ist«.[13] Person dient somit als Name für die moralische und rechtliche Zurechnungsinstanz von Handlungsverantwortung. Die Zurechnungsinstanz wird nach Locke durch das Selbstbewusstsein eines Ichs erzeugt, das sich von der Gegenwart in die Vergangenheit zurückerstreckt und sich Handlungen »zueignen« kann. Für dieses sich selbst Zueignen von Verantwortlichkeit bedarf es – so Ulrich Steinvorth – nicht nur der Reflexivität, sondern auch der Selbstreferentialität, durch die das Wissen um die Selbigkeit seines Selbst, die Identität der Person, erst konstituiert wird. Zum Personsein gehört somit »notwendig [...], daß das Lebewesen nicht nur fühlt, *daß* es fühlt, wenn es fühlt, sondern auch, daß

---

[12] Locke, *Über den menschlichen Verstand*, Bd. II, § 26, S. 435 f. Nach Sturma (*Philosophie der Person*, S. 191) hat Locke für den »definitorischen Neubeginn, ›Person‹ nunmehr als einen forensischen bzw. moralphilosophischen Begriff zu verwenden, [...] den hohen methodischen Preis zu entrichten, bei der Bestimmung des personalen Standpunkts, [der] bislang konsequent aus der Perspektive der ersten Person entwickelt worden ist, Anleihen beim Standpunkt des äußeren Beobachters machen zu müssen.«

[13] Thiel, *Person und persönliche Identität*, S. 83.

es fühlt. Daß es aber sich selbst fühlt, wenn es fühlt, ist nur möglich, wenn es sich selbst als das Fühlende in all seinen verschiedenen Empfindungen zu verschiedenen Zeiten und Orten erkennt.«[14] – kurz gesagt: dass es einen Begriff von sich selbst hat. Wir werden darauf zurückkommen (s. u. 5.).

Lockes empirisch-psychologische Auffassung von einer moralischen Person hat zur Folge, dass ein Mensch, der im Falle einer Amnesie den Zusammenhang mit seinem früheren Leben nicht mehr herstellen kann, als zwei Personen in einem einzigen Menschen gedacht werden muss (vgl. § 20). Denn die Identität der Person wird nicht mehr durch eine sich durch alle – als akzidentell qualifizierten – Veränderungsprozesse durchhaltende Substanz garantiert, sondern durch die Syntheseleistung eines zeitlichen Subjekts selbst hergestellt. Dieses in der Geistesanalyse intensiv diskutierte Problem führt nach einhelliger Meinung im ethischen Kontext dazu, dass im Fall von ungewollten oder vorgeblichen Gedächtnislücken Lockes »Konzeption eines retrospektiv die Vergangenheit erschließenden Bewußtseins mehr Zurechenbarkeitsprobleme [schafft], als sie lösen kann«.[15] »Schwierigkeiten treten bei allen Einzelzuschreibungen von Handlungen auf, bei denen die Selbstidentifikation mit der von Beobachtern nicht übereinstimmt (Indizienbeweis vs. Geständnis) oder zwischen Aufrichtigkeit und Verstellung nicht zu unterscheiden ist.«[16] Locke hält jedoch an der »Identität des Bewußtseins« eines synthetisierenden Subjekts (§ 19) nicht nur als einer notwendigen, sondern auch als einer hinreichenden Bedingung für die Identität der *Person* fest. Die Identität des *Menschen* bestimmt Locke dagegen als die Identität eines organisierten lebenden Körpers von menschlicher Gestalt in der Zeit (§ 8). Zwar diene im Falle der Trunkenheit oder des Schlafwandels die menschliche Gestalt für weltliche Gerichte als Indiz für die Tatzuschreibung, aber dennoch bleibt für Locke »die Strafe an die Persönlichkeit und die Persönlichkeit an das Bewußtsein geknüpft« (§ 22).

Ob Lockes Ersetzung »der einheitsstiftenden Funktion der aristotelischen substantiellen Form« durch »die synthetisierende Funktion des Selbstbewusstseins«[17] zu bedauern oder eher als Befreiung von »alten substanzontologischen Begriffen von Person« zugunsten der Erneuerung seines Ver-

---

[14] Steinvorth, *Was macht ein Lebewesen zur Person?*, S. 217.

[15] Sturma, *Philosophie der Person*, S. 192.

[16] Siep, *Personbegriff und praktische Philosophie*, S. 87.

[17] Honnefelder, *Der Streit um die Person*, S. 248. Nach Honnefelder »wird der Streit um die Person in der angewandten Ethik zugleich zu einer *Herausforderung an die Philosophie*. Nämlich zu der Herausforderung, das zu leisten, was Aristoteles und das ihm folgende Mittelalter unter Rückgriff auf die Naturwissenschaft ihrer Zeit schon einmal leisteten und was der die Würde explizierende Personbegriff der Neuzeit offen lässt, nämlich jenen Bezug der Person auf die Natur überzeugend zu explizieren, den unsere praktische Zuschreibung benennt.« (*Der Streit um die Person*, S. 265)

ständnisses »im Sinne von ›Rolle‹ oder ›Qualität‹« zu begrüßen ist,[18] kann
zunächst offen bleiben.[19] Kant jedenfalls pflichtet Locke in ethischer Hinsicht bezüglich der Bestimmung des praktischen Personbegriffs als Subjekt
für die Zurechnung von Handlungsverantwortung grundsätzlich bei,[20] geht
nach Dieter Sturma aber in dem »entscheidenden Punkt« über Locke hinaus, indem er »zeigt, dass der Zurechenbarkeitsgedanke noch nicht aus der
Identität des Selbstbewußtseins, sondern erst aus der moralischen Selbstge-
setzgebung folgt«.[21] Ludwig Siep macht mit Kant gegen Locke geltend, dass
Intentionalität sich nicht empirisch vermittels der Kausalität nach Naturge-
setzen erfassen lässt. Vielmehr setze »das Handeln der Person nach Kant eine
andere Art von Verursachung voraus, eine ›Kausalität aus Freiheit‹«[22].

Kant widerspricht Locke aber auch in theoretischer Hinsicht darin, dass
die »Identität der Person aus der Identität des Ichs in dem Bewußtsein aller
Zeit, darin ich mich erkenne, keineswegs folgt«[23]. Vielmehr müsse die empirisch-psychologische Persönlichkeit sich als identisch immer schon voraussetzen, um sich als einheitliches Bewusstsein in der Zeit überhaupt erfahren zu können. Insofern mache die psychologische Persönlichkeit von der
Identität der transzendentalen Einheit der Apperzeption, dem »ich *denke*«,
das »alle meine Vorstellungen begleiten *können*« muss,[24] als Bedingung der
Möglichkeit eigener Identitätserfahrung immer schon Gebrauch.[25]

---

[18] Thiel, *Person und persönliche Identität*, S. 82, 87.

[19] Nach Sturma (*Philosophie der Person*, S. 197) besteht die »praktische Pointe von Lockes Ansatz« darin, »dass der Substanzbegriff in negativer Hinsicht eine Abgrenzungsfunktion zu erfüllen hat, damit der Begriff personaler Identität durch eine Konstellation bewusstseinsphi-
losophischer und moralphilosophischer Bestimmungen wie ›Person‹, ›Bewußtsein‹, ›Erinnerung‹, ›Sorge‹ und ›Verantwortlichkeit‹ inhaltliche Konturen gewinnen kann.«

[20] Kant, *Metaphysik der Sitten*, S. 223: »*Person* ist dasjenige Subject, dessen Handlungen einer
Zurechnung fähig sind.« Vgl. Höffe, *Medizin ohne Ethik?*, S. 75 f.

[21] Sturma, *Philosophie der Person*, S. 207.

[22] Siep, *Personbegriff und praktische Philosophie*, S. 92. In dem Beitrag *Der Begriff der Person
als Grundlage der biomedizinischen Ethik* trägt Siep den für eine biomedizinische Ethik entscheidenden Differenzen zwischen Kants transzendalphilosophischer und Lockes empirischer
Personkonzeption leider nicht hinreichend Rechnung.

[23] Kant, *Kritik der reinen Vernunft*, S. 230 (A 365).

[24] Kant, *Kritik der reinen Vernunft*, S. 108 (B 131).

[25] Kant, *Kritik der reinen Vernunft*, S. 230 (A 366): »Da ich aber, wenn ich das bloße Ich bei
dem Wechsel aller Vorstellungen beobachten will, kein ander Correlatum meiner Vergleichun-
gen habe, als wiederum mich selbst mit den allgemeinen Bedingungen meines Bewußtseins,
so kann ich keine andere als tautologische Beantwortungen auf alle Fragen geben: indem ich
nämlich meinen Begriff und dessen Einheit den Eigenschaften, die mir selbst als Object zukommen, unterschiebe und das voraussetze, was man zu wissen verlangte.« Vgl. auch Kant,
Kritik der reinen Vernunft, S. 268 (B 408): »Der Satz der Identität meiner selbst bei allem Man-
nigfaltigen, dessen ich mir bewusst bin, ist ein eben so wohl in den Begriffen selbst liegender,

Lockes Theorie personaler Identität fand Eingang in die philosophische Analyse des Geistes. Unter welchen Bedingungen von der Identität einer Person gesprochen werden kann, wird dort immer noch intensiv diskutiert.[26] Michael Tooley gilt als der erste, der Lockes Personenbegriff in die ethische Diskussion über den Schwangerschaftsabbruch eingeführt hat.[27] Seine Personkonzeption hat er für den von Helga Kuhse und Peter Singer herausgegebenen *Companion to Bioethics* (1998) im Artikel »Personhood« als Teil der vorgeburtlichen Ethik kompakt dargestellt.[28] Somit hat Tooley maßgeblich dazu beigetragen, die Frage, ab wann ein menschliches Lebewesen eine Person sei, als gleichbedeutend mit der Frage, ab wann ein Mensch das Recht auf Leben besitzt, in der bioethischen Diskussion zu verankern. Gerade in dieser Zuspitzung offenbart sich die Brisanz für die Diskussion über die Person in der Bioethik.

2. »Person« im Dienste der Argumentation Michael Tooleys für eine Liberalisierung des Schwangerschaftsabbruchs

Ein ideologisch geführter Kampf um die Liberalisierung des Schwangerschaftsabbruchs in den USA seit den frühen 1970er Jahren bildet den Hintergrund für Tooleys Absicht, »eine vollständig zufriedenstellende liberale Position zur Abtreibung zu formulieren«. Tooley will die »für Liberale« schwierige Frage beantworten: »Auf welcher Stufe der Entwicklung eines menschlichen Wesens ist es nicht mehr erlaubt, es zu vernichten?«[29] Dieses Ziel sucht er mit dem für ihn zentralen Begriff einer Person zu erreichen, den er »als reinen Moralbegriff [...], frei von jedem deskriptiven Inhalt«[30] verwendet. Wenn Tooley den Satz »›X ist eine Person‹« allerdings als gleichbedeutend »mit dem Satz: ›X hat ein (gewichtiges) moralisches Recht auf Leben.‹«[31] einführt, wird schon zu Beginn seines Beitrags deutlich, dass er

---

mithin analytischer Satz; aber diese Identität des Subjects, deren ich mir in allen seinen Vorstellungen bewusst werden kann, betrifft nicht die Anschauung desselben, dadurch es als Object gegeben ist, kann also auch nicht die Identität der Person bedeuten, wodurch das Bewusstsein der Identität seiner eigenen Substanz als denkenden Wesens in allem Wechsel der Zustände verstanden wird [...].«

[26] Vgl. Sturma, *Philosophie der Person*, Kap. V. Vgl. u. Abschnitt 5 Lynne Rudder Baker zur Analyse der Perspektive der ersten Person.

[27] Leist, *Diskussionen um Leben und Tod*, S. 28.

[28] Tooley, *Personhood*.

[29] Tooley, *Abtreibung und Kindstötung*, S. 157.

[30] Tooley, *Abtreibung und Kindstötung*, S. 159.

[31] Tooley, *Abtreibung und Kindstötung*, S. 159.

einen grundsätzlich anderen Gebrauch von dem Wort »Person« macht als
Locke. Sorgte sich Locke um die gerechte Zurechnung von Handlungsverantwortung, so wird Personsein bei Tooley – wie später auch bei Singer –
zu einer »Bedingung [...], die ein Organismus erfüllen muß, um ein gewichtiges Lebensrecht zu besitzen«.[32] Damit aber liegen *de facto* bei Locke und
Tooley zwei verschiedene Person*begriffe* vor, deren systematische Vermit-
telbarkeit sowie deren Tauglichkeit für die bioethische Argumentation je für
sich zu zeigen wären.

In seiner späteren Monografie verteidigt Tooley seine Persondefinition
als einen reinen Moralbegriff gegen u. a. Derek Parfits Einwand möglicher
Missverständnisse aufgrund des alltagssprachlich sowie utilitaristisch üblicherweise deskriptiven Gebrauchs des Wortes »Person« um der eindeutigen
Unterscheidung zwischen »Personen« und »potentiellen Personen« willen:
»[...] a person is, by definition, an entity that has a right to life, not because of properties it will come to possess, but because of properties that it
now possesses. [...] to say that something is a person entails that the entity
has a right to life. The term ›person‹ is therefore functioning as an evaluative term – specifically, a term with moral content.«[33] Person wird bei Tooley zum moralisch-evaluativen Namen für all jene Träger relevanter *aktueller* Eigenschaften, kraft derer sie einen subjektiven moralischen Anspruch
auf Leben formulieren können. Diese Bindung des Subjekts eines Lebens-
rechtes an den faktischen Wunsch nach Fortführung seiner Existenz, mit
dem sich Tooley gegen das von den Abtreibungsgegnern verwendete Poten-
tialitätsargument richtet, bringt ihn in die Verlegenheit, beim tatsächlichen,
wenngleich vielleicht nur vorübergehenden Fehlen eines solchen Wunsches –
z. B. im Falle einer Depression, einer Bewusstlosigkeit oder einer Indoktri-
nation – nicht gegen die offensichtlich moralisch nicht gerechtfertigte Tötung eines solchen Menschen argumentieren zu können. Angesichts dieses
Problems sieht Tooley sich genötigt, doch auf eine Art von *status potentialis*
bzw. *irrealis* zu rekurrieren. So bezieht Tooley sich im ursprünglichen Artikel von 1972 »auf die Wünsche [...], die das Individuum *hätte* [! Kursiv
im Original], wäre es jetzt bei Bewusstsein«[34] oder nicht im Zustand ver-
zerrter Wünsche durch Depression oder Manipulation. Auch in der späteren
interessenethisch revidierten Form kommt er nicht umhin, implizit die normativ gehaltvolle Vorstellung eines wohlverstandenen Eigeninteresses einer
Person an der Fortsetzung ihrer Existenz vorauszusetzen. Tooley ist somit
bemüht, die Aktualitätsbedingung für das mit dem Personstatus verbundene
Lebensrecht nicht auf ephemere Wünsche zu beziehen, sondern auf die be-

---

[32] Tooley, *Abtreibung und Kindstötung*, S. 157.
[33] Tooley, *Abortion and Infanticide*, S. 35.
[34] Tooley, *Abtreibung und Kindstötung*, S. 168.

reits aktualisierte Fähigkeit einer Entität, diesen Wunsch prinzipiell haben
zu *können*. Bemerkenswert ist, dass Tooley dabei nicht ohne Vorgriff auf
eine normative Voreinstellung als Maßstab für die moralische Beurteilung
aktueller Einzelfälle auskommt, nämlich diejenige, den normalerweise vorliegenden Wunsch von Personen nach Fortführung ihrer Existenz als moralisch wertvoll zu betrachten, allerdings ohne diese evaluative Voreinstellung argumentativ zu rechtfertigen. Ohne diesen affirmativen Vorgriff auf
die Fundamentalbedingung gelingenden Lebens besäße Tooley kein Argument, das gegen die willkürliche Tötung von depressiven oder bewusstlosen
Menschen sprechen könnte. Wenn aber ethische Argumentation prinzipiell
nicht ohne Vorgriff auf aktuell nie vollkommen verwirklichte Vorstellungen
gelingenden menschlichen Lebens auskommt, ist die Frage, welche potentiellen Wert- und Normhorizonte bei der ethischen Urteilsfindung in spezifischen Situationen in angemessener Weise zu veranschlagen sind, grundsätzlich wieder offen.

Während der Personbegriff entscheidende evaluative Voreinstellungen
impliziert, ist Tooley bemüht, »Mensch« und »Leben« ihrer evaluativen
Konnotationen durch Biologisierung zu entkleiden und bestenfalls in rein
deskriptiver Verwendung zuzulassen. Daher warnt er davor, »Ausdrücke
wie ›Person‹ und ›menschliches Wesen‹ bei Diskussionen über Abtreibung
auswechselbar zu gebrauchen« und empfiehlt sogar, »die Termini ›Mensch‹
oder ›menschlich‹ ganz zu vermeiden« zugunsten von Ausdrücken wie »Angehöriger der Spezies Homo sapiens«, die sich auf die rein biologische Bestimmung des Menschseins beschränken.[35] Ohne ausdrückliche Berufung
auf Locke unterscheidet somit auch Tooley zwischen »Mensch« und »Person«, aber wiederum mit gänzlich anderer Absicht. Denn während für Locke die mit dem Begriff »Mensch« bezeichnete menschliche Gestalt aufgrund
ihrer stofflichen Wandelbarkeit die Reidentifizierung der Identität zwischen
Täter und Bestraftem bzw. Belohntem und damit die Gerechtigkeit des Urteils nicht zu garantieren vermochte, fürchtet Tooley die moralisch-evalua-
tive, naturrechtliche Dimension des Wortes »Mensch« und intendiert seine
Wertneutralisierung durch Biologisierung. Demgegenüber definiert er das
Wort »Person« in einer Weise, in der es eine Rolle als begriffliche Waffe im
Kampf gegen konservative Abtreibungsverbote zu spielen vermag, die die
Rede von einem vorpositiven *Menschen*recht auf Leben vergessen machen
soll.[36] Ausdrücklich setzt sich Tooley mit seiner Definition von »Person«
»von der üblicheren Interpretationsweise des Terminus ›Person‹ ab (sofern

---

[35] Tooley, *Abtreibung und Kindstötung*, S. 162.
[36] Vgl. auch Quante, *Personales Leben und menschlicher Tod*, S. 94 ff., der gleichfalls das »Junktim
zwischen dem Status, eine Person zu sein, auf der einen, und einem Recht auf Leben auf der
anderen Seite« auflösen möchte.

als reiner Moralbegriff verwendet), wonach der Satz, X sei eine Person, besagt, dass X Rechte hat. Wenn alles, was Rechte hat, ein Recht auf Leben hätte, wären diese Interpretationen extensional äquivalent. Aber ich neige zu der Annahme, dass es keine akzeptablen Moralprinzipien gibt, die zu folgern erlauben, dass, was immer irgendwelche Rechte hat, auch ein Lebensrecht hat.«[37]

Tooley destruiert die ontologische Grundrechtearchitektur, in der das Lebensrecht alle anderen Rechte fundiert, indem er die moralischen Rechtsansprüche durch ihre Bindung an Wünsche bzw. die Fähigkeit, solche Wünsche zu haben, atomisiert.[38] Die »begriffliche Verbindung« »zwischen den Rechten, die ein Wesen haben kann, und der Art von Wünschen, zu denen es fähig ist«[39], korrigiert Tooley in späteren Schriften zugunsten einer »Beziehung zwischen Rechten und Interessen« – inspiriert von Joel Feinbergs allgemeinem Interesseprinzip.

Feinberg hatte in seinem ebenfalls klassisch gewordenen Aufsatz »The Rights of Animals and Unborn Generations« (1974) sein »Interesse-Prinzip« folgendermaßen formuliert: »Zu den Wesen, denen man Rechte zusprechen *kann*, gehören genau jene, die Interessen haben (oder haben können).«[40] Feinbergs Anliegen war es, mit Hilfe des Interessebegriffs Tiere als mögliche direkte Subjekte von Rechtsansprüchen zu thematisieren und derart aufzuzeigen, dass es prinzipiell nicht absurd sei, auch Tieren Rechte zuzusprechen. Tooley hingegen verfolgt ein anderes Ziel, wenn er moniert, Feinbergs »Interesse-Prinzip« zeige, welche Wesen Rechte haben *können*, es zeige aber nicht, welche Wesen *tatsächlich* Rechte besäßen, inklusive des Rechts, nicht zerstört zu werden.[41] Es geht Tooley, im Gegensatz zu Feinberg, demnach nicht um die *begrifflich* notwendigen Bedingungen *möglicher* Rechtsträgerklassen, sondern um die *empirisch* notwendigen Bedingungen *tatsächlicher* individueller Subjekte eines Lebensrechtsanspruchs.[42] Tooley rekurriert auf Feinbergs Begründung seines »Interesse-Prinzips«, um daraus

---

[37] Tooley, *Abtreibung und Kindstötung*, S. 159f. Dass mit dieser Definition des Personbegriffs kein »Begründungsverhältnis mitgemeint ist«, darauf weist Quante, *Personales Leben und menschlicher Tod*, S. 93 Anm. 51 hin.

[38] Kritisch dazu schon Leist, *Diskussionen um Leben und Tod*, S. 29.

[39] Tooley, *Abtreibung und Kindstötung*, S. 188. Vgl. Tooley, *Abortion and Infanticide*, S. 96–100.

[40] Feinberg, *Die Rechte der Tiere*, S. 151.

[41] Tooley, *Abortion and Infanticide*, S. 97f.: »The interest principle states that they *can* have rights. It does not state whether they *do* have rights – including, in particular, a right not to be destroyed.«

[42] In der Diskussion gab Steinvorth (*Was macht ein Lebewesen zur Person?*, S. 235) zu bedenken, dass Locke »zwischen begrifflich und faktisch notwendigen Bedingungen des Personseins unterscheide. Er spreche von einem Wesen, das Vernunft und Reflexion *habe* und sich als Person betrachten *könne*«. Nach Steinvorth findet hier »offensichtlich ein Übergang in den Modus der

weitergehende Schlussfolgerungen zu ziehen. Feinberg hatte zwei Gründe angegeben, die ihn zur Aufstellung seines »Interesse-Prinzips« veranlasst hatten: »(1) Ein Träger von Rechten muß in seinen Ansprüchen auch vertreten werden können; es ist aber unmöglich, ein Wesen in seinen Ansprüchen zu vertreten, das keine Interessen hat. (2) Ein Träger von Rechten muß in eigener Person möglicher Nutznießer dieser Rechte sein; aber einem Wesen ohne Interessen kann man weder Leid zufügen noch Gutes tun, insofern ihm kein eigenes ›Wohl‹ oder ›Wehe‹ zukommen kann. Daher findet sich auf seiten eines Wesens ohne Interessen nichts, zugunsten dessen oder um dessentwillen man handeln könnte.«[43] Diese Argumentation Feinbergs bietet Tooley nun die Grundlage, sein »Spezielles Interesseprinzip« (»particular-interests principle«) als Spezifikation der Feinberg'schen Begründung aufzustellen; es lautet: »Es ist eine begriffliche Wahrheit, dass ein Wesen kein spezielles Recht R haben kann, wenn es nicht über ein Interesse I verfügt, das durch Besitz des Rechts R gefördert wird.«[44] Mit dieser Spezifizierung von Rechtsansprüchen durch spezifische Interessen (bzw. im ursprünglichen Artikel durch spezifische Wünsche) vergleicht Tooley nun einen erwachsenen Menschen mit einer Katze, die beide vor die Wahl gestellt sind, entweder schmerzlos getötet oder aber eine Stunde lang gefoltert zu werden. Angesichts dieser Vorstellung »scheint es« Tooley »plausibel zu sagen, dass es schlimmer ist, ein erwachsenes menschliches Wesen zu töten, als es für eine Stunde zu foltern. Im Gegensatz dazu scheint es mir ernsthaft falsch, ein neugeborenes Kätzchen für eine Stunde zu quälen, während es nicht ernsthaft falsch ist, es zu töten. Das *legt nahe*, dass neugeborene Kätzchen ein Recht haben können, nicht gefoltert zu werden, ohne doch ein gewichtiges Lebensrecht zu haben. Denn es scheint wahr zu sein, dass ein Individuum immer dann ein Recht auf etwas hat, wenn gilt, dass, sofern es dieses wünscht, es für andere falsch wäre, es ihm vorzuenthalten.«[45] Dieses Gedankenexperiment dient Tooley dazu, die Plausibilität des Lebensrechts als ontologisch fundierende Voraussetzung für andere mögliche Rechte zu unterminieren.[46] Der Mensch-Tier-Vergleich demonstriert, wie bereits zuvor die Biologisierung und Wertneutralisierung des Wortes »Mensch«, Tooleys

---

Möglichkeit statt, weil Menschen ja auch dann als Personen gälten, wenn sie schliefen. Wenn wir ein Wesen als Person betrachteten, orientierten wir uns daran, was es einmal tun *könnte*.«

[43] Feinberg, *Die Rechte der Tiere*, S. 151.

[44] Tooley, *Abtreibung und Kindstötung*, S. 188 und *Abortion and Infanticide*, S. 99: »It is a conceptual truth that an entity cannot have a particular right R unless it is at least capable of having some interest I which is furthered by its having right R.«

[45] Tooley, *Abtreibung und Kindstötung*, S. 160; so auch Tooley, *Abortion and Infanticide*, S. 99 f.

[46] Ähnlich auch Quante, *Personales Leben und menschlicher Tod*, S. 95 f., der konstatiert: »Aber weder reduziert sich der moralische Status einer Entität auf ein wie immer genauer verstandenes Recht auf Leben, noch impliziert die Tatsache, dass einer Entität ethische Ansprüche

Bestreitung der Idee vorpositiver Menschenrechte, zu deren geistigen Vätern auch John Locke gerechnet wird. In seinen *Zwei Abhandlungen über die Regierung* (1689) bestimmte Locke seine Aussage, »*daß alle Menschen von Natur aus gleich sind*« als »jenes *gleiche Recht*, das jeder Mensch auf seine *natürliche Freiheit* hat, ohne dem Willen oder der Autorität irgendeines anderen Menschen unterworfen zu sein«.[47] Die Pointe vorstaatlich geltender Rechte auf Leben, Freiheit und Selbstbestimmung liegt gerade in ihrer Unbedingtheit und Unbestreitbarkeit, die Locke in seinen *Treatises* durch eine gottesrechtliche Begründung zum Ausdruck brachte, die – im Gegensatz zu seinem Personbegriff im *Essay* – auf keine weiteren empirischen Charakteristika außer dem Faktum des Menschseins rekurriert.

Für den Zweck der Dekontextualisierung und Isolierung des Lebensrechts unternimmt Tooley ein Gedankenexperiment, in dem eine mögliche Umprogrammierung des Gehirns eines erwachsenen Menschen durchaus sein Lebensrecht verletzen würde, »obwohl kein biologischer Organismus getötet worden ist«. Dieses Beispiel zeige, »daß der Ausdruck ›Recht auf Leben‹ irreführt, denn worum es wirklich geht, ist nicht einfach die fortdauernde Existenz eines biologischen Organismus, sondern das Recht eines Subjekts mit Erfahrungen und anderen mentalen Zuständen auf fortdauernde Existenz«,[48] so Tooley. Durch diese cartesianische Entleiblichung und mentalistische Reduktion personaler Existenz wird das »Recht auf Leben« nicht nur ontologisch in seiner systematischen Fundierungsfunktion einer menschen- bzw. grundrechtlichen Architektonik in Frage gestellt, sondern selbst als sprachlicher Ausdruck *ad absurdum* geführt; – denn nichtpersonale Lebewesen verfügen nach Tooley nicht über ein solches Recht und Personen »leben« offensichtlich nicht notwendig in einem biologischen Sinne. Es ist nicht mehr verständlich, welcher subjektive moralische Anspruch denn durch die Tötung eines nichtpersonalen Organismus verletzt sein könnte. Der Akt der Tötung verliert mit seiner Verstehbarkeit zugleich auch seine moralische Qualität. Auf diesem Hintergrund kann Peter Singer schließlich die Frage stellen, was denn am Töten überhaupt moralisch verwerflich sei.[49]

---

zukommen, dass diese Entität eine Person ist.« Es geht Quante darum, »die bioethische ›Guillotine‹« – gemeint ist die Verbindung zwischen Personstatus und Lebensrecht – zu zerschlagen. Dazu empirifiziert Quante den Personbegriff und depotenziert ein kategorisch geltendes »Recht auf Leben« zu einem »prima facie berechtigten Anspruch«.

[47] Locke, *Zwei Abhandlungen über die Regierung*, Buch II, Kap. 6, § 54; vgl. auch Buch I, Kap. 6, § 52, wo die väterliche Gewalt über seine Kinder durch das natürliche Lebensrecht aller Menschen eingeschränkt ist, und § 67, wo die Gewalt des Souveräns durch die natürliche Freiheit aller eingeschränkt wird.

[48] Tooley, *Abtreibung und Kindstötung*, S. 166.

[49] Singer, *Praktische Ethik*, Kap. 4; vgl. Baranzke, *Zwischen Speziesismus und Lockes Personbegriff*.

Dass Tooley trotzdem weiterhin von einem »Lebensrecht« spricht, würde er selbst wohl mit dem Hinweis auf die elliptische und unpräzise Alltagssprachgewohnheit rechtfertigen. Eine phänomenologische oder philosophisch-anthropologische Erschließung leibgebundener menschlicher Existenz findet sich, wie deutlich wurde, auch nicht ansatzweise bei ihm, obwohl gerade dies ein unverzichtbares Desiderat in einer biomedizinischen Ethik darstellt.

Für die Beantwortung »der ersten und grundlegendsten Frage«, nämlich: »Welche Eigenschaften muß etwas haben, um eine Person zu sein, das heißt ein gewichtiges Lebensrecht zu besitzen?«, macht Tooley ganz offensichtlich Anleihen bei Lockes empirischer Persondefinition, jedoch ohne ihn zu nennen – weder in seinem Artikel von 1972 noch in der Monografie von 1983. Vielleicht verzichtete er – im Gegensatz zu Singer – darauf im Bewusstsein der bereits dargestellten Suspendierung des Locke'schen Verwendungszwecks, wenn es heißt: »*Ein Organismus besitzt ein gewichtiges Lebensrecht nur,* wenn er über einen Begriff des Selbst als eines fortdauernden Subjekts von Erfahrungen und anderen mentalen Zuständen verfügt sowie glaubt, daß er selbst eine solche fortdauernde Entität darstellt.«[50] Es ist die Tooley'sche, nicht aber die Locke'sche Version der »Bedingung des Selbstbewusstseins«[51] für das Personsein, die auch Singer in seine präferenzutilitaristische Argumentation einfügt.[52] Während Lockes forensischer Personbegriff im Extremfall dazu dienen kann, einen Menschen für begangene Taten mit dem Tode zu bestrafen, wird der Personbegriff bei Tooley und Singer zur Bedingung für ein Recht auf Leben.[53] Somit steht Tooley nicht nur zu Lockes forensischer Persondefinition in radikalem Widerspruch, sondern – wie bereits erwähnt – auch zu dessen menschenrechtlichen Intentionen, da er ein vorpositiv geltendes *Menschen*recht auf Leben nicht in Betracht zieht, sondern lediglich für ein auf mentalistischer Basis definiertes *Personen*recht auf

---

[50] Tooley, *Abtreibung und Kindstötung*, S. 164 (Hervorhebung H. B.). Wenn Peter Singer (*Praktische Ethik*, S. 120) »Person« unter Rückgriff auf Locke – als einem »untadeligen Philosophen« – definiert als »ein denkendes intelligentes Wesen, das Vernunft und Reflexion besitzt und sich als sich selbst denken kann, als dasselbe denkende Etwas in verschiedenen Zeiten und an verschiedenen Orten«, erweckt dies den Eindruck, dass die provokante Verkehrung der Locke'schen Absichten durchaus bewusst vorgenommen wird.

[51] Tooley, *Abtreibung und Kindstötung*, S. 164.

[52] Vgl. Singer, *Praktische Ethik*, S. 120, der unter Rückgriff auf Lockes Selbstbewusstseinsbedingung – gewissermaßen eine »boundary of self-consciousness« – einerseits und auf die »Grenze der Empfindungsfähigkeit« (S. 85; »boundary of sentience«) andererseits das Feld in die Bereiche einer Personenethik mit einem Tötungsverbot und einer Ethik für nur empfindungsfähige Nichtpersonen mit einem Folterverbot einteilt. Vgl. ausführlicher Baranzke, *Zwischen Speziesismus und Lockes Personbegriff.*

[53] Dass die Selbstbewusstseinbedingung bei Locke allein im Dienste seines forensischen Personbegriffs steht und nicht zur Bestreitung des Lebensrechts Unschuldiger herangezogen werden kann, darauf macht auch Otfried Höffe in *Medizin ohne Ethik?*, S. 75 f. aufmerksam.

Fortführung seiner Existenz argumentiert. Seinen 1989 verfassten Nachtrag zur deutschen Übersetzung seines Artikels beschließt Tooley entsprechend mit der Erklärung, »eine konsistente, umfassende und philosophisch haltbare Erklärung der Moral des Tötens gewinnen« zu wollen.[54]

3. PERSON UND INTERESSE –
DER INTERESSENETHISCHE PERSONBEGRIFF

Über den Begriff des Interesses ist die empirisch vermessene Person an die moralische und rechtliche Konzeption subjektiver Ansprüche angeschlossen. Der interessenethische Kontext führt die Frage nach der Person von einem Subjekt der Handlungsverantwortung zurück auf die Frage nach dem Subjekt von Interessen. Dabei changiert das seit dem 17. Jahrhundert aus der Rechts- und Handelssphäre in die Philosophie einwandernde »Interesse« seinerseits zwischen der kruden Faktizität von individuellen Wünschen und Bedürfnissen auf der einen Seite und seiner Rechtfertigung als – auch mit dem Gemeinwohl verträglichen – »Vernunftinteresse« (vs. bloß »sinnlichem Interesse«) oder einem »aufgeklärten Selbstinteresse« andererseits.[55]

Die Selbstinteressiertheit einer selbstbewussten Person an ihrem Glück schloss bei Locke ein Interesse daran ein, nicht durch einen Justizirrtum ungerechtfertigter Weise unglücklich gemacht zu werden. Das naturwüchsige Glücksstreben steht somit im Dienst des Vernunftinteresses an einer gerechtfertigten Handlungszuschreibung. Moderne interessenethische Ansätze, z. B. diejenigen von Feinberg oder Tooley, operieren zum Teil auch mit einem voraussetzungsärmeren, lediglich auf Empfindungsfähigkeit beruhenden Interesse-Begriff, der ein Bedürfnisprofil von empfindungsfähigen Lebewesen mit moralisch gerechtfertigten Rechtsansprüchen vermitteln soll. Selbstbewussten Lebewesen, denen über die auf Empfindungsfähigkeit basierenden Interessen hinaus auch noch ein Interesse an der Fortführung ihrer Existenz unterstellt werden kann, wird – so bei Tooley und Singer – der Rang einer Person zuerkannt. Insofern steht der interessenethische Personbegriff für das Bemühen, die unabweisbaren vitalen Ansprüche von selbstbewussten Individuen unabhängig von fragwürdig werdenden Speziesgrenzen zu identifizieren und deren Beachtung einzufordern. Die Inanspruchnahme des Interessebegriffs ist nicht auf bestimmte Ethiktypen festgelegt. Sowohl utilitaristische als auch deontologische als auch analytische Ethiker machen von ihm Gebrauch, weshalb Robert Nozicks Slogan: »Utilitarismus für Tiere, Kantianismus für Menschen« als Ursachenanalyse für die Brisanz bioethi-

---

[54] Tooley, *Abtreibung und Kindstötung*, S. 192.
[55] Vgl. dazu Eßer, *Interesse*; Fuchs / Gerhardt, *Interesse*.

scher Argumentation mit dem Personbegriff zu kurz greift, obgleich er auf einen wichtigen bereichsethischen Stimulus hinweist.[56]

Einen starken Impuls hat die moderne Interessenethik von der neuen Tierrechtsbewegung empfangen, induziert durch den Göttinger Philosophen Leonard Nelson, einem Vertreter der psychologisierenden Kant-Schule, der in seinem *System der philosophischen Ethik und Pädagogik* (2. Aufl. 1949) für direkte Pflichten gegenüber Tieren plädiert. Um Tiere als Rechtssubjekte einzuführen, entkoppelt Nelson Kants begriffliche Verbindung von Pflichtsubjekten und Rechtssubjekten und bindet die Rechtssubjektivität an das empfindungsbasierte Vermögen, Interessen zu haben. Die kanadischen Philosophen Stanley und Roslind Godlovitch im Verbund mit John Harris präsentierten erstmals einen Textausschnitt von Nelson in ihrem Band *Animals, Men, and Morals* (New York 1972), dessen Rezension durch den australischen Philosophen Peter Singer in *The New York Review of Books* (5. April 1973) die Keimzelle seines Buches *Animal Liberation* (1975) bildete.[57] In dieser sehr populär gewordenen ›Bibel der neuen Tierrechtsbewegung‹ plädiert Singer für das »Prinzip der gleichen Berücksichtigung der Interessen« von Menschen und Tieren: »Man könnte es so sehen, daß es das Recht von Schimpansen, Hunden und Schweinen und einigen anderen Arten auf Leben bestätigt und dass wir eine schwere moralische Verfehlung begehen, wenn wir diese töten, selbst wenn sie alt und leidend sind und wir die Absicht haben, sie von ihrem Leiden zu erlösen. Man könnte das Argument aber auch so auffassen, daß die schwer Zurückgebliebenen und hoffnungslos Senilen kein Recht auf Leben haben und aus ganz trivialen Gründen getötet werden dürfen, wie wir gegenwärtig die Tiere töten.«[58] Er stellt einen brisanten Vergleich an, indem er fragt: »Wenn Versuche an geistig zurückgebliebenen, verwaisten Menschen falsch sind, warum sind dann Versuche an nichtmenschlichen Lebewesen nicht falsch? Welcher Unterschied besteht zwischen den beiden außer der schlichten Tatsache, dass der eine biologisch gesehen ein Mitglied unserer Spezies ist, der andere aber nicht? Das aber ist mit Sicherheit kein moralisch relevanter Unterschied, ebenso wenig wie die Tatsache, dass ein Lebewesen nicht Angehöriger unserer Rasse ist, ein moralisch relevanter Unterschied ist.«[59] Singer ist sich der Zweischneidigkeit seines Rechtsvergleichs zwischen Menschen und Tieren auf naturalistischer Basis bewusst und sucht »eine mittlere Position, die den Speziesismus vermeidet, die aber das Leben der Zurückgebliebenen und Senilen nicht auf die Stufe stellt, der heute das Leben von Schweinen und Hunden zugerech-

---

[56] Nozick, *Anarchie, Staat, Utopia*, S. 48.

[57] Vgl. zu den Hintergründen ausführlicher: Ingensiep/Baranzke, *Das Tier*, S. 78 und 112–119.

[58] Singer, *Befreiung der Tiere*, S. 40.

[59] Singer, *Befreiung der Tiere*, S. 93.

net wird, und das Leben von Schweinen und Hunden auch nicht so sakro-
sankt macht, dass wir es für falsch halten, sie aus hoffnungslosem Elend zu
erlösen«.[60] Doch die naturalistische Basis seiner utilitaristischen Argumentation bietet dafür keinen überzeugenden Anhalt. Die Frage der Legitimität der Tiertötung streift Singer in *Animal Liberation* nur,[61] »for I wanted
the book to reach non-philosophers, and the issue of killing cannot be dealt
with briefly and simply«.[62] Erst in dem 1979 erschienenen Aufsatz »Killing Humans and Killing Animals«,[63] mit dem er eine Lücke in seinem Buch
»Animal Liberation« zu füllen trachtet, diskutiert Singer die Legitimität der
Tiertötung in der *scientific community* und vergleicht sie mit der Tötung
von Menschen, insbesondere von Kindern und schwerst geistig Behinderten.
In diesem Zusammenhang wird nun der Personbegriff prominent, der dann
auch in den beiden Auflagen von *Practical Ethics* (1979; 2. erw. Aufl. 1993)
eine zentrale Rolle spielt. Dazu rezipiert er Michael Tooleys Ausführungen
über Abtreibung und Kindstötung, die dieser in seinem 1972 publizierten
englischen Artikel über »Abortion and Infanticide« erstmals niedergelegt
hatte.

4. Wer ist eine Person?
Zur Doppeldeutigkeit einer Frage im Kontext
der biomedizinischen Ethik

Wenn sich nach Wittgenstein die Bedeutung eines Wortes im Gebrauch erklärt, dann – so zeigt die Analyse – ist die Bedeutung des Wortes »Person«
bei Locke und Tooley (sowie Singer) grundverschieden. Anders gesagt: Locke und Tooley verwenden verschiedene Person*begriffe*. In diesem Sinne
kann Lockes Personbegriff nicht für die – vielfach brisanten – bioethischen
Schlussfolgerungen an den Grenzen des menschlichen Lebens in Anspruch
genommen werden, wie schon Otfried Höffe feststellte, als er darauf ver-
wies: »Wer aus mangelnder Zurechnungsfähigkeit auf einen (notwendigen)
Mangel an Rechtsschutzfähigkeit, und zwar an der vollen, jedem Menschen
zukommenden, schließt, begeht offensichtlich einen logischen Fehlschluß.
Locke selbst erliegt ihm nicht, wohl aber derjenige, der Lockes Begriff zu
einem generellen, auch für die neuen Probleme der Bioethik zuständigen

---

[60] Singer, *Befreiung der Tiere*, S. 40.
[61] Singer, *Befreiung der Tiere*, S. 36–42.
[62] Singer, *Killing Humans*, S. 145.
[63] Singer, *Killing Humans*. Der Artikel bildet den Grundstock für das 4. Kapitel (»What's Wrong
   With Killing?«) schon der 1. Aufl. (1979) von *Practical Ethics*.

Begriff extrapoliert, ohne die neue Problemlage zu berücksichtigen.«[64] Andererseits – und auch das zeigt der exemplarische Vergleich zwischen Locke und Tooley – ist nicht zu übersehen, dass insbesondere Locke'sche Bestimmungen, wie die Negierung der Personalität als Eigenschaft aller Menschen, das empirische Selbstbewusstsein als Bedingung für Personsein sowie seine Persondefinition, insbesondere in sprachanalytisch beeinflussten bioethischen Positionen derart verbreitet sind, dass vielfach der Eindruck entsteht, Lockes Personbegriff dominiere die biomedizinische Ethik. Warum sind Lockes Charakteristika seiner Person*definition* in der bioethischen Diskussion so ungemein »erfolgreich«, während sein Person*begriff* dort bedeutungslos bleibt?

Dieser auf den ersten Blick paradoxe Befund entwirrt sich, wenn realisiert wird, dass sich hinter der Frage: Wer ist eine Person? bei Locke und Tooley zwei grundsätzlich verschiedene Erkenntnisinteressen verbergen: Lockes Fragestellung lautet: Wie konstituiert sich ein individuelles Subjekt von Handlungsverantwortung? Tooley fragt hingegen: Wie identifiziert man einen Träger von Lebensrecht? Mit dieser Frage nach den Identifikationsbedingungen eines subjektiven Grundrechtsträgers trifft Tooley den Nerv unserer Zeit.[65] Mag Tooley selbst auch vor allem durch die US-amerikanische Kontroverse über die Novellierung der Schwangerschaftsabbruchgesetzgebung motiviert sein – der anhaltende Erfolg seiner Fragestellung verdankt sich der biotechnologisch induzierten Erschütterung der lebensweltlich verankerten Gewissheit darüber, wer Träger von Grundrechten ist. Die Reproduktionsmedizin wirft die Frage nach dem Rechtsstatus vorher unbekannter menschlicher Embryonen *in vitro* auf. Die Fortschritte der Notfallmedizin produzieren wachsende Zahlen von Wachkomapatienten. Neue bildgebende Verfahren liefern immer präzisere Einblicke in die pränatale Phase des Menschen und fordern im neurowissenschaftlichen Kontext zu differenzierteren Beurteilungen von eingeschränkten Bewusstseinszuständen heraus. Die Herz-Lungen-Maschine eröffnet das Versprechen der Lebensverlängerung durch die lebensfrische Entnahme von Organen hirntoter Menschen, deren lebensweltliche Wahrnehmung in Spannung mit den in Diskussion befindlichen Hirntoddefinitionen steht.[66] Aktuell verunsichern die entwicklungsbiologischen Klonierungs- und Reprogrammierungstechniken das Verständnis von einem menschlichen Embryo und die nicht zuletzt moralisch motivierten Anstrengungen, die Probleme sowohl der verbrauchenden Embryonenforschung als auch der Gefahr der Instrumentali-

---

[64] So schon Höffe, *Medizin ohne Ethik*, S. 75 f.; vgl. auch Rehbock, *Personsein in Grenzsituationen*, S. 178 Anm. 1.

[65] Vgl. z. B. Quante, *Menschenwürde und personale Autonomie*, S. 94 f.

[66] Vgl. dazu Manzei, *Der Tod als Konvention*.

sierung von Frauen zum Zwecke der Eizellspende zu vermeiden, erschüttern durch die Herstellung von Mensch-Tier-Zybriden und -Chimären sogar das durch biologische Speziesgrenzen garantierte menschliche Selbstverständnis.[67] – Diese grundsätzlich erweiterbare Liste von forschungs- und technikinduzierten Verunsicherungen der lebensweltlichen Gewissheiten darüber, wer und was eine menschliche Person ist, indiziert einen wachsenden Bedarf des Gesetzgebers, aber auch der Öffentlichkeit nach neuen moralischen und rechtlichen Orientierungen darüber, welche dieser neuartigen Entitäten als Träger von Menschen- und Grundrechten, d. h. als »Personen« zu gelten haben und welche nicht.[68] In Anbetracht dieser moralisch-praktischen Not scheint sich Lockes innovative empirisch-psychologische Definition der Person anstelle der metaphysischen Persontradition als eine operable Möglichkeit anzubieten, um durch Vermessung empirischer Eigenschaften und Fähigkeiten von Entitäten Personen zu ermitteln. Über diese Naturalisierung des Menschen verliert sich Lockes eigentümliche Frage nach der Konstituierung eines Verantwortungssubjekts.[69]

Doch am Beispiel von Tooleys programmatischem Abtreibungsartikel zeigt sich auch die dialektische Kehrseite einer auf empirische Fähigkeiten gestützten Anerkennung Anderer als Personen: Wer nämlich die kriteriologische Hürde nicht zu nehmen vermag, dem bleibt die personale Anerkennung versagt. Allerdings lässt schon die Unsicherheit darüber, welche Eigenschaften oder Fähigkeiten denn für den Status einer Person ausschlaggebend sein sollen, ob Selbstbewusstsein oder nur Bewusstsein, und wie personale

---

[67] Deutscher Ethikrat, *Mensch-Tier-Mischwesen in der Forschung*.

[68] In dieser Form bietet sich »Person« dann auch als pragmatische »Kurzform für die Formulierung Mensch, dem Menschenwürde zukommt und dessen Lebensrecht absolut (d. h. abwägungsfest) geschützt ist«, den Rechtswissenschaften an. Vgl. Joerden, *Menschenwürde*, S. 1034. Vgl. auch Birnbacher, *Das Dilemma des Personbegriffs*, S. 53, der meint: »Nicht *was* eine Person ist, ist kontrovers, als vielmehr *wer* eine Person ist.«

[69] Vgl. auch Birnbacher, *Das Dilemma des Personbegriffs*, S. 58, der auf die Tatsache, dass John Locke den Personbegriff »in einem normativen, nämlich *forensischen* Kontext ansiedelte«, hinweist, darauf dann aber nicht mehr weiter eingeht. Auch Michael Quante rekonstruiert die Kontroverse über die Frage »Ist X eine Person?« nur im Hinblick auf die Prämisse »Personen haben ein Recht auf Leben« (*Menschenwürde und personale Autonomie*, S. 93 f.), also als sog. Statusfrage, während Lockes Erkenntnisinteresse an den notwendigen und hinreichenden Bedingungen für die Konstituierung eines Subjekts als Träger von Handlungsverantwortung keine Erwähnung findet. Zeitgleich zu Tooleys Artikel eröffnen die Autoren des Artikels »Person« im Handbuch philosophischer Grundbegriffe noch folgendermaßen: »Die Auslegung des Begriffs der Person kommt nicht aus ohne den grundsätzlichen Bezug, der mit der Faktizität des ›ich bin als Handelnder‹ und damit auch ›Leidender‹ gegeben ist. Die Konstitution des Ich dieses Handelnden ist ebenso zum Problem gestellt wie die Weise des handelnden Daseins; zum andern geht es um die Frage nach dem ›Wer des Daseins‹ als einem ›Selbst‹.« (Müller/ Vossenkuhl, *Person*, S. 1059).

Eigenschaften dieser Art unstrittig zu ermitteln sind, grundsätzliche Zweifel am Gelingen der Erhebung von Personsein auf empirischem Wege aufkommen.[70] In Anbetracht dessen ist es empfehlenswert, nicht nur noch einmal neu über die Differenz von Bewusstsein und Selbstbewusstsein nachzudenken, sondern vor allem darüber, für welchen Begriff von Person welches Kriterium – wenn überhaupt – in Dienst genommen wird.

5. PERSON ALS PRAKTISCHER REFLEXIONSBEGRIFF – EINE SPRACHANALYTISCHE ANNÄHERUNG

Lynne Rudder Bakers Unterscheidung von schwachen und starken Ich-Phänomenen[71] liest sich wie eine anregende Relektüre von Lockes und Tooleys Erörterungen zur Person. Bakers Interesse gilt dem Nachweis der Irreduzibilität der Perspektive der ersten Person auf objektivistische Außenbeschreibungen. Für unseren Zusammenhang ist aufschlussreich, welche Art von Phänomenen Baker ohne die Perspektive der ersten Person für unerklärlich hält und welche Art von Schlüssen für die ethischen Überlegungen daraus zu ziehen sind. »Schwache Ich-Phänomene« zeigen nach Baker alle »problemlösenden Lebewesen, deren Verhalten [...] mittels praktischer Syllogismen erklärbar ist«. Sie erleben die Dinge der Welt aus ihrer »eigenen ichzentrierten Perspektive«. Von sich als Zentrum ihrer Welt nehmen sie perspektivisch auf anderes Bezug, geben ihren Überzeugungen Ausdruck und suchen ihre Wünsche zu befriedigen, ohne sich jedoch ihrer selbst als »Subjekte der Erfahrung« bewusst zu sein. So sind nach Baker alle empfindungsfähigen Lebewesen zwar bewusst, aber nicht selbstbewusst, denn »nicht alle haben einen Begriff ihrer selbst als Subjekte«. Allerdings bedarf es nach Baker auch »keines Begriffs von einem Ich, damit Wunsch, Überzeugung und Verhalten demselben Organismus zugehören.«[72] Es stellt sich die Frage, wozu es denn Selbstbewusstsein im Sinne eines Begriffs von sich selbst braucht, der nach Baker Wesen kennzeichnet, die »starke Ich-Phänomene« zeigen und somit über »eine Perspektive der ersten Person« verfügen. Nach Baker hat man »nur dann eine Perspektive der ersten Person, wenn man die Fähigkeit besitzt, sich als sich selbst* zu begreifen, wobei diese Fähigkeit durch die

---

[70] Müller/Vossenkuhl, *Person*, S. 1060: »Die skeptische Reduktion der Werfrage auf die Kriterien der Reidentifikation und Individuation verlässt sich einseitig auf empirisch nachweisbare psychische und physische Daten, deren identische Zuordnung nur unter Verzicht auf Notwendigkeit gelingt; zum andern gründet der skeptische Rückzug auf empirische Daten auf einer quasi-substantialen Rolle der Empirie selbst. Die Empirie ist mit dem Nachweis der Identität eines Ich überlastet.«

[71] Baker, *Die Perspektive der ersten Person*.

[72] Baker, *Die Perspektive der ersten Person*, S. 253.

sprachliche Fähigkeit zur Selbstzuschreibung von Selbstbezug (sowie zum Selbstbezug selber) angezeigt wird.«[73]

Mit Asterisk (*) kennzeichnet Baker in Anlehnung an Hector-Neri Castañeda Pronomen mit einer Zuschreibung eines nichteliminierbaren Selbstbezugs.[74] Baker möchte zeigen, »dass sich Ich*-Sätze von einfachen Ich-Sätzen in direkter Rede dadurch unterscheiden, dass der Selbstbezug aus Ich*-Sätzen nicht eliminierbar ist«[75]. So könnten die Äußerungen eines Hundes als einem perspektivischen Wesen mit schwachem Ich-Phänomen sowohl in den einfachen Ich-Satz »Ich sehe einen potentiellen Sexualpartner« als auch ohne Verluste in den folgenden Satz ohne Ich-Pronomen »Dort drüben ist ein potentieller Sexualpartner« übersetzt werden. Im Unterschied dazu weise der Satz, »Ich hoffe, daß ich* einen passenden Sexualpartner finden werde«, den Baker einem Hund nicht ins Maul legen würde, den Informationsüberschuss eines expliziten Selbstbezugs auf.[76] Ein Wesen mit der Fähigkeit starker Ich-Phänomene muss sich als ein »Ich« weder erst identifizieren noch kann es über seinen Selbstbezug irren, wenn es »ich« sagt oder denkt. Übersetzungen solcher Ich*-Sätze oder Ich*-Gedanken, die nach Baker »die Zuschreibung eines Selbstbezugs mit ›ich‹ durch die Zuschreibung einer Bezugnahme in der dritten Person« übersetzen und damit zu eliminieren suchen, verwenden das Pronomen »ich« lediglich als einen Namen. So sei der Satz »Ich bedaure, daß ich* es bin, die dir die Nachricht überbringen muss, daß [...]« nicht angemessen paraphrasiert sei mit »L. B. bedauert, daß L. B. es ist, der/die ...«. Angemessen sei vielmehr die Wiedergabe durch folgenden Satz: »L. B. bedauert, daß sie* (er*) es ist, die (der) ...«, da in diesem Satz beibehalten wird, »daß mir vom Sprecher zugeschrieben wird, daß ich mit ›ich‹ auf mich selbst Bezug nehme. Wenn ich mir einen Selbstbezug zuschreibe, kann mein Satz nicht in angemessener Weise durch einen Satz wiedergegeben werden, in dem mir kein Selbstbezug zugeschrieben wird. Die Selbstzuschreibung scheint nicht eliminierbar zu sein.«[77] Nach Baker betrifft die Unverzichtbarkeit der Perspektive der ersten Person »für unser Theoretisieren über die Wirklichkeit« aber nicht nur Fragen der analytischen Sprachphilosophie, sondern auch »bestimmte psychologische Verhaltenserklärungen« insofern, »als sie einem Akteur Einstellungen zuschreiben, die ihm ohne eine Perspektive der ersten Person gar nicht verfügbar wären«.[78] Baker wählt dazu ein aufschlussreiches Beispiel: »Ein Teil der Er-

---

73 Baker, *Die Perspektive der ersten Person*, S. 259.
74 Baker, *Die Perspektive der ersten Person*, S. 256.
75 Baker, *Die Perspektive der ersten Person*, S. 267.
76 Baker, *Die Perspektive der ersten Person*, S. 268.
77 Baker, *Die Perspektive der ersten Person*, S. 258.
78 Baker, *Die Perspektive der ersten Person*, S. 267 und 269.

klärung, warum Ödipus sich die Augen ausstach, ist, dass ihm klar wurde, daß er* der Mörder von Laios ist. Ödipus hätte dies auch ohne Verwendung eines Ich*-Satzes etwa mit dem einfachen Satz ›Ich habe Laios getötet‹ ausdrücken können. Aber der psychische Zustand, der erklären hilft, warum er sich blendete – die Erkenntnis, dass er* Laios getötet hat –, erfordert, daß Ödipus an sich als an sich selbst* denken kann « Erst der »Besitz der begrifflichen Ressourcen«[79], sich als sich selbst zu erkennen, vermag nach Baker Ödipus' radikale Selbstidentifikation als Urheber des Mordes an Laios zu erklären. Steinvorth hatte diese Fähigkeit der Wahrnehmung seiner selbst als Akteur in Lockes Persondefinition als über die Reflexivität hinausgehende »Selbstreferentialität« bezeichnet und darauf hingewiesen, dass erst dadurch das moralische Phänomen des Verantwortungsbewusstseins konstituierbar ist: »Denn zum Personsein gehört nach Locke Verantwortlichkeit, und zwar nicht nur in dem Sinn, daß andere mich für etwas verantwortlich machen, was sie mir als meine Handlung, meine Schuld und mein Verdienst zurechnen, sondern auch in dem Sinn, dass ich mich selbst als Urheber von etwas betrachte, was ich als meine Handlungen begreife, für die ich mich selbst verantwortlich mache.«[80] Folgt man Bakers und Steinvorths Analyse, dann ist die Perspektive der ersten Person unverzichtbar für das Selbstverständnis eines Individuums als eines moralischen Akteurs in dem Sinne, sich selbst als Urheber von Handlungen zu verstehen und sich selbst daher Handlungen zuschreiben zu können, kurz gesagt: für ein moralisches Selbstbewusstsein, das Locke »Person« nennt. Moralisches Selbstbewusstsein im Sinne einer Selbstidentifikation als Akteur kann somit als Urphänomen und begriffliche Basis gelten für die Möglichkeit moralischer und juridischer Handlungszuschreibungen an Entitäten, die eines solchen moralischen Selbstbewusstseins für fähig gehalten werden. Somit ist dieser Personbegriff eine notwendige begriffliche Basis für den Bereich der Moralität, der Verantwortungsfähigkeit sowie für das strafrechtliche Ressort in der Rechtssphäre. Anders gesagt: Erst diese menschliche Fähigkeit bewusster konzeptueller Bezugnahme auf sich selbst als Akteur ermöglicht moralische Konzepte wie Verantwortung, Pflicht, Recht, Gerechtigkeit etc. Lockes Personbegriff stellt sich vor dem Hintergrund der vorgestellten Analysen als ein Begriff für das starke Ich-Phänomen moralischer Verantwortungsfähigkeit dar, der nur in der reflexiven Selbstanalyse eines selbstbewussten Wesens zu konzipieren ist, sich aber in der naturalistischen Objekt-Einstellung der dritten Person nicht erschließt.

Lockes Entfaltung des Personbegriffs als eines Reflexionsbegriffs moralischer Subjektivität kann aus dieser Perspektive als Anleitung zum Nachvoll-

---

[79] Baker, *Die Perspektive der ersten Person*, S. 269.
[80] Steinvorth, *Was macht ein Lebewesen zur Person?*, S. 219.

zug dieser Selbstreflexion im Sinne einer Konzeptualisierung seiner selbst
als moralisches Subjekt gelesen werden. Aus der reflexiven Selbstanalyse des
Akteurbewusstseins erhebt Locke Selbstbewusstsein als notwendige Bedingung für Personalität. Selbstbewusstsein erschließt sich aber nicht der naturalistischen Einstellung der dritten Person, sondern eben nur der Selbsterfahrung. Diese Selbsterfahrung kann ich an anderen Wesen nicht unvermittelt beobachten, sondern nur an Hand von sich körperlich vollziehenden
beobachtbaren Indizien in Analogie zu mir vermuten. Daraus ergeben sich
zwei weitergehende Perspektiven: Zum einen werde ich gewahr, dass ich als
selbstbewusster personaler Akteur einen lebendigen Körper als Erfahrungs-
medium und Ausdrucksmittel besitze, über den ich zum anderen mit anderen verkörperten Wesen kommuniziere, indem ich diese in Analogie zu meinem eigenen leiblichen Ausdrucksverhalten deute. Folglich kritisiert Baker
den Ich-Körper-Dualismus Descartes und stellt klar: »Das Referenzobjekt
von ›ich‹ und ›ich*‹ ist die Person: weder der Körper noch ein körperloses
Ego. ›Ich*‹ bezeichnet keine gespenstische Entität, das ›Selbst‹, zu der ich
allein direkten Zugang habe. […] Wenn ich mit ›ich*‹ auf mich selbst Bezug
nehme, so ist das, worauf ich mich beziehe, nichts anderes als das, worauf
andere sich mit ›L. B.‹ beziehen. Das Besondere an ›ich*‹ ist, dass ich diese
Person auf eine Art begreifen kann, in der andere es nicht können, ›von innen‹ heraus sozusagen. Descartes' Entdeckung des ›Innen‹ […] ist der wirkliche Beitrag der Zweiten Meditation. Was ich ablehne, ist Descartes' Vergegenständlichung der Innerlichkeit: Das Charakteristische am Personsein
muß nicht durch eine logisch private Entität gesichert werden, zu der außer
mir niemand Zugang hat.«[81] Auch Locke war der Descartes'schen Entleiblichung in seiner personalen Identitätsanalyse gefolgt und hatte sich damit
die erwähnten Zuschreibungsprobleme eingehandelt. Hier liegt offensichtlich ein grundsätzlich korrekturbedürftiger Mangel der Locke'schen Personkonzeption vor, zumal wenn er in der bioethischen Reflexion Verwendung
findet. Auch Baker fordert die Rückgewinnung des Körpers als Leib und
die Wahrnehmung der Verleiblichung psychischer Selbsterfahrung als einen
über das individuelle Subjekt hinausführenden kommunikativen Reflexions-
horizont zurück, der gerade für die bioethische Urteilsbildung höchst signifikant ist. Insofern ist die Frage zu stellen, inwiefern die aktuelle bioethische Diskussion nicht in weiten Teilen zum einen an einem latenten Cartesianismus und zum anderen an einem Naturalismus krankt. Nicht zuletzt
die interessenethische Argumentation lässt ein Ernstnehmen der Leiblichkeit
vermissen, weil diese nicht reflexiv leibphilosophisch oder leibphänomeno-
logisch expliziert, sondern wie bei Tooley und Singer zunächst szientistisch
reduziert und dann verleugnet wird. Erst die Explikation der Bedeutungen

---

[81] Baker, *Die Perspektive der ersten Person*, S. 260.

der Lebendigkeit oder der Menschlichkeit eines zu beurteilenden Wesens im Lichte unseres eigenen Selbstverständnisses ermöglicht jedoch eine verantwortungsvolle Urteilsbildung in sensiblen biomedizin- und naturethischen Problemfeldern.[82]

Unübersehbar wird darüber hinaus im Rahmen der bioethischen Argumentation der forensische Person*begriff* Lockes als Reflexionsbegriff moralischer Subjektivität in der Perspektive der ersten Person ignoriert, während sein Person*kriterium* des Selbstbewusstseins in der naturalistischen Einstellung der Perspektive der dritten Person zur Feststellung eines grundrechtsrelevanten Personstatus anderer entgegen Lockes erkennbarer Intention als Vordenker vorpositiver Menschenrechte zweckentfremdet wird. Hier vermag Bakers Analyse starker Ich-Phänomene eine andere Wahrnehmung des Locke'schen Personbegriffs zu befördern, der u. a. auf das Bewusstsein für unvertretbare Handlungsverantwortung verweist. Diese in der normativen Ethikdiskussion weithin ausgeblendete Grundbedeutung von Personalität erinnert daran, dass die Perspektive, aus der über den Rechtsstatus Anderer geurteilt wird, unausweichlich die der ersten Person ist. Bio- und medizinethische Urteile resultieren nicht aus empirischen Parametern vermessener Objekte, sondern sind Handlungen von Personen, die verantwortet werden können und müssen. Denn unabhängig von der Frage, ob Lockes Personbegriff begründungstheoretisch befriedigt oder nicht, kann festgehalten werden: »Locke zufolge kann eine Person erst aufgrund ihrer Fähigkeit, praktische Selbstverhältnisse initiieren zu können, für ihre Handlungen verantwortlich gemacht werden.«[83] Es gilt also, biomedizinethische und -rechtliche Urteile in gesellschaftlicher Verantwortung so zu bilden, dass – wenn wir uns darüber bewusst werden, dass wir selbst* es waren, die diese Urteile über das Schicksal anderer Menschen und Lebewesen gefällt haben – wir nicht wie Ödipus erschrecken ob unserer naturalistisch-reduktionisti-

---

[82] Vgl. dazu auch Janich, *Naturwissenschaft vom Menschen*, S. 50: »›Mensch‹ ist letztlich kein Gattungsbegriff der Naturwissenschaften, sondern ein Reflexionsbegriff der Moral- und Rechts- sowie der theoretischen Philosophie.«

[83] Sturma, *Philosophie der Person*, S. 191 f. Dass Personsein wesentlich das Selbstverhältnis des Menschen als Akteur betrifft, unterstreichen auch die Autoren des Personartikels im *Handbuch philosophischer Grundbegriffe*: »Der grundsätzliche Bezug der Person als handelndes Ich eröffnet deren Identität in ausgezeichneter Weise als Selbstverhältnisse der Person, deren Handeln sich auf sie selbst, auf andere Personen und die sie umgebende Welt bezieht. Die Identität der Person ist mit diesem dreifachen Bezug gegeben und gerechtfertigt. Selbstbezug, Fremd- und Weltbezug zeichnen die Person aus. Die Konstitution des dreifachen Handlungsbezugs entspricht dem Prozeß der Selbstauslegung des Ich als Person. [...] Die Konstitution der Person als Ich, als anderer und als Welt gibt dem dreifachen Verhältnis Sinn und legt diesen Sinn in der Konstitution selbst aus. Dies ist der Grundzug des identifizierenden Geschehens der intentionalen Handlungsbezüge der Person.« (Müller / Vossenkuhl, *Person*, S. 1061)

schen Verblendung, sondern im Angesicht der Betroffenen auf dem Hintergrund eines unverkürzten Selbstverständnisses als Personen zur gerechtfertigten Ruhe eines wachen reflektierten Gewissens finden. Das philosophisch reich entfaltete Bewusstsein, dass ich selbst* Person bin, markiert somit den ethischen Ausgangspunkt oder »moral point of view«, von wo aus wir ethische und rechtliche Normen miteinander entwickeln müssen, die uns nicht erbleichen lassen, wenn wir erkennen, dass wir selbst* sie zu verantworten haben.

Literatur

Baker, Lynne Rudder: Die Perspektive der ersten Person. Ein Test für den Naturalismus (Originalbeitrag, übers. von Marianne Schark). In: *Naturalismus. Philosophische Beiträge*, hgg. von Geert Keil und Herbert Schnädelbach. Frankfurt am Main 2000, S. 250–272 (Eine erweiterte Fassung dieses Aufsatzes erschien unter dem Titel *The First-Person-Perspective. A Test for Naturalism*, in *American Philosophical Quarterly* 35, 1998, S. 327–348).

Baranzke, Heike: Zwischen Speziesismus und Lockes Personbegriff. Was Peter Singers Tierethik zweischneidig macht. In: *Tierethik. Biblisch-historische Grundlagen – normative Perspektiven – aktuelle Herausforderungen*, hgg. von Traugott Jähnichen, Clemens Wustmans. Kamen 2012, S. 41–55.

Bayertz, Kurt (Hg.): *Sanctity of Life and Human Dignity*, Philosophy and Medicine, vol. 52, Dordrecht – Boston – London 1996.

Birnbacher Dieter: Das Dilemma des Personbegriffs. In: ders.: *Bioethik zwischen Natur und Interesse*, Frankfurt am Main 2006, S. 53–76.

Deutscher Ethikrat: *Mensch-Tier-Mischwesen in der Forschung. Stellungnahme*. Berlin 2011.

Eßer, Albert: Art. »Interesse«. In: *Handbuch philosophischer Grundbegriffe*, Bd. 3, hgg. von Hermann Krings und Hans Michael Baumgartner. München 1973, S. 738–747.

Feinberg, Joel: The Rights of Animals and Unborn Generations. In: *Philosophy and Environmental Crisis*, hg. von William T. Blackstone. Athens 1974, S. 43–68 (dt. Die Rechte der Tiere und zukünftiger Generationen. In: *Ökologie und Ethik*, hg. von Dieter Birnbacher. Stuttgart 1980, S. 140–179).

Fuchs, H.-J./ Gerhardt, Volker: Art. »Interesse«. In: *Historisches Wörterbuch der Philosophie (HWP) Bd. 4*, hgg. von Joachim Ritter und Karlfried Gründer. Basel – Stuttgart 1976, S. 479–494.

Höffe, Otfried: *Medizin ohne Ethik?*, Frankfurt am Main 2002.

Honnefelder, Ludger: Der Streit um die Person in der Ethik. In: *Philosophisches Jahrbuch* 100, 1993, S. 246–265.

Ingensiep, Hans Werner / Baranzke, Heike: *Das Tier*, Stuttgart 2008.

Janich, Peter: Naturwissenschaft vom Menschen versus Philosophie. In: *Naturalismus und Menschenbild*, hg. von Peter Janich. Hamburg 2008, S. 30–51.

Joerden, Jan C.: Menschenwürde und Chimären- und Hybridbildung. In: *Menschenwürde und Medizin. Ein interdisziplinäres Handbuch*, hgg. von Jan C. Joerden, Eric Hilgendorf und Felix Thiele. Berlin 2013, S. 1033–1044.

Kant, Immanuel: *Kritik der reinen Vernunft* (1. Auflage 1781). In: *Kants gesammelte Schriften*, hgg. von der Königlich Preußischen Akademie der Wissenschaften, Bd. IV, Berlin 1903/11, S. 1–252.

– *Kritik der reinen Vernunft* (2. Auflage 1787). In: *Kants gesammelte Schriften*, hgg. von der Königlich Preußischen Akademie der Wissenschaften, Bd. III, Berlin 1904/11.

– *Die Metaphysik der Sitten*. In: *Kants gesammelte Schriften*, hgg. von der Königlich Preußischen Akademie der Wissenschaften, Bd. VI, Berlin 1907/14, S. 203–494.

Kettner, Matthias (Hg.): *Biomedizin und Menschenwürde*, Frankfurt am Main 2004.

Leist, Anton (Hg.): *Um Leben und Tod. Moralische Probleme bei Abtreibung, künstlicher Befruchtung, Euthanasie und Selbstmord*, Frankfurt am Main 1990.

– Diskussionen um Leben und Tod. In: Ders. (Hg.): *Um Leben und Tod. Moralische Probleme bei Abtreibung, künstlicher Befruchtung, Euthanasie und Selbstmord*, Frankfurt am Main 1990, S. 9–72.

Locke, John: *Über den menschlichen Verstand, 2 Bde.*, übers. von Carl Winckler. Berlin 1962 (engl.: *An Essay Concerning Human Understanding*, London ²1694).

– *Zwei Abhandlungen über die Regierung*, hg. von Walter Euchner. Frankfurt am Main 1967 (engl.: *Two Treatises of Government*, London 1689).

Manzei, Alexandra: Der Tod als Konvention. Die (neue) Kontroverse um Hirntod und Organtransplantation. In: *Handbuch Sterben und Menschenwürde. 3 Bde.*, Bd. 1, hgg. von Wolfgang U. Eckart und Michael Anderheiden. Berlin – Boston 2012, S. 137–174.

Müller, Max / Vossenkuhl, Wilhelm: Art. »Person«. In: *Handbuch philosophischer Grundbegriffe Bd. 4*, hgg. von Hermann Krings, Hans Michael Baumgartner und Christoph Wild. München 1973, S. 1059–1070.

Nozick, Robert: *Anarchie, Staat, Utopia*, München 1976 (engl.: *Anarchy, State, and Utopia*, New York 1974).

Quante, Michael: *Personales Leben und menschlicher Tod. Personale Identität als Prinzip der biomedizinischen Ethik*, Frankfurt am Main 2002.

– *Menschenwürde und personale Autonomie. Demokratische Werte im Kontext der Lebenswissenschaften*, Hamburg 2010.

Rehbock, Theda: *Personsein in Grenzsituationen. Zur Kritik der Ethik medizinischen Handelns*, Paderborn 2005.

Siep, Ludwig: Personbegriff und praktische Philosophie bei Locke, Kant und Hegel. In: ders.: *Praktische Philosophie im Deutschen Idealismus*, Frankfurt am Main 1992, S. 81–115.

– Der Begriff der Person als Grundlage der biomedizinischen Ethik: Zwei Traditionslinien. In: *Person. Philosophiegeschichte – Theoretische Philosophie –
  Praktische Philosophie*, hg. von Dieter Sturma. Paderborn 2001, S. 445–458.
Singer, Peter: *Animal Liberation*, New York 1975 (dt. *Befreiung der Tiere*, München 1982).
– Killing Humans and Killing Animals. In: *Inquiry* 22, 1979, S. 145–156.
– *Praktische Ethik*, Stuttgart ²1994 (engl. *Practical Ethics*, Cambridge 1979; 2.,
  erweiterte Aufl. 1993).
Steinvorth, Ulrich: Was macht ein Lebewesen zur Person? In: *Kontinuität der
  Person. Zum Versprechen und Vertrauen*, hg. von Richard Schenk. Stuttgart –
  Bad Cannstatt 1998, S. 215–233.
Sturma, Dieter: *Philosophie der Person. Die Selbstverhältnisse von Subjektivität
  und Moralität*, Paderborn 1997.
Thiel, Udo: Person und persönliche Identität in der Philosophie des 17. und
  18. Jahrhunderts. In: *Person. Philosophiegeschichte – Theoretische Philosophie – Praktische Philosophie*, hg. von Dieter Sturma. Paderborn 2001, S. 79–
  101.
Tooley, Michael: Abtreibung und Kindstötung. In: *Um Leben und Tod. Moralische Probleme bei Abtreibung, künstlicher Befruchtung, Euthanasie und
  Selbstmord*, hg. von Anton Leist. Frankfurt am Main 1990, S. 157–195 (ursprünglich: Abortion and Infanticide. In: *Philosophy & Public Affairs* 2/1,
  1972, S. 37–65).
– *Abortion and Infanticide*, Oxford 1983.
– Personhood. In: *A Companion to Bioethics*, hgg. von Helga Kuhse und Peter
  Singer. Malden, Mass. 1998, S. 117–126.

Inga Römer

PERSON UND MORALISCHE VERBINDLICHKEIT

Ein Dialog zwischen analytischer und phänomenologischer Tradition

Der Begriff einer *moralischen Verbindlichkeit* verknüpft sich für uns heute in erster Linie mit dem Namen Immanuel Kant und seiner, häufig mit dem Prädikat ›deontisch‹ versehenen Moralphilosophie. Für Kant sind wir deshalb moralisch zu etwas verbunden beziehungsweise verpflichtet, weil wir uns in unserer Autonomie selbst ein Gesetz geben, aus dem diese Verbindlichkeit entspringt. Jene selbstgesetzgebende Autonomie des Willens aber schreibt Kant der moralischen *Persönlichkeit* zu, welche seines Erachtens in der »Freiheit eines vernünftigen Wesens unter moralischen Gesetzen«[1] bestehe und welche die *Person* »als zur Sinnenwelt gehörig«[2] unterwerfe sowie allererst zu einem zurechnungsfähigen Subjekt mache.

Da in Kants Ansatz jedoch der Wille der Persönlichkeit durch das eine Vernunftgesetz bestimmt wird, welches sich lediglich verschieden anwenden lässt, scheint bei ihm keine hinreichende Möglichkeit zur individuellen Differenzierung verschiedener Persönlichkeiten zu bestehen. Dies ist zumindest ein häufig formulierter Einwand, angesichts dessen sich bis heute die Vertreter einer kantianischen Moralphilosophie darum bemühen, dieser Individualität der Persönlichkeit konzeptuell Rechnung zu tragen und damit einen zeitgenössischen Kantianismus zu entwickeln, der der wesenhaften Pluralität der Persönlichkeiten gerecht wird, ohne das Konzept moralischer Verbindlichkeit preiszugeben. Dies ist der weitere philosophiegeschichtliche Rahmen, in den sich die folgenden Überlegungen einfügen.

Der erste Teil skizziert einige Merkmale der Geschichte des Personbegriffs in der analytischen Philosophie und in der Phänomenologie und weist dabei insbesondere auf eine Verschiebung der Fragestellung innerhalb der analytischen Philosophie sowie auf eine daraus folgende Annäherung der beiden erwähnten Traditionen hin, die sich schließlich in der Theorie der narrativen Identität der Person bis zu einem gewissen Grade begegnen. Ein kurzer zweiter Teil soll aufzeigen, dass die Theorien der narrativen Identi-

---

[1] Kant, *Metaphysik der Sitten*, S. 223.
[2] Kant, *Kritik der praktischen Vernunft*, S. 87.

tät vorwiegend, und das nicht zufällig, mit einer aristotelischen Ethik des guten Lebens verknüpft sind und so der Erfahrung des »sich verpflichtet [F]ühlen[s]«[3], um mit Tugendhat zu sprechen, nicht hinreichend Rechnung zu tragen vermochten. Ein dritter Teil sucht diesem Desiderat zu begegnen, indem er sich dem kantianischen Ansatz von Christine Korsgaard zuwendet und darlegt, wie sie moralische Verbindlichkeit über den Begriff einer praktischen und moralischen Identität der Person zu begründen sucht. Der vierte und letzte Teil enthält eine konstruktive Kritik an Korsgaards Auffassung: Die dort vorgeschlagene Hypothese ist, dass Korsgaards konstruktivistischer Begriff einer praktischen Identität und ihre darauf gegründete Theorie moralischer Verbindlichkeit durch Einsichten der Theorien der Narrativität sowie der Phänomenologien der Alterität und Responsivität derart zu modifizieren sind, dass die moralische Verbindlichkeit nicht mehr aus einer voluntaristisch gefassten praktischen Identität, sondern aus einer prozessualen Identität der antwortenden Person begreiflich wird.

1. ›Person‹: eine Geschichte der Annäherung von analytischer Philosophie und Phänomenologie

Zwei frühe und besonders berühmt gewordene analytische Theorien der Person sind diejenigen von Peter F. Strawson und Derek Parfit. An dem Vergleich ihrer Positionen wird eine Verschiebung der Fragestellung sichtbar. Strawson fragt in seinem 1959 erstmals erschienenen Buch *Individuals. An Essay in Descriptive Metaphysics* danach, was für eine Entität eine Person ist. In klassisch sprachanalytischer Manier untersucht er die Art und Weise, wie wir über Personen sprechen. Seine These ist, dass Personen Entitäten sind, denen wir sowohl Bewusstseinszustände als auch körperliche Eigenschaften zuschreiben. Auf dem Weg der Sprachanalyse stößt er so auf das Leib-Seele-Problem, zu dem er jedoch keine Lösung anbietet, sondern das er aufhebt, indem er nachzuweisen sucht, dass und inwiefern der Personbegriff als ein ›einfacher Begriff‹ (*primitive concept*)[4] zu verstehen ist.

Für besonders viel Aufsehen hat Parfits Theorie der Person gesorgt, die er in dem im Jahre 1984 erschienenen Werk *Reasons and Persons* vorlegte. Parfit stellt die Frage nach der personalen Identität und sieht diese in nicht mehr als einer physischen und psychologischen Kontinuität von Ereignissen.[5] In Hume'scher Tradition hält er die weit verbreitete Annahme, dass die Person in einem über diese psycho-physische Kontinuität hinausgehenden unver-

---

[3] Tugendhat, *Das Problem einer autonomen Moral*, S. 17.

[4] Vgl. Strawson, *Individuals*, S. 104.

[5] Vgl. Parfit, *Reasons and Persons*, S. 341.

änderlichen Substrat, einem von ihm so genannten »deep further fact«[6], bestehe, für eine Illusion. Parfit verknüpft diese These über personale Identität jedoch mit einem Vorschlag von normativer Tragweite: Da personale Identität nur in einem losen Zusammenhang von Ereignissen beziehungsweise Erlebnissen bestünde, würde es »plausible, when thinking morally, to focus less upon the person, the subject of experiences, and instead to focus more upon the experiences themselves.«[7] Dies führt ihn zu der ethischen Position eines quasi-buddhistischen[8] Utilitarismus, in dem personale Identität nicht das ist, was zählt: »identity is not what matters«.[9]

Zwei systematische Verschiebungen gegenüber Strawson sind in Hinblick auf Parfits Ansatz für unseren Kontext bemerkenswert, weil sie eine Annäherung an phänomenologische Verfahrensweisen darstellen. Zum einen verlagert sich Parfit von einer reinen Sprachanalyse hin zu dem allgemeineren Verfahren der Analyse von alltäglichen Meinungen. Zum anderen nimmt er das Thema der Selbstsorge, wenngleich kritisch, auf. Parfit ist jedoch auch historisch eine Schlüsselfigur für unseren Zusammenhang, weil es einen im weiteren Sinne der Phänomenologie zugehörigen Autor gab, der sich intensiv mit seiner Theorie der Person befasst hat: Paul Ricœur.[10] Der Franzose hatte seit den frühen 1970er Jahren einen Lehrstuhl in Chicago inne und nahm seinen Aufenthalt in den USA zum Anlass für eine bis dahin in der Tradition der Phänomenologie seltene, intensive Auseinandersetzung mit der analytischen Philosophie. Ricœurs ernsthafte Erörterung der Parfit'schen Thesen mündet jedoch in eine fundamentale Kritik: Wie bereits Hume suche Parfit vergeblich etwas, »was er nicht finden konnte, nämlich einen festen Status personaler, als Selbigkeit definierter Identität«[11]; indem er die personale Identität mangels Auffindung einer derartigen Selbigkeit auf das bloße »occurrence of a series of interrelated physical and mental events«[12] reduziere, überspringe Parfit jedoch etwas, das er insgeheim voraussetzte: das Selbst. Während Identität als Selbigkeit in einer unpersönlich beschreibbaren numerischen Identität bestehe, zeichne sich die Identität des Selbst durch eine vorreflexive Selbstbezüglichkeit aus, für die die Jemeinigkeit des Erlebens und des Eigenleibes, die Zeitlichkeit und Geschichtlichkeit sowie eine gewisse erdhafte Verwurzelung charakteristisch seien. Dieses

---

6 Parfit, *Reasons and Persons*, S. 341.
7 Parfit, *Reasons and Persons*, S. 341.
8 Vgl. Ricœur, *Soi-même comme un autre*, S. 165 (dt. S. 170).
9 Parfit, *Reasons and Persons*, S. 245.
10 Vgl. Ricœur, *Soi-même comme un autre*, S. 156–166 (dt. 160–171). Ricœur behandelt in *Soi-même comme un autre* zwar auch P. F. Strawson, dies allerdings nicht im Zusammenhang der Theorie der Person.
11 Ricœur, *Soi-même comme un autre*, S. 156 (dt. S. 161).
12 Parfit, *Reasons and Persons*, S. 211.

Selbst, dem seine Erfahrungen zugehören, so Ricœur, ist irreduzibel. Und es sei dieser Begriff des Selbst und nicht jener der Selbigkeit, auf den eine Theorie der Person in Gestalt einer Theorie narrativer Identität zu gründen sei. Das Selbst sei *jemand*, der sich um sich selbst und seine Erfahrungen sorgt, eine grundlegende Selbstsorge habe, die auch durch Parfits Plädoyer für eine gewisse Sorglosigkeit in Hinblick auf die Zugehörigkeit der Erfahrungen zu uns nicht unterwandert werden könne.

Man darf Ricœurs Auseinandersetzung mit Parfit jedoch keinesfalls als paradigmatische Kritik an ›der‹ analytischen Philosophie auffassen. Insbesondere sollten Phänomenologen sich durch diese sehr spezielle Kritik an Parfit nicht dazu verleiten lassen, auf eine Auseinandersetzung mit analytischen Positionen zu verzichten, denn Parfits Position selbst kam von Anfang an eine Sonderstellung unter den analytischen Philosophien der Person zu. Es war Harry Frankfurt, der bereits ab 1971[13], also noch vor dem Erscheinen von Parfits *Reasons and Persons*, die Sorge um sich selbst in den Mittelpunkt seiner Theorie der Person, ihres Willens und ihrer Freiheit stellte. Bernard Williams machte die Selbstsorge ebenfalls zum Zentralbegriff seiner wesentlich aristotelisch ausgerichteten Ethik, die insbesondere durch sein im Jahr 1985 erschienenes Werk *Ethics and the Limits of Philosophy* Verbreitung gefunden hat.[14] Der Konflikt zwischen Parfit und Ricœur ist daher nur scheinbar ein Konflikt zwischen analytischer Philosophie und Phänomenologie *tout court*. Ricœurs Kritik und seine eigene Position sind zwar durchaus typisch für die Phänomenologie. Im Hintergrund seiner Begriffe des Selbst und der auf das Selbst gegründeten Person stehen Husserl, der die Person über ihren erworbenen Habitus bestimmt, und Heidegger, der das Selbst an die Selbständigkeit des Daseins bindet. Parfit hingegen ist kein typischer Vertreter der analytischen Tradition, weil seine Kritik an der Selbstsorge bereits beim Erscheinen von *Reasons and Persons* in gewisser Weise überholt war. Anders gesagt: Die Begriffe des Selbst und der Selbstsorge, die Ricœur gegenüber Parfit einfordert, wurden vor Ricœur und sogar vor Parfit von analytischen Philosophen bereits selbst vertreten.

Es sind aber nicht lediglich die Gedanken des Selbst und der Selbstsorge, die sowohl für phänomenologische als auch für analytische Theorien der Person leitend geworden sind. Der Begriff der Narrativität beziehungsweise der der narrativen Identität ist als Konkretisierung jener rudimentären Begriffe in beiden Traditionen in das Zentrum der Diskussion gerückt. Die analytische Philosophie der Geschichte operiert seit langem mit dem Konzept der Narrativität, wofür Arthur Danto, Hayden White und

---

[13] Vgl. Frankfurt, *Freedom of the Will*.
[14] Vgl. Williams, *Ethics and the Limits of Philosophy*.

Louis O. Mink die herausragendsten Beispiele darstellen.[15] Innerhalb der Phänomenologie ist es im Wesentlichen das post-hegelianische Geschichtsdenken von Paul Ricœur, das den Begriff der Narrativität in sein Zentrum stellt. Sollte man einen bezeichnenden Unterschied zwischen beiden Richtungen aufzeigen, so wäre die konstruktivistische Tendenz der Analytiker von der hermeneutischen Tendenz bei Ricœur zu unterscheiden: Während Danto, White und Mink zu der Auffassung neigen, dass das Leben selbst nicht narrativ ist, sondern lediglich in narrativen Formen aufgefasst wird, vertritt Ricœur die Position, dass es eine pränarrative Struktur des Lebens selbst gibt, die dann in einem hermeneutischen Zirkel verschoben und vertieft werden kann.

Wendet man sich von der Geschichtsphilosophie ab und der Theorie der narrativen Identität der Person zu, so findet man sich, unter einer gewissen Erweiterung des Blickwinkels, zunächst mit einer zugespitzten Opposition konfrontiert: Am einen Ende des Feldes stehen Alasdair MacIntyre, Charles Taylor, David Carr und Paul Ricœur als Vertreter einer seit den 1980er Jahren entwickelten Position[16], die die personale Identität über die narrative Fassung des Lebens bestimmt; am anderen Endes des Feldes befindet sich der radikalste Herausforderer dieser Richtung, Galen Strawson, welcher in seinem Aufsatz »Against Narrativity« den Vertretern jener Position attestiert, sich selbst zu wichtig zu nehmen, um gegenüber der von ihnen propagierten narrativ vereinheitlichten Lebensweise eine Episodische Selbsterfahrung kurzerhand zur besseren Lebensform zu erklären.[17] Aber auch bei dieser Opposition handelt es sich wiederum nur um die radikalsten Pole eines Feldes: Im Zentrum der Forschung, sowohl in der analytischen als auch in der phänomenologischen Tradition, steht heute nicht die Frage ›Ist personale Identität narrativ oder nicht?‹, sondern vielmehr die Frage ›In welchem Sinne und in welchen Grenzen ist personale Identität narrativ bestimmt?‹.

Nichtsdestotrotz aber gibt es *innerhalb* der Debatte um Sinn und Grenzen der narrativ gefassten personalen Identität eine gewisse Opposition zwischen Autoren, die eher der analytischen Tradition zugehören, und Autoren desjenigen Feldes, zu dem auch Phänomenologen gehören. Diese Opposition, die sich bereits im Zusammenhang der Geschichtsphilosophie zeigte, lässt sich schlagwortartig mit den Ausdrücken ›Konstruktivismus vs. Theo-

---

[15] Vgl. Danto, *Analytical Philosophy of History*; White, *Metahistory*; Mink, *Historical Understanding*.

[16] Vgl. MacIntyre, *After Virtue*; Taylor, *Sources of the Self*; Carr, *Time, Narrative, and History*; Ricœur, *Soi-même comme un autre*.

[17] Vgl. Strawson, *Against Narrativity*. Galen Strawson hat konkret Marya Schechtmans Buch *The Constitution of Selves* im Blick.

rie gelebter Narrativität‹ kennzeichnen.[18] Die wesentliche Frage lautet: Ist das für die Identität konstitutive Leben selbst narrativ, oder wird es erst durch die ausdrückliche Erzählung narrativ strukturiert? Während MacIntyre vertritt, identitätskonstitutive Geschichten »are lived before they are told«[19], differenziert Ricœur, dass es zwar eine gewisse pränarrative Struktur der Erfahrung gebe, diese jedoch in einem hermeneutischen Zirkel der Narrativität vertieft und neu justiert wird, ohne dass jemals ein *per se* narratives Leben schlichtweg in einer Erzählung ausgedrückt werden könnte.[20] Dennett hingegen meint, dass wir narrative Autobiographien einfach konstruieren, um das Verhalten von Menschen zu verstehen und vorauszusagen.[21] Mit dieser Kontroverse hängt wiederum die Frage nach der Weite des Narrativitätsbegriffes zusammen: Ricœur subsumiert auch noch erlebte und im personalen Charakter sowie in Stimmungen sedimentierte Geschichten unter den Begriff der Narrativität, während Galen Strawson allein ausdrücklich formulierte und erzählte Erzählungen als narrativ gelten lässt. Und schließlich sei diese Gegenüberstellung von analytischem Konstruktivismus und phänomenologischer Theorie gelebter Narrativität noch in einem letzten Punkt hervorgehoben: Während Dennett das Selbst als ein theoretisches Abstraktum und Gravitätszentrum versteht, um das herum Autobiographien wie Fiktionen konstruiert werden, und während er meint, dass auch durchaus mehrere Selbste angenommen werden könnten, wenn sich das Verhalten einer Person nicht um ein einziges Gravitätszentrum herum organisieren lässt, besteht Dan Zahavi darauf, dass es nur ein einziges, primitives, aus der Perspektive der Ersten Person Singular erlebtes, und zwar nicht narratives Selbst gibt, das die Basis für jedes narrative Selbstverständnis der Person darstellt.[22] Eine Differenzierung von Zahavis Position findet sich bei Tengelyi, wenn letzterer jenes pränarrative Selbst als ein passives, affektiv geprägtes Selbst versteht, dessen wiedererweckte Sedimentierungen die Grundlage einer jeden narrativen Selbsterzählung sein müssten, wenn diese nicht zu einer frei schwebenden Konstruktion werden soll.[23]

Folgendes lässt sich festhalten: Die eingangs behauptete Annäherung von analytischer und phänomenologischer Tradition in den Begriffen des Selbst, der Selbstsorge und der narrativen Identität scheint ihre tendenzielle Grenze

---

[18] Dass diese Gegenüberstellung durchaus nicht für alle Autoren gilt, zeigt sich bspw. am Werk von Eakin, dessen Auffassung keineswegs auf einen Konstruktivismus reduziert werden kann. Vgl. Eakin, *How Our Lives Become Stories*.

[19] MacIntyre, *After Virtue*, S. 212 (dt. S. 283).

[20] Vgl. Ricœur, *Temps et récit I*, S. 105–169 (dt. S. 87–135).

[21] Vgl. Dennett, *The Self As a Center of Narrative Gravity*.

[22] Vgl. in vorliegendem Band Zahavi, *Phänomenalität, Zeitlichkeit und Selbstheit*.

[23] Vgl. ebenfalls in diesem Band Tengelyi, *Das Selbst und die Person*.

darin zu finden, dass die narrative Identität von analytischen Philosophen eher konstruktivistisch, von Phänomenologen hingegen eher als gelebte, wenngleich niemals ›einfach‹ gelebte narrative Identität aufgefasst wird, der wiederum noch ein pränarratives, passives und affektives Selbst zugrunde liegt. Der vierte Abschnitt kommt auf diese Gegenüberstellung zurück.

2. Narrative Identität und aristotelische Ethik

Der gegenwärtige Abschnitt geht auf die ethischen Implikationen der Theorie der narrativen Identität ein und sucht zu zeigen, dass und in welcher Weise sich die klassischen Theorien narrativer Identität mit erneuerten Formen einer aristotelischen Ethik des guten Lebens verknüpft haben. Alasdair MacIntyre und Charles Taylor gehören, als frühe Vertreter einer Theorie narrativer Identität, der Strömung des Kommunitarismus an. Der Kommunitarismus ist aus einer kritischen Auseinandersetzung mit dem so genannten Liberalismus erwachsen. Dieser Streit ist in wesentlichen Grundzügen eine Neuauflage der Konfrontation zwischen aristotelischer Ethik und kantischer Moralphilosophie. MacIntyre konstatiert eine moralische Krise der Gegenwart, welche durch einen radikalen Individualismus verursacht worden sei. Um dieser Krise zu begegnen, dürfe man den Einzelnen nicht mehr als ein isoliertes Individuum betrachten, das, wie es in Rawls' Theorie der Gerechtigkeit der Fall sei, Gerechtigkeitsgrundsätze und Werte kontraktualistisch gleichsam aus dem Nichts erschafft, sondern man müsse sich auf die aristotelische Tradition des guten Lebens besinnen, in der man sich selbst aus seiner eigenen Lebensgeschichte verstehe, die es wiederum in die Geschichte der Generationen einzufügen gelte. Das gute Leben für mich bestehe darin, die Einheit der in meinem Leben verkörperten Erzählung bestmöglich zu leben. Wie bei Aristoteles selbst, gibt es auch bei MacIntyre kein oberstes Kriterium dafür, wie dies zu geschehen hat, sondern »the good life for man is the life spent in seeking for the good life for man«.[24] Die Suche aber vollziehe ich innerhalb einer konkreten Gemeinschaft und ihrer Geschichte, die daher das Ergebnis dieser Suche wesentlich mitbestimmt. Taylor ist der Auffassung, dass das Selbst untrennbar mit der »orientation to the good«[25] verknüpft ist. Ricœur wiederum ist zwar kein Kommunitarist, entwickelt aber im Ausgang von seiner Theorie des Selbst und der narrativen Identität ebenfalls eine grundlegend an Aristoteles orientierte Ethik des guten Lebens. Und noch Hannah Arendts frühe Theorie der narrativen Identität verband sich mit einer aristotelischen Position.

---

[24] MacIntyre, *After Virtue*, S. 219 (dt. S. 293).
[25] Taylor, *Sources of the Self*, S. 33 (dt. S. 66).

Es ist kein Zufall, dass sich die Theorie der narrativen Identität ursprünglich in enger Verknüpfung mit einer aristotelischen Ethik entwickelt hat: Wenn ich nach dem guten Leben strebe und das, was das gute Leben ausmacht, nur in einem lebensimmanenten Überlegungsgleichgewicht ermitteln kann, indem ich abwechselnd auf die konkreten Situationen, die Lebensbereiche und das Leben als ganzes blicke, *muss* ich eine Auffassung davon haben, wie sich die verschiedenen Teile meines Lebens zu einem einzigen, stimmigen guten Leben zusammenfügen. Diese aber vermag die Lebens*geschichte* zu liefern.

Die aristotelische Ethik aber hat den Nachteil, dass sie der Erfahrung des Verpflichtetseins, der moralischen Verbindlichkeit nicht hinreichend Rechnung zu tragen vermag. Und dieser Nachteil überträgt sich auf die zeitgenössischen aristotelischen Narrativitätstheoretiker: Wenn es für das erfolgreiche Streben nach dem guten Leben konstitutiv ist, dass ich dieses Leben als eine – narrative – Einheit auffasse und diese Einheit bestmöglich lebe, dann ist das Scheitern an diesem Streben zwar mit Unzufriedenheit, ja Unglücklichkeit verbunden; weshalb sich diese Unglücklichkeit jedoch mit der Erfahrung, eine Verpflichtung verletzt zu haben, verknüpfen soll, bleibt unklar. Nun könnte der Aristoteliker natürlich einwenden, dass es derartige Verpflichtungen gar nicht gibt und etwaige Gefühle des Verpflichtetseins auf einer Illusion beruhen. Ist man jedoch der Auffassung, dass die Erfahrungen des Verpflichtetseins sowie die Erfahrungen von dessen Verletzung einen wesentlichen Bestandteil unserer Erfahrung darstellen, dann kann man sich mit der aristotelisch-kommunitaristischen Interpretation der ethischen Implikationen narrativer Identität nicht begnügen. Man benötigt eine zusätzliche Aufklärung der Erfahrung des Verpflichtetseins. Mit dem Ziel eine solche zu erreichen, wendet sich der folgende Abschnitt zunächst der kantianischen Begründung moralischer Verbindlichkeit durch Christine Korsgaard zu, um diese im vierten Abschnitt aus einer phänomenologischen Perspektive kritisch zu beleuchten.

3. Christine Korsgaard: moralische Verbindlichkeit und praktische Identität

Christine Korsgaard ist sowohl eine der führenden MoralphilosophInnen im angelsächsischen Sprachraum als auch eine derjenigen KantianerInnen, die Kants Ethik eine zeitgenössisch vertretbare Gestalt zu geben versuchen. Versteht man den Ausdruck ›analytische Philosophie‹ in einem weiten Sinne – und es erscheint sinnvoll, dies in Hinblick auf die heutigen Debatten zu tun –, dann kann sie dieser Tradition durchaus zugerechnet werden. Zugleich ist ihr Denken in vielen Punkten anschlussfähig für Phänomenologen. Der

Kern ihres Ansatzes besteht in dem Versuch, moralische Verbindlichkeit aus der moralischen und praktischen Identität des Menschen zu begründen. Dieser Grundgedanke sei im Folgenden zunächst verfolgt.

Korsgaards jüngstes, im Jahre 2009 erschienenes Buch *Self-Constitution. Agency, Identity, and Integrity* beginnt mit einem Satz, den auch Sartre hätte schreiben können: »Human beings are condemned to choice and action.«[26] Wählen und handeln zu müssen ist »our plight«, eine »necessity you are *faced* with«.[27] Diese spezifische Notwendigkeit könnte mit dem phänomenologischen Vokabular von Husserl als eine ›Urtatsache‹[28], oder mit Sartre als eine ›faktische Notwendigkeit‹[29] bezeichnet werden. Es handelt sich dabei um eine Notwendigkeit, die von der logischen Notwendigkeit streng zu unterscheiden ist. Dass, wenn x A ist, x nicht zugleich *non* A sein kann, ist eine logische Notwendigkeit. Dass das Ego faktisch notwendig ist, so meint es Husserl und später auch Sartre, bedeutet hingegen nicht, dass es ein logischer Widerspruch wäre, wenn es nicht existierte. Es bedeutet vielmehr, dass es, wenn es nun einmal da ist, notwendig da ist. Ich kann mein Ego, wenn es nun einmal gegeben ist, nicht mehr wegdenken, obgleich ich es umdenken kann. In diesem Sinne aber, so scheint es, versteht Korsgaard die Verurteilung zu Wahl und Handlung: Wenn wir nun einmal da sind und so beschaffen sind, wie wir es sind, dann haben wir nicht die Wahl uns als nicht wählende und nicht handelnde Wesen zu denken und als solche zu existieren.

Der nächste Schritt von Korsgaards Argument – und die folgende Rekonstruktion orientiert sich im Wesentlichen an ihrer Argumentation aus *The Sources of Normativity* – besteht in der Klärung der Frage, *wie* wir handeln können, d. h. wie wir jenes Handeln tatsächlich *ausüben* können, zu dem wir verurteilt sind. Ihre Antwort ist: Handeln können wir nur auf der Basis von *Gründen*. Da wir ein Selbstbewusstsein haben, können wir über unsere eigenen Triebe reflektieren, uns von ihnen distanzieren und sie in Frage stellen.[30] Die Frage lautet: »Shall I act? Is this desire really a *reason* to act?«[31] Wir könnten gar nicht umhin, uns diese Fragen zu stellen, denn unsere Verurteilung zur Wahl und zur Handlung beruht darauf, dass wir Selbstbewusstsein haben und Gründe benötigen, um etwas zu tun.

---

[26] Korsgaard, *Self-Constitution*, S. 1.

[27] Korsgaard, *Self-Constitution*, S. 2, 1. In *The Sources of Normativity* formuliert Korsgaard diesen Punkt als eine fundamentale Wertschätzung, die wir uns selbst als menschliche Wesen entgegenbringen (*The Sources of Normativity*, S. 121); in *Self-Constitution* hingegen stellt sie den Umstand in den Vordergrund, dass wir gar nicht umhinkönnen zu wählen und zu handeln und uns damit als menschliche Wesen wertzuschätzen.

[28] Vgl. Husserl, *Intersubjektivität III*, S. 385.

[29] Vgl. Sartre, *L'être et le néant*, S. 307 (dt. 452).

[30] Vgl. Korsgaard, *The Sources of Normativity*, S. 92f.

[31] Korsgaard, *The Sources of Normativity*, S. 93.

An dieser Stelle sind zwei Aspekte hervorzuheben, die Korsgaard an Gründen herausstreicht. Erstens, wenn wir einen Grund haben, so ist dieser Grund für uns normativ bindend: Wenn ich einen Grund habe, meinem Begehren x zu folgen, so erfahre ich mich dazu *verbunden*, ihm zu folgen; ich mache die Erfahrung, ihm folgen zu *sollen*. Zweitens, Gründe zu einer Handlung erwachsen nach Korsgaard immer aus *Prinzipien*. Solange der Wille kein Prinzip hat, steht ihm nichts zur Verfügung, aus dem er einen Grund gewinnen könnte.

Die Frage ist daher nun: Woher nehmen wir jene Prinzipien und Gründe, die dem Handeln, zu dem wir verurteilt sind, zugrunde liegen? Der erste Schritt von Korsgaards Antwort ist: Wir nehmen sie aus unserer *praktischen Identität*. Diese allerdings werde nur verständlich, wenn wir uns in die Perspektive der Ersten Person Singular versetzen. Das Geschehen in dieser Perspektive – die in der Tat eine phänomenologische ist – beschreibt Korsgaard folgendermaßen: »When you deliberate, it is as if there were something over and above all of your desires, something which is *you*, and which *chooses* which desire to act on. This means that the principle or law by which you determine your actions is one that you regard as being expressive of *yourself*.«[32] Ich identifiziere mich beispielsweise als Mitglied einer bestimmten Familie, als Bürgerin eines Staates, als Angehörige einer Berufsgruppe, als Egoistin oder als Altruistin, als Philosophin oder Sportlerin und identifiziere mich dabei zugleich mit Prinzipien, die für diese Identitäten konstitutiv sind. Und diese für meine Identität konstitutiven Prinzipien sind es, die mir Gründe zum Handeln liefern: Beispielsweise erfahre ich mich als dazu verbunden, meiner Schwester zu helfen, weil ich das ›ihre Schwester Sein‹ als einen Teil meiner Identität betrachte, zu diesem in meinen Augen das Prinzip der wechselseitigen Hilfeleistung gehört, und mir daher ihre aktuelle Hilfsbedürftigkeit einen mich verbindenden Grund gibt, ihr zu helfen: »A view of what you ought to do is a view of who you are.«[33] Diese Identität bzw. dieses Bündel von Identitätskonzeptionen, die durch meine Gründe ausgedrückt werden, nennt Korsgaard »praktische Identität«.[34] Die Einheit jener praktischen Identität und das Handeln nach ihren Standards macht für Korsgaard eine *Person* aus.[35] In »Personal Identity and the Unity of Agency. A Kantian Response to Parfit« wirft sie Parfit vor, die *Perspektive des Handelnden*, der sich notwendig in der Einheit einer praktischen Identität verstehen muss und mit dieser auch seine personale Identität sichert, übersprungen zu haben. Die Person könne nicht, wie bei Parfit, als bloßer Ort der Erlebnisse verstan-

---

[32] Korsgaard, *The Sources of Normativity*, S. 100.
[33] Korsgaard, *The Sources of Normativity*, S. 117.
[34] Korsgaard, *The Sources of Normativity*, S. 101.
[35] Vgl. Korsgaard, *The Sources of Normativity*, S. 102.

den werden[36], sondern finde ihre Einheit in ihrer dem Handeln notwendig zugrunde liegenden praktischen Identität. Es ist deutlich, dass Korsgaards Einwand gegen Parfit eine grundlegende Verwandtschaft zu Ricœurs Kritik an Parfit aufweist.

An Korsgaards Konzept der praktischen Identität schließt sich jedoch sogleich eine Frage an: Es ist durchaus nachvollziehbar, dass eine praktische Identität, die ich mir selbst zuschreibe, Gründe generiert, die mich verbinden; diese Art der Verbindlichkeit vermag jedoch noch nicht die Tragweite *moralischer* Verbindlichkeit verständlich zu machen. Ist die hilfsbedürftige Person nicht meine Schwester, sondern jemand, der keinerlei Verbindung zu meiner praktischen Identität hat, wäre ich nach dem bisher entwickelten Modell auch nicht dazu verbunden, dieser Person zu helfen. Korsgaard entwickelt nun ein weiteres Argument, welches zeigen soll, dass ich es *doch* bin.

Der erste Schritt dieses Arguments betrifft die notwendige Erweiterung bzw. Vertiefung der praktischen Identität hin zur *moralischen Identität*. Die moralische Identität sieht Korsgaard durch die ›Menschheit‹ konstituiert. Die ›Menschheit‹ einer Person bestehe darin, ein Wesen zu sein, das aus Gründen wählen und handeln muss. Unsere verschiedenen praktischen Identitäten seien zwar *kontingent* und sie könnten sich ändern; nicht kontingent jedoch sei, »that you must be governed by *some* conception of your practical identity.«[37] Verzichteten wir nämlich auf *jegliche* praktische Identität, so hätten wir keine Gründe mehr, aus denen wir handeln könnten. Der Grund dafür aber, überhaupt *irgend eine* praktische Identität anzunehmen, erwachse nicht aus den spezifischen praktischen Identitäten, sondern aus unserer allgemeinen *Identität als menschliches Wesen*[38], als einem Wesen, das Gründe braucht, um zu handeln und zu leben. Und diese fundamentale Identität nennt Korsgaard »moralische Identität«.[39] Da die moralische Identität *notwendig* ist, erwächst aus ihr auch eine ebenso *notwendige* Verbindlichkeit. Diese Verbindlichkeit aber verleiht der aus der spezifischen praktischen Identität erwachsenden Verbindlichkeit ein stärkeres Gewicht: Meine praktische Identität könnte zwar auch eine andere sein, aber aufgrund meiner unhintergehbaren moralischen Identität muss ich *irgend eine* praktische Identität haben; und wenn es nun einmal diese ist, so verlieren ihre Verbindlichkeiten aufgrund der Gründung in der moralischen Identität den bloßen Kontingenzcharakter. Moralische Identität ist notwendig[40] und die

---

36 Vgl. Korsgaard, *Personal Identity*, S. 364.
37 Korsgaard, *The Sources of Normativity*, S. 120.
38 Vgl. Korsgaard, *The Sources of Normativity*, S. 121.
39 Korsgaard, *The Sources of Normativity*, S. 121.
40 Vgl. Korsgaard, *The Sources of Normativity*, S. 122.

letzte Quelle aller Gründe und Werte, auch jener, die aus den praktischen
Identitäten erwachsen.

Bis hierhin ist jedoch lediglich deutlich, weshalb Korsgaard meint, dass
wir unsere *eigene* ›Menschheit‹ als Quelle von Gründen und Werten wertschätzen müssen. Offen ist, weshalb sie behaupten kann, dass wir auch die
›Menschheit‹ *in den anderen* wertschätzen sollen oder gar müssen. Ein Teil
des Arguments, das Korsgaard zur Begründung dieser These entwickelt,
lässt dem Phänomenologen und Levinas-Leser gewissermaßen die Ohren
klingen. Er verläuft folgendermaßen. Um zu bemerken, dass der andere
ebenfalls eine Quelle von Gründen und Werten ist und um seine Gründe als
verbindlich für mich anzuerkennen, muss er mich angehen. Dies formuliert
Korsgaard so: »you must be able to get under my skin«.[41] Dass der andere
mir aber ›unter die Haut geht‹, ist in Korsgaards Augen ein Faktum: Wenn
ein anderer spricht, könne ich gar nicht umhin, seine geäußerten Gründe und
Appelle ernst zu nehmen beziehungsweise es würde mich eine besondere
Anstrengung kosten, diese als bloßen Lärm aufzufassen. Wenn Moralphilo-
sophen nach einem Grund dafür suchen, weshalb ich außer meinen eigenen
Gründen auch die Gründe des anderen berücksichtigen sollte, so konstruier-
ten sie laut Korsgaard dort einen Abgrund, wo keiner besteht, denn: »there
is no gap to bridge«[42] zwischen meinen Gründen und den Gründen des anderen, ich fasse die Gründe des anderen immer schon als solche auf, die auch
mich verbinden.

Weshalb aber fasse ich die mich affizierenden Gründe der anderen nicht
nur als Gründe *für sie* auf? Als Antwort auf diese Frage entwickelt Korsgaard die These, dass Gründe *per definitionem öffentlich* sind. Sie argumentiert unter Berufung auf Wittgenstein, dass analog dazu wie eine Privatspra-
che inkonsistent ist mit der Normativität der Bedeutung, auch die Privatheit
von Gründen inkonsistent ist mit der Normativität von Gründen. Gründe
müssen prinzipiell auf mehr als einen Fall angewendet werden können, um
Gründe zu sein. Die Gründe, die mich aufgrund meiner moralischen und
praktischen Identität jetzt binden, muss ich als solche verstehen, die mich
auch in einem etwaigen späteren Fall vergleichbarer Art binden. Von dieser
Zeitneutralität der Gründe in meinem eigenen Leben schließt Korsgaard nun
unmittelbar darauf, dass auch die Gründe der anderen *meine* Gründe sein
müssen: »I have to think that were I to come back here tomorrow, and every-
thing else was equal, I would have the same experience again. And that is *the
same thought* as the thought that if you were suitably situated, you would
have the same experience: both, after all, just involve a change of position.«[43]

---

[41] Korsgaard, *The Sources of Normativity*, S. 136.
[42] Korsgaard, *The Sources of Normativity*, S. 143.
[43] Korsgaard, *Self-Constitution*, S. 205, meine Hervorhebung.

Dieses Argument ist für die Wahrnehmung formuliert, aber Korsgaard behauptet seine analoge Gültigkeit für praktische Gründe: »calling a reason ›mine‹ is just a claim about position.«[44] Sie meint, moralische Verbindlichkeit komme dadurch zustande, dass das Hören des Grundes des anderen als eine Aufforderung dazu erfahren wird, sich in seine Situation zu versetzen und infolgedessen zu bemerken, dass ich selbst an seiner Stelle und mit seiner auf unserer gemeinsamen moralischen Identität beruhenden praktischen Identität einen Grund hätte, von meinem Gegenüber bspw. die Unterlassung der Folter einzufordern.

4. Versuch einer phänomenologischen Kritik an Korsgaard

Korsgaards Versuch, moralische Verbindlichkeit und praktische Verbindlichkeit überhaupt aus der moralischen und praktischen Identität der Person zu begründen, hat zwei grundlegende Vorteile gegenüber kontraktualistischen Spielarten des zeitgenössischen Kantianismus: Sie nimmt das unreduzierbare Faktum der Verbindlichkeitserfahrung als solches ernst und sucht es nicht in einem letztlich auf Eigeninteresse beruhenden Entschluss zur Moralität zu begründen[45]; und sie vermag dem Gefühl des Verpflichtetseins gegenüber sich selbst einen Sinn zu geben.[46] Im Folgenden werden nichtsdestotrotz zwei grundlegende Einwände formuliert sowie ein alternativer, phänomenologischer Lösungsweg angedeutet. Es handelt sich dabei jedoch um nichts mehr als eine erste Skizze.

Der erste Einwand betrifft das Zustandekommen einer praktischen Identität. Bei Korsgaard findet sich in dieser Hinsicht ein gewisser Voluntarismus und Konstruktivismus. Ihr zufolge *erschaffen* wir unsere praktische Identität durch die von uns gewählten Handlungen und *entscheiden* so, wer wir sind.[47] Welche konkreten Verbindlichkeiten wir haben, beruht darauf, wer wir sein *wollen*, als wen wir uns handelnd erschaffen haben.[48]

---

[44] Korsgaard, *Self-Constitution*, S. 206. Korsgaard befindet sich hier in einem gewissen Einverständnis mit dem Thomas Nagel von *The Possibility of Altruism*. Mit dem Nagel von *The View from Nowhere* allerdings, und im Besonderen mit dessen Konzeption von *agent-relative reasons*, ist sie nicht mehr einverstanden. Vgl. Korsgaard, *The Reasons We Can Share*.

[45] In Tugendhats Version einer autonomen Moral gründet moralische Verbindlichkeit letztlich in einem solchen Entschluss zur Moralität. Vgl. Tugendhat, *Vorlesungen über Ethik*.

[46] Die Diskursethik tendiert in Folge ihrer Grundkonzeption dazu, nur Pflichten gegen andere überhaupt einen Sinn abgewinnen zu können.

[47] Vgl. Korsgaard, *Self-Constitution*, S. XI.

[48] Zwar erwähnt Korsgaard selbst den Voluntarismuseinwand in ihrem letzten Werk. Sie sieht dort, dass wir bspw. nicht wählen, wessen Kind wir sind oder in welchem Land wir geboren

Aus einer phänomenologischen Sicht, die den Grundeinsichten von Levinas und Waldenfels folgt, setzt diese Auffassung *zu spät* an.[49] Dass wir Menschen zur Wahl und zur Handlung verurteilt sind, liegt, so lautet hier die erste Hypothese, zunächst daran, dass wir uns mit *konfligierenden Ansprüchen* konfrontiert finden. Wir suchen nur deshalb nach Gründen für unser Handeln, weil wir auf verschiedene Ansprüche antworten müssen. Noch *bevor* wir handelnde Wesen sind, die nach Gründen für ihr Handeln suchen, sind wir bereits *antwortende Wesen*, die mit zahlreichen, sie erreichenden Ansprüchen ringen, und herauszufinden versuchen, welche Ansprüche als Handlungsgründe in Frage kommen. Diese Ansprüche können von anderen Menschen ausgehen, was Levinas in den Vordergrund stellt, aber in einem weiteren Sinne sind sie Ansprüche, die uns von allem uns Begegnenden inklusive unserer eigenen Neigungen und Triebe aus erreichen.

Auf dem Boden dieser Auffassung aber ist es eine verkürzte Darstellung zu sagen, dass wir unsere praktische Identität durch unsere Handlungen *erschaffen*. Korsgaard befindet sich hier in der Nähe der angelsächsischen konstruktivistischen Ansätze zur narrativen Identität: So wie jene meinen, wir konstruieren unsere narrative Identität, ohne dass das Leben selbst narrativ sei, geschweige denn auf einem pränarrativen, affektiven Selbst beruhe, meint diese, dass wir unsere praktische Identität durch die durch uns gewählten Handlungen konstruieren. Ebenso wenig wie bei der Erzählung haben wir aber hier ganz und gar freie Hand. Die uns erreichenden Ansprüche gehen mit etwas einher, das als eine *ethische Vorverbindlichkeit* bezeichnet werden könnte. Diese besteht darin, dass wir uns dazu verbunden erfahren, auf die uns erreichenden Ansprüche *angemessen zu antworten*.[50] Diese ethische Vorverbindlichkeit bedeutet jedoch noch nicht, dass der an mich ergehende Anspruch auch bereits ein Handlungsgrund für mich ist und als solcher bereits mit dem einhergeht, was eine eigentliche *moralische Verbindlichkeit* ge-

---

werden. Aber sie betont auch hier, dass ich selbst diese Teile meiner Identität noch wähle, indem ich sie annehme und ihnen gemäß handele. Vgl. Korsgaard, *Self-Constitution*, S. 42f.

[49] Ein Hauptgedanke von Emmanuel Levinas ist, dass Subjektivität wesentlich eine antwortende Subjektivität ist, weshalb er von einer Subjektivität im Akkusativ spricht. Dieser Gedanke ist in seiner vollen Reife in Levinas' zweitem Hauptwerk *Autrement qu'être ou au-delà de l'essence* entwickelt. Das an Levinas anknüpfende Responsivitätsdenken von Bernhard Waldenfels durchzieht jedes seiner Werke, findet sich jedoch auf herausragende Weise in *Antwortregister* und *Bruchlinien der Erfahrung* expliziert.

[50] Frankfurts mit Korsgaards grundlegend verwandte Position wird diesem, hier als ›Vorverbindlichkeit‹ bezeichneten passiven Moment der Identität etwas stärker gerecht: Er geht in seiner Theorie der identitätskonstitutiven Liebe davon aus, dass die Liebe das zum Ausdruck bringt, was wir nicht umhinkönnen, von ganzem Herzen sein zu wollen. Vgl. Frankfurt, *The Reasons of Love*. Aber auch sein Ansatz geht aus der hier eingenommenen phänomenologischen Perspektive nicht weit genug: Sein Gedanke einer spontanen, unwillkürlichen Liebe wäre durch den einer Antwort auf einen Anspruch zu ersetzen.

nannt werden kann. Die Handlungsgründe bereitstellenden Prinzipien unserer praktischen Identität, von denen Korsgaard spricht und die im kantischen Wortgebrauch die Maximen unseres Lebenswandels sind, erwachsen zunächst aus jenem handelnden Antworten auf Ansprüche, in dem ich jeweils allererst herausfinden muss, ob die Ansprüche als Handlungsgründe taugen. Und wenn sich die Art und Weise dieses handelnden Antwortens auf Ansprüche als Habitus im Charakter der Person sedimentiert, so sedimentiert sich das *Zusammenspiel* von Widerfahrnissen und Antworten und nicht eine ausschließlich aus mir selbst generierte Handlungsgewohnheit. Die Ansprüche und Widerfahrnisse formieren ebenso meinen personalen Charakter mit wie meine antwortende Aktivität.

Dieses sedimentierte Zusammenspiel von Widerfahrnissen und Antworten aber, so lautet die zweite Hypothese, lässt sich in einem bestimmten Sinne *narrativ* verstehen. Handlungen sind als Miniaturgeschichten verständlich, weil nur durch sie die Verknüpfung von Ansprüchen, Antworten, Umständen, Motiven, Folgen, Absichten verständlich wird. Auch zeitgenössische Vertreter einer nicht-konstruktivistischen Theorie narrativer Identität haben jedoch davon Abstand genommen, die narrative Identität in der einen Geschichte des ganzen Lebens zu sehen. In Anlehnung an Dieter Thomä kann daher davon gesprochen werden, dass die personale Identität eher in einer *gefühlten Stimmigkeit* der verschiedenen sedimentierten narrativen Handlungssegmente[51], anstatt in der einheitlich erfahrenen oder erzählten Lebensgeschichte besteht. Dieser Gedanke könnte auch für eine phänomenologische Reformulierung des Korsgaard'schen Konzepts der praktischen Identität fruchtbar gemacht werden: Die Handlungsgründe bereitstellenden Prinzipien oder Maximen, die aus den handelnden Antworten auf Ansprüche erwachsen und zum Habitus werden, führt sich die Person nicht in einem transparenten, kohärenten und durchgängig bestimmten System vor Augen, sondern sie stehen zueinander in einer gefühlten Stimmigkeit. Weil aber die praktische Identität in dieser gefühlten Stimmigkeit von derart gewachsenen Prinzipien liegt, machen wir die Erfahrung einer moralischen Verbindlichkeit bestimmter Ansprüche bereits *bevor* wir jemals ausdrücklich über unsere Maximen und praktischen Identitäten nachdenken beziehungsweise diese explizit wählen.

Aus der Sicht eines derart konturierten phänomenologischen Ansatzes der Responsivität und Narrativität ist die aus der praktischen personalen Identität erwachsende moralische Verbindlichkeit eine solche, die in der die Person ausmachenden gefühlten Stimmigkeit von responsiv und narrativ gewordenen, fungierenden Lebensprinzipien gründet. Weil ich diejenige bin, der Bestimmtes widerfahren ist, weil ich mich mit konkreten Ansprüchen

---

[51] Vgl. Thomä, *Erzähle dich selbst*, S. 260f.

konfrontiert fand und in einer bestimmten Weise auf sie geantwortet habe, weil ich mich in spezifischen, narrativ fassbar gewordenen Handlungssituationen befunden habe, habe ich als Person eine bestimmte praktische Identität gewonnen, für die bestimmte Ansprüche als Gründe fungieren. Wie aber steht es mit neuartigen Ansprüchen, denen zunächst nur eine ethische Vorverbindlichkeit zukommt? Wie kann mich ein Anspruch moralisch verbinden, für den es aus meiner bisherigen praktischen Identität heraus keinen Grund zur moralischen Verbindlichkeit gibt?

Zur Beantwortung dieser Frage kann der eben formulierte Gedanke herangezogen werden, dem zufolge die praktische Identität im Sinne jener gefühlten Stimmigkeit von fungierenden Lebensprinzipien zu verstehen ist, die jedoch *nicht durchgängig bestimmt* sind. Ein neuartiger Anspruch, und die meisten Ansprüche sind zumindest in einem minimalen Sinne neuartig, könnte so, und dies ist die dritte Hypothese, als ein Anspruch verstanden werden, der gleichsam in die *Lücke einer derartigen Unbestimmtheit* fällt: Ich vermag ihn nicht als Fall eines meiner fungierenden Lebensprinzipien aufzufassen; er ist aber auch kein Fall, der mich nicht verbindet. Er ist vielmehr ein Fall, der mich im Sinne der ethischen Vorverbindlichkeit dazu auffordert, meine fungierenden Lebensprinzipien zu *differenzieren*, anhand des Besonderen ein neues Allgemeines zu suchen, wie Kant es im Zusammenhang seines Begriffs der reflektierenden Urteilskraft ausdrückt. Es handelt sich hier keinesfalls um eine heteronome Bestimmung, sondern um eine Herausforderung zu einer umfassenderen und differenzierteren Bestimmung meiner praktischen Identität. Neuartige Ansprüche gehen zuweilen bereits *vor* dieser tatsächlich vorgenommenen Differenzierung mit der Erfahrung einer moralischen Verbindlichkeit eines Handlungsgrundes einher, weil meine praktische Identität *schon dafür offen* ist, durch die Antwort auf diesen Anspruch differenziert zu werden. Die praktische Identität könnte derart als eine *prozessuale Identität* bestimmt werden, deren miteinander stimmige Lebensprinzipien sich fortwährend durch Widerfahrnisse und Ansprüche entwickeln.

Im Hintergrund des soeben Erörterten steht bereits eine zweite Kritik an Korsgaards Ansatz. In der obigen Rekonstruktion ihrer Argumentation ist deutlich geworden, dass sie *Gründe als intersubjektiv und öffentlich* definiert. Sie geht dabei davon aus, dass der Grund des anderen deshalb ein Grund für mich ist und mich verbindet, weil ich zu einem anderen Zeitpunkt meines Lebens in diejenige Situation geraten könnte, in der er jetzt ist: Wenn ich dort wäre, wo er ist, und ich könnte dort sein, wäre sein Grund mein Grund. Die Schwierigkeit besteht hier aber darin, dass die Imagination ›wie wäre es, wenn ich dort wäre‹ nicht hinreicht, um die Bedeutung seines Grundes für den anderen zu verstehen. Husserl hat eben diese Analogie zwischen meinem Ich in zwei zeitlichen Momenten meines Lebens einerseits und meinem Ich und dem Ich des anderen andererseits hervorgehoben. Ebenso sehr hat er jedoch die Grenze dieser Analogie betont: Mein wiedererinnertes Ich gehört zu meinem Erfahrungsstrom, das Ich des anderen jedoch gehört zu einem Erfahrungsstrom, der von dem meinen »abgrundtief geschieden«[52] ist. Ich selbst an jenem Ort später ist nicht dasselbe wie der andere jetzt dort. Nicht nur kann ich prinzipiell nicht jetzt an dem Ort sein, an dem er sich befindet, sondern ich habe auch nicht seine Lebensgeschichte und die aus ihr hervorgehenden fungierenden Prinzipien, und schließlich weiß ich nicht nur nicht, um mit Thomas Nagel zu sprechen, wie es ist, eine Fledermaus zu sein, sondern ich weiß auch nicht, wie es ist, der andere zu sein.

Aus einer phänomenologischen Sicht kann die Intersubjektivität der Gründe daher nur einen schwachen Sinn haben. Der Grund des anderen erreicht mich phänomenologisch gesehen zunächst mit jener ethischen Vorverbindlichkeit als ein sinnhafter Anspruch darauf, ein anerkennenswerter Grund zu sein. Aufgrund der ›abgrundtiefen Geschiedenheit‹ zwischen dem anderen und mir aber kann ich nicht durch die bloße Fiktion ›wie wäre es, wenn ich dort wäre‹ herausfinden, ob ich es mit einem intersubjektiv gültigen Grund zu tun habe oder nicht. Vielmehr muss ich zunächst darauf achten, ob in der konkreten Begegnung mit dem anderen ein ganz neuer Sinn aufgekommen ist, den ich mit der Fiktion ›wie wäre es, wenn ich dort wäre‹ nicht antizipieren konnte. Wenn dies aber der Fall ist, so muss ich mich fragen, ob ich diesen neuen Sinn, der ein Grund zu sein beansprucht, als einen Grund anerkennen kann. Erst hier ist der Ort für die Fiktion ›wie wäre es, wenn ich dort wäre‹. Wenn ich dann aber befinde, dass es sich bei dem von mir verstandenen sinnhaften Anspruch des anderen tatsächlich um einen Grund handelt, so habe ich damit keineswegs schon festgestellt, dass es ein intersubjektiv gültiger Grund *ist*. Alles, was ich tue, ist, den *Anspruch* zu erheben, dass es sich hierbei um einen intersubjektiv gültigen Grund handelt. Es gibt keinen ›view from nowhere‹, von dem aus entschieden werden könnte, ob es ›wirklich‹ ein intersubjektiv gültiger Grund ist. Die Intersubjektivität des Grundes kann aus der hier skizzierten phänomenologischen Sicht nicht mehr sein als eine *von mir beanspruchte*[53]; und selbst noch diese beanspruchte Intersubjektivität des Grundes entspringt nicht der bloßen Fiktion ›wie wäre es, wenn ich dort wäre‹, da diese Fiktion auf dem Boden des in der

---

[52] Husserl, *Intersubjektivität III*, S. 339.

[53] Dies wäre eine Auffassung, die sich gleichsam zwischen Korsgaard und Nagel positioniert. Während Nagel für *agent-relative reasons* eintritt und Korsgaard diese im Prinzip ablehnt, geht es in der skizzierten phänomenologischen Sicht um eine *beanspruchte* Intersubjektivität von Gründen, die aus einer *agent-relative perspective* erfolgt, aus dieser jedoch eine *intersubjektive*, also *nicht agent-relative* Geltung der Gründe beansprucht.

konkreten Begegnung selbst aufkommenden Sinnes zu erfolgen hat, wenn
sie nicht in eine quasi-solipsistische Fiktion abgleiten will.

In Anknüpfung an das soeben Gesagte ist zudem hervorzuheben, dass die
phänomenologische Grundlage für jene beanspruchte Intersubjektivität der
Gründe nicht primär darin liegt, dass ich den anderen als einen Handelnden erfahre, der Gründe braucht, um zu handeln, sondern grundlegender
noch darin, dass er ein endlicher, verletzlicher und bedürftiger anderer ist.
Der andere, so heißt es bei Levinas, ist ein Anderer und unendlich anders,
aber doch sind er und ich uns darin ähnlich, dass wir beide *keine selbstmächtigen Subjekte*, sondern endlich, verletzlich und bedürftig sind. Eben dies
aber scheint die Bedingung dafür zu sein, den Anspruch des Anderen überhaupt als Anspruch erfahren zu können und dafür offen sein zu können, die
eigene praktische Identität in der oben angegebenen Form von ihm *verändern* zu lassen. Ich erfahre den Anderen nur deshalb als einen Handelnden,
der Gründe braucht und deren Anerkennung von mir einfordert, weil ich
ihn schon als einen verletzlichen Anderen erfahren habe, der an mich appel-
liert, seine Ansprüche als Gründe gelten und ihnen eine sinnhafte Antwort
zuteil werden zu lassen. Die eigentümliche Herausforderung der ethischen
Vorverbindlichkeit besteht damit darin, dem Anspruch *in irgend einer* Form
sinnhaft zu begegnen, und sei es mit einer begründeten Ablehnung seines
Anliegens. Diese Vorverbindlichkeit der Ansprüche aber wird dann missachtet, wenn ich mich auf eine spezifische praktische Identität versteife und
ein für alle Mal nur die aus ihr folgenden Handlungsgründe gelten lasse[54];
wenn ich eine sinnhafte Antwort und eine Differenzierung meiner praktischen Identität angesichts des neuen Anspruchs schlichtweg verweigere[55],
handle ich, um mit Kant zu sprechen, moralisch »böse«.

Das vorläufige Ergebnis der vorliegenden Untersuchung ließe sich folgendermaßen zusammenfassen: Korsgaards Konzept einer praktischen und
moralischen Identität der Person und ihre darauf gegründete Theorie moralischer Verbindlichkeit vermag das Gefühl des moralischen Verpflichtetseins
verständlich zu machen, welches in den vorherrschenden Theorien der narrativen Identität aufgrund ihrer Verknüpfung mit einer aristotelischen Ethik
des guten Lebens zumeist vernachlässigt bleibt. Wir haben jedoch skizzen-
haft versucht, die Richtung anzudeuten, in welcher Korsgaards Ansatz aus
einer phänomenologischen Sicht zu modifizieren wäre: Mit dem Ziel einer
kritischen Modifikation ihres voluntaristischen Begriffs praktischer Identität haben wir einen Begriff praktischer Identität vorgeschlagen, bei dem diese
in einer gefühlten Stimmigkeit responsiv und narrativ gewordener, sedimen-
tierter und fungierender Lebensprinzipien besteht, die zudem im Sinne einer

---

[54] Vgl. Korsgaards Bestimmung des Bösen: Korsgaard, *The Sources of Normativity*, S. 250.

[55] Vgl. Tengelyi, *Zwitterbegriff*, S. 402–413, der Schuld als eine Antwortverweigerung bestimmt.

prozessualen Identität stets offen bleibt für Differenzierungen durch neue Ansprüche. Außerdem haben wir vorgeschlagen, Korsgaards These einer Intersubjektivität der Gründe phänomenologisch derart zu reformulieren, dass die Intersubjektivität der Gründe nicht über eine beanspruchte Intersubjektivität hinauszugehen vermag, die zudem nicht auf der bloßen Fiktion ›wie wäre es, wenn ich dort wäre‹ beruht, sondern jene Fiktion noch an einen in der konkreten Begegnung mit dem endlichen, verletzlichen und bedürftigen anderen aufkommenden neuen Sinn zurückbindet. – Die moralische Verbindlichkeit bekannter und neuer Ansprüche würde demnach in einer responsiv und narrativ bestimmten prozessualen Identität der Person gründen, die durch das Antworten auf die ethische Vorverbindlichkeit der Ansprüche zustande gekommen ist.

LITERATUR

Carr, David: *Time, Narrative, and History*, Bloomington, Indianapolis 1986.

Danto, Arthur C.: *Analytical Philosophy of History*, Cambridge 1965 (dt. *Analytische Philosophie der Geschichte*, Frankfurt am Main 1974).

Dennett, Daniel: The Self As a Center of Narrative Gravity. In: *Self and Consciousness. Multiple Perspectives*, hgg. von Frank S. Kessel, Pamela M. Code und Dale L. Johnson. Hillsdale 1992.

Eakin, Paul John: *How Our Lives Become Stories. Making Selves*, Ithaca – London 1999.

Frankfurt, Harry G.: Freedom of the Will and the Concept of a Person. In: *Journal of Philosophy* 68 (1), 1971, S. 5–20 (dt. Willensfreiheit und der Begriff der Person. In: *Freiheit und Selbstbestimmung. Ausgewählte Texte*, hgg. von Monika Betzler und Barbara Guckes. Berlin 2001, S. 65–83).

Husserl, Edmund: *Zur Phänomenologie der Intersubjektivität. Dritter Teil: 1929–1935*, Husserliana, Bd. XV, hg. von I. Kern, Den Haag 1973.

Kant, Immanuel: *Kritik der praktischen Vernunft*, Akademie Textausgabe Bd. V, Berlin – New York 1968.

– *Metaphysik der Sitten*, Akademie Textausgabe Bd. VI, Berlin – New York 1968.

Korsgaard, Christine M. (u. a.): *The Sources of Normativity*, hg. von Onora O'Neill. Cambridge – New York 1996.

– Personal Identity and the Unity of Agency. A Kantian Response to Parfit. In: *Creating the Kingdom of Ends*. Cambridge – New York 1996, S. 363–397.

– The Reasons We Can Share. An Attack on the Distinction Between Agent-relative and Agent-Neutral Values. In: *Creating the Kingdom of Ends*. Cambridge – New York 1996, S. 275–310.

– *Self-Constitution. Agency, Identity, and Integrity*, Oxford – New York 2009.

Levinas, Emmanuel: *Autrement qu'être ou au-delà de l'essence*, Den Haag 1978 (dt.: *Jenseits des Seins oder anders als Sein geschieht*, übersetzt von Thomas Wiemer. Freiburg – München [2]1998).

MacIntyre, Alasdair: *After Virtue. A Study in Moral Theory*, Notre Dame, Indiana [3]2007 (dt. *Der Verlust der Tugend. Zur moralischen Krise der Gegenwart*. Frankfurt am Main 1995).

Mink, Louis O.: *Historical Understanding*, New York 1987.

Nagel, Thomas: *The Possibility of Altruism*, Princeton, New Jersey 1970.

– *The View From Nowhere*, New York – Oxford 1986.

Parfit, Derek: *Reasons and Persons*, Oxford 1984.

Ricœur, Paul: *Temps et récit. 1. L'intrigue et le récit historique*. Paris 1983 (dt. *Zeit und Erzählung. Band I: Zeit und historische Erzählung*, übers. von Rainer Rochlitz. München 1988).

– *Soi-même comme un autre*, Paris 1990 (dt. *Das Selbst als ein Anderer*, übers. von Jean Greisch in Zusammenarbeit mit Thomas Bedorf und Birgit Schaaff. München 1996).

Schechtman, Marya: *The Constitution of Selves*, Ithaca 1996.

Strawson, Peter F.: *Individuals. An Essay in Descriptive Metaphysics*, London – New York 1959 (dt. *Einzelding und logisches Subjekt (Individuals)*, Stuttgart 1986).

Strawson, Galen: Against Narrativity. In: *Ratio* 17, 2004, S. 428–52 (dt. Gegen die Narrativität. In: *Deutsche Zeitschrift für Philosophie* 53(1), 2005, S. 3–22).

Taylor, Charles: *Sources of the Self. The Making of the Modern Identity*, Cambridge 1989 (dt. *Quellen des Selbst. Die Entstehung der neuzeitlichen Identität*, Frankfurt am Main 1994).

Tengelyi, Lászlo: *Der Zwitterbegriff Lebensgeschichte*, München 1998.

– Das Selbst und die Person. In: *Person: Anthropologische, phänomenologische und analytische Perspektiven*, hgg. von Inga Römer und Matthias Wunsch. Münster.

Thomä, Dieter: *Erzähle dich selbst. Lebensgeschichte als philosophisches Problem*. Frankfurt am Main 1998.

Tugendhat, Ernst: *Vorlesungen über Ethik*, Frankfurt am Main 1993.

– Das Problem einer autonomen Moral. In: *Ernst Tugendhats Ethik. Einwände und Erwiderungen*, hgg. von Nico Scarano und Mauricio Suárez. München 2006, S. 13–30.

Waldenfels, Bernhard: *Antwortregister*, Frankfurt am Main 1994.

– *Bruchlinien der Erfahrung. Phänomenologie – Psychoanalyse – Phänomenotechnik*, Frankfurt am Main 2002.

White, Hayden: *Metahistory. The Historical Imagination in Nineteenth-Century Europe*, Baltimore – London 1973.

Williams, Bernard: *Ethics and the Limits of Philosophy*, London – New York 2010 (dt. *Ethik und die Grenzen der Philosophie*, Hamburg 1999).

Zahavi, Dan: Phänomenalität, Zeitlichkeit und Selbstheit. In: *Person: Anthropologische, phänomenologische und analytische Perspektiven*, hgg. von Inga Römer und Matthias Wunsch. Münster.

Martina Herrmann

EMPATHIE IN BEZIEHUNGEN ZWISCHEN PERSONEN

1. Einleitung

Persönliche Beziehungen gelten allgemein als wesentlicher Bestandteil eines gelungenen Lebens. Verkürzt gesagt: Personen mit Freunden haben ein besseres Leben bzw. sind glücklicher als Personen ohne. Man kann selbstverständlich eine Person sein und möglicherweise auch ein gutes Leben führen, ohne persönliche Beziehungen zu haben, trotzdem würde man das Potential zu zwischenmenschlichen Beziehungen für einen wesentlichen Zug der menschlichen Gattung halten, dessen Aktualisierung gut für ihre Mitglieder ist. Personen sind nicht nur denkende und handelnde, sondern auch soziale Wesen, und zwar letzteres eben nicht nur als rational kooperierende Individuen.

Mit der genaueren Bestimmung derjenigen Beziehungen zwischen Menschen, die man gemeinhin als »zwischenmenschliche Beziehungen« bezeichnet, befasse ich mich in dieser Arbeit nicht näher, sondern verlasse mich auf ein geteiltes Vorverständnis. Subjektiv gesehen wünschen sich die allermeisten Menschen Beziehungen zu anderen. Es gibt eine ganze Palette von Motiven und Bedürfnissen, die man da nennen könnte. Ganz sicher gehören Gefühle gegenseitiger Anteilnahme zu den wertvollen und wertgeschätzten Elementen einer gelungenen zwischenmenschlichen Beziehung. Es ist wichtig, dass da auch andere sind, die sich dafür interessieren, wie es einem geht. Gegenseitiges Mitgefühl, ein geneigtes Ohr und das nicht nur in den weniger angenehmen Phasen des Lebens, scheinen mir dabei ganz elementare Bestandteile des Miteinanderseins in persönlichen Beziehungen auszumachen. Und ein wichtiges Element in dieser Anteilnahme ist die Empathie mit den Gefühlen anderer.

Um eine ganz bestimmte Art von Empathie als Bestandteil von Anteilnahme, bzw. um Empathiefähigkeit und deren Bedeutung als Element von Personalität, geht es mir im Folgenden. Mich interessieren zwei Fragen: (1) Wie könnte man, angesichts der vielfältigen und vagen Verwendungen des Begriffs der Empathie in den Geistes- und Sozialwissenschaften, Empathie mit anderen möglichst elementar beschreiben und erläutern – und zwar möglichst so elementar, dass sich andere Verwendungsweisen von »Empathie« unter Einbeziehen dieses Begriffs bestimmen lassen? Das ist eine für sich genommen interessante Frage, aber die Antwort ist auch Voraussetzung, um sich intensiver mit einer anderen Frage beschäftigen zu können, nämlich: (2) Wie lässt sich der Zusammenhang zwischen Empathie und Beziehung am besten beschreiben? Ist an Empathie selbst etwas Beziehungsstiftendes oder Beziehungen Tragendes, oder entstehen Beziehungen erst in Kombination mit anderen Gemütsverfassungen, wie z. B. der Bereitschaft zur gegenseitigen Unterstützung? Warum ist einem die Teilhabe anderer so wichtig und warum will man selbst teilhaben an den Gefühlen anderer?

In Schopenhauers Mitleidsethik ist der Zusammenhang zwischen Empathie und zwischenmenschlichen Beziehungen ganz unmittelbar. Schopenhauer ist damit zum einen eine Autorität, auf die man sich auf der Suche nach einem unmittelbaren Zusammenhang von Empathie und Beziehung berufen kann. Zum anderen entwickelt er aber auch eine Idee, an die ich in meiner Analyse anknüpfen möchte. Seine Idee ist, kurz gesagt, folgende: (a) Im Mitleid empfinden wir die Gefühle anderer. Ein eigenes Gefühl scheint direkt das Gefühl einer anderen Person zu erfassen. (b) Im Mitleid können wir erkennen, dass wir, metaphysisch betrachtet, alle eins sind – als Wille einer, als Vorstellungen viele.

Zwischenmenschliche Beziehungen sind für Schopenhauer nicht etwas, das hergestellt werden müsste. Sie sind in engster Form immer schon vorhanden. Dass wir alle zusammenhängen, merken wir nur in unserer scheinhaften Alltagswelt nicht, können es aber unmittelbar empfinden, wenn wir Mitleid mit anderen Menschen spüren. Was wir im Mitleid seiner Meinung nach fühlen, gewissermaßen als propositionale Gehalte, ist folgender gedanklicher Zusammenhang: (a) Da fühlt eine Person genau dieses Gefühl, das ich mitfühlen kann. Ich kann fühlen, was die andere Person fühlt. – (b) Was ich fühle, das gehört zu mir. Die andere Person und ich sind eines.[1]

Für Schopenhauer führt ein direkter Weg vom Mitleid zur Beziehung. Diese Beziehung ist keine irgendwie geartete zufällige Relation, sondern eine real existierende Zusammengehörigkeit von Menschen. Ich glaube, dass Schopenhauer mit (a) (Ich kann fühlen, was eine andere Person fühlt) einem wichtigen Phänomen auf der Spur war, das heute, mit anderen Phänomenen

---

[1] Schopenhauer glaubte, dass wir durch das Mitleid mit den Gefühlen anderer in der Vorstellungswelt darauf gestoßen werden, dass wir nur scheinbar als getrennte Individuen existieren. In Wirklichkeit sind wir alle und die ganze Welt ungeschieden im sogenannten »Willen« nur Eines, ein großes Ganzes, metaphorisch gesprochen. »Größe« und »Ganzheit« sind ja Kategorien, die der Vorstellungswelt entspringen, und die nichts Wirkliches bezeichnen. Individuen der Vorstellungswelt stehen ihrer Tiefenstruktur nach in einer Beziehung zueinander, die sie im Mitleid bemerken können.

zusammen, unter den Begriff der Empathie und nicht des Mitleids fällt. Er hat das aber mit (b) (Die andere Person und ich sind eines) zu ambitioniert metaphysisch aufgeladen. Etwas paradox könnte man, ohne Schopenhauers metaphysische Erkenntnis, sagen: *wir fühlen etwas als das Gefühl einer anderen Person.* Es ist ein eigenes Gefühl, wer mitfühlt, fühlt selbst etwas, aber es ist jederzeit klar, dass dieses Gefühl nicht auf die eigene Situation bezogen ist, sondern es stellt sich als das Gefühl einer anderen Person in Bezug auf deren Situation dar.

Ich bin wie Schopenhauer der Meinung, dass Mitleid mit anderen eine sehr wichtige Rolle in Beziehungen zwischen Menschen spielt. Aber ich glaube nicht, dass Mitleid auf eine immer schon bestehende Beziehung der Zusammengehörigkeit oder Einheit verweist. Trotzdem scheint mir ein sehr enger Zusammenhang von Mitfühlen und zwischenmenschlicher Beziehung sehr plausibel. Aber die Richtung des Zusammenhangs scheint mir eher umgekehrt zu sein. Es ist nicht zuerst die Zusammengehörigkeit da, die sich im Mitfühlen ausdrückt, sondern ein erstes Mitfühlen mit einer anderen Person stellt eine Beziehung zunächst her, die zu Gemeinsamkeit oder Zusammengehörigkeit werden kann.

Es liegt nahe, für das Phänomen, mit dem ich mich hier weiter beschäftigen will, den Begriff »Empathie« zu verwenden. Das habe ich in der Überschrift bereits getan, um Leser möglichst in die richtige Richtung assoziieren zu lassen. Da »Empathie« aber vielfältig verwandt wird, möchte ich den Begriff durch einen etwas eindeutigeren ersetzen, nämlich durch »Nachfühlen«.[2] In dem Wort »Nachfühlen« wird ein zeitliches Verhältnis nahegelegt: erst fühlt Person A etwas, danach fühlt Person B es nach. Das kann, muss aber nicht so sein. Man kann in Gegenwart einer anderen Person nachfühlen, was sie fühlt. Man kann sogar prospektiv nachfühlen. Man stelle sich z. B. den Tag der offenen Tür in einem Altenheim vor, das man besucht, weil man

---

[2] Es wäre alternativ möglich, den prominent von Theodor Lipps benutzten Begriff »Einfühlung« wieder zu beleben, der ja als »empathy« übersetzt wurde und dann als Anglizismus zurückkam. Aber mir scheint »Einfühlen« sprachlich assoziativ eine Art Hineinkriechen in eine andere Person und ein Verschmelzen anzudeuten, und das möchte ich nicht nahelegen. Wenn ich im folgenden gelegentlich den Begriff »Empathie« benutze, dann weil ich mich an diesen Stellen mit einem Diskussionszusammenhang beschäftige, in dem die Teilnehmenden der Diskussion über Empathie, breit verstanden, schreiben. »Empathie« und »Nachfühlen« sollen dann für meine Verwendung Synonyme sein.

»Nachfühlen« statt »Empathie« hat den weiteren Vorteil, dass eine Abgrenzung zu einer Verwendungsmöglichkeit von Empathie als kognitivem Nachvollziehen der Perspektive einer anderen Person, wie er in der Diskussion um Personverstehen eine Rolle spielt (Stueber, *Rediscovering Empathy*), durch die Betonung auf »-fühlen« augenfällig wird. Das Folgende trägt nichts zu der Diskussion darum bei, wie Personen eine Repräsentation der kognitiven Zustände anderer Personen entwickeln, und ob sie das eher durch Simulation oder durch Ausformung einer Theorie tun (Goldman, *Two Routes to Empathy*).

eine geeignete Einrichtung für Mutter oder Vater sucht. Natürlicherweise stellt man sich dabei auch vor, wie sich das Elternteil dort wohl fühlen wird.

2. Phänomenologie

Schopenhauers Vorstellung ursprünglicher Einheit ist unplausibel. Damit entfällt aber eine schöne Erklärung für den Eindruck beim Nachfühlen, dass man einen *direkten*, keinen irgendwie abgeleiteten Zugang zum Gefühl anderer hat. Um diesem Eindruck, man habe im Nachfühlen einen direkten Zugang zu den Gefühlen anderer, mehr lebensweltlichen Rückhalt zu geben und ihn nicht als illusionär abtun zu müssen, möchte ich zunächst Anleihen bei der »neuen Phänomenologie«, bei Hermann Schmitz aufnehmen. Das ist zugegebenermaßen eklektisch und vielleicht auch in Anbetracht meiner analytischen Orientierung dilettantisch, aber hoffentlich trotzdem soweit korrekt und plausibel, dass es den Zusammenhang von »Nachfühlen« und »eine zwischenmenschliche Beziehung haben« an den Phänomenen unterstützt.[3]

Wie Wind, der am Körper gefühlt wird, aber auch als etwas, das darüber hinaus eine gewisse Gegenständlichkeit und eine unbestimmte Ausdehnung hat, werden nach Schmitz auch Gefühle erlebt. Gefühle sind bei Schmitz Halbdinge der Lebenswelt. Sie sind mehr als nicht dingliche psychische Zustände, und auch mehr als Bewegungen im eigenen Körper. Sie werden »als etwas« erlebt, das einen eigenen Status hat, und, wie auch beim Erleben eines Windes oder des Wetters, eine gewisse eigene Gegenständlichkeit. Bei Gefühlsansteckung wird z. B. die bleierne Traurigkeit (einer Trauergemeinde) oder die Begeisterung (beim Fußball) als übergreifend und gemeinsam und den Raum ausfüllend gefühlt. Angst kann alle Anwesenden einer Schalterhalle bei einem Banküberfall ergreifen. Manchmal gelingt es, Kinder beim Essen mit der eigenen Begeisterung für einen Leckerbissen anzustecken, sodass man gemeinsam den guten Geschmack genießt. Zum Trösten nimmt man den anderen in den Arm und, wenn es klappt, wird er von der Ruhe des Trösters erfasst. Es gibt Gefühle, die als gemeinsame erlebt werden. Sie scheinen sich in solchen Fällen, ohne einen bestimmbaren Raum einzunehmen, auf die Beteiligten zu erstrecken.

Diese Beobachtung Schmitz' möchte ich aufnehmen und für meine Phänomenbeschreibung nutzen. Dabei kann offen bleiben, ob alle Gefühle in der charakterisierten Weise Halbdinge sind oder vielleicht nur ein Teil von

---

[3] Eine Kurzfassung seiner Theorie von »Gefühle(n) als Atmosphären« findet sich in seinem gleichnamigen Aufsatz. Eine gut nachvollziehbare Beschreibung der Atmosphärentheorie von Schmitz geben Anna Blume und Christoph Demmerling in Landweer (Hg.), *Gefühle – Struktur und Funktion*.

ihnen. M. E. ist das Phänomen des Nachfühlens einerseits ähnlich, andererseits aber auch signifikant anders. Ich fühle die Angst meiner Freundin. Im Erleben erstreckt sich da ein Gefühl von ihr zu mir. Aber ich fühle es nicht als gemeinsame Angst, es ist weder ein gemeinsames noch ein geteiltes Gefühl, wie in den Beispielen oben. Ich fühle etwas als ihre Angst. Oder in einem anderen Beispiel: Mein Bruder hört eine Bachmotette über Kopfhörer. Ich höre nichts, aber weiß, was er hört und beobachte ihn und seinen Ausdruck. Seine freudig-feierliche Stimmung kann ich nachfühlen, sie geht scheinbar von ihm aus – mir ist aber nicht selber freudig-feierlich zumute. Das Gefühl des anderen wird erlebt, als hätte man einen direkten Kontakt dazu.

Indem ich das Gefühl einer anderen Person nachfühle, habe ich mit ihr eine gewisse Verbindung. Das Gefühl der anderen Person erstreckt sich räumlich in meine Richtung und ich empfinde es als von der anderen Person kommend – nicht als eigenes, sondern als fremdes Gefühl.

Dieser Versuch, in Anlehnung an Hermann Schmitz das Erleben beim Nachfühlen räumlich-gegenständlich zu beschreiben, soll in keiner Weise etwas über Genese oder zugrundeliegende Kausalität des Erlebens implizieren. Ich bin überhaupt nicht der Meinung, dass da Gefühle mit eigenem ontologischen Status von Person zu Person ziehen (und sie womöglich mit ihrer Bewegungskraft anstecken). Die ontologische ebenso wie die naturwissenschaftlich-empirische Seite des Nachfühlens lasse ich komplett im Dunkeln. Ich versuche gar nicht erst, über die Funktion von Spiegelneuronen bei diesem Erleben zu spekulieren.[4] Es geht mir ausschließlich um eine möglichst zutreffende Beschreibung der Qualität der für das Nachfühlen typischen Erfahrung. Und dabei ist Schmitz Idee, Gefühle als eine jeweils spezifische Atmosphäre mit einem eigenen räumlich-gegenständlichen Charakter zu beschreiben, m. E. sehr hilfreich. Im Nachfühlen scheint das Gefühl einer anderen Person wie eine von ihr ausgehende Atmosphäre sich zur nachfühlenden Person zu erstrecken und in deren Bewusstsein präsent zu sein. Man könnte, etwas weniger metaphorisch aber auch weniger gehaltvoll, von einer gefühlten Repräsentation sprechen, die genau das Gefühl einer anderen Person zu zeigen scheint.

Eine zweite Gewährsperson habe ich in einer Vertreterin der »alten« Phänomenologie gefunden, in Edith Stein. Und zwar ist sie eine Gewährsperson dafür, dass man etwas direkt als das Gefühl einer anderen Person fühlen

---

[4] Vgl. dazu Iacoboni, *Within Each Other*. Baron-Cohen, *Zero Degrees of Empathy*, S. 19–29, stellt zusammenfassend für zehn Gehirnregionen dar, dass und wie sie nach neuerem Kenntnisstand an aktiver Empathie beteiligt sind. Auch wenn Baron-Cohen einen recht umfassenden Empathiebegriff benutzt, weiter als mein Begriff des Nachfühlens, scheint die Rolle der Spiegelneuronen für Empathie wie Nachfühlen dabei möglicherweise nur auf einen Baustein (S. 26) beschränkt zu sein.

kann. Ich beziehe mich auf die Art, wie sie das Phänomen des Nachfühlens, bei ihr »Einfühlung«, im Bewusstsein beschreibt.

In ihrer Dissertation *Zum Problem der Einfühlung* (1917) führt Edith Stein zu Beginn in phänomenologischer Manier an ihren Gegenstand heran: Sie beruft sich methodisch auf Husserl und beschreibt, was sie in ihrer Innenwelt an Gefühlen vorfindet und welchen verschiedenen Klassen sie zugehören. Es geht nicht um eine Klassifikation der Gefühle in positive und negative Empfindungen, wie etwa Zuneigung oder Angst. Es geht auch nicht um eine Einteilung anderer Art, wie etwa in Stimmungen und intentionale Emotionen. Sie erinnert uns vielmehr daran, dass wir nicht nur etwas fühlen, das mit der Gegenwart zu tun hat. Wir können uns auch an vergangene Bewusstseinszustände erinnern, in denen wir etwas gefühlt haben – und dabei fühlen wir ebenfalls etwas. Wenn ich mich an meinen geistigen Zustand in den ersten Tagen meines Studiums erinnere, bin ich nicht aufgeregt, aber ich fühle etwas von der Aufregung, die mich damals erfüllt hat. Ähnlich wenn ich mein Bewusstsein auf etwas in der Zukunft richte und mir vorstelle, wie es mir dann gehen wird. Ich bekomme etwa die Einladung zu einem großen Fest einer lieben Freundin, die ich lange nicht gesehen habe. Dann fühle ich Vorfreude, und die entsteht aus der vorgestellten Freude – in der Zukunft. Als drittes schreibt Stein über Gefühle, die in fantasierten Handlungen und Situationen entstehen. Auch hier fühlt man etwas, ist sich aber, wie bei Vergangenheit und Zukunft, darüber im Klaren, dass das Gefühl nicht mit dem zusammenhängt, was im Bewusstsein die gegenwärtige Realität betrifft.

Erinnerung an ein Gefühl (sowie fantasierte Gefühle und Gefühle bei einer Projektion in die eigene Zukunft) nimmt Edith Stein gewissermaßen als Folie für Einfühlung: Ich greife nur die Erinnerung heraus, weil mir dieser Teil des Aufsatzes sonst zu ausführlich gerät. Erinnerungen an Gefühle sind reale und präsente Gefühle – man fühlt sie, wenn man sie fühlt, hier und jetzt –, aber es ist den Personen, die diese Erinnerungen haben, absolut klar, dass es nicht, wie Edith Stein sagt, »originäre« Gefühle sind. Sie gehören nicht zu dem Teil des Bewusstseins, der sich auf die gegenwärtige Realität bezieht oder sogar die gegenwärtige Realität der Person ausmacht. Es sind Gefühle, die sich im Bewusstsein auf eine vergangene Realität beziehen. Oder anders ausgedrückt: Mit Gefühlen solcher Art hält das gegenwärtige Bewusstsein zu einem Bewusstsein zu anderer Zeit Verbindung.

Wenn ich etwas als Erinnerung an einen vergangenen Zustand meines Bewusstseins fühlen kann, dann ist das nach Edith Stein strukturell analog dazu, dass ich etwas als das Gefühl einer anderen Person fühlen kann, als »Einfühlung« wie sie sagt. Ich finde das sehr hilfreich. In der Erinnerung an eine vergangene Situation und daran, wie man sich damals gefühlt hat, hat man ein präsentes Gefühl, das sich *nicht* auf die gegenwärtige Realität bezieht, sondern auf ein anderes Gefühl, das man selbst in der Vergangenheit hatte. Dieses präsente Gefühl scheint sich direkt auf ein anderes, ein vergangenes eigenes Gefühl zu beziehen. Im Nachfühlen bzw. in der Einfühlung nach Edith Stein hat man ebenfalls ein präsentes Gefühl, das sich direkt auf ein anderes Gefühl bezieht. Die einzige Hinsicht, in der sich das Gefühl im Nachfühlen von dem Gefühl bei einer Erinnerung unterscheidet, ist der Bezug auf eine andere Person als die eigene. Die eigene Vergangenheit, das Gefühl, das man damals hatte, ist im gegenwärtigen Bewusstsein genauso wenig originär gegenwärtig, wie es das Gefühl einer anderen Person ist.[5]

Nachfühlen wird als direkt und einfach erlebt, wie das sich Erinnern an vergangene Gefühle. Man richtet seine Aufmerksamkeit auf eine andere Person, denkt vielleicht an ein paar Hintergrundinformationen, die man über sie hat, und spürt, wie sie sich fühlt. Dass Nachfühlen als direkt und einfach erlebt wird, heißt allerdings weder, dass die begriffliche Analyse, noch dass die empirische Erklärung für das Zustandekommen des Nachfühlens einfach sein müssen.

3. Analyse

Phänomene des Nachfühlens sind real. Phänomenologen können sie eindrucksvoll beschreiben. Im nächsten Schritt möchte ich nicht-phänomenologisch vorgehen und eine begriffliche Analyse anbieten, von der ich hoffe, dass sie den Phänomenen angemessen ist.

Ich gehe von einem Beispiel aus: Ich stehe hier vor einem Käfig, meine Freundin Regina ist im Käfig bei einem Löwen. Ich kann Reginas Furcht nachfühlen. Ich fürchte mich nicht vor dem Löwen, ich habe keine Furcht um mich, ich habe auch keine Angst um Regina (vielleicht das auch, aber darum geht es jetzt nicht). Ich fühle etwas, dass sich anfühlt als sei es Reginas Furcht vor dem Löwen. Man könnte es auch so ausdrücken, dass ich meine, ihre Furcht zu spüren. Ein Irrtum ist möglich: Vielleicht ist Regina in Wirklichkeit tollkühn und kennt keine Furcht. Vielleicht ist sie aber auch in Panik.

So plausibel ich es finde zu sagen, dass ich etwas (ein Gefühl) als das Gefühl einer anderen Person fühle, fällt es mir dennoch schwer, genauer zu analysieren, was das heißen soll. Hier ist ein Versuch: Ich fühle etwas, nennen wir es $ng_F(M)$ (soll heißen: Nachgefühl (ng) mit dem Index (F) für Furcht von (M) Martina), und Regina fühlt etwas, $g_F(R)$ (Gefühl (Furcht) von Regina).[6] Wir, R und M, haben nicht dasselbe Gefühl. Regina hat (aller Wahr-

---

[5] Stein, *Problem der Einfühlung*, S. 4–11.

[6] Ich fasse ein Gefühl als eine Eigenschaft einer Person auf, weil es mindestens *prima facie* nicht selbständig existieren kann. Um offen zu lassen, ob die nachgefühlten Gefühle sich von den

scheinlichkeit nach) Furcht vor dem Löwen, ich nicht. Ich fühle nicht, was Regina fühlt. Ich fühle etwas, das sich für mich so anfühlt, als fühlte ich mit, was Regina fühlt. Es fühlt sich *nicht* so an, als *könnte* Regina möglicherweise so fühlen[7] oder als würde ich so fühlen, wenn ich in ihrer Situation wäre. Es fühlt sich so an, als sei mir klar, quasi als ein Bestandteil des Gefühls, was Regina fühlt. Ich scheine einen direkten Zugang zu ihrem Gefühl zu haben. Hermann Schmitz' Rede von der Ausdehnung des Gefühls von ihr zu mir ist für die Art des Erlebens sehr passend. Im Nachfühlen nehme ich wahr, was sie fühlt. Das als Wahrnehmung zu bezeichnen ist möglicherweise bloß eine Analogie zur Sinneswahrnehmung: Wenn ich vor dem Käfig stehe und die weit aufgerissenen Augen Reginas und vor ihr den Löwen sehe, sehe ich auch ohne Nachfühlen, dass Regina Angst hat. Im Nachfühlen aber erfahre ich es auf einem anderen Wege. Auf beiden Wegen entsteht Wissen, nämlich Erfahrungswissen über andere Personen. Das Wissen um die Befindlichkeit der anderen Person kann, muss aber nicht, propositional gefasst sein. Dieses Wissen ist bewusst, zumindest in der Regel, weil Nachfühlen normalerweise mit Aufmerksamkeit auf eine andere Person verbunden ist.

Ein weiteres Element in $ng_F(M)$ ist ein Bezug zum Gefühl einer anderen Person, nämlich der Furcht von Regina, so wie sie mir als real existierende Eigenschaft von ihr erscheint. Ich repräsentiere Regina als so fühlend. Mir ist völlig klar, dass das Element von Furcht in $ng_F(M)$ nicht meine Furcht ist, sondern Reginas. Das Nachgefühl hat einen *Repräsentationsaspekt*, in ihm wird Reginas Furcht repräsentiert. Darin, dass $ng_F(M)$ die Furcht von Regina repräsentiert, zusammen mit dem Wissen, dass es Reginas Furcht ist, die repräsentiert wird, besteht die *Intentionalität* des Nachgefühls.

Natürlich kann es sein, dass meine Repräsentation von Reginas Furcht fehlgeht, wie bereits gesagt. Aber diese Offenheit betrifft meine Repräsentationen und mein Wissen, sei es propositional oder nicht, insgesamt und hat nichts speziell mit dem Nachfühlen zu tun. Während ich Reginas Furcht nachfühle, bin ich mir der Sache sicher. Nachfühlen ist gerechtfertigtes Meinen und, so meine Arbeitshypothese, unter geeigneten Bedingungen auch Wissen.

Ein drittes Element ist die *Gefühlsqualität* von $ng_F(M)$. Kann man die Qualität des Gefühls näher bestimmen? Oder gibt es nur Bedingungen dafür, wie sich die Qualität von $ng_F(M)$ zu $g_F(R)$ verhalten muss, damit es ein Nachgefühl sein kann? Es ist wie eine Furcht, aber ich fürchte mich nicht im vollen Sinne – ich habe nicht den Impuls wegzulaufen. Sekundär habe ich

---

selbstbezogenen Gefühlen substantiell unterscheiden und eine eigene Klasse bilden, habe ich eine andere Form der Abkürzung für die Konstante gewählt.

[7] Die Möglichkeit, dass ich mich irre, besteht zwar, aber das Nachfühlen ist nicht selber hypothetisch, sondern realistisch.

vielleicht den Impuls, Hilfe zu holen oder selbst zu helfen – denn ich fürchte um Regina. Aber das wäre ein zweites Gefühl, das zu $ng_F(M)$ hinzukommen kann. Ich fühle $ng_F(M)$ nicht als meine Furcht. Es fühlt sich an als sei es Reginas Furcht – die natürlich eigentlich nur von Regina gefühlt wird. Etwas weniger paradox ausgedrückt: Es ist mir jederzeit klar, dass es im Nachfühlen um die Furcht von jemand anderem geht. Die Gefühlsqualität muss das möglich machen.

Adam Smith[8] glaubt, dass solche Nachgefühle ihrer Qualität nach die gleichen Gefühle wie die der anderen Person seien, nur schwächer ausgeprägt. Nach dieser Auffassung würde ich nicht weglaufen, weil meine Furcht so gering ist, eine Art Schattenfurcht. Das scheint mir aber als Analyse nicht zu funktionieren. Meine nachgefühlte Furcht kann nämlich ziemlich stark sein, ich kann regelrecht miterschrecken, wenn ich Regina im Käfig sehe, und trotzdem keinen eigenen Impuls zum Weglaufen spüren.[9] Aber die Disposition zum Weglaufen scheint mir zur originären Furcht dazu zu gehören. Nachgefühlte Furcht wäre dann keine Furcht, weil sie ohne Disposition zum Weglaufen auftritt. Und damit kann ich *nicht* im Nachfühlen *dasselbe* Gefühl haben wie die andere Person, nur viel schwächer ausgeprägt.[10]

An Smith's Behauptung, das Nachgefühl sei wie das originäre Gefühl, ist aber trotzdem einiges einleuchtend. Es leuchtet ein, dass die Qualität des Nachgefühls irgendwie von der Qualität des originären Gefühls abhängt. Ein (Nach)Gefühl von mir, das einen Bezug zu Reginas Furcht hat, kann keine beliebige Qualität haben. Dieses Gefühl ist dazu da, mir, wie man sagt, Reginas Gefühl vorzustellen, es mir vor Augen zu führen, es mir bewusst zu machen. Wenn das so ist, dann muss in der Gefühlsqualität etwas sein, das

---

[8] Smith, *Theory of Moral Sentiments*, S. 9–13.

[9] Falls ich diesen Impuls zum Weglaufen empfände, würde ich das eher als einen Fall von Gefühlsansteckung und gerade nicht als Nachfühlen betrachten.

[10] Hier gibt es eine aufschlussreiche Parallele zu den Arbeiten zur Empathie von Dan Zahavi, z. B. in Zahavi/Overgaard, *Empathy Without Isomorphism*. Zahavi, hier zusammen mit Overgaard, arbeitet bei den klassischen Phänomenologen zustimmend heraus, dass sie, in einer Absetzbewegung zu Theodor Lipps' *Einfühlung*, das Phänomen viel basaler ansetzen, nämlich als einen direkten Erfahrungszugang zu den Gefühlen anderer. Er kritisiert in dem Aufsatz mit Overgaard im speziellen eine neuere Auffassung zur Empathie dafür, dass sie zwischen Gefühl und empathischem Gefühl Ähnlichkeit für erforderlich hält und zwischen beiden Gefühlen Isomorphie annimmt (so wie Adam Smith das tut). Wer einen Erfahrungszugang zu dem Gefühl einer anderen Person hat, und das in einer Form, in der er mit seiner Aufmerksamkeit nicht bei sich sondern bei der anderen Person ist, für den wäre es häufig eher störend, ein möglichst ähnliches Gefühl zu haben. Ein schönes Beispiel ist Höhenangst (S. 15 f.). Wer selbst Höhenangst empfindet, wenn er die Höhenangst einer anderen Person nachfühlt, der hat Schwierigkeiten, mit seiner Aufmerksamkeit bei der anderen Person zu bleiben, weil ihn die eigene Höhenangst zu sich zieht. Das vertiefte Verständnis der anderen Person, das Nachfühlen gerade möglich macht, kann so nicht erreicht werden.

meine Furcht $ng_F(M)$ mit Reginas Furcht $g_F(R)$ in Verbindung bringt. Möglicherweise gelingt das dadurch, dass die Gefühlsqualität ähnlich ist, aber das ist eine offene empirische Frage. Es würde in diesem Fall völlig ausreichen, wenn sie ähnlich genug wäre, um als Gefühlsbasis für eine Repräsentationsbeziehung zu Reginas Furcht zu taugen. Die formale Bedingung für das Nachgefühl ist diese: Mittels der Repräsentationsbeziehung weiß ich, wie Regina sich fühlt. Dazu kann die Gefühlsqualität des Nachgefühlten nicht beliebig sein. Denn nachgefühlte Gefühle sind natürliche Zeichen, keine konventionellen.

Zusammengefasst:

$ng_{Gi}(X)$ (ein Nachgefühl von X eines originären Gefühls Gi) hat einen Wissensaspekt, einen Repräsentationsaspekt und eine Gefühlsqualität. Alle drei sind (intentional) bezogen auf $g_{Gi}(Y)$ (Gefühl von Y).

Ein Rest von Schopenhauers These zur im Mitleid empfundenen Gemeinsamkeit wäre dann dieser: Empathie im Sinne von Nachfühlen stellt eine Verbindung zwischen einer nachfühlenden Person und einer fühlenden Person her. Das ist eine einseitige Beziehung von einer Person zur anderen, aber noch keine sogenannte persönliche Beziehung. Im Nachfühlen (etwas als das Gefühl einer anderen Person fühlen) ist man auf dreifache Weise auf eine andere Person bezogen: Man weiß etwas über ihre Gefühle, man repräsentiert sie als auf bestimmte Weise Fühlende, und man fühlt, was sie fühlt.[11]

Über Qualitäten der einseitigen Beziehung ist noch nicht viel gesagt. Eine Person ist im Nachfühlen auf eine andere Person anscheinend in einer spezifischen Form bezogen. Es ist anders als bei einer rein kognitiven Standpunktübernahme. Ich kann bei der Betrachtung eines Fotos, das Regina im Käfig zeigt, denken, »Die muss sich aber ganz schön gefürchtet haben«, ganz *ohne etwas zu fühlen*. Genauso könnte es mir auch in einer realen Situation ergehen, auch wenn das etwas weniger wahrscheinlich ist, denn Regina ist meine Freundin. Bei Fremden ist es gut möglich, dass ich nichts fühle, besonders wenn ich weiß, dass da im Käfig z. B. ein Löwenbändiger steht. Dann fühle ich, wenn ich etwas nachfühle, vielleicht etwas, das seine konzentrierte Aufmerksamkeit repräsentiert. Oder ich sehe ihm einfach zu und denke darüber nach, wie er sich wohl fühlen mag. Das erschließe ich dann aus seinen Rufen und Bewegungen. Über die Perspektive von Leuten bloß nachzudenken, stellt ebenfalls eine einseitige Beziehung her, aber eine ohne Gefühlsbeteiligung. Die Gefühlsbeteiligung im Nachfühlen gibt der Beziehung eine andere Qualität als eine rein kognitive Standpunktübernahme. Gefühle sind z. B.

---

[11] Letzteres ist ambig, es wird mir aber zu kompliziert, wenn ich es zu disambiguieren versuche. Nur zur Sicherheit gesagt: Ich fühle nicht ihr Gefühl.

immer u. a. angenehm oder unangenehm. Dadurch ist der Bezug auf eine Person unter Gefühlsbeteiligung intensiver oder stärker, die andere Person ist einem näher. Eine andere, etwas weniger emphatische Möglichkeit auszudrücken, worin dieses Verbindung schaffende Moment besteht, scheint mir dieses: Während man nachfühlt, ist einem der andere nicht gleichgültig. Metaphorisch ausgedrückt: Wenn ich nachfühle, lässt mich die andere Person nicht kalt. Sie bewegt mich.

Wenn meine Erläuterungen zum Nachfühlen plausibel sind, ergibt sich, dass im Nachfühlen eine einseitige Beziehung zu einer anderen Person besteht, die mit einer gewissen Nähe verbunden ist.

((Abgrenzung / Exkurs

Die Verbindung zwischen der Empathiefähigkeit und der Moralität einer Person ist m. E. eher locker. Nachfühlen scheint mir weder eine notwendige noch eine hinreichende Bedingung für Moralität zu sein.

Man sieht aber, dass diese eng verstandene Empathie für Moralität zumindest sehr hilfreich ist. Nachfühlen ist mindestens eine Erkenntnishilfe bei der Feststellung, worin das Wohl anderer besteht. Gefühle zeigen, was wichtig, angenehm oder unangenehm für jemanden ist. Menschen, die Gefühle anderer nachempfinden können und das häufig auch tun, können eine genaue Vorstellung von deren Wohl entwickeln. Vermutlich fällt es ihnen auch dadurch leichter, das Wohl anderer ernst zu nehmen. Denn im Nachfühlen wird wahrgenommen, was wichtig für den anderen ist und wie wichtig es ist. Wenn ich genau nachfühlen kann, wie furchtbar enttäuscht ein Bekannter über meine Absage unserer Verabredung sein wird, kann ich die Absage nicht so leicht als unwichtig abtun.))

4. Nachfühlen in zwischenmenschlichen Beziehungen

Soweit Nachfühlen angenehm ist und man selbst dadurch angeregt wird, erklärt das, warum Menschen sich den Gefühlen anderer gerne zuwenden. Der Alltagsbefund, den ich zu Beginn erwähnte, geht jedoch viel weiter: Nachfühlen ist ein wesentliches Element in zwischenmenschlichen Beziehungen.[12] Insbesondere in Nahbeziehungen ist die Erwartung da, dass die miteinander verbundenen Personen ihre Gefühle gegenseitig nachfühlen, und sich dabei anstrengen, das möglichst gut hinzubekommen. Das ist eine

---

[12] Personen, die keinen direkten Zugang zu den Gefühlen anderer haben, wie z. B. Menschen mit dem Asperger-Syndrom, werden oft von anderen als nicht beziehungsfähig erlebt.

Erwartung, die in Freundschafts-, Familien- und Liebesbeziehungen durchaus normativen Charakter hat. Viele haben eben nicht nur, wie Kant in der *Metaphysik der Sitten* meinte, das Bedürfnis, dem Freund oder der Partnerin zu erzählen, was sie beschäftigt[13] und zum Wohle der Person beizutragen, wenn sie es braucht. Sondern sie haben auch das Bedürfnis, vom anderen in ihren Empfindungen möglichst genau und korrekt wahrgenommen zu werden. Man möchte oft, dass andere die eigenen Gefühle nachfühlen. Natürlich möchte man das nicht immer und nicht von allen. Wenn aber jemand nicht nachfühlen kann oder will, kann das Distanz zwischen ihm und den Menschen seiner näheren Umgebung schaffen, und das kann zum Problem für seine persönlichen Beziehungen werden. Die Analyse des Nachfühlens erklärt zwar ansatzweise, warum Menschen motiviert sind, sich in Kontakt mit den Gefühlen anderer zu bringen. Sie klärt nicht, warum man Nachfühlen bei anderen Personen sucht und es gerade in engeren Beziehungen sogar erwartet.

Wer seine Gefühle teilen möchte, sucht dabei häufig auch eine weitere Reaktion, etwa Trost oder Bestätigung oder Hilfe, das möchte ich gar nicht bestreiten. Aber schon die »teilnehmende Empfindung« bzw. das Nachfühlen selbst erfüllt ein Bedürfnis. Nachfühlen kann das einzige Ziel sein. Die Freundin anzurufen und ihr brühwarm zu erzählen, wie schlecht man sich fühlt, weil man schlecht behandelt worden ist, und darauf rechnen zu können, dass sie das genau nachempfinden kann, ist schon für sich genommen sehr befriedigend. Und es scheint mir in solchen Fällen sehr plausibel, dass schon das Nachfühlen allein beziehungsstiftend und beziehungserhaltend ist. Das kurzfristige Bedürfnis richtet sich auf das Nachfühlen als singuläres Ereignis in einer bestimmten Situation, und das langfristige Bedürfnis richtet sich auf eine Beziehung, in der Nachfühlen Bestandteil der Beziehung ist. Interessanterweise gehört zur vollständig ausgeformten Nahbeziehung unter Erwachsenen zusätzlich Symmetrie: Nachfühlen wird genommen und gegeben, es ist eine Sache der Gegenseitigkeit. Idealerweise geht die Gegenseitigkeit noch weiter: Ein Freund will nicht nur, dass die Freundin an seinen Empfindungen teilhat, er eilt auch herbei, weil er die Gefühle der Freundin nachfühlen will. Es ist ihm genauso ein Bedürfnis, an dem Anteil zu nehmen, was sie bewegt, wie er ihrer Anteilnahme an seinen Gefühlen bedarf. Wenn man sich abends zuhause gegenseitig die Ereignisse des Tages erzählt, dann ist das kein reiner Informationsaustausch. Auch wenn man sich in der Kneipe beim Bier gegenseitig über die Enttäuschungen der Woche austauscht, ist die Mitteilung bloß ein Vehikel und die gegenseitige Anteilnahme das Ziel.

---

[13] Kant, *Die Metaphysik der Sitten*, Tugendlehre, § 47.

Dieser Alltagsbefund wird durch meinen Analyseversuch zum Nachfühlen und seinen Komponenten oder Aspekten nicht erklärt. Was ist am Nachfühlen attraktiv? Und warum ist es nicht nur ein Bedürfnis, in den eigenen Gefühlen wahrgenommen zu werden, sondern auch ein Bedürfnis, die Gefühle anderer nachzufühlen – insbesondere die von vertrauten Personen?

Auch Adam Smith fand es bedeutsam und erklärungsbedürftig, dass Menschen nicht nur unwillkürlich und willkürlich die Gefühle anderer nachempfinden, sondern sich Nachfühlen wünschen. Smith bringt dieses Phänomen ebenfalls wenigstens teilweise damit in Verbindung, dass Nachfühlen soziale Beziehungen und Bindungen schafft und erhält. Insofern ist es naheliegend, die »Theorie der moralischen Gefühle« als Erklärungshilfe und Inspirationsquelle zu nutzen.

Smith benutzt *sympathy* als einen Kernbegriff seiner Moralphilosophie. Auf Smiths Begriff von *sympathy* gehe ich hier nicht genauer ein. Aber unter anderem gehört zur *sympathy*, dass man nachfühlt, was eine andere Person fühlt. Das Vermögen für *sympathy* zielt, wenn es willkürlich aktiviert wird, auf Übereinstimmung von Gefühlen (»correspondence of sentiments«[14]) eines Beobachters mit einem Fühlenden. Gefühlsübereinstimmung besteht Smiths Meinung nach dann, wenn der nachfühlende Beobachter der fühlenden Person attestieren kann, er (und jede/r andere neutrale Beobachter/in) würde in ihrer Situation genau dasselbe fühlen. Übereinstimmung ist überhaupt nur erzielt, wenn damit das Urteil verbunden wird, man selbst empfände unter gleichen Umständen genau so.

Das scheint mir eine etwas überzogene Bedingung für erfolgreiches Nachfühlen zu sein, eher ein Sonderfall. Wahrscheinlich kann man nicht alles nachfühlen. Insofern ist die Begrenzung des Nachfühlbaren auf das, was man nach eigener Einschätzung selber in derselben Situation fühlen würde, ein Vorschlag für ein Kriterium des Nachfühlbaren. Aber die Toleranz für Abweichungen im Nachfühlen scheint mir doch breiter zu sein: Man kann die Varianz in einem als normal angesehenen Spektrum nachfühlen, auch wenn man glaubt, dass man selber in der Situation anders fühlen würde. Übereinstimmung ist erreicht, wenn (1) der Beobachter das Gefühl nachfühlen kann: d. h. das Nachfühlen auf das Gefühl gerichtet ist, das Nachfühlen dieses Gefühl richtig repräsentiert und der Beobachter weiß, wie die andere Person sich fühlt; und wenn (2) der Beobachtete wiederum das Nachfühlen registriert hat: er um das (gelungene) Nachfühlen des Beobachters weiß.

Wird das Ziel Übereinstimmung erreicht, so ist das für beide Beteiligten nach Smith überaus angenehm. Das ist sozusagen der Lohn des genauen Nachfühlens, und es ist eine gute Erklärung dafür, dass man das Bedürfnis

---

[14] Smith, *Theory of Moral Sentiments*, S. 13–23.

danach hat. Schafft man es nicht, Übereinstimmung zu erzielen, so mag man mit der fühlenden Person nicht mehr zusammen sein und wendet sich ab. Auch deshalb strengen sich beide Seiten an, zu einer Übereinstimmung von Gefühl und nachgefühltem Gefühl zu kommen. Der Beobachter achtet auf jedes Detail und sucht gerade nach solchen Einzelheiten, die ihm die wahrgenommene Qualität und Intensität des Gefühls nachfühlbar machen. Der Beobachtete bemüht sich, sein Gefühl so darzustellen, zu beschreiben und auch zu modifizieren, dass es nachfühlbar wird. Wenn das nicht ausreicht, beherrscht er seinen Ausdruck und kaschiert das Gefühl so, dass der Beobachter zumindest das kaschierte Gefühl nachfühlen kann.

Smiths empirische Behauptung, dass Menschen, jedenfalls im Großen und Ganzen, darauf aus sind, dass Personen ihrer Umgebung ihre Gefühle nachfühlen können, entspricht genau meiner Alltagseinschätzung. Beide von mir als alltäglich hingestellten Bedürfnisse, zum einen die Gefühle einer anderen Person nachzufühlen und zum anderen, die eigenen Gefühle einer anderen Person zur Erfahrung zu bringen, werden von Smith genauso gesehen. Er stellt breit dar, zu welchen Anstrengungen die Beteiligten bereit sind, um Gefühle so zu modifizieren, dass sie selbst möglichst umfänglich nachfühlen und ihre Gefühle möglichst vollständig nachfühlbar machen. Und er gibt den weiterführenden Hinweis, dass die Übereinstimmung im Gefühl das Ziel ist, um dessentwillen das Nachfühlen gewollt und gegeben wird. Etwas rätselhaft bei Smith bleibt bisher, was genau für die Beteiligten bei einer erreichten Übereinstimmung im Gefühl angenehm ist.

Ich sehe da zwei (bis drei) Möglichkeiten: Angenehm ist etwas, das durch die Übereinstimmung *vermittelt* wird, oder ein Effekt der Übereinstimmung *selbst* (– oder beides). Für Smith ist es klar die erste Möglichkeit. Ich denke, dass (auch) die zweite zutrifft.

Für Smith vermittelt die erzielte Gefühlsübereinstimmung ein Bestätigungsurteil und zwar ethischer Natur: Der Nachfühlende gibt der fühlenden Person, wenn sie die Gefühlsübereinstimmung bemerkt, implizit zu verstehen, dass sie seiner Meinung nach das richtige Gefühl im richtigen Maße hat. Bestätigt wird die Angemessenheit des Gefühls. Wer die Gefühle einer anderen Person nachfühlen kann, billigt sie – wer das nicht kann, missbilligt sie. Es geht Smith im weiteren Verlauf der *Theory of Moral Sentiments* nicht mehr um die Übereinstimmung der Gefühle für sich genommen, sondern um die damit einhergehende Billigung.

Adam Smith sieht in der Übereinstimmung zwischen Fühlen und Nachfühlen also ein Angemessenheitsurteil des Beobachters: ein evaluatives Element, durch das Menschen als richtig fühlend bestätigt werden. Aus einem Urteil über richtiges Fühlen wird durch Verallgemeinerung bei Smith ein moralisches Urteil. Im weiteren Verlauf des Buches wird *sympathy das* zentrale Element in einer naturalistischen Theorie des moralischen Beurteilens.

Angenehm ist das Lob in der Sympathie, unangenehm der Tadel, wenn sie nicht gelingt.

Für Smith ist das Angemessenheitsurteil ein moralisches Bestätigungsurteil, das nicht speziell mit dem Herstellen und Aufrechterhalten zwischenmenschlicher Beziehungen zu tun hat. Aber ein Angemessenheitsurteil muss nicht moralisch interpretiert werden, es kann auch als ein nicht-moralisches evaluatives Urteil beschrieben werden, und zwar wie folgt: Wenn ich Dir zeige, dass ich Dein Gefühl gut nachfühlen kann, dann ist darin eine zusätzliche Botschaft enthalten. Ich zeige nicht nur, dass ich nachempfinde, was Du fühlst, sondern darüber hinaus, dass Dein Gefühl zu Dir, Deiner Situation und Deinem Charakter passt. Damit bestätige ich Dein Werturteil über die Situation, das sich in Deinem Gefühl ausgedrückt hat, und damit indirekt die Wichtigkeit des Sachverhaltes, der dieses Gefühl in Dir hervorgerufen hat. Du bist mit Deinem Gefühl, und damit in Deiner Einschätzung eines Sachverhaltes als so und so wichtig, durch mein Nachfühlen bestätigt. Indem ich Dein Urteilsvermögen und die damit verbundene affektive Reaktion bestätige, bestätige ich, allgemeiner ausgedrückt, einen Aspekt Deiner Persönlichkeit oder Deiner psychosozialen Identität. Damit wäre Übereinstimmung im Nachfühlen zu zeigen eine der möglichen Formen, jemand anderem gegenüber die eigene Wertschätzung eines durch sein Gefühl aktuell gezeigten Teils seiner Persönlichkeit auszudrücken. Zu wissen, dass andere einen schätzen, ist sehr angenehm. Das Empfangen dieser zusätzlichen Botschaft würde erklären, warum wir uns in Nahbeziehungen wünschen, dass andere unsere Gefühle nachfühlen. *Nachfühlen gibt Selbstwert.* Wenn es stimmt, dass das eigene Selbstwertgefühl davon abhängt, ob andere dieses Selbst als wertvoll beurteilen, dann ist Nachfühlen ein guter Kandidat für die Manifestation eines solchen Urteils. Das Angemessenheitsurteil wäre eine Bestätigung – eine spezielle Form von Anerkennung der Person oder der Persönlichkeit des anderen. Die Beziehung, die dadurch gestiftet wird, und die dann durch weiteres Nachfühlen aufrechterhalten werden kann, wäre eine Anerkennungsbeziehung.

So betrachtet kann in Billigung auch ein nicht-moralisches Urteil liegen, das Wertschätzung der Person ausdrückt. Die Wertschätzung ist ein Effekt der durch Nachfühlen der Gefühle des anderen erreichten Übereinstimmung von Gefühlen. Wertschätzung ist eine Anerkennungsbeziehung.

Kein Zweifel, die Wertschätzung meiner Person ist mir angenehm und gegenseitige Anerkennung ist ein normativ konstitutives Merkmal in zwischenmenschlichen Beziehungen. Aber es scheint mir darüber hinaus plausibel zu machen, dass bereits der bloße Umstand, dass es gelingt, die Gefühle anderer umfänglich und korrekt nachzufühlen, in Beziehungen wichtig ist – und zwar unabhängig davon, dass das auch eine Bestätigung ist. Deshalb konzentriere ich mich noch einmal auf das Nachfühlen und sehe von der ausgedrückten Wertschätzung ab. Gibt es da noch etwas, das angenehm ist, möglicherweise ein Bedürfnis befriedigt und ein Bestandteil zwischenmenschlicher Beziehungen ist?

Nachfühlen, in meiner Beschreibung, stiftet zunächst eine einseitige Beziehung. Das Interesse und die Aufmerksamkeit eines Beobachters beziehen sich auf eine andere Person. Deren Gefühl affiziert ihn. Das ist in der Regel schon angenehm belebend, aber kann auch außerhalb einer zwischenmenschlichen Beziehung stattfinden, z. B. im Kino. Eine zwischenmenschliche Beziehung kann erst daraus werden, wenn die fühlende Person das Nachfühlen wahrnimmt und etwas erwidert. Wenn Nachfühlen beiden Beteiligten angenehm sein soll und auch noch zwischen beiden beziehungsstiftend wirken soll, dann kann der gesuchte Aspekt sich trivialerweise erst entwickeln, wenn die beobachtete Person darauf reagiert, dass da jemand ihre Gefühle nachfühlt. Das will ich nun noch etwas genauer darstellen.

Dazu noch einmal zurück zu Adam Smith und seiner Beschreibung von *sympathy* als einem Hin und Her von Anpassung bis hin zur gesuchten Gefühlsübereinstimmung. Eine solche Übereinstimmung im Gefühl ist, so meine abschließende These, nicht nur ein Nachfühlen der einen Person und ein Wissen der anderen Person um die Tatsache dieses Nachfühlens. Es ist darüber hinaus auch ein gemeinsames Fühlen, und dieses Gemeinsame ist nicht nur angenehm, sondern darüber hinaus geeignet, die Bindung an andere Menschen zu stiften und zu erhalten. Smith verwendet »Gefühlsübereinstimmung« *(correspondence of feeling)* und »gemeinsames Fühlen« *(joint feeling)* synonym. Der Ausdruck »gemeinsames Fühlen« muss dabei nicht bloße Metaphorik sein. Er kann mehr bedeuten, als dass faktisch jeder für sich etwas fühlt und zwar etwas in bestimmten Hinsichten Gleiches. Um sich als »gemeinsames Fühlen« zu qualifizieren, muss aber auch nicht, wie man vielleicht meinen könnte, *ein* Gefühl in mysteriöser Weise auf *zwei* Personen verteilt sein. Das würde auch nicht mit meiner Analyse von Nachfühlen zusammenstimmen: Da sind immer zwei Gefühle, das Nachfühlen und das originäre Gefühl. Mein Vorschlag ist: Das Gemeinsame beim »gemeinsamen Fühlen« besteht im Einklang. Und dieser Einklang wiederum wird durch ein detailliertes Bezugnehmen dieser beiden getrennten Gefühle aufeinander erreicht.

Gut erläutern lässt sich, was gemeinsames Fühlen ist, wenn es sich nicht spontan einstellt, sondern nach anfänglicher Nichtübereinstimmung von Nachfühlen und originärem Gefühl die Übereinstimmung das Ergebnis eines Prozesses ist. Zwei Personen richten ihre Aufmerksamkeit aufeinander. Die erste macht der zweiten möglichst deutlich, was sie fühlt. Die zweite achtet genau auf die Situation der ersten und alle Indizien ihres Fühlens. Die erste wiederum überprüft, ob die zweite ihr Gefühl richtig erfasst hat. Und hier ist das Nachfühlen ein probates Mittel des Zugangs. Wissen um das richtige Nachfühlen entsteht durch ein Nachfühlen des Nachfühlens, sozusagen ein Nachfühlen zweiter Stufe.[15] Wenn die Gefühlsübereinstimmung noch besser sein könnte, wird nachjustiert, durch weiteres Ausdrücken, sei es mimisch-gestisch oder in Worten. Wenn noch nicht alle Feinheiten erfasst sind, dann wird nachgefragt nach weiteren Details, nach bestimmten Aspekten der Situation oder deren Zustandekommen. So ein Austausch kann bei manchen Leuten ganz schön lange dauern, bis beide Beteiligten sich so richtig im Einklang fühlen und für sie gilt: Die erste weiß genau, wie die zweite sich fühlt. Und die zweite fühlt sich von der ersten in ihrem Innersten verstanden. Gemeinsames Fühlen ist beschreibbar als Nachfühlen eines originären Gefühls einer Person P_1 durch eine andere Person P_2 zusammen mit einem Nachfühlen dieses Nachfühlens durch die erste Person P_1.

In einem solchen gemeinsamen Fühlen ist man komplex aufeinander bezogen, und insofern ist auch das gegenseitige Wissen und Repräsentieren im Gefühl und Nachgefühl, ohne dass darin eine Bestätigung der Persönlichkeit des anderen liegen muss, ein guter Kandidat für *ein* relevantes Merkmal zwischenmenschlicher Beziehungen. Beschreiben lässt sich das gemeinsame Fühlen als gemeinsames Nachfühlen, nämlich als ein komplexes Geflecht von auf die Gefühle der anderen Personen gerichteten Repräsentationen und das mit ihnen einhergehende jeweilige Wissen um die Gefühle der anderen Personen. Die Fähigkeit zum Nachfühlen wird im gemeinsamen Fühlen sozusagen maximal eingesetzt. Wie sich genau die Gefühlsqualität der Beteiligten an diesem komplexen Beziehungsgeflecht beschreiben lässt, und was daran angenehm oder, moderner gesagt, attraktiv ist, kann ich nicht weiter diskursiv erklären. Dass aber Nachfühlen und das Nachfühlen des Nachfühlens angenehm sind, möchte ich an zwei abstrakten Gefühlsbeispielen plausibel machen.

Mein Eingangsbeispiel ist sicher kein guter Kandidat für »gemeinsames Fühlen«: Regina ist viel zu sehr mit dem Löwen beschäftigt, als dass es für sie interessant sein könnte, dass ich ihre Furcht nachfühle. Furcht bindet die Aufmerksamkeit an das Objekt der Furcht und die eigene Person. Praktische Hilfe ist hier eher gesucht als seelische Teilnahme. Gemeinsames Fühlen würde für Regina möglicherweise hinterher interessant: wenn sie mit mir über ihre Erlebnisse im Käfig reden will. Dafür wäre es sicher hilfreich, dass ich ihre Situation selbst beobachtet habe. Ein Gefühl, das sich als Beispielgefühl besser eignet, ist die Trauer. Wer unter ihrem Einfluss steht, kann bekanntermaßen vom Beistand profitieren, und ein gewisser Beistand müsste

---

[15] Ein Regressproblem entsteht m. E. nicht, weil es keine Notwendigkeit zur Iteration gibt. Bei der zweiten Stufe ist Schluss. Wenn das Nachgefühl erster Stufe korrigiert wird, dann nicht mit Bezug auf das Nachgefühl zweiter Stufe, sondern mit Bezug auf das originäre Gefühl.

in meiner Interpretation bereits durch gemeinsames Fühlen mit anderen zustande kommen können – und zwar durch das Angenehme und/oder das Beziehungsstiftende daran.

Man sagt z. B., dass jemand die Trauer eines Freundes teilt. Das Teilen scheint mir eher metaphorisch zu verstehen zu sein und besser als ein Nachfühlen bis hin zur Übereinstimmung im Gefühl charakterisiert werden zu können. Ein Freund von mir trauert, etwa um den Verlust eines Angehörigen. Damit zutrifft, dass ich an seiner Trauer Anteil nehme, muss ich nicht ebenfalls um den Verlust seines Angehörigen trauern, und nicht im wörtlichen Sinne *seine* Trauer teilen. Ich sollte stattdessen versuchen nachzufühlen, was er fühlt. Das zeige ich dem Trauernden – in Worten oder Gesten. Der Trauernde hat, falls er Wert auf mein Mitgefühl legt, die Gelegenheit, ebenfalls in Worten oder Gesten sein Gefühl so deutlich wie möglich auszudrücken. Wenn die Trauer sehr groß ist, kann ich sie möglicherweise nicht auf Anhieb nachfühlen. Ich werde dann meine ganze Vorstellungskraft darauf verwenden, mir die Situation des Trauernden immer genauer zu vergegenwärtigen, um möglichst das ganze Ausmaß seiner Trauer nachzufühlen. Wenn das auch sein Ziel ist, wird er mir alle zugänglichen Einzelheiten präsentieren: Er kann über die letzten Stunden des Angehörigen erzählen und wie er sie erlebt hat, über gemeinsame Erlebnisse mit dem Angehörigen sprechen, mir sagen, wo er überall in seinem Leben fehlen wird, usw.

Übereinstimmung ist dann erzielt, wenn die nachgefühlte Trauer (als Empfindung) das Gefühl der trauernden Person korrekt repräsentiert. Dann passt der Satz: »Ich weiß genau, was Du fühlst«. Sobald vom Trauernden wahrgenommen wird, dass der Freund seine Trauer ganz erfasst hat, und sobald der Freund merkt, dass er die Gefühle des Trauernden so nachfühlt, dass sie nach dessen Wahrnehmung korrekt repräsentiert und empfunden sind, ist das Ziel, nämlich die Gefühlsübereinstimmung, erreicht. Was zwei in einem metaphorischen Sinne teilen können, wenn eine Person die Trauer der anderen teilt, ist das Gefühl, das sich bei beiden einstellt, wenn das Ziel erreicht ist und Übereinstimmung zwischen der Trauer des einen Freundes und dem Nachfühlen des anderen besteht. Und dieses Gefühl ist schon ein Trost. Das Angenehme in der gegenseitigen Wahrnehmung der Übereinstimmung ist das Tröstende. Wenn der Trauernde getröstet ist, ist das für beide Beteiligte ein angenehmes Gefühl. Denn auch der Tröster ist entspannter, erleichtert – ihm geht es besser durch das Nachfühlen des Trostes auf der Seite des Trauernden. Beide fühlen sich in der Gefühlsübereinstimmung einander nahe und miteinander verbunden. Auch wenn »Nähe« wahrscheinlich kein Gefühl ist, so ist doch »sich nahe fühlen« eine Gefühlslage, bei der sich der Trauernde dem Freund und der Freund dem Trauernden verbunden fühlt. Es scheint mir plausibel, dass *Gemeinsamkeit als gefühlte Qualität einer Beziehung* so durch einen von beiden betriebenen Prozess mit dem Ziel genauen

Nachfühlens und durch gemeinsames Wissen um das entstandene Nachfühlen hergestellt wird.

In diesem Prozess, zwischen Nachfühlen und Fühlen Übereinstimmung zu erzielen, scheint ein beziehungsstiftendes Element unterwegs zu sein, das eine persönliche, Menschen verbindende Qualität hat. In der Hoffnung auf weiteren Plausibilitätsgewinn schildere ich noch kurz den Prozess für das Nachfühlen von Freude: Wenn meine Freundin sich freut und ich ihre Freude gut nachfühlen kann, bin ich zwar schon auf ihre Freude bezogen, aber Nachfühlen von einer Seite stiftet noch keine Gemeinsamkeit. Dazu kann es erst kommen, wenn wir beide unsere Aufmerksamkeit auf einander richten. Sie merkt, dass ich ihre Freude gut nachfühlen kann, und ich nehme wahr, dass sie die Übereinstimmung von meinem Nachfühlen und ihrem Fühlen bemerkt hat. Erst jetzt kommt es zu einer gemeinsamen Freude: Wir sehen uns an und freuen uns gemeinsam. Dabei steigert das Nachfühlen die ursprüngliche Freude, und der Steigerungseffekt wirkt auf die nachfühlende Person zurück. Dann feiern wir. Man bedenke auch den ungünstigen Fall: Wenn eine Person die Freude der anderen nicht nachfühlen kann und diese Übereinstimmung im Gefühl nicht zustande kommt, ist das für beide irritierend und schafft eine Distanz zwischen beiden.

Kurzes Fazit: Nachfühlen lässt sich gut analysieren als ein eigenes Gefühl, das auf ein Gefühl einer anderen Person bezogen ist, es repräsentiert und »durch das« oder »in dem« man weiß, wie diese andere Person sich fühlt. Wenn die andere Person ihre Aufmerksamkeit auf das Nachfühlen richtet und es ihrerseits nachfühlt, kann das ein wichtiges bindendes Element in einer zwischenmenschlichen Beziehung sein. Das Nachfühlen kann einer Person zeigen, dass sie geschätzt wird, und / oder es kann Teil eines gemeinsamen Fühlens sein – beides beziehungsstiftende und beziehungserhaltende Prozesse.[16]

---

[16] Für konstruktive und kritische Hinweise danke ich den Teilnehmerinnen und Teilnehmern des Oberseminars von Neil Rougley in Essen, den Mitgliedern der Arbeitsgruppe »Concordia« in Dortmund und den Teilnehmerinnen und Teilnehmern der Tagung in Wuppertal, in deren Anschluss dieses Buch entstanden ist.

Literatur

Baron-Cohen, Simon: *Zero Degrees of Empathy. A New Theory of Human Cruelty*, London 2011.

Batson, C. D./ Powell, A. A.: Altruism and Prosocial Behavior. In: *Handbook of Psychology*, Bd. 5: *Personality and social psychology*, hgg. von T. Millon u. M. J. Lerner. Hoboken 2003, S. 463–484.

Blume, Anna/Demmerling, Christoph: Gefühle als Atmosphären? Zur Gefühlstheorie von Hermann Schmitz. In: *Gefühle – Struktur und Funktion*, hg. von Hilge Landweer. Berlin 2007, S. 113–133.

Goldmann, Alvin I.: Two Routes to Empathy. Insights from Cognitive Neuroscience. In: *Empathy. Philosophical and Psychological Perspectives*, hgg. von Amy Coplan u. Peter Goldie. Oxford 2011, S. 31–44.

Iacoboni, Mario: Within Each Other. Neural Mechanisms for Empathy in the Primate Brain. In: *Empathy. Philosophical and Psychological Perspectives*, hgg. von Amy Coplan u. Peter Goldie. Oxford 2011, S. 45–57.

Kant, Immanuel: *Die Metaphysik der Sitten*, in: *Gesammelte Schriften*, hg. v. d. Kgl. Preußischen Akademie der Wissenschaften [und Nachfolgern], Berlin 1900 ff., Bd. 6.

Schmitz, Hermann: Gefühle als Atmosphären und das affektive Betroffensein von ihnen. In: *Zur Philosophie der Gefühle*, hgg. von Hinrich Fink-Eitel u. Georg Lohmann. Frankfurt am Main 1993, S. 33–56.

Schopenhauer, Arthur: *Die beiden Grundprobleme der Ethik. II Über das Fundament der Moral*, Leipzig 1860.

Smith, Adam: *The Theory of Moral Sentiments* (1759), hgg. von D. D. Raphael u. A. L. Macfie (*The Glasgow Edition of the Works and Correspondence of Adam Smith*, Bd. I). Oxford 1976.

Stein, Edith: *Zum Problem der Einfühlung* (1917), Halle. ND München 1980.

Stueber, Karsten R.: *Rediscovering Empathy. Agency, Folk Psychology, and the Human Sciences*, Cambridge/Mass. 2006.

Zahavi, Dan/Overgaard, Søren: Empathy Without Isomorphism. A Phenomenological Account. In: *Empathy. From Bench to Bedside*, hg. von Jean Decety. Cambridge/Mass. 2012, S. 3–20.

Volker Schürmann

LEIBHAFTIGE PERSONEN –
ANTASTBARE WÜRDE

> Eben voll Gewißheit: es gibt sowenig menschliche Würde
> ohne Ende der Not, wie menschgemäßes Glück ohne
> Ende alter oder neuer Untertänigkeit. Das Beste an der
> Aufklärung kommt genau auf diesem Feld entgegen und
> macht sich, nicht wieder austreibbar, geltend.[1]

Sich über den Person-Begriff zu verständigen, ist keine bloß akademische
Angelegenheit. Seine Brisanz liegt darin, eine spezifische Schutzfunktion zu
stiften: Personen gelten als unaustauschbar-einmalig. Es hat damit Folgen,
wenn man von Person-Theorien nicht zu den Personen gezählt wird. Tiere
beispielsweise darf man nicht quälen – aber Personen darf man nicht entwürdigen. Und das ist immer noch ein Unterschied, den es zu wahren gilt.[2]
Ich will im Folgenden im Wesentlichen zwei Punkte markieren: Die heute
hegemonialen Person-Theorien sind nicht willens und in der Lage, dieser
Schutzfunktion gerecht zu werden, weil sie Personalität als Option konzipieren, nicht aber als fraglosen gesellschaftlichen Status. Zweitens werde ich
diskutieren, dass und in welchem Sinne dieser Schutz wesentlich ein Schutz
der körperlichen Unversehrtheit ist.

1. PERSONALITÄT ALS GESELLSCHAFTLICHER STATUS

Wir kennen im Wesentlichen zwei Familien von Person-Theorien. Die eine
konzipiert Personalität als einen gesellschaftlichen Status und bindet daher
den kategorialen Gehalt von *Person* an die Figur der Maske.[3] Prominente

---

[1] Bloch, *Naturrecht*, S. 14.
[2] Vgl. Habermas, *Zukunft*, S. 68.
[3] Vgl. Borsche, *Person*; Kannetzky / Tegtmeyer, *Person – Personalität*; Konersmann, *Person*;
Schürmann, ›Person‹.

Vertreter dieses Konzepts sind Plessner[4] und zeitgenössisch Spaemann.[5] Die andere konzipiert Personalität als ein Merkmal eines Individuums; das Person-Konzept von John Locke ist das Urbild dieser Theoriefamilie in der Neuzeit, und zwar bis heute. Dieses Konzept ist heutzutage hegemonial, und insbesondere in der Analytischen Philosophie soweit ich weiß alternativlos – ein exemplarischer Vertreter ist Sturma.[6]

Der grundsätzliche Unterschied beider Ansätze ist ein ontologischer. Personalität an ein Merkmal eines Individuums zu binden, setzt eine Substanz-Akzidens-Ontologie voraus. Auf Basis dieser Ontologie kann man dann trefflich streiten – welches Merkmal oder welche Art von Merkmalen das Person-sein diskriminiert, ob die Annahme einer Substanz eine bloße Fiktion oder mehr ist, ob die diskriminierenden Merkmale von Natur aus zukommen oder durch eine kulturelle Zuschreibepraxis etc.pp. Zwingender Indikator dieses Modells ist die eingebaute »Aufnahmeprüfung«[7] für Personalität: Ein Naturkörper ist dann und nur dann eine Person, wenn und solange ihm das auserwählte Merkmal zukommt. Folglich muss man prüfen, ob es zukommt. Gewöhnlich wird diese Aufnahmeprüfung dann bei erwachsenen weißen männlichen heterosexuellen nichtbehinderten christlichen Bourgeois erlassen, weil dort offenkundig Personalität vorliegt. Bei allen anderen muss diese Ontologie zweimal hingucken. Die *Praktische Ethik* Peter Singers praktiziert diesen Gestus nur besonders schrill – aber jene eingebaute Prüfung ist in dieser Theoriefamilie der Normalfall, und schon Locke meinte, die Atheisten hätten ihre Personalität verwirkt und dürften getötet werden.[8] Will sagen: Personalität ist auf der Basis dieser Ontologie ein Leistungs-Konzept. Person ist man dort prinzipiell nicht fraglos, sondern nur nach (erlassener oder durchgeführter) Prüfung. Burgio spricht von »theoretischem Rassismus«.[9]

Personalität demgegenüber als einen gesellschaftlichen Status zu konzipieren, bindet das Person-sein an die Verhältnisse zwischen Personen, setzt also eine Relationen-Ontologie voraus. Selbstverständlich gibt es Prozeduren, die dafür sorgen, *welcher* Status dem oder der Einzelnen zukommt, und es mag auch Prozeduren geben, seinen eigenen Status verändern zu können. Aber das ändert nichts daran, sondern es ist umgekehrt die Voraussetzung solcher Prozeduren, dass ein gesellschaftlicher Status etwas ist, das einem fraglos, ohne Prüfung, zukommt. Relationen-Ontologie heißt eben,

---

[4] Dazu Haucke, *Ethos*.

[5] Spaemann, *Personen*; Spaemann, *Personen zu Personen?*

[6] Sturma (Hg.), *Person*; Sturma, ›*Person / Persönlichkeit*‹.

[7] Stekeler-Weithofer, *Stolz und Würde*, S. 22f.

[8] Fuhrmann et al., *Person*, S. 305.

[9] Burgio, *Individualismus versus Universalismus*, hier: S. 363.

aus dem Zwischen heraus zu denken: Es ist gerade nicht so, dass dort schon von Einzelnen klar ist, dass es sich um Personen handelt, um dann, auch noch, sagen zu können, dass diese Personen Beziehungen zueinander eingehen, und insbesondere Zuschreibeprozeduren vornehmen. Dass einem ein gesellschaftlicher Status zukommt, heißt *eo ipso*, ein individuiertes Wir zu sein. Weil man in einen Status »hineingeboren« wird, ist eine Relationen-Ontologie daher die Voraussetzung, um die Fraglosigkeit von Personalität konzipieren zu können.

Man kann diese Einsicht verwirren. Schardien etwa arbeitet ausdrücklich mit der Unterscheidung von Substanz- und Relationenontologie, und sie teilt auch ausdrücklich den Grundbefund, dort geringfügig von Personalität zu Würde verschoben: »*Substanzontologisch* betrachtet eignet Würde dem Menschen aufgrund einer besonderen *Eigenschaft* oder erbrachten *Leistung*, die das spezifisch Menschliche im Unterschied zu anderen Lebewesen ausmacht.«[10] – »Für die *Relationsontologie* konstituiert sich Menschenwürde im menschlichen Beziehungsgefüge.«[11] Zugleich aber findet sie, dass die Unterscheidung nicht trennscharf sei: Substanzen müssten benannt werden und seien schon deshalb in einem »Relationsgeschehen« verortet; und Relationen wiederum müssten »sich an einem substanzhaften Relat festmachen«.[12] Offenkundig hält das lediglich die Selbstverständlichkeit fest, dass eine Substanz-Ontologie über Relationen, und eine Relationen-Ontologie über Substanzen reden muss. Aber ein substanzontologisches Verständnis von Substanz / Relation ist ein grundsätzlich anderes als ein relationenontologisches Verständnis von Substanz / Relation. Im Falle der Substanz-Ontologie ist die Individuiertheit der Substanz vorausgesetzt und jede Relation begrifflich sekundär, was im Falle einer Relationen-Ontologie genau umgekehrt ist. Genau deshalb redet etwa Gil sehr emphatisch von Personalität als einem sozialen Sachverhalt, was aber nichts daran ändert, dass er von einer Substanz-Ontologie ausgeht, um ›lediglich‹ festzuhalten, dass die Merkmale der Substanz deshalb zukommen, weil sie sozial zugeschrieben werden.[13] Schardien vernachlässigt diese logische Seite, die die Unterscheidung beider Ontologien zu einer grundsätzlichen macht, und konsequenterweise kann sie letztlich in einer Relationen-Ontologie nichts weiter sehen als eine Zuschreibepraxis, weshalb eine Substanz-Ontologie »als kritischer Gegenpart« zur Relationen-Ontologie nötig bleibe.[14]

---

[10] Schardien, *Menschenwürde*, S. 63.
[11] Schardien, *Menschenwürde*, S. 65.
[12] Schardien, *Menschenwürde*, S. 63.
[13] Gil, *Personen*.
[14] Schardien, *Menschenwürde*, S. 66 f.

Dieser logische Mangel hat aber positive Nebeneffekte, also gleichsam Kollateralnutzen. Vögele zeigt auf[15], dass der substanzontologische Gegenschlag gegen eine reine Zuschreibepraxis der evangelischen Theologie ermöglicht hat, die Körperlichkeit des Menschen ernst zu nehmen. Dabrock, Klinnert und Schardien hätten hier Neuland betreten, was wesentlich dazu beigetragen habe, dass sich die EKD konsequent gegen jede Enttabuisierung des Folterverbots ausgesprochen habe.

So berechtigt Schardiens Abwehr einer reinen Zuschreibepraxis ist (s. u.), so problematisch bleibt doch die Diagnose, die als Therapie zwangsläufig einen komplementären Ausgleich durch Substanz-Ontologie verordnet. Die eigentliche »Crux der philosophischen relationsontologischen Deutungen der Menschenwürde«[16] liegt woanders. Wären die Substanzen (=Relata) tatsächlich »begrifflich sekundär« (s. o.) gegenüber den Relationen, also lediglich deren Effekt, dann wäre jede Relationen-Ontologie ein Strukturalismus, der keinen Begriff eines autonomen sozialen Akteurs kennt. Also braucht es etwas Drittes – nämlich eine Prozess-Ontologie, innerhalb derer Relata und Relationen »gleichursprünglich« sind.[17]

2. Personen der Würde

Welcher gesellschaftliche Status aber ist gemeint, wenn man von Personalität spricht? Der naheliegende Vorschlag lautet, dass es der gesellschaftliche Status der Würdigen ist.[18] Das hat zunächst eine inhaltliche Dimension, wie sie prominent von Kant formuliert wurde: Etwas hat Würde, und nicht nur einen mehr oder weniger hohen Preis, wenn es als unaustauschbar-einmalig gilt und nicht reduziert wird darauf, Mittel zu einem anderen Zweck zu sein. Das hat zugleich die obige logische Dimension: Dass Würde ein gesellschaftlicher Status ist, heißt, dass wir nicht schon wissen, wer oder was Personen sind, um dann, sekundär, zu fragen, ob bzw. inwiefern ihnen Würde zukommt. Vielmehr ist Personalität durch Würde definiert – genauer gesagt: durch Würdedefinitheit.[19] Personen sind diejenigen sozialen Akteure, die fraglos als Würdige gelten, was schon vorausgesetzt sein muss, um darüber streiten zu können, ob wir jemanden würdig oder unwürdig behandeln.

---

[15] Vögele, *Gottesebenbildlichkeit*, S. 145 f.

[16] Schardien, *Menschenwürde*, S. 66.

[17] Vgl. Röttgers, *Ursprung der Prozeßidee*; ergänzend Abel, *Ereignis-Ontologie*; Seibt, *Prozesse*; Schürmann, *Prozess*. Whiteheads sog. Prozessontologie ist hier gerade nicht einschlägig, denn Bewegtheit gilt dort als notwendiges Akzidens von Substanzen.

[18] Vgl. Schürmann, *Personen der Würde*; ders., *Würde als Maß*.

[19] Analog zu »wahrheitsdefinit«: Man kann eine Bitte nicht auf wahr / falsch prüfen.

Genau so, wie Tiere (in unserem Alltagsverständnis) sich nicht moralisch oder unmoralisch, sondern amoralisch verhalten, genau so können nur Würdedefinite würdig oder unwürdig behandelt werden – und eben deshalb ist es ein kategorialer Unterschied, Tiere zu quälen, und Personen zu entwürdigen. Und das hat, drittens, eine normative Dimension: Den gesellschaftlichen Status der Würde zu besitzen, ist eine Schutzfunktion vor Würdeverletzungen.[20] Soziale Akteure sind nicht von Natur aus unaustauschbareinmalig, sondern (nur) als Würdige *gelten* sie so. Dieser Geltungsraum ist ein Schutzraum (also vormodern ein Privileg), der freie und gute Entwicklung als unaustauschbarer sozialer Akteur hin zur einmaligen Persönlichkeit sichert und in dieser Schutzfunktion seinerseits durch das Recht gesichert werden muss.

In der politischen Moderne gelten dann, ratifiziert in den Menschenrechts-Erklärungen, alle Menschen fraglos als Würdige. Person zu sein, ist nunmehr identifiziert damit, Weltbürger (citoyen), Bürger gleicher Rechte, zu sein. »Aus den unterschiedlichen Freiheiten der Feudalgesellschaft wird die eine allgemeine Freiheit aller Menschen und Bürger in einem Staat. Am prägnantesten wird dies durch die einzelnen Stadien der Gesellschaftsvertragstheorie von Hobbes bis Kant belegt.«[21] Dass uns Menschen fraglos und kategorisch der Status der Würdigen zukommt, ist damit eine Tatsache des Völkerrechts – und nicht, um es noch einmal zu betonen, eine Frage eines bestimmten Merkmals, das vermeintlich allen Menschen zukomme. Das Völkerrecht gilt verbindlich – gleichwohl handelt es sich um einen historischen, mithin veränderbaren Tatbestand. Die politische Errungenschaft der politischen Moderne liegt darin, dass nicht mehr nur Privilegierten, sondern fraglos *allen* Menschen Würde zukommt – und es mag, dereinst, so sein, dass wir den Alten, Dementen, Geistig-Behinderten, Koma-Patienten nicht mehr Personalität, also den Status der Würdigen, zusprechen. Personalität als völkerrechtlich verbindlichen gesellschaftlichen Status der Würdigen zu konzipieren, wendet sich damit einerseits scharf gegen alle Leistungskonzepte von Personalität und Würde, ohne dafür den Preis der Mitgifttheorien zu zahlen, nämlich Würde als einen ahistorischen Tatbestand zu konzipieren. Sklaven der Antike zählten nun einmal nicht zu den Personen, obwohl niemand ihr Menschsein bestritt.

---

[20] Stoecker, *Paradox der Entwürdigung*, insistiert darauf, dass »jemanden zu demütigen« etwas anderes sei, »als ein bestimmtes Gefühl der Beschämung und Erniedrigung hervorzurufen«. Demütigung ist keine »psychische Reaktion«, sondern »dasjenige, was diese Reaktion berechtigt sein lässt«, und die Beschädigung von Selbstachtung sei auch nicht der Verlust an Selbstwertgefühl (S. 139–141).

[21] Brugger, *Menschenbild der Menschenrechte*, S. 238.

Oder anders formuliert: Der Schutz der Würde gilt zurzeit verbindlich für alle Menschen. Aber die Behauptung, dass man seine Würde nicht verlieren könne, ist eine perfide Begründung dieser Verbindlichkeit: Weder gibt es Garantien, den Kreis der Würdigen nicht in Zukunft wieder zu einem exklusiven Kreis zu machen, noch gewährleistet die Würdedefinitheit als solche schon, nicht entwürdigt werden zu können. Ich werde mich im Folgenden auf den ersten Aspekt beschränken, weil Würdedefinitheit die kategoriale Voraussetzung für den zweiten Aspekt ist. Zur Frage des würdigen, unwürdigen und entwürdigenden Benehmens findet sich beinahe alles, was es dazu zu sagen gibt, in den Arbeiten von Pollmann unter dem Titel *Integrität*.[22] Leider aber thematisiert Pollmann dabei nicht den kategorialen Rahmen der Würdedefinitheit, innerhalb dessen sich die Frage der Integrität allererst stellt. De facto spielt er daher das eine gegen das andere aus: Weil er zu Recht darauf besteht, dass man jemanden entwürdigen kann, deshalb sieht er sich gezwungen zu glauben, auch Würdedefinitheit sei *in* diesem würdigenden oder entwürdigenden Tun hergestellt. Aber das ist eben ein Kategorienfehler, vergleichbar mit dem Fehler, den jemand macht, der zu Recht darauf besteht, dass ein Pferd keine Primzahl sei.

3. PERSONENWÜRDE ODER MENSCHENWÜRDE

Personalität in diesem Sinne ist eine Form. Sie ist nicht nur nicht durch ein Merkmal (oder eine Art von Merkmalen) gewisser sozialer Akteure definiert, sondern genau umgekehrt: Was immer auch die Merkmale oder Leistungen der sozialen Akteure sein mögen, sie gelten fraglos als Personen der Würde. Das rückt Personalität – zunächst und notwendigerweise – in die Nähe einer problematischen rein dezisionistischen Zuschreibepraxis.[23] Weil Personalität nämlich radikal unabhängig ist von allen materialen Merkmalen von Naturkörpern, ist zunächst völlig offen, wer oder was zu den Personen zählt. Der Maßstab ist gerade nicht eine Natur der Sache gewisser Naturkörper, sondern allein die Frage, wen diejenigen warum schützen wollen, die sich selbst als Person deklarieren. Erst durch die aktive Identifizierungsleistung von *Person* und *alle Menschen* – durch die Arbeit des von Lindemann so genannten »Grenzregimes«[24] – ist die reine Form der Personalität eine konkrete Form. Darin steckt eine unaufhebbare Kontingenz, denn es ist möglich, dass diese Identifizierungsleistung anders ausfällt: In der Vormoderne

---

[22] Pollmann, *Integrität*; ders., *Recht auf Unversehrtheit?*
[23] Darauf hat Schardien, wenn auch mit falschem logischen Argument, zu Recht hingewiesen (s. o.).
[24] Lindemann, *Das Soziale*.

zählten nicht alle Menschen zu den Personen, und in Zukunft mag es so sein, dass wir auch intelligente Maschinen und bestimmte Tiere mit in den Kreis der Würdigen aufnehmen. Die reine Form der Personalität ist nur vermittelt über einen politischen Aushandelungsprozess eine konkrete Form. Anders gesagt: Die Verbindlichkeit, dass und für wen der Schutz der Würde gilt, kommt allein dadurch in die menschliche Welt, dass wir dies verbindlich festlegen – keine Natur der Welt sagt selbst, dass sie in ihrer Einmaligkeit geschützt werden muss.

Für viele Philosophien – ich nenne sie: Moralphilosophien – ist diese Kontingenz im Spalt der Personalität nicht hinnehmbar. Sie suchen nach einer gesellschaftstranszendenten Bürgschaft für die Identifizierung von *Person* und *alle Menschen*. Selbst Spaemann wird genau an dieser Stelle seinen eigenen Einsichten untreu, insofern er die Gattungszugehörigkeit, also ein biologisch bestimmtes Merkmal des homo sapiens, zum Kriterium der Zugehörigkeit zum Kreis der Personen erhebt. Konsequenterweise leistet er sich an dieser Stelle homophobe Aussetzer, da er nunmehr, biologisch ›abgesichert‹, die Geschlechterdifferenz zum Konstituens von Liebesverhältnissen macht.[25] – Gemeinsamkeit und Unterschied liegen hier haarspalterisch nahe beieinander: »Es gehört zur Würde der Person, dass sie nicht als kooptiertes, sondern als geborenes Mitglied ihren Platz innerhalb der universalen Personengemeinschaft einnimmt.« Zur Abgrenzung von Leistungskonzepten von Personalität und zur Abgrenzung von dezisionistischen Zuschreibekonzeptionen ist der Unterschied von »geboren« und »kooptiert« alles entscheidend. Aber es braucht einen metaphorischen Begriff von »geboren«, der den Gegensinn zu »kooptiert« bewahrt, aber gerade nicht auf »Zugehörigkeit zur Spezies homo sapiens und die Abstammung von anderen Mitgliedern dieser Spezies« abhebt.[26] Es ist einfach nicht wahr, dass wir im selben Sinne mit gleichen Rechten geboren werden, in dem wir gewöhnlich mit einer Nase geboren werden. Und insofern werden wir in eine Gesellschaft von Personen hineingeboren, und nicht von ihnen kooptiert, aber die Fraglosigkeit dieses Hineingeborenwerdens resultiert nicht aus einem biotischen Abstammungsverhältnis, sondern aus einem völkerrechtlichen Tatbestand. – Dass Spaemann hier seinen eigenen Einsichten untreu wird, ist eine Spätfolge dessen, dass er die Substanz-Akzidens-Ontologie nicht in Gänze aufgegeben hat, denn für ihn ist – mit der Idee von Personalität als gesellschaftlicher Status unvereinbar – Person der »Träger« von Würde.[27]

---

25 Spaemann, *Personen*, S. 47.
26 Spaemann, *Personen zu Personen?*, S. 12.
27 Spaemann, *Personen zu Personen?*, S. 4. – Eine Prozess-Ontologie ist hier angewiesen auf ein Konzept »hinterhergesetzter Satzsubjekte« (König, *Sein und Denken*).

Das Anliegen ist im Folgenden, jene Kontingenz, und damit die Historizität von Personalität und Würde, zu sichern, ohne den Geltungsstatus von Personalität an einen rein willkürlichen, pur dezisionistischen Akt zu binden. Die allgemeine Antwort, warum beides nicht dasselbe ist, hatte ich schon gegeben: Dass uns allen Würde zukommt, ist nichts Willkürliches, sondern eine verbindliche Tatsache des Völkerrechts. Eine Rechtsgeltung aber schafft eine Asymmetrie, die von jeder Willkürentscheidung verschieden ist: Sie gilt, fraglos und ohne weitere Begründung, während *Änderungen* begründungspflichtig sind.

Man mag darin aber eine bloße Verschiebung des Problems sehen: Warum sollte *uns allen* fraglos Würde zukommen – und nicht nur Einigen von uns oder auch Anderen als uns? In welchem Sinne ist die Identifizierung von *Person* und *alle Menschen* zwar eine freie, gleichwohl aber keine willkürliche Deklaration? In Antwort darauf will ich zwei Aspekte thematisieren: die Leibhaftigkeit von Personen und den Schutz vor der Antastbarkeit der Würde.

4. Die Leibhaftigkeit von Personen

Selbstverständlich gibt es Plausibilitäten, die verständlich machen, dass wir Fliegen, Mücken und auch sonstige Tiere nicht zu den Personen zählen. Der Kern dieser Plausibilitäten scheint mir darin zu liegen, dass Tiere und Maschinen uns nicht widersprechen, und dass sie auch nicht mit in jenem Grenzregime arbeiten. Es bleibt daher ein paternalistischer Zug, wenn wir Menschen für so etwas mitreden und solcherart Naturkörper in den Kreis von Unsereinem mit aufnehmen. Paternalismus aber ist mit Personalität unvereinbar. – Aber dies ist und bleibt eine Plausibilisierung. In Anspruch genommen ist ein *indirekter* Verweis auf gewisse Merkmale von Tieren bzw. von Maschinen. Als *direkter* Verweis taugt das Argument nichts, da es i) eine falsche Materialisierung von Personalität und damit doch wieder eine Aufnahmeprüfung wäre, und ii) als *direkter* Verweis dem eigenen Anliegen widerspricht, denn auch Koma-Patienten widersprechen uns nicht und arbeiten nicht mehr mit im Grenzregime, gehören aber gleichwohl in den Kreis der Würdigen.

Wir benötigen daher ein Verfahren, Merkmale von Menschen, Tieren, Maschinen resp. Differenzen zwischen Arten von Naturkörpern indirekt – will sagen: symptomatisch – geltend machen zu können. Mit Plessner kann man das auf die Formel bringen, dass Personalität an keine *bestimmte* körperliche Organisationsform gebunden ist, aber dass sie gleichwohl nicht für beliebige Organisationsformen in Frage kommt. Das Maß ist negativ bestimmt: Personalität muss mit der Organisationsform verträglich sein.

Der erste, traditionell keineswegs selbstverständliche Schritt dazu ist, Personalität überhaupt an eine körperliche Organisationsform zu binden. In der christlichen Trinitätslehre ist es beispielsweise üblich, Gott in einem eminenten Sinne Person-Status zuzuschreiben[28], und Gott ist an keine körperliche Organisationsform, von der wir wüssten, gebunden. Aber selbst dann, wenn man den Schritt in die Moderne mitmacht und nur noch irdische soziale Akteure hinsichtlich ihres gesellschaftlichen Status befragt, ist die Gebundenheit von Personalität an eine körperliche Organisationsform nicht selbstverständlich. Scheler etwa insistiert auf dem reinen Vollzugscharakter von Personalität, die damit zu den von ihm so genannten »geistigen« Sachverhalten zählt. Und diese sind, so Scheler, bedeutungslogisch unabhängig von ihrer körperlichen Realisierung. Es ist daher ein eigener Einsatz, wenn man, wie etwa Plessner, die Leibhaftigkeit von Personen zu deren Konstitutionsbestimmungen zählt.[29]

Eigens ernst genommen ist dann die Bestimmung, Personalität als einen *gesellschaftlichen* Status zu bestimmen. Im Blick sind dann von vornherein nicht alle Naturkörper, die auf Personalität befragbar sind, sondern nur soziale Akteure. Und da wiederum nicht von vornherein klar ist, wer zu den sozialen Akteuren zählt, nimmt Plessner lebendige Organismen in den Blick und bestimmt die sozialen Akteure als diejenigen Organismen, die exzentrisch positioniert sind. Für diese dann ist die Mitwelt konstitutiv.

Nur soweit wir Personen sind, stehen wir in der Welt eines von uns unabhängigen und zugleich unseren Einwirkungen zugänglichen Seins. Infolgedessen hat es seine Richtigkeit, daß der Geist die Voraussetzung für Natur und Seele bildet. Man muß den Satz in seinen Grenzen verstehen. Geist ist nicht als Subjektivität oder Bewußtsein oder Intellekt, sondern als Wirsphäre die Voraussetzung der Konstitution einer Wirklichkeit, die wiederum nur dann Wirklichkeit darstellt und ausmacht, wenn sie auch unabhängig von den Prinzipien ihrer Konstitution in einem Bewußtseinsaspekt für sich konstituiert bleibt. Gerade mit dieser Abgekehrtheit vom Bewußtsein erfüllt sie das Gesetz der exzentrischen Sphäre.[30]

Ist man so weit gekommen bzw. mitgegangen, dann kann man sich mit Plessner auf die Suche nach Phänomenen machen, in denen sich Exzentrizität als Exzentrizität zeigt – und diese Phänomene wären dann *Symptome* der körperlichen Organisationsform von Personen. – Plessners bekanntestes Beispiel ist das Lachen und Weinen. Zum Lachen und Weinen gehört wesentlich, dass es mit uns geschieht: Wir fallen ins Lachen und Weinen. Ein un-

---

[28] Vorsichtiger gesprochen: Im Westen – im Osten hieß es »Hypostasen«; vgl. Spaemann, *Personen zu Personen?*, S. 5.

[29] Vgl. Schürmann, *Scheler und Plessner*.

[30] Plessner, *Stufen*, S. 304 [= GS IV, 378]; vgl. eindrücklich auch Plessner, *Lebewesen*, S. 14 f.

gespieltes Lachen und Weinen ist nicht handlungstheoretisch, also nicht als
rein aktive Umsetzung einer Intention in Tun erklärlich. Trotz dieses wesentlich passiven Moments sei das Lachen und Weinen kein bloßer Reflex
auf den Anlass des Lachens und Weinens, sondern eine *Antwort* der Person
auf eine Situation (von spezifischer Orientierungslosigkeit). Im Lachen und
Weinen übernehme der Leib die Antwort für die Person, die in dieser Situation außer sich sei.[31] Oder als Formel: Lachen und Weinen liegt noch in der
Macht der Person, aber nicht in ihrer Verfügungsgewalt. Auch im Lachen
und Weinen ist der exzentrische Blick im Tun auf das Tun gewahrt. Streicht
man probeweise die exzentrische Struktur, dann wäre Lachen und Weinen
entweder ein bloßes Verhalten oder der Bedeutungsunterschied von gespiel-
tem und künstlichem Lachen und Weinen würde in sich zusammenbrechen.

Aber es bleibt dabei, dass dies eine Analyse von Phänomenen ist. Entgegen des Wortlauts sagt Plessner nicht, dass es so *ist*, dass Tiere nicht lachen. Die Argumentation bleibt vielmehr eine indirekte: Wie das Beispiel
des Lachens des Schauspielers zeigt, können wir am rein Beobachtbaren des
Phänomens gerade nicht entscheiden/unterscheiden, ob es sich um ein unge-
spieltes oder ein künstliches Lachen handelt – und konsequenterweise sehen
wir dem Antlitz eines Primaten nicht an, ob es ungespielt lacht oder sich
lediglich verhält und Grimassen zieht. Das Argument ist vielmehr ein kategoriales: Um die Unterscheidung von ungespieltem und künstlichem Lachen aufrecht erhalten zu können, müssen wir Exzentrizität als Bedingung
der Möglichkeit dieser Unterscheidung in Anschlag bringen – und nur insofern *sind* Exzentriker dann diejenigen, die u. a. über die Unterscheidung
von ungespieltem und künstlichem Lachen verfügen. Obwohl Plessner nur
leibhaftige Personen kennt, fällt er also nicht in die Position zurück, Personalität durch die körperliche Organisationsform zu definieren, sondern insistiert auf einem symptomatischen Zusammenhang. – Vielleicht kann man
sagen, dass sich hier ein anthropologisches Analogon zum christologischen
Problem der christlichen Theologie stellt: Jesus gilt dort als Person mit zwei
Naturen – einer göttlichen und einer menschlichen. Und die Pointe daran
ist, dass das Haben einer solchen Natur für die Person Jesus wesentlich ist,
aber gleichwohl das *Haben* einer Natur bleibt ohne sein Sein zu sein.[32]

Dies unterscheidet Plessners Position von den meisten leibphänomenolo-
gischen Positionen. Mit Plessner sind Personen leibhaftig, aber Personalität
ist nicht leiblich. Plessners Mitwelt ist eine Zwischen-Personalität, aber keine
Zwischen-Leiblichkeit, wie etwa bei Merleau-Ponty. Der Verweis auf die
Leiblichkeit bleibt mit Plessner ein symptomatischer, und er gerät nicht zum
Verweis auf die Sachen selbst. Mitweltlichkeit als Zwischenleiblichkeit wäre

---

[31] Plessner, *Lachen und Weinen*.
[32] Vgl. Spaemann, *Personen zu Personen?*, S. 5 f.

viel zu sehr den Phänomenen sozialer Nähe geschuldet und damit mit Plessners emphatischem Respekt vor den »Grenzen der Gemeinschaft« strukturell unvereinbar.[33] – Völlig zutreffend ist aber selbstverständlich der phänomenologische Verweis auf die *Zwischen*-›Leiblichkeit‹. Dieses Insistieren ist immer dort nötig, wo der Verweis auf den Leib zu einem Verweis auf meinen, also einen individuellen Leib gerät, wie z. B. bei Vögele, der die »Frage nach der Körperlichkeit« in der »Frage nach dem Verhältnis des Menschen zu sich selbst« aufgehoben sieht – und nicht in den Fragen nach seinen Verhältnissen zu Gott, zur Welt, zu den anderen.[34]

5. Die (Un-)Antastbarkeit der Würde

Die Emphase der bürgerlichen Revolutionen liegt darin, dass soziale Akteure nicht länger als Exemplare gelten sollen, also nicht als austauschbares Eines von Vielen. Dies ist in allen Standesgesellschaften so, denn dort ist man fix in einen Stand hineingeboren. Man zählt dann als Exemplar seines Standes und soziale Mobilität ist Zufall oder gewährter Gnadenakt. Demgegenüber ist das Versprechen der politischen Moderne, dass soziale Mobilität i) überhaupt möglich, und ii) dann der eigenen Leistung zurechenbar wird. Insofern kann man sagen, dass die versprochene Leistungsgerechtigkeit kein Selbstzweck ist, sondern das spezifisch bürgerliche Vehikel, der postulierten Eigentümlichkeit jedes und jeder Einzelnen ein Gewicht zu geben.

Es hat dann – trotz Herder, trotz Rousseau, trotz Solger, trotz Feuerbach, wie Nuzzo zeigt[35]: trotz Kant – eine Zeitlang gedauert, bis die körperliche Seite dieser Einmaligkeit halbwegs ernst genommen wurde. Zunächst machte es aufklärerisch durchaus Sinn, gegen den sinnenbetörenden Weihrauch der Kirchen den Ausgang aus Unmündigkeit intellektualistisch, als Selbst-Denken, zu konzipieren. Gleichwohl war es schon zeitgenössisch eine Verkürzung, die auch als solche benannt wurde.[36] Von einem Eigensinn des Körpers wissen eben diejenigen nichts, die von »Gehirnen im Tank« zu erzählen wissen.[37] Der Körper liegt im toten Winkel eines zwar un-

---

[33] Gegen das Modell der Zwischenleiblichkeit jüngst auch Röttgers, *Das Soziale*, S. 20; 33, Anm. 48; 52, Anm. 10; 352 mit zusätzlichem Verweis auf Gamm.

[34] Vögele, *Gottesebenbildlichkeit*, S. 141; dagegen etwa Meyer-Drawe, *Leiblichkeit*.

[35] Nuzzo, *Embodiment*.

[36] »Der Irrtum der meisten Moralisten war schon immer, den Menschen für ein im wesentlichen vernünftiges Wesen zu halten. Der Mensch ist aber nur ein fühlendes Wesen, das einzig und allein seine Leidenschaften beim Handeln befragt, und dem die Vernunft nur dazu dient, um die Dummheiten auszubügeln, die er ihretwegen begeht.« (Rousseau, *Politische Schriften*, S. 278)

[37] Zur Annahme eines Eigensinns des Körpers gehört dann auch, die Schutzwürdigkeit des Körpers gerade nicht in einem Eigentumsrecht am Körper zu fundieren, sondern in einem prin-

verzichtbaren, aber schlecht habitualisierten »interesselosen Wohlgefallens«.
Man kann und muss daher gelegentlich daran erinnern, worin die politische Errungenschaft der bürgerlichen Revolutionen besteht: Der Kern der Freiheit, die die Menschenrechts-Erklärungen gewähren, ist die Freiheit von der Leibeigenschaft. Und hier verweist bereits der Name darauf, womit wir bei den voraussetzungslosen Intellektualisten anfangen müssen, nämlich die erste Voraussetzung aller Selbstbestimmung zu konstatieren[38]: Wer »überall in Ketten liegt« (Rousseau), dem hilft es nichts, die Ketten anders zu denken. »Die Freiheit, die Menschenrechtserklärungen überhaupt denkbar gemacht hat, ist eine *leibhaftige Freiheit*. Sie ist dadurch bestimmt, daß der Mensch über seinen *Leib* verfügt, indem er arbeitet, was er will, heiratet, wen er will, und sich niederläßt, wo er will. [...] Wo diese Bedingungen fehlten, bestand *Leibeigenschaft*.«[39]

Oder um, wie es sich für Philosophen gehört, diese ideologiekritischen Töne systematisch zu wenden: Der versprochene Schutz der unaustauschbaren Einmaligkeit ist nicht lediglich der Schutz, eine persönliche Eigentümlichkeit darin zu bilden, die Welt anzuschauen, sondern eine persönliche Eigentümlichkeit darin zu bilden, sich in der Welt zu bewegen.

Und dazu braucht es einen Leib, genauer: das Konzept eines »spekulativen Leibes«, von dem Feuerbach sprach. Das meint, neben manchen anderen Anklängen, im Hinblick auf die Einmaligkeit von Personen etwas Doppeltes. Zum einen ist der Leib ein bzw. *das* nach-intellektualistische Individuierungsprinzip. Zum anderen ist eine Person qua Leib in der Welt positioniert. Das Moment der Positioniertheit geht nicht nur nicht auf im Moment des Individuiertseins, sondern transformiert die leibliche Individuiertheit allererst zu einer spezifisch modernen Position. Feuerbachs Leiblichkeit materialisiert nicht lediglich das vormalig intellektualistisch konzipierte mündige Subjekt. Das allein ändert nämlich nichts an einer entscheidenden Voraussetzung, die auch noch mit jedem bloßen Embodiment-Konzept verträglich wäre: Dass Personalität darin gründe, sich »mit einem ›*view from nowhere*‹ [zu sehen]«.[40] Traditionell war der Körper zwar gerade Sinnbild dessen, diesen göttlichen Blick zu stören – und eben deshalb hatte noch Leibniz es als Privileg formulieren können, dass Gott vom Körper gänzlich befreit sei –;

---

zipiellen Unterschied des Körpers und äußerer Güter. Auch hier will der Unterschied von Preis und Würde bedacht sein; vgl. dazu Herrmann, *Selbstverfügung* (dort leider gänzlich im Rahmen der Substanz-Ontologie verbleibend).

38 »Wir müssen bei den voraussetzungslosen Deutschen damit anfangen, daß wir die erste Voraussetzung aller menschlichen Existenz, also auch aller Geschichte konstatieren, nämlich die Voraussetzung, daß die Menschen imstande sein müssen zu leben, um ›Geschichte machen‹ zu können.« (Marx/Engels [1845/46], MEW 3, S. 28)

39 Blickle, *Leibeigenschaft*, S. 17.

40 Spaemann, *Personen zu Personen?*, S. 8.

aber es ist ein Leichtes zuzugestehen, dass für uns Menschen diese Störung nun einmal ganz unvermeidbar sei. Man kann also ganz stressfrei sowohl das Embodiment hypen als auch das vormoderne Ideal aufrechterhalten, dass Personalität ›eigentlich‹ heißen würde, die Welt aus dem Nirgendwo zu betrachten. Erst dann, wenn man systematisch ernst nimmt, dass wir als Menschen nun einmal nicht über einen Gottesaugen-Standpunkt verfügen, und dass es »falsche christliche Demut« (Hegel) ist, unser menschliches Tun und Wissen an einem göttlichen regulativen Ideal zu messen, ist allererst umgestellt auf das Feuerbach'sche Programm: auf Anthropologie als *prima philosophia* statt Theologie.[41] Dann erst ist klar, dass Personen ihre Welt von einem Binnenstandpunkt dieser Welt aus sehen und dass sie sich *in* dieser Welt bewegen. Erst dann ist klar: Selbstbestimmung von Personen ist nicht Willkürfreiheit, sondern »Macht« (Plessner) bzw. »kommunikative Freiheit« (Kobusch)[42] – ist nicht Autarkie, sondern Autonomie. Weil Personen je schon in der Welt positioniert sind, ist ihre Freiheit nicht primär eingeschränkt, sondern durch ein »passives Moment« (Feuerbach) konstituiert. Im Kern: Person kann man nicht allein sein, und insofern ist die andere Person nicht *factum brutum*, sondern Ermöglichungsgrund meiner positionierten Freiheit.[43] – Der Verweis auf Feuerbach ist nicht nur kauzig. Eine der am meisten unterschätzten Leistungen Feuerbachs liegt darin, *die* vormoderne Philosophie individueller Substanzen und *die* vormoderne Philosophie perspektivischen Wissens, nämlich die *Monadologie* von Leibniz, durch spekulative Verleiblichung in die Moderne hinein geholt zu haben. Exemplarisch und in einem zentralen Punkt:

> Die Monade wird zwar von allem, was in der Welt vorgeht, infolge ihrer eigentümlichen Natur, die nur aus Nerven, nicht aus Fleisch und Blut besteht, affiziert und ergriffen; aber sie ist kein an Ort und Stelle sich befindender Augen- und Ohrenzeuge von den Weltbegebenheiten; ihre Teilnahme daran

---

[41] Konersmann nennt das heute: Die Umstellung auf Kulturphilosophie, und er spielt dies gegen die philosophische Anthropologie aus, die angeblich »unmittelbar« vom Menschen reden wolle, also ohne Umweg über Kulturbedingungen von einer »ersten Natur« des Menschen als Basis ausgehe (Konersmann, *Handbuch Kulturphilosophie*, S. 2 f., 13). Das ist nette Begriffspolitik, weil es ein *Handbuch Anthropologie* ja schon gab, aber das verkennt (wie zugegeben auch das *Handbuch Anthropologie*), was Anthropologie bei Feuerbach und Plessner ist.

[42] »Die Vorstellung, je meine Freiheit reiche so weit, bis sie durch die Freiheit der anderen eingeschränkt und begrenzt würde, ist deswegen auch ganz unangemessen. Denn auch sie belegt die Verwechslung mit der Willkür, die als eine an sich unendliche, auf alle möglichen Inhalte sich erstreckende Willensbewegung gedacht wird. In Wirklichkeit beschränkt sich wahre Freiheit selbst, weil sie die Freiheit der anderen nicht als etwas ihr Fremdes, sondern als den ihrem Wollen eigentlich zukommenden Inhalt will.« (Kobusch, *Kultur des Humanen*, S. 364)

[43] Zum Bruch im modernen Autonomie-Konzept, d. h. zu einer anderen Verhältnisbestimmung von Freiheit und Gesetzlichkeit, vgl. auch Menke, *Autonomie*.

gleicht nur der Teilnahme des Lesers; sie ist nur aus der Ferne dabei. Bei einer Sache aber nur aus der Ferne sein, ihre Vergegenwärtigung ohne wirkliches Dasein ist eine Vorstellung. Durch diese Teilnahme wird daher die Monade auch nicht aus sich herausgerissen, nicht in dem Hausfrieden ihrer Seele gestört. Mit einem Worte – die Monade ist nicht mithandelnde Person, nur Zuschauer des Welttheaters. Und ebenhierin liegt der Hauptmangel der Monadologie.[44]

In diesem Sinne schreibt Spaemann haarscharf an Plessner, auf den er sich bezieht, vorbei. Der exzentrische Blick der Person auf sich ist bei Plessner gerade kein *view from nowhere*. Weil und insofern die Mitwelt für Exzentrizität konstitutiv ist, sehen sich Exzentriker immer schon mit anderen Augen, aber dieser Sachverhalt ist nichts Gespenstisches, sondern ist ein sich Sehen mit den Augen der Anderen. Plessner ist und bleibt Philosoph und kann sich daher von einem Welt-Begriff nicht verabschieden. Aber gekündigt hat er jeder Unterstellung eines Blicks von außen auf die Welt:

> Das Interesse daran, dass das Wahre wirklich ein ganz und gar losgelöstes [absolutes], jenseitiges Wesen ist und die Erkenntnis sich seiner nur passiv bemächtigen darf, ist nicht etwa ein Geschöpf der Phantasie, sondern höchst real in der überwiegenden Mehrzahl aller Definitionen von Wahrheit und Philosophie; niemals sonst hätte die Abbildtheorie in der Erkenntnis eine so große Rolle spielen können.[45]

Nimmt man also die körperliche Seite der deklarierten unaustauschbaren Einmaligkeit von Personen ernst, dann wird verständlich, dass die »Unversehrtheit des Körpers« ein »elementares Menschenrecht« ist.[46] Und auch umgekehrt: Insofern die »körperliche Unversehrtheit ein zentrales Motiv neuzeitlicher Rechtsordnungen geworden ist«, geht dies einher »mit der Entwicklung des modernen Verständnisses des ›Subjekts‹ als Träger von (›subjektiven‹) Rechten. Indem Subjektivität als wesentlich verkörperte verstanden wird, unterscheidet sie sich von traditionell theologischen Konzeptionen der Person ebenso wie von rationalistisch-philosophischen Geistkonzeptionen.«[47]

Wie etwa Brugger zeigt, ist es juristisch jedoch immer noch schwierig resp. strittig, inwiefern der Schutz der körperlichen Unversehrtheit tatsächlich unter den Schutz der menschlichen *Würde* fällt. Die Zulässigkeit der Notwehr und Nothilfe, die Zulässigkeit des ›finalen Rettungsschusses‹, die Zulässigkeit der Todesstrafe in einigen Rechtsstaaten und ganz generell die

---

[44] Feuerbach, *Leibniz*, § 12, S. 92.
[45] Plessner, *Krisis*, S. 247.
[46] Vgl. van der Walt / Menke (Hg.), *Unversehrtheit*.
[47] van der Walt, *Einleitung*, S. 15.

»Schrankenvorbehalt[e] zugunsten kollidierender Rechte anderer Personen oder zugunsten von kollektiven Gütern«, scheinen einen Abwägungsprozess zu indizieren, der bei der Menschenwürde gerade ausgeschlossen ist, da Würde »nicht gegen andere Interessen abgewogen werden kann«. Und deshalb seien »Normen zugunsten von Leib und Leben [...], trotz ihrer evidenten Bedeutung, im Zweifel nachrangig zur Personalitätsverfassung des Menschen«.[48] Brugger sieht sich genötigt, die traditionelle Rede von erster und zweiter Natur des Menschen einzuführen. Der Überlebenswille aus biologischen und psychologischen Gründen sei ein funktionaler Imperativ, der aber nicht spezifisch für menschliche Organismen sei. Konsequenterweise geraten dadurch die Normen zum Schutz von Leib und Leben zu bloß nötigen Schutzmaßnahmen *der Bedingungen* personaler Würde, während die Menschenwürdegarantien »vor allem die Freiheits-, Kultur- und Geistverfassung des Menschen in ihren Basiselementen [repräsentieren]«.[49] Diese Einteilung in verschiedene Stockwerke – ein Gemeinsames von Tier und Mensch plus Kultur als Spezifikum – wird auch durch penetrante Wiederholung nicht überzeugender.[50] Exzentriker leben und überleben eben in der Weise, dass sie ihr Leben *führen*. Zu dem von Brugger dargestellten »Menschenbild der Menschenrechte«[51] gehört dann die leibliche Seite mit hinzu. Der Leib des Menschen ist nicht bloße Bedingung, ein ansonsten gutbürgerliches Leben zu führen, sondern exzentrische Lebensführung *ist* leibhaftig.

Das kategorische Folterverbot ist das sinnfälligste Symptom gegen diejenigen Ideologien, die sich in der Lage sehen, sei es die Welt, sei es die Natur des Menschen durchzunummerieren. Denn hier ist der Schutz der körperlichen Unversehrtheit klarerweise ein Schutz der Würde, und keineswegs lediglich der Schutz der Bedingungen, Würde zu realisieren. Tendenzen zur Enttabuisierung des Folterverbotes hin zur »Daschnerisierung des Rechts« (Heribert Prantl) sind insofern besonders perfide, weil sie den kategorischen Schutz der körperlichen Unversehrtheit zu einem disponiblen *nice-to-have* machen.

6. Die Normativität des Leibes

Dass der personale Leib konstitutiv sei für die Lebensführung, würde bedeuten, dass der Leib eine normative Dimension hat. Aber (wie) kann das sein? Kann der Körper überhaupt Quelle von Normativität sein?

---

[48] Brugger, *Menschenbild der Menschenrechte*, S. 246–250, hier: 248.
[49] Brugger, *Menschenbild der Menschenrechte*, S. 248.
[50] Daher hier wenigstens die penetrante Wiedererinnerung an Herders *Sprachursprungsschrift*.
[51] Brugger, *Menschenbild der Menschenrechte*, S. 242–246.

Reichold möchte aufzeigen, dass und wie das möglich ist. Sie konstatiert zunächst, dass dies mit zahllosen Person-Theorien nicht möglich ist, da diese die »absolute Unerheblichkeit der körperlichen Realisierung der Person« geradezu feiern.[52] Mit einigen Person-Theorien könne man immerhin eine »praktische Normativität« begründen. Dort werde der Körper resp. Leib der Personen als gebietender, und somit praktisch-normativer Handlungsimpuls thematisiert, aber daraus gerade der Schluss gezogen, dass die Leiblichkeit nicht moralisch normativ sei. Als moralisch normativ gilt dort ggf. ein bestimmter Umgang mit den gebietenden Handlungsimpulsen, aber nicht diese selbst. Diese Person-Theorien sind insofern zwar nicht mit einem Ausschluss, aber mit einer Abwertung des Körperlichen in Bezug auf die Personalität verknüpft. Sie kennen, trotz der Einsicht in die personale Unvermeidbarkeit des Körpers, keinen Eigen-Sinn des Leiblichen, sondern nur ein Modell von Autonomie als Beherrschung der Leidenschaften. Das klassisch-historische Modell wäre die Körperpädagogik der Philanthropen; der oben diskutierte Ansatz von Brugger wäre ein zeitgenössisches Beispiel. Reichold geht daher einen Schritt weiter. Ihre »These lautet, dass die grundlegende Rolle des Körpers als Quelle auch moralischer Normativität deutlich wird, wenn der Blick auf den Körper *anderer* gerichtet wird«.[53]

Ihr Argument ist bemerkenswert. Sie behauptet eine Asymmetrie hinsichtlich des moralischen Aufforderungscharakters von meinem Leid und dem Leid der Anderen. Meinen Schmerz beispielsweise »kann ich möglicherweise ignorieren, verschieben, unterdrücken«, aber bei einem »verletzten Kind« dürfe ich dies nicht tun. Der moralische Aufforderungscharakter des Schreiens des Kindes habe »seine Wurzel u. a. darin, dass es sich um den Schmerz eines anderen und hier zudem eines auf meine Hilfe angewiesenen Kindes handelt«.[54] Vorausgesetzt sei »hier also eine Form des Altruismus«.[55] Doch dieser Ansatz hat mehrere Probleme.

Zum einen kann man schlicht anderer Meinung sein, was die behauptete Asymmetrie angeht. Spaemann etwa insistiert darauf, dass es gerade umgekehrt sei: »Die Sorge für und um ein zugehöriges Wesen ist allen höheren Lebewesen gemeinsam. Aber auf sich selbst achtzugeben, weil man Teil der Welt des anderen ist und ihm den Verlust ersparen möchte, das kennzeichnet den Menschen als Person.«[56]

Zum anderen, und dies ist der logische Grund, dass es zwischen Reichold und Spaemann unentschieden steht, belässt es Reichold bei einer Variation

52 Reichold, *Die Körper anderer*, hier: S. 124.
53 Reichold, *Die Körper anderer*, S. 119.
54 Reichold, *Die Körper anderer*, S. 133.
55 Reichold, *Die Körper anderer*, S. 138.
56 Spaemann, *Personen zu Personen?*, S. 8.

des Problems des Fremdverstehens. Dies stellt sich bekanntlich überhaupt nur deshalb, weil der Ausgangspunkt a) ein egologischer ist mit b) der Besonderheit, einen privilegierten Zugang zum Verstehen meiner selbst zu behaupten. Das egologische Grundszenario bleibt notwendigerweise ein Königskinder-Problem: Ego und Alter kommen nicht zusammen, und es ist kein Verstehen aus diesem Szenario herauszuklauben. An der Logik ändert sich auch nichts, wenn man wie Reichold die Vorzeichen wechselt, und hinsichtlich der fraglichen moralischen Normativität ein Privileg des Fremdmitleidens postuliert.[57] Spaemanns Position ist hier nicht deshalb überlegen, weil er die Vorzeichen besser setzt, sondern weil er den egologischen Grundansatz aufgegeben hat: Person kann man nicht allein sein, und insofern sind auch leidende oder glückliche Ego und Alter als Personen immer schon positioniert im geistigen Medium der Mitwelt. Und erst dadurch ist auch das dritte Folgeproblem lösbar, das Reichold selbst aufwirft.

Dieses besteht darin, dass auch sie weiß, dass »die Körper der anderen nicht per se moralisch auffordernd [sind]«, und dass der »Umgang mit dem schreienden Kind nicht ahistorisch oder überkulturell [ist] und dennoch ist er auch nicht rein subjektiv.«[58] Nimmt man dies ernst, dann ist es eben gerade nicht so, dass (meine oder eine andere) Körperlichkeit *als solche* moralischen Aufforderungscharakter hat; auch hier ist es so, dass nicht die Sachen selber zu uns sprechen oder schreien, sondern dass auch dieses Weltwahrnehmen ein prinzipiell vermitteltes ist. Moralischen Aufforderungscharakter haben *personale*, also in der Mitwelt positionierte, Leiber. Das hat dann auch zur Folge, dass das Menschenrecht auf körperliche Unversehrtheit genau so meinen wie auch Deinen Körper schützt. Der Umgang mit Selbstschädigungen ist ein Folgeproblem dieser Grundkonstellation.

Es ist dann wieder fraglich, ob denn tatsächlich die Leiblichkeit etwas zur Normativität beiträgt. Wenn sowieso der Verweis auf *personale* Leiber benötigt wird, warum dann nicht gleich der Verweis auf Personalität? Warum und inwiefern ist denn nun die Leiblichkeit eine normative Quelle der Lebens*führung*?

Den entscheidenden Punkt, den Mertens in dieser Hinsicht setzt[59], ist der Verweis auf die prinzipielle Brüchigkeit des personalen Leibes, die dann immer auch Verletzlichkeit bedeute. Personale Leiblichkeit sei gekennzeichnet durch »kairologische Situiertheit«, durch die Verwiesenheit auf andere Leiber, und die Gebundenheit an »Unverfügbares und Fremdes«. Diese drei Charakteristika begründen jene »unaufhebbare *Brüchigkeit* des Leibes«, die

---

[57] Auch Herrmann, *Selbstverfügung*, S. 87, setzt auf einen »privilegierten Zugang zur Wahrnehmung« des eigenen Körpers.

[58] Reichold, *Die Körper anderer*, S. 133, 137.

[59] Mertens, *Verletzlichkeit*; vgl. auch ders., *Argumentative Rolle*.

»in Horizonten leiblicher Bedürftigkeit, Angewiesenheit und Gefährdetheit erfahren« wird.[60]

Mertens betont zu Recht, dass die mitweltliche Verankerung das Königs-kinder-Problem – die Frage, »wie wir denn zum Körper anderer Zugang haben«[61] – unterläuft:

> Gemäß der skizzierten Bestimmung des Leibes resultieren leibliche Ansprü-che nicht erst aus einer Übertragung eigener auf fremde Ansprüche. Vielmehr erhebt Leibliches in seiner Verletzlichkeit aufgrund seiner prinzipiellen An-gewiesenheit auf ein Rücksicht nehmendes Handeln als es selbst einen An-spruch. Insofern ist der Leib in einer Ethik der Leiblichkeit *Quelle* eigener ethischer Ansprüche und Forderungen. Die leibliche Fremdheit des eigenen oder des anderen Leibes ist nicht erst und allein vermittels seiner Bedeutung für das Subjekt der ethischen Reflexion Gegenstand verantwortlichen Han-delns.[62]

Was hier mit dem Verweis auf die Verletzlichkeit des Leibes neu ins Spiel kommt, ist die kategoriale Unterscheidung von Anderem und Fremdem. Das Fremde ist nicht einfach ein noch anderes Anderes oder ein besonders doll anders seiendes Anderes, sondern etwas grundsätzlich Verschiedenes, wor-auf insbesondere Röttgers und Waldenfels wiederholt aufmerksam gemacht haben. Das Andere ist und bleibt das Andere eines Selbst – diese Relation ist unaufhebbar reziprok; das Fremde aber ist unverfügbar, es betrifft und ist notwendigerweise konstituiert durch ein passives Moment in meiner Aktivi-tät. Das Fremde rückt mir gleichsam auf den Leib, sofern ich denn dafür of-fen bin und nicht überall nur Anderes meiner selbst wahrnehme. Hier geht es um die Einbettung der Mitwelt in die Natur resp. um die »Einschätzung der ethischen Relevanz der nicht-menschlichen Natur«.[63] Erst in solcher Asym-metrie entspringt ein normativer *Anspruch*: »Der Leib wird in konstitutiver Fremdheit erfahren. Das Verhältnis, das wir sowohl zu unserem eigenen als auch zum anderen Leib einnehmen, ist von vornherein ein nicht-reziprokes Verhältnis zwischen Ungleichen.«[64] Dieses Verhältnis ist gleichwohl noch ein personales, also gegründet im reziproken Sich-Anerkennen als Person, weil sich auch die Unterscheidung von Anderem und Fremdem an keiner Naturtatsache festmachen lässt, sondern durch uns aufrecht erhalten wer-den muss oder durch uns nivelliert wird. Imperialistische Kulturen kennen nichts, was ihnen fremd wäre, geschweige, was ihnen heilig wäre.

---

[60] Mertens, *Verletzlichkeit*, S. 243–245.
[61] Reichold, *Die Körper anderer*, S. 137.
[62] Mertens, *Verletzlichkeit*, S. 248.
[63] Mertens, *Verletzlichkeit*, S. 241; vgl. Schürmann, *Natur*.
[64] Mertens, *Verletzlichkeit*, S. 241.

7. Epilog

Als Person zu gelten, ist nicht das Ergebnis guter Überlegungen, sondern diese Geltung ist als Rechtstatsache verbindlich. Würde es *nur* um gute Gründe gehen, den Schutzraum der Würde einzurichten, dann wäre in Zeiten eines gewollten und geschützten weltanschaulichen Pluralismus keine Verbindlichkeit von Geltung möglich. Als Person zu gelten, wäre eine Überzeugung aus zweiter Hand.[65] Daraus aber folgt nicht, dass es einen vor-gegebenen (etwa: naturrechtlichen) Anker gibt, der die Verbindlichkeit garantiert. Vielmehr sind einzig wir Personen es, die diese Verbindlichkeit begründen und aufrechterhalten (oder auch nicht). Es mag ein eigen Ding sein, dies hier gebrauchte appellative *gesellschaftliche* Wir von vermeintlich gleichlautenden übergriffigen Gemeinschafts-Wiren (wir Deutsche, wir Intellektuellen, wir Menschenbrüder) genauso abzugrenzen wie von Vorstellungen eines homogenen, herrschaftsfreien Wir, aber diese Schwierigkeiten und Folgeprobleme ändern nichts am zentralen Befund: Nur diejenigen, die den Schutz der Würde wollen könnten, können diejenigen sein, die diesen Schutz verbindlich machen (oder auch nicht). Und also ist dieser Schutz stets prekär – seiner Natur der Sache nach kann er niemals feststehen. So nötig der Hebammendienst des Naturrechts zur Herausbildung des »aufrechten Gangs« auch war[66], so wenig wäre ein Gang aufrecht, wenn er auf Dauer einer Stütze bedürfte. Wohl bedarf er auf noch unabsehbare Zeit des Schutzes.

Literatur

Abel, G.: Einzelding- und Ereignis-Ontologie. In: *Zeitschrift für philosophische Forschung* 39, 1985, S. 157–185.

Bayertz, K.: *Der aufrechte Gang. Eine Geschichte des anthropologischen Denkens*, München 2012.

Blickle, P.: *Von der Leibeigenschaft zu den Menschenrechten. Eine Geschichte der Freiheit in Deutschland*, München 2003.

Bloch, E.: *Naturrecht und menschliche Würde* (Gesamtausgabe, Bd. 6), Frankfurt am Main 1961.

Borsche, T.: Mensch und Person. In: *fiph-Journal*, Nr. 5 (1), 2005, S. 3–6.

---

[65] Vgl. Sandkaulen, *Fürwahrhalten*; Kobusch, *Welt der Vernunft*.

[66] Blochs Buch »möchte ein so historischer wie vor allem eingedenker Beitrag zu dem sein, was rechtens und doch noch offen ist: zu den Problemen des aufrechten Gangs. Das ist ein Juristikum eigener Art, mit fragend, fordernd gesuchter Mündigkeit beginnend, mit dem klassischen Naturrecht nicht endend.« (Bloch, *Naturrecht*, hier: S. 14; vgl. Bayertz, *Der aufrechte Gang*; Somek, *aufrechter Gang*.

Brugger, W.: Der Schutz körperlicher Unversehrtheit im Menschenbild der Menschenrechte. In: *Die Unversehrtheit des Körpers. Geschichte und Theorie eines elementaren Menschenrechts*, hgg. von S. van der Walt u. C. Menke. Frankfurt am Main – New York 2007, S. 237–252.

Burgio, A.: Individualismus versus Universalismus. Historische Hypothesen über die Entstellung eines theoretischen Paradigmas. In: *Interaktionen zwischen Philosophie und empirischen Wissenschaften*, hg. von H. J. Sandkühler. Frankfurt am Main et al. 1995, S. 357–368.

Feuerbach, L.: *Geschichte der neuern Philosophie. Darstellung, Entwicklung und Kritik der Leibnizschen Philosophie* [1837] (Gesammelte Werke, hg. v. W. Schuffenhauer, Bd. 3). Berlin ³1984.

Fuhrmann, M. et al.: ›Person‹. In: *Historisches Wörterbuch der Philosophie*, hgg. von J. Ritter et al., Bd. 7. Basel – Darmstadt 1989, S. 269–338.

Gil, T.: *Personen*, Berlin 2004.

Habermas, J.: *Die Zukunft der menschlichen Natur. Auf dem Weg zu einer liberalen Eugenik?* Frankfurt am Main 2001.

Haucke, K.: *Das liberale Ethos der Würde. Eine systematisch orientierte Problemgeschichte zu Helmuth Plessners Begriff menschlicher Würde in den ›Grenzen der Gemeinschaft‹*, Würzburg 2003.

Herrmann, B.: *Der menschliche Körper zwischen Vermarktung und Unverfügbarkeit. Grundlinien einer Ethik der Selbstverfügung*, Freiburg 2011.

Kannetzky, F./ Tegtmeyer, H.: Begriff der Person und Theorie der Personalität. In: *Personalität. Studien zu einem Schlüsselbegriff der Philosophie*, hgg. von F. Kannetzky u. H. Tegtmeyer. Leipzig 2007, S. 5–15.

Kobusch, T.: Die Kultur des Humanen. Zur Idee der Freiheit. In: *Humanismus. Sein kritisches Potential für Gegenwart und Zukunft*, hgg. von A. Holderegger et al. Basel 2011, S. 357–386 [gekürzt in *Information Philosophie* 38 (5), 2010, S. 7–13].

– Welt der Gründe oder Welt der Vernunft? Zur Einseitigkeit des Rationalismus. In: *Allgemeine Zeitschrift für Philosophie* 37 (3), 2012, S. 243–264.

Konersmann, R.: Person. Ein bedeutungsgeschichtliches Panorama [1993]. In: ders., *Kulturelle Tatsachen*. Frankfurt am Main 2006, S. 156–189.

– Einleitung. In: *Handbuch Kulturphilosophie*, hg. von R. Konersmann. Stuttgart – Weimar 2012, S. 1–12.

König, J.: *Sein und Denken. Studien im Grenzgebiet von Logik, Ontologie und Sprachphilosophie* [1937], Tübingen ²1969.

Lindemann, G.: *Das Soziale von seinen Grenzen her denken*, Weilerswist 2009.

Marx, K/ Engels, F.: *Marx-Engels-Werke* [MEW], Berlin 1956ff.

Menke, C.: Autonomie und Befreiung. In: *Deutsche Zeitschrift für Philosophie* 58 (5), 2010, S. 675–694.

Mertens, K.: Verletzlichkeit des Leibes und Ansprüche der Natur. In: *Der Anspruch des Anderen. Perspektiven phänomenologischer Ethik*, hgg. von B. Waldenfels u. I. Därmann. München 1998, S. 239–257.

– Die argumentative Rolle des Leibes in der Ethik. In: *Normativität des Körpers*, hgg. von A. Reichold u. P. Delhom. Freiburg 2011, S. 188–198.

Meyer-Drawe, K.: *Leiblichkeit und Sozialität. Phänomenologische Beiträge zu einer pädagogischen Theorie der Inter-Subjektivität*, München 1984.

Nuzzo, A.: *Ideal Embodiment. Kant's Theory of Sensibility*, Bloomington, Ind. [et al.] 2008.

Plessner, H.: Krisis der transzendentalen Wahrheit im Anfang [1918]. In: ders., *Gesammelte Schriften*, hgg. von G. Dux et al., Bd. 1. Frankfurt am Main 1980, S. 143–310.

– *Die Stufen des Organischen und der Mensch. Einleitung in die philosophische Anthropologie* [1928], Berlin – New York ³1975.

– Lachen und Weinen. Eine Untersuchung der Grenzen menschlichen Verhaltens [1941]. In: ders., *Gesammelte Schriften*, hgg. von G. Dux et al., Bd. 7. Frankfurt am Main 1982, S. 201–387.

– Der Mensch als Lebewesen. Abschn. 1: Exzentrische Positionalität. In: ders., *Mit anderen Augen. Aspekte einer philosophischen Anthropologie*. Stuttgart 1982, S. 9–15.

Pollmann, A.: *Integrität. Aufnahme einer sozialphilosophischen Personalie*, Bielefeld 2005.

– Ein Recht auf Unversehrtheit? Skizze einer Phänomenologie moralischer Integritätsverletzungen. In: *Die Unversehrtheit des Körpers. Geschichte und Theorie eines elementaren Menschenrechts*, hgg. von S. van der Walt u. C. Menke. Frankfurt am Main – New York 2007, S. 214–236.

Reichold, A.: Die Körper anderer als Quelle ethischer Normativität. In: *Normativität des Korpers*, hgg. von A. Reichold u. P. Delhom, Freiburg 2011, S. 118–139.

Röttgers, K.: Der Ursprung der Prozeßidee aus dem Geiste der Chemie. In: *Archiv für Begriffsgeschichte* 27, 1983, S. 93–157.

– *Das Soziale als kommunikativer Text. Eine postanthropologische Sozialphilosophie*, Bielefeld 2012.

Rousseau, J.-J.: *Politische Schriften*, hg. v. L. Schmidts. Paderborn et al. ²1995.

Sandkaulen, B.: Fürwahrhalten ohne Gründe. Eine Provokation philosophischen Denkens. In: *Deutsche Zeitschrift für Philosophie* 57 (2), 2009, S. 259–272.

Schardien, S.: Menschenwürde. Zur Geschichte und theologischen Deutung eines umstrittenen Konzeptes. In: P. Dabrock, L. Klinnert u. S. Schardien, *Menschenwürde und Lebensschutz. Herausforderungen theologischer Bioethik*. Gütersloh 2004, S. 57–115.

Schürmann, V.: Natur als Fremdes. In: *Zwischen Anthropologie und Gesellschaftstheorie. Zur Renaissance Helmuth Plessners im Kontext der modernen Lebenswissenschaften*, hgg. von G. Gamm et al. Bielefeld 2005, S. 33–52.

– Personen der Würde. In: *Personalität. Studien zu einem Schlüsselbegriff der Philosophie*, hg. von F. Kannetzky u. H. Tegtmeyer. Leipzig 2007, S. 165–185.

– Prozess und Tätigkeit. In: *Behindertenpädagogik* 47 (1), 2008, S. 21–30.

– ›Person‹. In: *Behinderung und Anerkennung*, hgg. von M. Dederich u. W. Jantzen. Stuttgart 2009, S. 143–152.

– Würde als Maß der Menschenrechte. Vorschlag einer Topologie. In: *Deutsche Zeitschrift für Philosophie* 59 (1), 2011, S. 33–52.

– Max Scheler und Helmuth Plessner – Leiblichkeit in der Philosophischen Anthropologie. In: *Leiblichkeit. Begriff, Geschichte und Aktualität eines Konzepts*, hgg. von E. Alloa et al. Tübingen 2012, S. 207–223.

Seibt, J.: Individuen als Prozesse: zur ontologischen Revision des Substanz-Paradigmas. In: *Logos*, N. F. 2, 1995, S. 352–384.

Somek, A.: Rechtsverhältnis und aufrechter Gang. Rechtsethik im zweiten Versuch. In: *Deutsche Zeitschrift für Philosophie* 59 (3), 2011, S. 439–453.

Spaemann, R.: *Personen. Versuche über den Unterschied zwischen ›etwas‹ und ›jemand‹*, Stuttgart 1996.

– Was macht Personen zu Personen? In: *Philosophisches Jahrbuch* 119 (1), 2012, S. 3–14.

Stekeler-Weithofer, P.: Stolz und Würde der Person. Grundprobleme der (Bio)-Ethik in einer mit Nietzsche entwickelten Perspektive. In: *Nietzscheforschung. Jahrbuch der Nietzsche-Gesellschaft* 9, 2002, S. 15–29.

Stoecker, R.: Menschenwürde und das Paradox der Entwürdigung. In: *Menschenwürde. Annäherung an einen Begriff*, hg. von R. Stoecker. Wien 2003, S. 133–151.

Sturma, D. (Hg.): *Person. Philosophiegeschichte – theoretische Philosophie – praktische Philosophie*, Paderborn 2001.

– ›Person/Persönlichkeit‹. In: *Enzyklopädie Philosophie*, hg. von H. J. Sandkühler 2010, Bd. 2. Hamburg 2010, S. 1922–1925.

van der Walt, S/ Menke, C. (Hg.): *Die Unversehrtheit des Körpers. Geschichte und Theorie eines elementaren Menschenrechts*, Frankfurt am Main – New York 2007.

van der Walt, S.: Einleitung: Der neue Begründungsbedarf des Menschenrechts auf körperliche Unversehrtheit. In: *Die Unversehrtheit des Körpers. Geschichte und Theorie eines elementaren Menschenrechts*, hgg. von S. van der Walt u. C. Menke. Frankfurt am Main – New York 2007, S. 7–22.

Vögele, W.: Gottesebenbildlichkeit, Menschenwürde und körperliche Unversehrtheit. In: *Die Unversehrtheit des Körpers. Geschichte und Theorie eines elementaren Menschenrechts*, hgg. von S. van der Walt u. C. Menke. Frankfurt am Main – New York 2007, S. 136–149.

AUTORENVERZEICHNIS

Heike Baranzke, Dr., Studium der Katholischen Theologie und Chemie in Bonn; Promotion in Theologischer Ethik an der Rheinischen Friedrich-Wilhelms-Universität Bonn; seit 2003 Lehrbeauftragte in Wuppertal sowie zwischenzeitlich in Freiburg und Tübingen; 2006–2011 wissenschaftliche Assistentin am Lehrstuhl für Moraltheologie an der Universität Bonn; zur Zeit wissenschaftliche Mitarbeiterin am Lehrstuhl Ethik, Theorie und Geschichte der Medizin an der Philosophisch Theologischen Hochschule Vallendar. Forschungsschwerpunkte: Grundlagen der humanen und außerhumanen Bioethik, Kantische Ethik. Monografien und Sammelbände u. a.: (Mithrsg.) *Leben Töten Essen. Anthropologische Dimensionen.* Stuttgart 2000; *Würde der Kreatur? Die Idee der Würde im Horizont der Bioethik*, Würzburg 2002; (Hrsg.) *Menschenleben – Lebenszeit. Impulse für eine Ethik der Hoffnung.* Göttingen 2009; (Mithrsg.) *Autonomie und Würde. Leitprinzipien in Bioethik und Medizinrecht.* Würzburg 2013 (i.E.).

Christian Bermes, Prof. Dr., Studium der Philosophie, Politikwissenschaft und Geschichte in Trier, Madrid, Frankfurt. 2008–2009: Lehrstuhlvertretung an der TU Chemnitz; seit 2010 Professor für Philosophie an der Universität Koblenz-Landau; Sprecher des Graduiertenkollegs ›Herausforderung Leben‹; Sprecher des Forschungsschwerpunkts ›Kulturelle Orientierung und normative Bindung‹; Herausgeber des *Archivs für Begriffsgeschichte*; Vizepräsident der Max-Scheler-Gesellschaft. Veröffentlichungen zur Erkenntnistheorie, Sprachphilosophie, Anthropologie und Ethik sowie zur Geschichte der Philosophie. Publikationen u. a.: *Sprachphilosophie* (1999); (Hg.) *Person und Wert* (2000); (Hg.) *Vernunft und Gefühl* (2003); ›Welt‹ *als Thema der Philosophie. Vom metaphysischen zum natürlichen Weltbegriff* (2004); (Hg.) *Merleau-Ponty: Zeichen* (2007); (Hg.) *Schlüsselbegriffe der Philosophie des 20. Jahrhunderts* (2008); (Hg.): *Leben und Leiden. Vom Umgang mit Krankheit* (2012).

Dieter Birnbacher, Prof. Dr. Dr. h. c., Studium der Philosophie, Anglistik und Allgemeine Sprachwissenschaft in Düsseldorf, Cambridge und Hamburg; Promotion 1973, Habilitation 1988. Von 1993 bis 1996 Professor für Philosophie an der Universität Dortmund, von 1996 bis 2012 an der Heinrich-Heine-Universität Düsseldorf. Arbeitsschwerpunkte: Ethik, Angewandte Ethik, Anthropologie. Mitglied der Zentralen Ethikkommission der Bundesärztekammer. Vizepräsident der Schopenhauer-Gesellschaft e. V., Frankfurt/M. Vizepräsident der Deutschen Gesellschaft für Humanes Sterben e. V. Mitglied der Deutschen Akademie der Naturforscher Leopoldina/Nationale Akademie der Wissenschaften. Hauptveröffentlichungen u. a.: *Verantwortung für zukünftige Generationen*. Stuttgart 1988 (frz. 1994, poln. 1999); *Tun und Unterlassen*. Stuttgart 1995 (2. Aufl. 2014); *Analytische Einführung in die Ethik*. Berlin 2003 (3. Aufl. 2013); *Bioethik zwischen Natur und Interesse*. Frankfurt am Main 2006; *Natürlichkeit*. Berlin 2006.

Thiemo Breyer, Dr., Studium der Philosophie, Historischen Anthropologie, Ethnologie und Kognitionswissenschaft in Freiburg und Cambridge (England); Promotion in Philosophie an der Universität Freiburg 2010; seit 2011 wissenschaftlicher Mitarbeiter an der Karl-Jaspers-Professur für Philosophie und Psychiatrie an der Universität Heidelberg; seit 2012 wissenschaftlicher Koordinator des Marsilius-Projekts »Verkörperung als Paradigma einer evolutionären Kulturanthropologie« an der Universität Heidelberg. Forschungsschwerpunkte: Phänomenologie, Philosophische Anthropologie, Wissenschaftstheorie (Philosophie der Psychologie und Psychopathologie), Hermeneutik. Publikationen in Auswahl: *On the Topology of Cultural Memory*, Würzburg (2007); *Attentionalität und Intentionalität*, Paderborn (2011); (Hg.) *Grenzen der Empathie*, Paderborn (2013); *Synchrony and Embodied Interaction*, New York (2013); (Mithrsg.) *Karl Jaspers' Philosophy and Psychopathology*, New York (2013).

Thomas Fuchs, Prof. Dr. med. Dr. phil., Studium der Medizin, Philosophie und Wissenschaftsgeschichte, Promotionen in Medizingeschichte und in Philosophie, Habilitationen in Psychiatrie und in Philosophie; seit 2010 Karl-Jaspers-Professor für Philosophische Grundlagen der Psychiatrie und Psychotherapie an der Universität Heidelberg. – Forschungsschwerpunkte: Phänomenologische Anthropologie und Psychopathologie, Theorie der Neurowissenschaften. Monographien: *Leib, Raum, Person. Entwurf einer phänomenologischen Anthropologie*, Stuttgart 2000; *Zeit-Diagnosen*, Kusterdingen 2002; *Leib und Lebenswelt*, Kusterdingen 2008; *Das Gehirn – ein Beziehungsorgan. Eine phänomenologisch-ökologische Konzeption*, Stuttgart 2008.

Logi Gunnarsson, Prof. Dr., Studium der Philosophie in Reykjavík, Frankfurt am Main, München und Pittsburgh (USA); Promotion am Philosophie-Department der University of Pittsburgh; 1997–2004 wissenschaftlicher Mitarbeiter an der Humboldt-Universität zu Berlin, 2005–2006 Lecturer an der University of Liverpool (Großbritannien), 2006–2011 Professor für Philosophie mit Schwerpunkt in praktischer Philosophie an der Technischen Universität Dortmund, seit April 2011 Professor für Ethik und Ästhetik an der Universität Potsdam, Direktor des William James Centers und Ko-Direktor des Menschenrechtszentrums der Universität Potsdam. – Forschungsschwerpunkte: personale Identität, praktische Vernunft und die Grundlagen der Moral, Selbstverhältnisse, moralischer Status, Ludwig Wittgenstein und William James. – Monographien: *Making Moral Sense. Beyond Habermas and Gauthier*, Cambridge 2000/2007; *Wittgensteins Leiter*, Berlin 2000; *Philosophy of Personal Identity and Multiple Personality*, New York 2010/2013.

Gerald Hartung, Prof. Dr., Studium der Philosophie, Religionswissenschaft und Literaturwissenschaft an der Freien Universität Berlin. Promotion in Berlin und Habilitation in Leipzig; dann Fellow am Forschungsinstitut für Philosophie in Hannover, Gastdozent an der Humboldt-Universität zu Berlin, Gastprofessor am Max-Weber-Kolleg der Universität Erfurt und Leiter des Arbeitsbereichs Theologie und Naturwissenschaft an der Forschungsstätte der Evangelischen Studiengemeinschaft e. V. in Heidelberg; seit 2010 Professor für Philosophie an der Bergischen Universität Wuppertal. Forschungsschwerpunkte: Philosophische Anthropologie, Kulturphilosophie und Religionsphilosophie sowie die Philosophie- und Wissenschaftsgeschichte des 19. und 20. Jahrhunderts. Monographien (Auswahl): *Das Maß des Menschen. Aporien der philosophischen Anthropologie und ihre Auflösung in der Kulturphilosophie Ernst Cassirers*, Weilerswist 2003; *Philosophische Anthropologie*, Stuttgart 2008.

Martina Herrmann, Dr., Promotion in Bielefeld, wissenschaftliche Assistentin in Mannheim und Bielefeld, seit 2002 wissenschaftliche Mitarbeiterin am Institut für Philosophie und Politikwissenschaft der TU Dortmund. – Forschungsschwerpunkte: Personalität, angewandte Ethik, Sozialphilosophie. – Aufsätze und Vorträge zu Freiheit und Autonomie, Menschenwürde, Rassismus und Sexismus, persönliche Dilemmata, Selbstverwirklichung, Achtung.

Christian Kanzian, Ao. Univ.-Prof., Universität Innsbruck, Präsident der Österreichischen Ludwig Wittgenstein Gesellschaft. Forschungsschwerpunkte: Metaphysik, Ontologie, Geschichte der Philosophie, Sprachphilosophie. – Monographien (u. a.): *Ding – Substanz – Person*, Frankfurt a. M. 2009; *Grundprobleme der Analytischen Ontologie* (gem. m. Runggaldier), Paderborn 1998; Editionen (u. a.): *The Ways Things Are. Studies in Ontology* (gem. m. Löffler & Quitterer), Frankfurt a. M. 2011; *Persistence*, Frankfurt a. M. 2008; verschiedene Aufsätze, v. a. zur Ontologie bzw. zu Grundlagenfragen der Ontologie; u. a. Is »person« a sortal term? In: *Personal Identity. Complex of Simple?*, hgg. von G. Gasser und M. Stefan. Cambridge 2012, S. 192–205; Integration versus Revision, in: *ZKTh* 133, 2011, S. 271–286.

Hans-Peter Krüger, Prof. Dr., Professor für Politische Philosophie und Philosophische Anthropologie am Institut für Philosophie der Universität Potsdam, Gastprofessor am Institut für Philosophie der Universität Wien (2003), Ernst-Cassirer-Gastprofessor am Swedish Collegium for Advanced Studies in Uppsala (2005–06), Sprecher des DFG-Graduiertenkolleges »Lebensformen und Lebenswissen« (2009–2012). Forschungsgebiete: Politische Philosophien des Öffentlichen; Sozialphilosophien der Kommunikation; Klassische und Neo-Pragmatismen; Philosophische Anthropologien. Bücher: *Zwischen Lachen und Weinen. Bd. 1: Das Spektrum menschlicher Phänomene*, Berlin 1999, *Bd. 2: Der dritte Weg der Philosophischen Anthropologie und die Geschlechterfrage*, Berlin 2001; *Philosophische Anthropologie als Lebenspolitik. Deutsch-jüdische und pragmatistische Moderne-Kritik*, Berlin 2009; *Gehirn, Verhalten und Zeit. Philosophische Anthropologie als Forschungsrahmen*, Berlin 2010.

Dieter Lohmar, Prof. Dr., lehrt Philosophie an der Universität zu Köln. Forschungsgebiete: Phänomenologie, Transzendentalphilosophie, Empirismus, Anthropologie, Philosophie der Formalwissenschaften. Bücher: *Phänomenologie der Mathematik. Elemente einer phänomenologischen Aufklärung der mathematischen Erkenntnis nach Husserl*. Dordrecht/Boston/London 1989; *Erfahrung und kategoriales Denken. Hume, Kant und Husserl über vorprädikative Erfahrung und prädikative Erkenntnis*. Dordrecht/Boston/London 1998; *Edmund Husserls ›Formale und Transzendentale Logik‹. In der Reihe ›Werkinterpretationen‹*. Darmstadt 2000; *Phänomenologie der schwachen Phantasie. Phänomenologische, psychologische und neurologische Aspekte der Funktion schwacher Phantasma in Wahrnehmung und Erkenntnis*. Heidelberg 2008. Geplante Monographie: *Denken ohne Sprache. Der phänomenologische Zugang zum nichtsprachlichen Denken und Kommunizieren bei Menschen und Tieren*.

Stefano Micali, Dr., Studium der Philosophie in Rom, Paris, Leuven und Wuppertal. Wissenschaftlicher Mitarbeiter in der Allgemeinen Psychiatrie der Heidelberg Universität sowie im Arbeitsbereich Theologie und Naturwissenschaft bei der Forschungsstätte der Evangelischen Studiengemeinschaft in Heidelberg. Forschungsschwerpunkte: Phänomenologie, Philosophie der Religion, Psychopathologie und Anthropologie. Wichtigste Publikationen: *Esperienze temporali* (Pendargon, 2008); *Überschüsse der Erfahrung, Grenzdimensionen des Ich nach Husserl* (Springer Verlag, 2008); »Le néant comme incinération absolue du passé«, in: *La phénoménologie comme philosophie première*, (Mémoires des Annales de Phénoménologie, 2011); »The Temporalizations of the Absolute Flow of Time-Consciousness«, in: *On Time. New Contributions to the Husserlian Problems of Timeconstitution*, (Springer Verlag, 2010); (Mithrsg.) *Karl Jaspers – Phänomenologie und Psychopathologie*, Alber Verlag, 2013.

Inga Römer, Dr., Studium der Philosophie, Neueren Deutschen Literatur und Volkswirtschaftslehre in Hamburg und Bordeaux (Frankreich); Promotion in Philosophie an der Bergischen Universität Wuppertal; seit 2008 zunächst wissenschaftliche Mitarbeiterin, dann Akademische Rätin auf Zeit am Lehrstuhl für Phänomenologie und theoretische Philosophie des Philosophischen Seminars der Bergischen Universität Wuppertal. Forschungsschwerpunkte: Phänomenologie und Hermeneutik, Philosophie der Subjektivität und der Intersubjektivität, Ethik, Kant. Monographien und Sammelbände: *Das Zeitdenken bei Husserl, Heidegger und Ricœur*, Dordrecht 2010; (Hg.) *Subjektivität und Intersubjektivität in der Phänomenologie*, Würzburg 2011; (Mithrsg.) *Investigating Subjectivity. Classical and New Perspectives*, Leiden / Boston 2012; Aufsätze zu verschiedenen Themen und Autoren der phänomenologischen und hermeneutischen Tradition, zur Ethik und zu Kant.

Volker Schürmann, Prof. Dr., Studium der Mathematik, Philosophie und Erziehungswissenschaften in Bielefeld; Promotion und Habilitation in Philosophie an der Universität Bremen; seit 2009 Professur für Philosophie, insbesondere Sportphilosophie an der Deutschen Sporthochschule Köln. – Forschungsschwerpunkte: Philosophische Anthropologie, Hermeneutik, Sportphilosophie, Modernetheorien. – Monographien & Herausgaben: *Zur Struktur hermeneutischen Sprechens* [zu Josef König], Freiburg / München 1999; (Hg.) *Menschliche Körper in Bewegung*, Frankfurt a. M./New York 2001; *Heitere Gelassenheit. Grundriß einer parteilichen Skepsis*, Magdeburg 2002; *Muße*, Bielefeld ²2003; (Mithrsg.) *Die Sprache der Bewegung*, Bielefeld 2004; *Die Unergründlichkeit des Lebens*, Bielefeld 2011; (Hg.) *Sport und Zivilgesellschaft*, Berlin 2012. – Aufsätze u. a. zu Cassirer, Plessner, Sportphilosophie.

Dieter Sturma, Prof. Dr., Professor für Philosophie an der Rheinischen Friedrich-Wilhelms-Universität Bonn, Direktor des Instituts für Wissenschaft und Ethik (IWE) und Direktor des Deutschen Referenzzentrums für Ethik in den Biowissenschaften (DRZE) sowie Gründungsdirektor des Instituts für Ethik in den Neurowissenschaften (INM-8) am Forschungszentrum Jülich. Forschungsschwerpunkte: Philosophische Anthropologie, Philosophie des Geistes, Philosophie der Neurowissenschaften, Ethik und Angewandte Ethik, Französische Philosophie des 18. Jahrhunderts, Klassische

Deutsche Philosophie, Philosophie des 20. und 21. Jahrhunderts. Monographien und Sammelbände: u. a. (Hg.) *Person*, Paderborn 2001; (Hg. mit K. Ameriks) *Kants Ethik*, Paderborn 2004; *Philosophie des Geistes*, Leipzig 2005; (Hg.), *Philosophie und Neurowissenschaften*, Frankfurt / M. 2006; *Philosophie der Person. Die Selbstverhältnisse von Subjektivität und Moralität*, Paderborn ²2008; (Hg.) *Vernunft und Freiheit*, Berlin 2012.

László Tengelyi, Prof. Dr., ist Professor für Philosophie an der Bergischen Universität Wuppertal. Er war Professor für Philosophie an der Eötvös-Loránd-Universität in Budapest und hatte Gastprofessuren in Frankreich (Poitiers, Nizza, Paris I-Sorbonne) und Amerika (Memphis / Tennessee, Québec) inne. Forschungsinteressen: deutsche und französische Phänomenologie, Kant, Deutscher Idealismus, antike Philosophie; Metaphysik, Transzendentalphilosophie, Subjektivitätsphilosophie. Er ist Vorsitzender des Instituts für phänomenologische Forschung in Wuppertal und war 2003–2005 Präsident der Deutschen Gesellschaft für phänomenologische Forschung. Monographien u. a.: *Der Zwitterbegriff Lebensgeschichte* (München 1998), *Erfahrung und Ausdruck. Phänomenologie im Umbruch bei Husserl und seinen Nachfolgern* (Dordrecht 2007), *Neue Phänomenologie in Frankreich* (Berlin 2011, mit Hans-Dieter Gondek); demnächst erscheinend: *Weltentwurf und Unendlichkeit. Zum Problem einer phänomenologischen Metaphysik.*

Matthias Wunsch, PD Dr., Studium der Philosophie und der Informatik in Berlin und Rennes (Frankreich); Promotion in Philosophie an der Technischen Universität Berlin; Habilitation an der Bergischen Universität Wuppertal; 2005–2013 Wissenschaftlicher Assistent am Lehrstuhl Kulturphilosophie und Ästhetik des dortigen Philosophischen Seminars. – Forschungsschwerpunkte: Philosophische Anthropologie, Analytische Philosophie, Philosophie der Person, Kant. – Monographien und Sammelbände: *Einbildungskraft und Erfahrung bei Kant*, Berlin / New York 2007; (Hg.) *Von Hegel zur philosophischen Anthropologie. Gedenkband für Christa Hackenesch*, Würzburg 2012; (Mithrsg.) *Von der Systemphilosophie zur systematischen Philosophie – Nicolai Hartmann*, Berlin / New York 2012; verschiedene Aufsätze zur philosophischen Anthropologie, zu Heidegger, zu Kant und zur analytischen Philosophie.

Dan Zahavi, Prof. Dr., ist Professor für Philosophie und Direktor des *Center for Subjectivity Research* an der Universität von Kopenhagen. Promotion 1994 an der Katholischen Universität in Leuven. Habilitation 1999 an der Universität von Kopenhagen. Er war Präsident der *Nordic Society for Phenomenology* in den Jahren 2001–2007 und ist derzeit Mitherausgeber der Zeitschrift *Phenomenology and the Cognitive Sciences*. In seiner systematischen Arbeit befasst sich Zahavi hauptsächlich mit der Natur des

Selbst, des Selbstbewusstseins und der Intersubjektivität. Seine wichtigsten Veröffentlichungen umfassen *Husserl und die transzendentale Intersubjektivität* (Kluwer 1996), *Self-awareness and Alterity* (Northwestern University Press 1999), *Husserl's Phenomenology* (Stanford University Press 2003), *Subjectivity and Selfhood* (MIT Press 2005), (mit Shaun Gallagher) *The Phenomenological Mind* (Routledge 2008, 2. Aufl. 2012).